让我们一起追寻

David Gilmour

The British in India: Three Centuries of Ambition and Experience

Copyright©David Gilmour, 2018

This edition arranged with Aitken Alexander Associates Limited through Big Apple Agency, Inc., Labuan, Malaysia.

Simplified Chinese edition copyright: 2025 by Social Sciences Academic Press (China) All rights reserved.

封底有甲骨文防伪标签者为正版授权

英国人在印度

〔英〕戴维·吉尔摩（David Gilmour）著
张峰 译

三百年社会史

The British in India

Three Centuries of Ambition and Experience

社会科学文献出版社
SOCIAL SCIENCES ACADEMIC PRESS (CHINA)

献给拉马钱德拉·古哈、苏贾塔·凯沙万和莎拉

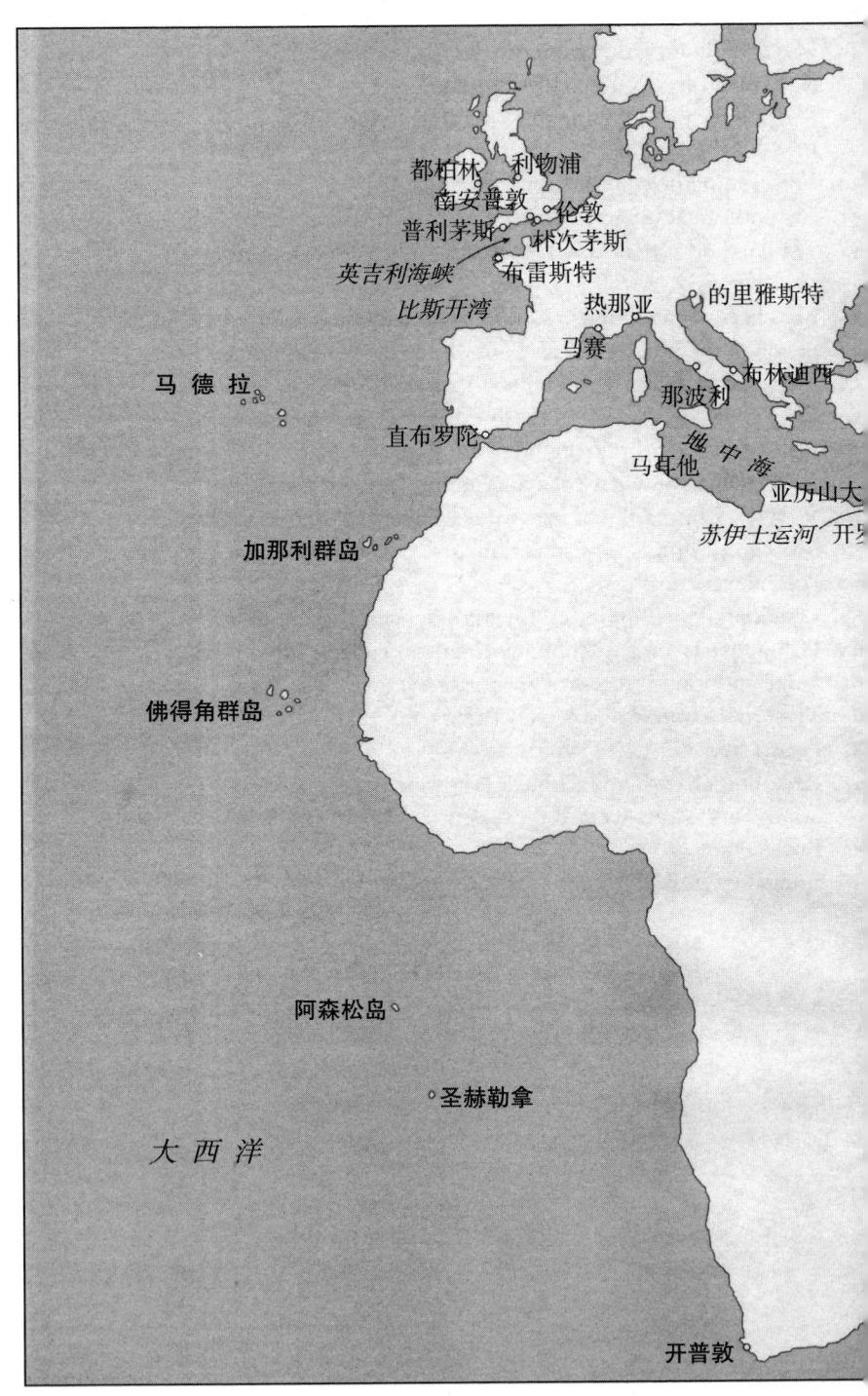

地图1 通向印度的航道

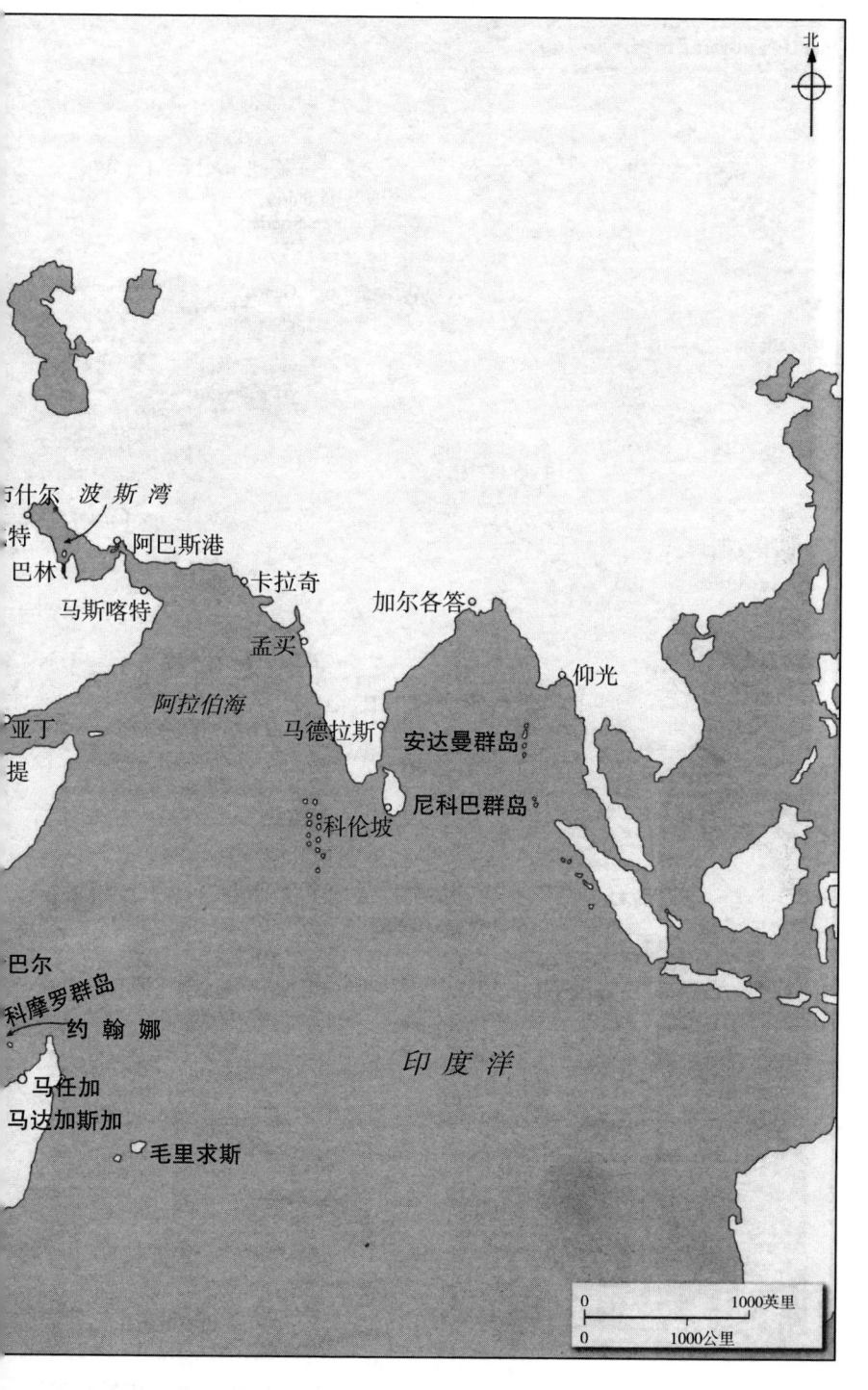

地图2 1909年的印度：北部

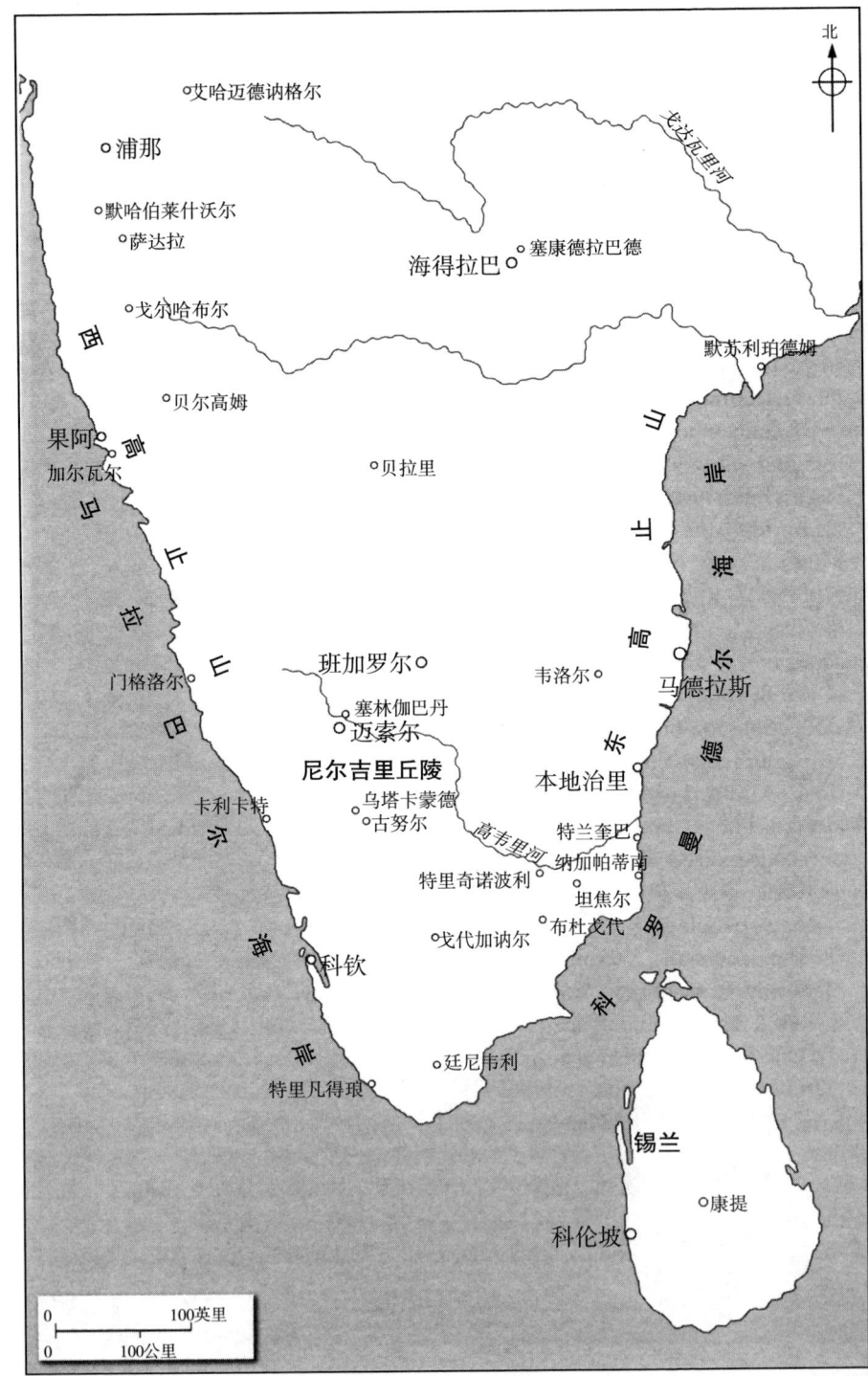

地图 3　印度南部

目 录

致 谢 ………………………………………… 001
引 言 ………………………………………… 001

第一部分 志向

第一章 人数 ………………………………… 003
第二章 动机 ………………………………… 021
第三章 家族渊源与身份认同 ……………… 085
第四章 帝国的学徒们 ……………………… 133
第五章 航行及其他旅程 …………………… 157

第二部分 努力

第六章 工作生活：内部人员 ……………… 197
第七章 工作生活：风餐露宿 ……………… 236
第八章 军队生活 …………………………… 289

第三部分 经历

第九章 亲密关系 …………………………… 345
第十章 居住地 ……………………………… 413
第十一章 形式主义 ………………………… 469
第十二章 奇人异事 ………………………… 507

第十三章　休闲娱乐 …………………………………… 545
第十四章　最后一班岗 ………………………………… 594

后　记 …………………………………………………… 641
印度及英印词汇表，外加一些在印度语境中使用的
　英语单词 ……………………………………………… 646
注　释 …………………………………………………… 649
参考资料 ………………………………………………… 668
索　引 …………………………………………………… 696

致　谢

自开始研究英属印度档案三十年来,我一直对众多档案管理员、图书管理员以及保存了自己先辈的信件和日记并且慷慨地允许我对其进行研究的人心存感激。本书的大部分研究在以下机构完成,包括剑桥大学南亚研究中心(Centre of South Asian Studies)、伦敦帝国战争博物馆(Imperial War Museum)、国家陆军博物馆(National Army Museum)、苏格兰国家图书馆(National Library of Scotland)、德里尼赫鲁纪念图书馆(Nehru Memorial Library)、牛津大学博德利图书馆(Bodleian Library)、贝利奥尔学院和奥里尔学院(Balliol and Oriel Colleges),以及最重要的原印度事务部图书馆(India Office Library),后搬迁至泰晤士河对面,成为大英图书馆(British Library)东方与印度事务部馆藏(Oriental and India Office Collections),现称为亚洲太平洋及非洲馆藏(Asia, Pacific and African Collections)。我谨向所有这些机构的工作人员致以谢意。同时,我还要感谢英国南亚公墓协会(British Association for Cemeteries in South Asia, BACSA),不仅感谢其为保护英国人墓地所做的工作,更感谢其编制了公墓记录,出版了英属印度回忆录,以及由罗茜·卢埃林-琼斯(Rosie Llewellyn-Jones)担任主编的优秀期刊《守望者》(Chowkidar)。

很多人(很遗憾其中有些人已故去)都鼓励我使用他们的论文和档案,包括丹尼斯·布莱克韦(Denis Blakeway)、罗杰·布兰布尔（Roger Bramble）、理查德·卡沃科雷西（Richard Calvocoressi）、安妮·奇泽姆（Anne Chisholm）、克劳福德和巴尔卡雷斯伯爵（Earl of Crawford and Balcarres）、塔姆·戴利埃尔（Tam Dalyell）、温迪·M.戴维斯（Wendy M. Davis）、理查德·道金斯（Richard Dawkins）、马丁·费恩（Martin Fearn）、安托瓦妮特·加尔布雷思（Antoinette Galbraith）、帕齐·格里格（Patsy Grigg）、弗朗西斯·汉密尔顿（Francis Hamilton）、兰斯当侯爵（Marquess of Lansdowne）、亚历山德拉·梅特卡夫夫人（Lady Alexandra Metcalfe）、萨拉·莫里森（Sara Morrison）、奈杰尔·尼科尔森（Nigel Nicolson）、琼·菲利普斯（Jean Phillips）、索尔兹伯里侯爵（Marquess of Salisbury）、海伦·肖·斯图尔特（Helen Shaw Stewart）、赞·斯迈利（Xan Smiley）、布里奇特·斯威辛班克（Bridget Swithinbank）、安妮·泰瑟姆（Anne Tatham）、朱迪·厄克特（Judy Urquhart）、奥德丽·维里蒂（Audrey Verity）和本·沃森（Ben Watson）。我对他们致以衷心的感谢。

还有很多人（在英国和印度）以各种方式向我提供了帮助和支持，我在此对拉姆·阿德瓦尼（Ram Advani）、安东尼·巴恩斯（Antony Barnes）、理查德·宾格尔（Richard Bingle）、戴维·布莱克（David Blake）、马克·布雷恩（Mark Brayne）、玛格丽特·卡西迪（Margaret Cassidy）、亚历克·科布（Alec Cobbe）、查尔斯和莫妮卡·科雷亚夫妇（Charles and Monika Correa）、苏南达和苏米塔·达塔-雷夫妇（Sunanda and Sumita Datta-Ray）、凯沙夫·德西拉朱（Keshav Desiraju）、帕特里克·迪金森（Patric Dickinson）、斯蒂芬·埃杰顿爵士（Sir Stephen Egerton）、埃格雷蒙特勋爵（Lord Egremont）、劳伦斯·弗莱明

(Lawrence Fleming)、艾伦·戈登·沃克(Alan Gordon Walker)、汉弗莱·戈尔少校(Major Humphrey Gore)、马克斯·黑斯廷斯爵士(Sir Max Hastings)、约翰·亨明(John Hemming)、卡罗琳·杰克逊(Caroline Jackson)、苏宾达·考尔(Subinda Kaur)、凯特·基(特里维廉)[Kate Kee(Trevelyan)]、苏珊娜·克尔(Susanna Kerr)、苏佳塔·克沙万(Sujata Keshavan)、苏尼尔·基尔纳尼(Sunil Khilnani)、罗茜·卢埃林-琼斯、阿尔温德·梅赫罗特拉(Arvind Mehrotra)、南迪尼·梅赫塔(Nandini Mehta)、戴维·莫顿·杰克(David Morton Jack)、布里吉特·尼克斯(Brigitte Nix)、V. C. 潘德(V. C. Pande)、简·波默罗伊(Jane Pomeroy)、菲莉达·珀维斯(Phillida Purvis)、沙希·森(Shashi Sen)、吉坦贾利·什里(Geetanjali Shree)、安妮·斯蒂芬斯(Anne Stephens)、理查德·西蒙兹(Richard Symonds)、吉娜·托马斯(Gina Thomas)、(休·)托马斯勋爵[Lord (Hugh) Thomas]、里卡尔多·托马切利(Riccardo Tomacelli)、戴尔德丽·图米(Deirdre Toomey)、斯里拉姆·文卡塔克里什南(Sriram Venkatakrishnan)、查尔斯·维维安(Charles Vyvyan)以及蒂姆和埃丽卡·沃森夫妇(Tim and Erica Watson)表示感谢。

历史学家朱迪思·布朗(Judith Brown)、拉马钱德拉·古哈(Ramachandra Guha)和斯里纳特·拉加万(Srinath Raghavan)每人都阅读了完整的手稿,我的妻子萨拉(Sarah)和儿子亚历山大(Alexander)也阅读了手稿。我对他们都感激不尽,一是感谢他们阅读本书,二是感谢他们的才智和建议。

生于英属印度时期的吉伦·艾特肯(Gillon Aitken)是我多年来的代理人,直至他2016年去世。对本书的问世,他及他公司的合伙人、睿智的克莱尔·亚历山大（Clare Alexander）都给予了我莫大的鼓励和支持。同时，我也有幸再次得到大西洋两岸的出版公司的鼎力支持。企鹅出版集团（Penguin）优秀的编辑斯图尔特·普罗菲特（Stuart Proffitt）总是令我受到鼓舞，本·辛约（Ben Sinyor）和理查德·杜吉德（Richard Duguid）在整个出版过程中表现出了令人钦佩的高效率，文字编辑萨拉·戴（Sarah Day）认真细致。承蒙法勒·斯特劳斯出版公司（Farrar Straus）的伊丽莎白·西夫顿（Elisabeth Sifton）同意出版书稿，她也是我多年的编辑，随后由热情能干的莱尔德·加拉格尔（Laird Gallagher）经办。我对她们都表示感谢。

与以往一样，在需要花费大量时间研究和写作期间，我深深地依赖萨拉和孩子们的支持。在计划写作最后一章的那个月，我的三个孩子都决定要小孩，这可能稍稍推迟了本书的问世时间，但也增加了生活乐趣，帮助我振作精神。

引 言

几年前，苏格兰喜剧演员比利·康诺利（Billy Connolly）惊讶地发现自己居然有印度血统。他做客BBC电视寻根节目《你以为你是谁？》（*Who Do You Think You Are?*）时，希望找出曾祖母弗洛伦斯（Florence）到底是出生在爱尔兰还是苏格兰。但他很快发现，曾祖母实际出生在印度班加罗尔（Bangalore）。曾祖母的父亲丹尼尔·多伊尔（Daniel Doyle）是威克洛郡（Wicklow）的一名工人，年轻时参加了英国陆军，并于1856年被派往印度。在南方的几年里，她父亲步步高升，从一个步兵团被调到了更有声望的皇家骑炮团（the Royal Horse Artillery），获得了三枚"优良品德"奖章，还从炮手晋升为下士。不过，这便是他职业生涯的顶峰了，他的名字很快就反复出现在军团违纪记录中，这让如今这位不敬的玄孙感到哭笑不得。记录中并没有明确说明丹尼尔有何不端行为，但似乎主要是暴力和酗酒。最终，他被送上军事法庭接受审判，并被撤销军衔，1866年，他因腹泻、痢疾、酗酒和梅毒在班加罗尔接受住院治疗。

丹尼尔·多伊尔三年后结婚，从此人生得到了拯救，之后的部队报告对他的评价是"常规，良好，温和"，这一彻底转变要归功于他的妻子玛格丽特（Margaret）。玛格丽特的父亲约翰·奥布赖恩（John O'Brien）来自爱尔兰，是第102步兵团［又称皇家马德拉斯燧发枪团（Royal Madras Fusiliers）］的一名二等兵,这个团曾被派往北方协助镇压 1857 年叛乱①。奥布赖恩所在的增援部队因为到达过晚而未能救出坎普尔(Kanpur)[旧称孔坡(Cawnpore)]的英国人,但部队设法到达了被围困的勒克瑙市(Lucknow)。奥布赖恩在冲突期间肩部严重受伤,所以决定退役并搬到班加罗尔。尽管之后多伊尔和奥布赖恩之间的婚姻看起来不过是一桩纯粹的爱尔兰人之间的婚姻,只不过发生在热带地区而已,但实际上并非如此。根据登记处的记录,约翰的妻子玛蒂尔达(Matilda)是一名印度女孩,她 13 岁时皈依了基督教,并在一个月后嫁给了约翰。这就是比利·康诺利的印度祖先的故事,比利对此感到既兴奋又迷茫,因为如果玛蒂尔达有兄弟姐妹的话,比利就会有很多印度亲戚。虽然这名喜剧演员依然觉得自己是一个"苏格兰格拉斯哥人"——人高马大、毛发浓密的白人,但他对"拥有印度血统也感到非常自豪和高兴"。[1]

从康诺利的故事可以看出,英国与印度的关系,特别是在个人和民众层面上的,大多很快就被遗忘了。人们不禁会问,为什么与他关系亲近的祖母,从未对他提及自己的祖父母曾在印度生活,而且她的母亲就出生在班加罗尔呢?如果她羞于承认自己的印度血统,仅把那一点略去便是。这个故事还表明,英国人与印度人的关系,特别是在个人层面上,有多么大的偶然性。大多数英国人去印度并非为了征服它、治理它或是去发横财。丹尼尔·多伊尔在应征加入第 60 步兵团(the 60th Rifles)

---

① 1857~1858 年的事件有很多叫法,包括"印度哗变"(The Indian Mutiny)、"印度土兵叛乱"(The Sepoy Rebellion)、"大起义"(The Great Uprising),甚至"第一次印度独立战争"(The First War of Indian Independence)。尽管当时和后来英属印度的很多代人都称之为"哗变",但我认为称为"叛乱"更准确,也更符合那个时代。

第3营时,根本不知道自己会被派往印度并将在那里度过半生,也不知道自己虽身为士兵,却永远没有机会上战场。和普通士兵一样,很多英国妇女和儿童也是出于偶然才到了印度,他们从未选择到印度去,但各种机缘巧合或意外把他们带到了那里。在康诺利自己的职业圈——戏剧圈中,也不难发现很多演员都碰巧在次大陆生活过:出生在印度或在印度上过学或小时候在印度生活过的演员有费雯·丽(Vivien Leigh)、曼尔·奥勃朗(Merle Oberon)、诺曼·威兹德姆(Norman Wisdom)、林赛·安德森(Lindsay Anderson)、斯派克·米利甘(Spike Milligan)、汤姆·斯托帕德(Tom Stoppard)、费莉西蒂·肯德尔(Felicity Kendal)和乔安娜·林莉(Joanna Lumley),其中,很多人会在本书中再次出现。

再看一个更小众的职业——作家,就会发现萨克雷(Thackeray)、吉卜林(Kipling)、萨基(Saki)、奥威尔(Orwell)[以及奥威尔的第二任妻子索尼娅(Sonya)]也都出生在印度。

本书讲述从英国女王伊丽莎白一世去世后不久,到伊丽莎白二世统治时期的大约三百五十年间生活在印度的英国人。就像在英国一样,生活在印度的英国人在不同时期的生活方式也迥然不同。在这个时期近四分之三的时间里,英国的定居点以及后来的属地都由东印度公司(East India Company,EIC)管理;印度帝国的最后九十年(1858~1947)则受英国政府的直接统治。所有对"时期"的划分都是人为的,容易泛化,但或许可以将英国人在印度的时间大致分成三个时期。在第一个时期(也是最长的一段),时有战争和暴力发生,特别是在西海岸,但主要是一些飞地拓展贸易。第二个时期——从1740年代到1850年代——是一个征服和扩张时期,其间,欧洲几大竞争实体之一的东印度公司逐渐崛起，成为印度最重要的力量。第三个时期（也是最短的一段）到 1947 年结束，是巩固和随后退出的时期。即便这样划分，这三个时期还需要进一步被划分为更细的子阶段，其中有的可能会重合。如同在英国国内一样，英国人在印度的行为在摄政时期与维多利亚早期对印度事业更热衷的年代截然不同。

当然，还有其他划分时代的方式，如从文化、社会、政治和军事等不同的角度进行划分。有些英国历史学家还按照英国人对印度和印度人的不同态度来划分印度帝国的各个时期。例如，罗德里克·马修斯（Roderick Matthews）就用"贪婪、蔑视、恐惧和冷漠这几个里程碑"来标记其同胞的"心路历程"，这比他后来的研究听起来更严厉。[2] 一位更早的历史学家，克莱夫·杜威（Clive Dewey）将英国统治印度的几个世纪划分为"五次摇摆"，时而采用"友好"的态度（与印度代理人和机构合作），时而传播"提升的福音"（Gospel of Uplift），即提出"改进"的规劝（告诉印度人该做什么，然后强制执行）。[3]

我不否认这些以及其他划分方法都各有道理。大多数时代都有一种时代精神，有时似乎还不止一种。然而，不管处于何种压力之下，以及被何种更广泛的力量所追赶，人依然都还是个体。

1970 年代初，我在牛津大学有幸师从理查德·科布（Richard Cobb）教授，他是专门研究法国大革命的伟大的历史学家，他说自己对历史的研究"从来都是从人与人的关系的角度出发"[4]。我不会像他一样只采用这一种角度，但我确实认为英国人在印度的行为与任何时代精神或当代帝国主义框架一样，都是由个人品质、野心、顾忌（或缺乏顾忌）及性格造成的。三十年前，我在研究乔治·寇松（George Curzon）的时候就看到过印度文官机构（Indian Civil Service, ICS）中的一些英国人，并且很快意识到，他们并非一个整体，像小说和电影所描绘的那样顽固、缺乏想象力、面色暗红、留着山羊胡。他们首先是不同的个体——科布肯定也会这样认为，始终试图解决人类行为与关系中永恒存在的各种问题。

本书主要关注个体。尽管书中讲述了各种群体——士兵、伐木工人、传教士等，但我更加关注不同个体对其在印度的经历作何反应。科布总是写那些处于法国大革命边缘的人，这让那些法国历史学家大为光火，其中一位甚至在一次会议上愤怒地指出，"妓女创造不了历史"。妓女可能确实改变不了国家的命运，但她们也是历史的一部分，因而值得历史学家关注。在本书中，我当然写了那些总督、主教和指挥官，但同时，我也用相当篇幅写了各个社会阶层的人们，即便他们没有"创造历史"。和科布一样，我认为这些人至少值得被记录下来，得到他们作为个体应有的关注。

因此，这不是一部关于大英帝国政治的书，更不是对大英帝国是与非的讨论；但以各种不同的方式，它又不可避免地二者兼有。我并不想对帝国主义的是非功过作出评判或参与讨论，我感兴趣的是在大英帝国印度领地①的英国人的动机和身份，他们是什么人，为什么去印度，他们做了什么，到达那里后怎样生活，以及他们对生活在次大陆的看法和感受。我认为，社会历史作家们应该努力客观地描述社会习俗和人们的行为，即使它们令人厌恶；我们应该从当时的时代背景出发去看待它们，

---

① 因此，本书不是一本关于欧亚人（20世纪被称为英裔印度人）的书，他们完全值得一部研究他们的专著。

而不是从一个通常自鸣得意的当下的有利位置来看待它们。从小我就抵制住了叔叔、舅舅、祖父和外祖父的鼓动，没有去狩猎和射击，但我一直努力不带偏见地去描写印度的"杀生运动"。有些读者可能会觉得我花了太多篇幅描写那些用长矛猎杀野猪、追赶豺狼的人，但他们和妓女一样，也是历史的一部分。

由于1947年印度独立后，英国人有很长一段时间仍继续生活在印度，我不得不决定在什么时候结束这本书。我选择了1960年代中期，当时，大多数"留守人士"已经离开或离世，而嬉皮士的"入侵"还没有真正开始。也许是受自己非常有限的嬉皮士经历的影响，1971年，我在"学术间隔年"和两个朋友去了印度。三个18岁的年轻人在土耳其、伊朗、阿富汗和巴基斯坦陆路旅行和露营，没有遇到明显的危险。喀布尔可以说是新入侵者的中转站。真正的嬉皮士们每天拨弄着吉他，抽着大麻，在那里待上一个月，直到签证过期，然后才决定是向南去果阿（Goa）的海滩，还是向东穿过恒河平原然后到达尼泊尔。由于是4月中旬，天气越来越热，我们动身去了加德满都（Kathmandu）。

从尼泊尔返回印度后，我们住在喜马拉雅山脚下的德拉敦（Dehra Dun），在那里，我结识了一位杰出的女性——维贾雅·拉克希米·潘迪特（Vijaya Lakshmi Pandit），她邀请我们到她家住了几天。潘迪特夫人是印度第一位也是最伟大的总理贾瓦哈拉尔·尼赫鲁（Jawaharlal Nehru）的妹妹，曾担任过驻苏联大使和驻美国大使，也曾是驻伦敦高级官员。她还曾是一名政治家，担任过联合国大会主席。尽管她那时70多岁，已经从政治和外交生活中退休，但她对这些话题仍然保持着浓厚的兴趣，并且毫不隐瞒自己对现任总理、她的侄女英迪拉·甘地（Indira Gandhi）的不满。我觉得我和我的朋友们肯定很惹她生厌。由于患了一种轻微的痢疾，又过了半年"在路上"的日子，我们已经疲惫不堪了。我们强势的女主人显然对几个嬉皮士小青年要么在她的客厅里闲逛，要么无精打采地拨弄吉他或者拍打尼泊尔手鼓没什么好印象。一天，她不耐烦地大步走进房间，戏剧性地指着窗外的景色，大声喊道："我以前认识的英国人早在早餐前爬上那座山了。"

我现在当然明白她的意思，不过当时可不怎么明白；她想说我们简直是有着天壤之别的两种英国人。怀着感激的心情想起了潘迪特夫人，我决定以那些在早餐前攀登喜马拉雅山的英国人作为本书的结束。

2018 年 1 月于牛津郡（Oxfordshire）

第一部分
志　向

第一章　人数

　　印度总会让人联想到财富，这有着悠久的文学传统。安德鲁·马维尔①想象着他羞怯的情妇在恒河岸边找到了红宝石；而亚历山大·蒲柏②则在《夺发记》③（*The Rape of the Lock*）中让他的"女神"拥有"一整箱闪亮的印度宝石"。早些时候更为世俗，莎士比亚笔下的法斯塔夫把福特大娘想象成他的东印度群岛，把她那鼓鼓的钱包（更确切地说是她丈夫的钱包）憧憬成他的"财政大臣"；莎士比亚还把亨利八世对阿拉贡的凯瑟琳的情欲享受比作"拥揽所有的印度群岛在怀"。印度次大陆的财富对奥赛罗则产生了更为忧郁的影响，奥赛罗在谋杀了妻子之后突然懊悔，将自己比喻为抛弃了珍贵珍珠的"卑鄙的印度人"。在莎士比亚和马维尔之间的时期，东方的珠宝让查理一世的大臣登比伯爵（Earl of Denbigh）眼花缭乱，于是在1633年，他从东方带回来一袋又一袋的珠宝，还让凡·戴克④把自己画在漂亮的印度睡衣上。

---

① 安德鲁·马维尔（Andrew Marvell，1621—1678），英国玄学派诗人。——译者注
② 亚历山大·蒲柏（Alexander Pope，1688—1744），英国18世纪诗人。——译者注
③ 又译作《鬈发遇劫记》。——译者注
④ 安东尼·凡·戴克（Anthony Van Dyck，1599—1641），英国国王查理一世时期英国宫廷首席画家。——译者注

1872年，时任英国保守党领袖的本杰明·迪斯雷利①在水晶宫发表讲话，谴责他的自由党对手们企图"让帝国解体"，他称"英格兰的皇冠上从来没有过像印度那样真正昂贵的宝石"。¹迪斯雷利的意思被其他人略微改变，以致后来"皇冠上的宝石"（有时是"皇冠上最耀眼的宝石"）这一短语被用来指代印度帝国时，不再意味着它是一项昂贵的财产，而是一宗珍贵的、迷人的、有声望的财产。英国作家保罗·斯科特②见证了英属印度的最后几年，他将自己的作品《拉吉四重奏》（*Raj Quartet*）中的第一部小说命名为《皇冠上的宝石》（*The Jewel in the Crown*），格拉纳达电视台在1980年代将这部系列小说制作成电视剧时，更是采用了《皇冠上的宝石》作为整部剧的名字。

印度光芒在英国人的想象中最为闪亮的时期当属1876年之后，那时，迪斯雷利已是首相，他满足了维多利亚女王希望当印度女皇的愿望。关于1857年叛乱的记忆已经褪去，而新开通的苏伊士运河使印度显得更近了，至少在时间上是这样，摄影师们不断寄回充满异国情调又令人振奋的东方生活的点点滴滴，土邦主、大象、跨越宽阔河流的铁路桥梁、坐在榕树下为愚昧的民众伸张正义的无私无畏的地方官员。英国民众越来越热衷于书名像"我的边疆生活"或"孟加拉四十二年"这样的书籍。英国已经开始认识到印度的价值，它为大英帝国带来了骄傲，经济方面更是如此，它吸收了英国的大部分海外投资，特

---

① 本杰明·迪斯雷利（Benjamin Disraeli, 1804—1881），英国保守党领袖，曾两度出任英国首相，是英国殖民帝国主义的积极鼓吹者和卫道士。——译者注

② 保罗·斯科特（Paul Scott, 1920—1978），英国小说家、剧作家、诗人。——译者注

别是在铁路建设时代。英国还意识到印度与日俱增的军事意义，印度部队曾如何帮助英国建立起至高无上的地位，以及此时如何部署印度陆军（Indian Army）可以帮助帝国远征波斯、非洲和远东。这些军事介入与印度士兵在20世纪的两次世界大战中所扮演的角色相比或许微不足道，但在当时却非常重要。维多利亚时期最后一名驻印度的总督乔治·寇松就曾经这样感叹印度之于英国的价值，他写道："拥有了印度，我们就是一流大国。如果失去印度，我们将沦为三流国家。"还有一次，他在伯明翰市政厅对听众说，失去了印度，英国将不过是"被美化了的比利时"。[2]

当时，不论是在议会、大学，还是在印度，都有很多人为征服和夺取数千英里以外另一个大陆上的广大领土而辩护。他们常说，英国根本没必要为成为侵略者而感到内疚，因为印度一直受到侵略（尽管之前的侵略通常来自开伯尔山口之外的西北部，而不像欧洲人从大海入侵）：英国印度裔作家V. S. 奈保尔（V. S. Naipaul）在1970年代将印度称为"一个受伤的旧文明""一个老朽的落败的国家"。[3]英国人也无须担心自己是外国人，因为印度王朝对其臣民来说往往都是外国人，而且次大陆的居民们彼此也是外国人：孟买（Bombay）的孟加拉人和罗马的威尔士人一样都是外国人。维多利亚时期印度杰出的省督约翰·斯特雷奇爵士（Sir John Strachey）称，一个"土生土长的加尔各答人，对强悍的印度北部边境地区的民族来说，比英国人更像外国人"[4]。斯特雷奇坚持认为，不管怎样，英国在印度的角色至少到当时为止基本是仁慈的：它就像一名监护人或受托人，在努力提高和改善当地人的生活。根据历史学家和文职官员威廉·亨特（William Hunter）的说法，英国人从莫卧儿帝国的衰落和解体所造成的混乱中拯救了次大陆,并且英国人当时是"为了各民族的共同利益"而统治的;如果没有英国人的统治的话,印度很快就会被民族和宗教的各种对抗势力所撕裂。斯特雷奇的法学家朋友詹姆斯·斯蒂芬爵士(Sir James Stephen)宣称,印度就是需要英国人凭借祖先的品质——"意志坚定,心智坚强,头脑活跃,神经镇定,体魄强健"——来统治。总督梅奥勋爵(Lord Mayo)则带着同样的傲慢对他刚刚任命的旁遮普省(Punjab)副省督亨利·杜兰德爵士(Sir Henry Durand)说:"告诉你的属下,我们都是英国绅士,从事的是治理劣等种族的伟大工作。"[5]①

在成为小说家之前,保罗·斯科特曾于第二次世界大战末期在英国驻印度及马来亚的军队服役。在马来亚时,他思念家乡,但思念的却不是英格兰,而是印度。回到位于伦敦北部郊区的家乡后,他意识到,正如他三十年后所回忆的:"印度也是我的家乡。这种感觉很难描述,但那时印度是每个英国人的家乡,即使他们从来没有去过那里。我们曾经统治过它,并且从中受益,它已成为我们的素质和教养的一部分。它曾经就在我们的血液中,这很神奇,或许现在依然如此。"[6]

正如这段文字所说的,印度可以主宰那些即使没有去过印度的人们对于帝国的想象力。真正去过的人其实非常少。在19世纪下半叶,数百万英国人离开不列颠群岛,到海外寻求新生活。超过100万人前往澳大利亚和新西兰;另有100万人前往

---

① 很不幸,杜兰德几乎没有机会这样做。1871年新年的第一天,他刚刚上任不久,驮着他的象轿(架在象或骆驼背上,可供数人乘坐的凉亭状座位。——译者注)的大象冲向一个拱门,但拱门不够高,他因此而丧生。一年后,梅奥也去世了,他被安达曼群岛(Andaman Islands)流放地的一名罪犯杀害。

加拿大和南部非洲；超过300万人移民到了美国，其中的大多数是爱尔兰人。然而，19世纪末，所有在英属印度——由现在的印度、巴基斯坦、孟加拉和缅甸所组成的领地——的英国人的数量不超过15.5万人，远远少于当时纽卡斯尔（Newcastle）的居民人数，大约只是格拉斯哥人口的五分之一。而且，其中的很多人没有主动选择去印度，最明显的就是那些在次大陆出生的孩子，和数千名在约克和都柏林以及其他地方入伍的士兵，他们根本不知道自己的军团后来会被派往印度。

当时，英国社会各个阶层似乎都对能拥有印度这块宝石感到自豪，却又不想花太多时间来欣赏它：他们只要知道这个宝物在银行里并且能够用来吹嘘就可以了，但君主是个例外。尽管维多利亚女王，亦即印度女皇，从未到过柏林以东的地方，但她热切地关注着自己的印度臣民，特别是她熟悉的两个阶级——来访的土邦主和她自己的仆人。她的孙子乔治五世巡视过印度，而且乔治五世、他的父亲及他的长子也曾作为威尔士亲王去过印度。相比之下，上层贵族对印度则漠不关心。除白金汉公爵（Duke of Buckingham）在1870年代担任过马德拉斯省（Madras）的省督之外，再也没有其他继承过公爵或侯爵头衔的贵族屈尊治理过他所向往的两个印度大省（孟买和马德拉斯）中的任何一个①，尽管这两个省的规模和重要性完全值得贵族总督的关注。（1900年，孟买管辖区的人口为2540万人，马德拉斯省的人口为3860万人，而英国的人口为3800万人。）政治家们也不愿意关注印度：维多利亚时期，在下议院辩论印度议题时，众人经常离席，纷纷涌入茶室。就连那些希望有朝

---

① 见后文，pp.104-7。

一日能在威斯敏斯特（Westminster）和白厅（Whitehall）治理印度的人，也不愿意去往那里，寇松在年轻时倒是去过两次，因为他想借由担任印度总督在日后当上外交大臣和首相。① 在克莱门特·艾德礼（Clement Attlee）之前，没有哪位未来的首相在其政治生涯的任何阶段到过印度帝国，不过未来的惠灵顿公爵（Duke of Wellington）在担任步兵上校时，曾在1796年去过印度；一百年后，温斯顿·丘吉尔（Winston Churchill）在担任轻骑兵团中尉时也去过印度。②7

就连那些本职工作是在伦敦管理印度的人，也不愿意去熟悉这片与他们的工作息息相关的领地。阿瑟·戈德利（Arthur Godley）是一名圆滑而镇定的官员，在白厅管理印度事务部（India Office）长达二十六年，却一直没有去过这个让他倾注了整个职业生涯的地方，也没有表现出任何想去的念头。上行下效。在1878年入职印度事务部时，E. C. 温切斯特（E. C. Winchester）是一名初级文员，四十二年后退休时是一名文员。在工作时间

---

① 他只实现了第一个愿望。1923年，在博纳·劳（Bonar Law）卸任后，寇松满心以为自己会被选为继任首相，但乔治五世却更青睐于斯坦利·鲍德温（Stanley Baldwin）。

② 艾德礼本人不愿意去，他担心如果拉姆齐·麦克唐纳（Ramsay MacDonald）在1929年上了台，自己在印度西蒙委员会（Simon Commission）（1928~1929）的工作可能会影响到前途（事实上，短期内也的确如此）。但他很快就被次大陆吸引住了，并成为所有首相中最了解印度事务的一位。

丘吉尔当上首相的时候，距离去印度已有44年，但显然他在那时也渴望当首相。1890年代末的一天，乌塔卡蒙德狩猎队（Ootacamund Hunt）的队长带着猎犬回家时，一名不知名的骑兵军官过来搭讪，那人骑着马抽着雪茄，说自己打算离开军队，进入议会，最终成为首相。这名军官就是第四轻骑兵团的丘吉尔中尉。

内维尔·张伯伦（Neville Chamberlain）在成为议员之前也访问过印度，那是1904~1905年，当时，他还是伯明翰的一名商人，制造金属船用铺位。

以外，印度和他的生活似乎毫不沾边。在工作之余，他演奏管风琴并创作一些教会音乐，包括九首赞美诗，毫无疑问非常惬意。[8]另一个有趣的例子是约翰·梅纳德·凯恩斯（John Maynard Keynes），这个年轻人的兴趣非常广泛，但印度却不在其中。在1906年通过文官考试后，他加入了印度事务部，因为这个机构负有盛名，每天工作时间又短，而且他钟情的外交事务部（Foreign Office）还可能派他去国外，远离他在剑桥的朋友们。20个月后，他辞职了，去当了一名大学讲师，后来又当上了他心爱的剑桥大学的教授。[9]其间，他对次大陆产生了浓厚的兴趣，其第一本著作《印度货币与金融》（Indian Currency and Finance）研究的就是印度。

印度事务部是一个由国务大臣主持的政府部门，其前身是位于伦敦利德贺街（Leadenhall Street）的东印度大楼（East India House）。1858年之前，印度事务部的官员都由东印度公司委派，1858年通过的《印度政府组织法》（Government of India Act）将印度的治理权从东印度公司转移到了君主手中。① 东印度大楼及其继任者有一些相似之处，其中之一就是雇员们都能够轻松地将工作与个人兴趣区分开来，并发展一些副业，通常是文学方面的兴趣，而根本不会费神去看看印度，甚至出了办公室就根本不会再想它。散文家和评论家查尔斯·兰姆（Charles Lamb）从1792年进入会计师办公室当文员开始，就在利德贺街干了一辈子。诗人兼小说家托马斯·洛夫·皮科克

---

① 1773年的《东印度公司管理法案》（Regulating Act of 1773）和1784年的威廉·皮特（William Pitt）的《印度法案》（India Act）已经稀释了东印度公司的权力，将其活动的最终控制权交给了一名被称为控制委员会（the Board of Control）主席的内阁大臣。

（Thomas Love Peacock）也是如此，1856年退休时，他已在东印度大楼工作了37年，做到了首席信件稽查官。他的继任者约翰·斯图尔特·穆勒（John Stuart Mill）也在这座大楼中工作了三十多年，尽管他在工作之余的兴趣是哲学。

用闲暇时间写尽天下万物却唯独不写印度的人，自然也不想去那里，但这个理由对约翰·穆勒的父亲詹姆斯·穆勒（James Mill）不成立，他脾气暴躁，完全理解不了为人随和的同事皮科克的幽默。穆勒也是稽查处的一名主管，早在他在东印度大楼站稳脚跟之前，就写了长篇著作《英属印度史》（*History of British India*）。尽管从未到过印度，也不懂印度的语言，但他觉得自己完全有能力写一部历史，来展现次大陆的野蛮，那里的人民、文化、习俗和宗教。很多英国驻印度的官员认为这本书既无礼又无知，但它在英国获得了巨大的成功，还成为位于赫特福德郡（Hertfordshire）的黑利伯里学院（Haileybury）的重点书目，而东印度公司的文官就在这所学院接受培训。历史学家麦考莱（Macaulay）认为想要解决印度的问题，就需要让印度的精英阶层英国化，因而他认为穆勒的作品是"自爱德华·吉本以来，以我们的语言写作的最伟大的历史著作"。[10]但倘若《罗马帝国衰亡史》（*The Decline and Fall*）的作者从未到过罗马，这部作品就绝对不会如此伟大。①

在伊丽莎白女王统治末期，东印度公司经皇家授权成立，

---

① 另一位从未到过印度的人物是马克斯·缪勒（Max Mueller，1823—1900），他是加入了英国国籍的德裔学者，后来成为牛津大学万灵学院（All Souls）董事和牛津大学哲学教授。他是那个时代最杰出的梵文学者，曾翻译《吠陀》经文，并著有一本广受赞誉的书——《印度：能给我们什么教诲？》（*India: What Can It Teach Us?*）。然而，显然他并不认为真正的印度之行能带给他什么教诲。

到1615年，该公司已在印度西海岸的苏拉特（Surat）和东海岸的默吉利伯德纳姆（Masulipatnam）开展贸易。继这两个据点之后，在接下来的四十多年间，30多处据点相继建立，当时被称为"商馆"（factory）。这些据点主要位于次大陆的东南部与孟加拉，其所在地过去隶属于莫卧儿皇帝或各地方统治者。马德拉斯的商馆建于1640年，位于科罗曼德尔海岸（Coromandel Coast），是东印度公司的第一个领地。晚些时候的另一个领地孟买，是国王查理二世的葡萄牙妻子布拉干萨的凯瑟琳（Catherine of Braganza）的嫁妆，国王以每年10英镑的价格出租给了东印度公司。至17世纪末，东印度公司在孟加拉的胡格利河（River Hooghly）上建立了最重要的商馆，即加尔各答。尽管这三个地方都发展成为伟大的帝国城市，但它们当时还不能被算作新兴帝国的一部分。它们只不过是数量可观的欧洲人定居点中的三个，而且各方面并不突出。从马德拉斯沿科罗曼德尔海岸往南，有法国人的本地治里（Pondicherry）、丹麦人的特兰奎巴（Tranquebar）和荷兰人的纳加帕蒂南（Negapatam）；从加尔各答沿胡格利河往北，有丹麦人的塞兰坡（Serampore）、法国人的金德讷格尔（Chandernagore）以及荷兰人的钦苏拉（Chinsura）。

东印度公司雇员的职位和薪酬都被仔细划分了等级，从文员（Writer）（最基层的职位）到代理人（Factor），再往上是初阶商人（Junior Merchant）和资深商人（Senior Merchant）。他们的生活既封闭又受限制。18世纪以前，商馆的大门每晚都会关闭，大家过着同吃同住的集体生活，日常事务由一名总督（或代表）及其参事们主持——这些头衔听起来远比他们的实际工作职责高级："二等参事"实际上只是簿记员，"三等参事"不过是仓库管理员。几十年以来,据点的人口数量总是几十人,有时过百。即使好不容易突破了 100 人大关,死亡率也常常会使人数回落至 100 人以内:1700 年,孟买的英国人不足 100 人。同期,马德拉斯的英国人数量稍多一点:95 名男子、11 名寡妇和 8 名"未婚女子"。男子中有东印度公司的雇员、被称为"自由商人"的贸易商、几名"海员"和警卫,另外还有一名教士和一名医生。到 1740 年,该据点的英国平民人数达到 168 人,外加一支由约 300 名士兵组成的驻防连队,主要是葡裔印度人。[11]

自 18 世纪中叶开始,在印英国人口不断增加,主要原因是军事上的成功使得东印度公司的贸易不断扩张,并且行政管理职责也随之扩大。当时,公司的主要竞争者并非手足相残的莫卧儿王朝(其成员连续三代都寿命极短),而是争夺帝国战利品的对手,特别是法国殖民者和印度王公们。法国在 1746 年占领了马德拉斯并暂时统治该地,这不仅促使英国建立了印度陆军,而且还从英格兰向印度派驻了皇家部队。旧日宿敌又找到了新的角力战场。尽管东印度公司招募了军队来对抗老对手,但如果没有国内的支持的话,它仍无法赢得这场较量。"七年战争"(Seven Years War,1756~1763)期间,英国派出了几个团;1780 年代,又派出了几个团与印度对手交战,其中,一半是苏格兰军团。随着东印度公司的控制范围从几个主要的据点扩张到孟加拉,以及向南扩张到卡纳提克(Carnatic),英国驻印士兵数量从 1740 年代的几百人增加到了 1790 年的 1.8 万人。即便如此,在这片广袤的土地上,英国军队依然显得人数稀少。迈索尔战争(Mysore wars,1767~1799)和马拉塔战争(Maratha campaigns,1775~1818)中夺取领土的大部分军队,实际上都是由英国军官指挥的印度士兵［以"印度兵"（sepoys）著称］。

与迈索尔苏丹们和马拉塔王公们的战争，使东印度公司获得了印度南部、西部和中北部大片广阔的新疆域，以至于维多利亚女王1837年登基时，公司已统治了印度次大陆近一半的地区，对于其他地区，也通过与地方统治者签订各种条约而实现了间接控制。然而，当时驻印英军只有区区3.6万人。1840年代在信德的战争以及针对旁遮普省锡克人（Sikh）的战争，加上随后吞并了包括占西（Jhansi）、那格浦尔（Nagpur）和奥德（Oudh）［后来称阿瓦德（Avadh）］在内的几个土邦，东印度公司的控制范围进一步增加，到叛乱时，其控制范围已占次大陆面积的约三分之二。但在1857年以前，英军的数量一直远远不及为其作战的印度士兵的数量，英印士兵的人数比例大约为1比6，即4万对23万。直到受到叛乱的惊吓——而且是突如其来的惊吓——之后，英国才决定把驻军人数提高到安全一些的1比2的水平。1863年，英国驻印士兵达到6.2万人（印度士兵有12.5万人），这一数字在1891年上升至大约7.4万人。随军家属到第二年达到1.1万人。

英国平民的人数也有所增加，特别是在孟加拉［被称为下省（Lower Provinces）］及其与上省（Upper Provinces）毗连的地区，后来这一地区被分离出来，被称为西北省（North-Western Provinces），再后来（在英国势力进一步向西北扩展之后）又被划为阿格拉和奥德联合省（United Provinces of Agra and Oudh）。在1757年普拉西战役（Battle of Plassey）之前，孟加拉的文职雇员只有不到80人；到1774年，则需要238人来处理东印度公司在该省不断扩大的职责。1820年，加尔各答已成为当时的首都——也是总督官邸所在地,已有4000多名英国居民。然而,孟加拉地区的性别比失衡现象仍然非常严重。据估计,当时英国在该地区"体面的男性居民,包括军官"与英国女性的比例为16∶1。[12]

在印度的英国平民人数增长得比军人慢得多。如果排除其中被东印度公司雇佣的人员的话,1815年的"非官方人员"只有约1500名,到1828年也不过增加到大约2000名。若不是东印度公司对那些申请出海的人进行审查,并且将其认为危险或不合适的人拒之门外,当时在印度的英国人口可能会多一些。东印度公司一心只关注贸易,不希望接纳任何可能破坏或危害贸易活动的人。在1813年之前,基督教传教士被特别排除在外,因为他们对自己信仰的狂热以及对传教的热衷被认为会带来麻烦。东印度公司对定居者也不欢迎——这在大英帝国里几乎是绝无仅有的,因为经过当地居民几百年的耕作,这个人口稠密的国家已经没有空间来容纳外来定居者了。种植靛蓝(可用来提取蓝色染料的植物)的人允许赴印,尽管最初不允许他们拥有土地。少量律师和商人也获准经营,特别是在加尔各答。但即使到1850年(当时东印度公司早已被伦敦政府要求必须接受传教士,并放松对土地所有权的限制),全印度也只有大约1万名与东印度公司或驻印军队无关的英国人。[13]

在接下来的几十年中,非官方人员的数量于1861年增长到了4.6万人,十年后又增加到了7万人。人口的增长主要集中在南部和东北部的茶叶种植区、恒河流域的一些工业化地区以及贯穿整个次大陆的"铁路殖民地":到1891年,生活在印度的英国"铁路员工"及家属数量超过了6000人。恒河上的一个村子坎普尔(孔坡)于1801年被割让给了东印度公司,一开始被用作边防军营,这样的地方对于有魄力的商人来说总是充满了商机。有了军队和营房后,大批裁缝、小店主、手套制造商和葡萄酒商人也随之而来,做起了买卖。很快还建立起了一个朗姆酒厂,这对英国部队来说可是必不可少的。随后,又建了其他一些重要的生活设施:剧院、赛马场,以及一些"相当壮观"的聚会厅——正如一名英国游客所说的那样。这个英国小镇在叛乱中被彻底摧毁了,居民遭到屠杀,但在1859年铁路通车后,坎普尔又重振起来,产业激增——特别是纺织厂、制鞋厂和工程项目,吸引了来自苏格兰和英格兰北部的熟练的技术劳动力。坎普尔是印度第一个有电车和电力的地方城镇,很快,它就被誉为"东方的曼彻斯特"。但至1901年,其英国人口也只相当于一个村庄的级别——仅463人,约为兰开夏郡曼彻斯特居民人数的千分之一。

在描述和统计住在印度的英国人口时,帝国当局使用的类别和术语有时非常令人困惑:例如,在马德拉斯地名录中,英国警察仅被列为"非亚洲人"。在帝国统治时期的大部分时间里,住在印度的英国人被称为盎格鲁-印度人(Anglo-Indians),而英裔印度人(British-Indian)的后代则被称为欧亚人(Eurasians)。然而,1911年,这些术语得到正式更改,欧亚人变成了新的盎格鲁-印度人,尽管这种叫法似乎显得更礼貌一些(并且也是他们自己所希望的叫法),但实际上更不准确,因为这一群体中的很多人是来自果阿和科钦(Cochin)的葡萄牙殖民者的后代。原先的盎格鲁-印度人现在被归为欧洲人,尽管这也不太准确,因为其中包括了来自加拿大、澳大利亚和美国的传教士。

印度的人口普查始于1871年,每十年进行一次,直到1931年为止。普查使用了一些令人费解又笼统的称呼,例如"外国基督徒"和"非英裔欧洲人及相关族裔"(non-British Europeans and allied races),其中有美国人和亚美尼亚人。"出生于英国"这种分类也意义不大,因为它没有包括那些在前往印度的海上航行中出生的人(在1881年的人口普查中,176人属于这种情况),那些出生在印度而父母是英国人的人也没有被包括在内——这种情况更多。还有其他一些原因也导致了人口普查数据的不准确。1901年的数据显示,当时英国男性的数量比十年前减少了4000人,但这是因为当时寇松勋爵从印度派出了近7000名英军,与南非的布尔叛乱分子作战。更令人费解的数据显示,孟买省的德国人口在那十年中几乎翻了一番,从333人猛增到658人。普查员只能得出这样的结论:在普查当天,一定有大量船只停靠在孟买和亚丁(Aden)(当时由孟买政府管辖),海员们上了岸并且被计入了普查。[14]

1901年的人口普查计算出当时在印度的欧洲人有169677人,还不忘加上了一句"每11名欧洲人中,有10人是英国臣民"。在对其余的14986人的讨论中,报告写道"大多数效忠于其他旗帜的人,要么是传教士,要么是外国商贸公司的人员"。但实际上,这部分人的职业不止这两种。英国人一贯喜好法国的厨师、裁缝师和美发师,自然就有不少法国人来到了印度。英国人类似的偏爱也激励了意大利的旅店和糖果店经营者到西姆拉(Simla)和加尔各答淘金;就连不怎么欢迎外国人的孟加拉俱乐部(Bengal Club),也任命了意大利餐厅老板西格诺尔·雷西亚(Signor Ressia)当管家,他及时更改了国籍,才没有在1940年被当作敌国侨民而遭到扣押。[15]除了来往的水手外,德国还贡献了森林局的高级官员以及贾姆谢德布尔钢铁厂(Jamshedpur Steel Works)的工程师。还有一类欧洲居民是欧洲各国驻加尔各答领事馆的雇员,包括奥匈帝国、比利时、丹麦、法国、德意志帝国、希腊、意大利、荷兰、葡萄牙、西班牙、瑞典-挪威,以及——根据欧洲定义的——美国。

1901年在印英国人口为15.5万人,这个水平一直相对稳定地保持到了第二次世界大战初期。当时的男女比例大约为5∶2,主要是由于存在大量的未婚士兵。到1931年最后一次人口普查时,男女比例略微平衡了一些。儿童的性别比例没有差异,50岁以上的人群也没有显著的性别比例差异;只是在中间年龄段中,男性人口占主导地位。在宗教信仰方面,三分之二的在印英国人信奉英国国教,五分之一信奉天主教(主要是爱尔兰士兵),八分之一要么是苏格兰长老会教徒,要么是英格兰及威尔士的非英国国教徒。

由于这些人口普查都将军人包括在内,其结果会令人对英国人在印度的分布情况产生错误印象。1900年,从数字上看,旁遮普省(当时包括西北边境)是英国人口最多的省,但这仅仅是因为它包含了安巴拉(Ambala)、米安米尔(Mian Mir)、贾朗达尔(Jullundur)、锡亚尔科特(Sialkot)和白沙瓦(Peshawar)的英国驻军。英国平民最集中的地方是加尔各答和孟买这样的大城市。1901年,加尔各答的英国人达到了11591人,有时被称为帝国第二大城市(仅次于伦敦),那里还生活着100万印度人。除了孟买(人口与加尔各答相近)和马德拉斯(英国人数量为4228人)外,其他城市的英国人数量都不过几百人:德里818人(当时还不是首都),阿格拉562人,前面提过,东方曼彻斯特的英国人更少。面对如此小的客户群,当然没有几家英国商店能被说服去印度开店。马德拉斯有斯宾塞百货(Spencer's),孟买、加尔各答和卡拉奇(Karachi)有几家陆海军商店（Army & Navy Stores），但印度没有足够多的潜在客户能吸引塞尔福里奇百货公司（Selfridges）或莱昂斯（Jo Lyons）这样的公司到东方开拓市场。

如果从1901年在印英国总人口中减去士兵及家属的人数，再减去住在例如仰光（Ragoon）、拉合尔（Lahore）、卡拉奇和勒克瑙这样的大城市和省级城镇的人数，那么，大约有4万英国人散布在面积相当于欧洲（不包括俄罗斯）大小的地域上。他们分布得如此稀疏，以至于很多印度人几乎见不到英国人，除非他们碰巧住在城市里或军营附近。在行政区划上，印度被划分为大约250个县（district），县的平均面积比诺福克郡（Norfolk）和萨福克郡（Suffolk）加起来还要大，县又被划分为乡（subdivision）。县总部所在地被称为民站（civil station）（通常简称为"站"），一个民站的全部英国人的数量可能仅包括一名县官［在大多数地方被称为治安官兼税收官（magistrate and collector）］、一名法官、一名民事外科医生、一名警司和两名助理治安官，或许再加上他们的妻子，还有这些家庭不超过8岁的孩子。如果这个县有铁路线通过，那可能还会有一名火车站站长；如果周围树木繁茂，那可能还会有一名森林官员；如果地处灌溉区，还会有一两名工程师住在附近，随时准备修理被季风冲坏的运河堤岸。除非民站是大城镇或者地处铁路交会处，或者民站有军营，或者在山里——天气炎热时可被用作避暑地，否则，初来乍到的英国人能够找到的同胞也就这些了。

在这些县的生活，无论怎么说都很孤独寂寞。除了自己的工作和既感兴趣又能开展得起来的户外运动外，这里的英国人就没什么事可做了。自1870年代开始，他们可以去英国人的"俱乐部"，但是人数往往——当官员出差或他们的妻子进了山或回了英格兰时——连凑成4人的扑克牌局或者网球双打都不够。而在乡里，孤独就更彻底了：一个年轻人形单影孤，离他最近的同胞可能都在30英里之外，自杀的念头常常会令人不安地冒出来。驻扎在缅甸山区的一名边防官员身边仅有两个人会说英语——他的缅甸办公室文员和一名印度医生。[16]对很多妻子来说，孤独更是难以忍受，她们的丈夫至少还有工作可以做，而且是他们自己选择了一个明知需要去印度的职业。但是，女性通常别无选择。她偶遇了某个在英格兰休假的官员或军官，年龄通常比自己大，并且急于在返回岗位之前找到一个妻子。她很快就会知道，接受他的求婚就意味着必须抛下自己的家人，并且——无论婚礼是在英国还是在印度举行——只能匆匆结婚，度过一个短暂的蜜月，（在蜜月之前或之后）开始漫长而令人煎熬的海上航行。在这一切之后，往往还要继续忍受难熬的陆路交通——坐火车和牛车，最后终于到达帝国一个偏远的前哨站。其实，那不过就是一间空荡荡的小平房，蚊虫多，卫生条件又差，在这里，她会发现生活非常单调无聊，除非她很快生下第一个孩子，当然，生产条件极其原始。在第二次世界大战前夕，在萨塞克斯郡（Sussex）长大的维奥拉·贝利（Viola Bayley）与一名边防警察结了婚。她发现在开伯尔（Khyber）附近的汉古（Hangu）县"开始婚姻生活简直是一种创伤性经历"，这里"几乎看不到不带步枪的帕坦人"。很快，她还发现，除了喝加羊奶的茶外，就没有什么可喝的了，吃的东西也只有"又老又硬的公鸡"或者"从圣经里那种绵羊的尾巴上取下来的烤着吃的羊脂"。当时，县官和他的妻子正在休假，她丈夫的印度上司①[17]的妻子又因为深闺制度足不出户，而

---

① 第一次世界大战后，印度警察中的高级职位开始"印度化"。至1946年，在高级警官（包括助理警司及以上的警官）中，印度人的比例占30%。

且也不会讲英语，所以，她找不到一个可以跟她说话的女性。此外，因为还没有学习普什图语的机会，她甚至无法与丈夫的仆人交流，难怪她只能试图靠一只阿尔萨斯犬寻求安慰。[18]在印度，英国妇女发现自己生活在一个陌生而遥远的国家，那里的居民数量与她们的比例是7000∶1，因此，她们时常感到孤独、害怕、困扰——甚至恼怒，也就不足为奇了。

第二章 动机

东山再起

霍勒斯·沃波尔（Horace Walpole）于1783年断言："没有哪个去东印度群岛的人是带着善意去的。"[1]这位诙谐调皮的唯美主义大作家的话，肯定不会在五十年或一百年后说出来，但在当时，这话却几乎千真万确（去西印度群岛的人也莫不如此）。很多与他同时代的英国人去印度，不是为了发家致富，就是想东山再起，找回在别处挥霍或错失的运气。"摇宝塔树"（shaking pagoda tree）是当时很常见的一个词——宝塔在这里指金币或银币——意思是天降横财，而且还暗示宝塔似乎唾手可得，无须太多顾忌。

这种动机在18世纪非常典型，其风险和回报也远比后来大得多。一个人从伦敦出发，乘船到印度需要五到七个月的时间。其间，船只可能会先被吹到巴西，然后才能向东方折返，绕过好望角后驶向印度洋，进入马达加斯加西部。在整个航程中，这名旅客都很清楚：他可能会遭遇沉船、海盗，以及在战争时期受到敌船（通常是法国船只）的袭击等各种危险。到了马德拉斯或加尔各答以后，他还需要熬过更多的危险，例如霍乱、痢疾、伤寒和疟疾，还要避免因中暑而导致的死亡，以及其他各种因英国人在印度气候中粗心大意而引起的疾病。接下来，他就得赚大钱，同时还要能守住财，然后才能带着财富踏上返乡之路,一路上,又要再次面对来途中所经历过的同样的危险。"摇宝塔树"确实让不少人发了财,但对更多人来说,这条路却以死亡或失望告终。

约瑟夫·福克(Joseph Fowke)就是18世纪的一个典型人物。他是东印度公司的文官,妻子的父亲和兄弟也是文官。他大约在1736年去了印度,到该世纪中叶时赚了足够的钱,于是返回英国,与仍在印度从事钻石贸易的大舅哥合伙做起了生意。尽管东印度公司邀请他担任孟加拉或马德拉斯的省督职位,但他提出的薪金和职权的要求过高,因此最后哪个职位都没得到。几年后,妻子去世了,一些投资也打了水漂,于是他开始赌博,却以惨败收场。无奈之下,他只好于1771年回到印度,试图东山再起,但没能成功。他的同代人乔治·皮戈特(George Pigot)倒是接受了马德拉斯省督一职,并在与法国的七年战争中一直担任这个职位,但也不得不在50多岁时重返印度,主要是为了弥补他在英国的挥霍所造成的亏空。1775年,他再度担任省督,但很快被马德拉斯参事会(Madras Council)弄下了台,并遭到罢黜和监禁。几个月后,他死在狱中。

出于财务或其他原因在英国躁动不安,因而渴望返回印度的人,在18世纪末和19世纪初非常常见。尽管那些回去了的人自己也知道,会在一来一回的航行中白白浪费一年时间。约翰·多伊利爵士(Sir John D'Oyly)于1785年从东印度公司退休,并担任伊普斯威奇(Ipswich)议员六年,但是,由于"财务状况每况愈下",他不得不在1803年返回印度。十五年后,因患一种明显由于"过度使用水烟筒"而引起的疾病,他在印度去世了。[2] 约翰·马尔科姆爵士(Sir John Malcolm)甚至连议会席位都没能得到。在未能当上孟买省督后,他回到了英格兰,百无聊赖地过了五年乡绅的日子，然后又返回印度，终于在1827年如愿当上了省督。在当时最成功的"暴发户"（nabob）——那些在印度发了大财的人中，包括弗朗西斯·赛克斯爵士（Francis Sykes），他第一次去印度赚到的钱就让他在约克郡（Yorkshire）购买了房产，还获得了盾徽。1764年，他决定二下印度，五年内又积聚了更加丰厚的第二笔财富，让他得以买下多塞特郡（Dorset）、伯克郡（Berkshire）以及沙夫茨伯里（Shaftesbury）和沃灵福德（Wallingford）"口袋选区"①的房产，后两个地方都选他进了议会。³

威廉·希基（William Hickey）比赛克斯年轻一代，由于好吃懒做、谎话连篇、奢侈无度，他父亲实在忍无可忍，就把他打发到了印度；他后来也承认，自己在1763年离开威斯敏斯特学校时，简直"颜面扫地，咎由自取"。在加尔各答，他过着花天酒地的日子，对酒和女人的"嗜好"不减，但好歹成了一名还不错的律师。然而，他的故事之所以能流传至今，是因为他留下的那些真实的回忆录。希基深知自己的弱点，所以在记录当时与他同去印度的纨绔子弟们的不齿行为时，非常尖锐。约翰·罗伊兹（John Royds）"以前……在约克郡拥有一个漂亮的庄园，但由于生活过于奢华，致使家业败落，无奈地离开了英格兰，和很多情况类似的人那样去亚洲闯荡"。乔治·罗素少校（Major George Russell）没有这样的财产可以继承，但他通过在印度建造军营和"其他公共建筑物"，赚了"一笔非常可观的财富"，却被他"在英格兰的赌桌上挥霍殆尽"，因此，他不得不返回印度，"争取获得第二次独立……"⁴希基的老同学

---

① "口袋选区"（pocket borough），指那些由地方权贵内定或操控人选的选区。——译者注

库珀上校（Colonel Cooper）也过于沉溺于赌桌。在加尔各答举行的威斯敏斯特校友聚会晚宴上，

> 我们坐在一起，席间，他跟我说，整个冬天（在英格兰）的牌桌上的运气实在太差了，他不仅输光了钱，还输掉了所有能用来筹钱的家当，最后，他只能靠卖掉皇家卫队的差事来还债。由于财务上输得精光，他最后只得接受了一个在印度的朋友的建议，即将他派到马德拉斯当一名军校学员……[5]

希基记录的大多数试图东山再起的努力，都以失败甚至常常以死亡告终。"曾经拥有一大笔财富的凯特（Cator）先生"，在"一些不成功的投机中"损失惨重，他"被劝导返回孟加拉"，但还未抵达印度，就因乘坐的船只遭到法国海盗船的袭击而丧生。[6]"英俊的杰克"约翰·圣莱杰将军［General John（"Handsome Jack"）St Leger］作为威尔士亲王（即后来的摄政王、再后来的乔治四世国王）"寝宫侍从"挥霍十年后，几近破产，所以要离开英格兰；在马德拉斯附近，他因"突发抽搐"而死，当时不过40岁出头。这位王储的放荡不羁的另一名受害者是亨利·阿斯顿上校（Colonel Henry Aston），他是一名出色的板球运动员，也是未来的威灵顿公爵阿瑟·韦尔斯利（Arthur Wellesley）的朋友。在陪伴未来的君王左右、过了太久的骄奢淫逸的生活之后，阿斯顿返回了印度，他被迫与两名下属进行决斗，死在其中一人的剑下。临终前，他将自己那匹灰色骏马迪奥梅德（Diomed）遗赠给了韦尔斯利。

与阿斯顿和圣莱杰不同，许多年轻人去印度并非出于自愿，

而是在父亲的强迫之下去的印度。希基在旅途中遇到了一名年轻的军校学员,"他像我一样曾经大手大脚、花天酒地,所以家人认为应该将他送出英格兰……不再与一帮纨绔子弟为伍……"。他还认识一对"烦恼的父母",他们设法为因犯了"一些恶行而险些丧命"的儿子搞到了去印度当军校学员的机会。另一个"伦敦的浪荡公子""挥霍光了家底","像许多其他挥霍无度的人一样",为躲避"债主的穷追不舍"而接受了东印度公司的委任。大多数此类情形的结局都很悲惨。在马德拉斯,希基遇到了六个伦敦熟人,"都因无尽的挥霍落得一无所有而不得不背井离乡"。其中一人叫奥哈拉(O'Hara),他是皇家卫队的一个花花公子,由于负债累累,父亲只得为他搞到一个到东印度公司军校当学员的差事,这是"那时输光了家底的公子哥儿们万不得已的最后选择"。在印度,他当上了上尉,但没过多久就去世了。卫队的另外两名前军官也未能幸免,都是"拜印度气候所赐",还有一名是轻龙骑兵团(Light Dragoon)的士兵,他在迈索尔战争中丧生。[7]

比这些浪荡公子哥儿更不幸的是女演员乔丹夫人和克拉伦斯公爵(Duke of Clarence)(未来的威廉四世)所生的两个儿子。乔治(George)和亨利·菲茨克拉伦斯(Henry Fitzclarence),一人20岁,一人17岁,都是第10轻骑兵团(the 10th Hussars)的军官,该团共有22名军官。1814年,他们向摄政王抱怨自己的指挥官在与拿破仑的战争中的行为。作为惩罚,兄弟俩遭到军事法庭起诉,被开除了军职,并被勒令在印度至少待四五年:哥哥到加尔各答,弟弟到马德拉斯。亨利的童年相当悲惨,11岁开始就先后在海军和陆军服役。听说母亲于1816年去世后,他一病不起,20岁便在印度病亡。乔治幸存下来了,并返回了英国,当上了上校,还被封为芒斯特伯爵(Earl of Munster),但他未满50岁便饮弹自尽。他们的弟弟弗雷德里克(Frederick)在1852年自愿前往印度,尽管此前从未参加过军事行动,但仍被任命为孟买陆军总司令;他在两年后去世,依然未上过战场。[8][①]

把家里的"败家子"——或者说得好听点是"难管教的孩子"——流放到殖民地的做法,并不止于摄政王时期。后来P. G. 伍德豪斯(P. G. Wodehouse)的作品中也写了将迷途少年放逐到殖民地的故事,书中伯蒂·伍斯特(Bertie Wooster)的两个堂兄弟被阿嘉莎姑姑打发到了非洲。20世纪初,一名绝望的英国牧师让儿子在阿萨姆(Assam)的茶叶种植园工作,希望借此来改造他。但是这个年轻人把时间花在了追求采茶女上,经理于是把他调到了加尔各答总部,结果他又转而去追求欧亚女孩。他根本不好好上班,很快便没了薪水,于是决定靠偷自行车来维持开销,而且居然屡屡得手——因为没有人怀疑这个年轻的大人居然会是小偷,直到有一天,他终于被当场捉住,并被送进了监狱。[9]

其他"败家子们"则对自己的处境更为接受,或者说至少更顺从一些,尤其是如果他们在经济上依赖于流放自己的父亲或其他家庭成员的话。在缅甸偏远地区的一名旅行者遇到了一个同僚的儿子,他管理着一个小型橡胶种植园,与缅甸妻子和两个孩子住在那里。这名旅行者始终没发现这个人到底做了什么,以至于被"逐出家族",但是他听说"在流放期间,此人

---

① 菲茨克拉伦斯家族中唯一在印度过得不错的人,是他们的姐姐阿梅莉亚(Amelia),她的丈夫福克兰子爵(Viscount Falkland)于1848~1853年间担任孟买省督。她在印度和中东旅行时常常带着画本,还在回忆录 Chow-Chow 中生动地记录了自己的所见所闻。

会定期得到资助,条件是他必须待在地球的另一端"。[10]还有一名"绅士"则沦落到去看守加尔各答胡格利河下游的一座灯塔。当时,还是初级文官的沃尔特·劳伦斯(Walter Lawrence)在陪伴他生病的上司顺河而下呼吸海上空气时,"一个看似粗野的英国人"冲出灯塔,对着他们咆哮。一回到加尔各答,劳伦斯就做了一番调查:"此人生于伍斯特郡(Worcestershire)一个殷实的家庭,挥霍败家后,带着几百英镑被送到了澳大利亚,很快又输在墨尔本的赛马上;后来,他得到了前往印度的一艘轮船上的差事,但没过多久也丢掉了。最后,他就在灯塔里当看守。"[11]

一些在印英国人觉得自己的确咎由自取,理应被流放;对他们来说,不会再回英国了,或者至少在赎罪的这些年不会回去。1815年生于根西岛(Guernsey)的梅杰·菲茨休·蒙克(Mauger Fitzhugh Monk)在普利茅斯(Plymouth)接受了律师培训,但22岁时,他离家出走,逃到了印度,并用菲茨休·奥赖利(Fitzhugh O'Reilly)的名字入伍,参加了孟加拉炮兵团(Bengal Artillery)。他后来写给父亲的信中充满了歉意,甚至有时把自己说得一无是处。信中,他经常提到自己花天酒地的过去,但这显然不是他出走的唯一原因:有一种说法是,他之所以用假名流放自己,是为了躲债。多年来,蒙克在印度一直向家人保证:自己已是洗心革面的人了——"现在一瓶白兰地能喝上一个月";但他过了很久都没有打算返回根西岛。两年后,他花钱从军队脱身而出,先后当过(但很少成功)校长、旅馆老板、商人,还养过马。在马苏里(Mussoorie)的避暑地,他遇到了贝西·卢因(Bessy Lewin),并娶她为妻。贝西的祖父是伦敦的一名拉比,外祖母是欧亚人。和梅杰一样,她的父亲本杰明（Benjamin）也是"失意"地离开了英国，在印度应征入伍〔还将名字从利瓦伊（Levi）改为卢因（Lewin）〕，尽管根据他女儿汉娜（Hannah）的说法，他"离家是因为一个女孩惹了麻烦"。可怜的贝西和她的两个孩子在结婚后不到五年就死了，此后，据汉娜回忆，梅杰非常心烦意乱，"遇到的女孩里有三分之一都想娶"。尽管几乎身无分文，他在34岁时还是娶了一个15岁的女孩，并且动身去了加尔各答。最后，在离家十二年之后，他打算回国。不料想，在去往密拉特（Meerut）的途中，他死于"动脉瘤破裂"，当时他与安·韦勒（Ann Weller）结婚仅四个月。此时在印英国人的性别比失衡现象仍未好转，寡妇们守不了多长时间的寡。安在16岁时就嫁给了她的第二任丈夫。[12]

这些历史让人感到英国人去印度的动机似乎不外乎贪婪、恐惧或者想逃避在英国的责任。然而，即使在沃波尔所说的动机"不善"的时期，也还是有一些不幸的人，他们去次大陆的目的非常正当，丝毫没有想要敲诈当地人的想法。一些男子可能在英国失去了工作或财产，但并非因为嗜酒或赌博，而是因为身体不好或运气不佳或遇上了不公平的官司。约翰·佐法尼（Johann Zoffany）是一名非常友善的画家，他在1772年库克船长（Captain Cook）的第二次南海航行中被征召为画家，但由于一些他无法掌控的原因不能成行。为了弥补已经投入这项计划的资金，他卖掉了乡间别墅中的一些物品——包括他的马、猎枪以及酒窖，并接受了夏洛特王后（Queen Charlotte）的委任，去佛罗伦萨为托斯卡纳大公（Grand Duke of Tuscany）的艺术藏品"乌菲兹的八角画廊"（Tribuna of the Uffizi）作画。他显然误判了王后和国王乔治三世（King George Ⅲ）的品位，因为精美的画面中尽是参加大陆旅行①（Grand Tour）的英国绅士们的身影，结果因此而失去了皇家赞助人，加上他很奢侈，于是被迫到孟加拉和奥德这样遥远的地方去寻找新雇主。据他的同行保罗·桑比（Paul Sandby）说，他希望有"滚滚金尘"。他在加尔各答和勒克瑙住了六年，既赚了钱，又过得很惬意。然而，对于一个50多岁的人来说，那里的气候实在太折寿了，他于是返回了伦敦，正如沃波尔所说，他回到伦敦时"财富多于健康"。[13]

在18世纪和19世纪，因为把所有资产都压在某一项投资中而在财务上遭受灭顶之灾的情况，还真是很多：倒闭的银行，破产的企业，铁路公司崩盘的股票，被干旱或其他天灾摧毁的种植园。出生比佐法尼晚一个世纪的亨利·坎宁安（Henry Cunningham）是一名在伦敦很成功的大律师和记者，他把所有的钱都投到了茶叶生意中，但是合伙人卷款而逃，导致他破产。在别无出路的情况下，他只得去了印度。在熬过了漫长乏味的航行——"吞下难以下咽的食物，［并］学习印度斯坦语"——之后，坎宁安当上了旁遮普政府的律师和法律顾问。[14]在接下来的二十一年中，他一直在处理印度法律和行政管理方面的事务，成为马德拉斯的首席律师和加尔各答高等法院的法官。他还被授予了爵士头衔，并凭借自己对当地相当深入的了解，写了几本书，包括《尘封的编年史》（*Chronicles of Dustypore*，1875），这是第一本真正意义上描写英国人在印度的生活的小说。他和佐法尼二人是到目前为止为数不多的接纳了印度冒险并获得了成功的人。

---

① 大陆旅行（the Grand Tour），指旧时英国贵族子弟到欧洲大陆旅行，以完成自己的教育。——译者注

大多数去印度的年轻"纨绔子弟"或想要在财务上"重整旗鼓"的人都是英格兰人，通常来自英格兰南部地区。在希基的回忆录中，很少有来自苏格兰、威尔士或爱尔兰的花花公子，也没有泰恩赛德（Tyneside）或约克郡东北西三区的人。当时，英格兰人比其他几个岛的人更富裕，如果说他们更富有的话，那么他们失去财富的机会也更多，尤其是一些热门军团的军官们——这些团驻扎在伦敦或靠近伦敦的地方，离首都的赛马场、俱乐部、赌场和妓院都很近。苏格兰的年轻人和所有人一样，也热衷于到印度发财，但他们通常都从零开始，不需要弥补过去的愚蠢。沃尔特·斯科特爵士（Sir Walter Scott）写道，东印度公司就是"苏格兰的饲料槽，我们这些穷巴巴的士绅都得把小儿子送去，就像把黑牛都送到南方一样"[15]。对那些热衷于参与帝国事业的人来说，与英格兰联合的好处显而易见。倒不是说有很多人认为自己——至少在19世纪之前不是这样——是肩负着职责和使命的帝国主义者。他们只想赚些钱，然后"风光体面地在家享受生活"。正如一名苏格兰年轻人在出发赴印度时所说的，他希望能在40岁之前回来，"像绅士一样自由独立，能够以自己所希望的方式享受生活、享受和家人朋友在一起的时光"。[16]

并非所有的苏格兰人都有如此抱负。不少人只是想找一份在英国无钱无势的人很难找到的工作而已。来自英格兰与苏格兰交界处（the Borders）的乔治·达林（George Darling），出身于农民家庭，他在前往印度的船只上当随船医生，以便经过几次航行之后，他能赚到足够在伦敦开诊所的钱。[17]还有人之所以东渡印度，是因为苏格兰的家族企业中容不下更多的儿子。阿利斯特·马克雷（Alister Macrae）是一个木材商的小儿子，于1930年代到达缅甸，同其他很多来自格拉斯哥和邓巴顿（Dumbarton）的苏格兰人一样，他在伊洛瓦底轮船公司（Irrawaddy Flotilla Company）任职。[18]

苏格兰的地产很少能支撑起大家庭，甚至常常连地主及其继承人也供养不了。他们经常负债累累，需要来自家庭以外的、英国其他地区和海外的资金的支持。在印度当文官的坎贝尔（Campbell）三兄弟来自法夫郡（Fife），因为家里太穷，所有的叔公都去了美国或奥斯曼帝国寻找财路。[19]邓弗里斯郡（Dumfriesshire）的地主——韦斯特豪尔（Westerhall）的约翰斯通（Johnstone）家族——则抓住了帝国在另一个半球的机会。1720年代至1730年代在苏格兰西南部长大的七兄弟所从事的职业各不相同，其中三人供职于东印度公司，四人成为议会议员，五人时常居住在美洲和加勒比海殖民地。在东印度公司的三兄弟中，一人于1756年在后来被称为"加尔各答黑洞"的事件中丧生，当时年仅18岁，另一个兄弟向无法到达贝拿勒斯①（Benares）的朝圣者兜售恒河水，第三个兄弟约翰成了最富有、最臭名昭著的暴发户。[20]到如此遥远的地方谋生的不止这些生活在虽然风景如画但贫瘠无收的峡谷里的乡绅家族。据其家族编年史的记载，苏格兰最古老的贵族之一——巴尔卡里斯（Balcarres）的林赛（Lindsay）家族，"（在18世纪晚期）很多年几乎都没有踏足过欧洲"。两个兄弟在北美，另外两个在印度打仗，第五个在皇家当海军［在圣赫勒拿岛（St Helena）附近溺亡］，第六个（东印度公司的一名雇员）则在缅甸边境贩卖大象。[21]

---

① 现通译为"瓦拉纳西"。——译者注

苏格兰大多数有土地的家族没有多大的抱负。他们不会想着去比较孟加拉和牙买加哪里的机会更多，而是一心只想解决自己的问题——通常是祖业留下来的债务，然后选择一个地方（印度或其他地方）作为解决方案和得救之道。三百年以来，珀斯郡（Perthshire）厄恩湖（Loch Earn）的阿德沃利奇（Ardvorlich）庄园一直归约翰·斯图尔特（John Stewart）家族所有，族长（第十二代传人）决心从破产中拯救家业。斯图尔特出生于印度，但在英国接受了教育，后以东印度公司学员的身份返回了印度。后来，他在坎普尔做实业发了家。他在次大陆生活了三十多年，建立了一个马具工厂，将工厂经营得非常成功。1880年代，驻亚洲英军的所有皮革设备都由他的工厂供应，他也因此挽救了家业。[22]①

当然，不是所有苏格兰地主都希望或渴望成为实业家，但他们因担任海外殖民地长官而领取到的薪水可以补贴累累负债或收益微薄的地产租金；而且，他们还可借此机会暂时关闭空落落的大宅，还因为不用供养那么多仆人而省下了不少钱。第八代埃尔金伯爵（Earl of Elgin）之所以需要去国外工作，就是因为他父亲翻建了在邓弗姆林（Dunfermline）附近的家宅，并把帕特农大理石雕（Parthenon Marbles）运到英格兰，以远低于其购置、运输和保存所花费的价格出售，这几乎让家族破产。埃尔金担任了牙买加总督和英属北美地区总督，1862年又成为印度总督，他的儿子——第九代伯爵后来在1894年也担任了印度总督。此后，很多境况窘迫的贵族们都效仿这一路径，先担任后来被称为加拿大总督的职位，再担任印度总督。达弗林勋

---

① 2018年，该家族仍然居住在阿德沃利奇。

爵（Lord Dufferin）在1870年代和1880年代先后担任过这两个职位，他的英裔爱尔兰同胞兰斯当勋爵（Lord Lansdowne）在1880年代和1890年代亦是如此。1807年，财务困境也促使博德斯行政区的吉尔伯特·埃利奥特（Gilbert Elliot）——第一代明托男爵（Earl of Minto）——担任了印度总督，六年后回到英国时，他已是第一代明托伯爵。一个世纪后，他的曾孙——第四代伯爵——效仿他接受了印度总督一职，在此之前，按照当时的惯例，他先担任了加拿大总督。①

钻石与宝塔

托马斯·皮特（Thomas Pitt）是一个"无照经营者"——这个词在17世纪曾用来指那些侵犯了东印度公司垄断经营权的个体商人。自1674年开始，此人就通过航船往返印度经商，成为东印度公司的眼中钉，因而在1683年被东印度公司逮捕，并遭到处罚。然而，皮特有足够的财力，他不仅付清了罚款，还在索尔兹伯里（Salisbury）附近购买了房产，并当上了老塞勒姆（Old Sarum）的议员，那是所有英格兰"衰废市镇"（rotten boroughs）中最臭名昭著的一个选区，一直到被《1832年改革法案》（Reform Act of 1832）撤销时，都没有一名常住选民。

最终，东印度公司还是觉得将他拉拢过来更划算，甚至在1697年还把他派到了马德拉斯的定居点担任行政长官。他在那里住了十多年，赚了比以前更多的钱，但科罗曼德尔海岸的生

---

① 在1773~1947年，印度政府的首脑被称为总督（governor-general）。1858年，总督又被增加了一个"印度总督"（viceroy）的头衔，象征他是君主的代表。首位印度总督坎宁勋爵（Lord Canning）更喜欢新头衔，其继任者通常也都被称为印度总督，尽管"总督"才是一直以来唯一的法定头衔。

活条件实在艰苦。正如该市后来的一名居民所说的,印度的生活条件之艰苦,是"……信件、避暑地、俱乐部、马球、高尔夫、网球、舞蹈、报纸、杂志、冰块和烟草都无法改善的";这种拥挤的流放生活毫不令人羡慕,"最能解闷的只剩下参事会中喋喋不休的争论、偶尔冒出来的决斗和时时不断的战争威胁"。[23]

皮特只带了长子去马德拉斯,没有带妻子和其他孩子。几年后,他的长子也回了英国。皮特宁愿自己一个人生活,因为他爱吵架、脾气暴躁,身体还饱受痛风的折磨。一旦远离家人,他就可以无所顾忌地痛骂"家门不幸"了。他只身在外,愤怒地写信回家,努力挣钱支撑着疯狂而无用的一家子,"无耻妇人和逆子断送了"他得到幸福的机会。[24] 他最大的安慰是在1717年买下了一颗重达400克拉的巨大钻石——尽管这笔买卖有些来路不明。回到英国后,经过漫长的讨价还价,他最终以天价卖给了法国摄政王奥尔良公爵(Duke of Orléans)菲利普(Philippe)。① 他用这笔钱在英国西南部又添置了几处产业,进一步巩固了这个即将在该世纪晚些时候主宰英国政坛的王朝的财富基础:他的孙子、后来的查塔姆勋爵(Lord Chatham)、再后来被称为"老皮特"的威廉·皮特(William Pitt),也在下院担任老塞勒姆议员。论远大抱负,老皮特的议员生涯非常成功,他成为两代人之后的暴发户们的先驱。这些人因从印度返

---

① 路易十五和路易十六的加冕王冠上均镶有这颗钻石,后来拿破仑一世将它镶在自己的剑柄上。这位皇帝的第二任妻子玛丽-路易丝(Marie-Louise)流亡时带走了这颗钻石,但她的父亲、奥地利皇帝又将它归还给了法国,后来被镶在复辟的波旁国王和拿破仑三世的王冠上。自1877年起,这颗钻石一直被陈列在卢浮宫。

回后过着"纳瓦布"① 一般的生活而得到这样的称呼,他们低俗地炫耀自己的财富,并收买议会席位。查塔姆将自己的祖父如何创造家庭财富的经历抛在脑后,在1770年攻击暴发户们"没有根基背景,对国家毫不关心……只把外国的黄金带回来,强行买通进入议会的渠道,其腐败之猖獗,令私有世袭财富毫无招架之力"。²⁵②

钻石并不是当时发财的常见手段。欧洲人以前曾经到亚洲寻找过香料,但印度香料的品质不及更东边的国家,所以他们不得不去寻找其他替代品进行贸易。在印度,英国人很快靠靛蓝和硝石(硝酸钾)发了财,前者可种植和加工成染料,后者则是制造烟花和火药的必需原料;他们还在盐和鸦片上赚得了可观的利润。对在英国的英国人来说,印度贸易带来的最看得见、摸得着的商品是到达伦敦各码头的布料,例如布拉马普特拉河(Brahmaputra River)周边地区产的印花棉布、丝绸和平纹细布。商人们只要算算英国人对此类物品的巨大需求量,就知道能赚大钱。简·奥斯汀(Jane Austen)在1811年曾说,她用每码7先令的价钱买了些"格子平纹细布"。²⁶

直到18世纪末,几乎所有东印度公司的文官都既是商人,又是行政管理人员;他们可能要主持法庭、维持秩序、征收税赋,但同时又是个体商人。东印度公司的许多士兵、船医甚至

---

① 纳瓦布(nawab),印度莫卧儿帝国皇帝赐予南亚土邦半自治穆斯林世袭统治者的一种尊称。暴发户(nabob)一词与纳瓦布发音相近。——译者注
② 另一个在历史上画下了一笔的无照经营者是伊莱休·耶鲁(Elihu Yale)。在托马斯·皮特之前,他是马德拉斯定居点的行政长官。由于行为专制,且违反了东印度公司的规定,公司于1692年将其解雇。几年后,他退休回到了威尔士的雷克瑟姆(Wrexham)。1721年,他在伦敦去世。如果他没有给后来成为耶鲁大学的康涅狄格州的一所学校捐赠了一些书籍和几大捆物品的话,他可能早就被世人遗忘了。

牧师,也莫不如此。研究邓弗里斯郡约翰斯通家族的历史学家记录了这个家族的暴发户约翰的各种职业和身份:"经营大捆衣料的商人、东印度公司军队的军官、政治或情报官员、专门收购小公牛的人、文官、经营内陆盐业的商人、签约的税收官员……以及负责莫卧儿帝国土地收入的高级行政官员。"[27]

英国在普拉西(1757)和伯格萨尔(Buxar)(1764)击败孟加拉军队后,给了这一地区的英国人一种新的安全感,使他们敢于住在乡间而不是逼仄的军营里。加上当时东印度公司在孟加拉的权力和职责范围不断扩大,在印英国人相信:现在只需要使劲摇几下宝塔树,就可以发大财了。

在这种新形势下,印度诸王公宫廷中的英国行政官员和驻扎官[①]往往近水楼台先得月,若能获得一两种商品的垄断权,就更是如此。勒克瑙的一名驻扎官就拥有当地硝石生意的垄断权;另一名贝拿勒斯的驻扎官则除了硝石外还垄断了鸦片生意。但东印度公司在1770年代将盐、硝石和鸦片的控制权收归公司后,这样的机会也就一去不返了,不过,仍有许多其他商品允许个人经营。此外,官员们还从诸如税收或收税活动中抽成来赚取外快。根据威廉·希基的记载,穆尔希达巴德(Murshidabad)宫廷的驻扎官一职是"公司人员中最有油水的",因为在公司支付给纳瓦布的津贴中,"总有相当一部分""沾在了他的手指上"。[28][②]

在约翰·约翰斯通聚敛财富的诸多手段中,最臭名昭著的

---

① 见后文,pp. 179-185。
② 自1765年开始,东印度公司控制了孟加拉的税收,使其纳瓦布实际上依靠领取公司的养恤金生存。到1780年代,即威廉·希基记录的那个时代,纳瓦布的养恤金已经大大减少了。

就是接受孟加拉穆斯林纳瓦布所赠送的丰厚"礼物"。在普拉西一战之后的十五年里，英国人是孟加拉的权力掮客，能够制造、打压和抛弃觊觎王位和高级官位的竞争对手。因此，竞争者们都做好了花大价钱换取英国人在军事和政治上的支持的准备：罗伯特·克莱武（Robert Clive）收受了新任纳瓦布总计23.4万英镑的巨额礼赠，从而帮助后者在普拉西获胜（后来他还收受了更多礼赠）。然而，几年后，在议会被指控涉嫌腐败时，他回答说他对于自己的"节制"感到"震惊"。

和文官们一样，东印度公司的军官们官方薪水微薄，但也能通过其他方式赚取外快。其中之一就是"战时津贴"（batta），即发给作战军官的津贴，但在1760年代——英属印度最腐败的十年，所有军官都设法拿到了双倍作战津贴，即使他们身在军营而并未作战。[29]五十年后，军官们尽管只能拿到"五成战时津贴"，但仍能使收入大为改善。当时，一名驻军上校的月薪为37英镑10先令，但他还能获得25英镑的"帐篷补贴"和93英镑10先令的"五成战时津贴"。[30]其他赚取外快的途径还包括军方合同和军需系统，即从英国士兵的供应补给中，按人头提取每人几个卢比的抽成。根据希基的说法，很多部队的"军需官"都"被认为是最肥缺的职位"。[31]这种做法或许可以得到容忍，但明目张胆的欺诈和挪用公款通常是行不通的。公司官员建造要塞或军营时，如果利用未曾用过的材料和未曾雇佣的工人来收费的话，是不可能轻易逃脱指控的。[32]

和文官一样，接受王公们的馈赠，对军官们来说也是挣大钱的最快途径。士兵们如果打了胜仗或提供了其他服务，会得到公司所支持的孟加拉纳瓦布们的奖励。战斗结束后，他们也可能从缴获的敌人的财富中得到额外的奖赏。阿瑟·韦尔斯利因在1799年占领塞林伽巴丹①（Seringapatam）后获得了4000英镑的奖励，这笔钱使他成为爱尔兰帕克南（Packenham）家族女婿的机会大了很多，此前，这名身无分文的军官在追求这家女儿姬蒂（Kitty）时曾遭到嘲笑。驻印度的总司令康伯米尔勋爵（Lord Combermere），曾以斯特普尔顿·科顿（Stapleton Cotton）的名字与韦尔斯利一起参加了塞林伽巴丹以及后来的半岛战争（Peninsular War），1826年，他因参加婆罗多布尔（Bharatpur）包围战而获得了惊人的6万英镑奖金，但之后却在1832年加尔各答亚历山大银行（Alexander's Bank）倒闭时落得几乎分文不剩——连同自己的储蓄一起。[33]

直到近18世纪末，东印度公司的政策一直是只付给文官很低的薪水，却允许他们赚取可观的、非正式的"额外收入"。尽管纳瓦布们的财富和权势日渐衰微，以致到1770年代时几乎收不到什么赠礼了，但官员们还是有各种来路不明的发财之道，直到在英国政府的压力之下，东印度公司不得不开始整治腐败，命令官员不得再接受贿赂，并要求他们放弃商业活动，而作为补偿，公司将适当提高薪水。但是，一些不甘沉寂的人对这些及其他限制感到不满，他们在公司控制以外的地区找到了广阔的活动空间。许多人靠给印度西部和中部军阀当雇佣兵过上了好日子。还有一些更倾向于和平的人，则在阿尔果德（Arcot）受到了欢迎，那里的纳瓦布雇了8名来自欧洲的内外科医生，其中，皇家学会医学博士保罗·乔德雷尔爵士（Sir Paul Jodrell）应阿尔果德纳瓦布对乔治三世的请求，辞去了伦敦医院内科医生的工作，到印度为这名纳瓦布的宫廷效力。对欧洲

---

① 斯里伦格伯德姆的旧称。——译者注

人来说，也许最有吸引力的地方是勒克瑙，即奥德纳瓦布们的首府，那里的宫廷生活奢靡，对艺术的投入可谓挥金如土。但印度进入维多利亚时代这一点对他们来说是致命的。勒克瑙吸引了众多艺术家——包括佐法尼，他在那里住了两年半；还有1830年代被任命为宫廷画师的乔治·邓肯·比奇（George Duncan Beechey）。欧洲人在勒克瑙的就业机会并非万无一失，特别是如果他们的赞助者在他们抵达前就已去世或失宠的话，他们就会在恒河平原上陷入找不到工作的困境；一名教授从剑桥千里迢迢地赶来，却发现他被任命为校长的那所新大学最终都不会建起了。但大多数申请者还是得到了很好的待遇，他们通常会得到宽敞舒适的房子。工程师们尤其受欢迎：邓肯·麦克劳德上尉（Captain Duncan McLeod）就是其中一人，作为一名建筑师，他的月薪达到了150英镑，当时他手下的印度泥瓦匠师傅仅挣到15先令，而东印度公司军队或英国军团的上尉如果不算每月津贴的话，薪水也不过15英镑。詹姆斯·赫伯特（James Herbert）上尉和东印度公司军官麦克劳德一样，也受到了勒克瑙的慷慨之请，被一名纳瓦布任命为天文学家，这名纳瓦布极其热衷于"促进各种艺术和科学的发展"，于是决定建造一座天文台。[34]

到1830年，正如法国旅行家维克多·雅克蒙（Victor Jacquemont）所指出的，印度"不再有暴富的机会"，尽管那里的薪水仍然很高。[35]"钻石"皮特和"节制"克莱武的时代结束了；摇晃宝塔树也不再能摇下如雨点般的金币砸到那些冒险和贪婪的人。在接下来的一百年里，人们仍然继续前往印度，寻求事业的发展，享受比在英国能得到的更高的生活水准，但他们无法再聚集起足够的财富，能支撑他们到各郡购买房地产或者买通下议院的席位。

具有敏锐洞察力的雅克蒙指出,在加尔各答,人们不是要到那里"享受生活",而是要"赚了钱到别处享受"。[36]然而,这里的情况也开始发生变化。人们不再像以前那样只将印度当做发财的短期机会了,而是更多地将其视为发展职业生涯的主要舞台,他们必须留下来工作,才能获得晋升和退休金,从而抚养一个家庭,在退休后能够舒舒服服地住进伊斯特本(Eastbourne)的别墅或切尔滕纳姆(Cheltenham)的联排别墅。更何况,印度还有廉价的劳动力和便宜的建筑材料,使他们能够住在宽敞的房子里,有很多仆人伺候着。那些原本在英格兰养不起马和马夫的家庭,在印度都能负担得起两匹马和两名马夫。

男性到印度发展职业,往往一开始都非常不情愿,并且还有些怀旧,因为他们不可避免地要长期远离父母、兄弟姐妹以及其他所有人,只能见到与他们素昧平生的同行人。但是,经过权衡比较后,他们或许觉得这些牺牲都是值得的,尤其是当他们带着某种责任感去印度时。还在切特豪斯公学(Charterhouse)上学之时,普罗比·考特利(Proby Cautley)就注定要跟随父亲和祖父的脚步——从事神职工作。但当他父亲于1817年去世时,家庭陷入了窘境,于是他决定辍学,并准备到印度当工程师,这样他就能寄钱回家给母亲了。就他而言,他似乎为自己、为家人作出了正确的选择,因为他对神职没有什么兴趣,并且他在世时就成为英属印度的一名伟大的工程师,他建造的运河灌溉了恒河平原的广大地区。[37]

随着在印英国人口的增加,军队和行政以外的工作机会也多了起来。1750年代以前不需要的各种职业,这时也开始发展起来,特别是在一些大城镇和军队所在地。英国家庭现在需要制帽商、制袜商、窗帘商、书商、马车制造商、会计、警察和钢琴调音师,需要动物标本制作师——把从丛林中猎来的黑豹和其他动物制作成地毯或挂在墙上的战利品。殡葬员从英国来到印度埋葬同胞,台球桌制造商也来到这里迎合新时尚,啤酒制造商和酿酒师则到最赚钱的地方做生意,通常是在山上的车站或军营附近。

19世纪下半叶,印度的铁路为成千上万的英国男性提供了就业岗位,包括司机、调车员、消防员、铁路工人和检查员。工业吸引了工程师、钳工和织工来到孟加拉和西北省份的黄麻厂、棉纺厂和其他工厂工作,而南部和东北部的茶叶种植园则需要越来越多的种植园主来经营;仅加尔各答就有50多家茶叶公司。从1890年代起,新兴的石油工业为东北部提供了就业岗位,包括缅甸石油公司(Burmah Oil Company)、规模稍小的阿萨姆石油公司(Assam Oil Company),以及后来的缅甸-壳牌公司(Burmah-Shell)(一家为印度设立的联合运营公司)。妇女也开始外出工作。自17世纪以来,她们几乎完全以女儿、姐妹、妻子或未婚妻的身份来到印度,但现在,她们可以追随自己的职业志向而移居印度,一般担任教师、护士、医生或传教士。① 这一时期的商业活动也大大繁荣起来,银行和管理机构迅速增加,这些都是在印度经营企业的典型形式。② 格林德利国家银行(National Grindlay's Bank)就是按逻辑顺序发展起来的:1860年代先从加尔各答和孟买开始,1870年代发展到马德拉斯,1880年代扩张到其他地区(德里、卡拉奇和仰光),1890年代在坎普尔开业。《撒克印度名录》(*Thacker's Indian*

---

① 见后文,pp. 65–71。
② 见后文,pp. 100, 515。

Directory）就是当时工商业迅速发展的书面证据。事实上，它密密麻麻地印着各种职业、公司和雇员的名单，满是地址和无数商品的广告，让人觉得它代表了一个欧洲大国的人口。然而，在印度的英国"非官方"居民——不包括那些与军队或政府有关的人——在整个次大陆各地从事上述工作的人及其家属的人口总数，还不足7万人。

热 忱

在1786~1793年担任印度总督的康沃利斯勋爵（Lord Cornwallis）所实行的两项政策——且不论好坏——永久地改变了次大陆英国政府的基调和性质。他决定将印度人排除在军队和政府的所有高级职位之外，这自然加剧了种族和文化鸿沟，并且助长了英国人对被统治人民的傲慢、冷漠和优越感。

另外，他始终坚持认为东印度公司的文官应该只领取薪水，而放弃私人贸易并抵制贿赂，这个政策建立起了一支被公认为廉洁公正的文官队伍，甚至连印度民族主义报纸后来也认为这支文官队伍"绝对无可怀疑"，并且"该国公共服务系统具有高尚的道德水准"。[38]

东印度公司的雇员们曾经只是商人和会计师，负责统计利润和大包大包的货物。后来，他们身兼行政管理与商人之职，但现在，文官将只是行政管理者，主要负责辖区内人民的福祉。在康沃利斯离任五年后成为总督的理查德·韦尔斯利（Richard Wellesley）①，修改并强化了这一转型过程：他认为，"对印度本地人民来说，最大的幸事莫过于扩大英国的权威、影响力和

---

① 他亦是康沃利斯的前任。1805年，康沃利斯再次担任总督，但在抵达印度两个月后去世。

权力"[39]。现在，到印度来的英国年轻人应将自己视为帝国的统治者、新罗马人、公正执法的治安官和法官。未来的世代应被教导要摒弃旧思想，不应再认为印度人必须遵守古老的旧习俗，只要这些习俗是拜偶像的、愚昧的或者在基督教看来是邪恶的。他们的工作承担起了道德义务，不再仅仅关注诸如开凿运河、灌溉土地和防止印度人挨饿之类的实际问题，而且也要关注明显"过于陈旧"的习俗，例如童婚、焚烧寡妇和杀害女婴等。

帝国主义的信条在19世纪发生了变化，但这种"使命感"继续鼓舞着年轻人前往印度，直到第一次世界大战以后。每个时代都有讽刺和不敬，连信徒们或许也会对米尔纳勋爵（Lord Milner）的主张一笑了之，因为他声称帝国主义具有"宗教信仰的深度和意义"，其"道德意义超过了物质意义"。[40]但是，人们可能很容易对约翰·巴肯（John Buchan）（他自己就是米尔纳在南非的"幼儿园"的成员）笔下一个文学人物的浪漫主义观点产生共鸣，即帝国主义一开始给人的感觉是感性的，而且立竿见影：他们的意思是"让人热血沸腾"[41]。正是这种情绪鼓舞了一名学生参加印度文官机构的考试，这样他就可以"去印度走遍乡村，主持正义，爱民如子"。[42]正如一名退休文官于1870年代在其回忆录的结尾所写的，"如果一个人感到……他的工作不是为了自己，而是在为他管辖下的众多子民谋福利的话，这会令他感到自己品格高尚。尽管有各种繁文缛节，文官们的个人力量——不论好与坏——还是很大的"[43]。

1855年，印度的文官队伍开始公开招考：年轻人之所以被招募，是因为他们都通过了一系列有难度的考试，而不是因为他们在东印度公司董事会的叔叔或父亲的朋友提名他们担任职位。1873年之后，英国内政部也采用了同样的方法，一名年轻人如果同时通过了两个部门的考试，他就不得不做出选择。后来，当他像马丁·费恩（Martin Fearn）那样既可以入职苏丹政治服务局（Sudan Political Service）又可以入职殖民地事务部（Colonial Office）时，选择范围就扩大了。[44]20世纪初，后来成为奥里萨（Orissa）省督的约翰·哈巴克（John Hubback）之所以选择印度，是因为那里会有"更多户外运动，……可以尽早独当一面"，但白厅却将他限制在办公桌前，也一直没有提拔他。[45]这里重要的是"尽早独当一面"。一个刚从牛津毕业的人，在几名印度助手和警察的协助下，或许就可以管理一个人口约100万人、面积达2000平方英里的乡。因此，许多人就能体会到一名维多利亚时代的官员所说的"感到自己在上帝的世界里工作、统治、使自己有用的那种快乐"。[46]他们认识到自己有机会去做善事，通过鼓励农民使用新式工具、施肥和灌溉祖先的土地，就可以减少贫困。正如约翰·克里斯蒂（John Christie）在1920年代观察自己的同僚新人时所说的："我们中大多数人都认为自己在行使天职，而不仅仅是从事一项职业而已。"[47]并非所有文官机构的官员都有同样的感受，而且很多青年时期有这种使命感的人，到后来开始感到厌倦、闷闷不乐、理想幻灭。但还是有不少人依然记得自己当初的梦想，并保持着一腔热忱，记录了数十载生涯中一直鼓舞自己的动力。

> 将生命的溪流引向干渴的田野，培育茂密的森林，修建道路桥梁，救死扶伤，传播知识，主持正义，维护和平与秩序，为数十万甚至数百万人争取福利——仅仅完成这些工作，就足以慰藉可能遇到的所有艰难的挑战。[48]

英国文官们或许给自己的工作注入了一种使命感，但只有在19世纪中叶，他们中的一些人受到宗教意义上的传道士热情的推动。这样的人往往出身于福音派家庭，家庭生活十分虔诚，他们坚信在印度的工作与其说是履行对国家和帝国的职责，不如说是在服侍上帝。一些在两次英国-锡克战争（Anglo-Sikh Wars）之后负责"安抚"旁遮普的军官认为，英国人到印度是上帝的旨意，因此，他们有责任将印度人转变为基督徒。最虔诚的福音派成员赫伯特·埃德华兹（Herbert Edwardes）曾经在伦敦的一次传教士会议上，以上帝的语气对听众说：上帝已将印度"交托到英国手中"，给了印度人"世上最好的东西——圣经，那是关于世上唯一真神的真知"，然而，英国人却"忽略了我［上帝］交办给你们的差使"，而只是出于私利才统治印度。[49]当然，他的观点只是那个特定时期少数人的观点。后来大多数的官员还是会更赞同鲁德亚德·吉卜林（Rudyard Kipling）的看法，即英国人在印度的职责应该是"救死扶伤，而非拯救灵魂"[50]。基督徒们试图转变印度人信仰的做法只会激起当地人的不安，使得文官们的工作难上加难。年轻的莫罕达斯·甘地（Mohandas Gandhi）就和很多人一样，觉得很难"忍受"传教士们站在学校附近，滔滔不绝地"对印度教徒和他们的神灵口出不逊"。[51]

一开始，东印度公司对宗教传教士很不信任。董事们希望他们的印度臣民能够"不受干扰地保留各自的观点和习惯"，不应受到英国人的干涉或"其他人的骚扰"；传教士讲道、发宣传册及其他行为"极大破坏了英国在印领地的平静"。[52]在18世纪期间，东印度公司将基督教在其领土上的活动限制在自己的牧师范围内，并成功地驱赶了传教士，迫使一些英国传教士到孟加拉塞兰坡的丹麦定居点传道。但是,来自英国福音派运动的压力越来越大,到1813年东印度公司更新特许状时,议会坚持认为,不仅英格兰圣公会(Church of England)应该在印度设立一名主教和一套教会体系,宗教传教士也必须被允许进入印度。反奴隶制运动的活动家威廉·威尔伯福斯(William Wilberforce)声称,对印度进行基督教转化甚至比废除奴隶贸易更为重要。他的儿子、牛津主教塞缪尔(Samuel)继承了这一事业,以雄辩的口才激励人们加入英格兰圣公会福音派宣教机构——圣公会传教士协会(Church Missionary Society),并前往印度。其中一人便是托马斯·瓦尔皮·弗伦奇(Thomas Valpy French),他于1850年前往印度,在大起义后回到英国。1862年,他重返印度,把妻子和八个孩子留在了英国——妻儿也抵不过他想要改变穆斯林信仰的愿望。尽管健康状况持续不佳,弗伦奇还是做到了拉合尔主教,在他的大教堂的一个过道中用印度斯坦语讲道,但他骨子里仍是一名传教士,他最快乐的时光是在克什米尔或西北边境骑着骡子四处传道。1889年,他辞去主教职务后回到了英国,但英国和家庭又一次没能够留住他。第二年,他乘船去了北非伊斯兰圣城凯鲁万(Kairouan)。他穿得像一名毛拉,在清真寺旁讲道,从满是褶皱的衣袍中拿出《圣经》分发。后来,他移居到了开罗;再后来,病弱体衰的他又移居到了马斯喀特(Muscat),于1891年在那里去世,直到最后一刻,他还在沙漠中宣讲。用他曾孙女、小说家佩内洛普·菲茨杰拉德(Penelope Fitzgerald)的话说,他是"一位圣人,配得上最神圣的字眼,但他也和所有圣贤一样,非常令人恼火"[53]。

直到19世纪末医疗支援队大量出现之前,传教士们前往印度的动机大都很单纯。他们中的大多数人都出于对"异教徒"的同情心、对拯救灵魂的渴望以及对"传播"福音的责任感。根据白沙瓦一座公墓中(现已遗失)的碑文的记载,罗杰·克拉克(Roger Clark)离开剑桥后,于1859年赴印度"教当地人说上帝的话语",但三年后,他在边境地区去世,年仅28岁。临终前,他"信靠主耶稣,心中充满喜乐安宁,直到最后一刻还在感恩自己成了一名传教士"[54]。这样的人常常在很小的时候就感受到了召唤,并且从未动摇过决心。一名后来成为圣经传教士协会(Bible Churchmen's Missionary Society)成员的传教士在12岁时就听到了上帝对他的召唤,当时,他正坐在利物浦的一座教堂里,聆听一名刚从格陵兰岛回来的传教士布道;后来的大部分时间,他都在印度中央省(Central Provinces)传教,途经圣地①后回到英国。[55]塞西尔·廷代尔-比斯科(Cecil Tyndale-Biscoe)感到自己受到的召唤更是直接从上帝而来;年老时回首年轻时代,他可以"清楚地看到上帝是如何为我在克什米尔的障碍赛做准备的"。但他的路线却是曲折的。伦敦主教弗雷德里克·坦普尔(Frederick Temple)曾说他非常无知,"只配去教黑人",于是,廷代尔-比斯科申请加入了传教士协会,想前往非洲中部传道。但是传教士协会发现他在英格兰都中过两次暑,就考虑是否应该让他去波斯或者加拿大西北部;最终,协会决定把他派到克什米尔,他遵令而行,并负责管理差会学校长达半个世纪。[56]

---

① "圣地"(Holy Land)大致涵盖现代以色列、巴勒斯坦及约旦西部、黎巴嫩南部和叙利亚西南部部分地区。——译者注

亲缘关系

在英国统治次大陆时期，大多数英国家庭与印度几乎没有什么关系。但是，有相当一部分人与印度不仅有历经好几代人的"纵向"关系，还有包括兄弟姐妹、堂亲和姻亲关系网所构成的"横向"关系。出身于这类家庭的人，其职业往往由关系网和家族历史所决定。维多利亚早期的一名士兵回忆说，自婴儿期起，他就被母亲、舅舅和"各种经常光顾我家的羊皮纸肤色的绅士们""灌输了某种对于印度的狂热"。在宝塔树及其"权势果实"的荫庇下，他母亲的家人已经兴旺了一个多世纪，尽管这种权势已经"不幸开始衰落"，但印度那"阳光明媚的气候、甜美的芒果、巨大的鲮鱼、清新的番石榴，最重要的，还有美味的番荔枝"仍然吸引着他。[57]命运推动他加入了驻印英军。

血缘关系的召唤力在军队中尤其强烈。L. C. 邓斯特维尔（L. C. Dunsterville）——他的朋友吉卜林同名小说①中的人物"斯托凯"（Stalky）——觉得自己别无选择，只能跟随祖先参军；他对把自己姓氏的字母变换位置后所组成的新词的意思（"永不沉闷地坐着"）感到奇怪的自豪，于是，他和父亲、祖父一样，成了一名印度陆军少将。其他人的家族传统则更加辉煌。瓦伦丁·班布里克（Valentine Bambrick）还能选择什么职业呢？他的父亲参加过滑铁卢战役，一个叔叔曾随轻骑兵旅（Light Brigade）冲锋陷阵，另一个叔叔则在印度参加过巴拉特普尔围城战（the Siege of Bharatpur）。约翰·普伦德加斯特

---

① 指鲁德亚德·吉卜林的小说《斯托凯公司》（*Stalky & Co.*）（1899）。——译者注

（John Prendergast）家的军人血统则至少可以追溯到1066年，"自征服者威廉时期以来，……普伦德加斯特家族就一直是军人"。他生于军营，从小在军乐队和《最后一班岗》（"Last Post"）的号角声中长大，他和家人早就认定他会去参加印度陆军。他也的确这样做了。[58]

有时，当一名"文官"（即印度文官机构的一员），也是命中注定的。约翰·克里斯蒂父母双方的家族——苏格兰人和爱尔兰人——都有印度血统，他在校长的敦促下参加了印度文官考试，因为"我觉得，印度已经写在我的额头上了"。他的同代人詹姆斯·哈利迪（James Halliday）也觉得自己必须去印度，不管干什么职业——他小时候想当一名工兵或者炮兵，因为印度已经"隐性"存在于他的家族及其历史中了：他父亲在孟买附近猎捕胡狼时死于心脏病；詹姆斯于1925年加入了印度文官机构。同期加入的还有休·理查森（Hugh Richardson），他坦言自己"去印度是遗传使然"，家族中有多位先人、叔伯和堂表亲在他之前加入了军队和其他系统。而当时的另一名文官杜维廉（Humphrey Trevelyan）则是听从了堂兄、历史学家G. M. 特里维廉（G. M. Trevelyan）的劝说才去的印度，后者建议他跟随叔公查尔斯·特里维廉（Charles Trevelyan）的脚步——叔公曾是19世纪中叶颇具争议的马德拉斯省督。[59]

子承父业的传统有时非常根深蒂固，年轻人甚至在还不知道自己到底想从事什么职业时，就已经决定要去印度发展了，他们只知道已经过世的父亲曾经在印度度过了自己的职业生涯。1887年出生于印度的H. E. 肖特（H. E. Shortt）一心只想去印度发展，做什么职业都可以——比如森林局（Forest Service）和孟加拉引航局（Bengal Pilot Service），后来，他决定加入印度医疗机构。年轻一代的比尔·泰德（Bill Tydd）加入了印度警察部门，并主动要求被派往缅甸，尽管他完全知道那里"被视为印度的穷乡僻壤"，但他就是想去父亲30年前工作过的地方。然而，有时子承父业却是被迫无奈的结果。埃里克·廷代尔-比斯科（Eric Tyndale-Biscoe）的父亲是上帝为克什米尔预备的传教士。埃里克在剑桥学习农业，他本打算到新西兰去当一名农场主，却"被父亲中途拦住"，并被说服当上了父亲在斯利那加（Srinagar）学校的副校长；后来，他自己也在那里开办了一所预备学校，专门接收第二次世界大战期间无法返回英国的军官们的儿子。[60]

在印英国人的婚姻通常是系统内的年轻人——要么文官要么军官——与本系统高级官员的女儿结婚，抑或有时与种植园主或商人的女儿结婚。这样结合的后代都在次大陆出生并长大，尽管可能会被送往英国上学，但他们通常视印度为真正的家，成年后也会回到印度，而不会考虑去其他地方发展。"我父母双方的家族都已在印度任职一个多世纪了"，是很多次大陆生活回忆录的典型开篇语。这种传统清楚地说明：在职业选择上缺乏想象力的不仅是那些子承父业的人，兄弟之间也往往是跟随着彼此的脚步一个接一个地进入同一行当。像东印度公司董事罗伯特·坎贝尔爵士（Sir Robert Campbell）这样的人如果有四个儿子的话，他们可能都会在公司里谋个职位。亚历山大·温奇（Alexander Wynch）于1773年成为马德拉斯省督时，他的五个儿子都在东印度公司任职，有的在文官机构，有的在马德拉斯陆军。通常情况下，甚至连这种分工也没有。艾伦·桑顿·沙特尔沃思（Allen Thornton Shuttleworth）于1855年加入东印度公司海军，开始了他的印度职业生涯。此人颇为独特，之后被调到了森林局,还在印度西部担任赈灾官员,并在孟买海岸建立了第一个救生艇服务机构。然而,他如此多变的职业似乎吓坏了七个儿子,他们全部就读于坎伯利(Camberley)的桑赫斯特皇家军事学院(Royal Military College of Sandhurst),后来,五人参加了印度陆军,一人加入了英国陆军,还有一人则因为视力不佳而未能进入这两支军队。[61]

其他家庭如丹尼斯家族(the Dennys)有兄弟五人在印度陆军,但这种一致性被第六个兄弟打破了,他加入了印度警察系统,第七个兄弟供职于公共工程部(Public Works Department),还有一个姐姐先后与两名文官结了婚。但巴蒂家(Battye)十兄弟间则完全没有多样性。十兄弟被称为"十斗士",全都加入了印度陆军,并参加过在中国、大叛乱、阿富汗和西北边境的各种战役。只有倒数第二小的弟弟里士满(Richmond)似乎后悔最终选择了当一名廓尔喀旅军官的军旅生涯;他可能更想去塔斯马尼亚岛(Tasmania)当一名传教士医生或农场主,事实证明,他算得上一名和平主义者。他在1888年黑山远征(Black Mountain Expedition)中阵亡,此前,他曾祈祷自己的六个儿子不要参军,不要被迫杀人。但除一人之外,几兄弟都成了作战指挥官,剩下的那一人也参军当了一名军医官;也正因为是军医,他才在1915年加里波利(Gallipoli)战役期间目睹自己一个兄弟的尸体被人抬着从身边经过。[62]

从军往往是家族中最能得到"延续"的一个职业——儿子效仿父亲、弟弟追随哥哥进入同一个团,尤其是印度陆军,似乎成了家族聚集的地方。男孩子们也常常渴望追随父亲进入印度文官机构,如果他们足够聪明且能够通过考试的话;而那些开办了公司或种植园的人自然也为儿子们提供了机会,能让他们在自家企业工作并最终接管生意。对后代最缺乏吸引力的职业当属传教士。传教士的生活很艰苦，而且回报往往不高，从工作中得到的满足感——至少按皈依者的数量来衡量的话——非常有限、令人失望。令人意想不到的是，在印传教士的孩子和孙子一代常常决定在其出生的国家生活，但会选择更加世俗的职业。浸信会传教士约书亚·马什曼（Joshua Marshman）的后代进入了历史领域、林业部门和印度陆军；他的儿子成了《泰晤士报》驻加尔各答记者。[63] 赖斯（Rice）家族在职业上也很多样。家族的族长本杰明代表伦敦传教会（London Missionary Society）在班加罗尔生活了半个世纪，花了19年的时间，把圣经转译成卡纳达语（Kannada）。他的儿子——也叫本杰明——继承了足够多的做学问的热情，成了一名教师，后来成为班加罗尔高中的校长，再后来成为迈索尔的学校督察；但他的孙子哈罗德（Harold）则选择当一名务实的工程师，乐此不疲地为迈索尔王公修建公路和铁路。[64]

在大多数时候，父辈的期许和出于孝道的志向是一致的，但有时也难免相左。有的父母能说服不情愿的儿子去印度，而有的父母却会遭遇反抗。里韦特-卡纳克家族（Rivett-Carnacs）是名门望族，这家人在印度的任职时间超过三个世纪。然而，1838年出生的约翰却是一个另类，他跟父亲说自己根本不想去印度：他对在欧洲各国首都见到的"随员们的金蓝色外套非常着迷"，他的志向就是作为一名英国外交官穿上这样的服装，而不是在印度的丛林和沙漠中穿戴着粗糙的衣裳和遮阳帽。最初，父亲接受了他的想法，但当听说东印度公司即将废除举荐制度后，又改变了主意。他已经为两个小儿子拿到了两个任职名额，但现在这些名额对他们而言可能派不上用场了，因为在举荐制度废除前他们达不到规定的年龄。最终,约翰屈服于父亲的压力,在担任中央省棉花专员、贝拿勒斯鸦片代理商以及1874年孟买大饥荒特派专员期间,他不得不穿粗布糙衣。但他的心思显然不在这条路上,还常常因为"大谈"贵族和"肤浅的古物研究"而令同僚厌烦。后来,他被任命为印度总督的私人秘书和总司令的副官,因而经常有机会穿上漂亮的礼服,也算是得偿所愿。退休回到英国后,他当上了维多利亚女王的副官,更是圆了自己的梦想。⁶⁵

里韦特-卡纳克的表弟理查德·坦普尔(Richard Temple)也遇到过类似的难题。他曾就读于拉格比公学(Rugby),崇拜校长阿诺德博士(Dr. Arnold),还是准男爵爵位和伍斯特郡某一庄园的继承人,原本打算留在英格兰从政。然而,他父亲的第二次婚姻需要国内的积蓄和收入来抚养子女。由于议会议员直到1911年才开始领取薪水,于是,坦普尔加入了东印度公司,很快就被提拔担任公司的几个最高级职位,包括海得拉巴(Hyderabad)驻扎官和孟加拉副省督。事业成功之后,他和表兄一样,开始放飞青年时代的理想。在卸任孟买省督之后,他于1880年代表保守党竞选伍斯特郡的议员,但未能成功。五年后,他当选为伊夫舍姆(Evesham)的议员。和其他从印度退休的文官一样,理查德也成了一名令人生厌的政客,"下议院未能给他的声望锦上添花",而且,据《国家传记词典》(*Dictionary of National Biography*)的记载,其他议员"在听他发言时总是很不耐烦"。《笨拙》(*Punch*)杂志不断嘲讽他自命不凡的做派,他在外表上努力效仿拿破仑三世,还说鼓舞自己——"以无限的热情来治理广阔疆域"——的是拿破仑一世。⁶⁶

坦普尔的议员生涯很好地说明了一个问题,即有抱负的政治家应该趁年轻进入政坛，而不能在印度度过三十三年后再来从政，因为在这期间，他们与英国的情况越来越脱节，回国后又长篇大论地讨论俄国对波斯的威胁，只会令选民和其他议员生厌。一个在牛津温切斯特公学（Winchester）和牛津大学新学院（New College）就读的年轻人，不顾母亲阿德莱德（Adelaide）的鼓动，避免了这样的错误。他的父亲和教父曾在印度文官机构任职，几个祖先也曾在印度当过兵，一个祖辈是切尔滕纳姆学院（Cheltenham College）的退休上校，另一个曾任驻上海总领事。尽管阿德莱德的丈夫45岁时就在缅甸去世了，而且到印度当文官意味着她将很难见到儿子，她还是敦促儿子加入印度文官机构，但儿子决意不干，令她很伤心。[67]为什么她觉得儿子会喜欢上一个令他9岁时就失去了父亲的职业，依然不得而知。不管怎样，休·盖茨克尔（Hugh Gaitskell）没有遵从母亲的意愿，而是进入了议会，成为工党领袖，几乎肯定要当上首相了。但遗憾的是，他在1963年去世了，享年56岁。

还有一类"父母—儿子—印度"三角关系中的年轻人，因为迫切想摆脱自己在英国的家庭而去了印度。1850年代，亨利·怀特·金（Henry White King）之所以去印度（在加入印度医疗机构后），是为了避开"刻薄的继母"；他的弟弟乔治也是如此。[68]六十年后，约翰·莫里斯（John Morris）也出于相似的原因：家庭缺少关爱令他下定决心"不惜一切代价逃离家庭，去哪里都行"。这个"哪里"于是就成了第一次世界大战中的西部前线，以及后来印度陆军的一个廓尔喀旅。他去印度的动机中可能还掺杂了其他因素，他意识到自己是"与他人相反"，只有在"身边的人都是来自异国文化时，才能感到真正的满足"。尽管他最终被一名廓尔喀仆人所诱惑——"因此，我想我的快乐在东方"，但他的确不适合军旅生活。至少从职业角度说，真正的满足感源自他退休后在一所日本大学任教，以及在伦敦担任 BBC 第三套节目（BBC Third Programme）的总监。⁶⁹

在是否去印度发展这个问题上，比起通过讨论、说服和妥协达成一致意见的情况，家庭内部坚决的分裂还是少见得多。父亲、教父和校长对一个男孩应该成为学者、律师还是印度文官可能各有不同的看法，但这些好歹都是正经职业，所以，商讨很少以争吵告终。但有一个谈判险些破裂：理查德·伯顿（Richard Burton）想要加入印度陆军，却被父亲勒令留在牛津大学做一名学者。直到 1842 年英国的一支部队在阿富汗被歼灭之后，父亲意识到了捍卫帝国的必要性，才做出让步，出 500 英镑让儿子购买了一个军官职务，他最后去了印度，最终成为维多利亚时期一名伟大的探险家。1900 年出生于印度西北边境的 R. C. B. 布里斯托（R. C. B. Bristow）和父亲展开过一场关于该加入哪支军队的温和辩论。父亲希望儿子加入英国陆军，儿子却倾心于自己出生的这片土地，因此希望加入一支印度部队。最终，双方达成妥协，父亲做出了更多的让步。年轻的布里斯托可以加入印度陆军，条件是他必须"申请加入一支廓尔喀旅，因为在印度［在父亲看来］，廓尔喀人最接近英国军人"。⁷⁰

东方的魅力

18 世纪，印度对欧洲人的主要吸引力在于其财富和获得部分财富的机会。然而，除了贸易、贿赂和牟取暴利外，还有其他实现这一目标的途径。其中的一条赚钱的途径，就是成为印度王公的雇佣兵，为其训练军队，并带领军队与对手作战。欧洲军官从 17 世纪起就为莫卧儿帝国的军队而战，在随后的一百年里，其数量随着马拉塔的酋长们竞相瓜分正在解体的帝国领土而不断增长。法国在七年战争中战败，使得大批法国军官在次大陆四处游荡，以寻找新东家。印度士兵单兵作战的能力可能不逊于欧洲人，但作为部队，他们的战斗力总是远远弱于欧洲军队，除非经过欧洲阵型训练并由外国军官指挥。瓜廖尔（Gwalior）的信地亚（Scindia）和"旁遮普雄狮"锡克王国兰吉特·辛格（Ranjit Singh）等王公取得的军事胜利，很多都归功于法国和其他欧洲国家的无赖和侠客，他们就和中世纪以及意大利文艺复兴时期的雇佣军首领一样，出售自己的技能和（往往是短暂的）忠诚。

1803年，马拉塔联邦与东印度公司爆发战争时，这些冒险家中的一部分人支持英国人。其他欧洲人则已经加入了东印度公司，例如撒克逊人约翰·弗兰克（John Francke），1775年，他在贝辛斯托克（Basingstoke）发现自己身无分文，不得已而应征加入了东印度公司，成为一名士兵，后来被升为少校，并曾在塞林伽巴丹包围战中与韦尔斯利一起作战。弗兰克这类人说明前罗马时代民族感情和身份认同具有流动性和复杂性。汉诺威士兵们——他们的日耳曼"诸侯"也曾是英格兰国王——在18世纪下半叶曾与英国人一起作战，比在七年战争之前的十年里常常投靠法军的瑞士军队更可靠。但后来，英国人夺取了锡兰（Ceylon），荷兰人派来保卫这个岛的几个瑞士连毫不迟疑地转而效忠了英国人；他们也和韦尔斯利一起参加了塞林伽巴丹的战斗。和有了俄罗斯老婆及两名印度情妇之后隐退到特里奇诺波利①（Trichinopoly）的弗兰克一样，发了财的欧洲士兵

---

① "蒂鲁吉拉伯利"的旧称。——译者注

常常没有什么返回家乡的动力：有些人乐于留在东印度公司继续服役，或许还能当上某个团的指挥官，在印度度过余生。拿破仑战争期间抵达印度的荷兰人阿伦·利森伯格（Aron Lissenburg）入了英国籍，加入了一个马德拉斯军团，从他开始，家里三代人都加入了印度陆军。[71]

在卢卡（Lucca）的圣弗雷迪亚诺（San Frediano）罗马式教堂里，矗立着一座用来纪念拉扎罗·帕皮（Lazzaro Papi）的大理石纪念碑，此人是一名医生、诗人兼历史学家，也是驻孟加拉英军上校，指挥 4000 名轻骑兵。印度有不少富有的意大利士兵。威尼斯冒险家爱德华多·提尔塔（Edoardo Tiretta）是卡萨诺瓦（Casanova）的朋友，也是巴黎的一名击剑大师，他搭载一艘荷兰轮船，以普通士兵的身份到达印度，后来在东印度公司担任土木设计师，还在加尔各答担任街道建筑勘测师。来自里窝那（Livorno）的安杰洛一家（Angelos）在伦敦时听从别人的劝告后更改了姓名，不再叫原先的特雷马蒙多（Tremamondo）（"撼动世界"），他们在印度参加过几次战斗；马苏里基督教堂墓地的墓碑上记录了两名安杰洛兄弟，一人来自缅甸警察系统，另一人来自廓尔喀步枪团（Gurkha Rifles），他们的父亲是孟加拉炮兵团的一名将军。[72]还有一个沾点意大利血统并考虑去印度的人——拿破仑·波拿巴（Napoleon Bonaparte）。1795 年，在意大利战役前，他对弟弟吕西安（Lucien）说他想加入东印度公司的部队，这样"几年后就可以发大财了，成为一名暴发户，给三个妹妹带回丰厚的嫁妆"。[73]最后，几个妹妹的嫁妆全都靠哥哥对意大利的征服，她们得到的礼物包括瓜斯塔拉公国（duchy of Guastalla）、托斯卡纳大公国（grand duchy of Tuscany）和那不勒斯王国（kingdom of Naples）。

很多英国冒险家都在印度王公的军队中效力，特别是那些被康沃利斯的改革剥夺了在东印度公司任职资格的英印婚姻的子女们。詹姆斯·斯金纳（James Skinner）就是其中之一，他的父亲是苏格兰人，母亲是拉杰普特人（Rajput）。他一直为信地亚效力，直到他的"混血"才能得到莱克将军（General Lake）的认可。1803年，将军请他组建一支"非常规"的骑兵部队：通常被称为斯金纳骑兵团（Skinner's Horse）[尽管有时也被称为约克公爵第一骑兵团（the 1st Duke of York's Own Cavalry）]。这支骑兵部队成为印度陆军中最优秀的骑兵团，印度独立后，仍然是其武装力量的一部分。其他受雇于信地亚的英国雇佣兵还有约瑟夫·哈维·贝拉西斯（Joseph Harvey Bellasis），妻子去世后，他投机靛蓝生意，没能成功，于是在"情急之中"投靠了这位王公；尽管他在1799年为新主子战死了，贝拉西斯家族的其他成员依然为东印度公司和英国王室效力长达近三个世纪。[74]还有一个朝秦暮楚的冒险家——蒂珀雷里（Tipperary）的乔治·托马斯（George Thomas），他可能是皇家海军的逃兵，曾为多名印度酋长效力，后来在德里西北建立起了自己的地盘。他非常善战，比其他大多数雇佣兵都骁勇，但最终因寡不敌众，败给了信地亚的马拉塔人。尽管他的英语已退化得不及波斯语和印度斯坦语了，但失去地盘后，他还是希望能返回蒂珀雷里，1802年，他在前往加尔各答的路上死于贝兰布尔（Berampore）。

并非所有爱冒险的人都出于好斗或金钱方面的动机而前往印度。每一代年轻人中都有单纯为冒险而出海的人；正如鲁德亚德·吉卜林在诗歌《曼德勒》（"Mandalay"）中所写的，他们"听到了东方的召唤"。据家族编年史的记载，1771年，罗伯特·洛（Robert Low）正在爱丁堡的"律师凳上无所事事时，突然听到了召唤，他立即起身离开，加入了马德拉斯陆军"。与大多数自愿冒险者不同的是，他在十一年后带着足够在法夫郡购买房地产的钱回到了英国。[75]英国单调无聊的办公室工作，与对生机勃勃的海外生活的憧憬之间的反差，是英国介入印度的历史上反复出现的主题和动机。阿瑟·克莱（Arthur Clay）于1862年加入印度文官机构，因为他想做点比进自家印刷公司邦吉克莱氏（Clays of Bungay）更有意思的事情。[76]他的同代人E. C. 考克斯（E. C. Cox）也认为在英国发展的机会渺茫，似乎只能做神职人员或当个校长，所以他动身前往印度，想和在印度的兄弟一起种植茶叶。但是，抵达加尔各答后，他得到了"令人沮丧的消息"，他的兄弟放弃了茶叶种植园，加入了印度警察系统。考克斯先后在大吉岭（Darjeeling）做教师、在戈尔哈布尔（Kolhapur）做政治监督官，最终，也和兄弟一样加入了印度警察系统。[77]尽管他本人在如期退休后回到了伦敦，很满足于和儿子一起在肯辛顿花园（Kensington Gardens）的嬉戏生活，但年轻人往往渴望永远离开伦敦，害怕每天8点15分从瑟比顿（Surbiton）出发、在昏暗的办公桌前度过数个小时以及常年的雾霾和污染。小说家鲁默（Rumer）的父亲阿瑟·戈登（Arthur Godden）19岁就离开了伦敦，在孟加拉河上的一家轮船公司工作。

　　户外狩猎方面的机会也吸引了一些对在英国大都市工作不感兴趣的人。印度各地都有可供狩猎的鸟类和动物，那些几乎不可能受邀去兰厄姆（Langholm）或博尔顿修道院（Bolton Abbey）松鸡狩猎场打猎的中产阶级男士，可以在次大陆参加具有绅士风范的狩猎活动。查尔斯·金凯德（Charles Kincaid）

的父亲"在婆罗洲（Borneo）猎猩猩的故事让儿子热血沸腾"，以至于他"一心只想去［东方］狩猎"。他于1891年加入印度文官机构，很快就在卡拉奇附近把猎枪瞄准了鸭子和鹬。他的同代人马德拉斯的W. O. 霍恩（W. O. Horne）同样对自己加入印度文官机构的动机直言不讳。他"超级喜欢户外活动，热爱所有运动，［并且］十分讨厌办公室工作"，他本打算加入印度陆军，但发现军饷没有预想的高，于是选择了印度文官机构。有霍恩这种想法的新人在20世纪已经很少见了，但前印度总督哈利法克斯勋爵（Lord Halifax）似乎并没有意识到这一点：直到1939年，他在鼓励牛津大学的毕业生加入印度文官机构时，还在对他们宣传印度"漫天都是鸭子，足够射猎"。[78]

与印度文官机构相比，军队自然吸引了更多的猎手和射手：军官们有更多的闲暇时间，有更多的机会骑马，而且军人的世界中本就充满了追赶。希拉里·胡克（Hilary Hook）在1930年代盘算自己的未来时——尽管还不是那么认真地规划，就已经把野外狩猎当作一个重要因素了。他母亲劝他先上牛津大学，然后加入苏丹政治机构，但他不想听从母亲的建议，碰巧在这期间，他读到了耶茨·布朗（Yeats Brown）的书《孟加拉枪骑兵》（*Bengal Lancer*），于是他就想去印度猎老虎。1938年，完成了在桑赫斯特的训练后，他加入了皇家德干骑兵团（Royal Deccan Horse），他并非真的想当一名出生入死的士兵，而是想"巧妙地利用国王陛下的时间"。在从非洲退休返回英国后，胡克在1987年制作的一部电视纪录片中坦言：自己之所以参军，并非因为"倾心于横笛和军鼓。而是因为参了军就可以打马球、狩猎野猪、射击、打猎，和一帮快乐的人过快活的日子"。他在镜头前的坦率，以及他表达这种坦率时所散发的魅力，让

BBC的总机被崇拜者们的电话打爆了,后来他还接到了参加"听众电话"和"聊天节目"的邀请,甚至还被从未谋面的女性求婚。[79]

许多人因为家庭传统或者从未想过其他职业的可能性而参军,但他们仍然需要决定加入哪支军队。就如同对一个有抱负的文官来说,去西姆拉和一个县比进白厅的一个部门更有吸引力一样,在白沙瓦和西北边境当一名掌旗官,可能也好过整天在奥尔德肖特(Aldershot)和索尔兹伯里平原之间巡逻。尽管加入印度陆军意味着有机会参加野外运动,但在印度的同一间营房中度过数年,仍然会很无聊,不过,军官们可以请假去参加军官培训,或者去边境地区的"非常规"部队待上一段时间。向往社交生活的人可以申请成为副省督的副官,这样他们就可以整天在总督府安排各种晚宴、舞会和园会了。那些享受扛枪打仗的乐趣的军官则可以在休假时回到英格兰,自愿接受一些去外国的任务。1834年,第54本土步兵团(54th Native Infantry)的威廉·比特森中尉(William Beatson)就加入了英国辅助军团(British Auxiliary Legion),赴西班牙与卡洛斯派交战;后来,在担任少校期间,他又为土耳其陆军(Turkish Army)组织了非正规部队——"巴什波祖克"(Bashi-Bazouks);之后,他还参加了巴拉克拉瓦(Balaclava)战役的重骑兵冲锋。[80]

驻印英国陆军的军官职位隶属一个级别更高、管辖范围更广的联盟:他们可能会被派到东至中国和锡兰、西至加拿大和加勒比海的任何地方。例如,威廉·科尔布鲁克(William Colebroke)于1803年加入皇家炮兵团(Royal Artillery),并在印度、锡兰、爪哇和波斯湾服役十五年;此后,他转为行政官员,同时仍保留士兵的身份(他最终被任命为将军),先后担任了巴哈马（Bahamas）、新不伦瑞克（New Brunswick）、背风群岛（Leeward Islands）以及巴巴多斯（Barbados）和向风群岛（Windward Islands）的副总督或总督。与他同时代的威廉·戈姆（William Gomm）也在不同大陆任过职。参加了半岛战争和滑铁卢战役后，他先后担任过牙买加和毛里求斯的总司令，1850年，他到达印度，被任命为"女王和东印度公司在东印度群岛所有部队的总司令"。此前担任这一职位的是康伯米尔勋爵，他的职业生涯更加丰富，除了担任过西印度总督和参加过迈索尔战争及半岛战争外，他还担任过爱尔兰的总司令；和戈姆一样，他也90多岁才卸任，最后的职位是伦敦塔总管（Constable of Tower of London）。

英国军团的军官们可能决定不了自己是否被派往印度，但是如果在被派驻印度期间喜欢上了次大陆的话，他们可以决定被调到印度陆军并留下来。很多人在第一次世界大战结束后就这样做了，包括威廉·斯利姆（William Slim），他加入了廓尔喀旅，并在第二次世界大战中指挥了收复缅甸的战斗。澳大利亚人"巴斯"·霍姆斯（"Bas" Holmes）也是如此，他在加里波利、索姆河（Somme）和帕斯尚尔（Passchendaele）与同胞并肩作战，他对在法国遇到的印度部队的印象非常好，所以加入了印度骑兵团（the Indian Cavalry），在西北边境服役，直至1946年退休。奥拉夫·卡罗（Olaf Caroe）随皇家西萨里军团（Royal West Surrey）于1914年被派到印度时，一下就被迷住了。他从小就因为吉卜林的《丛林之书》（*The Jungle Books*）而对东方充满了向往，所以特别容易感受到"英国的印度'冒险'的不停召唤"。他特别想去印度，所以在战争结束后，他参加了文官考试，并放弃了进白厅财政部的机会而选择了印度文官机构。后来,他职业生涯中最美好的时光都在边境地区度过,沉醉在他所说的"生活在帕坦人中的奇特魅力"里。[81]

运动是到目前为止在英属印度最受欢迎的休闲方式,有时也是一个人决定离开英国军团而加入印度部队的一个因素。1936年,罗比·巴克罗夫特(Robbie Barcroft)从柴郡团(Cheshire Regiment)转移到了斯金纳骑兵团,就是为了能驯养一群猎犬,以便在安巴拉狩猎豺狼;印度独立后,他去了肯尼亚,在那里也驯养了一群猎犬。[82]但更为常见的动机还是出于财务方面的考虑。印度陆军军官的薪水比英国陆军军官高,而且印度的生活成本(包括运动方面的费用)比英格兰低得多。许多有抱负的军官,例如未来的印度总司令克劳德·奥金莱克(Claude Auchinleck)在还是军校学员时便意识到了这一点,所以从桑赫斯特一毕业,他就直奔印度。伯纳德·蒙哥马利(Bernard Montgomery)也有同样的想法,但与奥金莱克不同的是,他的毕业成绩不足以进入印度陆军,而是被派往皇家沃里克郡团(Royal Warwickshire Regiment)(幸运的是,该团有一个营驻扎在白沙瓦)。在选择加入哪支部队的问题上,家庭可提供的资金往往是决定性因素。维维安·史蒂文森-汉密尔顿(Vivian Stevenson-Hamilton)希望加入黑卫士兵团(Black Watch)或时髦的第12枪骑兵团(the 12th Lancers),但他的叔叔拒绝提供所需资金,他只好加入了第4廓尔喀旅(4th Gurkhas)。[83]有些人只有在亲身经历过之后,才知道自己负担不起和平时期留在一个好的英国军团里的费用。日后也成为印度总司令的陆军中尉威廉·伯德伍德(William Birdwood)倒是加入了第12枪骑兵团,但他发现和其他军官们一起生活的成本实在太昂贵了,于是他转而加入孟加拉第11枪骑兵团(the 11th Bengal

Lancers），因为他喜欢这个团的蓝色头巾、蓝色无领长袖衬衫配猩红色腰带的制服。印度部队"精神帅气的外表"也吸引了L. C."斯托凯"·邓斯特维尔，他甚至感到在印度"以英国军团每年区区100英镑的津贴难以为继"。去拉合尔拜访了老同学鲁德亚德·吉卜林之后，他开始学习乌尔都语，不久后就从皇家萨塞克斯军团（Royal Sussex）转到了第24旁遮普团（the 24th Punjabis）。[84]

童年的记忆有时也会激励年轻人们前往印度发展。在思考未来人生的道路时，他们可能会想起客厅墙上的老画，或者一幅阿格拉堡（Agra Fort）的素描，或者某位叔公带回来摆在壁炉台上的黄铜大象或贝拿勒斯的盘子，这位叔公还讲过在丛林中遇到老虎或在边境遇到"野人部落"的冒险经历。各种出版物也可能会激发想象力，尤其是维多利亚时代的绘本很喜欢描绘南部的印度，那里布满了潟湖、棕榈树和稻田，以及红土地、白沙滩和深色皮肤的笑意盈盈的"当地人"。丁尼生（Tennyson）的诗《洛克斯利庄园》（"Locksley Hall"）中的叙述者的父亲死于马拉塔战争，而他却向往"那灿烂的东方"以及"广袤的热带树荫"；他渴望去那里，他的"激情再也按捺不住了"，并且想"娶个野蛮的女人"，她将生养他"黝黑的后代"。尽管这位诗人可能鼓舞了其他人前往东方，但他本人却没有受到鼓舞：丁尼生从未靠近过印度或者克里米亚，那是他的轻骑旅的墓地。而且《洛克斯利庄园》可能还起到了威慑作用，因为从诗的中间开始，叙述者意识到他终究不想"与额头狭窄的人为伍"，不想"与肮脏的野蛮人交配"。他在最后自负地说道，"欧洲的五十年"胜过"中国的一个朝代"。

儿童故事常常会在读者的思想和行为上留下永久的烙印。

伊恩·汉密尔顿（Ian Hamilton）曾于 1870 年代随戈登高地兵团（Gordon Highlanders）一起前往印度，他说自己对"仆人"（男仆/侍者）的"总体态度"受到了小时候被强迫读舍伍德夫人（Mrs Sherwood）的《小亨利和他的仆人》（Little Henry and His Bearer）的影响。在故事的结尾，即亨利弥留之际，他的印度仆人布西（Boosey）皈依了基督教。[85] 马里亚特船长（Captain Marryat）的航海小说激励了一些青年人加入皇家印度海军陆战队（Royal Indian Marine），还有弗罗拉·安妮·斯蒂尔（Flora Annie Steel）的小说，鼓励女孩子们和男孩子们加入英国的印度"大冒险"。但迄今为止，英属印度最后六十年里最有影响力的励志作家当属鲁德亚德·吉卜林。

吉卜林于 1865 年的倒数第二天在孟买出生，5 岁半时，小"鲁迪"与妹妹特里克斯（Trix）一起被送回英格兰接受了十一年的教育。1882 年，他回到自己出生的国家，在拉合尔市担任《民政与军事报》（Civil & Military Gazette）记者，他父亲当时任拉合尔博物馆馆长和梅奥工业艺术学院（Mayo School of Industrial Arts）院长。吉卜林表现出了惊人的早熟，这一点有时甚至让同代人有些恼火，他在 20 岁时就出版了第一部诗集——《办公室小调》（Departmental Ditties and Other Verses）；两年后，他的第一部短篇小说集《山中的平凡故事》（Plain Tales from the Hills）问世。从那时起，他就被看作非官方招聘的代理——但他自己并没有意识到这一点，因为三代英国男孩子都在他的影响下去了印度。当菲利普·梅森（Philip Mason）在耄耋之年被问及为什么会在 1928 年加入印度文官机构时，他的回答只有一个词——"吉卜林"。那些他小时候就几乎烂熟于心的故事，不仅让他对去印度"有一种浪漫的渴望"；而且故事里还"充满了坚定的使命感，要承担起一些往往令人不快又常常很危险的职责"，正是这些故事鼓舞着他亲身去履行这些职责。[86]

吉卜林本人更同情士兵而不是文官；他对文官的虚构描写并不总是讨人欢心。但他的作品显然在印度文官机构的申请者当中引起了特殊的共鸣，有个叫 W. H. 普里德莫尔（W. H. Pridmore）的文官仍记得小学校长朗读《基姆》（*Kim*）时，自己好像被吉卜林"施了魔法"，而且"那魔力一直都在……"。还有罗杰·皮尔斯（Roger Pearce），他在印度没有任何认识的人，本来正很不情愿地计划着跟随父亲打理乡下的面粉厂，但在读了吉卜林的书后大受鼓舞，于是参加了印度文官考试。他的同代人赫伯特·汤普森（Herbert Thompson）于1922年到印度马德拉斯（吉卜林从未去过马德拉斯，也没有写过那里）当文官时，说自己"关于印度的一般性信息来源全靠吉卜林的作品，吉卜林所有的书"他都读过。另一名同时代的印度文官莫里斯·赞坎（Maurice Zinkin）坦言，在他家人当中，从未有人到过苏伊士以东的地方，他自己对印度的了解完全来自《基姆》和《丛林之书》。在这一点上，他与未来的妻子塔娅·埃廷格（Taya Ettinger）倒是很般配。她的父母是"俄罗斯白人"，自幼在法国长大。小时候，她以自己的母语背诵《丛林之书》，对描写莫格利以及阿克拉之死的部分一读再读，从未意识到"吉卜林和儒勒·凡尔纳（Jules Verne）不一样，他并不是法国人……"。[87]

吉卜林的魅力远远不止于吸引了那些想报考印度文官机构的受过良好教育的年轻人：据印度警察系统的一名警官回忆，他整个学生时代都受到吉卜林的影响。大多数人是在孩提时就读了吉卜林的书，但阿瑟·汉密尔顿（Arthur Hamilton）则是第一次世界大战受伤住院期间，才发现了吉卜林；他一下子就被迷住了，在康复并退伍后，他立即向印度事务部提交了申请，还到牛津大学学习林业，然后到旁遮普省（吉卜林最了解的省份）担任森林局官员。[88]然而，这种吸引力还不仅限于希望参军或服役的人。无论吉卜林有着怎样的种族主义和帝国主义信念——并且这可能是他那个时代大多数人的共性，他对印度的热爱是毋庸置疑的，而且他以一种所有人都能够理解的方式表达出来了。他对欧内斯特·哈特利（Earnest Hartley）的影响非常大，以至这个22岁的年轻人在1905年放弃了自己在约克郡的中产阶级背景，到加尔各答的一家公司做了一名初级外汇经纪人。他在加尔各答并无太多建树，他的名字之所以能够被记录下来，完全是因为他女儿是女演员费雯·丽，和父亲一样，她也热爱吉卜林。[89]

　　吉卜林的影响力并没有在仰慕者们到达印度后就被淡忘。实际上，这种影响力常常伴随着他们，让他们感到自己已经熟悉了塞奥尼（Seonee）——《丛林之书》故事的发生地（又一个吉卜林从未去过的地方）；他们还认出了喜马拉雅山，因为曾经在《基姆》里读到过。[90]菲利普·梅森在第一次到达印度时，就"有一种近乎回家的激动"，这令他想到了吉卜林笔下"灰尘和香料的气味"。第四廓尔喀旅的史蒂文森-汉密尔顿的反应则几乎完全相反。他奉命驻扎在西北边境，离《基姆》或《山中的平凡故事》所描述的地方非常遥远，这令他十分沮丧：他想体验一个"在吉卜林的书中读过却从未见过的"印度。[91]幸运的是，他很快被调到了吉卜林笔下的核心地带，当上了旁遮普省省督的副官，省督冬季在拉合尔，夏季则在西姆拉。

一些书迷,例如欧内斯特·布拉德菲尔德(Ernest Bradfield)医生,一直在寻找跟随主人公脚步的机会,像基姆和喇嘛一样,或穿过拉合尔的集市,或沿大干道(Grand Trunk Road)而行。[92]另一些人甚至决定不惜换工作,也要体验他们曾经读到过的印度。印度陆军的年轻军官 H. R. 鲁宾逊(H. R. Robinson)本来一心想体验"东方的多彩魅力",但炎热的气候、沙漠和俾路支斯坦省(Baluchistan)光秃秃的山丘令他非常失望,他的"灵魂渴望"别的东西。他查看地图,看到了孟加拉湾,回想起吉卜林的《曼德勒》中"绿草成茵的地方"。于是,他设法让自己调到缅甸,被那里及那里的人们的魅力所深深折服,他先后当过警察、边防官和化缘僧人。不幸的是,他也成了一名鸦片瘾君子,把他所有的钱——以及借来的一些钱——都花在了满足毒瘾上。他因还不起债务而企图逃跑时被抓住了,他在拿起手枪试图自杀时还背诵着吉卜林的诗《年轻的英国士兵》("The Young British Soldier")中的诗句。

> 当你负伤了,被遗留在阿富汗平原,
> 妇女现身,将所有剩下的砍碎,
> 谐谑滚向你的步枪,引爆你的大脑,
> 去见你的上帝吧,像个士兵!

但用吉卜林爱说的一句话来说,那"又是另一个故事了"[93]。

学校和校长们是最积极地向男孩子们宣传到印度谋求职业发展的代言人之一。在印度出生的孩子们常被送到伊斯特本附近或萨塞克斯海边某个地方的预科学校上学,他们言谈中常常怀念自己出生的那个温暖、绚烂的地方,这也会激发那些来自更灰暗、寒冷地区的同学对于东方生活的想象。之后，校长可能会谈到各种可能性，如参军和探险、守卫边境或修建铁路和运河，或者以活力和仁慈来管理"愚昧落后"的人民。男孩子们可能会上像切尔滕纳姆学院那样的公学，在那里，帝国主义盛行，任何异见者甚至是不积极响应者都会被视为逃兵。原来的黑利伯里学院在实行招考制度前是一所专门培养文官的学院，于1857年被关闭，但1862年作为一所公校重新得到开放，它保留了其前身的大部分精神。那里的男孩子们可在学校杂志上读到有关印度职业的各种信息，宿舍楼均以印度各省杰出省督的名字命名。或许讽刺的是，黑利伯里最杰出的学生是克莱门特·艾德礼，在担任首相期间，他终结了大英帝国在印度的统治，但或许会有人说，1947年这名政治家的表现正体现了该校效忠于国家和履行帝国责任的校训。

招聘新人当然并不总是像黑利伯里和切尔滕纳姆等"帝国主义"学校的统计数据所显示的那样有计划或可预测。很多人的职业选择可以说纯属偶然，可能是某次偶遇或无意听闻使然。斯坦利·巴彻勒（Stanley Batchelor）志在当一名天主教神父，他非常聪明好学，很有望成为一名红衣主教：直到曼宁主教（Cardinal Manning）说他不适合担任神职，因为他有太多"疑问"之时，他才于1889年申请加入印度文官机构。[94]约翰·德·沙扎尔（John de Chazal）是布里斯托尔大学（Bristol University）的一名学生，本来悠闲自在，根本没考虑过职业问题，但他于1930年代在亨登警察学院（Hendon Police College）遇到了一名学员。这次偶遇使他开始考虑从事警察职业，但直到发现印度警署有16个空缺，而亨登占了6席之后，他才真正开始努力申请到印度去。[95]如果说这些人的工作是因为运气的话，那么，还

61　有一些人的工作则是因为倒霉，尽管他们最后的结果可能还不错。弗雷德里克·弗赖尔（Frederick Fryer）原本期待着谋到一份叔叔查尔斯曾经答应为他安排的军职，但父亲和叔叔之间突然发生了争吵，于是叔叔撤销了承诺；无奈之下，弗赖尔只得寻找其他职业，于1864年加入了印度文官机构，他表现出色，最终成为缅甸副总督。[96] 奥古斯特·彼得·汉森（August Peter Hansen）更不走运，这名丹麦水手于1904年在加尔各答险些因发烧而丧命；在医院康复之时，他所属的轮船抛下他而去，使他陷于疾病，无依无靠，穷困潦倒。但是，像弗赖尔一样，他化不幸为万幸，利用在印度的意外停留当了警察，后来，他又进了海关部门。他在一本手稿中记录了自己的生活，这份手稿在他去世后得以出版，名为《一个爱冒险的丹麦人在印度的回忆录》（Memoirs of an Adventurous Dane in India）。[97]

女性的职业

1883年，一个名叫梅布尔（Mabell）的17岁少女正为自己未来的婚姻担心。如她后来所回忆的，

> 一个女孩子，除非她非常出众——可我不是，否则她的命运在第一季社交亮相时就决定了。任何一个女孩，如果在开始社交后的六个月内未能获得求婚，那就只能等待第二个社交季了，但机会将大大减少。第三次社交季之后，就只有印度这个最后的机会了，再不然就只能等着做个老姑娘。[98]

就她自己的未来而言，梅布尔·戈尔夫人（Lady Mabell

Gore)实在杞人忧天了。她在"亮相"年首季就拒绝了两个人的求婚,然后接受了苏格兰年轻的艾尔利伯爵(Earl of Airlie)的求婚,并于1886年结婚。但她对可能需要到印度寻找郎君的担心,却能够引起同时代其他女孩子的共鸣,尽管在她所处的阶层中并不常见。英属印度最为人所知的形象之一就是"捕鱼船队",它让人想起一群女孩子聚集在船舷边,望眼欲穿地等待着时髦年轻军官的出现;最残酷的词"空手而归"——透露出男性的嘲笑——指有些女孩子即使在有很多单身男子的社交中也未能吸引到伴侣。

关于"捕鱼船队"的传说很多。在印度出生并长大的莫德·戴弗(Maud Diver)写了一本关于生活在次大陆的英国女性的书,书中写道,"在今天〔1909年〕生活在印度的英国女性中,超过一半在印度度过了童年和少女时代,大多数情况下,这意味着她们会在7岁左右被送回'祖国'",然后在17岁返回印度。[99]也就是回到她们出生的国家,通常会与父母或留在印度的哥哥住在一起。玛奇·格林(Madge Green)和露西·哈迪(Lucy Hardy)都在20世纪初到印度照顾她们的兄弟:一个在印度文官机构;另一个是一名军官,与怀孕的妻子住在山区炮兵营中。与印度和其他地方的许多女孩一样,露西认识了她哥哥的朋友们和军官同事们,并嫁给了其中一人。[100]然而,对这些女孩来说,婚姻往往不是当务之急;她们返回印度是为了与家人和自己的背景重新建立起联系。日后的小说家M. M. 凯(M. M. Kaye)就是众多在印度出生的英国女性的典型代表,她们热爱在印度度过的童年,讨厌在英国上学的"流放"岁月,渴望返回次大陆的"家"。她的父亲、印度陆军的塞西尔·凯上校(Colonel Cecil Kaye)很高兴退休后回到了英格兰,但他之所以同意在印度再找一份工作，纯粹是为了讨好妻子和两个女儿，因为她们都想回印度。尽管莫莉·凯（Molly Kaye）在30多岁时嫁给了一名印度陆军军官，但她从未将自己视为"捕鱼船队"的一分子，因为她"出生在印度，是回乡，因而另当别论"。[101]

的确，有很多贝内特太太式（Mrs Bennet）① 的母亲渴望把自己的女儿嫁出去，而且她们也知道印度有很多单身男子，其中的一些（尤其是印度文官机构中的那些）薪水高、退休保障好；文官的遗孀能终身享受每年300英镑的保障。可是文官机构中的官员很少娶"捕鱼船队"中的女孩子。他们更有可能早就遇到了未来的妻子，要么是去印度之前（这意味着要经受多年的分离和漫长的订婚期），要么是第一次休长假期间（工作八年后可以在英国"长期休假"），要么在已经生活在印度的军官和文官的女儿中物色对象。

"对爱情失望"是去印度的另一个原因，这对男性女性都适用，但这样做的动机是远离某个情人，而不是去寻找意中人。1893年，22岁的帕梅拉·温德姆（Pamela Wyndham）被送往印度，以便让她摆脱对保守党议员、一个典型的"无耻之徒"哈里·卡斯特（Harry Cust）的迷恋。尽管她的"轻率"实际上并未发生身体接触，但和她一同被流放的另一个姑娘就没那么无辜了：她未来的妯娌露西·格雷厄姆·史密斯（Lucy Graham Smith）也去了印度，正从与这个无处不在的卡斯特的不正当关系中得到"恢复"。[102]但是，暂时流放次大陆也并不总能保证成功。根据达弗林勋爵的传记作家的记载，这个印度总

---

① 《傲慢与偏见》中五姐妹的母亲，整天因为女儿们物色如意郎君而操心。——译者注

督的儿子弗雷迪·布莱克伍德（Freddie Blackwood）被送往印度，"以逃避一场浪漫的纠缠，[但]之后不得不被送回来，以躲避另一场纠缠"。[103]1920 年代，查尔斯·古奇（Charles Gooch）和玛奇·古奇（Madge Gooch）夫妇试图说服女儿玛格丽特（Marguerite）忘记对一名 40 多岁的男子奥德里·科尔（Awdry Cole）的痴迷，他们和她一起从蒂尔伯里（Tilbury）乘船到了印度。但是这个姑娘永远没有到达目的地：胆大的科尔戴着假胡须登上了这艘船，在马赛（Marseille），他说服玛格丽特弃船与他一起私奔。[104]

对在欧洲经历了令人伤心的恋爱关系的女性来说，印度可能是她们"重新开始"的好地方。在第一次世界大战期间，护士萨拉·朗德（Sarah Round）与一名塞尔维亚军官订了婚；遭到抛弃后，她决定前往印度，以彻底忘记他。她在孟买附近开了一间药房，一干就是二十七年。[105]艺术家凯·尼克松（Kay Nixon）在第一次婚姻结束后，于 1927 年前往次大陆开始新生活：她先是为伊妮德·布莱顿（Enid Blyton）的故事绘画插图，后来又为《印度时报》（Times of India）作画，为印度国家铁路公司绘制动物海报，以及为印度王公们的骏马作画。

对于定居点的妇女，早期的东印度公司发现几乎无法制定出连贯的政策。鉴于男人的天性，女人显然是必需的，但具体是什么类型、种族、宗教？又由谁来支付她们的费用？在 17 世纪，由于担心被天主教徒"传染"，东印度公司宁愿其雇员娶印度妇女，也不希望他们娶葡萄牙殖民者的女儿和姐妹。17 世纪后期，公司从英格兰送出了很多年轻女子，尽管这样做很昂贵，尤其是如果她们找不到丈夫的话，还要再送她们回国。但不管怎么说,当时涉及的人数还是非常少。女性除非感到非常绝望,否则,谁也不愿意面对漫长而危险的旅途、到达后死亡或疾病的威胁,以及未来婚姻的不确定性。

18世纪晚期,这种情形开始出现了很大的改观,尽管海上航行依然那么漫长,并且几乎一样严峻。但到印度的英国人增加了,而且有钱的英国人更多了,至少,在加尔各答和马德拉斯过上较为舒适且文明的生活的几率更大了。据威廉·希基的记载,苏格兰的一名"贫穷的手艺人"唐纳森先生高兴地发现"他的一个女儿在印度嫁得很不错",于是又迅速送另外两个女儿前往印度,与她们新婚的姐姐住在一起。1793年,希基记载了"大批女士来到"加尔各答,她们都穿着"无腰"风格的衣裙,在他看来,这简直"荒谬"又"不得体",因为这让她们看起来像怀了孕。然而,在这些人当中,显然有一个男爵的五个千金和一个将军的五个女儿,"都是非常漂亮、艳丽而时髦的女人",她们很快都结了婚,而且都"嫁得很好",除了那个男爵的"长女",她"反复无常地"拒绝了"一众求婚者",后来回到英格兰嫁了人。[106]

当女儿和孙女在印度找到了一个她们想嫁的意中人时,大多数父母和祖父母通常都会感到高兴。但也有些长辈要么因为占有欲太强,要么觉得追求者不够般配而拆散了姻缘。印度文官机构的官员刘易斯·鲍林(Lewis Bowring)和其他几个追求者同时被一个将军的女儿所吸引,她"唱歌像百灵鸟","骑马如亚马逊"①,从而"赢得了所有人的心",却没有一个人能让她暴躁愤懑的父亲满意,结果,她终生未嫁。[107]另一个不幸的例

---

① 亚马逊(Amazon):希腊神话中的亚马逊族女战士。——译者注

子（尽管最终结局圆满）是安妮·比彻（Anne Becher），她想嫁给亨利·卡迈克尔－史密斯（Henry Carmichael-Smyth），一名参加过第二次马拉塔战争的年轻军官。但是，她的祖母认为他不合适——他是伦敦一名内科医生的儿子。于是，她起初禁止安妮再去见他，后来又跟她说他死了。然后，可怜的姑娘被送到印度去寻找更合适的男人，她也照做了，于1810年在加尔各答嫁给了高级文官里士满·萨克雷（Richmond Thackeray），并在次年7月生下了日后将成为小说家的威廉·梅克比斯（William Makepeace）。①[108]两年后，她在孟加拉意外遇到了卡迈克尔－史密斯——这令她很痛苦；又过了两年，萨克雷去世了；再过了两年多，安妮终于和初恋结了婚。[109]

　　欧洲战争中的高伤亡率显然也是年轻女孩们加入"捕鱼船队"的诱因。她们的人数在第一次世界大战后增加了，而在此前的拿破仑战争期间似乎就已呈现增长势头。事实上，19世纪初似乎还出现了过剩。在加尔各答的一次晚宴上，许多即将"空手而归"的女孩抱怨说，那些潜在的丈夫更愿意保留印度情妇，而不是娶英国妻子。在马德拉斯，经过一代人之后，情况仍然没有起色："新品上市"太多了，以至于那些曾经憧憬着"在汉普郡（Hampshire）拥有豪宅和花园"的女孩子们现在被迫"降低期望值"，接受"一些肝脏穿孔如筛子或结肠几乎完全堵死的中校"。[110]

　　1840年代，情况似乎有所改善，至少在孟买有了起色，省督的妻子福克兰夫人（Lady Falkland）将"一批年轻女子的到来"形容为"令人振奋的事之一"，它标志着寒冷季节的开始，

---

① 如果祖母知道里士满和他的欧亚情妇夏洛特·拉德（Charlotte Rudd）有一个名叫萨拉（Sarah）的私生女的话，可能就不会觉得他更"合适"了。

并使一些人相当迅速地订了婚。[111] 1868 年以后,年轻女子们的命运进入了另一个低谷。随着苏伊士运河的开通,从孟买到英格兰的航行只需不到三个星期,因此男人们有更多的机会回国,到英国物色妻子。但女孩子们仍然会到印度探访家人和朋友,她们会继续结识一些男性,他们可能会听从建议与她们结婚。甚至,未来的新娘还可能与未来的婆婆一起到达,婆婆们在实现了心愿之后,会回到英国,再把另一个女儿带到印度。[112] 即便在 1920 年代初供可能大于求的情况下,女孩子们还是可以适应形势,她们"降低期望值",不再奢求嫁入"好军团",于是依然可以从不那么迷人的地方找到什么人嫁掉。据廓尔喀旅同性恋军官约翰·莫里斯的说法,一个"期望过高"但是长相不起眼或者没有什么财力的姑娘"几乎总是……可以退而求其次地在军械部或印度陆军服务队找到归宿"。[113]

1715 年,一名帕克夫人(Mrs Pack)到达孟买,成为印度一家英国医院的首名护士长。其他女性也将追随她的脚步——成为护士长、助产士、医生和护士——直到印度独立及之后,尽管在 19 世纪末以前,这样的女性数量并不多。1885 年,达弗林勋爵夫人作出了一项在所有印度总督夫人中最有价值的贡献,她建立了印度妇女医疗援助全国协会(National Association for Supplying Female Medical Aid to Women of India)。次大陆的英国女性并不需要女性医生和护士——会有训练有素的男性医护人员照顾她们,但是印度妇女需要,因为她们要么与世隔绝,要么被禁止与无亲属关系的男性接触。在英格兰弗洛伦斯·南丁格尔(Florence Nightingale)的鼓舞下,哈里奥特·达弗林(Hariot Dufferin)看到了这些妇女需要医生、护士以及培养医护人员的医学院，还需要医院和药房。到 1914 年，她的协会已经非常受欢迎并且大获成功，为 400 万妇女提供了治疗。[114]

英国妇女中出国的人数在不断增加，第一次世界大战期间，她们为亚历山德拉王后军事护理处（Queen Alexandra Military Nursing Service）工作；第二次世界大战期间，她们为红十字会和女子辅助部队（the Women's Auxiliary Corps）工作。还有很多通常由英国传教士协会或教友传道会（Friends Missionary Committee）之类的组织派往印度的妇女，她们已经在城市医院和主要护理服务机构之外的领域工作；到 19 世纪末，印度传教士中的大多数已是女性。[115] 安娜·路易莎·埃文斯（Anna Louisa Evans）是贵格会信徒，1886 年被派到印度，负责管理霍申加巴德（Hoshangabad）的一家孤儿院，她一直留在印度，直到六十年后去世。[116] 像她这样的女性通常住在偏远地区，帮助当地部落的妇女分娩，医治眼疾和各种疾病。信德省的一名传教士可能专门训练世袭接生婆，她努力说服她们在接生时更加注意卫生，并摘除各种手镯。另一名瓦济里斯坦（Waziristan）山区的传教士可能成了一名外科整形专家，因为阿富汗边境地区的一些丈夫喜欢切掉被怀疑为不忠的妻子的鼻子，以此来惩罚她们，使她们丑得无法再吸引其他男人。1930 年代，一名在孟买贫民窟工作的戴维斯女士（Miss Davis）开办了一个儿童收容所，专门收留无家可归的流浪儿童和受到虐待的孩子。同期，玛格丽特·克拉克女士（Miss Margaret Clark）度过了一生中最美好的时光——用为她撰写讣告的人的话说——"救助印度南部那些注定只能靠在庙宇卖淫度过此生的小女孩"。她工作的收容所起初只是一个由一名英格兰圣公会福音派教徒建立起的小救助站,最后发展成为一个 900 人的社区,甚至有自己的医生、牙医和教师。[117]

在 19 世纪末之前,许多女孩决定上伦敦女子医学院(the London School of Medicine for Women),或后来在英国各大学求学,为在印度的职业生涯做准备。她们知道,相比于英国由男性主导的职场,她们在次大陆更有可能找到更好的职业机会。露丝·扬(Ruth Young)于 1909 年毕业于圣安德鲁斯大学(St Andrews),在卢迪亚纳(Ludhiana)和德里的医学院工作了几十年后,于 1983 年在爱丁堡去世,享年 99 岁。[118]但她的很多同事再也没有回到英国。在伦敦接受培训的艾丽斯·马瓦尔(Alice Marval)医生死于 1900 年的瘟疫,当时,她正在坎普尔努力医治那些感染了瘟疫的患者;埃塞尔·卡曾斯医生(Dr Ethel Cousins)拥有牛津大学的一等学位,在阿尔莫拉(Almora)一家由苏格兰长老会经营的疗养院工作期间,死于心力衰竭。[119]

牛津和剑桥新设女子学院的其他毕业生则在社会工作领域成绩斐然。一些来自伦敦东区安置中心(Universities Settlement)——也叫汤因比馆(Toynbee Hall)——的女性,在孟买建起了大学妇女安置中心。剑桥大学纽纳姆学院(Newnham College)毕业生梅茜·赖特(Maisie Wright)于 1928 年去了孟买,并迅速投入到培训印度社会工作者的工作中。她的日常工作包括每星期三下午经营一个设在纳格帕达(Nagpada)乞丐收容所的儿童游乐中心,每星期六上午为孟买监狱女监宿舍的犯人们开设缝纫课程。她还发起了一些计划,即让自己的学生们劝说邻居们改掉一些缺乏公德的习惯,例如在楼梯上随地吐痰,或从窗户向走在下面的人吐痰;如果她们能通过看邻居的纱丽而与她们交朋友,那她们就可以告诉邻居要使用市政垃圾箱,而不是将厨房垃圾扔到大街上。[120]

还有一小部分有进取精神的妇女则为印度雇主工作。在其持批评态度的1911~1912年的印度"事实调查"之旅中,不知疲倦的法比安·悉尼(Fabians Sidney)和比阿特丽斯·韦布(Beatrice Webb)发现,有"三名英国女医生……在博帕尔土邦(Bhopal)从事医院和药房工作",那里主事的夫人———一个非常有影响力的母系氏族的成员——"实际上采用了《英国助产士法》(English Midwives Act)……"。[121]另一个比较少见的职业是给印度王公的夫人做"陪伴"。在E. M. 福斯特(E. M. Forster)于1912年去代瓦斯(Dewas)做土邦主私人教师的前几年,就已经有一名库珀夫人在那里当两名拉尼①的"阅读者和女讲师"。

对维多利亚时期的女性来说,另一个不同寻常的理想就是在印度开办自己的学校。1841年,两名已经在次大陆的寡妇在卡西丘陵(Khasi Hills)建立了一所预备学校,这也许并不奇怪。但这事发生在幸福地生活在伍斯特郡的安妮特·阿克罗伊德(Annette Ackroyd)身上,就显得很离奇。1871年,她在28岁时开始学习孟加拉语,然后前往印度,在加尔各答开办了一所非宗派("最严格的神学中立")学校,专门接收印度教女孩。她成功的机会非常渺茫。没有人希望她这样做:政府、基督教传教团甚至是孟加拉的居民,都不认为让女儿们接受教育是什么重要的事情。她的学校没能成功,只得关闭,尽管这事发生在她与印度文官机构一名严肃而令人钦佩的自由派官员结

---

① 印度酋长或王公之妻。——译者注

婚之后。她和丈夫亨利日后将有一个更加杰出的自由派儿子——威廉·贝弗里奇（William Beveridge），他是使英国成为福利国家的报告的作者。

在从事教育事业上，比起一名单身女性在外国开办一所有争议的学校，更安全稳妥的方式是选择与一个现有机构合作，或者开设一项官方支持的、比较简单的事业。如果是克什米尔前驻扎官的女儿——以及知名教育家的妻子，那么，为斯利那加的女士们开办刺绣学校并不会冒很大的风险。如果丈夫是信德的县官，那么不安定的妻子如果坚持要在卡拉奇的某所学校任教，也不会危及家庭的经济状况。在前往印度之前就决定投身于教育事业的女性，有越来越多的机会可以在马德拉斯的女子基督教大学（Women's Christian College）等机构任教；在海得拉巴等土邦也有一些工作机会，那里有马布比亚女子学校（Mahboubia Girls' School），它模仿英国公学的办学模式，教师都是从牛津和剑桥毕业的女性。[122]

作为一种职业，教师不可避免地比医务人员更容易受到印度社会和政治的影响。1928 年，玛格丽特·赛克斯（Margaret Sykes）从剑桥转到马德拉斯本廷克女子高中（Bentinck High School for Girls）任教，但没过几年，在结交了一些印度老师后，她发现自己对甘地的主张很感兴趣，并最终彻底离开了常规教育，加入了孟加拉桑蒂尼盖登（Santiniketan）的拉宾德拉纳特·泰戈尔（Rabindranath Tagore）教育社区。其他女性可能走得更远，她们前往印度时就已经坚信甘地的主张了，打算要对抗和颠覆英属印度。曾在霍洛韦监狱（Holloway Prison）待过一段时间的爱尔兰妇女参政论者玛格丽特·卡曾斯（Margaret Cousins）就是其中之一，她是一位颇具戏剧性的人物，在印度几乎投身到所有她碰上的流行运动和事业中,包括与安妮·贝赞特(Annie Besant)及其神智学协会(Theosophical Society)有关的运动。卡曾斯视自己为烈士和信徒,在尽职地反抗了当局之后,她被监禁在韦洛尔(Vellore)的女子监狱,度过了短暂而满足的一段时间,在那里,她被安排了另一间牢房,作为起居室。[123]

在英国,仆人的数量出奇地多,可奇怪的是印度居然对他们没有什么需求。男仆的数量比女仆更少。印度总督和省督们可能偶尔会雇用法国厨师,但洋老爷们就很少有英国管家或贴身男仆了;他们几乎都觉得有印度的脚夫和男仆就够了。吉夫斯们①没有去印度。

省督们的家庭有时会为孩子们带上一名家庭女教师,通常是德国家庭女教师,但也可能是一个法国小姐。安妮特·贝弗里奇(Annette Beveridge)坚持要她的孩子们讲德语,于是接连好几名德国女教师千里迢迢地前往孟加拉教他们。[124]有时一些家庭,尤其当听到印度保姆——或称"ayah"——会给婴儿喂鸦片好让他们保持安静的夸张传闻后,会吓得雇用英国保姆,通常是苏格兰人。但是大多数英国家庭还是更倾向于雇用印度保姆,毕竟便宜很多。带一个保姆去印度非常昂贵,而且她到了印度以后,还有可能无法"适应"这样一份社会地位很尴尬的工作。她常常会感到难堪和孤立,无法与那些在定居点照看孩子的印度保姆或者欧亚妇女交往。这与在肯辛顿花园的圆形池塘旁推着婴儿车完全不是一回事。

当然,保姆也可能适应得非常好,那样的话,她可能很快

---

① 吉夫斯(Jeeves),当代英国作家伍德豪斯(P. G. Wodehouse)的小说《万能管家系列》(*Jeeves and Wooster*)中足智多谋的管家。——译者注

会交上辞呈,准备结婚。1715年到达印度的寡居保姆帕克夫人,几乎一到孟买,便与东印度公司的高级木匠结了婚。自她以后,这种趋势经久不衰。后来的日记和回忆录经常记录道,最近从伯恩茅斯(Bournemouth)或托基(Torquay)带出来的某某漂亮的保姆或家庭女教师,刚一来"就被抢购了",特别是如果她为一名军官工作的话,就不可避免地会被军团中的士兵们看到。一名女教师比其他大多数人保持单身的时间都长,她就是奈达·蒂尔尼(Naida Tierney)。在第一次世界大战期间,奈达在伦敦为军情五处(MI5)工作,战争结束后,她想到国外旅行。于是,她接受了驻缅甸的道金斯(Dawkins)一家①的工作,并度过了两年半的美好时光:穿越丛林,畅游湖泊,同时照顾三个小男孩。和她的东家一样,她不太喜欢当地的俱乐部,那里整天就是打桥牌、喝威士忌,还有滋生虫子的扶手椅。此外,作为一个单身女性,她还得防着那些多情的老男人和他们"忘乎所以"的下属。最终,她嫁给了一名印度陆军上尉,但那时她的合同也快到期了。[125]

　　在印度,在除了医疗和传教士外的其他职业中,参加工作的英国妇女的数量相对较少,远远少于在英国的比例。这也可以理解。一个女孩子如果能在自己的家乡彼得伯勒(Perterborough)找到类似的工作的话,又何必到马德拉斯当一名商店店员呢?印度商店里的部分工作只能由女性来做。例如,加尔各答的陆海军商店就需要一名助理女经理在每周日早晨打开店门,接待深闺制度(Purdah)下的印度女士,她们不能接受男性的服务。[126]但这样的工作机会并不多。有时,档案中还提到了坎普尔

---

① 见后文,pp. 199-202、428-433。

有女性开了自己的女帽商店，或者在斯利那加开了服装店，但这些店主几乎清一色都是丈夫去世之后留在印度的寡妇。她们并非在离开英国时就立志要在印度开店。

爱德华时代的伦敦为年轻女孩们提供了充足的、比开店更有意思的岗位。因此，她们大可不必去印度。然而，1900年前后，在加尔各答和仰光的酒店招聘酒吧女招待的广告描绘了一幅充满异国情调的东方画面，使很多女孩慕名前往，而且她们的行为还招致了仰光主教（Bishop of Rangoon）和缅甸基督教妇女禁酒联合会（Burma Women's Christian Temperance Union）的抗议：其中一人自杀，另一人"堕落到在酒馆里勾引科林吉苦力"。印度总督参事会就是否应当禁止女招待并把她们送回国而展开辩论时，一些参事认为，尽管"英国女性给当地人侍酒这种想法"可能相当"令人反感"，但这种行为本身并不是不道德的，因而不应该被禁止。而其他人——包括印度总督寇松在内则认为，这些女孩被利用了，她们不知道自己的工作意味着什么，她们被当作"吧台后面的诱饵"，诱使男人们喝酒。让她们来是为了什么呢？他质问道："为什么要把她们带到印度来？是来断送人生，还是给人做妾，还是来嫁人的呢？"[127]

记录自己去印度各城市红灯区的英国男人——不论是作为嫖客，还是执行官员——常常对这些地方似乎还没有英国女人表示欣慰。大多数妓女是印度人，有些来自远东，仅有的少数白人妓女则几乎都来自东欧。1891年，孟买警察局在收到曼彻斯特一个爱泼斯坦（Epstein）先生的信时非常惊讶，信中说他的女儿可能在该市工作，请求他们找到她并将她送回。调查很快发现：看上去20岁左右的范妮·爱泼斯坦（Fanny Epstein）在巴扎路（Bazar Road）买了一家妓院，还配备了家具。警察局长认为她一定是被逼迫着这样做的,于是与她进行了一番对话,对她说她父亲很着急,并向她保证不必担心回国的路费。但是,范妮对认为自己是被逼迫的想法嗤之以鼻,她对自己所做的工作也没有表现出丝毫悔意。她坚持自己的事由自己做主,并说根本不想回到父亲身边。而且,她也不需要经济资助。

这个困惑不已的局长注意到,范妮的"言行举止［让他感到］她的出身要比大多数在孟买干'那种行当'的女性高"。其他不少人也有同样的困惑,他们也都觉得有义务参与其中并讯问范妮:包括卫理公会(Methodist Mission)的一名成员、"妇女之家"的负责人以及英国圣公会差会梅因沃林牧师(Rev. Mr Mainwaring)的妻子。范妮向这些人保证,她来到孟买完全是出于自己的意愿,没有受到任何束缚,并且不需要资金援助。正当这些好心人一筹莫展、不知道下一步该怎么做时,范妮突然还清了债务,卖掉了家具,乘船离开了印度,这倒省却了众人的烦恼。他们最后一次听说她,是她以卡恩小姐(Mademoiselle Kahn)的名字住在马赛的马萨德街(Rue Mazard)。[128]

第三章　家族渊源与身份认同

海豚家族

鲁德亚德·吉卜林写道:"一些家族,一代又一代地为印度服务,就像海豚列队穿越辽阔的海洋。"这出自他的短篇小说《他的祖先之墓》("The Tomb of His Ancestors"),小说讲述一个虚构的家族——奇恩家族(the Chins)——在 1799 年塞林伽巴丹被占领以后,从德文郡(Devonshire)乘船来到印度。不管能力如何,奇恩家的人一代又一代地来到印度:"聪明的奇恩做了孟买文官……迟钝的奇恩进了警察部门或森林局。"但是,"依照奇恩家的传统",长子总是成为印度陆军军官。

除了奇恩家族外,吉卜林还列出了一些确有其实的家族,例如里韦特-卡纳克家族,几代人中出了 20 名文官、警察和军官,还包括一名孟买省督。吉卜林名单中的另一个海豚家族——普洛登(the Plowdens)或奇切利·普洛登(Chichele Plowdens)家族——人丁更兴旺。从 18 世纪末开始,普洛登家族有 39 名男性在印度任职,其中的 13 人在印度陆军效力,其余大部分在文官机构任职。同期,普洛登家族的 16 名女性嫁给了从事上述职业的男性。[1]①

---

① 有一个例外是海得拉巴驻扎官特雷弗·奇切利·普洛登爵士(Sir Trevor Chichele Plowden)的女儿帕梅拉(Pamela)。她是温斯顿·丘吉尔的初恋,却嫁给了维克多·布尔沃-利顿(Victor Bulwer-Lytton),他继承了父亲(印度总督)利顿伯爵(Earl of Lytton)的爵位。1922 年,他成为孟加拉省督,帕梅拉与印度的联系也自此得以恢复。

海豚家族通常都从事同一职业。汉考克家族（Hancocks）四代效力于孟买陆军。梅诺德-利森伯格（Meneaud-Lissenburg）五兄弟都追随曾任马德拉斯陆军军官的父亲、祖父和曾祖父参了军。萨蒙（Salmon）家五代人任上校和中校（其中一人还当上了将军），他们都幸存了下来，而且大都高寿。尽管这些人曾在孟买、孟加拉和英国陆军服役，贝特家族（the Beyts）的军官则更为集中，只效力于第6拉杰普塔纳步枪团第3营（3rd Battalion of 6th Rajputana Rifles），使得该团被称为"家族军团"。[2]

与奇恩家一样，其他家族也很多样化。在两次世界大战之间，哈佩尔（Happell）三兄弟像里韦特-卡纳克家一样，分别任职于印度陆军、印度警察和印度文官机构，这种职业多样化在考克斯家族延续了四代人。还有一些在印度工作了很久的家庭自从决定在次大陆定居之后，就不再像海豚一样聚群了。那时候，在次大陆出生的孩子被称为"乡巴佬"（country-born），这是一个相当具有贬义的称呼。与奇恩家一样，戴尔家（the Dyers）也在德文郡和印度之间往来，直到家里有一人开始在喜马拉雅山麓酿造啤酒，这桩生意非常成功，于是他决定在印度定居并扩大生意，最终在西姆拉、拉瓦尔品第（Rawalpindi）和曼德勒（Mandalay）都开了啤酒厂。[3]可惜他的儿子雷金纳德（Reginald）没有接手家族企业，而是参了军，并最终成为一名准将，在1919年命令部队实施阿姆利则大屠杀（Amritsar Massacre）。

"乡巴佬"家庭可能会保留一些英国习俗，例如晚餐时有汤、烤肉和布丁，但他们通常自视为印度的"土生白人"，几乎不需要——也不怎么想——回英国"老家"。莉莲·卢克·

阿什比（Lillian Luker Ashby）就和家里五代人一样，都"在印度的炎炎烈日下出生"。她的曾祖父曾是加尔各答的一名商人，祖父种植靛蓝，骑着大象做买卖，她的叔公、父亲、丈夫和侄子都是印度警察。这家人没有把孩子送回英格兰接受教育，而是让他们在大吉岭和马苏里避暑地的学校上学。家里的老人也没有回到伊斯特本或切尔滕纳姆，而是依然留在诸如迪纳普尔（Dinapur）的"故土"，这是比哈尔省（Bihar）一个被称为"毛孔里都渗着灰尘"的驻军小镇，据说这里的人一生会吞下一蒲式耳的灰尘。第一次世界大战结束，莉莲的女儿黑兹尔（Hazel）去缅甸度蜜月时，她成为家族四代人中第一个出过印度的女性。莉莲本人一直没有走出印度，直到成了年迈的祖母才到缅甸去看看。[4]

　　许多真正的海豚家族都是苏格兰人，例如因弗内斯（Inverness）的格拉斯福德家族（the Glasfurds）或邓迪（Dundee）的韦德伯恩家族（Wedderburns）。在他们看来，印度文官是19世纪的"一种世袭使命"。[①] 其中历史最久远的家族当属麦克纳布（Macnabb）家族，这家出了四代印度文官，他们在缅甸和旁遮普等省任职。第一代"文官"约翰·门罗·麦克纳布（John Monro Macnabb）在1832年加尔各答亚历山大银行倒闭后，失去了财产，被迫卖掉了其父靠在印度当医生挣钱购买的珀斯郡的地产。他的三个儿子跟随他一起到了次大陆，长子和次子当了文官，小儿子当了掌旗官，在大起义中丧生。次子唐纳德是一名语言学家，他喜欢称自己为帕坦人，热衷于

---

① 他们在18世纪的世袭使命是为英王詹姆斯二世及斯图亚特王朝的追随者而战，其中，约翰·韦德伯恩爵士（Sir John Wedderburn）还因此被判叛国罪，遭到处决。

灌溉,他自掏腰包在旁遮普省挖了一条运河,后来被称为麦克纳布运河(the Macnabbwah)。[5]

在 1997 年去世的亚历克·奥格尔维爵士(Sir Alec Ogilvie),按讣告上的说法是"为印度作出过杰出贡献的第七代奥格尔维人",他生前是孟加拉工商会(Bengal Chamber of Commerce and Industry)主席。[6]然而,在印度行政部门任职时间最久的是科顿家族,其六代直系男性后裔都在印度任职。最早的先辈约瑟夫是一名船长,曾在 1770 年代多次航行到印度,后来成为东印度公司的董事。他的一个儿子、一个孙子和一个玄孙在马德拉斯任文官,一个曾孙成为阿萨姆省的高级专员,而第六代儿孙中的约翰则任职于印度政治机构(Indian Political Service),1936 年曾有一小段时间被派到其他大洲,当时正值墨索里尼入侵埃塞俄比亚(时称阿比西尼亚),他被派往亚的斯亚贝巴保卫英国公使馆。[①]

科顿家族和其他海豚家族显然都感到必须在职业上追随先辈们的脚步:这是一种责任感,一种对传统的信仰,一种若不遵守此家庭习俗就会让家人和国家失望的情感。毫无疑问,达到与父亲相当的成就,然后看着自己的儿子也开始攀爬同样的职业阶梯,会给人带来某种满足感。然而,接班的过程却毫无惬意或动情之处。这不像继承遗产或进入家族企业,父子俩可以坐在火炉旁小酌,聊聊种树或下一桩生意。不同世代的海豚几乎彼此见不到面:父亲通常在儿子职业生涯开始时就要退休了。即使在科顿家族两代人同时在印度的时期,他们也见不到彼此,因为相距太远:一个住在阿萨姆省,另一个住在马德

---

① 印度独立后,他进入外交部并回到非洲,最后出任驻刚果共和国和布隆迪大使。

拉斯。

　　服役三十年后，吉卜林的奇恩上校退役了，并乘船返回英国。他乘坐的轮船通过苏伊士运河时，"跟前往印度的军舰擦身而过，那军舰载着他的儿子一路向东，去履行家族责任"。这对父子交替的一幕可能有些令人心酸，但相似的交接一直都在进行。在克什米尔的一名驻扎官阿德尔伯特·塔尔博特（Adelbert Talbot）退休的当月，他的儿子阿迪（Addy）就开始了印度文官这一职业生涯。来自苏格兰高地的工程师约翰·格拉斯福德（John Glasfurd）于1860年离开印度。同年，他的儿子弗雷德（Fred）在印度的同一行当开始做学徒。尽管约翰·格拉斯福德在印度失去了两个妻子和两个孩子，但他似乎从未考虑过让剩下的两个儿子到印度以外的地方发展。他在次大陆工作期间，这两个没妈的孩子由因弗内斯附近的姑姑和祖母抚养长大。哥哥查尔斯在5岁以后就从未见过父亲（约翰去世时，查尔斯33岁）；弟弟弗雷德于1861年去了印度之后，也再未见过父亲。几年后，弗雷德在押送一批犯人到安达曼群岛（Andaman Islands）劳役所的途中，溺水身亡。[7]吉卜林在描写那些乘坐P&O轮船公司的船往返于英国和印度之间的"悲伤的东方之魂"时，应该想到的就是像格拉斯福德、塔尔博特和科顿这样的家族。

> 被绑在帝国的车轮上，一代又一代，
> 父子相传的东方家族，
> 流放之轮载着一代代流放者启航
> 再送他们落叶归根。[8]

76　　许多海豚家族继续前行，直到印度独立令他们无法继续发展职业或无法成行。然而有一个海豚家族，它也是某段时期影响力最大的一个家族，却在1947年之前就慢慢退出了。斯特雷奇家族自亨利·斯特雷奇（Henry Strachey）担任克莱武的秘书起，先后有四代人到印度任职，其中的两个兄弟在梅奥勋爵政府（1868~1872）的影响力非常大，以至于该政府被称为"斯特雷奇政府"（Strachey Raj）。约翰是一名文官，后来成为印度总督参事会的财务参事和西北省的副省督，而他的哥哥理查德则是一名工程师和植物学家，后来成为公共工程部大臣、灌溉部总勘察长和饥荒委员会（Famine Commission）主席。他们还有一个兄弟叫威廉，他本可以进一步扩大他们的"统治"，但他决定从印度提前退休，并回到了英格兰，不过，他继续按加尔各答时间生活，因此在接下来的五十六年里，他的上午都在黑暗中度过。[9]

　　理查德·斯特雷奇的妻子简是孟加拉副省督的女儿，她的母亲来自有名的海豚家族——奇切利·普洛登家族。简决心让五个儿子继承双方家族的传统，于是她让儿子们接连报考了印度文官机构和印度陆军。可是所有的儿子都让她很失望。大儿子迪克两次参加了伍尔维奇军事学院（Military Academy at Woolwich）的入学考试，但都未能通过。他的父亲叹息说，"斯特雷奇传统"恐怕要断送在自己这里了。[10]二儿子拉尔夫没能通过军队体检，三儿子奥利弗放弃了加入印度文官机构的计划，他想当一名音乐家。但最终，三兄弟还是在印度谋到了职位，迪克加入步枪旅后去了印度，最后当上了上校；拉尔夫当上了东印度铁路公司的总工程师；而奥利弗在想去维也纳当作曲家未果后，也在哥哥的铁路公司找到了工作。

然而，这些小成功仍不能安抚他们强势而沮丧的母亲，直到晚年，她才开始欣赏这些成功。在此之前，她决定集中精力培养四儿子利顿。利顿以其教父利顿勋爵总督的名字受洗。她希望他去牛津大学贝利奥尔学院（Balliol），那是当时立志报考印度文官机构的年轻人最推崇的学院，但他很庆幸自己没有被录取。利顿不想去印度，而且他更想去剑桥而非牛津。他并不敌视英国对印度的统治，这一点和布卢姆茨伯里派(Bloomsbury Group)的朋友——如 E. M. 福斯特和伍尔夫夫妇——不一样；据他的传记作者的记载，他甚至对英印有一种"忠心"，这个年轻人花了两年半的时间写了一篇关于沃伦·黑斯廷斯（Warren Hastings）的论文，替这个总督反驳詹姆斯·穆勒的批判。[11]但是，他和弟弟詹姆斯都不想亲自去次大陆。令简·斯特雷奇失望的是，她所有年幼且更有才华的孩子们——包括她的女儿们——都选择了剑桥和布卢姆茨伯里，而不是印度和大英帝国。

海豚家族们不论在印度还是退休以后，都不会"独来独往"。像里韦特家族和卡纳克家族，就常常通过联姻的方式建立起更广泛的关系网，甚至更有权势的王朝。亨利·斯特夫利·劳伦斯（Henry Staveley Lawrence）于1899年娶了菲莉丝·内皮尔（Phyllis Napier），在菲莉丝死后，又于1914年娶了她的妹妹罗莎蒙德（Rosamond），这样一来，他把统治旁遮普和马德拉斯的两个家族结合到了一起。联姻有时还会使家族的职业多元化。法夫郡的洛家族（Lows）原本是英属印度的一个军人世家。罗伯特上尉的两个儿子和三个女婿都在印度陆军，他的一个孙子还当了将军。但他的儿子约翰与莎士比亚家族联了姻，后者又和萨克雷家族是表亲，于是，这个大部分人都生活在印度的大家族就"文官化"了。文官里士满·萨克雷于 1816 年在加尔各答去世时,他 5 岁的儿子威廉·梅克皮斯(William Makepeace)在詹姆斯·门罗·麦克纳布(James Monro Macnabb)的监护下被送回了英格兰。在船上,詹姆斯让这个孩子学习阅读,为了防止他逃课,还用绳子把他绑起来了。[12] 这个男孩再也没有回过印度,但他对仍留在那里的表兄弟姐妹们的生活充满了好奇,他在《纽克默一家》(*The Newcomes*)里刻画的老上校的灵感就来自约翰·洛(John Low)。另一个不那么招人喜欢的人物乔斯·塞德利(Jos Sedley)——《名利场》(*Vanity Fair*)中的那个臃肿的暴发户,则有一部分是根据他的表兄乔治·莎士比亚(George Shakespear)塑造的,这个表兄是个不得志的文官,于 1844 年在日内瓦自杀身亡。

侄甥与竞争对手

当拿破仑·波拿巴告诉弟弟吕西安他正考虑加入东印度公司时,他不可能对这个公司的性质有所了解。如果他曾参加过雇佣军,为浦那(Poona)附近某个马拉塔王公而战的话,他的英勇善战有可能会让他有机会进入东印度公司驻印度军队。但在欧洲,只有当他被伦敦的一名董事提名为学员时,他才能加入。拿破仑后来倡导"择优录用"的理念,但当时的东印度公司并不倡导这种政策;六十年后,它也没有得到执行。董事们倾向于照顾自己年轻的亲戚——侄子、儿子和堂兄弟,以及朋友们的孩子。他们极不可能选择一名来自法国大革命的科西嘉火炮团上尉,更何况他刚刚在土伦攻城战(Siege of Toulon)中击败了英国驻军及其保皇派盟友。

东印度公司董事会是一个自我延续的寡头集团,董事们有权按照事先商定的数量，挑选年轻人来担任公司的书记员、学员、随船医生和牧师，以及孟买海军的军官和东印度公司大楼及公司仓库的伦敦员工。董事们都在印度有自己的利益，通常都去过印度，他们优先考虑自己圈子里的候选人，然后再从那些海豚家族的儿子们中物色人选。该体制的一名辩护者怀旧地回忆道，"如果这些小伙子中有爱动脑子的，我们要求的智力水平是任何选拔考试都无法提供的"；他将在公司的黑利伯里学院接受适当的教育，成为一名文官。而"那些肌肉发达的年轻人"——"充满热情的、勇敢的、代表着英国乡绅精神"的小伙子们——则将在阿迪斯科姆（Addiscombe）军事学院接受培训后加入公司的军队。[13]

但即便是这个体制的受益者，也并非总能容忍它。机智又尖刻的苏格兰人乔治·坎贝尔爵士（Sir George Campbell）官至孟买副省督，他在回忆录中称，除非在极少数的情况下，否则"董事们根本不用假装去物色最优秀的年轻人"；他声称，裙带关系始终是他们的首要动力。尽管这一点毋庸置疑，但他们依然试图在自己的侄甥和朋友们的儿子中挑选最优秀、最能干的年轻人。有些董事还不辞辛苦回到母校，请现任校长推荐人选。[14]如果哪名董事推荐的人未能通过黑利伯里学院的入学考试、损害了公司在印度的声誉或者由于不称职而最终危及他的红利的话，都会令他难堪，这些不符合这名董事的利益。不管怎样，得到推荐的年轻人如果被认定无法完成上述两所学院的培养的话，最终也还有条出路：参加印度骑兵，那里不需要培训。正如动辄生气的坎贝尔所说的，"太闲或者太笨，连黑利伯里学院都毕不了业的年轻人"也不会让他无所事事，[15]他仍然可以率领一支骑兵冲锋陷阵。

19世纪上半叶，阿迪斯科姆和黑利伯里两所院校培养了很多英属印度最有名的士兵、工程师和行政官员。这些人可能不是英国人的典型代表，尽管英国圣公会的主教们或议会议员们的代表性也强不到哪里去。有一名学员出生于蒙特利尔，在魁北克接受教育，这样的情况偶有发生。但是，大多数就读于阿迪斯科姆学院的男孩子都与印度和东印度公司存在家庭或商业关系。约翰·雅各布（John Jacob）[信德省雅各布阿巴德（Jacobabad）的创始人]于1826年进入这所学院，他跟随着哥哥赫伯特的脚步，而弟弟威廉也将追随他进入这所学院；他的一个堂兄也曾在这所学院学习，现在已在孟买炮兵团服役，而另一个堂兄弟在当地的步兵部队服役。东印度公司的大多数军官和文官，都出身于和董事们一样富裕的中产阶级，通常来自伦敦和英格兰南部地区。①

除了海豚家族，东印度公司雇员最常见的背景是牧师。教会与帝国之间的关系此时可能有些奇怪，但在东印度公司实力鼎盛的时期，圣公会神职人员的声望和影响力都非常大。董事们会认识他们乡村别墅和伦敦住所所在教区的牧师，其中，很多董事就读于牛津大学和剑桥大学时的教授们也都身兼神职。牧师比大多数人更有学问，他们不仅更有可能教育自己的儿子，还会鼓励他们勤奋上进。此外，由于牧师们很少有足够的经济实力来供养游手好闲的孩子，他们的后代都会努力从事技术性强、收入高的工作。

一些圣公会家庭几乎把全部重心转向了印度。伊斯特本的亨利·勒欣顿牧师（Rev. Henry Lushington）有三个儿子在东印度

---

① 非常重要的一小部分来自苏格兰，其阶层稍有不同。见后文，pp. 99-101。

公司，其中之一死于 1763 年巴特那大屠杀（Patna Massacre）；另一个儿子成为公司董事、议会议员和男爵；他之后的三代男性后代都进入了孟加拉文官机构（并娶了孟加拉文官们的女儿），而他的女性后代也都嫁给了文官。他的堂兄弟、剑桥郡的詹姆斯·勒欣顿牧师（Rev. James Lushington）一家也是类似的情况，他有五个儿子在东印度公司，其中一个当上了马德拉斯省督［尽管他还担任了 25 年议会议员，先是代表拉伊（Rye），后来代表坎特伯雷］。他们之后又有两代勒欣顿人在印度陆军和文官机构中效力。[16]

英国圣公会与英裔印度人之间的复杂关系可从阿尔弗雷德·莱尔（Alfred Lyall）和詹姆斯·莱尔（James Lyall）这一家窥知一二。兄弟俩都做到了印度文官机构最高级别的官员，分别担任西北省（1882~1887）和旁遮普省（1887~1892）副省督。在他们父亲那一辈，大哥是议会议员兼东印度公司董事，二哥效力于印度陆军，三哥加入了海军，四哥任坎特伯雷教务长，五弟（也就是莱尔兄弟的父亲）又是一名牧师。[①] 才华横溢的阿尔弗雷德曾犹豫是否应该接受伯父的推荐去东印度公司；当时还有一个不错的选择：争取去剑桥做学问——以他的聪明才智，这肯定不在话下。阿尔弗雷德是一个总能看到问题的两方面且经常这山望着那山高的人，所以，在印度任职的大部分时间里，他都幻想着自己可能在剑桥会过得更好。有时，在印度的炎热和孤独中，他甚至希望自己是一名教士，这样就能有时间写书了，因为在文官中他是文学修养最高的官员之一。然

---

① 这种职业平衡仅限于这几个兄弟。在莱尔兄弟的母亲布罗德伍德（Broadwood）家族（钢琴制造世家）中，舅舅和四个姨母的丈夫都是牧师。父亲那边的五个堂兄弟也都是牧师，他们两个姐妹的丈夫也一样。

而，不管这种憧憬听起来有多么诱人，对他来说，那只会是一个灾难性的选择。他原本就对人类的动机持怀疑态度，在读了达尔文和勒南（Renan）之后，他对宗教也开始持怀疑态度了。在光荣退休后，他的不可知论倾向愈演愈烈，还影响了颇多年轻的子侄，可以说他分化了一个显赫的英国国教徒家族。[17]

自1770年代以来，英国政府就一直在增强对东印度公司运作的控制。19世纪中叶，英国政府决定印度文官的任命应该采取择优录用的方式，而不是通过举荐。尽管英国内政部或外交部都没有将这种改革视为"必需"，1853年，议会依然决定将通过选拔考试来招募印度文官机构的人员。由麦考利勋爵（Lord Macaulay）领导的一个委员会认为，印度不应由那些被随意选出来送往黑利伯里学院的年轻人管理，而应由在牛津和剑桥接受过教育的"绅士们"来管理。据委员会的一名委员——贝利奥尔学院未来的院长本杰明·乔伊特（Benjamin Jowett）——的说法，印度文官机构对"这两所大学的天之骄子们"来说，将会是一份很辉煌的职业。这也将解决和他一样的牛津大学教授们的困扰：不用再面对总是为未来忧心忡忡的本科生，听他们诉说自己"感受不到神职的召唤，对做律师也没有兴趣"[18]。

这个新制度无疑扩大了潜在申请者的阶层基础，为数千名从未与东印度公司董事们谋面过的年轻人到印度谋职创造了可能性。最先受到这一变化冲击的是海豚家族，他们的儿子可能还保留着继承家庭传统的热情，但现在不得不与受过良好教育的竞争对手在选拔考试中一决高下。相反，牧师们的儿子却没有遇到这样的问题，甚至在选拔考试中表现得比在举荐制度下更好。在1860~1874年，他们在印度文官机构新职员中所占的比例超过了四分之一,在副省督中占的比例也很高;20世纪初,最高级别的文官中几乎有一半来自英格兰这个很小的社会子阶层。接下来是医生们的儿子,他们占到新职员的十分之一,然后是律师、银行家和实业家的子女。在印度文官机构新入职人员中,四分之三以上都出身于教会和中产阶级专业人员家庭。[19]

文官队伍的阶层结构反映了求职者们就读的公学的地位。由于只有不到10%的文官出身于贵族或拥有土地的士绅家庭,因此,伊顿和哈罗在新入职官员毕业院校榜上的排名自然不高。拥有伊顿的教育背景对总督以及马德拉斯和孟买的省督们来说,可能会是一种优势,但对文官们来说甚至可能是一个缺点:一名毕业于伊顿的文官的妻子抱怨说,她在印度的英国邻居们无法接纳他们夫妇二人,因为她丈夫上过伊顿,二人都读书,而且都不是在郊区长大。[20]

对于有抱负的帝国主义者来说,更受欢迎的学校是那些学费比伊顿和哈罗低的学校,这些学校的课程更多地集中在数学和语言等能在印度有用武之地的学科,而不是传统的拉丁语和希腊语。切尔滕纳姆学院就是其中之一,在1889年之前的半个世纪中,据说该学院出了65名印度文官和多达1771名效力于英国和印度军队的军官。[21]第二受青睐的"中产阶级"学校是马尔伯勒学院(Marlborough College)和阿诺德博士继任者领导的拉格比公学。[22]地域关系对父母为儿子选择学校也有影响。来自德文郡的印度文官机构申请者们几乎总是在蒂弗顿(Tiverton)的布伦德尔中学(Blundell's School)接受教育。

20世纪,为印度文官机构输送毕业生的学校数量大大增加。1938年,《印度事务部名录》(*India Office List*)列出了当时所有健在的文官的职业信息,包括斯旺西文法学校(Swansea Grammar)、戈登学校(Gordon's)、阿伯丁学校(Aberdeen)以及基尔代尔郡(County Kildare)的克朗威斯伍德学院(Clongowes Wood College)等285所学校。拉格比和马尔伯勒在传统学校中仍然很受欢迎,但切尔滕纳姆却落后于伦敦的圣保罗中学(St Paul's),而且名气上也不敌温切斯特公学,此时,后者所提供的传统意义上的公共服务教学既面向印度,也面向英国国内。同时,1938年的名录中还出现了一些早期名录里没有的学校,例如格里姆斯比(Grimsby)的温特林厄姆中学(Wintringham Secondary)和达勒姆(Durham)的华盛顿中学(Washington Secondary)。这些学校以及大量的文法学校的出现,表明印度文官机构越来越面向劳动阶层和中下阶层的家庭开放。1900年至第二次世界大战期间,贝德福德(Bedford)、布拉德福德(Bradford)、阿伯丁和圣奥拉夫(St Olave's)等文法学校输送的文官人数均超过了拉德利(Radley)、斯托(Stowe)、昂德尔(Oundle)、舍伯恩(Sherborne)和汤布里奇(Tonbridge)等老牌公学。有了学校奖学金的资助,原本只属于社会精英阶层的文官队伍现在也开始接纳约克郡工人的儿子、旺兹沃思(Wandsworth)老师的儿子、邓迪家具商的儿子或者汤顿(Taunton)铁路站站长的儿子。来自米德尔斯伯勒(Middlesborough)的孤儿比尔·考利(Bill Cowley)一直跟着当木匠的祖父居住,他靠奖学金读完剑桥后,进入了印度文官机构。[23]

按吉卜林的话说,聪明的奇恩进了文职机构,迟钝的奇恩则进了"深山老林"。实际情况并没有那么简单。大多数进入印度森林局(Indian Forest Service)的人可能是出于性情、兴趣和机会的原因,并非因为他们不够聪明而没能通过文官考试;他们中的许多人喜欢独处和户外生活,喜欢有机会在丛林中射猎。实际上,不论是从婚姻还是从专业的角度,这两个部门都有一定程度的交叉,而且多年来,旁遮普的文官也一直是该地区的森林保护官。如果说森林局不像其他部门那么有名的话,那么主要是由于英国人的无知,以及对这个学科缺乏兴趣。尽管早在1840年代和1850年代就已经设立了地方"森林保护官",但印度森林局直到1864年才成立,而且在成立好几年之后,整个部门才开始正常运行。

当时,英国本身并没有由训练有素的专业人员管理的公共森林:英国的森林都属于私人所有,主要用于狩猎、观赏和出产木材;此外,海军建造的需求已基本耗尽了橡树。因此,印度政府首先需要解决的问题就是找到能够领导这个新部门的人。令人惊讶和欣慰的是,在找不到适合于该职位的英国人的情况下,印度政府任命了德国人迪特里希·布兰迪斯先生(Herr Dietrich Brandis)担任森林总督察。更令人意想不到的是,在接下来的36年里,印度政府都坚持认为只有德国专家才适合管理英国在印度的林地。布兰迪斯卸任后,由威廉·施利希(Wilhelm Schlich)继任,他加入了英国国籍,并因表现卓著而被授予爵位;再之后,由贝特霍尔德·里宾特洛甫(Berthold Ribbentrop)接任,他一直任职到20世纪初。

要找到合适的下属几乎一样困难,因为只有在德国和法国的林业学校学习过的人才适合。早期,英国林业官员的构成很混杂,既有爱好狩猎的军官、喜欢植物花草的医务官员,也有不太成功的茶叶、咖啡园种植者,还有艾伦·桑顿·沙特尔沃思(Allen Thornton Shuttleworth)——他在印度海军服役过几年,1863 年,他觉得自己相比于海洋还是更喜欢陆地,于是接下来的三十六年都在印度西部的森林中度过。[24]不止如此,林业队伍还包括了警察、勘测员、欧亚人、"乡巴佬"英国人和至少一名荷兰人——斯莱姆医生(Dr Slym),在加入森林局之前,他曾在一艘荷兰轮船上以及缅甸行医,后来写了一本《论健康与患病大象的治疗》(*A Treatise on Treatment of Elephants in Health and Disease*)。这种非专业人员的构成模式逐渐得到了规范,很快,申请者们就必须在专门的学校通过考试后,才能继续在法国以及(直到 1914 年以前)德国接受进一步的培训。但是森林部门仍然比其他部门更加开放,更能接受焦躁不安的男孩们的梦想和幻想,他们盯着教室地图上粉红色的区域,想知道在哪里能找到足够刺激的冒险生活。赫布里底群岛(Hebrides)的孩子非常有可能会憧憬去印度做一名林业官;一战后,在养伤期间读过吉卜林作品并渴望去旁遮普工作的退伍军人亦是如此。[25]

机缘入伍

约翰·诺顿(John Norton),一名 1801 年出生的伯明翰小伙子,16 岁时正在伦敦河岸街(the Strand)的冠锚酒店(Crown and Anchor)往天花板上挂吊灯。自从两年前加入皇家海军以来,他已经见过了一些世面,甚至曾顺着大西洋航行到圣赫勒拿岛,在那里,他还与拿破仑一起分享过一盘子饼干。回来后,母亲让他保证再也不出海了,于是他此时在为霍尔本(Holborn)的一名黄铜匠打工。客栈的活儿完工以后,他正在考虑接下来该干点什么,碰巧遇到了东印度公司的一名士兵,此人跟他说技工在印度很吃香,建议他去印度。于是,约翰适时地拜访了一名负责招募的军士,并加入了公司的炮兵团,然后前往印度，几年后，他造出了孟买铸币厂的机器。[26]

约翰·诺顿在印度的职业生涯或许是河岸街上偶遇的结果，但去印度是他一个有意识的决定。其他人也为了到达那里而应征入伍，原因通常就像惠灵顿公爵对许多加入他部队的人所作的总结：有些"是因为孩子不争气——一些人犯了轻微罪行，更多的则是因为酗酒"。[27]如果英国陆军为逃避法律的无赖们提供了一个方便的避难所的话，那么，印度陆军则是一个更能够隐匿身份和可疑历史的好地方。我们曾提到过梅杰·蒙克，他更名改姓后加入了东印度公司炮兵团，可能就是为了躲避债主；还提到过他未来的岳父本杰明·利瓦伊，他曾在第八龙骑兵团（the 8th Dragoons）服役，也曾在家乡"因为一个女孩惹上了麻烦"。像他们这样因逃避而到印度去的人还有很多。然而，无数其他士兵到次大陆却是偶然所致，或至少并非自己选择去那里的，尤其是在1870年实行短期兵役制以后，被派往印度的人数更是大大超过以往。在英国加入地方部队时，士兵们通常根本不知道自己会被派到哪里去，特别是在战争时期。他们可能会被派往都柏林、开罗或好望角；也可能会被派到马耳他作短暂驻扎，或被派到印度长期驻军，在那里，他们可能根本想不到自己哪一天就会被派到阿富汗坎大哈的战场上。有时，他们可能得不到任何要去印度的暗示，直到已经开始注射疫苗，领取短裤、印度军帽和军服时，才接到正式命令。

士兵们的父母得知自己的儿子要去印度后，自然会担心。二等兵约翰·弗雷泽（John Fraser）的母亲得知儿子要随诺森伯兰燧发枪团（Northumberland Fusiliers）去印度时就惊呼"绝对是疯了"。在她看来，印度是"如此嗜血暴戾之地"，他"还不如直接自杀算了"。[28]相反，诺曼·威兹德姆（Norman Wisdom）

的父母似乎并不在乎他是否被派到印度,暴躁成性的父亲更是毫不关心;在他整个童年时期,父亲都对他动辄踢踹,还"劈头盖脸"地打他。他毫不介意会被派到哪里去,只要能逃脱帕丁顿(Paddington),逃脱挨打受骂、赤脚走路上学以及后来露宿街头的日子,就可以了。他在一艘轮船上当过一段时间的乘务员,后来,他加入第十轻骑兵团当了一名乐手。15岁时,这个身高还不到5英尺的瘦小的小伙子在勒克瑙开始学习单簧管和小号。很快,他还学会了木琴和其他三种乐器,并在军营音乐会上表演独奏;还学会了像弗雷德·阿斯泰尔(Fred Astaire)那样跳踢踏舞,尽管更滑稽一些,因为他穿着军靴挥舞手臂;同时,他还学会了以让人发笑的方式绊倒和跌倒。军官们在聚餐时对他大加赞赏——"继续,威兹德姆!太棒啦,小伙子!"——到1936年回到英格兰时,他已经可以出师去伊斯灵顿(Islington)的柯林斯音乐厅(Collins' Music Hall)表演了。后来,他成为电影界著名的喜剧演员。功成名就之后,他坦言"我所有的好运都是军队带给我的"。[29]

加入一支部队不一定能帮助你搞清会被派往哪里,隶属一支部队也不一定能表明你来自何方。虽然一支部队的地区隶属关系显然具有历史渊源,但随着时间的推移,这种关系往往变得不再准确,有时甚至会误导人。一名在20世纪初随威尔士燧发枪团(Welch Fusiliers)前往印度的威尔士人说,在他所在的1000人的营里,"真正的威尔士人……不足300";其他700人都是"伦敦东区人和英格兰中部人",在接下来的几年中,这个比例仍在不断变化,威尔士人和伦敦人越来越少,而中部人越来越多,以至于到1914年,该营被戏称为"伯明翰燧发枪营"。1920年代后期,驻扎在勒克瑙的东约克郡团(East

Yorkshire Regiment）更是名不符实：90% 的士兵都是来自纽卡斯尔和东北地区的北英格兰人，这一比例随着连年征募一直保持到 1933 年，当年招募的新兵全部都是伦敦人。[30]

总的来说，苏格兰的地域联系可能更强一些，国王直辖苏格兰边民团（King's Own Scottish Borderers，KOSB）的新兵通常来自博德行政区各郡。不过，对军团的选择可能会受到浪漫主义情怀、氏族关系和历史感情的影响。人们都记得自己的祖先在 1640 年代的内战中，以及在 1689 年、1715 年和 1745~1746 年的詹姆斯党人叛乱（Jacobite rebellions）（无论这些战争还被定义为其他何种性质，它们都是苏格兰内战）中为哪方而战，并据此选择相应的军团。吉卜林承认，他的母亲［出身于麦克唐纳（Macdonald）家族］曾教导他"永远不要喜欢坎贝尔（Campbell）家的人"，因为该氏族有过反詹姆斯党的历史，而且坎贝尔军团的士兵在 1692 年实施了针对格伦科（Glencoe）麦克唐纳氏族的屠杀；甚至在中年时，他发现自己一边在阿盖尔郡（Argyllshire）欣赏着"敌人"领土的风景，一边还在"诅咒所有姓坎贝尔的人"。[31]其他人也有这种偏见。过去两三百年的记忆仍然可以决定志向远大的高地士兵的职业生涯。唐纳德·柯里（Donald Currie）在印度森林局是一个出了名的人物，他想入伍参加第一次世界大战，他的母亲（也姓麦克唐纳）让他去加入一个"像样的"苏格兰军团，不要跟阿盖尔和萨瑟兰高地团（Argyll & Sutherland Highlanders）有任何瓜葛——因为那里全是姓坎贝尔的人。于是，唐纳德老老实实地加入了卡梅伦高地步兵团（Cameron Highlanders），最初发起这个团的氏族——和大多数麦克唐纳一样——在三次詹姆斯党人叛乱中均为斯图亚特大业"挺身而出"。[32]

那些因为偶然因素或有时带着不情愿而前往印度的士兵，通常会在国外度过 6 年到 12 年，"服役期满"后，通常很高兴地回到家乡。但是，也有很多人不愿意离开印度，因为他们已经喜欢上了这个国家，或者因为退伍后找到了一份还不错的工作，或者常常因为他们已经娶了当地女子——英国、印度、欧亚或缅甸女孩——并且更愿意与她的家人一起留在印度，而不是带她回到英国。比利·康诺利的祖先约翰·奥布赖恩①就和很多人一样，退伍后带着印度妻子一起搬到了班加罗尔。退伍士兵经常会在印度警察的各个部门中找到工作，对于第一次世界大战后被遣散的士兵，以及皇家爱尔兰警队（Royal Irish Constabulary）前成员而言，这也是一个有吸引力的去处。在爱尔兰自由邦（Irish Free State）成立后，这支部队于 1922 年被解散。菲利普·班纳姆（Philip Banham）曾在佩恩顿（Paignton）的一家面包店工作，但战争期间，他被派往西北边境和印度西部的大部分地区，战后，他不想再回去干烘焙了。因此，他加入了孟买警察局，当了一名交通警官。到 1936 年，他成为一名警司。在很多情况下，各种人际关系成为决定因素。英属印度末期，缅甸可靠的警察往往是那些随苏格兰军团来到当地，娶了缅甸姑娘，并在兵役结束后又加入仰光警察部门的人。[33]

与警官一样，军官自然也比普通士兵更能掌控自己的命运。与在英国不同的是，在印度陆军中，骑兵、步兵和炮兵军官之间的社会差异并不大：他们有一个共同点，那就是财力不足，参加不了英国陆军中热门的军团。与印度陆军军官一样，警察这个职业也会在家庭中得到传承，儿子跟随父亲到同一个省从

---

① 见前文，pp. 1-2。

事同一职业。两个部门之间也时常互调，有时军官们会到新的领地当警察，例如被英国控制的上缅甸（Upper Burma）。而且还可以买断服役期，从英国陆军提前退伍，赫尔曼·卢克（Herman Luker）就是这样做的，然后他加入了印度警察部门，他第二任妻子的家人连续好几代都从事这一职业。赫尔曼年轻时离开格洛斯特郡（Gloucestershire）参军入伍，曾在中国的北京和大沽口作战，并在印度大起义后被调到了印度。在印度的巴拉格布尔（Barrackpore）驻地军营，他娶了一名军人遗孀的女儿，并决定留在印度，他买断服役期后从军队退役，做了一名警察督察。[34]

　　与其他部门一样，进入印度警察系统往往也是意外情况的结果。学业即将结束的大学生可能正在为未来做打算时，突然遇到一个人对他说："当警察怎么样？何不来我们亨登警察学院？"1872年，C. E. 科尔斯（C. E. Coles）得到了一份孟买警察局的工作，这是当时的省督对于他在"他（省督）姐姐遇到一只凶恶的纽芬兰狗时提供了小小的帮助"的奖励。由于这次未经思索的见义勇为行为，他最终在印度和埃及度过了漫长的警察生涯，在埃及，他被称为"科尔斯帕夏"①（Coles Pasha），他也用这个名字写了回忆录。[35] 和其他部门一样，警察这个职业当然也吸引了一些在印度没有关系的年轻人，能够在遥远的帝国领土上维持秩序，这个想法本身就足以吸引某些新人了。但警察部门与其他部门——尤其是印度陆军——有一个重大区别，那就是对混血军官的态度。这一点对于埃里克·汉迪赛德（Eric Handyside）那样拥有一半康沃尔血统、一半俄罗

---

① 帕夏（Pasha）：过去尤指土耳其和北非授予军官和文职官员的一种头衔。——译者注

斯血统的人，或者对于其他一些母亲来自欧洲大陆的成功的军官来说，或许不那么重要，尽管像他们那样拥有双重身份的人，可能更易于了解并打入复杂的黑社会犯罪组织，而在英国郡县长大并在切尔滕纳姆接受教育的纯英国人就没那么容易做到了。

如果这名警官拥有印度血统，肯定会更容易，例如19世纪中叶孟买警察局长查尔斯·福耶特（Charles Forjett）：这样一个讲当地语言、肤色黝黑、天生了解印度风俗多样性的人，当然更容易洞察他所在城市的集市上所发生的事情。另一个几乎带有传奇色彩的人物是约翰·保罗·沃伯顿（John Paul Warburton），他至少有一半阿富汗血统（来自他的母亲），或许还有可能是纯阿富汗血统〔这取决于她逃脱阿富汗丈夫后投入保护者恩赛因·罗伯特·沃伯顿（Ensign Robert Warburton）的怀抱时，是否已经怀孕〕。他被认为是印度最了不起的侦探，被称为"魔鬼控制器"，并且可能是吉卜林笔下人物斯特里克兰（Strickland）的原型。他休假时假扮成印度人，"有一阵子""淹没"在次大陆中；婚后，听到了集市上恳求他返回并继续探案的声音。[36]英国文学喜欢像夏洛克·福尔摩斯（Sherlock Holmes）和珀西·布莱克尼（Percy Blakeney）这样的人物，他们以各种令人难以置信的口音和伪装骗过了朋友和熟人（布莱克尼骗过了自己的妻子）。但沃伯顿/斯特里克兰实际上是一个可信的人物。探险家理查德·伯顿也是如此，他或许是斯特里克兰的另一个原型，在印度陆军服役多年后，他在去麦加的旅程中让人以为他是一个波斯人、一个苦行僧、一个帕坦人。没有多少英国人能做到这一点，但也没有多少人会像伯顿一样能讲29种语言和12种方言。

印度医疗机构很少出这样的传奇人物。从19世纪中叶开始,在印度的医生很少来自英国中产阶级以外的任何阶层,因为他们必须在英国学习五年,并且要有能力负担学习期间的费用。然而,早期东印度公司医务人员的情况并非如此。跟随第一批东印度公司船只的"随船医生们"收入微薄,教育程度低,名声也不好;他们与中世纪药剂师和理发师的职业联系仍然存在。医生们往往都是非常年轻的男孩子,他们或许曾在某个医院上过一些课程,但并不需要通过任何考试就可以行医。他们的职业道路,自然不会对后来接受过更多教育的医生产生吸引力。在船上行医,有时花两年时间去印度,再去中国或马来亚,然后才能回国,这对大多数人来说是一桩苦差事:英吉利海峡可能太冷,孟加拉太热,到处都充满危险,而且生活异常单调乏味,天天周而复始,偶尔看看坏血病和其他疾病。随船医生们常常只是为了挣到足够在陆地上开诊所的钱,才选择踏上这样的旅程;有时,他们在马德拉斯或加尔各答下船,然后在这些城市行医。还有一些随船医生——尤其是在18世纪——则由于船上的经历太令他们灰心丧气,而决定不再从医。许多未来的暴发户,例如约翰·霍威尔(John Holwell)和约瑟夫·休姆(Joseph Hume),在为孟加拉政府工作并很快积累起财富之前,都曾是随船医生或船医的助手。

接近18世纪末时,在印度的随船医生们被授予军衔,并和部队有了隶属关系,他们的技能和地位都有所提高。工资待遇已经好到对诗人约翰·济慈(John Keats)也产生了吸引力。1819年,深陷于贫穷、疾病和批评声音中的济慈在思考自己的未来时,得出的结论是成为"驻印度的随船医生"可能是自己的命:他的人生选择似乎仅限于"两种毒药"之一,要么是"独自与诗歌为伴,过着狂热的生活",要么是"往返于印度几年"。[37]随着标准不断提高,以及随船医生们必须通过考试,这个部门(印度医疗机构)的威望也得以提高。到19世纪末,印度医疗机构的阶层背景已与印度文官机构无太大区别:入职者往往来自商业、制造业和医务人员家庭,还有一些则是驻印牧师、律师和官员的儿子。[38]

但是,与其他部门一样,印度医疗机构的招聘状况仍然无法预测,甚至有很大的随意性。男孩子们可能出于偶然或甚至是错误的原因而加入。欧文·伯克利-希尔(Owen Berkeley-Hill)在印度医疗机构的职业生涯,正如他自己所坦言的,是与寡居的母亲"争吵的结果"。他继承了一小笔钱(每年能提供150英镑的收入),他在伦敦的家中免费食宿,作为一名医学院学生,他在伦敦洛克医院(London Lock Hospital)当一名无薪助手,"学习一些有关于麻醉药和性病的知识"。许多母亲可能认为对自己的儿子来说,这是一个合理的学徒过程,但是伯克利-希尔夫人却不这样认为。一天,她非常严厉地批评欧文游手好闲、没有上进心,为了"安抚"母亲,他答应去申请印度医疗机构,并尽快参加考试。他在晚年回忆道,这是他一生中"最愚蠢的举动",因为没有比自己"更不服从军事纪律"的人了。当负责训练的上校向他展示一项军规——"禁止军官剃光上唇的胡须"(即被命令留胡须)时,欧文非常生气,决定要在尽可能多的情况下违抗上级:他甚至将自己的波特酒瓶带到了聚餐会上。尽管起步不顺利,他还是于1907年加入了印度医疗机构,成为一名"紧张失调症"专家,负责管理兰契(Ranchi)的精神病院长达15年。[39]

货箱瓦拉与种植园主

"wallah"(瓦拉)在印度斯坦语中是一个后缀,表示以前面名词所指之事为业的人。例如,"布风扇瓦拉"(punkah wallah),就是负责拉绳子、扇动一种被称为"punkah"的又大又笨重的布风扇的印度人。但瓦拉不一定都是印度人。"阿门瓦拉"(amen wallah)指军队牧师,"柠檬水瓦拉"(lemonade wallah)指滴酒不沾的人,"迷惑的瓦拉"(puzzled wallah)指神志失常、将要被遣返回英国的士兵,而"竞争瓦拉"(competition wallah)则指通过一系列选拔考试后加入文官机构的人。在大多数情况下,这个后缀略带贬义,或至少有不屑之意。"丛林瓦拉"(jungle wallah)不仅指林业官员,还暗示这个人在丛林中生活得太久了,以至于变得"太丛林化"、太粗野,已经不能适应"文明社会"。

"货箱瓦拉"(boxwallah)也经常被当作贬义词使用。在印度斯坦语中,这个词指流动小贩、卖日常小百货的印度小商贩,或者在被英语化后用来挖苦经商的旅人。在英语中,它指那些与大包小包和箱子打交道的人、商贩或后来所说的商人,这个词被说出来时带有贬义,好像所指之人不太"体面",或许有些"招摇",甚至还有点不正经,就像1930年代穿着白色西装和双色皮鞋的家伙。不管他还有其他什么身份,总之,他不会被当作"真正的大人"(pukka sahib)。对这类人的蔑视已经深深地固化在这个词中,并且刻在了这个社会阶层的门牌上。据说,这个阶层的人到印度去不是为了荣耀或理想,只是为了赚钱而已。更糟糕的是,他们并不在乎印度人民及其福祉。如果说军官和文官看不起货箱瓦拉的话,他们的太太对这些人的妻子就表现出更加露骨的轻蔑。在加尔各答这样一个靠商人建立起来的繁华城市,这种高傲势利甚至持续到了印度独立以后:在1950年代,一个前文官的家庭可能会因为女儿的未婚夫在经

营黄麻厂、煤矿和茶叶种植园的公司工作而不同意他们的婚事。⁴⁰

这种势利令人不解，它毫无理由，而且根本自相矛盾。在东印度公司的大部分时期，商人和官员都是同一批人。即使在二者分开之后，被招募到不同岗位的年轻人也可能有着相同的背景，有时甚至来自同一个教育机构。国王学院是剑桥各学院中最擅长培养印度文官机构见习人员的学院之一，但它还有一个传统——为孟买缅甸贸易公司（Bombay Burmah Trading Company）输送"国王人"（Kingsmen），这家公司由学院资深导师的弟弟W. H. 麦考利（W. H. Macaulay）经营。⁴¹尽管许多俱乐部都会避开货箱瓦拉，但最古老也最负盛名的一家俱乐部没有这样做。1827年成立的孟加拉俱乐部规定：至少应有100名成员必须是该城市的居民，而且既不能隶属英国陆军，也不能隶属东印度公司的任何部门。因此，这家俱乐部的许多创始成员都是商人、代理商和印度斯坦银行（Bank of Hindustan）的董事。⁴²

在某种程度上，对货箱瓦拉的人类学研究类似于对任何政府部门人员的人类学研究。士绅的儿子、牧师的儿子、商业和专业人士家庭的后代、公学的男孩、文法学校的男孩、大学毕业生——这些人都去印度为商业化企业工作。在招收新人时，相比其他因素，企业通常会优先考虑品行、体育才能和"融入"社会的能力。整个南部印度最著名的公司帕里公司（Parry's）的创始人，就是威尔士乡绅、蒙哥马利郡（Montgomeryshire）莱顿庄园（Leighton Hall）爱德华·帕里（Edward Parry）的次子。与那些部门一样，儿子跟随父亲做了商人：在帕里公司成立百年之后，其在英国的退休董事仍鼓励自己的儿子加入在马德拉斯的公司。[43]男孩子们离开英国,去投奔经营咖啡种植园的叔叔,这可是一个非常危险的行业;或者其他同样高风险的企业,诸如烟草公司、种马场或椰子种植园(印度人比较擅长这个行业),收获椰子后出售椰壳纤维和椰干,分别用于编织席子和榨油。一个企业家在印度开办企业后,他的儿子和其他亲朋好友自然会加入他的企业。来自阿伯丁郡(Aberdeenshire)的牧师之子约翰·马克斯韦尔(John Maxwell),在坎普尔附近建立了一个靛蓝种植园;英国圣公会差会的牧师亨利·贝克(Henry Baker)则在特拉凡哥尔(Travancore)种植茶叶和咖啡。[44]

印度的定居模式偶尔反映出英国的地域专长。锡矿开采可能与黄金开采很不一样,但在印度南部科拉尔金矿(Kolar Gold Field)的采矿工程师中,除一人之外——此人来自德文郡——其余都是康沃尔郡①人,这或许不无道理。马口铁公司(Tinplate Company)开办了一家有 88 名威尔士人的工厂也就不难理解了,但不那么容易理解的是,这家工厂的共同所有人塔塔钢铁公司(Tata Iron and Steel)在贾姆谢德布尔钢铁厂的招工政策完全不同,后者的技术工人来自除法国以外的几乎所有欧洲国家。白金汉和卡纳提克棉纺厂(Buckingham and Carnatic Cotton Mills)的员工结构在驻印英资公司中很典型,它"由苏格兰人管理,兰开夏郡人负责纺纱和织造部门,利兹毕业生负责染色和整理"。[45]其余员工都是印度人。

在印度的苏格兰人(将在下一部分单独讨论)在商业、工业和种植业中所发挥的作用,远远超过了其在英国人口中所占

---

① 康沃尔郡位于英国西南部,德文郡以西,有 2000 多年的采锡历史,曾是世界上最著名的产锡地之一。康沃尔郡和德文郡均曾属锡矿区。——译者注

的比重。初到印度时，他们都是学徒，想在各种企业——不论是经营代理商行还是小型河运公司——里工作，并最终管理这些企业。他们在孟买和坎普尔的工厂里很有名，主导了南部的茶叶种植园，特别是那些来自邓迪的苏格兰人还在孟加拉经营黄麻业。在南部的避暑地古努尔（Coonor），苏格兰茶叶种植者们为自己建造了很多平房，其中的很多保留到了今天，这些房子以其记忆中的家乡地名命名，例如斯特拉斯莫尔（Strathmore）、布莱尔高里（Blair Gowrie），还有——更自命不凡或更调侃的名字——布莱尔阿瑟尔（Blair Atholl）。

在印度的第一批英国种植园主是负责向欧洲出口靛蓝的男子。在最早的一批人中，有些来自西印度群岛，那里的靛蓝生产正让位于糖的生产；还有些则是马拉塔的前雇佣军，在19世纪初转了行。这些人住在比哈尔和孟加拉的内陆乡村地区，比英属印度的其他任何群体都更加坚定地扎下了根。在繁盛后的头几十年里，他们的生活带有中世纪色彩：整日骑马狩猎，觥筹交错，歌舞不断。这些种植园主住在如同庄园一般的平房中，是过着田园生活的"小乡绅"。他们根本不在乎东印度公司的权威，其中的很多人后来连对英国也不太关心了。他们一代又一代地留在原地，成为"乡巴佬"，而且很多人娶了印度妇女。他们中的大多数人完全可以负担得起让子女在英格兰接受教育的费用，但他们觉得没有这个必要：他们已经"印度化"了，并且倾向于将自己视为"土生白人"，所以会把孩子送到大吉岭的学校或者勒克瑙和加尔各答的拉马蒂尼埃学校（La Martinière schools）上学。

种植园主和商人的社会渊源无法一概而论，因为他们中有太多人是出于偶然才做上这一行当的。一名军士可能在退役前夜突然找到了一个咖啡行业的机会；一个在平原上闷闷不乐的传教士儿子，可能向往到山里种植茶叶。商人们常常有各种各样的兴趣，以至于不愿意被归入某一职业类别。印度第一家黄麻厂是由锡兰的一名咖啡种植园主开办的。坎普尔小小的企业家群体就存在非常丰富的多样性。靛蓝王朝的鼻祖约翰·马克斯韦尔（John Maxwell），同时也是一名从棉花和朗姆酒行业赚钱的记者［《印度公报》（*India Gazette*）的编辑］。小镇上其他人的职业组合包括糖业、铁路、锯材和鸦片。一名1830年代起在坎普尔行医的医生戴维·贝格（David Begg），除了救死扶伤外，还从事葡萄酒、硝石、靛蓝种子和动物皮草贸易。[46]

英属印度的种植园主、货箱瓦拉和其他商人的共同之处，并不在于社会阶层或地域渊源，而在于他们都有一种开放的性情，愿意尝试远方的机会，愿意去体验加尔各答或某个充满机遇的山岭的诱惑，在于他们乐于冒险的个性和能看到别人看不到的商机的才干。商人这个职业常常充满不确定性，而且常常要忍受寂寞。与军官或文官不同的是，货箱瓦拉们享受不到军官交谊厅里的战友情谊，也得不到县官及其属下的支持。但和他们不同，他不需要把整个职业生涯都搭在印度。为英国驻印公司工作，至少在英属印度后期，意味着在驻印期间可以经常回伦敦办公室待上一段时间。

凯尔特人与北不列颠人

当陌生人问起"先生，您是科克人吗"时，理查森·埃文斯（Richardson Evans）的回答是肯定的，"我感到自豪，一半是因为我的确是科克人，另一半是因为我被当成了英国人"。[47]埃文斯是一个孤儿，他于1867年进入印度文官机构，集中体现了很多在印度生活和工作的爱尔兰人的矛盾心情。他既为自己是爱尔兰人而感到自豪，又为看起来是英国人以及成为大英帝国主义事业的一分子而感到骄傲。

早在以二等兵特伦斯·马尔瓦尼（Private Terence Mulvaney）的不朽形象出现在吉卜林的小说中之前，爱尔兰驻印士兵就已经为人们所熟知。19世纪，爱尔兰士兵占驻印英军的一半，其中的大多数是为了多挣些钱、能吃饱肚子和冒险而去印度的天主教徒，对于家乡日渐高涨的仇英思潮，他们毫不关心。爱尔兰也出了一些英属印度最优秀的将军，包括弗雷德·罗伯茨（Fred Roberts）、阿瑟·韦尔斯利和1780年代初从海德尔·阿里（Haidar Ali）的军队手里拯救了马德拉斯的艾尔·库特（Eyre Coote）。但这三名军官都属于新教士绅。

19世纪初，来自爱尔兰的文官很少，仅占二十分之一；而那些当上了文官的爱尔兰人又几乎都是来自北方的新教徒。印度文官机构实行选拔考试以后，爱尔兰文官人数在19世纪中叶出现了短暂的增长，它表明都柏林三一学院（Trinity College Dublin）很擅长为考生的应试做准备，但这一比例很快又回到了以前的水平。与在英格兰一样，申请者们通常来自城市中产阶级。约翰·劳伦斯（John Lawrence）的父亲是德里一家工厂老板的儿子，母亲是多尼戈尔（Donegal）一名牧师的女儿；接替他担任旁遮普省副省督的罗伯特·蒙哥马利（Robert Montgomery）的祖父是伦敦德里（Londonderry）的一家葡萄酒兼烈酒商人。理查森·埃文斯要晚一代，对于帝国事业而言，他的背景似乎更为不利：他的祖父曾是皮匠，父亲是一名书商，他的"宗教小册子店"曾在科克及其周边地区的福音派神职人员中很受欢迎。[48]

在印度文官机构中，新教徒人数超过了天主教徒，比例约为4∶1，正好与爱尔兰的比例相反。然而，不少来自远离贝尔法斯特或都柏林的、较为温和的农村地区的天主教文官，度过了辉煌的、有时颇有争议的文官生涯。安东尼·麦克唐奈（Anthony MacDonnell）在戈尔韦（Galway）的一个村庄长大，迈克尔·奥德怀尔（Michael O'Dwyer）和家里13个兄弟姐妹则在蒂珀雷里附近一个农场长大。19世纪末，在担任西北省副省督期间，麦克唐奈统治了将近4800万印度人，他自如地将职业帝国主义者的角色与对爱尔兰民族主义及《爱尔兰自治法案》（Home Rule）的支持统一起来。1849年出生于多尼戈尔的查尔斯·詹姆斯·奥唐奈（Charles James O'Donnell）在英国时就坚信"凯尔特人之于撒克逊人的至高无上"，但他也同样为自己是由英格兰人主导的印度文官机构的一分子而感到自豪。他的真名实际上叫麦克唐奈，但为了帮助自己的兄弟实现政治抱负而改了名。他的兄弟认为原来的名字听起来太像苏格兰名字，于1874年以弗兰克·休·奥唐奈（Frank Hugh O'Donnell）的名字，作为一名爱尔兰民族主义者进入了下议院。兄弟二人在欧洲和亚洲都极力推进爱尔兰和印度的自治——一种从威斯敏斯特"真正的帝国议会中心辐射出来的全面自治"。[49]

在19世纪的最后几十年中，爱尔兰人在政府高层职位上的表现相当出色。1886年，他们连续出了好几任印度总督（达弗林和兰斯当），占总督委员会成员的一半，并在1890年代统治了八个印度省份（包括缅甸）中的七个。（只有孟买省督一职没有被爱尔兰化。）这些爱尔兰人并不都是新教徒。除了先后领导过四个省政府的麦克唐奈外，天主教社区的另一个代表人物是丹尼斯·菲茨帕特里克（Dennis Fitzpatrick），他是阿萨姆省和中央省的高级专员，还担任旁遮普省副省督。还有一名天主教徒——奥唐奈，也做到了印度文官机构的高层职位，尽管他屡次被降级，还常常批评上司，若在军队中，这些批评完全可能把他送上军事法庭，其他任何行业也会让他丢了饭碗。尽管两次被降职、三次被调任，最后，他还是当上了税收官，退休时是一名专员。

爱尔兰人在印度文官机构中的成功并不意味着他们一直受到英格兰同事的钦佩。奥唐奈之所以能被容忍，部分原因是他是称职的官员，但主要原因是伦敦的印度事务部和加尔各答政府不希望他回国与他的兄弟弗兰克联手在威斯敏斯特惹是生非。①50即便是不那么具有争议性的爱尔兰人，也并不总是能得到印度事务部的赏识。当印度总督明托勋爵试图说服印度事务大臣约翰·莫利（John Morley）提拔来自韦克斯福德（Wexford）的新教徒路易斯·戴恩（Louis Dane）时，这个内阁大臣表示担忧，因为"爱尔兰的绅士们"并"不总是那么靠谱或脚踏实地"。51②1919年的阿姆利则大屠杀涉及两名爱尔兰人——负责实施的戴尔准将和后来为此次行动辩护的旁遮普省副省督迈克尔·奥德怀尔爵士，他们受到的批评更有道理，尽管表达方式可能值得商榷。时任邻省联合省（United Provinces）副省督的哈考特·巴特勒（Harcourt Butler）说，那场大错是由一名"乡巴佬爱尔兰人"（即在印度出生的爱尔兰人）和一名蒂珀雷里

---

① 他退休后的确进了威斯敏斯特，1906~1910年任自由党议员，但他极其不喜欢自己所在的执政党，特别是党魁阿斯奎斯（Asquith），后者拒绝推荐他封爵。

② 不同寻常的是，戴恩在担任印度文官期间中途退休了，但他的妻子觉得爱尔兰"跟印度相比，简直令人无法忍受"，于是他要求返回印度。他先后担任了克什米尔驻扎官和外交大臣，后来，明托不顾莫利的反对，任命他担任旁遮普省副省督。

"出身低下"的爱尔兰人所犯下的。戴尔是一名狂躁的本地人（indigène enragé）；英格兰人绝不会像他那样做。"如果当时是英格兰人处在他们的位置的话，就不会发生那样的事情，或者事情不会发展到那种程度。"[52]

在印度的苏格兰人所从事的职业要比爱尔兰人广泛得多。甚至在《1707 年联合法案》（Act of Union of 1707）颁布之前，东印度公司就已经雇佣苏格兰人为商人和随船医生了。后来，苏格兰人也以士兵、行政人员和工程师的身份到印度；再后来职业扩展到种植园主、企业家、传教士和教师等。在爱丁堡大学于 1726 年开设医学院后，苏格兰在医学领域就一直占有优势，直到英属印度结束之前，其医学方面的影响力在印度都非常强大：印度医疗机构的前五任局长中有三任都是苏格兰人。英国统治的每个世纪都有很多年轻的苏格兰人立志到印度当医生：一名年轻的苏格兰高地人邓肯·芬利森（Duncan Finlayson），甚至为了支付在格拉斯哥医学院学习的费用，靠在马瑟韦尔（Motherwell）参加职业英式橄榄球赛来赚取收入。[53]苏格兰的教师们也从 1830 年代苏格兰长老会宣教团成立早期开始，就表现出了类似的奉献精神。查克拉瓦蒂·拉贾戈帕拉查理（Chakravarti Rajagopalachari）是甘地的好友，他在 1930 年代担任马德拉斯省的总理，对他在班加罗尔中央大学（Central College）的苏格兰老师非常感激，生前一直在书架上摆放着他的照片。尽管他从未去过苏格兰，也从未品尝过威士忌，这位睿智的、滴酒不沾的、素食的政治家一直是沃尔特·司各特小说的忠实读者。1938 年，他不顾议会的禁忌，参加了在马德拉斯举行的圣安德鲁日（St Andrew's Day）晚餐。[54]

苏格兰军团是 18 世纪最早一批被派往印度的军团，主要目的是保护东印度公司,以抵抗法国和印度军队,在扩大孟加拉和南部领地的过程中,赫克托·门罗(Hector Monro)和大卫·贝尔德(David Baird)这样的苏格兰将军都是举足轻重的人物。到1800年,军队中苏格兰人的数量已经被爱尔兰人反超了,但在苏格兰人中,到印度参军仍属热门职业。罗比·伯恩斯(Robbie Burns)可能只是本人比较叛逆,而非帝国主义者,但他的两个儿子去了印度,成为东印度公司部队的中校;这名艾尔郡(Ayrshire)吟游诗人的一个女婿和一个孙子都葬于瓜廖尔尼马奇(Neemuch)军营的公墓中。印度陆军中的苏格兰军官都渴望加入喜马拉雅山麓信奉印度教的多格拉人(Dogra)的军团,因为他们都是喜欢吹风笛、跳里尔舞的山里人。[55]戈登等高地军团常在印度设一个营,但他们绝不会根据当地气候来穿衣或穿得像英格兰士兵:他们在外总是身着苏格兰短裙、方格呢披衣和长筒厚袜,外加以蓝、黑、绿暗方格为底,上有黄色条纹的格子呢紧身裤。与英格兰和爱尔兰一样,许多苏格兰普通士兵之所以到印度去,也是因为在国内找不到工作。1920年代,驻扎在班加罗尔的一个高地轻步兵团(Highland Light Infantry)的一个营在进行阅兵式时,身着紧身裤,戴着苏格兰帽,看上去非常精神且有高地风,但其士兵几乎全是矮墩墩的苏格兰低地人(Lowlanders),通常是来自格拉斯哥戈尔巴尔斯区(Gorbals)且在苏格兰找不到工作的人。在印度,他们常常表现得非常暴力,难以管束,尤其是在新年(Hogmanay)节日庆祝期间,他们常被派去长途行军,以示惩罚。[56]

任何人查看一下19世纪初东印度公司员工的名单,都会认为苏格兰人一定在不列颠群岛人口中占到近一半。但实际上,他们仅占十分之一,在将近1600万人的总人口中,苏格兰人约占 160 万。在 1774 年之后的十年里，被派往孟加拉的书记员和军校学员中有近一半是苏格兰人；在经东印度公司准许而居住在孟加拉的医疗招募人员和"自由商人"中，苏格兰人分别占到一半以上和 60%。传统上，人们认为苏格兰人受到了亨利·邓达斯（Henry Dundas）的特别照顾，他是爱丁堡一位非常有影响力的政治家：既是小皮特在北方的主要盟友，又作为控制委员会（Board of Control）主席在威斯敏斯特负责印度事务。事实上，在像首相罗伯特·沃波尔（Robert Walpole）这样的早期英格兰主事人时期，苏格兰人的出路更好，因为这位首相渴望展现出联合王国的优势，而总督沃伦·黑斯廷斯在加尔各答受到英格兰政敌的围攻时，更是离不开被他称为"苏格兰守护人"的顾问们。

从那时起，苏格兰教育的优势就一直被受益者称颂，按说，在印度文官机构公开招考后，它本应该更有助于苏格兰人保持竞争优势。但实际上，苏格兰申请者们在选拔考试中表现得很差。在首次考试结果显示只有一名苏格兰人通过了考试后，《爱丁堡评论》（Edinburgh Review）报道说："苏格兰败得一塌涂地。"但是，问题主要源于各大学而不是学生们。正如爱丁堡的希腊文教授所说的，最有名的几所苏格兰大学都没有开设包括政治哲学和现代历史这些考试科目在内的课程。[57]

由于在随后几年里考试结果并无太大改善，苏格兰年轻人放弃了行政职业，转而专注于印度的企业和商业机会。在这些领域，他们所受的教育可能确实发挥了作用，因为在低地地区的院校，例如欧文（Irvine）和基尔马诺克（Kilmarnock）的学院，学生可以学习测量、导航和簿记，肯定比常年强调拉丁语和希腊语的英格兰公学更适合学习他们的行业知识。到 19 世纪后期，在印度几乎所有的商业或工业领域，苏格兰人都很突出。他们建立了缅甸的石油工业；在戈勒克布尔（Gorakhpur）的孟加拉和西北铁路线上工作；在一名特拉凡哥尔茶叶种植园主女儿未出版的回忆录中，几乎所有人物都是来自斯特灵（Stirling）、佩斯利（Paisley）、邓迪或黑岛（Black Isle）的苏格兰人。[58]1930年代，伊洛瓦底轮船公司拥有一支由600艘船组成的船队，其中的大多数都由邓巴顿丹尼船厂（Denny's Yard）建造，并且几乎所有船的船长要么是当地人，要么是格拉斯哥人。在黄麻生产中，苏格兰人的垄断更为彻底，黄麻是孟加拉本地出产的一种天然粗纤维，可用于制作绳索和沙袋。大量黄麻被进口到苏格兰并在邓迪进行加工，后来，因需求实在太旺盛了，于是邓迪人纷纷前往加尔各答，在孟加拉建起了工厂。到20世纪初，已有450名来自邓迪的"黄麻瓦拉"，通常都是邓迪高中学校的学生，他们管理着加尔各答附近的黄麻厂，共雇用了184000名印度人。

人们有时会说苏格兰人是永恒的副职，在英属印度永远是"二把手"，他们冷淡、理智而勤奋，就像吉卜林《麦克安德鲁的礼赞》（"McAndrew's Hymn"）中的工程师，他们总是闷头做事，即使有功劳也都被归于上级（可能是一个相当闲散的英格兰人）。但事实上，主事的人中大多都是苏格兰人，因此，上述结论只能算部分正确。英属印度时期，大多数英国驻印企业都由"经营代理商行"——一些大型合伙制公司——来管理，它们大多设在加尔各答，负责监督各种不同类型的企业，如黄麻厂、煤矿、棉纺厂、造纸厂和茶叶种植园等。1931年，最大的经营代理商行是由印度帕西族塔塔家族创立的塔塔（Tata），但接下来的四家此类商行都是由苏格兰人创立的：安德鲁·尤尔（Andrew Yule）、英之杰（Inchcape）、詹姆斯·芬利（James Finlay）和伯恩（Burn & Co）。[59]

苏格兰向印度输出了很多中产阶级人士，如牧师的儿子、农场主的儿子、医生的儿子、西部工业化低地地区企业家的子女。1820年代和1830年代去印度的缪尔（Muir）四兄弟（两个早亡，另外两个成为学者兼行政官员）的祖父是基尔马诺克一个杂货店主，父亲去格拉斯哥建了一个印花布厂。[60]然而，相比于英格兰，苏格兰还输出了更多有产阶级人士，他们的家族拥有大量房产，但租金不多，于是这些家族的小儿子们就去印度觅食——如沃尔特·斯科特所说。加尔各答公园街（Park Street）公墓墓碑上的名字——布鲁斯（Bruce）、邓巴（Dunbar）、林赛（Lindsay）、戈登（Gordon）、克劳福德（Crawford）、克尔（Ker）、英格利斯（Inglis）和鲍斯-莱昂（Bowes-Lyon）——都是一些在苏格兰历史上很有名的家族，其中一些的历史可追溯到班诺克本战役（Bannockburn）或者更早。在支持联邦的日子里，家庭地址后的落款没有使用"苏格兰"一词，而是用北不列颠（North Britain）的首字母NB。

如前所述，与英格兰人相比，苏格兰人往往更以家族化的形式在印度发展。在英格兰的什罗普郡（Shropshire），同伴的兄弟或男爵的小儿子可能会听从劝说，接受东印度公司的提名，去做一名书记员或军校学员。然而在苏格兰，常常是整个家族移居国外，不是那种可能去加拿大或新西兰定居的举家迁移，而是一个人接一个人地出发，在印度度过职业生涯以后，再回到苏格兰安享退休生活，或者像现在已经适应了温暖气候的人一样，到英格兰南部的郡县生活。很多在印度有亲戚朋友的苏格兰家庭，即使不一定真心向往印度，也会考虑去印度，因为他们了解同胞关系网的作用,知道亲朋好友会帮助他们。

德赖劳(Drylaw)的乔治·洛赫(George Loch)于1788年去世,享年不到40岁,生前,他被迫出售了爱丁堡附近的家产,来偿还家人为支持詹姆斯党人而欠下的债务。他的后代本可能会因此而消沉,哀叹命运不济,然后作为又一例浪漫没落的苏格兰领主载入史册。但恰恰相反,他们靠自己的力量使家族重生,在乔治的儿子们中,有的当上了议会议员,有的做了海军上将,有的成为文官,有的当了东印度公司董事,后代在印度和武装部队中从事广泛的职业。乔治的30名男性后人在次大陆度过了他们的职业生涯,其中六人在文职机构任职,进入印度陆军的人则更多,其他人当了医生、茶叶种植园主、靛蓝种植园主、矿场主和工程师。他的一些曾孙女和玄孙女也去了印度:凯瑟琳成为印度护理机构(Indian Nursing Service)第一批管理者之一;玛格丽特在与一名印度文职机构官员结婚后,于1897年鼠疫流行期间为孟买政府工作,此前,她拒绝了给威廉皇帝(Kaiser Wilhelm)的孩子们担任女教师的工作,因为她更想去印度。[61]

苏格兰人在印度谋求职业发展时所依靠的这种亲缘关系网,在威尔士人中根本不存在。正如一位著名的苏格兰历史学家所说的:"威尔士人未能在印度留下标志……除了像威廉·琼斯爵士(Sir William Jones)这样的人物外,几乎没有人注意到次大陆上的威尔士人。"[62] 有些个体可能很有影响力,例如马德拉斯的头号企业家托马斯·帕里(Thomas Parry)。当然,印度没有哪位学者比琼斯更举足轻重了,这个威尔士人在1783年被任命为加尔各答高等法院法官。他是一位才华横溢的语言学家,有人开玩笑说,他会讲除母语(威尔士语)以外的所有语言。

他创立了亚洲学会（Asiatic Society），在复兴梵文及其非凡的古代文献方面所作的贡献超过了所有人，不论是英国人，还是印度人。但是，威尔士人在印度很少扎堆。前文曾提到，威尔士燧发枪团实际上并没有多少威尔士人。在印度，最大的威尔士群体或许是传教士，自1840年代起，他们常常在威尔士加尔文主义卫理公会外国传道会（Welsh Calvinistic Methodists' Foreign Missionary Society）的赞助下开展活动。他们往往把重点放在东北地区，如卡西丘陵之类的地方，显然，那里的薄雾和山丘常常令他们想起威尔士。[63]在这一点上，他们很像那些在喜马拉雅偏远地区给藏族儿童传授圣经的苏格兰传教士。

苏格兰人有时声称自己的传教士是最好的传教士，因为他们在爱丁堡老城和利斯（Leith）底层社会的"现实生活"中接受过艰苦的磨炼。任何能够"驯服坎农盖特（Canongate）大街上的野蛮人"，或在这个城市"令人沮丧的堕落和邪恶"中挺过来的人，肯定都能应付印度斯坦温和的异教徒。[64]除了英国军团的无委任士官（NCO）和列兵外，和在印的大多数英国人一样，苏格兰传教士和其他传教士通常来自中产阶级，如果没当牧师的话，他们本应该是学生、教师、医生和其他专业人员。最大的例外是"救世军成员"，即那些于1880年代到达印度的救世军（Salvation Army）"士兵"。其中的相当一部分人——不论男女——来自劳工阶层。"荣升天国"（Promoted to Glory）的档案显示，在他们当中，死于印度的人包括前煤矿工人、文员、打字员、售货员和家仆。[65]

贵　族

政治改革家约翰·布赖特（John Bright）有段话很有名，他认为大英帝国是"为大不列颠的贵族们户外散心提供的一个庞大系统"。他在 1858 年伯明翰的一次讲话中说出这番话的时候，这个结论实际上已经不准确了，但在两代人之前，至少就印度而言，它还是有一定道理的。在 19 世纪前二十年当中，《孟加拉文官薪俸表》（"Bengal Civil List"）上有十几个男爵，尽管是少数，但也并非微不足道。其中只有 1 人是贵族本人，19 人是贵族的子弟，几乎无一例外都是"小儿子"。威廉·希基注意到了 18 世纪末一个典型的例子，即南安普顿勋爵（Lord Southampton），"人丁兴旺，但财力并不突出，因此很高兴地让一个小儿子接受了书记员的职位"。[66]

如前所述，苏格兰比不列颠群岛的任何其他地区向印度输送的贵族比例都高。18 世纪的晚些时候，东印度公司名录上有斯特拉斯莫尔伯爵、邓唐纳德（Dundonald）伯爵和比特（Bute）伯爵（首相）的儿子们或兄弟们，以及克劳福德和巴尔卡里斯伯爵家族的三名林赛。几个苏格兰准男爵和贵族的儿子们也加入了东印度公司海军，尽管其中没有几人将其作为终身职业。巴尔卡里斯最小的儿子休·林赛（Hugh Lindsay），在升迁前景黯淡时离开了皇家海军，加入了东印度公司的船队，在印度发了财，退休后进入议会，并长时间担任东印度公司董事。埃尔芬斯通勋爵（Lord Elphinstone）的儿子威廉也从海军提前退役，前往印度加入了东印度公司，但他之所以能这样做，是因为娶了一个女继承人。[67]

19 世纪中叶的印度就很少出现这样的人物。仅有的几人之一是第二代斯莱戈侯爵（Marquess of Sligo）的儿子亨利·尤利克·布朗勋爵（Lord Henry Ulick Browne）。布朗于 1851 年加入印度文官机构，任职时长为服务年限的最长时间（35 年），尽管他没能升到最高职位——孟加拉副省督坎贝尔认为他的"许多优秀品质"被"相当多的缺点和不足"抵消了[68]，但作为孟加拉税务委员会（Bengal Board of Revenue）的专员和成员，他的职业生涯还是相当出色的。他于1886年退休，继两个无子嗣兄弟之后，成为第五代斯莱戈侯爵，时年72岁。

到布赖特时期，已经很少有像布朗这样打算到印度或帝国的其他地区发展事业的贵族了，而且这种状况在随后的几代人中也没有得到改变。贵族们可能会外出担任几年印度总督或殖民地总督，有些可能会在英国驻印军队中效力几年。还有一些人会去东非定居或办农场——常常很招人讨厌，但他们对帝国的贡献微不足道。"当然，"首相索尔兹伯里勋爵（Lord Salisbury）的女儿莫德·塞西尔夫人（Lady Maud Cecil）说，"英格兰的杰出精英是不会去殖民地的，那些去了的往往都是不入流的。"另一位首相的儿子雷蒙德·阿斯奎斯（Raymond Asquith）说得更直白，他对约翰·巴肯说，"帝国"鼓励无赖去统治它，"聪明无赖的时代即将到来"[69]。人们无需认同二人的判断或表达方式，也会认识到：除了最高层的职位外，帝国行政体系各级别的职位都不是贵族们的追求。

19世纪，尽管贵族的儿子们不再青睐于印度的职业生涯，但一些准男爵的名字仍出现在各部门的名录中；他们中的一些人成为1827年成立的孟加拉俱乐部的创始人。有几人进入了军队或者文官机构，而且不那么光鲜的部门也没有被彻底拒绝。亨利·法林顿（Henry Farrington）爵士是家族的第六代准男爵，他加入了印度森林局，并成为中央省首席保护官；而来自基尔肯尼（Kilkenny）的奥特韦·惠勒·卡夫爵士（Sir Otway Wheeler Cuffe）则加入了公共工程部，并担任驻缅甸的主管工程师。另一个爱尔兰人，来自韦斯特米斯（Westmeath）的维尔·亨利·莱文奇爵士（Sir Vere Henry Levinge），是一名文官，他开发了南部避暑地科代卡纳尔（Kodaikanal），通过对溪流疏浚和筑坝形成了科代卡纳尔湖，然后引入鱼类。为了纪念他，人们不仅在水边立了一块刻有凯尔特语的石十字架，附近的一个村庄也被命名为"莱文奇普拉姆"（Levingepuram），并在韦拉卡维（Vellakavi）修建了一座纪念他的庙宇。他的知名度非常高，以至于尽管他已于1885年去世了，该地区的印度男孩在21世纪仍然会被取名为"莱文奇杜赖"（Levingedurai）。[70]

然而，在印准男爵的数量给人一种相当具有误导性的印象。这些人并不是自愿放弃野鸡和林地，而到旁遮普去做三十五年的有产乡绅；他们祖上很少上过《末日审判书》①（Doomsday Book）。很多人的父辈或祖父辈实际上只是由于各种原因获得世袭准男爵爵位的士兵和政客，而非传统的爵士贵族。他们并没有地产或其他形式的财富，以维持生计。印度文官机构的一名准男爵威廉·赫舍尔（William Herschel），其祖父是一位天文学家，因发现天王星而被授予爵士封号；其父也是天文学家，因从事恒星悖论和南半球相关的研究而被封为准男爵。威廉本人也完全有资格获得准男爵的封号：作为孟加拉的一名地方官员，他发现并率先研究指纹鉴定。[71]

印度通常最有可能遇到有爵位贵族的地方是马德拉斯省督官邸，孟买省督官邸的主人也可能是这样的贵族。除了1875～1880年统治马德拉斯的白金汉公爵（Duke of Buckingham）外，这些官邸的主人中从来没有过最高等级的贵族。他们也很少是那种

---

① 正式名称是《土地赋税调查书》或《温切斯特书》，又被称为"最终税册"，是英王威廉一世（征服者）下令进行的全国土地调查结果的汇编。——译者注

因为在其他领域表现杰出而被选做统治帝国大片领地的人。不管这些工作有多么重要，它们都不太受贵族的欢迎：贵族上议院中，没有人因渴望得到印度省督的职位而排起长队。有些人之所以接受这个职位，只是因为他们在锡兰、澳大利亚和加勒比地区做过数次总督，几乎已经是职业总督了；但更多的人不过是不起眼的政客，他们的议会生涯停滞不前，希望通过在印度待上五年而获得转机。就像前印度总督哈丁勋爵（Lord Hardinge）对厄斯金勋爵（Lord Erskine）所说（后者是一名基层组织委员，1934年被任命为马德拉斯省督）的，他的新工作不仅是仅次于印度总督的"印度最佳职位"，而且在回国后，将使他成为参与"竞选大臣和总督职位的有力人选"。[72]①但是，这些人并不一定能在印度大放异彩。马德拉斯可能被认为是最容易统治的省份，其居民被视为顺从的、沉默的、不好战的，但即便是像芒斯图尔特·格兰特·达夫（Mountstuart Grant Duff）这样聪明的政治家——一个在威斯敏斯特和印度事务部都得心应手的自由派知识分子，在1881年成为省督之后，他也会因为在陌生环境中表现不佳而使声誉受损。

　　除马德拉斯和孟买外，印度其他各省均由印度文官机构的成员担任行政长官。② 这两个省并不比孟加拉或联合省更大或

---

① 这一点在厄斯金身上没有实现。在1940年返回英格兰后，他代表保守党在布莱顿（Brighton）赢得了议会补选，并希望能在战时政府里任职。但丘吉尔认为他在印度事务上过于自由派，而且对内维尔·张伯伦的绥靖政策也过于执着。厄斯金很快辞去了议员职务，于1953年去世，未能接替其父成为第十三代马尔（Mar）伯爵和第十五代凯利（Kellie）伯爵。
② 省份的数量和一些省份的名称以及长官的头衔都有所变化。例如，在1902年的9个省中，马德拉斯和孟买的行政长官是省督（governor）、孟加拉、缅甸、联合省和旁遮普的行政长官是副省督（lieutenant-governors），而中央省、阿萨姆省和西北边境省的行政长官则是高级专员。

更重要，但在1773年由沃伦·黑斯廷斯担任总督之前，它们一直独立于加尔各答，其省督由伦敦政府直接任命。随着帝国的扩张和通信手段的改善，二省的地位愈加显得格格不入，几乎受到每个参与印度行政管理的人的诟病，但英国人喜欢传统和先例，因此还是保留了这一安排。

其结果就是，其他省份都由在印度已经任职30年的经验丰富的人管理，而孟买和马德拉斯却通常由那些没有经验又对次大陆知之甚少的人管理。当阿瑟·霍普（Arthur Hope）[也就是后来的兰基勒勋爵（Lord Rankeillour）]于1939年被任命为接替厄斯金的马德拉斯省督时，他致信前任道："我从未到过印度，对印度一无所知，所以如果我问了很多愚蠢的问题，请务必见谅。"[73]

1812年以后，马德拉斯不再有文职长官，尽管原本应该有一名——詹姆斯·托马森（James Thomason），如果他没有在维多利亚女王于巴尔莫勒尔（Balmoral）签署任命书的那一天去世的话。孟买的情况没有那么独特：在1812年以后的18名省督中，有4名是杰出的文官，包括芒斯图尔特·埃尔芬斯通（Mountstuart Elphinstone）和巴特尔·弗里尔（Bartle Frere）。① 但在再后来任命的官员中，就出现了像阿瑟·霍普那样既不能胜任职位又令人难以理解的人。1894年，一名毫无印度经验的前军官桑赫斯特勋爵（Lord Sandhurst）比前副省督阿尔弗雷德·莱尔更受青睐，而后者被认为是同代人中最能干的文官——部分是因为桑赫斯特的父亲曾在印度担任过总司令，但主要还

---

① 这个数字未包括"代理省督"，他们通常用于填补在任者死亡或辞职而继任者尚未到任这几个月的过渡期的空白。

是因为他是格莱斯顿（Gladstone）① 的一位很有影响力的盟友、斯宾塞伯爵（Earl Spencer）的姐夫，而斯宾塞伯爵当时是罗斯伯里勋爵（Lord Rosebery）自由党内阁成员。桑赫斯特在冷溪近卫团（Coldstream Guards）的兄弟军官们显然都觉得他"愚蠢得不可救药"，他在印度的属下也认为他几乎是文盲。诺思科特勋爵（Lord Northcote）接替他后，官员中有人指出："诺思科特好歹还算识字，桑赫斯特勋爵则连识字都做不到。"[74]这名省督的老朋友寇松，曾在其任期内到印度担任印度总督，抱怨他"完全没有行政管理能力"，并对国务大臣乔治·汉密尔顿勋爵（Lord George Hamilton）说，应该"把这些彻头彻尾的废物从世界上最专业化的文官队伍中清除出去"。[75]在与诺思科特发生了一次冲突后，这名印度总督意识到：桑赫斯特的继任者是一名干练的官员；英国政府也意识到了这一点，于是在诺思科特仅在孟买任职三年后，就提拔他担任澳大利亚总督。寇松当时还因为另一个"废物"的任命大为恼火，此人就是拉明顿勋爵（Lord Lamington），他是伊顿校友（Old Etonian）、前议会议员，恰巧在寇松的婚礼上当过"伴郎"。寇松有个特点——这对他日后的职业生涯很不利，那就是他在政治事务上把能力看得重过友谊，于是，这个总督强烈反对任命另一个不称职的贵族担任印度省督。他告诉汉密尔顿，拉明顿是"那种极其优柔寡断的人"，他从不知道出门应该踏上哪列火车；甚至不知道该向哪个女孩求婚，直到自己替他做了决定。[76]

---

① 威廉·尤尔特·格莱斯顿（William Ewart Gladstone，1809 年 12 月 29 日—1898 年 5 月 19 日）：英国政治家，曾四次作为自由党人出任英国首相（1868—1874、1880—1885、1886 以及 1892—1894）。——译者注

和孟买及马德拉斯省督一样，印度总督一职由英国政府任命，除约翰·劳伦斯（1864~1869）这个特例外，其他人从未在印度文官机构任过职。对他们来说，这也是有道理的，因为他们的职责常常需要说服伦敦政府支持他们的政策，因此，有威斯敏斯特的政治经验是一个优势。首任总督（governor-general）（印度总督的早期和法定头衔）沃伦·黑斯廷斯是一名下议院议员，在他之后的那几年是约翰·肖尔爵士（Sir John Shore），两人都是有契约的文官。但是自韦尔斯利（1798~1805）开始，这一职位总是由世袭或新近加封的贵族担任，劳伦斯和亨利·哈丁爵士（1844~1848）除外。与孟买和马德拉斯省督一样，印度总督很少由公爵担任：没有过来自诺福克、德文郡、萨默塞特（Somerset）或诺森伯兰（Northumberland）的公爵。苏格兰可能有更多贵族去了印度，但这些贵族同样不是来自公爵家族：没有来自阿盖尔（Argyll）、阿瑟尔（Atholl）、汉密尔顿（Hamilton）或巴克卢（Buccleuch）的公爵。倒是两个较小的有产家族——埃尔金的布鲁斯家族和明托的埃利奥特家族，在一个世纪里，共出了四名印度总督。

对于印度的文官来说，伊顿公学可能并不是一个很好的训练场，却是非常受欢迎的总督和省督的摇篮。伊顿校友们自然要在城市大宅和平原及山间别墅里才感到惬意，其中之一（寇松）可能会吹牛说，他的印度总部（加尔各答官邸）是按照德比郡（Derbyshire）的祖宅凯德尔斯顿庄园（Kedleston Hall）的建筑设计图修建的。在1884~1943年间，12名印度总督中，有8名是伊顿校友（另外两人毕业于温切斯特公学，还有一人毕业于哈罗公学）。从1890年开始，孟买和马德拉斯省督中正好有一半人毕业于伊顿。1890年代的三个从伊顿毕业的总督曾就读于同一所牛津学院——贝利奥尔学院,尽管三人中只有寇松一人生于王室——一位天生的总督,注定会统治一方。他的前任,埃尔金勋爵迫于格莱斯顿和罗斯伯里的压力,才接受了这个职位,此前更适合的几个自由党人都拒绝了这一任命;他很高兴能在任期(1894~1899)结束后回到国内,主持议会对鲑鱼河污染情况的调查,以及裁决苏格兰自由教会(Free Church of Scotland)分裂派之间的财产纠纷。"贝利奥尔学院造就了我,贝利奥尔学院养育了我……"希莱尔·贝洛克(Hilaire Belloc)的诗句中这样写道,这所学院还"造就"了埃尔金的前任总督、第五代兰斯当侯爵(Marquess of Lansdowne)。由于在毕业考试中表现平平,他的老师本杰明·乔伊特委婉地暗示这个学生:他的才华没有充分展现出来。这个年轻的贵族在回信中承认,自己"太沉溺于与爱犬相伴了",所以不够努力。他很快改变了态度,将爱犬放到养狗场,开始了长达半个世纪的公职生涯,除了担任印度总督之外,还成为加拿大总督、战争国务大臣、外交大臣、英国红十字会主席以及国家美术馆理事会(Trustees of National Gallery)主席。兰斯当后来回忆说,如果不是乔伊特的话,他这一生可能会一事无成。[77]

和其他侨民一样,在印的伊顿校友们努力维持过去的身份,他们用学校里的行话写信,谈起旧时的"校长(beak)""跟班跑腿的小学弟(fag)"和"老师(m'tutor)",以及学校每年在上议院对阵哈罗的板球比赛。从伊顿毕业的国务大臣圣约翰·布罗德里克(St John Brodrick)告诉寇松,印度总督参事会的一名新成员曾在伊顿做过阿尔弗雷德·利特尔顿(Alfred Lyttelton)的跟班学弟,"应该非常善于交际",这种推荐对于一位笃信择优任用的总督来说,实在留不下什么好印象。然而,这些老校友们在印度建立起的是同袍友情,而不仅仅是共济会式的关系。有些人被安排到某些岗位上,可能是因为人选搞错了,或者是靠裙带关系,但绝不仅仅因为他们都毕业于伊顿。

伊顿日历上的大日子——6月4日——在印度被庆祝时的狂热程度,在那些国内两手插兜的冷淡派看来相当不可理解。1894年,校长沃尔博士(Dr Warre)在4日那天收到了由印度总督(埃尔金)、孟买省督〔哈里斯勋爵(Lord Harris)〕和马德拉斯省督〔文洛克勋爵(Lord Wenlock)〕共同发出的一份电报,三人不仅是伊顿的同期校友,还是沃尔班上的同班同学(当时他还不是校长)。[78]如果印度总督是伊顿校友的话,他会在西姆拉为镇上的伊顿校友们举办晚宴,并收到那些无法赶来参加庆祝活动的校友们的电报:"加尔各答的伊顿校友们,在这美好的划船季节①,为阁下和西姆拉伊顿校友们的健康而干杯。愿伊顿辉煌。"[79]1909年,明托夫人,即总督夫人,记录下了她丈夫在西姆拉主持的6月4日的晚宴,共有15名伊顿校友参加。她和其他几名女士在隔壁与几名哈罗校友进餐,他们高唱哈罗公学校歌《四十年来》("Forty Years On"),与乐队演奏的《伊顿划船歌》唱起了对台戏。晚宴结束时,第九枪骑兵司令官尼科尔斯上校(Colonel Nicholls)"在明托的煽动下破门而入,身后跟着所有伊顿校友,他们彻底教训了几个哈罗人,随后一片混乱。之后,我们高声合唱,最后以一曲《友谊地久天长》("Auld Lang Syne")结束。每个人都直呼:自从离开学校以来,从未有过如此尽兴的聚会"[80]。

---

① 引自《伊顿划船歌》("Eton Boating Song")。

第四章 帝国的学徒们

"简直胡闹……"

东印度公司在成立后的头 200 年里,几乎没有培训过雇员,以便他们能够胜任将要在印度从事的工作。不论在哪个领域,军事也好,医学也罢,让小伙子们边干边学似乎才是正道。直到 18 世纪末,人们终于认识到哪怕稍加培训也是有必要的;但即使认识到了学徒制的必要性,有时也很难找到令人满意的师父。1864 年印度森林局成立时,在英国找不到培训新人的地方,也没有具备资格的人来培训他们。那一代人都被派往法国或德国学习,那里有常驻的专家,甚至在萨里(Surrey)的库珀山(Cooper's Hill)和后来的牛津建立了林业学校之后,他们依然在欧洲大陆接受部分培训。如前所述,直到 20 世纪初,森林局的负责人一直都由德国人担任。

两个世纪以来,东印度公司书记员唯一需要的教育资格就是"簿记",即能够看懂商人的账本。总督韦尔斯利勋爵(1798~1805)意识到对于管理印度来说,这种准备远远不够,于是决定在加尔各答成立威廉堡学院(College of Fort William),对年轻的文官们进行印度的历史、语言、法律和宗教等方面的教育。遗憾的是,韦尔斯利激怒了东印度公司的董事们,因为他总是在不征得他们同意的情况下行事;董事们面对他的固执,倾向于通过阻挠来加以回应。尽管落成于 1800 年的威廉堡学院是韦尔斯利比较务实的一项计划,但学院的影响被大大削弱了,仅作为一所语言学校被保留下来,直到 1854 年停办。

不过,董事们接受了培养雇员的原则,于是在 1806 年成立了东印度公司学院(East India College),学院最初设在赫特福德城堡(Hertford Castle),三年后迁至黑利伯里附近。学院的永久性建筑由伦敦国家美术馆设计师威廉·威尔金斯(William Wilkins)建造,其"伦敦派古希腊式"正面带柱门廊和爱奥尼亚式廊柱,比特拉法尔加广场那座带小穹顶和胡椒罐式顶楼的建筑还要壮观。正面之后是一个由黄砖建筑围成的暗淡的方形庭院,但周围的乡村处处散发出魅力,令人浮想联翩,足以勾起在印度任职的黑利伯里校友们的怀旧之情。在印度,他们喜欢回忆曾经怎样扎进利河(River Lea),"因艾萨克·沃尔顿①笔下的垂钓而名垂青史",或者沿柯珀笔下的约翰·吉尔平②的大路从埃德蒙顿(Edmonton)疯狂疾驰到韦尔(Ware)。[1]

黑利伯里每年招收的 40~50 名学生都由东印度公司的董事们提名,尽管这些男孩必须先到利德贺街东印度公司大楼通过几项考试,才能被这所学院录取。从 17 岁入学起,学生们要花两年时间学习数学和自然哲学、古典和其他文学、历史、法律和普通经济学,以及与他们日后将要赴任的印度省相关的东方语言。威廉堡学院专注于印度方言,而黑利伯里学院则遵循英国人一贯崇尚古典的原则,就印度语言来说就是梵语、波斯语和阿拉伯语。1850 年代,一个准备去西北省的学生仍需通过

---

① 艾萨克·沃尔顿(Izaak Walton, 1594—1683),英国作家,代表作是《钓鱼大全》(The Compleat Angler)。——译者注

② 约翰·吉尔平(John Gilpin),英国诗人威廉·柯珀(William Cowper, 1731—1800)作品中的人物,善于骑马。——译者注

波斯语考试,尽管波斯语在1837年就已经不再是东印度公司法庭上使用的语言了,但它仍被认为是学习乌尔都语和孟加拉语必不可少的知识,因为这两种语言都部分源自波斯语。出于相似的原因,学生们也需要学习阿拉伯语,因为它是"伊斯兰信仰的信息库",也是通向普什图语和信德语的钥匙;而梵语之所以受到青睐,则因为它是"婆罗门宗教仪式的存储库"和"日常业余爱好的主要动力"。²

约翰·比姆斯(John Beames)是一名大部分时间在孟加拉任职的、刻薄又无礼的文官,他在回忆录中记录道,黑利伯里是一个"快乐的地方,尽管就学习而言,简直胡闹"。³一直到20世纪,对古典语言的迷恋还困扰着针对印度的教育:直到1913年,掌握拉丁语对任何有志到牛津帝国林业学院(Imperial School of Forestry)求学的人来说,仍然至关重要。黑利伯里学院所培养的文官,在抵达印度开始新工作后,意识到了黑利伯里的局限性。刘易斯·鲍林(Lewis Bowring)曾得过波斯语和梵语的奖项,但他很快意识到,在次大陆工作,熟练使用这些语言"几乎毫无用处"。乔治·坎贝尔甚至对梵语更加直言不讳,他认为对文官来说,梵语"没有用","就像古代日耳曼人的语言对一名现代的[英国]警察局长一样"。⁴

1850年代就读于黑利伯里学院的查尔斯·格兰特(Charles Grant)抱怨说,他在那里被当作一名小学生而不是大学生,那里的运转方式更像是小学,还比不上他在哈罗中学六年级的经历。⁵据其他人回忆,黑利伯里集合了小学和大学的缺点。约翰·比姆斯回忆道,早上8点,学生们在睡衣的外面罩上礼服或大衣赶去教堂,然后回到自己的房间吃早餐,可能有"啤酒和干红葡萄酒",之后,抽烟斗,与从赫特福德赶来给学生们裁衣送货的裁缝和其他商人打交道。10点,他们被召集去听讲座,一般两到三个小时,之后,就着午餐面包和奶酪喝些啤酒。然后,他们可以自由地做些自己喜欢的事情。爱划桨的跑到河边,"运动达人们"去"他们的赛场",一小部分好学的学生被称为"坐得住的",沿着乡间小路"郑重其事地走路",而"腿脚快的"则乘火车溜到伦敦,或驾着狗拉车跑到赫特福德或韦尔玩台球。在礼堂吃完晚饭后,8点又去小教堂,然后"坐得住的"学生回到房间,一直读书到深夜,其他大多数人则把时间都花在抽烟、喝酒和唱歌上。大约在凌晨2点,那些"腿脚快的"赶上肖尔迪奇(Shoreditch)的末班车,酩酊大醉地从布罗克斯本车站(Broxbourne Station)回到学校。[6]

这听起来不像维多利亚时代的教育,也没有类似的大学行为记录。此外,比姆斯于1850年代在那里上学,他很可能会怀念黑利伯里学院在1820年代至1830年代更为认真严谨的时期,当时,很多学生来自与威廉·威尔伯福斯和克拉彭教派(Clapham Sect)相关的福音派家庭。然而,就算比姆斯夸大了同代人的轻浮,他并没有夸大黑利伯里作为一所语言学校或作为一个旨在培养年轻帝国主义者的机构所存在的问题。

教授们可能会在讲座中讲到与印度相关的话题,但学院里没有人会谈论此类话题,也从不谈及印度,因为这样做会被认为"有失体统"。即使在次大陆待过的老师们也觉得没有必要告诉学生,他们未来作为官员的生活会是怎样的,他们认为学生们很快就会知道。[7]

大多数黑利伯里的毕业生都同意比姆斯的观点,即他们受到的教育不足,对印度知之甚少,对印度语言更是只知皮毛。但是几乎所有人——甚至是不易动容的比姆斯——都认为,学院培养了一种集体精神，它令他们在日后的印度职业生涯中受益匪浅。信仰苏格兰福音派的威廉·缪尔（William Muir）做到了文官机构的最高层，他一直对黑利伯里的"学院培养"所赋予的"显著优势"心存感激。[8]板球场上和划艇时建立起的友谊，甚至一同抽烟、喝葡萄酒以及在韦尔台球桌边建立起的关系，让他们能够了解彼此的优势和不足。1870年代任印度国务大臣的索尔兹伯里勋爵就认识到，黑利伯里学院（那时已被撤销）的一大优势是"在学院建立起的亲密友情，减轻了后来的竞争关系，并确保官员们认真地而非敷衍了事地共事"。[9]在黄砖庭院中形成的友谊，日后将决定某个印度省的治理。在理查德·坦普尔担任中央省专员期间，他的表兄里维特-卡纳克将他这一代最有才华的黑利伯里学院毕业生派驻到了那格浦尔，协助他领导行政部门。

黑利伯里学院的学生实际上并非择优选拔，那里的教学毫无启发性，课程相关性也令人怀疑，学院纪律涣散，很容易被不务正业和"无可救药"的学生钻空子，这些学生得到了老师们的宽容，因为他们极其不想冒犯这些男孩的推荐人和自己的雇主——东印度公司的董事们。但不知何故，尽管存在所有的这些缺陷，黑利伯里学院在其存在的半个世纪中，居然输出了一批又一批有才干的管理者。

竞争瓦拉

黑利伯里学院于1857年停办，它被认为不能适应新的通过竞争性考试而非由东印度公司董事们推荐的文官选拔制度。这种新制度无疑更加公平，并且不久就取得了令人满意的效果。然而，多年来，它的不足之处也很明显，以至于许多人，不仅是反对派,都怀念起黑利伯里那所老学院。

每年在皮卡迪利(Piccadilly)的伯灵顿大厦(Burlington House)举行的印度文官考试中,大约有 200 名申请者争夺约 40 个名额。几周后,通过考试的人返回伦敦进行身体检查,这样的时间安排对刚刚经过辛苦备考和筹集费用的考生们来说非常不利。如果某个考生由于健康原因而被取消了资格,那他想在印度文官机构谋求职业发展的希望就算终结了:他既不能上诉,也不能申请稍后进行第二次体检。E. P. 厄德利-威尔莫特(E. P. Eardley-Wilmot)因多年前风湿热而导致的一片心脏瓣膜的"轻微不规则活动"而被拒绝。这种"不规则"既没有使他不能参加学校的板球和足球十一人制比赛,也没有阻止他在中年享受板球和划船的乐趣,却使他的印度职业生涯还没开始就结束了。[10]

成功的申请者在抵达印度之前还必须跨越另一个障碍,即达到"骑术"的"最低熟练程度"。文官机构专员们在发布"考生指南"的指令中宣布,"由于驻印文官在履行职责时经常需要骑马出行",考生必须展现出"具备这方面能力的令人满意的证据"。[11]对黑利伯里的学生们来说,他们大多数都从小就学骑马,一般不成问题。但是更多的中产阶级和城市化的"竞争瓦拉们"则常需要支付学费来专门学习这种——在印度大部分地区——文官通常的出行方式;即使到英属印度末期,人们也认识到,骑马长途旅行时,"官员们可以看到农村地区,可以与民众交谈",但如果他们"开着车沿道路快速驶过",则做不到这一点。[12]因此,申请者必须找到一所通常由退伍骑兵或有马房的农民经营的骑术学校苦练骑术,然后在伍尔维奇的皇家炮兵军营或者后来在亨登的警察培训学院参加考试。哈罗公学一名舍监的儿子就是一名文官,他回忆说自己"不得不忍受在骑术学校学习骑马的种种不适……而且还要从国王头像酒店(King's Head Hotel)租借一匹烈马,沿着哈罗周边的小路练习……"。[13]与体检不同的是,申请者如果第一次未通过骑术考核,还有第二次机会。

参加考试后,成功的申请者可以根据其考试结果排名选择一个印度省份。通常排名最高的去了自己中意的省份,排名最低的则只能填补其他人看不上的空缺,通常是被视为闭塞落后的马德拉斯或缅甸。旁遮普一名文官的女儿艾里斯·巴特勒(Iris Butler)暮年时回忆道,她曾经"非常鄙视一个马德拉斯文官的女儿",[14]那里的文官被称为"大杂烩"(mull)〔因为在南部他们都会喝咖喱杂烩肉汤(mulligatawny soup)〕,缺少在北方任职所需的才干和志向。"大杂烩"的辖区有宽广的首都、迷人的避暑地,人民也很少闹事。但那里令人昏昏欲睡的气候和户外运动的匮乏令年轻文官望而却步。与加尔各答和孟买相距遥远也是一个障碍,到19世纪下半叶,这两个城市都比马德拉斯更加繁荣、更有影响力。从马德拉斯省督托马斯·芒罗(Thomas Munro)(1820~1827)开始,与北方同仁相比,南部地区的文官对当地文化明显持更加同情的态度,但这对他们的仕途并无助益,他们很少能得到在西姆拉和加尔各答中央政府任职的机会。

排名靠前的申请者几乎无一例外地都会选择旁遮普省或联合省。旁遮普省吸引着那些向往边疆生活的人,以及晚些时期渴望在该省大型灌溉工程上有所作为的人;联合省的吸引力主要来自运动,尤其是射击和狩猎野猪,以及文化名城阿格拉和勒克瑙。这两个省的社会生活都比较丰富,主要由驻扎在诸如密拉特、坎普尔、锡亚尔科特和拉合尔军营里的英国军官及其家庭构成。申请者的第三选择通常是孟加拉,那里吸引了更多喜欢久坐且希望在首都政府秘书处工作的人。但它的魅力很大程度上只限于加尔各答。对于地方官员来说,其余大部分辖区都很孤独,没有什么"社会",气候潮湿得几乎令人难以忍受。东部的吉大港(Chittagong)被认为是一些难以对付的文官的发配地,那里潮湿得能让书本腐烂,这些文官若是能在身体垮掉之前逃离那里,便是万幸。到 20 世纪,在孟加拉与民族主义革命联系到一起之后,其受欢迎程度进一步下降:1930 年代,米德纳普尔(Midnapore)连续三任地方官员被暗杀。结果,选择旁遮普或联合省的新任文官有时会被派到他们本不想去的孟加拉。[15]

大起义发生之前的总督达尔豪西勋爵(Lord Dalhousie)认为:"在英格兰,文官只是一名文员,而在印度,文官可能是一方长官。"[16] 到达尔豪西已去世数年后的 1870 年代,牛津大学和剑桥大学最优秀的毕业生显然更愿意当文员:他们中的绝大多数都准备进入英国的文官机构。黑利伯里学院的大多数学生都曾自 19 岁起就开始在印度工作。但英国政府为印度文官机构招募毕业生的热情,促使他们把年龄限制提高到了 23 岁。这意味着成功的申请者因为需要接受两年的培训,直到 25 岁时才能开始在印度工作——对于学徒来说,这已经相当高龄了。这一年龄限制在此后数年曾得到反复修改,对有前途的毕业生而言,这是一个阻碍。另一个阻碍则是考试的性质。

尽管驻印地方官员的生活要求有强健的体魄,但这一点并未反映在考试的设计中,考试只需有良好的记忆事实的能力,以及对数学、自然科学、社会科学(逻辑和道德哲学)、英国和欧洲大陆的历史、语言和文学等学科的学习。此外，由于偏爱经典研究的牛津大学和剑桥大学很少涉足这些学科，考生们很快就意识到：如果去个"补习班"——伦敦那些专门为考生提供应试准备的机构，他们成功的概率可能更大。如果像阿奇博尔德·麦克纳布（Archibald Macnabb）这样的本科生在贝利奥尔学院应考失败，但在最著名的补习班如雷恩和格尼（Wren and Gurney）那里获得成功，那么，他父亲支付大学学费显然毫无意义。甚至连哈罗的舍监也建议应聘者完全可以跳过大学，直接去上雷恩。[17]

几乎所有参与设计选拔考试制度的人，都对其结果感到震惊。贝利奥尔学院的乔伊特指出，印度文官机构将由"大学精英人士"构成的想法，最后看起来十分荒谬：这个机构目前似乎充斥着维多利亚时代由补习班训练出来的刻苦的学生，用曾担任过一段时间考官的诗人马修·阿诺德（Matthew Arnold）的话说，他们"是填鸭填出来的人，而不是经过塑造成熟的人"；他们知道许多与考试相关却与印度无关的"事实"。1879年，索尔兹伯里改变了这个制度，要求申请者在离校年龄（17~19岁）参加考试；如果通过了考试，再花两年"试用期"在大学里学习相关课程，包括他们所选省的语言。尽管这一年龄限制在1892年被再次取消，但索尔兹伯里的改革确立了牛津大学的首要地位。1884年，在读的试用期78名学生中，58人就读于牛津。

索尔兹伯里改革后，成功的申请者成为试用期人员，在"经批准的"大学中进行为期两年的学习，包括牛津大学、剑桥大学、阿伯丁大学、格拉斯哥大学、圣安德鲁斯大学（St Andrew's）、爱丁堡大学、都柏林三一学院以及伦敦的国王学院和大学学院（University College）。在读期间，他们不会获得学位，但需要参加两次"定期"考试，以及在伯灵顿大厦举行的终考，终考将决定他们在所选省份的资历。牛津在各大学中的杰出地位很大程度上归功于本杰明·乔伊特的远见和坚持不懈。他是这一选拔体制的主要倡导者，后来成为贝利奥尔学院院长和牛津大学副校长。他的两个兄弟在印度工作到去世，一人在军队，另一人在医疗部门。受到他们的鼓舞，乔伊特鼓励那些希望做出一番"福泽千秋"的大事的年轻人到印度去，抓住"造福当地人民的机会"。他适时地给成功通过印度文官考试的考生写了信，建议他们到他所在的学院就读。1880年，所有试用期学生中有一半在贝利奥尔学院就读，人数是在剑桥和其他牛津学院就读的试用期学生总数的两倍。乔伊特还发起运动，推动印度文官机构招募印度人，1853年的一项议会法案为印度人开启了进入该机构的可能性，使"所有在帝国出生的臣民"都有效力的机会。印度申请者所面临的困难，首先是必须在一个遥远的国家参加一项根据他们很不熟悉的课程体系设置的考试，这使他们的录用进展得非常缓慢。① 然而，乔伊特尽力了。牛津大学毕业的首批33名印度籍本科生中有22人就读于贝利奥尔。

到1893年乔伊特去世时，牛津仍然是培养驻印文官的主要基地：超过一半的文官曾是牛津的试用期学生，另外四分之一则出自剑桥。这种模式一直持续到下个世纪，在1900~1914年，47%的新入职文官在牛津大学学习，29%就读于剑桥大

---

① 尽管在1890年代有34名印度人加入了印度文官机构，但直到第一次世界大战之后，他们在机构中所占的比例一直很低：1910年，仅有6%的官员是印度人。

学,^{18} 相似的比例一直保持到第二次世界大战。1938 年印度事务部名录上所记录的 1184 名英国文官中——包括当时所有仍在世但已退休的文官在内，568 人来自牛津，334 人来自剑桥，282 人来自其他大学，主要是爱丁堡大学（52 人）、伦敦大学学院（51 人）和都柏林三一学院（49 人）。自乔伊特时代以来，最大的变化是贝利奥尔学院的衰落，如今，该学院主要是一所培养英国政治家的学院，而不再是殖民地行政人员的摇篮。尽管该学院培养的试用期学生（87 人）还是比其他牛津学院多〔基督教堂学院（66 人）紧随其后，然后是新学院（48 人）〕，但其占总人数的比例还不到 8%。剑桥大学的几所主力学院是圣约翰学院（39 人）、伊曼纽尔学院（37 人）、三一学院（33 人）和国王学院（31 人）。

大学期间，试用期学生对英属印度的行政制度学习得很少，只学习部分地方治安官的职责，这要求他们掌握一些实践知识。因此，他们会参与某些法庭案件的审理，并就所见所闻撰写报告；大多数人到老贝利（the Old Bailey）① 学习一些关于程序和证据的原则，到马里波恩（Marylebone）和鲍街（Bow Street）观察地方治安官如何履行职责。其余课程是学术性的，主要包括印度历史、地理和法律、古典语言（梵语、阿拉伯语或波斯语）以及他们所选省的主要方言。他们的语言学习并没能确保他们在到达第一个辖区时，就能听懂那里的语言。一些省的方言实在太多，根本学不过来。例如在孟买，印度斯坦语是一种法定的主要方言，尽管它实际上并没有在法庭、税收管理或官

---

① 指英格兰和威尔士中央刑事法院（the Central Criminal Court of England and Wales），法院因处于老贝利街（Old Bailey Street），被英国人称为"Old Bailey"。——译者注

方信件中得到使用。对该省的文官来说，更实用的是马拉地语（Marathi）和古吉拉特语（Gujarati），但如果被派往西部的信德的话，即使掌握这些语言也无济于事，因为信德语有波斯语和阿拉伯语的词根，是一种有 53 个字母的完全不同的文字。

印度事务部至少认识到，官员们如果不当场吸收"活语言"并通过考核这些习语的"部门考试"，就不可能承担起重任。到达第一个岗位后，"格里芬们"（griffins，对新入职人员的称呼）①19 被授予"普通"或"三等权力"，只能审理一些小案件，判处非常轻的处罚。要想获得"二等"和日后的"全面权力"（以及更高的薪水），他们还必须学习并通过另外两门考试，即语言和刑法税法考试。

黑利伯里学院的格里芬们通常在加尔各答学习，这往往使他们的财务状况陷入非常糟糕的境地。经过多年的教育和父母的监管，这些 19 岁到达印度的年轻人感到自己终于独立了，并期待将来会有高收入。因此，他们效仿前一年的"格里芬们"，享受着跳舞、喝酒、射击的日子，借钱雇用仆人，同时购买酒、枪支和马匹。很多人不愿放弃如此快乐的生活，于是推迟参加获得内部职位所需的考试。他们继续待在加尔各答，背负着沉重的债务，有时要花上几十年才能还清。约翰·比姆斯在加尔各答待了 11 个月，每天只花两个小时学习语言，积累的债务在整个职业生涯中一直"缠着"他、"骚扰"着他。罗伯特·蒙哥马利（那个陆军元帅的祖父）承认，他从到达加尔各答的第一天起就开始负债，一直到三十年后当上旁遮普省副省督时才还清。20

---

① 据乔治·皮尔斯（George Pearse）将军的说法，"在印度，'格里芬'指到来时间不满一年的新人，在这个阶段，所有人都忍不住向他传授经验"。

在选拔体制下，格里芬们远离加尔各答的各种诱惑，被立即派往一个地区，在地区官员的监督下学习如何履行职责并提高语言技能。这种做法固然使他们摆脱了陷于奢侈的危险，但并没有带来其他的好处。他们的前辈至少享受到了黑利伯里校友情谊和加尔各答的社交生活，使他们有机会在午餐桌上以及傍晚一同骑马前往伊甸花园（Eden Gardens）的路上结交到新朋友；通过与同龄人的交往，他们获得了一种对于帝国的自信心。而新一代的格里芬们散落在偏远地区，可能找不到同龄人相处或倾诉。而且除了一门实地勘测课程外，他们没有接受过任何适当的培训。就连后来一些最成功的文官也抱怨说，他们接受的这种培训是随意而有所欠缺的。没有人教他们行政管理的原则或政府不同部门的运作方式。"我们只能从别人那里借鉴经验或从自己的错误中汲取教训。"[21]

在离开英格兰之前，黑利伯里毕业生和竞争瓦拉都必须签署一份契约，其规定了他们的职责，并要求他们承诺：除了要保持"忠诚"和其他事项外，还"不能收受贿礼，不进行腐败交易"。这使得两个群体都成为"有契约文官"①，从历史的角度看，在考虑到所有社会及其他变化的情况下，这两个群体其实是同一个游戏的参与者，就像他们的雇主一样，即使理论上截然不同（东印度公司和英国政府），实际上却是非常相似的管理者。然而，他们中的很多人，尤其是黑利伯里毕业生，却认为彼此是完全不同的群体，在品格、阶层和治理手段上都截

---

① "无契约文官"（Uncovenanted Civil Service）包括一些英国人，但更多的是印度人，他们不属于印度文官机构，而是隶属于所谓的省文官机构（Provincial Civil Service）。该机构的最高职位是副税收官和副地方治安官，不需要参加在伦敦举行的入职考试。

然不同。

崇尚黑利伯里学院的人对于补习学校出来的接班人感到震惊,在他们眼里,这些人都是纸上谈兵的书呆子。"格里芬"勒佩尔(Lepel Griffin)在补习学校兴起之前通过选拔考试进入了文官机构,他抱怨说:"这些人既不会骑马,也不会射击,也不跳舞,也不打板球,只喜欢与书本相伴,却对印度社会的魅力视而不见。"[22] 即使后来入职的大学毕业生,也很少得到前辈们的认可。在前辈们看来,官员们更应该会打板球,为"受欺凌的学弟们挺身而出",这比在牛津大学获得双优成绩更为重要。[23] 1880~1885年担任孟买省督的詹姆斯·弗格森爵士(Sir James Fergusson)认为,新一代的文官们体弱多病,缺乏耐力,不会射击,甚至不会骑马。他抱怨说,真不知手下一名官员是怎么拿到"骑术证明"的,他骑马出门时甚至需要仆人走在两侧,以便摔下来时能有人接住他。[24]

这样的批评常常透露出势利,尤其是弗格森,他注意到新任官员的举止"缺乏会客厅的教养"。这名苏格兰地主出身的省督,在《名人录》(Who's Who)中列出了自己的三大娱乐方式:狩猎、射击和钓鱼。他在这类问题上的观点难免带有偏见。然而,一些不那么传统的人也认为"格调"发生了某种变化,有些新人"自负"又"缺乏教养",对其治下的人民不够有同情心。其中持这种看法的一人是威廉·韦德伯恩(William Wedderburn),他本人是一名竞争瓦拉、印度民族主义支持者,后来当选为自由党议员。对他来说,黑利伯里学院制度培养的官员与印度人保持着"一种友好同情的氛围",但这种氛围被雄心勃勃的新一代学术官僚驱散了,他们的家庭与印度毫无渊源。[25]

在设计印度文官机构入职考试时，文官机构专员的错误就是几乎仅用学术标准来评判成功。一年里，地方官员有半年时间要在炎热而危险的气候中度过，另外半年要骑马巡视辖区，他们会随时应召去指挥消防员、平息暴动或追捕"吃人的"老虎。他们需要有能力和智慧，特别是对于地方治安官而言；但同时也需要具备相应的身体素质，能够独立骑马而无需仆人的帮助。实际上，大多数人具备了这样的素质，或者锻炼出了这样的体魄，不管弗格森怎么说，经过三十年，除了这名孟买省督之外，几乎没有人再提倡恢复黑利伯里学院了。最终，很多人认同在伦敦负责印度事务的国务大臣乔治·汉密尔顿的看法，他在1898年时表示：在新一代印度文官机构中，"次品少了，天才也少了"——也就是说，整天烂醉如泥、"走上歧途"的人少了，而能够"兵不血刃"地"镇压"兵变、单臂打虎或踩着鳄鱼背过河的"传奇人物"也少了。就连一名曾经批评选拔体制、向印度总督约翰·劳伦斯抱怨过一些新人"道德格调低下"的黑利伯里校友也承认，他"毫不怀疑现有体制的平均能力和效率"要优于旧体制。劳伦斯本人也毕业于黑利伯里，他"非常赞同"新体制的优越性。[26]

大部分吹毛求疵的人都来自老年一代，他们正被年轻一代和一个正在发生快速且惊人变化的世界所取代。较早期的黑利伯里校友去印度的时候，蒸汽轮船和铁路还没有被发明出来。他们要在海上航行6个月才能到达目的地；到了印度以后，又只能靠非常缓慢的交通工具出行，由船只、动物和人力运输。他们常常必须当场决策，而没有机会与同仁商议；休假时也很少回国。相比之下，竞争瓦拉们能够乘火车出行、等待电报的指示；有了苏伊士运河（1869年通航）以后，更是经常回英国。前辈们目睹了这一切，自然愤愤不平又有些嫉妒：年轻一辈的生活似乎太轻松了。在加尔各答，这两个群体甚至在俱乐部的问题上泾渭分明：年长的去孟加拉俱乐部，新人则加入联合服务俱乐部（United Services Club）。黑利伯里学院被关闭了四十年后，它的校友们仍在查令十字街（Charing Cross）大酒店（the Grand Hotel）举行专属校友晚宴。

选拔考试后来一直是加入印度文官机构的常规途径，但在第一次世界大战结束后的几年里，考试得到豁免，一些空缺被留给了"经特别挑选"的、在战争期间服役"出色"的军官。罗纳德·约翰逊（Ronald Johnson）就是16名加入印度文职机构的印度陆军军官之一，他们参加了一次友好的面试，和一场仅用来测试考生英语读写能力的"纯粹的资格考试"。英国陆军军官即使没有印度经验，也可以加入印度文官机构。1915年，古典学者L. G. 平内尔（L. G. Pinnell，昵称"巨人"）曾打算去贝利奥尔学院从事学术研究，但他参了军，在萨洛尼卡（Salonika）负了伤，对经典研究也失去了兴趣。在考虑未来前途时，他给时任贝利奥尔学院院长的A. L. 史密斯（A. L. Smith）写了信，院长建议他来学院读一个学制较短的荣誉学位，并且告诉他因为"有良好的部队记录"，他应该能够"通过推荐"在印度文职机构里谋到一个职位。[27]事实确实如此。平内尔于1920年12月抵达孟加拉，十几年后成为一名地方官员，1942年成为印度总督的私人秘书。

有教养的军校学员

与文官机构官员的培训一样，印度陆军军官也面临着早期无培训和后期培训不足的问题。在18世纪末之前，军队委任的军官都不需要经过正式培训。一个16岁的小伙子，服役不到一年，就有可能突然奉命去指挥孟加拉陆军的100名"本土"掷弹兵。[28] 1796年，伍尔维奇的皇家军事学院（Royal Military Academy）招收了几名东印度公司军事学员。1809年，东印度公司在克罗伊登（Croydon）附近的阿迪斯科姆设立了相当于黑利伯里学院的军事培训基地，学员要学习为期两年的课程。直到19世纪中叶，不论所任职位的专业程度或难度有多高，委任军官都没有被要求必须具备更高的资格。即便在19世纪中叶，如菲利普·梅森所说的："东印度公司的骑兵军官连普通的培训都不需要。"[29] 如前文所述，一种毫不掩饰的传统观点就是将未能通过黑利伯里学院考核的人安排到印度骑兵团。

阿迪斯科姆的东印度公司军事学院（East India Company Military Seminary）建在萨里的一座庄园附近，1808年以前，这座庄园一直由利物浦勋爵（Lord Liverpool）居住。与黑利伯里学院一样，这所军事学院的学生都由东印度公司董事推荐，但与黑利伯里学院不同的是，该学院无法为将被派往公司各部门的每一个年轻人提供相应的培训；印度陆军需要的军官数量远远超过文官机构。因此，阿迪斯科姆专注于为公司的炮兵和工程部门等最需要技术教育的部门培养学员；其他部门的大多数军官几乎没有经过任何培训就去了印度。

正如学员亨利·泰勒（Henry Tyler）所回忆的那样："天晓得，入学考试很简单，仅限于知道恺撒《战记》（*Caesar's Commentaries*）、普通分数和字迹清晰……"通过考试后，泰勒被"交到教官手中，教官带着"他和他的同伴们去储藏室，给他们发军服；不到半小时，就对他们进行了检阅。[30] 在接下来的两年中，还会有很多次检阅、许多小时的操练以及剑术训练等活动。同时还要学习繁重的学术课程，包括最常上的数学，稍少一些的地质、化学和勘测，以及印度方言初级课程。与黑利伯里学院一样，这些学生到达印度后发现，他们学的一些知识对在印度的工作几乎没什么用处。仔细研究17世纪法国沃邦（Vauban）的防御工事，对将要在孟加拉建造军营的工程师能有什么帮助呢？

与文官学院一样，阿迪斯科姆的培训也历时两年，但总体而言，比约翰·比姆斯时期的黑利伯里学院更勤勉、更有纪律性。毕业前，学生们必须通过考试，才能获得炮兵学员的资格。之后，其中最优秀的毕业生会被选拔为工兵，前往肯特郡（Kent）查塔姆皇家工兵学院（Chatham Royal Engineers Establishment）继续深造。印度陆军的侧重点与英国陆军不同，其精英部门既不是步兵卫队，也不是骑兵军团，而是工兵团。

随着东印度公司日渐式微，在黑利伯里学院被关闭后没几年，阿迪斯科姆也于1861年被关闭，于是炮兵和工兵申请者们被送到了位于伍尔维奇的、被亲切地称为"商店"（"the Shop"）的皇家军事学院就读。从此，印度陆军中有抱负的军官们开始与那些准备进入英国军团的同龄人接受相同的教育。与印度文官机构一样，切尔滕纳姆学院可能算得上最受欢迎的学院，但一批新建的学校推动了军事热，包括成立于1859年的惠灵顿学院（Wellington College），主要招收军官们的孤儿；还有吉卜林就读的、1874年在德文郡韦斯特沃德霍（Westward Ho!）成立的联合服务学院（United Services College）：从成立到1922年，至少有666名毕业生成为英国和印度部队的军官。[31]作家约翰·马斯特斯（John Masters）的家族已有五代人在印度，他的军校经历在后阿迪斯科姆学员中非常典型：早年就读于切尔滕纳姆初中（Cheltenham Junior School），那时，他与一个姑姑住在一起，姑父是印度公共工程部的退休工程师；青少年时期就读于惠灵顿学院，通过考试后，作为有潜力的步兵军官，进入坎伯利桑赫斯特皇家军事学院。[32]吉卜林就读于联合服务学院时的校长科梅尔·普赖斯（Cormell Price），尤其擅长把学生"一毕业就直接送进"桑赫斯特，"……不需要在补习学校耽搁时间，又花费额外的费用"。[33]

在维多利亚时代中期的英国，已经不可能不经任何专业培训就成为印度陆军的军官了。想加入步兵团的申请人，此时必须在桑赫斯特接受为期18个月的训练，包括每天的日常操练，然后是骑马、体能训练、步枪和课堂学习。如果他们能够在纪律松散的情况下完成课程——学生必须"避免在市区被人看到穿着军服和妓女在一起"[34]，那么，最后还需要再参加一个考试和结业会操。印度陆军从桑赫斯特招收的名额时多时少（通常有35~45个名额），并且竞争相当激烈：前文提过，奥金莱克挤进了印度陆军，排在最后一名，而蒙哥马利根本没能挤进去。到达印度后，低级军官们第一年还必须挂职在某个英国军团，待熟悉了印度的情况并学习了相关语言之后，才能真正加入所属印度部队。

英属印度最后几十年出现了大量针对军官的课程。最受欢迎的是位于中央省的夏都伯杰默里（Pachmarhi）的小型武器学校（Small Arms School），那里有令人愉快的社交生活，还有一个女子步枪俱乐部。不那么受欢迎的是位于贾朗达尔的皇家印度陆军服务团（Royal Indian Army Service Corps depot），军官们在那里学习如何与骡子打交道，这是西北边境地区主要的交通运输工具。未来的上校巴兹尔·埃米斯（Basil Amies）被派去学习了开设的大部分课程：1915 年在奎达（Quetta）参谋学院（Staff College）的学员培训①、拉瓦尔品第的信号学校的培训、穆里（Murree）附近的步枪课程和马克沁的机枪课程、印多尔（Indore）附近姆豪（Mhow）的另一门步枪课程、伯杰默里的刘易斯机枪课程、浦那附近为期六周的"小战术和管理"课程、萨达拉（Satara）的步枪和"轻自动"步枪课程。这时候，埃米斯已被视为"小型武器专家"，他成为一名教官，回到奎达待了两年。在这些课程的间歇，他先后挂职于一个锡克连（"身材魁梧的大个子，留着整齐卷曲的胡须"和听不懂的"浓重的乡村口音"）、第 21 旁遮普团（the 21st Punjabis）、第 16 旁遮普团 2 营（任副指挥官）以及第 49 孟加拉团；还担任过比卡内尔（Bikaner）和其他三个土邦军队的军事顾问，并在西姆拉的副官长办公室（the adjutant-general's office）、班加罗尔的军事情报部门和仰光担任过参谋；最终，在第二次世界大战期间，被挑选出来研究印度陆军官方历史。埃米斯上校服役后一直都未参加过任何战斗，直到 1942 年，也就是他参军后的第 27 年，才在从缅甸撤退时遭到了炮火的袭击。³⁵

把参谋学院设在奎达实在有些令人费解，该学院相当于坎伯利的桑赫斯特皇家军事学院。奎达地处俾路支斯坦省偏远的部落地区，那里是印度帝国的西部屏障，在 1876 年被英国人占领。当地岩石突兀，荒瘠无树，卫生条件十分恶劣，当时的一名传教士曾将其描述为一片"凄凉的荒原"。那里的卫生条件实在太差了，以至于亨德尔（Handel）《扫罗》（Saul）中的

---

① 在战时，印度陆军学员无须在桑赫斯特参加 18 个月的课程。他们在英格兰的一个军官学员营学习三个月后，在印度的一所军官学院学习半年；要么是在奎达的学院，要么是在尼尔吉里丘陵（Nilgiri Hills）的惠灵顿学院。

《死亡进行曲》（"Dead March"）——一般在士兵葬礼上演奏的曲目，会在一周内响上五次到六次。³⁶ 吉卜林在最早期的一首诗中，将"杰克·巴雷特"（Jack Barrett）派往那里，这是他的妻子和妻子的情人为除掉他而设计的一个阴谋，以便两人可以在西姆拉逍遥快活。杰克在恶劣的气候中死去，就像赫梯人乌利亚（Uriah the Hittite）一样，他的拔示巴（Bathsheba）① 只对他表示了短暂的"哀悼"。³⁷

尽管奎达的墓碑和纪念馆讲述了一个充满悲剧和早亡的悲伤故事（发生在1935年地震之前很久），但英国居民们渐渐喜欢上了这个小镇，那里有迷宫般的市场，道路两边是一排排盛开的杏花树。政府提供了公共花园、一个荫凉的"购物中心"和一个漂亮的兵站，还灌溉了远处的山谷，如今，它的"翠绿"使那名传教士想到了"嵌在众多闪亮红宝石中的一颗耀眼的绿宝石"。³⁸ 不管周围的山丘多么荒芜，"日落时分，灰尘的颜色总神奇地变成熔铜色"。俾路支斯坦省的一名专员非常喜欢这个地方，甚至在回到泰晤士河畔的特丁顿（Teddington）后，把自己的养老之所命名为"奎达"。³⁹

巴兹尔·埃米斯是参谋学院招收的首批学员之一，就读期间，正赶上了第一次世界大战，后来，他加入了第26旁遮普团（the 26th Punjabis）。几名第二次世界大战中英国最高级的将领也曾在奎达待过一段时间，包括蒙哥马利、奥金莱克和斯利姆。青年时期的蒙哥马利上校未能加入印度陆军，于是在1934年接受了该学院学员培训首席讲师的职位。然而，印度的经历并没有使蒙哥马利对这支他未能加入的军队产生好感。他认为那

---

① 在《圣经·旧约》中，拔示巴原为乌利亚之妻，后嫁与大卫王，生下后者的第二个儿子所罗门。——译者注

些年长的军官都"没用，很没用"，而"普通的年轻军官"也好不到哪里去，他们去"印度喝杜松子酒，打马球，逍遥自在"。这支军队中唯一令他敬佩的人是那些普普通通的印度士兵，他们"非常棒"，"是天生的战士，是任何人都求之不得的好材料"。[40]

马背上的军医

据称，1758 年，东印度公司一艘船上的屠夫在航行途中被提拔为船医。这个故事也许是杜撰的，但东印度公司早期船医们接受的培训，确实并不比其他大多数员工更多；只有那些从海军学校学员和低级船员做起的船长们，才接受过适当的学徒培训。甚至有人说："一个人只需要在药箱下睡过一晚，就完全够格当船医了。"[41] 1688 年，塞缪尔·布朗医生（Dr Samuel Browne）在马德拉斯被任命为第二外科医师（second surgeon），但他很快就表现出无能和酗酒；他害了一名法官的性命，因为错误地给了他砒霜，还在醉酒时向一名同事挑战决斗。然而，这两件事都没能阻止他升任"西海岸外科医师"（Surgeon of the West Coast）一职。布朗的同代人托马斯·福西特医师（Surgeon Thomas Faucet）同样是个无用之人。不难理解，他不仅"因月亮癫狂症（Moon Frenzy）屡屡发作（不论是满月，还是新月）"而得不到信任，而且还"过时，顽固，对业务一窍不通"，并且"嗜酒到令人无法容忍［原文如此］的地步"。[42]

苏拉特商馆的约翰·马克斯韦尔医生一定表现得更糟，他于 1704 年因"生活放荡不羁"而被东印度公司开除了。[43] "放荡"和"不羁"这些名词一直与船医的行为联系在一起，但这种状况在 18 世纪下半叶逐渐减少。在此之前，不了解热带疾病或状况的医生一定是走投无路——在英国实在没有出路了——才会想去印度，因为他们在印度的社会地位会非常低。但是1763~1764年，在三个管辖区成立了医疗服务机构〔后来被称为印度医疗服务团（Indian Medical Service, IMS）〕后，他们的地位开始提高；再后来，他们又被授予了军衔。同时，在意识到这些人需要接受适当的培训并通过考试后，他们的技能也提高了；仅仅偶尔在伦敦圣巴塞洛缪医院（London's St Bartholomew's Hospital）上些课已经不能满足要求了。从1769年起，他们必须在两名董事面前，由一名内科医师对其进行考试；二十年后，他们必须在综合医院接受3个月的培训，并担任18个月的住院医生。到1822年，他们必须年满22岁，懂一些印度斯坦语，并获得伦敦皇家外科医学院（Royal College of Surgeons）颁发的文凭和就读证明，或者都柏林、格拉斯哥或爱丁堡出具的同等学力。从1855年开始，想要进入印度医疗服务团，必须先参加选拔考试。[44]

尽管新一代医务人员此时已接受了良好的培训，并且加尔各答或马德拉斯的医务人员可能与伦敦或爱丁堡的同行们的业务能力不相上下，但在偏远地区民站的医生当中，这种能力并不普遍。约翰·比姆斯回忆道，在1860年代初期，"许多老顽固多年没有回国了，他们从来不读医学书籍，跟不上医学的发展，对工作敷衍了事，粗心大意，把大部分时间都花在打牌和喝酒上"。即便往最好处说，比姆斯也是一名尖刻的评论家，他的观点可能受到了一名"愚蠢、粗心、嗜酒的"老医生的影响：在他的儿子出生时，这名医生伤到了婴儿；一周后，在婴儿极度痛苦之时，医生开了大黄为他驱"风"，结果，婴儿当晚死亡。[45]

到19世纪末，印度医疗服务团的专业化程度已越来越高了，有志向的医生必须接受五年培训，并且要通过一系列难度更高的考试。对于那些补习学校来说，它们又可以在大学毕业后、录取考试前发挥作用了。在为期三个月的补习课程结束后，坎贝尔医生在伦敦的机构可以提供有关考官的有用的内部信息：例如，"Y"医生"热衷于在分娩的最后阶段对子宫进行外部人工支持"；如果考生在考试那天记得这一点，能"值10分"。考试持续一周，包括手术和解剖的实际操作，之后，成功的申请者会在泰晤士河堤（Thames Embankment）的皇家陆军医学院（Royal Army Medical College）接受为期三个月的培训，学习与热带疾病有关的知识，以及"军人礼仪基础知识"。在这之后，他们还需要在奥尔德肖特军营（Aldershot Garrison）学习另一个为期三个月的课程，进行军事训练，并了解军事法庭规仪；同时，作为"骑兵"，还要在一个龙骑兵团学习"骑术课程"。但是，他们的大多数培训都在教学医院完成。到达印度后，他们还需要继续学习个人卫生和公共卫生课程。[46]

印度医疗服务团的所有官员都去过印度，陆军医疗部（Army Medical Department）的许多成员也是如此，该部门于1898年更名为皇家陆军医疗队（Royal Army Medical Corps，RAMC）。后者专门服务于英国驻印部队，而前者则服务于印度陆军部队和民站，同时也鼓励提供私人服务。在印度，这两个部门之间有一种竞争关系，主要是因为印度医疗机构官员有更多充实自己的机会。但一些小事也可能会引发不满。作为"骑兵"，即使只是印度医疗机构的低级军官，也可以在晚宴时身着"晚礼服"，佩戴马刺，而皇家陆军医疗队的年轻军官则不被允许。和英国陆军一样，他们只有在获得少校军衔后，才有佩戴资格。[47]

第五章 航行及其他旅程

帆船时代

1828年,约翰·格拉斯福德的船经好望角航行至印度,历时147天。二十年后,他的儿子用38天完成了英印之旅,中间从陆路穿越埃及,而后换乘不同的船经过地中海和红海。八十年后,他的孙子仅用了14天便从马赛不用换船就到达了孟买,尽管如果他从英格兰启程穿越直布罗陀海峡的话,要多花6天的时间。[1]

在帆船时代,航行的日期和航程长短是由信风、无风、季风和恶劣天气决定的。"马德拉斯航道"(Madras Roads)的飓风在秋天十分强劲,因此,禁止船只在10月中旬至12月中旬之间在科罗曼德尔海岸附近停留。蒸汽船受其影响较小,但3月从印度出发的客轮和运兵船总是人满为患,因为人人都想赶在酷暑季节开始之前离开印度。6月穿越印度洋的旅行比较便宜,人也少很多,但在高温和由季风形成的风浪中航行,显然不那么舒服。

与更早期的航行相比,约翰·格拉斯福德147天的航程实际上已经相当快了,以前,船只如果在暴风雨中受损或横跨大西洋时被吹到了巴西的话,则可能需要七个月的时间才能到达。1744年,罗伯特·克莱武首次前往印度的航行花了两倍的时间,因为他的船在巴西海岸搁浅了,有四个月无法移动,又花了五个月才修理好。对船员们来说,航行的时间肯定比乘客更长,因为他们中的许多人还要返航;船只经常驶向比印度更远的地方——广州、槟城(Penang)和苏门答腊(Sumatra)的明古连(Bencoolen)。"名誉号"(Fame)商船的"日志"记录了于1804年1月从布莱克沃尔码头(Blackwall Docks)出发往返印度的一次普通航程。该船在伍尔维奇装载了牛肉、啤酒和面包后,在诺斯弗利特(Northfleet)停留了几天,以便为航行做准备,然后前往朴次茅斯(Portsmouth)和普利茅斯。3月底,该船到达马德拉岛(Madeira),那里气候宜人,出产与该岛同名的葡萄酒,一直是一个胜地,然后前往马德拉斯,于7月下旬抵达。停留三周后,该船向北驶入了孟加拉湾,接上一名引航员,帮助船只渡过胡格利河,并在9月初到达加尔各答。该船在加尔各答又停留了三个月,以避开马德拉斯航道上的飓风,然后开始返航,2月在马德拉斯抛锚,一个月之后启程,前往英格兰。6月下旬到达圣赫勒拿,9月初到达英吉利海峡,于18日再次停靠在布莱克沃尔码头,此时距离出发已过去600多天。[2] 如此顺利的航行并不多。"名誉号"的下一次航行就没有这么顺利。尽管和其他"印度人"(Indiamen)(指东印度公司的大型商船)一样,该船配备了武器装备,但它还是敌不过法国护卫舰"皮埃蒙特号"[①],于1806年9月在马拉巴尔海岸(Malabar Coast)被俘获。

东印度公司商船上的船员由船东任命并支付工资,但船长和前四名大副其实是东印度公司的雇员。事实上,船长属于公司最高级别的官员。他的船配有武器装备。高级船员们身着制

---

① 该护卫舰于1808年被一艘英国船俘获,并以"HMS皮埃蒙特号"(HMS Piémontaise)的名字加入了皇家海军。

服,允许佩剑。他自己也有仆人,其中包括一名裁缝,而且每当在公司定居点登陆时,他有权享受13响礼炮的待遇。他的海上生涯,除非因病痛、战争或沉船而终止,否则一般可以持续大约30年。1770年,查尔斯·米切尔(Charles Mitchell)作为一名海军少校开始他的学徒生涯,在第三次印度航行(1774)中担任四副,第四次航行(1777)时升任三副,后来相继成为二副和大副(1781~1785),在最后六次航行(于1800年结束)中均担任指挥官或船长。[3] 年龄稍小的亨利·梅里顿(Henry Meriton)创下了13次航行的纪录,通常经科罗曼德尔海岸到达中国,还在一次沉船事故以及与拿破仑时期的法国船只交火中幸存下来。他俘获了其中的一艘法国船["勋章号"(Medee)],但也损失了自己的"锡兰号"(Ceylon),好在后来他有幸见证该船被夺回,并回到泰晤士河上的泊位。[4] 很多船长都能发大财,不论是从乘客身上,还是通过与所到港口进行的私人贸易:从经印度到中国和明古连的为期两年的往返航行中,他们可能净赚1万英镑,而他们的官方薪水仅每月10英镑。尽管在财力或粗俗程度上他们可能都比不过暴发户,但有些船长还是有能力在英格兰购置养老的地产。当然,正如并非所有商人都成为暴发户一样,也并非所有船长都发了财。约翰·华兹华斯(John Wordsworth)船长,就是那位湖畔(Lakeland)诗人①的弟弟,在率领"阿伯加文尼伯爵号"(Earl of Abergavenny)进行的头两次航行中都亏了钱。第三次航行时,他满载着可能会令他发家致富的货物(其中一些是他的哥哥威廉和姐姐多萝西的投资),最后却分文不剩,还丢了性命——1805年2月,这艘船

---

① 指著名的"湖畔诗人"威廉·华兹华斯(William Wordsworth)。——译者注

在英吉利海峡遇难。

18世纪末，800吨及以上的"印度商船"必须配备100人的船员队伍，其中包括填缝匠、盔甲匠、事务长、造帆匠，以及面包师、屠夫、修桶匠和家禽饲养员各一名，再加上几名船副、乘务员、炮兵和海军军校学员。这个数字还包括50名经验丰富的水手或"干练海员"。船长希望并且也会在往返航程中尽量保留高级船员；船副和军校学员都应该是"绅士"，随船医生、事务长和船长助理也是如此。但普通水手就属于流动性较大的人员。在去程中，大副会从生活在沃平（Wapping）和罗瑟希德（Rotherhithe）之间的泰晤士河沿岸社区雇用大部分海员。然而，一些欧洲海员在航行途中总是死亡或被遗弃，因此必须补充"印度水手"（Lascar），即聚集在印度洋港口码头和港口沿岸的南亚水手。在回程中，东方海员的人数不可避免地增加了。任何到达广州的船只，几乎总会招募中国水手。1613年，东印度公司从日本出发的一艘早期商船上有46名英国人、15名日本人和5名被描述为"黝黑"的人——可能是在印度雇用的、肤色黝黑的人。二百年后，威廉·希基发现他的"印度商船"上有"奇奇怪怪的各色船员"，其中包括9名美国人、18名中国人和"来自几乎各个欧洲国家的人"；显然，"船上的英国人不超过10个"。[5]

航海日志里经常会提到为维持纪律而鞭打水手的行为；根据"印度商船"上一名士兵的记录，"九尾鞭常常闲不下来"。[6]船长们很少因哗变而损失水手，但水手们往往因疾病而丧命，尤其是痢疾，有时他们还会从船上坠落海中。最具破坏性的损失要数在海上被皇家海军"强征"士兵，这一直让"印度商船"船长们很头疼；损失船员意味着他的人手不足，难以保证安全航行，或者在遇到敌船时，没有足够的人手去开炮或击退强行登船的敌人。在一次返回英国的航行中，希基目睹了一名海军中尉在英吉利海峡登上东印度公司的商船，带走了三个人，包括木匠的助手和一名"非常稳重的舵工"，并且不顾船长的抗议，又强征了22名水手。类似的情形在航程的另一端也时常发生。于1820年前后抵达马德拉斯之后，一名军官看到"一艘战船向我们驶来，这引起了船员们极大的不安，大家都知道这无疑预示着又要强征了"。那艘战船上"全是年轻壮汉，戴着草帽，胳膊上布满了文身"。船靠近后，一名海军中尉"以君王般的气势登上甲板"，然后开始挑选要带走的船员，"就好像屠夫史密斯菲尔德（Smithfield）在挑选他的肥羊"。被征召的水手当然有可能结局很悲惨。1807年初，"毅力号"（*Perseverance*）船长报告说，皇家海军"布伦海姆号"（*Blenheim*）征走了41名他最好的水手，当时，特鲁布里奇海军上将（Admiral Troubridge）正以此船为旗舰，穿越印度洋，前往好望角的新司令部。几周后，"布伦海姆号"在马达加斯加附近被卷入了一场龙卷风，同船数百名乘客和船员都随船失事。[7]

规矩在"印度商船"的日常生活中非常重要。希基回忆说，在起锚的第二天，船长餐桌旁的每个人都"在整个航程中固定位置就座"，船长本人"坐在桌子中间，正对着朝向后甲板的窗户"，年长的女士坐在他的两侧。在第一次航行中，希基不得不花了50英镑才搞到一个座位。船上的水不可直接饮用，首批装船的水是直接从泰晤士河提取的，实际上仅用于煮茶。通常有足够喝的啤酒和其他酒，但食物就不好说了：希基渴望吃到新鲜面包，而不是船上那些"异常坚硬"的饼干。[8]船长和乘客们可以在船上畜养牲畜（包括羊和母牛），它们都挤在非常狭小的空间里；还有鸡和火鸡，被养在船尾的笼子里，那"熏人的臭气"让加尔各答希伯主教（Bishop Heber of Calcutta）感到非常不适。船员们食用大量的咸牛肉、咸猪肉和牛羊脂。

航行通常开局糟糕，希基生动描述了在比斯开湾（Bay of Biscay）的经历——"狂风暴雨的天气"与波涛汹涌的海面。很多乘客以前从未乘船旅行过，自然会晕船晕到骇人的地步，直到风暴平息。船到马德拉岛下锚的时候，日子就平静快乐了许多，不过希基的情妇夏洛特（他对外宣称是自己的妻子）"被蜥蜴惹恼了"，显然那岛上到处都是这种东西。但无论如何，看到船长装载了大量马德拉加强型葡萄酒后——这可是18世纪末加尔各答人最喜欢的酒——人们安心多了。在加那利群岛（the Canaries）和佛得角群岛（the Cape Verde Islands）附近，常常天气晴朗，海面平静，船只在驶入南回归线（Tropic of Capricorn）时可能会遇到东北信风。1796年，阿瑟·韦尔斯利在前往印度的航行中，遇到了一艘葡萄牙小船，后者热情地向其推销上好的橙子。

接下来是赤道，除了新来的小伙子们会感到不知所措外，其他人都相当以此为乐。会举行一场名为"跨越赤道"的仪式，这是一出隆重的闹剧，也是向海神（Neptune）致敬的仪式，从未穿越过赤道的人，除非他为全体船员买一加仑朗姆酒，否则会被用沥青刮胡子，还会被按到水里。下一个地标是阿森松岛（Ascension Island）和圣赫勒拿岛，通常会在回程时上岛参观。阿森松岛上最有名的是"翻"当地的海龟，根据希基的说法，这种龟"营养丰富，是上等佳肴"，尽管很难在海滩上抓到它们。在1659~1834年，归东印度公司所有的圣赫勒拿岛更受人欢迎。那里盛产西洋菜，和青柠檬汁一样，如果水手或部队中出现坏血病的话，这种菜具有有效的治疗作用，同时，岛上气候非常温和，因此病人常常被留在那里休养。

阿瑟·韦尔斯利的一个孟买熟人乔治·贝拉西斯（George Bellasis）就是被留下疗养的一名病人，他利用在岛上长期疗养的时间学习绘画，描绘岛上的风景。十几年后，当圣赫勒拿岛因其著名的法国囚犯而出名时，他发表了自己的画作，并献给了这位前皇帝的死敌。[9]流亡的拿破仑成了一道风景，英国的儿童甚至还被带到他在朗伍德（Longwood）的住所，窥探这个"科西嘉食人魔"。在他的遗体被迁至巴黎荣军院（Les Invalides）之前，他的墓地成了盎格鲁-法兰西交恶的焦点。1830年代，一名当地向导曾拆掉了部分护栏，邀请英国人"踩踏波拿巴的尸体"。几年后，范妮·帕克斯（Fanny Parkes）看到在朗伍德的访客名录上，"很多页……写满了法国人对其皇帝的哀悼，以及对英国人的咒骂"。[10]圣赫勒拿岛很快就对两个国家都失去了吸引力。从1840年起，法国的朝圣者们不必出国就能在塞纳河畔致敬，而英国人则开辟了另一条距这个岛数千英里的通向印度的航线。

船只在靠近好望角时，通常会因无风而停航两周左右，在表面光滑如镜、底下波涛汹涌的海面上颠簸。倘若船不能前进，船长可能会放下小艇，让绅士们划划船，射射信天翁和好望角鸽；这些"运动家"还在甲板上自娱自乐，向鲨鱼开火。航行的高潮当属在好望角逗留的那几日，1795年，好望角被英国占领，1814年成为殖民地；如果哪名船长觉得天气状况良好而决定直接驶往马达加斯加海岸附近的约翰娜岛（Johanna）（因为可以在那里补充水、水果和其他食物）的话，那他就太扫兴了。在大西洋上航行了三个月后，开普敦可以让人好好舒展身体、享用水果和康斯坦提亚葡萄酒。"我们在好望角停留了大约 10 天，"一名阿迪斯科姆学员回忆道，"非常［快活地］大吃葡萄，在附近的乡间奔跑。"[11]

乘坐"印度商船"的远途航行几乎没有乐趣可言。人们感到无聊，脾气暴躁。许多人患上了坏血病、痢疾或其他疾病；一些人死后被葬在了海里。而且在海上没有一刻是彻底安全无忧的。一路上会碰上大大小小的海盗——阿拉伯人、非洲人、印度人和欧洲人，在非洲西海岸附近、莫桑比克海峡（the Mozambique Channel）、红海和波斯湾、马拉巴尔海岸和孟加拉湾，都有海盗出没。早期的东印度公司商船与葡萄牙人进行过小规模交战，但更强大的敌人是荷兰共和国，在第一次英荷战争期间（1652~1654），荷兰海军在印度洋俘虏或击沉了六艘东印度公司的商船。当然，直到滑铁卢战役之前，东印度公司的主要公敌一直是法国。1809 年，在特拉法尔加海战（Battle of Trafalgar）四年之后，法国战舰俘获了两艘从孟加拉返航的"印度商船"和三艘从英国驶出的"印度商船"。[12]

比敌方船只更可怕、更危险的是极端天气，暴风雨常常会撕裂船头，劈帆断桅。幸运的船只或许能挺过肆虐的风暴，挣扎着驶到最近的陆地，从而找到可以修理的地方；但很少有船只能撑过龙卷风或飓风。1768 年，一场飓风摧毁了"查塔姆号"，这艘船此前一直滞留在马德拉斯路港口，错过了适航季节，该船及其船员从此踪迹全无。1808 年，三艘驶往英国的"印度商船"在毛里求斯附近的一场劲风中沉没，接下来的一年（即法国战舰发起毁灭性攻击的那年）更可怕，又有四艘船在该岛附近消失，还有一艘在中国海域失踪。在毛里求斯附近丧生的一位乘客斯科特夫人（Mrs Scott），她在 1805 年乘坐华兹华斯船长的船只时幸运地躲过一场灾难，后来，她和丈夫乘坐的小船在孟加拉河航行时，船只不幸沉没，二人险些溺亡。苏格兰传教士亚历山大·达夫（Alexander Duff）在数次意外中更加幸运。他于 1829 年前往印度，途中，乘坐的第一艘船在好望角附近失事，第二艘在胡格利河口搁浅，损毁严重，但他却幸存了下来。[13] 他逃生的消息听起来简直就是个奇迹，难怪给希望他皈依的人留下了深刻印象。

不常旅行的乘客可能会觉得，在穿越了两个大洋到达孟加拉后，他们现在终于安全了。然而，通向加尔各答的胡格利河却有很多危险的浅滩和沙洲，需要当地引航员的引导才能安全通过。而且这些障碍还会在暴风雨之后和季风期间发生变化，水位变化非常频繁，造成很多船只搁浅、失踪。最危险的一处浅滩是"詹姆斯和玛丽浅滩"（James and Mary），这个名字来自"皇家詹姆斯和玛丽号"，这艘装有苏门答腊胡椒的船于 1694 年在此沉没；[14] 在随后的几年中，浅滩周围的"沉船浮标"标示了其他陷入同样悲惨结局的船只的位置。

英属印度最古老的职业之一就是在孟加拉引航局工作。东印度公司于 17 世纪成立这个机构，以摆脱对外国引航员的依赖。到 1870 年，该机构已拥有约 130 名雇员，由"高级分航引航员"（senior branch pilot）领导，下设普通引航员、主引航员以及 54 名不同级别的助手。它还设有一名"印度失事图（Wreck Chart for India Department）汇编员"。孟加拉引航局的引航员会在孟加拉湾的沙洲附近登船，然后引导 120 多英里，上行至加尔各答港口最南端的加登里奇（Garden Reach）。在那里，引航员会将船移交给港口引航员（被非正式地称为"泥地引航员"),他们将在最后一英里驾驶船只到达港口的停靠泊位。这个港口 1914 年进出船只超过 85000 艘。[15]

加尔各答的小额诉讼法庭（Small Causes Court）还设有一名专职法官，负责审理引航员的失误。在少数情况下，胡格利河上的事故是引航员的失误造成的，在航程的另一端——英吉利海峡——也有船只因此而遇难。因为一名引航员失误，"印度商船"撞上了波特兰比尔（Portland Bill）海角附近的肉铺（the Shambles）沙洲，华兹华斯船长与 200 多名乘客及全体船员葬身海底。另一个人为的危险是火灾，好几艘东印度公司的船只都毁于大火；1783 年，停靠在马德拉斯航道的"阿瑟尔公爵号"（Duke of Atholl）之所以毁于一旦，就是因为一名服务员往储藏室的一桶烈酒里投了一根蜡烛。据东印度公司海事局（EIC Marine Service）的历史学家所说，"在 1700～1818 年之间，至少有 160 艘'印度商船'因沉船失事、火灾或被俘而损失"。[16]

蒸汽轮船时代

在帆船被蒸汽轮船所取代、大西洋航线换成地中海航线后，前往印度的航行远没有先前那么危险了。然而，灾难仍时有发生。开往印度的船只在两次世界大战中曾遭到德国敌船的袭扰，在第二次世界大战中也曾受到日本舰船的袭击。地中海路线最初被称为"陆路航线"，由托马斯·韦格霍恩（Thomas Waghorn）开拓，他曾是海军中尉和胡格利河引航员。实际上，这条路线只有一小部分会走陆路。乘客们乘船从英格兰到亚历山大港（Alexandria），再乘船从苏伊士到印度。1840 年代，他们通过运河和内河前往开罗（到 1850 年代，开通了一条铁路），然后把行李放在骆驼背上，乘坐由骡队拉的厢式货车或小型巴士穿越沙漠。这一路十分颠簸，但与绕行好望角相比快得多；而且旅客们也有机会看到开罗和金字塔。

苏伊士运河开通后，这条路线中的埃及段有了变化：亚历山大港让位于塞得港（Port Said），也不再需要开罗、骡子巴士和第二艘船。现在，人们只需 20 天就可以从英格兰只乘一艘船到达孟买。路线的其他部分没有改变。如果乘坐半岛东方轮船航运公司（Peninsula and Oriental Steam Navigation Company，通常被称为 P&O①）的船，沿英吉利海峡航行，通常是从蒂尔伯里或南安普敦（Southampton）出发，在波特兰海岬作短暂停留（以便让引航员顺着绳梯下到一艘专门来接他的手划船），然后经过普利茅斯到达比斯开湾，在那里，人们可能会和乘坐帆船的前辈一样晕船。蒸汽轮船会在一些地方停靠，从而接上乘客，包括直布罗陀（那里会有一些"贵族和可亲的西班牙绅士"登船，然后教比姆斯说西班牙语）、马赛、马耳他（在那里，比姆斯"见证了狂欢节，玩得很开心"）和塞得港。如果先乘火车穿越法国而后在马赛登船，就可以省下几天时间，但如果是"格里芬"，这么做可能是一个错误，因为乘客们在比斯开湾已经彼此熟络，形成了各种小圈子。当然，如果能在这些由形形色色的人组成的小团体中，找到一个属于自己的小圈子，那就另当别论。在去锡兰的途中，伦纳德·伍尔夫（Leonard Woolf）见证了一群"孤立的原子"如何最终发展为"一个有着发达种姓和阶级制度的复杂群体"。船上势利有多普遍，包容就有多罕见。玛乔丽·英尼斯（Marjorie Innes）于 1920 年乘船到达印

---

① 又名"铁行航运公司"或"大英航运公司"。——译者注

度,但正如她女儿后来所说的,那次旅行一点也不美好,"各级军官和文官太太们冷落或看不起她,因为她地位低下,是茶叶种植园主的新娘,还独自旅行"。E. M. 福斯特于 1912 年首次前往印度时,坚持要和两名商人旅客玩"甲板铲板"(deck shovel)游戏,因为他们遭到了其他乘客的抵制。[17]

随着船向东穿越地中海,它的时钟也在每天的早餐前往前拨 25 分钟。塞得港是整趟旅程的中间站,也是最令人难忘的一站,那里既是文化前沿,也是气候变化的前沿,对"格里芬"来说,那是"真正第一次看到东方"。船副们鼓励乘客在"脏兮兮的装煤工作"开始前下船,免得看到"一队队被煤熏黑的苦力"或"如活动壁画般黝黑的苏丹人"把他们麻袋里的东西倒进燃料箱。[18] 对一些人来说,塞得港本身以及它所预示的一切都令人兴奋不已:一品红,沙漠,"一个上岁数的阿拉伯人牵着一头骆驼,看起来就像他们从法老时代开始就一直这样走着……"。如果愿意的话,还可以买到真正的土耳其软糖(Turkish Delight),"格里芬们"则或多或少要遵循习俗,在西蒙·阿兹特(Simon Artz's)商店买一顶用粗糙的田皂角木髓制作的遮阳帽(sola topi)。然而,即使是福斯特也对这个小镇感到失望,因为那里"没有伊斯兰教寺院的尖塔","只有一个圆顶"。[19]

对于塞得港,大多数女性的反应可能就像诺拉·罗恩·汉密尔顿(Norah Rowan Hamilton)那样。这名英国女士在第一次世界大战即将开战前曾去印度旅行,并写了一本用来讲述此行的书——《穿越奇妙的印度及远方》(*Through Wonderful India and Beyond*)。一到这个"肮脏的东方港口",她的耳边立刻充斥着"各种尖锐嘈杂的东方声音",空气中弥漫着"由集市散发出来的奇怪的刺鼻气味",或许是"西方人眼里非常令人不快的什么东西的味道!"不过,她后来感觉好多了,"逛到了一处花园,里面满是夹竹桃和石榴",然后"在短暂的东方暮色"中来到萨伏伊酒店(Savoy Hotel),这是"码头上一家土耳其—埃及式客栈",可惜它与"泰晤士河边那家强大的同名酒店①相差甚远"。[20]

与罗恩·汉密尔顿夫人相比,大多数男性的反应则更加直言不讳且粗鄙,他们更多关注的是这个被称为"罪恶之地"或"风景如画却令人反感的人类聚集地"的气味和环境问题。对于当地人的描述当中,"兜售脏兮兮的明信片的小贩"算是最有礼貌的了。要不然,他们就是"社会的渣子"、"一群最卑鄙的骗子"和"世界上最无耻的无赖"。百无聊赖而又高傲的英国年轻人抱怨说,在这个镇上实在无事可做,只能去"一些非常吵闹的赌窝",在轮盘赌桌上赢几个法郎。不那么无聊的家伙们则组织了板球队,在这片埃及海滩上,用椰子纤维垫铺成球场来打板球。[21]

在塞得港和苏伊士之间,船速减慢至每小时六英里,以免对运河两岸造成冲击。随着气温越来越高,船上支起了布风扇,格里芬们开始觉得自己怎么找了一份"这么热的工作"。当船舱内的温度达到三十多摄氏度时("有些可怕"),一些乘客干脆睡在了甲板上。在运河上,船员们换上了热带制服,高级船员和服务员们突然都穿上了白色麻布裤。在运兵舰上,当指挥官宣布进入"炎热天气状态"时,也是类似情况:士兵们脱下坚挺的衬衫和背心,换上白色训练短上衣、白色宽松训练裤和

---

① 指坐落于泰晤士河畔的萨伏伊酒店,它是萨伏伊酒店及餐厅集团的首家酒店,建于1889年,是伦敦最有名的酒店之一。——译者注

系在腰间的红色腰带。[22]

下一站是亚丁，东印度公司于 1839 年收购了这个港口，以防海盗将其用作基地；同时也用作自己的一个加煤站。船只的到来使港口的居民非常兴奋，还会鸣枪通知人们邮件到了。一些乘客会早早地起床，观看太阳从沙姆桑山（Jebel Shamsan）一线冉冉升起；但对大多数人来说，亚丁是一个令人沮丧的地方，炎热，尘土飞扬，没有树，除了在竖起防鲨篱笆的一片水域中游泳外，就无事可做。到了这里，大多数"格里芬们"都感到"无精打采，又什么都做不了"，他们已经厌倦了船上的食物，极其渴望恢复往日的各种活动，盼望着赶紧到达孟买。

在 1830 年之前，大多数去印度的人所乘坐的船只，都是由东印度公司雇来的，船上的高级船员也都是东印度公司的雇员。随着东印度公司贸易垄断的结束，以及在 1834 年停止提供航运服务，各种选择随之而来。P&O 公司从 1842 年开始经营前往印度的蒸汽轮船，一开始走绕过好望角的航线，后来走陆路航线。尽管很快就有了竞争对手，但该公司的班轮通常是最快的，也被公认为配备了最好的服务员和最棒的娱乐活动；船上还会提供免费的甲板躺椅、免费的图书馆、"由陆海军商店经营"的商店。此外，在合适的时间，每天都会在公共活动室里印发并分享无线新闻简报，以便及时了解外界动态。许多乘客一直乘 P&O 的船旅行，并且认为不"支持英国的航运公司"就是不爱国。[23]

然而，这家公司也有不足之处。比起竞争对手，该公司价格昂贵，还拒绝接收"已达到一定孕期"而可能会在航行途中分娩的妇女。[24]同时，拒绝搭载宠物：伦纳德·伍尔夫不得不将他的狗查尔斯放在毕比航运公司（Bibby Line）的船上，而他自己则和"爱国者"们同乘一艘船。一些不愿意墨守成规的人往往不喜欢 P&O 及其"过于自信的英国中上层"的氛围。对记者伊恩·斯蒂芬斯（Ian Stephens）来说，乘坐 P&O 的轮船旅行"简直就像回到了公学"，令他从此再也不想乘坐这家公司的轮船。²⁵当然，船上的条件在后来的几十年中发生了变化，船舶本身也一样。另一名记者吉尔乐（Valentine Chirol）在 1880 年代乘坐过一艘 3000 吨的蒸汽轮船，四十年后乘坐的一艘轮船为 20000 吨。轮船越大，自然就越不拥挤，通风更好，并且不会用油灯照明。但是船上的餐食一直质量低下，厨房的表现一直受到批评。寇松勋爵于 1898 年乘 P&O 的船到印度走马上任，担任印度总督一职，此行让他觉得必须告诉自己的朋友塞尔伯恩勋爵（Lord Selborne）船上的餐食实在令人难以忍受，甚至于他妻子的姐妹之一因此而生了病。塞尔伯恩对这一批评提出异议时，总督就这个话题又写了长达八页的答复，而且一年后仍在给这个朋友寄送从其他不满于船上伙食的乘客那里收集来的证据。²⁶

接近 19 世纪末，P&O 有了英国竞争对手——例如船锚航运公司（Anchor Line）和城市航运公司（City Line），以及来自欧洲大陆的竞争对手。鲁巴蒂诺航运公司（Rubatino Line）经营热那亚和孟买之间的航线，这是一种更经济的选择。另一个对手是奥地利劳埃德（Austrian Lloyd），其船只从的里雅斯特（Trieste）到达孟买，然后经布林迪西（Brindisi）返回。廓尔喀旅同性恋军官约翰·莫里斯更喜欢这家公司后来的化身［在其母港于 1919 年被移交给意大利后，公司更名为劳埃德·特里埃斯蒂诺（Lloyd Triestino）］，因为他觉得 P&O 过于"等级分明"。²⁷另一个对手是法国邮船公司（Messageries Maritimes de

France），这家公司从加尔各答起航时，会在前往马赛的途中增加更多法属停靠站，包括本地治里和吉布提（Djibouti）。在1870年拿破仑三世被推翻前，这家公司被称为皇家邮轮公司（Messageries Impériales），其利用苏伊士运河的开通（毕竟是一个法国人建造了这条运河），到达比印度更远的远东地区和法国在印度支那的殖民地。该公司旗下的"信德号"邮轮（paquebot Sindh）上的一名乘客曾对这艘船极为不满：年轻的温斯顿·丘吉尔在1898年向母亲抱怨道，这艘船简直就像"一个肮脏的流浪汉——由……可憎的法国水手驾驶"。[28]

乏味和无事可做是航行中的老问题，尽管住半年帐篷可能比在蒸汽轮船上度过三个星期更难熬。在18世纪，如果一艘船在好望角附近因无风而停航，绅士们可能会去射击或垂钓，但他们的日常娱乐活动是喝酒、玩纸牌和听音乐——丘吉尔中尉于1896年乘坐"SS 大不列颠号"穿越地中海时，便是如此，尽管在到达印度之前，他的棋艺也大有长进。有些人看书，研究印度斯坦语；但打牌显然是一种更普遍的消遣。一名于1830年代出海的少尉回忆说，航行中赌博之盛行，使很多乘客还没到达马德拉斯就破产了。一代人之后，一名印度文官机构的"格里芬"记录道，仅仅是船经过亚历山大港灯塔的时间，乘客们就能组织起一场赌局。[29]

有组织的比赛是 P&O 的一大特色，喜欢它的人永远不会背弃，不管其他公司的船在餐食上多么有优势，比如劳埃德·特里埃斯蒂诺或法国邮船公司。甲板上的比赛由大副监督；舵工和接待台服务员也会在场，负责讲解规则并给参赛各方点烟。船上的主要项目是不占地方的"甲板套圈"（Deck quoits），但P&O 还组织了更具竞赛性的运动，它们原本需要一个球场甚至是运动场，但经过 P&O 精心的改造，打网球不再用球拍和球，而是使用手和一个小绳圈；板球在上层甲板上用软线球和很薄的球拍来打。还有更加激烈而又不那么需要技巧的活动，包括有组织的枕头大战、障碍赛和"是你吗，莫里亚蒂？"（Are you there, Moriarty?）比赛，也就是让两个蒙上眼睛的男人用卷起的报纸互相打对方的头。拔河比赛让男人们有机会展示团队精神，并且自然而然地就组成了不同的队伍，例如牛津和剑桥的印度文官机构"格里芬""代表队"。在 1917 年的一次航行中，"乘客"代表队在这个项目中曾屡次击败"海军"代表队，如一名乘客所说的，"乘客们都比水手更人高马大，更有分量"，所以水手们需要另增加一个人才公平。为了避免被认为 P&O 只为男性提供活动，该公司还制作了一张明信片，上面画着爱德华时代的女士们系起裙摆，在"鸡蛋和勺子"比赛中沿着甲板冲刺；后来的证据表明，这个项目中至关重要的道具实际上不是鸡蛋，而是土豆。[30]

对于此类活动的热情似乎并没有因为船上有牧师而减少，长期以来，东印度公司一直雇用牧师在航行中举行周日的晨祷和葬礼。如果船上没有牧师的话，就由船长主持，或者如果是运输舰的话，就由舰上的上校主持仪式，朗读圣经并欢快地唱赞美诗；最受欢迎的一首赞美诗是《永恒圣父恩能无边》（"Eternal Farther, Strong to Save"），其渐强的副歌部分恰好应和此情此景，"今为海上众人呼求，使彼安然，无险无忧"。即使船上很少有正式的教会，P&O 班轮上注定总会有一批非正式的传教士和虔诚的旅客，他们看到东部地中海时，自然比前辈们看到好望角时更激动。"格里芬"莫里斯·海沃德（Maurice Hayward）在 1889 年的记录中提到过一名"普利茅斯兄弟会

（Plymouth Brethren）的成员，……周日经过西奈山时，给我讲了一次道"。红海是一个躲不过的危险地带，正好给了这些虔诚信徒们一个推测摩西、以色列人和埃及追兵的机会。一名印度文官的姐姐玛奇·格林被一个牧师缠住，他"不停地讲啊讲，谈的都是以色列人以及他们到底从哪里越过红海"。还是兰开夏燧发枪团（Lancashire Fusiliers）的二等兵 J. P. 斯温德赫斯特（J. P. Swindlehurst）对圣经中这段故事的评价比较现实，他看着大海，想知道以色列人怎么在"法老紧追不舍"的情况下越过红海；也想知道"这附近的任何地方怎么可能曾经是流着奶和蜜的应许之地"。[31]

船上的文化娱乐活动似乎在东印度公司成立的最初几年就已经达到了顶峰。据公司第三次航行印度的威廉·基林船长（Captain William Keeling）日志的记载，1607 年 9 月，他的"剧团"同伴们在"红龙号"（Red Dragon）上，在塞拉利昂附近为当地的一名贵族演出了《哈姆雷特》，还在一次宴会上演出了《理查二世》；次年 3 月，船因无风而停泊在非洲的另一端时，他又批准演出了一场《哈姆雷特》，好让船上的人"不要闲得无聊、玩非法游戏或整天睡大觉"。[32]

在那之后，尽管 P&O 班轮上的业余爱好者们付出了很多努力，但还是开始走下坡路。一名军官的妻子在她 1903 年的第一次航行中抱怨道，"一些非常活跃的人"，"总是缠着"她参加"各种舞会、音乐会或此类表演……"。纠缠者有时会令彼此心烦意乱。曾因那位乏味的牧师而痛苦的玛奇·格林说，"出现了一些危机，音乐会委员会解散了"，但她本人坚持参加音乐会，并与她的弟弟一起演唱了吉尔伯特（Gilbert）和沙利文（Sullivan）的二重唱。哈里·劳德（Harry Lauder）的歌在这类活动中非常受欢迎，尤其是如果由一名格拉斯哥酒鬼来演的话，就能够真实地演绎《小德奥奇和多丽丝》（"A Wee Deoch an' Doris"）。[33]

歌曲在运兵舰上更受欢迎。《友谊地久天长》（"Auld Lang Syne"）最适合于登船和离别，尤其是在士兵们告别妻子的时候。[①] 船上可做的事不多，只有唱歌、拳击、打牌以及玩后来被称为宾果（bingo）的游戏。20世纪，在南安普敦登船前，士兵们会领到一份有兔肉馅饼的"大餐"，并会被分配集体甲板和放置吊床的架子。运兵舰比客轮慢，也更拥挤，通常在比客轮小很多的空间里要容纳2000名士兵。船上有百来名军官，他们可能会拥有专属的散步甲板，而普通士兵则只能在两个较小的甲板上活动——前甲板和后甲板，用萨默塞特轻步兵团（Somerset Light Infantry）一名无委任的士官的话来说，士兵们就像"星期六汤顿（Taunton）市场上挤在一起的动物"。[②][34] 在塞得港，士兵们可以在海里游泳，但因为他们没有"泳衣"，因此必须在早上8点之前上岸，那时候，"大厅甲板上的女士们"可能就要出来了。[35]

前往印度陆军的军官自然不会随士兵一起航行，士兵早已到达印度的堡垒或军营，因此，军官可以自己乘坐P&O或毕比的班轮，船上的酒是免税的，一小杯杜松子酒仅1.5便士。英国陆军士兵则和军官一同乘运输舰航行，尽管官兵各自使用不同的甲板。船上食物充足，但很单调，有太多的咸牛肉和果酱

---

① 见后文，p. 294。
② 参与此次航行的一名萨默塞特郡士兵报告说，他在第一次世界大战结束后返回英国时，舰上的部队哗变，拒绝让军官们圈出甲板、占为己有，并用炮兵的刀割断了绳索。

了,但对于早餐的腌鲱鱼、茶点时的蛋奶沙司配果脯以及晚餐时的香肠配一品脱啤酒,二等兵温德赫斯特感到很满意。船上大多数士兵都有特殊职责,他被任命为船上的助理屠夫,干这个工作会得到一件特别的骆驼毛外套,因为他需要在冷库里工作,用撬棍将被冻在甲板上的冻肉分开。[36]

在苏伊士运河开通之前,大多数人对印度的第一印象就是科罗曼德尔海岸的马德拉斯。从远处看,这个地方非常漂亮——一排排白色建筑物掩映在成片的绿色之中,但是要到达那里,却处处暗藏着危险,因为直到1861年,那里都没有港口,甚至没有码头。船只在马德拉斯航道下锚后,乘客们被放低至俗称"马苏拉"(masulah)的平底船里,然后必须冲过三重大浪。乘着一波大浪到达岸边后,舵手将船侧向大海,船员带着绳索跳下水,防止它再次被冲回去,然后等待下一波大浪将船推到干沙滩上,溅起的水雾会将所有的乘客淋透。还会用被称为"双体船"(catamaran)的小筏子,跟在马苏拉后面,以捞起那些落水的人。[37]

在加尔各答下船也不总是那么容易。早年,乘客经常在富尔塔(Fulta)下船,费力地爬进名为"巴杰罗"(budgerow)的小船,然后有人将船划到这个所谓的"宫殿之城"。与马德拉斯一样,加尔各答给大多数人的第一印象也非常好。约翰·比姆斯非常喜欢那"一排排绵延不断的船只,鳞次栉比、庄严辉煌的白色建筑……以及花园葱郁的漂亮别墅……"。[38]比姆斯抵达时是1858年。他于1893年离开印度时,加尔各答已发生了很大变化,其主要街道乔林基街(Chowringee)已经不再是那条两旁矗立着带廊柱大厦的、气势非凡的大道了,而是一条布满了由红砖砌成的商店、办公室和旅馆的喧闹的大街。

孟买给人的第一印象不总是那么好。就像很多写回忆录的人一样，老兵们可能会带着浪漫和怀旧的滤镜，回忆起海滨那拥挤的人群、花花绿绿的集市、万花筒一般各色的头巾和纱丽、檀香的味道，以及炊烟中姜黄和其他香料混在一起的味道。但年轻士兵们不经意的第一反应就完全不同了——孟买的污秽和恶臭通常立刻瓦解了浪漫东方的想法。东约克郡军团的二等兵克莱门斯（Private Clemens）感到万分震惊，因为"恶臭、苍蝇，还有乞丐们不断哀号着'赏点钱吧，大人，赏点钱吧'；更糟糕的是，我身上不停地冒汗，让那些该死的苍蝇总盯着"。正如一名军士长所说的，印度似乎"比地狱还热，而且什么有意思的地方也没有"。第一次乘运兵列车旅行也很少能改变这种观点。就像第一次世界大战中的英军认为美索不达米亚是"大片大片啥也没有的地方"一样，到达印度的新兵们在从卡拉奇到西北边境的旅途中也非常失望。二等兵斯温德赫斯特曾梦想着看到印度王公和大象、寺庙和清真寺以及"摇曳的棕榈树"，却发现自己看到的"风景糟糕透顶"，"绵延数英里全是焦土……灌木丛和蒙着尘土的树木"。[39]

从书中对印度有所了解并为前往印度做过准备的人，可能看到的不只是孟买的苍蝇和褴褛的乞丐，他们倾心于一座邮局像"宫殿，而铁路总站像大教堂"的城市。对某些人来说，尤其是对那些在印度有家庭关系的人来说，在孟买靠岸的一瞬间，就感受到了"回家"的感觉。伊恩·斯蒂芬斯第一次从孟买出发，刚踏上车站月台，便感到印度就是他的"归属"。还有的人则意识到在童年时代就已经通过书籍、绘画和退休亲戚们的故事对次大陆了解了很多，所以，尽管他们也是第一次看到这片土地，却生出了似曾相识的亲切感。"波斯水车"，"蹒跚的水牛",以及乘着边疆邮政列车(the Frontier Mail)"轰隆隆向北行驶时,正午的白炽光照在一望无际的平原上":对一名印度文官机构的格里芬来说,这样的景象"立刻让我们看到了将要生活在怎样的地方,并似乎瞥见了记忆中的时光"。[40]

河 运

尽管早年前往印度的航行很慢,但与铁路时代之前在次大陆的陆路旅行相比,简直就是小巫见大巫。从加尔各答到德里的旅途,乘火车可能不到三天就到了,但走运河的老一辈人却要花上三个月的时间。在蒸汽船出现之前,内河航运困难重重,不仅因为有沙堤和其他水下障碍物,还存在常年无风以及与来自喜马拉雅山上的激流抗争。1830年代,最开明的旅行家范妮·帕克斯喜欢在印度河上乘小帆船航行,欣赏那些寺庙、河边的石阶以及风景如画的"乡土"生活,但被困在岩石之间、遇到沙丘绕行或者有时以每小时仅四分之一英里的龟速前进时,却十分无聊。更令人恼火的是,白蚁啃食了小船的桅杆和横梁,令它们最终折断;随之而来的暴风雨非常可怕,它猛烈地摧毁了船的系泊锁链,使船撞向某个废弃城市的堡垒,并将其击沉。[41]

理查德·韦尔斯利的宏伟计划里不仅有征服和宫殿,还有总督的舰队,其中包括小艇、中型艇、炊事船、公务游艇,外加一艘演出船,可以在航行中让乐队在船上为他演奏。这些船都被涂刷成绿色和金色,与桨手们猩红色的制服形成鲜明的对比。船队通常驻扎在总督的乡村府邸巴拉格布尔,但1801年,船队开始优雅而缓慢地从加尔各答驶往安拉阿巴德(Allahabad)。1836年,在当时的河运基本和以前一样困难的情况下,总司令费恩将军（General Fane）乘坐蒸汽轮船，选择了同一条路线。据他女儿的记载，他的船大部分时间都"舒舒服服地搁浅在沙丘上"，但有时会被困在一个比较"尴尬的地方——一侧是岩石，另一侧是沙丘和湍急的河流"。费恩一行到达安拉阿巴德时，所有人都松了口气，他们在那里下船，然后乘大象或轿子①继续前行，行李则由骆驼驮着。[42]

　　蒸汽机对于河流运输的影响从未达到其对于海洋或陆地运输的影响的程度。1852年，未来的陆军元帅弗雷德·罗伯茨中尉花了近一个月，乘一艘由蒸汽轮船牵引的驳船从加尔各答前往贝拿勒斯。下雨之前河流有很多浅滩，雨后河道频繁变化，这两种情况都需要有引航员来探明和发现。尽管恒河及其支流上的轮船通常被设计为吃水深度不到四英尺，但蒸汽轮船好歹仍能在恒河上往来。印度河往西的情况更加困难，冬天水位太低，船只无法航行；夏天也几乎不能航行，因为季风带来的雨水和山上融化的雪水使得河水过于湍急。从1830年代开始，四十年来，英国各蒸汽轮船公司都试图在印度河上提供可行的定期服务，但到1870年，最后一家公司也放弃了。[43]英国官员们在工作中仍继续零星地使用印度河：1916年，信德省专员在冬季巡查时使用了平底明轮汽船。但那里的内河运输无法与铁路竞争。

　　在印度大部分地区，情况都与此类似：跨越恒河平原有好几种方式，它们都比乘船在恒河上航行更快。然而，在帝国的某些地方，河流运输仍然是最好的出行方式，即使在有了汽车以后，也是如此。在缅甸地区，唯一可行的交通工具就是小船

---

①　见后文，p. 149。

和大象。一名县官发现他的小马实在派不上用场,因为"骑不到半英里,就会遇到无法通过的小溪";他巡视时乘一艘人力划的稻船,不携带帐篷,而是在修道院和警察局借宿。[44]

东孟加拉受河流影响更大。在某些地区,地方官员执行公务时兼用小船、自行车和牛车。而在另一些地区,尤其是在达卡(Dacca)附近,几乎所有巡视只能走河路;在三角洲的库尔纳(Khulna),伴着孙德尔本斯丛林(Sunderbans)中的虎啸声,地方官员乘船巡视辖区。他从吉大港山区(Chittagong Hill Tracts)的兰帕蒂(Rangpati)出发,先乘一艘大汽艇来完成大部分路程,直到水变得太浅而不得不改乘平底的本地船,然后换上独木舟,最后骑大象。H. 索马里兹·史密斯(H. Saumarez Smith)于1936年被派往孟加拉,他发现那里的大部分地区都被水淹了,并且意识到必须卖掉自己名叫"彼得"的马,因为它实在不比一只木马更有用。他的大部分工作都在一艘小汽艇里完成,包括巡视沉积岛(chars),即因河流在季风中改变河道而冲积形成的小岛,并决定应该如何分配这些新鲜肥沃的土地。[45]

达卡委员会的一些官员认为,最简单的办法就是住在船屋上,尽管这有点令人担心,也很危险。19世纪中叶,一名巡视学校的官员为自己造了一艘超大而坚固的船,由10名船夫划桨,可以逆风划行;船上的空间非常大,甚至能容下他的图书馆和他收藏的相当数量的植物标本。但是,某天夜里,梅克纳河(River Megna)的一道潮水以赛马般的速度涌到了岸边,冲断了船锚,将船摧毁得片甲不留。船夫们都幸存下来了,这名巡视员也得以幸免。他被冲到了一处浅滩,那里的一个"障碍物"为他提供了庇护,直到第二天早晨,一艘过往的船只将他救起;他很幸运,没有被鳄鱼先发现。[46]

人力与牲畜

在今天,如果看到纤瘦而营养不良的印度人用人力三轮车拉着高大的西方人的话,会让人感到很不舒服。过去看到更加瘦弱的"当地人"用不带轮子的人力车或者用一种叫做肩舆(palanquin)或轿子(palkee)的厢轿抬着这些外国人时,可能更让人无法容忍。但是,在铁路出现以前,靠轿子出行对英国人(特别是英国妇女)来说,是最快也最普遍的方式,尤其长途旅行之时。1844年,约翰·斯特雷奇就是靠轿夫的肩膀旅行了近1000英里,从加尔各答到达他要上任的西北诸省。这趟旅程历时三个星期,但如果坐船的话,时间还会更长。[47]

这种人力出行方式也有多种不同形式,比如喜马拉雅地区的"花花公子椅"(dandy),就是一种帆布椅子,看上去像一个洗衣盆,由瓦拉们抬着;还有一种类似的便携式椅子或轿子(jampan),是避暑地女士们最喜欢的,由四个穿着雇主指定的制服的轿夫抬着。而厢轿更沉,也更讲究,上面有窗帘和滑动门,有地方放食物,还有垫子、枕头和靠背,供乘客仰靠。轿子的两头各伸出两根杆子,由四个轿夫用肩膀扛着。如果夜间行路的话(通常都如此),整队人前面会有一个人举着火把,他会带着满满一葫芦椰子油或者其他油,时不时地浇到用碎布条做的火把上。在1852年的旅行中,罗伯茨中尉(Lieutenant Roberts)发现这样赶路实在"无聊透顶"。晚饭后出发,八名轿夫分成四人一组轮换,还有几名"喋喋不休"的扛行李的小工,他每晚以每小时3英里的最高速度前行。每8英里或12英里换另外八人,直到太阳升起,这个乘客就找一个驿站(dak bungalow)歇息。[48]

1840年代，政府建造了一批驿站，后来形成了一个驿站系统。驿站由印度看门人管理，为官员们和其他旅行人员提供了一个可以休息、进餐和沐浴的地方。但其舒适程度实在无法让人流连忘返。每个客栈似乎都有"不速之客"——蝙蝠、老鼠、蛇、黄蜂或者屋顶上的鸽子，而且墙壁实在太薄了，人们往往能听到隔壁房间的动静。食物也和住宿条件一样可想而知。所有住店客人吃到的都不过是坚硬无味的鸡肉——在抵达后半小时内抓到、宰杀并煮熟，以及煮制蛋奶糕或焦糖布丁。

18世纪下半叶，随着加尔各答的街道逐步得到改善，马拉的车辆逐渐在城市交通中取代了轿子。这个都城后来到处都是各种轻型马车、四轮四座大马车和普通四轮马车。威廉·希基觉得"有必要"为他的"妻子""准备一辆四轮马车"，所以他"购买了一辆伦敦制造的漂亮的双轮敞篷马车"，以及一辆给自己用的四轮敞篷马车和"三匹很棒的役马"。[49]如果可以选择的话，英国人情愿骑马或者乘马车去所有的地方。在印度，对马的喜爱同在英国郡县一样强烈。地方官员会尽可能地骑马巡视辖区，尽管他的帐篷和其他行李可能会由牛车运送到营地。道路得到改善之后，马匹还被用于出行到离火车站很远的地方。在骑手们热衷的户外运动中，马更是必不可少，比如狩猎野猪或者打马球，马球爱好者们把这项运动看得无比神圣，以至于一名廓尔喀旅军官（他不打马球）愤怒地说，马球被当成了"一种宗教信仰，而不仅仅是一项运动了"。[50]

然而，印度有些地方却更适合于骆驼或者大象，而不是马。1913年，珀西·温德姆（Percy Wyndham）成为喜马拉雅山脚下库马盎（Kumaon）的专员，就被分配到了这两种运输工具——四头大象和一支骆驼队。即便在1930年代，在阿萨姆省和吉大港山区巡查仍以乘大象最为方便;缅甸河流很深,河水非常湍急,船只无法航行,但大象却可以游过河;季风时节,在孟加拉的一些地方,地方官员可以去了解庄稼长势的唯一出行方式就是骑大象。

当然,大象也被用于仪典。在1903年杜尔巴(Durbar)加冕典礼的照片中,长长的大象队伍绕着德里的红堡行进,寇松和他的妻子坐在领头大象的背上。康诺特公爵及公爵夫人(Duke and Duchess of Connaught)坐在紧随其后的第二头大象的背上,后面跟着土邦主和其他王公,他们的大象坐骑佩戴着各种珠宝——对很多人来说,这展现了英属印度帝国的奢华以及毫无意义的排场。当时的批评者们嘲笑寇松,声称这是一场"寇松典礼"(curzonation),而不是加冕典礼。由于寇松是牛津的毕业生,有人用押韵打油诗嘲笑他("我的名字叫乔治·纳撒尼尔·寇松,我是世界上最棒的人"①),这一嘲弄伴随他终生,被媒体没完没了地引用。关于他热衷于礼仪的各种杜撰故事在印度和英国广泛流传——据说,他的妻子玛丽每天早上不得不向他行屈膝礼。一些有敌意的报纸更是急于强调他的生活中充满了各种东方的浮华,他们声称寇松始终骑着大象;一名心怀嫉妒的伊顿校友甚至认为,寇松把大象当成了出租马车,会骑着大象到火车站去接他。事实上,寇松是第一个没有私人大象的印度总督,甚至于他用来参加杜尔巴典礼的大象都是向一个王公借的。除了骑大象打老虎之外——这种事情必须骑大象,他从来没有骑过大象,而且他认为骑大象是"一种最糟糕的出行方式",尤其对他这样经常背痛的人来说。[51]

---

① "My name is George Nathaniel Curzon / I am a most superior person",英文中Curzon和person押尾韵。——译者注

骆驼也会在仪典中使用，尽管不如大象那般盛装，而且仅限于西北地区。20世纪初，在多次庆祝游行中，旁遮普副省督都乘坐"一辆由四头雄壮的骆驼拉的笨重老旧的双排座活顶四轮车，每头骆驼背上都坐着一名戴蓝色头巾的骑手"。到1913年，埃德温·勒琴斯（Edwin Lutyens）乘坐这辆车时，它变大了或者说变样了——也可以说完全不同了——变成了"由六头高大骆驼拉的类似观光游览车的样子——每头骆驼上坐着一名穿红色制服的骑手，包厢上还有12名红衣随从"。[52]在印度北部、库马盎以及拉姆讷格尔（Ramnagar）和赫尔德瓦尼（Haldwani）的森林部门，骆驼有时与大象一起使用，但是骆驼只能在炎热或者寒冷的季节用来运输：一到雨季就必须停止，因为骆驼无法在泥泞中行走，如果它们滑倒了，只有把树枝铺在地面上让它们站稳，它们才能重新站起来。骆驼或许擅长行走在信德那种粗糙干旱的土地上，它们是当地最主要的交通工具，就连一名低级县官都有七头拉行李的骆驼，自己还骑一头。但就算是在信德，骆驼没那么好使唤，尤其是想让骆驼上船渡过印度河的时候就更加困难了。有时骆驼实在太固执了，只能趁它们跪下时把腿捆绑起来，然后像滚木桶一样将它们滚下河堤、滚上跳板，最后装船。[53]

英国人从来就不喜欢骆驼，至少在印度是这样。就连二等兵斯温德赫斯特这样一个对大多数事情都很乐观阳光的人，也说几乎不可能"让人像爱马一样爱上骆驼"。骆驼"长相吓人，淌着口水，还经常发出一些奇怪的'哼哼吱吱'的声音"；而且它们"不忠实"。还有人觉得骆驼的味道最令人难以忍受，甚至比它们发出的声音更招人讨厌。在巴林，骆驼是最主要的交通工具，但是当地一名政治监督官的妻子宁可骑驴到营地去，也不愿意骑这种"唉声叹气、咕噜作响的畜生"。[54]

机器时代

　　1886年，一队印度工匠来到了伦敦，参加"印度与殖民地展览"，展示一些传统技能，比如编织、陶艺、铜艺及其他手工艺。尽管这些人实际上都是正在阿格拉服刑的犯人，但维多利亚女王非常想将"她的一些底层原住臣民"（媒体如此称呼他们）的面貌记录下来，于是派一名奥地利画师鲁道夫·斯沃博达（Rudolph Swoboda）给其中五人绘制了肖像。女王对于这些作品非常满意，于是在当年又派这名画师前往印度，为更多印度人作画。女王当然知道土邦主们的样子，因为其中的一些人总会在某个"季节"去伦敦，但是女王想更多地了解"更底层"的臣民们的面貌。

　　斯沃博达如期到达印度，在拉合尔与洛克伍德·吉卜林（Lockwood Kipling）住了一段时间——就是后来为女皇设计怀特岛（Isle of Wight）奥斯本宫（Osborne）杜巴厅（Durbar Room）的吉卜林。之后，他去了旁遮普的乡村地区，用浓郁的色彩和生动的笔法描绘那里的农民、士兵、工匠、乡村姑娘、戴着醒目头巾的年轻人以及长髯老人。正如女王所希望看到的，画作突出了传统和奇特的一面。但在其中的一幅画中，他在似乎永恒不变的乡村风光里加入了一丝现代气息。在画作《铁路一瞥》（"A Peep at the Train"）的左下角，聚在一起观看奇迹的锡克教家庭的下方，有一段闪闪发光的铁轨，它代表着一份厚礼——至少维多利亚时期的英国人认为这是一份礼物，是他们馈赠给印度帝国的礼物。

　　印度直到1850年才有铁路，到大起义时，仅有570英里铁路；其铁路线到1875年达到6541英里，到1900年，主线和干线共计 25000 英里，到 1947 年，印度的铁路线长达 45000 英里，是当时亚洲最大的铁路网。修建铁路的资金主要来自英国，这是一项非常庞大的工程，也是维多利亚时期帝国最大的一项投资。规模如此庞大的工程是此前英国工程建筑商和工程师们从未遇到过的；架设轨道穿越英国的郡县，甚至穿越奔宁山脉（the Pennines），都无法与在旁遮普的河流上架桥或打通穿过西高止山脉（the Western Ghats）的隧道相比。1880 年代，修建跨越杰纳布河（the Chenab）的谢尔沙大桥（Sher Shah bridge）时，为了架设大梁，西北铁路公司（North Western Railway, NWR）雇用了近 5000 名印度劳工；1898 年，在次大陆从事铁路建设的印度人超过 40 万。在南部省份，挖掘工人往往来自一个被英国工程师们称为乌德（Wudder）或沃德（Wodder）的种姓阶层——更准确地说，在泰米尔语中叫奥达尔（Oddar），在卡纳达语中叫沃达（Vodda）。[55]

到 1860 年代，铁路公司在印度已经成为继军队之后雇用英国人数量最多的部门：在 1891 年的人口普查中，铁路系统的英国人超过 6000 人。其中的大多数都在东印度铁路公司（East Indian Railway Company）和其他一些公司担任工头、修理工、消防员、扳道工、灯具工和铺路工。但工程师们也会为在各自的土邦修建铁路的大君①和纳瓦布们工作。苏格兰工程师托马斯·克雷吉·格洛弗（Thomas Craigie Glover）后来成为一名工程承包商，曾先后 42 次到达印度，为孟买、巴罗达及中央印度铁路（Bombay, Baroda and Central Indian Railway）等英国公司，以及瓜廖尔王公和博帕尔土邦夫人的土邦铁路公司工作。大多

---

① 大君（maharaja）：土邦主，王公。——译者注

数英国铁路工人都住在铁路区或"聚居点"的平房里(数量相当的欧亚人也是如此)①56,每个社区都有各自的教堂、俱乐部、学校和各种机构,但主管们巡视工作时会住在火车上。他们有自己的专属列车,长长的列车有足够的空间,可以容下一个家庭车厢、一个浴室、一个厨房以及仆人们睡觉的地方。有时候,他们会把列车停在一条岔轨上,然后下车去打一些鸟儿回来做晚餐,或者在星期日带着家人去附近的军营教堂。57

在印度,没有哪个地方比铁路行业更能赤裸裸地显示出财富和等级的差异,无论是在火车站,还是列车上四个等级的车厢里。一等车厢的旅客有"候车室",而铁路员将三等车厢旅客等候区称为"候车棚"。头等和二等车厢里的告示上写着"女士专用",而低一等的车厢里就变成了"仅限妇女"。1874年增加了第四等车厢,这种车厢里没有座位,甚至连三等车厢那种硬木长凳都没有,尽管十年后公众的批评迫使铁路公司做出了一些改变。后来,四等车厢被改名为三等车厢,而三等车厢被改称为"中等车厢",这样仍然是四个等级。并非所有的铁路公司都采用了相同的做法,尽管到印度帝国末期,铁路实行了国有化,但直到1941年,仍然只有西北铁路一家公司在所有三等车厢里提供厕所。58

铁路上级别最高的列车当属总督和省督们巡视时所乘坐的专列。1900年,寇松的总督南巡历时八个星期,行程6000英里,专列上除了总督本人、他的夫人和各自的贴身仆人外,还有总督的军事秘书、私人秘书、助理私人秘书、医生、药剂师、

---

① 至20世纪,这两个社区的人数和比例都发生了变化。1939年,铁路业的英国雇员人数已下降至2500人,而欧亚人(那时已被称为"英裔印度人")的数量却增加到近13000人。

四名副官、几名高级官员，外加85名印度仆人。省督们的列车可能在设施上会更舒服一些，但在对付热浪方面也没好多少。在1940年代的巡视中，马德拉斯省督常常只能在下午工作，他的列车被停靠在岔道上，有时温度能达到115华氏度，这时候扇子已经不管用了："扇子无异于往脖子上扇热风"。在车顶上用一些潮湿的草帘或者棕榈叶搭凉棚，也起不到多大作用。当时的总督林利思戈勋爵（Lord Linlithgow）也有一辆不带空调的专列，但是"会定期地把大块大块的冰运到车厢里，然后用风扇对着冰块吹，吹出令人欣慰的凉风"。有些铁路公司则为乘客提供一个大锌盆，里面装上冰块，一些母亲就用大浴巾把孩子包起来，让他们坐在冰块上。[59]

英国人常常觉得自己的同胞即便不是官员，也应该乘坐头等车厢出行。E. C. 考克斯于1870年代到达加尔各答时，是一名意气风发的茶叶种植园主，令他"印象深刻"的是，他成了一位"老爷"，是"统治阶级的一员"，正因如此，他不能"降低身份，乘二等以下的车厢出行"；即使是二等车厢的车票，也只有在一个人的"经济条件实在负担不起头等车厢"的情况下才被"允许"。[60]对来自英国的环球旅行者来说，头等舱是必须的，尤其是那些计划在几个月内成为印度问题专家，甚至可能写一本关于印度的书的人。一个环球旅行者在第一次世界大战前不久到达孟买，她欣喜地发现"分配给她的包厢"比欧洲"所谓的'豪华车厢'大得多，铺位也更宽更长"。包厢里通常都是皮革座椅，到了晚上可以变成两张、三张或者四张床，每个包厢还配有独立的盥洗室和淋浴间。到19世纪末，一些列车还配备了舒适的用餐车厢，但是由于列车上没有走廊，旅客只能在每个车站进入餐车，然后在那里一直待到下一站。到1920

年代,这种状况有了改变。梅诺-利森伯格中士描述自己在1929年随所在部队乘火车旅行的经历时曾提到,老车厢已经被换成了带有长走廊过道的车厢,包厢里有可以收起的卧铺。军官们有单独的头等车厢,还配有用餐车厢,都在列车的前段;普通士兵们则在列车后段,从午餐推车上领取提前在部队厨房燃气灶上烹制好的餐食。[61]

对于经常在半夜结束的漫长且有时复杂的旅程来说,需要提前规划物资供给。一些旅客喜欢熙熙攘攘的站台和茶点室——南方由斯宾塞百货经营,东北地区由凯尔纳公司(Kellner's)经营,在车站享用加冰的汽水。约翰·马斯特斯喜欢帕坦科特(Pathankot)车站的餐厅,那里的菜单常年不变:总是咖喱鸡和焦糖蛋奶冻,腌菜和伍斯特郡酱汁也总是老样子,"老迈的服务员"那"灰白色衬衣上居然保持着一模一样的鸡蛋和油渍痕迹"。[62]不那么爱折腾的人,则坚持储备足够应付整趟旅程的食物和水。但是,如果旅程持续几天或更长时间,不仅需要换火车还要换乘其他交通工具时,那么就需要谨慎储备和沿途觅食相结合,既有自带的干粮,也有途中的新发现了。

到1880年代,平原地区的大城市都已通了火车,但把铁路修到山区避暑地则花了更长时间。印度帝国的夏都西姆拉直到1903年才开通客运列车,这条铁路线从加尔加(Kalka)出发,经过一系列环形路线、穿越103个隧道,爬升5000英尺,到达西姆拉。从联合省行政首府安拉阿巴德到达该省的夏都奈尼达尔(Naini Tal),需要使用六种不同的交通工具,如果经过坎普尔的话,则需要七种。一名文官的妻子黛西·克莱(Daisy Clay)在第一次世界大战爆发前几年走过这条路线,她的行李用手推车或由水牛拉的牛车运送,她自己则带着三个年幼的女儿乘坐塔姆图姆（tum-tum，狗拉的车）。当天换乘东印度铁路公司的宽轨列车到达勒克瑙，从那里换乘罗希尔肯德与库马盎铁路公司（Rohilkund and Kumaon Railway）的窄轨列车，赶夜路到达加特戈达姆（Kathgodam），也就是这条线路的终点站。从那里，他们再坐轻便马车（tonga，一种通常由西藏矮脚马拉的两轮马车）爬山路，每三英里换一匹马。就这样爬升几千英尺后，她们下了车，由"挑夫瓦拉"抬着，沿一条小路走到住的地方。

在火车上，黛西把全家人的食物放在一个小酒精炉上加热，这个炉子配有深平底锅和水壶；但是给孩子们喝的是山羊奶，因为里面没有结核菌，所以不需要煮开。清晨，到了拉尔库安枢纽火车站（Lalkuan Junction），一家人在那里吃点简易早餐（chota hazri），这是此前在车站餐厅买的，但是黛西的女儿奥德丽（Audrey）回忆说，"所有的东西"，包括"涂抹在已经发潮的烤面包上的白色水牛奶油，都带着浓浓的烟熏味儿"。加特戈达姆的早餐也不好吃，和简易早餐差不多，但多了"一种稀稀的麦片粥"（dallia）和一种"用小米做的、粗粒面粉那样软乎乎的东西（叫作 suji），通常只给孩子吃"。到达山里一家叫老啤酒厂（Old Brewery）的"不错的旅馆"后，就有好吃的了（不过奥德丽的回忆录并没有写明那到底是什么），所有的旅客都在那里吃午餐，稍事休息后，踏上最后一段旅程。[63]

到目前为止，铁路旅行是英属印度最重要的机械交通方式。但还存在另外几种交通工具。马拉有轨电车出现在 1870 年代，电动有轨电车在世纪之交紧随其后。坎普尔市修建了一些有轨电车轨道，但除此之外，仅马德拉斯、加尔各答、孟买和德里有这样的轨道；像卡拉奇、拉合尔、班加罗尔或达卡这样的大城市，都没有有轨电车。大约在同一时期，自行车开始流行起来，并在更广的地域范围内得到使用；运河工程师们经常骑着自行车，沿河岸检查水道。许多县级官员也骑自行车去行政机关（他们的办公室和地方法院）上班，有时他们的狗会跟在旁边跑。但是骑自行车会增加患狂犬病的风险，因为露出的脚踝可能会招致流浪狗的扑咬。民用飞机传到印度的时间比较晚，在第二次世界大战之前，进展甚微。马德拉斯的货箱瓦拉们不太喜欢飞上天空，因为很难找到降落的地方，"被电话线和山羊绊住"，也许被迫降落在某个干涸的水库中。但对特权阶层而言，航空旅行可能派得上用场。琼·里德（Joan Reid）与丈夫住在吉尔吉特（Gilgit），那是克什米尔西北部一个几乎没有医疗设施的偏僻之地，她丈夫是驻当地的政治监督官，1938年，她发现自己怀孕了。她父亲是当时孟加拉的代理省督，所以她可以飞往位于喜马拉雅山另一端的大吉岭，在官邸分娩。[64]

　　省督们还喜欢汽车，第一次世界大战之后，汽车大量涌入印度。1920年代，戈申勋爵（Lord Goschen）一行乘坐六辆汽车巡视马德拉斯省，包括两辆邓弗里斯的阿罗尔·约翰斯顿（Arrol Johnston）和四辆美国车——一辆纳什（Nash）、一辆奥克兰（Oakland）和两辆雪佛兰（Chevrolet）。和所有现代社会中的情况一样，当时也有大量关于到底哪款车最好、哪款最适合于印度各种路况的讨论。接替戈申勋爵担任马德拉斯省督的乔治·斯坦利爵士（Sir George Stanley）喜欢乘坐由伍尔弗汉普顿（Wolverhampton）制造的阳光汽车（Sunbeam），这是一辆拥有20马力的敞篷旅行车，但他还有几辆福特车，供随行人员及去山里时使用。1934年，他建议自己的继任者厄斯金勋爵买福特车，因为在"乌蒂（Ooty）［该省的夏都乌塔卡蒙德（Ootacamund）］

外出垂钓时它会非常实用,那里的道路极差,会把一辆好车颠散了架"。用于公务时,他应该在车里衬上一种绝缘材料,"这样开车时就不必戴软木遮阳帽",而且他还应确保车的"顶棚足够高",因为身穿制服的副官坐在旁边时,那家伙要"戴一顶有穗的头盔,有时还配着羽毛",需要"头顶上有足够的空间"。[65]

官员们也看到了拥有汽车的好处,尽管为了养车还得在一个已经颇为臃肿的家庭中额外增加一名仆人:一名不是司机,也很少被允许开车的养车工;聘用此人只是为了让他保持车辆清洁,并且在必要时把车推动起来(必要的话,和其他人一起)。到1920年代后期,一些地方官员敦促下属买车,这意味着听话的低级文官必须筹集购买人寿保险的资金,或找到其他方式购买一辆奥斯汀(Austin)或二手的莫里斯·牛津(Morris Oxford)。他们通常会选择一辆"婴儿推车"(pram),这是当时对"奥斯汀7"(Austin Seven)颇有贬义的绰号,但一些官员认为它"对于崎岖不平的道路来说太轻了",于是买了雪佛兰,价格也不贵。从英属印度的官员们如此热衷于美国汽车而非英国汽车这一点,就不难看出两国技术的高下。信德的一名文官一辆接一辆地买雪佛兰,比哈尔的一个同仁得出结论说,在他那个县工作,即使是在崎岖不平的道路上,他的马也不如"一辆底盘高又坚固的雪佛兰"管用。雪佛兰车的皮革座椅可能会在高温下变得黏糊糊的,但购买时配了可拆卸的卡其色棉布座套,以"应付爱出汗的乘客"。[66]

然而,在印度开车远非易事。有时候骑自行车更好,在山区,最快的出行方式通常是骑摩托车,但摩托车并不适合于平原地区,因为尘土飞扬,很难看清前面的路,即使戴上护目镜也不行。所有的汽车，甚至是雪佛兰，都可能在印度的道路上抛锚或扎孔。路上随处可见被丢弃散落的新月形牛头鞋，它们扎了太多轮胎，所以司机们都被告知要携带不止一个备用轮胎。一名文官指出，在狭窄的道路上超过牛车很危险，其中之一就是如果对面过来的牛车由"一头冒失的牛拉着的话，它可能会试图爬上迎面而来的汽车的引擎盖"。[67]

第二部分
努　力

第六章　工作生活：内部人员

平原上的总管大臣

英属印度的核心行政单位是"县"（district）。正如寇松所指出的，帝国的统治中心"可能在西姆拉或加尔各答，但行政管理机构都在平原地区"，即那些民站（civil station）。[1] 1902年大约有250个县，每个县平均人口近100万。尽管这些县又被划分为乡（subdivision），同时若干县被合并为专区（division），并设有专员，但基本行政单位仍是县，最主要的行政角色是县官。

县官（district officer，或"DO"）是一个总称，而不是一个特定的职位或职务。各省对同一官员的叫法不同。孟加拉和联合省（以前是西北省）称为治安官兼税收官（magistrate and collector），马德拉斯和孟买称为税收官兼县治安官（collector and district magistrate），较晚设立的一些省份（旁遮普、中央省、阿萨姆、缅甸以及1901年以后的西北边境省）则称为副专员（deputy commissioner）。英属印度的行政制度混乱不堪，令人困惑，但就县官这个角色来说，有两个关键日期：1786年，县官开始负责土地税的评估和征收；1831年，县官作为治安官的权力得到了加强和明确。从那时起，他就拥有了双重角色，独立设置了两套班子和人马，他们常互致尖刻冗长的信件。一名县官"曾经看到作为治安官的自己写给作为税收官的自己的信件草稿,指责自己疏忽和拖延,还有一些非常尖刻的回复需要我签字确认"。[2]

1913 年,约翰·梅纳德将自己担任的县官一职比作总管大臣(Pooh-Bah),这是吉尔伯特和沙利文创作的歌剧《天皇》(*The Mikado*)中的一个角色,他"将除刽子手以外的所有国家职能集于一身"[3]。虽然梅纳德并不负责铁路或电报或军队——尽管他有权在紧急情况下调遣部队,但他几乎要管理其他所有事务。除了担任首席治安官兼税收官外,县官还负责维护法律和秩序、实施新法律;负责管理警察、监狱和法院,以及财政部门、税务部门和档案部门;他还要全面负责森林、道路、学校、医院、防护设施、运河和农业。在更偏远的地方,县官承担的职责更多。1930 年代,在吉大港山区担任副专员的约翰·克里斯蒂发现自己还兼任县法官、县工程师和县农业官员以及公共卫生官员和警察局长。[4] "负责"当然并不意味着凡事亲力亲为。在大多数民站,县官手下会有几名英国官员(隶属印度文官机构的助理治安官、一名医生、一名警察局长,外加几名森林和公共工程部门的人员),以及大量的印度人,包括副县官和副税收官(他们不隶属于印度文官机构),还有一支庞大的办公室文员队伍,众多文员中还包括一名文件"分类员"和"包裹运送员",以及偏远地区林林总总的各种官员,诸如负责乡税收的官员(tahsildar)、每个村的负责人(patel)、会计兼户籍员(patwari)和警察(chowkidar)。即便县官精通当地语言,班子中还有一个关键人物——"首席白话文员"。

1873 年,约翰·比姆斯在奥里萨省担任税收官时,每天先要去法院听原告陈述,并查看警方最近记录的关于谋杀、盗窃和其他刑事案件的卷宗。在决定其中哪些由自己审理、哪些分给联合治安官审理之后，再与各部门的文员负责人谈话，下达相应的指令，然后才安下心来处理与专员和其他官员的往来信件。与联合治安官和警察局长简单地吃完午餐后，比姆斯还要与税收官员们会面，然后才返回自己的宅邸，接待王公和其他地方要人。[5]

如果不在法院的话，县官们通常在视察。1903 年，孟加拉福里德布尔（Faridpur）的税收官向他的叔叔（一名德文郡的牧师）解释了这些工作的性质。除了要在金库数点钞票外，他每年必须到这个县的 20 个警察局和登记处视察一次、到乡办事处视察两次、每月到酒厂视察一次、每周到监狱视察一次。[6]在寒冷季节视察时，视察工作在这名县官的日常事务中所占的比重更大。在他访问的每个村庄，他都必须视察田野、排水沟、道路、水井、学校和药房（如果有的话）。

尽管县官的大部分工作进展缓慢且官僚作风严重，工作节奏取决于他所在省的秘书处和他办公室的包裹运送员，但他自己却常常必须行事迅速而果断，有时甚至会让他在辖区内得罪人。如果某个镇发生火灾时，他恰好在附近，就必须判断风势如何并且会怎样变化，然后命令手下的工程师拆除下风口的两排房子；如果他牺牲一些建筑物的话，火焰可能就不会蔓延开来，其余的房屋就有可能得到保存。发洪水时，他也必须做出类似的决定，当运河水位上升时，这名文官必须决定保留哪些区域，以及用哪些区域来泄洪。1940 年代初，上信德（Upper Sind）发生洪灾时，一名助理税收官罗杰·皮尔斯决定切断一条与印度河相通的运河，此举将保住拉尔卡纳镇（Larkana），却会危及他自己所在的乡，并淹没布托家族（the Bhuttos）的大片土地，这是一个很有权势的家族，而且注定日后会更有权势。当布托家族派出一些族人来抢修缺口时,印度县官文圭亚尔·伊斯瓦兰(Venguayyar Isvaran)派警察来守卫缺口,皮尔斯自己则到乡里协助疏散,尽力把粮食(主要是小麦和大米)抢运到高处。[7]

1865年,奥里萨省发生严重饥荒之后,劳伦斯总督宣布县官们要负责保住县里每个人的生命。几乎所有的文官都明白:饥荒处理不力可能会毁掉仕途和名声,也会违背良心。詹姆斯·西夫顿(James Sifton)在1903年解释说,如果降雨少或迟迟不降雨,他和同事们就要去县里"四处查看,不放过任何缺粮的蛛丝马迹";哪怕听到一点点传闻说"县里哪个地方的牛或儿童看上去很瘦",县官和专员们都会立刻去调查。[8]如果真的发生了饥荒,他们的主要职责就是赈灾,例如挖掘小型水库,以及将食物运到受灾地区,这对于远离铁路线的地区来说绝非易事,因为在人都要忍饥挨饿的地方,几乎不可能有足够的饲料来喂牛,进而让它们去拉车。1860年代,约翰·比姆斯在旁遮普省早期职业生涯中还遇到过一个更不同寻常的问题:饥饿的人们有时会公开行窃,以便被送进监狱获得食物。[9]

文官们还必须应对鼠疫——中世纪的黑死病,它于1896年传到了孟买(由来自香港的船只上的老鼠携带)。由医生、卫生专员和医院检查人员组成的委员会,深入受到传染的城镇和村庄,把当地居民送到紧急营地。然而,不顾一切的、有时过于激进的措施常常会激怒民众,民众对于医生的强制检查以及埋葬死者的方式和地点的限制感到不满。在不明智地动用英国部队在浦那搜查藏匿的染疫尸体后,助理税收官和一名军官被反对抗疫预防措施的印度复兴主义分子暗杀。当瘟疫向东蔓延到孟加拉比哈尔的几个县后,政府官员被命令降低干预力度:

如果居民认为统治者在试图用消毒剂杀死他们,那就不要强迫他们使用消毒剂;如果饮用井水的人们认为,往井里倒康迪氏液会把水变成有毒的血水,那就最好不要用这种方法来净化井水。[10]

县官的某些职责还使他们不得不与动物和大自然为敌。如果有村民请求他解决掉一群破坏庄稼的黑鹿,他可能会很乐意为之,这让他既有机会狩猎,又能改善伙食,不用总吃没油水的鸡。如果一个牧羊人求他射死一条鳄鱼,因为羊在河边饮水时被鳄鱼吃掉了,他也会欣然前往;如果剖开鳄鱼后发现里面有脚链和鼻环,那就不会让人感到内疚,尽管这些爬行动物确实起到了积极的作用,它们吞食了亲属为节约火化燃料而放入河里的尸体。但是要射杀看似得了狂犬病的流浪狗,或除掉成窝的蝙蝠和成群的猴子,就不是什么美差了;只有最痴迷的狩猎者才会喜欢射杀大象,不管它们是"离群的孤象",还是进入村庄推倒香蕉树、抢劫米店或攻击运粮牛车的野象。

县官们还要采取有力的措施来对付水葫芦,事情总是这样,这种植物之所以被引进到印度,原本是用来装点花园的,但1930年代在孟加拉疯长,覆盖水库,堵塞水道,导致鱼类死亡,阻碍船只通行,还成为疟疾滋生的温床。地方官员不得不到每一个受到影响的村庄,说服村民下水把这种植物一棵棵拔掉。[11]对付沙漠蝗虫同样需要魄力,蝗虫若侵袭某个地区,会将那里的植被吃得精光。1931年,在拉杰普塔纳的阿杰梅尔(Ajmer),为了摧毁蝗虫卵,爱德华·韦克菲尔德(Edward Wakefield)把土地或淹没(有水的地方)或翻犁(没有水的地方)。但仍有数百万只存活了下来,长成"若虫"——从蚂蚁大小长到蚂蚱大小——必须在它们长出翅膀变成坚不可摧的蝗虫之前消灭掉它们。韦克菲尔德尝试了毒药,但它们继续生长,后来,他采用的挖沟的办法还比较有效:把蝗虫驱赶到沟里,然后掩埋。这一行动历时数周,在当地鸟类(尤其是鸢和食蜂鸟)和村民们[本地耆那教部落(Jain)的村民没有参与,因为他们拒绝任何杀生行为]的帮助下取得了成功。[12]

县官的职责还包括宗教和社区事务。由于整个印度只有11万名英国圣公会教徒,其中的一半在军营,剩余教徒中,又有一半在大城市,因此,英格兰圣公会的教士[在印度通常被称为"牧师"(padres)]分布得很稀疏。尽管印度文官机构对宗教信仰并无任何要求(1853年以后,文官可以是印度教徒、锡克教徒、穆斯林或佛教徒),但大多数县官都是英国圣公会教徒,而且要在牧师缺席或没有牧师的情况下履行某些职责,例如在巡回法庭(Circuit House)甚至自家客厅主持晨祷、婚礼、为婴儿施洗以及主持葬礼。其中的一名县官甚至主持了自己与一个缅甸姑娘的婚礼,尽管这样的做法政府并不支持,政府称主持自己的结婚仪式是违法的。即使在那些有常驻牧师的地方,教区也可能非常大,牧师无法在同一个星期日走遍所有地方。在信德的海得拉巴城,县官几乎总是必须行主持之职,因为这位牧师的其余教区都在印度河对岸。[13]

对于县官而言,一项更加艰巨的任务是处理宗教信仰问题和有时由此引发的族群矛盾。他可能很想干预印度教朝圣,因为这常常会传播疾病,并造成贫穷的朝圣者死亡。但他很清楚这样做会被认为是企图颠覆他们的宗教,从而引发骚乱,所以,他宁可冒瘟疫流行的风险。但是,如果宗教庆典被用来挑衅敌对群体的话,县官就不会坐视不管。每逢印度教的某个节日,例如十胜节（Dussehra），正好赶上穆哈兰姆月（Muharram），即伊斯兰历的第一个月，县官就不得不采取预防措施。正如当时在西北省任职的年轻文官哈考特·巴特勒于1892年所记录的那样："我们必须采取严厉措施来防止骚乱，骑马走在游行队伍最前面的时候，口袋里装着已经签发好的逮捕令。有时，这真是一件棘手的差事。"¹⁴

大部分麻烦源于牛保护协会的出现，这是19世纪末印度教复兴和婆罗门教重新强调纯洁和玷污的结果。"宰牛"很快成为一个激烈的政治问题，印度教徒鼓动反对古尔邦节（Eid al-Adha），即伊斯兰教的"宰牲节"。随节日而来的往往是骚乱——和死亡。两个族群都难以抗拒挑衅的诱惑。穆斯林并不一定非得以牛为牺牲——绵羊、山羊甚至是骆驼都可以作为牺牲——但是，正如巴特勒所观察到的，较富裕的穆斯林有时会宰两到三头牛，只为惹恼他们的邻居。作为报复，印度教徒们则可能会在游行时改变路线，转道某个清真寺，在门前放一个猪头，并在祷告时间大声奏乐。¹⁵

大部分节日是通宵活动，游行队伍日复一日地举着横幅和火炬，奏着乐，敲着鼓，不断地叫喊。县官及其助手彻夜值守，防止人们变得暴力。有时，他们必须限制游行的人数、时间和路线，以及规定何时必须停止奏乐。他们可能还会在马路上画出粉笔线，告诉印度教徒到那里后必须停止奏乐，直到游行队伍走过某个清真寺之后，才能恢复奏乐。通常，寺庙或清真寺外面有县官和几个警察，就能起到震慑作用，但这些官员也无法巡视到每一个潜在的战场。孟加拉的米德纳普尔有一个踢足球的空场地，其一端是一座清真寺，另一端是一座寺庙。1926年，对立的暴民聚集在各自的一端，一方大声地喊"阿拉！阿拉！"，试图淹没寺庙的钟声；然后，开始互相攻击。县官和警察实在寡不敌众，无法阻止他们，只好调用了当地的辅助部队。[16]

县官们希望自己不辜负"父母官"（Ma-Bap）的称呼，当地印度人在寻求帮助、提出申诉或乞求减免处罚时，经常这样称呼他们。家长式的情感是他们的职责所固有的；这些往往是他们加入印度文官机构的动机，而他们早年在印度的经历也往往会强化动机。尽管他们可能会对"巴布"（babu）① 或"受过教育的当地人"有偏见，但他们似乎天生就对佃农（ryot）、农民、无地劳工有好感。驻马德拉斯附近的年轻治安官沃尔特·弗朗西斯（Walter Francis）就是众多同仁中很有代表性的一位。他在 1893 年写信给以前的牛津大学导师时承认，

> 喜欢那些连名字也不会写的、不识字的农民。这些人忠实善良，待人如己，他们深爱着自己的村庄、孩子和年迈的父母。为了家人，为了在傍晚得到区区 2 磅冷粥，他们不惜整日在烈日下劳作，那股劲头实在令人肃然起敬。他们愚昧，但那并不是他们的错，而是几个世纪以来的苦难和压迫所造成的。但是我受不了狡猾如蛇的受过教育的当地人。在我遇到过的这种人中，从未有值得我尊敬的。他们狡猾奸诈，没有人知道他们到底在动什么心思。[17]

县官认为自己是村民的守护神，不仅仅因为他要保护村民不受房东、债主甚至炼金术士的压榨——尽管这一切都很重要，

---

① 见后文，p. 404。

更因为他还要常常敦促村民关注家人的健康、改善全家人的生活。约翰·梅纳德于1886年加入印度文官机构,是一名社会主义者(退休后,他在三个不同的选区作为工党候选人参加竞选,但均未能成功),在早年的印度职业生涯中,他意识到英国的统治是不可或缺的,因为"温和、朴实、充满幻想的印度老乡在所有事情上都要依赖英国人"[18]。县官们常常沉迷于自己的工作,就像伦纳德·伍尔夫在锡兰那样,脑子里"整天想着所在地和民众,想着怎么让他们过上好日子,减少贫困和疾病,修筑灌溉工程,办学校"[19]。有时可能干劲过于高涨,鼓励就变成了威吓,就像20世纪旁遮普的一名很有才干的文官弗兰克·卢格德·布雷恩(Frank Lugard Brayne),他的狂热劲头在一百年前相当普遍。在德里西南部的古尔冈(Gurgaon),他实行了一项名为"提升乡村"的政策,力劝村民改善农业和卫生习惯,但他过于积极了,以致人们对他心生怀疑和警惕。可见,一般来说,以理服人还是好过说教。

县官们欣然认同开明的专制政体,只要施行仁政即可。他们可能会想念伦敦、牛津和在英国的家人,但通常自我感觉很好——至少在年轻时如此,对工作也很满意。正如一名文官用诗句描述1930年代的巡视之旅时所写的,

> 我知道我肩负天下
> 正因如此,我心欢悦。[20]

孟加拉的一个同代人也表达了类似的感受,他写道:"清晨走在上班的路上,你会感到自己已准备好改革世界了。"[21]1893年,沃尔特·弗朗西斯又给他的牛津导师写了一封信,

信中,他沉浸于这种肩负重任的满足感。年仅 24 岁的他已经管理着 4000 平方英里的土地和 100 多万人口了。这样的工作"是实实在在的,而且非常令人满足",让人无法"抱怨没有用武之地,或者浪费生命"。[22] 然而,尽管他和同事们可能会喜欢自己的一些"臣民",但他们却很少建立起友谊,除了可能与当地的某个王公或地主结交外。有时,官员们自己觉得之所以交不到朋友,是因为当地人只想从英国人那里得到公平而不是友谊。[23] 很多官员还认为,要得到被统治者的"尊重",就不能建立起过于亲近的关系,因此,他们需要——或者至少需要显得——既有一定的距离感,又不脱离民众。正如一名维多利亚时代的文官所说的,县官们必须将两种显然"不兼容的东西结合起来,尽可能接触民众,同时又不失为官的威严",但如果他"在街上不断地被民众拦下打招呼的话",他就会失去威严。[24] 然而,缺乏友谊并没有阻止很多县官热爱他们所在的县,有时,为了可以留在那里,他们甚至拒绝升迁。从 1885 年开始,罗伯特·卡斯泰尔斯(Robert Carstairs)在偏远而森林茂密的桑塔尔帕尔加纳斯(Santal Parganas)度过了 14 年,如后来一名孟加拉省省督所说的,他是"一名谦逊低调、全心奉献的官员,用毕生的精力为一个县的人民服务本身就是人生目的"。[25] 还有一些县官则抱着丁尼生式的幻想,希望永远做个父母官,他们扎下根基,从此再不动摇。如果弗吉尼娅·斯蒂芬(Virginia Stephen)拒绝嫁给他,伦纳德·伍尔夫计划回到锡兰,他并不想当一名授爵的省督,而只想好好管理一个县,找一个"最终的归宿,最后的退隐之所,娶一名锡兰女子",把这个县变成"亚洲最高效、最繁荣的地方"。[26]

民站的法官

在县官的各项工作中,最耗时的是地方治安官的职责。他的司法权力可能没那么广泛,仅限于判处不超过两年的刑期,以及判处不超过1000卢比的罚款,但他的管辖范围实在太宽了,而且方方面面实在太多了,使得他难以保证效率。这个角色集侦探、地方治安官和低级法官的职能于一身,显然不能令人满意,特别是他还不得不依赖于腐败的印度警察提供大部分证据。如赫伯特·汤普森在1920年代描述自己的角色时所写的:"理论上,我可以逮捕一名罪犯,对他进行审判并判刑,最后让他在我管理的监狱服刑。"县官还要为囚犯们品尝饭菜,这简直是一个荒诞的要求。斯蒂芬·哈奇-巴恩韦尔(Stephen Hatch-Barnwell)非常喜欢咖喱,但于1930年代在比哈尔迪纳普尔监狱尝了超辣的饭菜后,他被辣得直喘粗气,"恨不能把脑袋扯开"[27]。

像谋杀这种超出治安官权限的案件,由地方刑事法官(sessions judge)审理,这些法官也是印度文官机构的官员,也具有二重身份;作为地方民事法官,他负责审理重要民事诉讼案件。尽管法官的薪水比县官略高,但资历与县官相同,二者入职时都在同样的岗位从"格里芬"干起:在老一些的省份担任助理地方治安官,在新一些的省份担任助理专员。法官不一定在能力上不如县官,但他们通常不那么活跃,精力也没那么充沛,到了30多岁,他们可能自己选择或听人劝告加入司法界,或走上所谓的"法官的道路"。1870年代之前还有一定的灵活性,允许官员们从诸如专员的职位换到高等法院法官的职位;但到了1870年代,各省政府开始执行一项政策,要求任职达十年或十二年的文官选择要么今后一直当行政官员,要么开始当法官。

地方法官和县官都住在同一个民站,住所的大小相当,但他们的生活节奏却大不相同。县官在每天结束时会意识到还有一百件事要做,而法官只要关上审判室的大门,就算结束了一天的工作。如果没有接受过适当的律师培训,法官可能很难胜任自己的工作,他需要理解法律法规,学习如何撰写判决书和起草上诉决定。然而,一旦他开始走上这条路,生活通常会比当县官的同仁更加平静、悠闲。他不用出差,也不用进行巡回审判。如果喜欢脑力工作——许多法官都有这方面的兴趣,他会有充足的时间去研究诸如梵文、古代铭文或南印度古地理等领域。查尔斯·金凯德写了约20本关于印度的书,包括一部关于马拉塔人的三卷史,他于1926年作为孟买管辖区的一名法官退休。

法官们可以有一些任性的品位和古怪的习惯。毕竟他们就是需要在工作中保持独立和公正,而不用像县官那样推行帝国的计划。但如果他们希望重返政府的话,即使只想谋一个司法职位,也需要遵守规则。1890年代,马德拉斯高等法院的两名法官——乔治·阿瑟·帕克(George Arthur Parker)和弗朗西斯·亨利·威尔金森(Francis Henry Wilkinson)——成为该省行政机构马德拉斯参事会司法参事一职①的候选人。两人的职业生涯非常相似,均于1862年加入印度文官机构,在1882年担任地方民事法官和刑事法官,并分别于1886年和1887年开始担任高等法院法官。然而,一份给省督(文洛克勋爵)

---

① 该职位最终空缺。

的关于他们功绩的机密备忘录显示,他们是非常不同的人。威尔金森的短板首先是他的妻子,她在"马德拉斯圈子"中"被视为过于爱好交际",并且与前任省督、自由派政治家芒斯图尔特·格兰特·达夫,"用文雅的话说,曾经过于亲密"。至于她的丈夫——这些显然被认为是缺陷——"有人私下里说他懂意大利语,还学习希伯来语"。"因此"——备忘录的作者似乎并没有使用讽刺——"我认为他的立场不如帕克坚定",帕克不仅"稳重",而且"头脑冷静、家境殷实、非常沉闷且受人尊敬"。[28]

如果法官所在的地区总部是一个小型民站,而不是城市或驻军城镇,他的生活可能会很寂寞,而且久坐不动。即便他是单身汉,也不能与文官机构的同事或警长住在一起,以防他对于当前审理案件的判断受到他们的影响。他当然可以在俱乐部见这些人,打打惠斯特牌、打打网球,喝一杯掺水的白兰地,但也只能在天气炎热的季节如此。到了冬季,治安官要出门巡察,他可能就是唯一留在民站的英国人了。

正如我们所看到的,印度公务员系统是一个从格里芬到副省督的多级行政管理体系,仅印度总督、马德拉斯和孟买的省督,以及印度总督委员会(the Viceroy's Council)的两三个职位不在这个体系之内。但其仅在县级层面兼行司法之职。高等法院的法官仅三分之一来自文官机构。这些高等法院是维多利亚时代法治精神的体现,以其宏伟的建筑风格展现了折中主义的魅力。它们包括弗拉芒哥特式(加尔各答)、威尼斯哥特式(孟买)、古典式和后来的爱德华巴洛克式(安拉阿巴德),以及矗立在马德拉斯广场上的印度-撒拉逊式红砂岩建筑。文官机构的官员可能会抱怨存在着各种限制,特别是那些令他们难以做到最高职位（首席法官）的限制，但无论在担任地方民事法官和刑事法官期间积累了多少经验，他们当中很少有人具备适当的法律资格。法律学位并不是他们培训的一部分，几乎只有那些在休假期间上过伦敦律师学院的人拥有法律学位，通常是为了退休后当律师。

东印度公司已认识到其领地需要有独立于公司的法官和律师了；最高法院（高等法院的前身）已经超出了其管辖权。威廉·希基已到加尔各答担任检察官，并已赚了足够的钱，开始"真心觉得"自己"有可能活到再次看见老英格兰那怡人的海滨……"。[29]在孟加拉省首府，与他同代的罗伯特·钱伯斯爵士（Sir Robert Chambers）——也是塞缪尔·约翰逊爵士（Sir Samuel Johnson）的朋友——放弃了牛津大学法律教授的职位，而去担任最高法院法官，最终成为首席大法官。后来，在高等法院时期，法官由三部分人组成，包括来自印度文官机构的法官、来自英国的大律师和辩护律师，以及在印度执业的律师（通常在高等法院中被称作"诉讼代理人"，其中，很多是印度人）。1870年代，英国"外来者"在加尔各答担任的其他工作还包括律师、代理人、代诉人、见习律师、小额诉讼法庭和破产债务人救济法庭的官员；加尔各答律师协会的46名成员都是英国律师。到1877年，安拉阿巴德律师协会已经接纳了40名律师，其中的一些是在英国律师协会接受培训的印度人。最初，英国高级官员对于印度人是否可以在文官机构中担任管理者持怀疑态度，但欢迎他们担任法官。1862年加尔各答高等法院成立时，坎宁勋爵任命了一名印度法官。二十年后，阿尔弗雷德·莱尔在成为西北省副省督后不久，在安拉阿巴德也任命了一名印度法官。秘书处迟迟未作反应，但随着时间的推移，他们逐渐看到了鼓励印度文官选择"审判"方面的职位的好处。这些人胜过地方民事法庭或刑事法庭经验不足的英国法官；他们不太可能输给机敏的孟加拉律师，然后受到媒体的奚落。

山区的专制政府

1870年代，西姆拉流传的笑话说印度政府"就是一个偶尔会找不到钥匙的、由办公室信箱组成的专制政府"。① 几乎所有人都抱怨过其繁文缛节和官僚作风，当然，除了那些为此负有责任的人：在局外人看来，政府大臣、秘书长和副大臣们似乎在比谁能制造出更多的简函、备忘录、急件和报告等五花八门的公文。在乔治·阿贝里·麦凯（George Aberigh-Mackay）的讽刺小说《印度二十一天》（Twenty-one Days in India，1881）中，

> 那名政府大臣凡事都调查一番；他写了成百上千份报告；证明自己肚子里的墨水多，这正是印度高级官员所需要的那种本事。忙得脚不着地的税收官一句话就表达清楚的事情，他能写上十页。他能用一百种不重样的方式翻来覆去地讲同一件事。各种隐晦的官场讽刺他都能信手拈来。[30]

任何研究过老印度事务部图书馆（India Office Library）②馆藏文件的人，一定都会对惊人的文书数量，以及管理部门要阅读这些文书并做出决定所花费的时间，感到既恼火又不得不佩服。最初可能只是一份报告，比如关于排水系统的报告，尽

---

① 见后文，p. 449。
② 该图书馆现在是大英图书馆亚洲、太平洋和非洲馆藏的一部分。

管冗长，但是由一名无疑受到过拉丁语和希腊语教育的人撰写，逻辑清晰，文笔也很好。接下来是其上司写的备忘纪要，也很雄辩，总的来说表示了肯定，尽管很想表现出一点更高的知识、智慧和经验。接下来会有用不同颜色的墨水书写的更多的备忘，因为文件会传阅到其他对排水系统感兴趣的部门，并且一定会受到一些人的评价，他们坐在办公桌前琢磨如何显得比别人高明。一名财务部的高级人物出了名地需要"证明所有［已经］在文件上批注的人［都是］天生的傻子才满意"。[31] 几个月后，文件回到了原属部门，交给部门大臣（高级文官）和**他的**上司（印度总督参事会成员）；如果被认定足够重要的话，再交给总督的私人秘书，由他呈送给总督本人。识别报告上的签名和首字母签名并不总是那么容易，有时候，总督本人也很难做到。"总的来说，"寇松曾在备忘中写道，"我同意那个签名像长号的绅士的意见。"[32]

尽管寇松本人也是出了名地擅长写备忘，但他还是对这套体制感到震惊，他抱怨说，这造成了"一种文字混乱"。在努力治理印度之时，他曾对一名下属说，他并不需要"部门中的每个人对每件事都提出自己的看法或印象"。[33] 寇松式的法令颁布时，县官们就会松一口气，因为官僚主义常常是他们职业生涯中的克星。在铁路和电报出现以前，他们不得不运用自己的影响力和主动性来管理所在的县；现在，他们不断收到来自省政府秘书长的命令和指示。他们还必须提交各种报告，新的行政机构痴迷于收集信息、汇总没有太大价值的人口统计数据，以及撰写几乎没人会读的报告。1850 年代，旁遮普的县官都是在马背上做决定；到 19 世纪末，他"手边必须随时备好约 17 卷的法律法规，包括三本厚厚的《适用于旁遮普省的法令和法规》(Acts and Regulations Applicable to the Punjab)"。正如国务大臣乔治·汉密尔顿在 1899 年所感叹的："老一辈的官员们总是深入田间地头,与老百姓打交道,现在的官员们却是一帮官僚,几乎寸步不离办公室,一手拿着电报代码,一手拿着接通省督的电报线,以此来治理印度。"[34]

当然,大臣与县官并无太大不同。他们也隶属于印度文官机构,都曾担任过助理治安官(初级县官)。1901 年,即维多利亚女王去世的那一年,印度文官机构的文官仅 1000 多人,其中,总是有约五分之一的人,要么生病,要么休假。在职工作的官员当中,约 90 人在首都和各省首府任职,包括孟买、马德拉斯、拉合尔、阿拉哈巴德、那格浦尔、西隆、仰光和加尔各答(当时既是省首府,也是印度帝国的首都)。加尔各答的七个政府部门都有两到三名印度文官机构官员,但立法部门只有一名,军事部门则有自己的军官。它相当于印度的白厅,但不论按照何种标准,都算不上一个臃肿的官僚机构。①

各部大臣对印度总督参事会的相关成员负责,参事会相当于内阁,每周在加尔各答或西姆拉举行一次会议,以多数票来做决定。其成员监督所有政府部门(财政、军事、法律、内政、公共工程及兼管税收和农业的联合部),但外交事务部除外,该部门由总督直接管辖。大臣们也并不全都来自印度文官机构:法律部和财政部通常由英国派来的人领导,他们往往没有任何印度经验,而军事部门的首长则由印度陆军的一名将军担任。伦敦的印度事务部希望把英国的新鲜血液和印度经验结合起来,让印度政府既不陈腐,也不幼稚。但是,缺乏本土经

---

① 1905 年,寇松增设了第八个部门——工商部(Commerce and Industry)。

验有时的确有问题。1900 年,爱德华·劳爵士(Sir Edward Law)被派往印度担任财政大臣,他设计了一种新卢比,背面是老虎,汉密尔顿质疑选择一种会吓坏"本地人"的动物是否明智。于是,劳把硬币上的老虎换成了狮子,对此,寇松认为,仅有数得过来的狮子仍然生活在印度〔朱纳格特(Junagadh)的吉尔森林(the Gir Forest)〕,因此,将狮子作为象征性动物不太合适。[35]

省级政府通常把最不得力的文官留在农村,将他们从偏远地区的一个民站调到另一个民站,直到退休前当上一名县官或地方民事法官兼刑事法官。而那些最能干的官员,那些有可能做到政府最高层职位甚至于成为副省督或印度总督参事会成员的人,则会在各个县以及秘书处之间轮岗,以便他们可以积累两方面的经验。着迷于森林、山区或某个土邦的年轻文官,有时不愿意放弃现有岗位而去一个大城镇的秘书处做日常事务性工作。另一些人则意识到,改变岗位对于自己的仕途和性格的培养都很重要。在位于缅甸边境的孟加拉省东部偏远地区的吉大港山区任职三年后,约翰·克里斯蒂担心自己"越来越像某些用尾巴倒挂在树上的丛林动物"。他基本独自生活,"感觉自己就像卡利班①",越来越"被人们看作从山里来的野人"。[36]

克里斯蒂如期接受了工作调动,调到已成为首都的新德里工作,让自己从"山里打鸣的山林野鸡"转变为"文件的奴隶"。[37]大多数人即使只是为了不惹恼省秘书长,也会接受新职位,因为此人掌管着官员们的前途。来自丛林的"卡利班们"往往还需要参加一个短期礼仪课程。莫里斯·海沃德被调到浦

---

① 卡利班(Caliban):莎士比亚作品《暴风雨》(*The Tempest*)中古怪的、丑陋的奴隶。——译者注

那任孟买政府副大臣时,他的上司认为有必要教他行脱帽礼,并称总督为"大人",称其妻子为"夫人"。在一个拘泥于形式的社会中,"格里芬"总是会意识到社交失礼的危险。与副省督在旁遮普巡视期间一起用餐时,马尔科姆·达林(Malcolm Darling)只敢小口小口地进餐,以防大人问问题时正赶上他嘴里塞满了东西。[38]

从1860年代到1870年代,中央和省政府的秘书处每年有半年时间在避暑地工作。每个省都在山里设有一个夏季总部,只有阿萨姆省例外,因为它的省府西隆(Shillong)本身就在山里,所以不需要另设置夏季行政中心。孟加拉省的避暑地在大吉岭,马德拉斯的在乌塔卡蒙德,西北省(后改称联合省)的在奈尼达尔,中央省的在伯杰默里,缅甸的在眉谬(Maymyo),这些避暑地都位于比曼德勒高出3000英尺的掸邦山区(Shan Hills),那里的气候就像英国的夏天,春天时遍地盛开着紫罗兰和樱花。由于气候的原因,孟买管区在浦那(一直到天气过于炎热之时)和默哈伯莱什沃尔(Mahabaleshwar)(一直到季风会引发山体滑坡并造成建筑物不安全之时)轮流办公,而旁遮普省出于行政方面的一些考虑,则在西姆拉、穆里和达尔豪西三地之间轮换。

最不寻常、用时最长的春季迁徙就是帝国政府的大搬家,数百名职员和官员(连同他们的文件和快递箱)从加尔各答跋涉1200英里前往西姆拉,先乘火车穿越恒河平原,然后坐牛车、邮车和马车盘山而上(在1903年开通铁路线之前),直到到达一个具有英格兰风情的小镇,那里的房屋有着锡制屋顶,坐落在海拔7000英尺的山间,与印度其他地方都隔绝开来。这一项非同寻常的行动主要由约翰·劳伦斯倡导,他担任总督

（1864~1869）期间决定，在西姆拉令人神清气爽的气候中一天可以做的工作，比在加尔各答令人疲惫的湿热天气里干五天还要多。大多数官员自然希望摆脱令人窒息的办公室，尽管头顶上有大布扇扇着，他们还是热得汗流浃背，同时还得用镇纸压住文件，以免被吹得到处乱飞。1880年代，安东尼·麦克唐奈"非常确定"，在65华氏度的气温中制定的法律要"远远好过"在90华氏度中制定的法律。帝国主义自由党议员查尔斯·迪尔克爵士（Sir Charles Dilke）也认同这一观点，他声称西姆拉的气候给"政府带来了活力，使得在炎热季节里颁布的政府文件充满了强烈的英式语气"[39]。

在穷乡僻壤工作了17年后，阿尔弗雷德·莱尔于1873年当上了内政部（Home Department）大臣。他觉得"跟文件打交道比跟人打交道容易得多"，而且"起草命令比执行命令更简单"，因此，他很高兴能从基层岗位调到办公室。他走进"一间宽敞、凉爽、安静的办公室，扶手椅两侧成堆的文件被由一流的首席办事员整理得井井有条"时，"真有一种难以按捺的愉悦"。他喜欢去西姆拉，那里会让他想起巴登-巴登（Baden-Baden），他可以在壁炉前工作一整天。然而，他担心政府"与这个生活在山下和山外的巨大国家隔绝到了几乎危险的地步"。"想想一帮在亚洲茫茫群山间落户的英国人，轻而易举地统治了两大洋之间的整个印度大陆，真是太不可思议了。"[40]

不赞同每年迁徙至西姆拉的人还抱怨说，这个小镇"与世隔绝，很危险"，尽管对他们来说，这种危险并非来自敌对力量，而是来自政府每年坚持疏离其本应统治的民众。抱怨的人主要是那些无法享受山间避暑地的人、必须在城市开展业务的商人、可报道的新闻大大减少的报纸编辑，以及老一代的文官们，他们当初别无选择，只能在平原上忍受闷热的天气，或者在自己的辖区里汗流浃背地乘船巡视。一名前省督就曾大发雷霆，他认为西姆拉的官僚作风就是"在云雾缭绕的山间和令人心旷神怡的微风中，不受谴责，不受监督"。乔治·罗素·克拉克（George Russell Clerk）很少见地在1840年代和1860年代曾两次担任孟买省督①，退休后，他强烈地批评"西姆拉的荒唐和奢侈"及其"高薪工作人员远离民众"和"逃避责任"。[41] 20世纪初，孟买《印度时报》的著名编辑洛瓦特·弗雷泽（Lovat Fraser）也提出了类似但委婉一些的批评。他认为，文官应该全年都生活在自己所服务的民众当中，应该接受被打扰和不舒适的生活条件，应该保证民众能随时见到他，因为"亚洲人非常看重这种面对面的接触，而避暑地制度剥夺了民众的这种机会"。按照弗雷泽的结论，夏季去避暑地的习惯，合乎逻辑且不可否认的"是造成英国人越来越脱离印度民众的主要原因"。[42]

政治监督官

印度文官机构的官员并非只有司法和行政两种选择。他们还可以选择加入印度政府的政治机构，这个部门负责协调与680个由纳瓦布、王公和其他世袭统治者管理的"土邦"之间的关系，这些土邦享有不同程度的自治权。1900年时，这些土邦的人口总计约6300万，占地70万平方英里，约为印度陆地面积的40%。大多数较小的土邦位于孟买省，并受该省政府的管辖，其中一些土邦的面积不过海德公园大小。海得拉巴和克

---

① 两次任职期间，他被派往非洲南部，协助建立奥兰治自由邦（the Orange Free State）。

什米尔是最大的两个土邦，每个的面积都相当于英格兰和苏格兰加在一起的总和。它们由加尔各答的外交事务部政治司（Political Department of Foreign Office）管理，这个部门由总督直接领导。

英国这个头等大国，与印度各土邦之间的关系几乎各不相同。有些是基于东印度公司在 19 世纪初订立的军事同盟和条约；另一些则更为晚近，也"较不平等"。卡提阿瓦半岛（Kathiawar）的一些小土邦主不能在其领地上行使民事或刑事管辖权，但自 1798 年以来，一直是"附属"盟友的海得拉巴尼扎姆①却可以发行钱币，并处决臣民。王公及同类统治者的地位问题在他们的"盟友"当中引起了激烈争论。一些英国的管理者坚持认为他们是"附庸"而非"君主"；但另一些人则认为，即使他们已不再拥有主权，也应该允许他们保留君王的仪式排场。

无论如何定义这些土邦主的地位，大多数土邦的自治权在整个 19 世纪逐渐被削弱。此时，由于受到英国的保护，土邦统治者们无须再拥有自己的军队，并可以将封建租税用于购买珠宝、修建宫殿。但作为回报，他们不得不放弃对于外交政策的控制——不允许他们拥有外交权——以及在各种内部事务上的控制权，例如何时在其领地上修建铁路、兵站或重要道路。英国的权威甚至扩大到了印度以外，延伸到了尼泊尔，有时甚至延伸到了阿富汗，并且越来越多地触及中东。东印度公司在 1839 年占领了亚丁，后来，伦敦政府扩大了英国在该地区的驻军规模，主要是为了抵抗俄国对于波斯和海湾地区的潜在威胁。

---

① 尼扎姆（Nizam）：以前被用作印度海得拉巴统治者的称号。——译者注

后来，伦敦又责成印度政府派印度政治机构官员驻守在从马斯喀特至克尔曼（Kerman）的一系列要塞。

这些被称为"政治监督官"（political）的官员，渴望先到小土邦（常在边境地区）担任政治代表，再慢慢升任驻拉杰普特大宫廷［斋浦尔（Jaipur）、焦特布尔（Jodhpur）等］或马拉塔邦［瓜廖尔、霍尔卡（Holkar）和巴罗达（Baroda）］的"驻扎官"，最终当上迈索尔、海得拉巴和克什米尔（从1885年开始）的驻扎官，也就是这个系统的最高层。然而，其中一些人只能在外围甚至更远的地方任职。印度政治机构的职位有驻土耳其阿拉伯政治驻扎官兼驻巴格达总领事，另一个是驻中国新疆喀什总领事（consul-general at Kashgar in Chinese Turkestan）。汤姆·希金博特姆（Tom Hickinbotham）于1930年成为一名政治监督官，他的整个职业生涯几乎都在印度以外、中东和波斯湾度过，先是在亚丁任职，后来又先后任职于马斯喀特、科威特和巴林。印度独立后，英国政府任命他担任亚丁港信托基金（Aden Port Trust）董事长，1951年，又任命他为亚丁殖民地与保护国（Colony and Protectorate of Aden）总督。

印度政治机构鼓励官员多元化。哈考特·巴特勒①说："我们希望瘦削精明的人驻守边境，体胖心宽的人留在土邦。"[43] 不管性格或体格如何，候选人都必须具有五年文官或军官经验，年龄不超过26岁；他们入职时还必须未婚，并且要通过一个不太难的考试。文官们之所以加入这个部门，通常是因为想看看自己所在省份之外的其他印度省份，尤其是在两次世界大战之

---

① 巴特勒本人就体胖心宽，但他一直担任行政官员，后来在1915~1917年和1923~1927年升任缅甸副省督（第二任期时，该职位已改称为省督），并于1918~1923年担任联合省副省督（后称省督）。

间,随着省自治政府的发展,地方官员的权力开始收缩。1920年代,在马德拉斯,赫伯特·汤普森被建议要么加入财政部,如果他了解金融的话;要么加入政治部,如果他"喜欢穿制服的话"(王公的宫廷都要求非常正式的着装)。尽管他似乎并不特别讲究穿着,但汤普森还是加入了政治部,并最终成为旁遮普土邦的驻扎官,以拉合尔为基地,负责从信德省到西藏西部边界的约四十个土邦。有些土邦主非常奢华,比如信奉锡克教的伯蒂亚拉(Patiala)大君;但在由汤普森监督的一些最小的土邦,王公①"会和牛共享他的宫殿,牛从前门进来,占据了一楼……"44。

印度政治机构还吸引了那些对和平时期的部队生活感到无聊的军官,他们一年到头驻扎在某个要塞,训练部队并带士兵们拉练。尽管约翰·洛(1788—1880)做到了将军,但他一生中最有意思的工作是在担任政治监督官期间——还曾在勒克瑙和海得拉巴担任驻扎官,而不是在军队期间。军事政治监督官必然会更多地接触到印度的"生活"和文化,不像那些留在军营里与战友住在一起的同僚们,整天结伴在军官交谊厅里大吃大喝,或者一起打板球、打马球、打猎。和法官一样,许多政治监督官既有一种强烈的历史使命感,又对于文化有着广泛的兴趣。威廉·普里多上校(Colonel William Prideaux)曾在孟买、乌代布尔(Udaipur)、博帕尔、克什米尔和斋浦尔,以及阿比西尼亚(Abyssinia)和桑给巴尔(Zanzibar)任职,得以尽情地研究印度考古学和钱币学。

可以感知历史也是吸引民事政治监督官的一部分原因。沃

---

① 王公(raja):旧时印度的君主或王子的称号。——译者注

尔特·劳伦斯于1881年调到印度政治机构,并去了拉杰普塔纳,在那里,他欣然发现至少"骑士时代没有消失";那里就像"棕褐色的中世纪"。英印浪漫主义并不是一种普遍存在的毛病,但确实感染了很多被派到拉杰普特宫廷的官员,他们发现自己身处一个充斥着城堡、宫廷、吟游诗人和舞女的世界。就连阿尔弗雷德·莱尔这样多疑又挑剔的人,也对一个身边似乎都是中世纪德国男爵的世界流连忘返。"贵族首领们狩猎、饮酒,在无人阻拦时互相争斗;他们吃野猪,在城堡里一醉方休。"他并不想改变他们,并对于英国统治者想要约束他们的行为感到遗憾。他对自己的母亲说:"我们恐怕不能通过阻止贵族们打斗来改善他们。"[45]

沃尔特·劳伦斯对克什米尔比对拉杰普塔纳更加着迷。山谷里简直太美妙了,"没有被铁路和公路破坏,没有工厂和煤矿",在他担任定居点专员的旅行中,他"睡在船上或帐篷里,帐篷总是搭在梧桐树或胡桃树荫下的绿色草坪上,耳边总能听到欢快的溪水声"。[46]与其他人一样,劳伦斯迷上了生活在有历史感的现实世界中,在那里,历史似乎是鲜活的,人们的生活方式与祖先大致相同。杜维廉在劳伦斯之后的半个世纪加入了印度政治机构,他很乐于生活在他称为"印度化的印度",那里"俯首皆是历史和过去的痕迹",他"与印度人相处得很自然,他们既没有自卑感,也没有明显的政治不满"。[47]政治监督官不必面对罢工者、暴徒或难缠的议会议员。

据说,印度政治机构的人都文武双全,武官有头脑,文官能骑射。政治监督官们可能赞同这种说法,但他们对自己的高度评价并不总能得到其他部门同僚的认同。登齐尔·伊贝森(Denzil Ibbetson)是一名非常干练的文官,后来担任旁遮普副省督，他就认为"统治一个县强过与王公周旋"。还有人说，不能胜任本职工作的人才去当政治监督官，印度政治机构里全是"偷奸耍滑的文官和与部队格格不入的武官；而且，他们把时间都花在与大君和部落首领们一起围猎、宴饮上"。[48]

印度政治机构先将印度文官机构的申请者送到边境或某个土邦待六个月，军队的申请者则会被送到某个县锻炼十八个月，以了解税收和司法工作。经过这番培训后，再测试他们与印度历史、法律和语言相关的知识，但考试结果并不是最终决定能否进入该部门最重要的指标，毕竟这些申请者都已经通过了印度文官机构或桑赫斯特的考试。通常被文官机构忽视的一些其他素质，被认为对这个职位而言非常重要，因为出入土邦王公的宫廷涉及诸多复杂的外交事务。运动能力便是其中之一。许多统领都很善射，其中颇有一些人板球也打得很好，所以，难怪要挑选一些善于骑射并能在板球比赛中得上几分的人。爱德华·布拉德福德上校（Colonel Edward Bradford）或许永远通不过印度文官机构的考试，但他在拉杰普塔纳却非常成功，因为他作为骑士时曾打过一只老虎（并在打虎时失去了一只手臂），还在大起义时仅手握马鞭就带领部下冲锋陷阵，因而赢得了敬意。[49]

哈里·格里格（Harry Grigg）在1892年成为特拉凡哥尔和科钦的驻扎官时，一个朋友曾对他说，驻扎官现在是"该部门中唯一可能由一名绅士担任的职位"。[50]这个朋友并没有确切地解释他的意思，但是包括机智和言行得体在内的绅士举止，显然必不可少。社交能力和礼仪同样重要。一名政治监督官必须了解制服，他出席招待会的礼服是否应该配靴刺，什么时候应该穿礼服大衣、佩挂马穆鲁克（Mameluke）剑、戴白色木髓太阳帽、配金色带穗肩章。最重要的是，他绝对不能在社交礼节上犯错误，比如与印度女性握手或主动问好，或者向穆斯林男子行合十礼，就是双手掌心合拢。面对英国同胞时也要避免失礼。鲁珀特·基尔凯利（Rupert Kilkelly）的政治监督官生涯之所以戛然而止，就是因为在为拉杰普塔纳的一名驻扎官工作期间，他"给一名霍尔小姐发正式请柬时，把她的名字写错了"。显然，这是"他所知道的唯一犯过的错误"。[51]

对于那些被他们称为"大树懒带"（the Great Sloth Belt）（即拉杰普塔纳和印度中部的土邦）的"心宽体胖的人"，边疆那些"瘦削精明的人"既嫉妒又看不起，有时还嘲笑他们。戴维·巴尔上校（Colonel David Barr）是平原政治监督官的典型代表，由于久坐不动，他的体重达 18 英石[①]，时任瓜廖尔、克什米尔和海得拉巴驻扎官。然而，即使是那些"瘦削精明之人"，也毫不质疑他在这些职位上的能力；他在外交事务上驾轻就熟，为继任者减轻了不少负担。在拉杰普特或马拉塔的大土邦担任驻扎官，倘若赶上王公是一名能干又比较顺从、不想跟最高权力闹出麻烦的统治者，驻扎官的日子会很舒服。但倘若赶上一个暴君或者不问政事、流连于阿斯科特赛马会（Ascot）或巴黎的女神游乐厅（Folies Bergères）的统治者，驻扎官就得软硬兼施；有时，还要代表加尔各答政府废黜他。

东印度公司时期，英国统治者在推翻那些反抗它的印度统治者或者吞并一个即将灭亡的王朝时，几乎毫不手软。然而，这种做法显然也是导致 1857 年大起义的部分原因，因此新的总督政权更为谨慎。现在，只有在极特殊的情况下，才会废黜一

---

① 英石：重量单位，1 英石等于 6.35 千克或 14 磅。——译者注

名统治者，不会仅仅因为他统治不当或放荡就加以废黜。栋格（Tonk）的纳瓦布于1867年被废黜，原因是他参与谋杀自己的叔叔和其他许多人。1893年，卡拉特（Kalat）的可汗（khan）被迫退位，也是因为实施了各种"野蛮行为"，包括杀害了首席大臣（wazir）。

政治监督官更常见的职责是担任未成年或者年轻君主的监护人、老师或私人秘书。他必须教导和传授他们治理邦国的知识，同时还不能让他们与本族民众的宗教、习俗脱节。那些代表剑桥打板球和经常光顾伦敦夜总会的大君，在印度几乎都不是好的统治者。倘若未成年的君主是个婴儿，在宫中被娇纵宠爱，被亲戚和朝臣们当作国王一般对待，人人在他面前俯伏行礼、言语谦逊、唯命是从，驻扎官的难处可能会提早开始。1869年，历史学家乔治·马勒森上校（Colonel George Malleson）被任命为迈索尔已故大君收养的继承人的监护人，这是一个年仅6岁的孩子，孩子的母亲和已故君主的两名妃嫔都坚持孩子不能出宫见他，除非由36名骑兵、13名步兵和16名贴身侍从跟随。[52]

驻大土邦的驻扎官的生活就像驻巴黎或维也纳的大使那样，住在大公馆里，以强大的实力和崇高的威望与单一的政府打交道。其他政治监督官的生活则更复杂多样。他们可能需要对阿拉瓦利山脉（Aravali Hills）里抢劫送亲队伍的土匪采取打击行动；可能需要说服一名（在桑赫斯特接受过教育的）亲英派锡克教大君为了自己的土邦蓄须；他们甚至可能需要将一名婴儿从土邦宫廷偷运到印度南部的某个修道院，以免统治者发现自己守寡的母亲生了一个私生子——1930年代末，驻古吉拉特邦的莱斯利·昌西（Leslie Chauncy）就做过这样的事情。对于政治监督官来说，最大的压力莫过于担任驻卡提阿瓦半岛的代表，这个位于孟买管区的半岛有着 300 个土邦（占印度土邦总数的近一半）；莫罕达斯·甘地就来自其中的一个土邦——博尔本德尔（Porbandar），他父亲是大君的迪万（diwan，首席大臣的另一种叫法）。1887 年，威廉·李-沃纳（William Lee-Warner）接到这个职位的聘请时，医生警告他说，如果接受这份工作，他的肝上会出现脓肿。[53]

边境地区的政治官员的工作压力也很大，而且绝对让人坐不下来。西北边境的政治官员大部分时间都要对付那些生来就充满了敌意的人，以及山区里的部落游民，他们一年到头都想着袭击旁遮普平原，抢夺人、牲畜和其他战利品。政治监督官的工作就是维持和平，或至少将暴力限制在可接受的程度。因此，他需要了解那些部落，了解他们的语言和习俗，并与当地的可汗和村长搞好关系，知道怎样以及在何时说服长老会（jirga）出面协助解决争端。这样的人常常会成为传奇人物：如 19 世纪末，开伯尔的罗伯特·沃伯顿（Robert Warburton）和驻俾路支省的罗伯特·桑德曼（Robert Sandeman），以及 20 世纪头 20 年，在白沙瓦管理边境的哈罗德·迪恩（Harold Deane）和乔治·鲁斯·凯佩尔（George Roos Keppel）。在小说《断路》（*The Broken Road*, 1907）中，A. E. W. 梅森（A. E. W. Mason）把这些人物汇集到了一个角色身上，他"在晚宴上很不起眼，但每当边境或其他地方遇到麻烦时，人们常常发现他就是调解争端的首席代表"。

这样的官员不能像省政府定期调动税收官和县治安官那样，每四年或五年就调动一次。沃伯顿在开伯尔当了十八年政治官员，这是大英帝国最危险的职位之一，他与帕坦部落中最不顺从的阿夫里迪人（Afridi）建立起了非常紧密的关系，甚至可以毫不戒备地在他们中间扎营。罗伯特·桑德曼在俾路支省度过了人生最后的十五年，他在那里建立起了一个非常高效的"体制"，与各个部落交朋友，通过酋长与部落打交道，遵守部落习俗，充分利用长老会而不是法庭来解决争端。当然，这一切必须有随时可供调用且摆在眼前的强大军事实力做后盾。不过，这种实力很少得到动用，1892年桑德曼去世时，俾路支人甚至为谁能有幸埋葬"大人"（Senamann Sahib）而不断争执。[54]

政治官员通常在部落中比在英国军官当中更受欢迎，因为他们总是试图劝阻各部落不要袭击或者采取其他可能会遭到政府惩罚的行动，但英国军官们却盼着"干上一仗"，"好好教训"一下某个对头。军方常常觉得政治监督官很碍事，"是士兵和勋章之间的绊脚石"[55]。温斯顿·丘吉尔回想起1897年的一次边境远征时，觉得哈罗德·迪恩就是这样的人，他"非常讨厌，总是阻止军事行动。就在我们期待着痛痛快快打上一仗，所有的枪都上了膛，人人都摩拳擦掌的时候，总是这个迪恩少校……跳出来阻止一切。显然，那些野蛮的酋长都是他的老朋友，都快成他的亲戚了"[56]。

政治监督官的生活水平差异很大。海得拉巴的驻扎官可能住在一所有着高达40英尺科林斯式门廊的华丽宫殿中，但很多政治监督官却住在普通平房里。1880年代，驻土耳其阿拉伯的驻扎官特威迪上校（Colonel Tweedie）的住所是巴格达一条小巷里的一栋肮脏的出租房，夏季的白天，一家人待在"潮湿、阴暗又有害虫"的地窖里，夜晚睡在房顶上，"不仅毫无隐私，而且常常刮的风都是热风"。他的妻子想出门时，不得不"裹着布单和面纱"骑在驴上,以防被误认为是妓女;最终,她决定离开,留下丈夫自己照顾自己。这名上校"可怜的处境"在"将妻子交托给印度洋的季风"之后还没有结束。他不断被调到新的岗位,顶替那些生病或休假的官员,这对一名政治监督官来说很少见。在1879~1885年间,他在拉杰普塔纳顶替了三个职位、瓜廖尔三个、巴格达两个、贾拉拉巴德(Jalalabad)一个,还有一个职位是入侵阿富汗期间,担任白沙瓦与喀布尔之间的政治官员。同时,他还患有一种名为"Date Mark"或"Bouton de Baghdad"的严重皮肤病。难怪他写给政治部上司的信里,总是满腹牢骚。[57]

特威迪之后,印度境外的政治机构官员们的住宿条件有所改善,但永远无法与拉杰普塔纳和印度中部驻扎官的豪华官邸相提并论。1911年,时任驻巴林政治监督官的前印度陆军军官戴维·洛里默(David Lorimer)的住所,用他妻子的话说,是"一幢漂亮的二层小楼,有一根很大的旗杆……还有一座伸到水中的简易栈桥"。一楼是他的办公室和一间厨房,房子四面环绕着一圈可以欣赏到海景的走廊。这座建筑物与其他类似建筑一样,也坐落在一个院落当中,但院落中的另外两座建筑物却非同寻常,"一个角落里有一处小型营房",里面住了19名印度兵,还有一个小监狱,里面住了五六名囚犯,他们被雇来打扫卫生、拉风扇及整平用来建网球场的地面。[58]

英国在波斯湾可能算是头号大国,但其在该地区的目标,除了想对抗俄国的势力外,一直不怎么明确。"我们不想要[科威特],"印度事务部的阿瑟·戈德利于1899年对寇松说道,"但是,我们也不希望其他任何人得到它。"他承认,这一政策被"直白地说出来"时,听着"相当糟糕",但却是"我们很多外交政策的真实动机".[59]石油当时还不是一个动机,因为和巴林一样,科威特当时还不产石油。当地统治者当然往往都是亲英派,主要是因为他们需要保护,以对付海盗和更强大的邻国。1901年,寇松在巡视海湾时说马斯喀特苏丹的举止更像是一个"忠实的封建藩臣,而不像……一位独立的君主",而科威特酋长则宣称自己是"一名为英格兰而战的斗士"。[60]如果说巴林酋长的热情没有那么高涨的话,可能是因为总督之前给他讲了巴林岛上的经济状况。

正是由于英国在海湾地区的宪法地位不明确,因此,来自印度的政治监督官对其在当地的职责相当含混。洛里默的妻子是一名研究德语的学者,她放弃了在牛津的事业而嫁给他,但在巴林,她总是感到困惑不已。一到巴林,她就意识到"很显然,第一要务"应该是"保护英国贸易和英国航运",但同时,似乎在某种程度上,"我们逐渐采取了一种默许保护国的立场……并实际掌管了司法"。政治监督官的职责本来是保护所有"外国人"(非洲人、亚洲人或欧洲人),而不是酋长的臣民,但洛里默总想干预涉及截肢刑罚的案件。巴林有自己的解决珍珠渔业纠纷的法庭,但任何涉及波斯人或非巴林阿拉伯人的此类案件和其他案件,都可以转给洛里默。这意味着那些从阿拉伯半岛逃出来后藏在一艘小船上或被某艘蒸汽船救起后到达巴林的奴隶,可以向政治监督官求助:如果政治监督官对他们遭到绑架和奴役的故事感到满意,便会释放他们。这是这项工作所带来的为数不多的满足感之一。在其他问题上,英国和印度政府都觉得管辖权和宪法地位问题过于复杂且难以界定——这让洛里默夫妇很撮火,他们发现"尤其让人头疼的是,他们需要在没有什么指示的情况下守住一个要塞,唯一的指示仅仅是不要开火、不能伤人，最重要的是，不要采取任何决定性行动"[61]。

涅斯托耳医生与印度医疗机构

东印度公司在其存在的头一个半世纪里所派遣的外科医生，充其量只能算半技术型文员。但在公司开始在印度建立自己的军队之后，就派出了受过更好训练的医务人员，为军队服务，将这些外科医生编入部队，并授予他们军衔（军医少校、军医上将等），同时还成立了印度医疗机构。但实际上，来自英国的外科医生和内科医生——这两个词在英印几乎是同义的——兼有军事和民事之职。他们在医院任职，管理医学院，成为县总部的"民事外科医生"。

到达印度后，年轻的东印度公司军医可能会在加尔各答（或马德拉斯或孟买）待上一段时间，学习一些关于饮食、语言和热带疾病方面的知识，然后加入所在部队，接受基本的军事训练。如果部队参加作战，他自然要跟随部队，并履行常常令人毛骨悚然的战场职责——用绷带包扎伤口，使用止血带，在没有氯仿做麻醉剂的年代用鸦片酊和颠茄止痛。他还要做截肢手术，尽管成功的可能性并不大：一名高地军官回想起1850年代在印度服役的经历时说，他"从不知道，也没有听说过哪个伤员能在腿部截肢后幸存下来"[62]。和平时期医务官的职责就没有那么繁重了，除非赶上霍乱流行或其他疾病暴发。每天一大早，他会去部队医院，看看住院病人和任何报告有病的人，通常是痢疾或发烧病人；如果需要做任何手术，他会在隶属该部队的印度助理军医的协助下进行。在那之后，他再做些必要的办公室工作，一般几乎没有，这样他的军事职责通常在中午之前就能完成。有这么多的闲暇时间，他可能会在战马医院帮忙——兽医总是人手不足，或者给军官食堂当干事并负责账目。[63]

在部队工作了两年后，印度医疗机构的官员有机会转到民事部门工作，当然，他们仍然会保留军衔，可以在战时或其他紧急情况下被召回。那些选择留在军事部门的人，几乎没有私人行医的机会，也很少能做到该部门的最高层。但他们和部队里的作战军官一样，有很多闲暇时间，因此可以参加户外运动。和印度陆军的同仁一样，他们可能会在职业生涯中被调到不同的部队；但如果没有调动的话，他们的生活模式就和陆军医疗部（后来被称为"皇家陆军医疗军团"）的人一样，这个部门到印度服务于英国陆军部队，并管理所属部队的医院。

选择去民事部门的人，通常会成为所在县的医生和诊所检查员，并与地方治安官和法官共事。相比于留在部队的同事们而言，他每天的工作时间更长，工作内容也更多样化。他每天都要去县监狱，因为他是监狱长，还要去他负责管理的县医院，然后去警察医院，最后再去自己的办公室，处理来自卫生专员和医院总督察的信件。再之后，他要查看病人，包括官方病人和私人病人，尽管两者之间的界线通常很模糊。他必须无偿为军官及其家属提供服务，高级非军事官员（不管是英国官员还是印度官员）也可以享受免费服务，但他们的妻子和子女看病时需要支付费用。

民事外科医生必须是"全能手"，因为除非所在地区是一个城市，否则，那附近不太可能有任何类型的专科医生。如果附近没有教会医院的话，一位妇人想找女医生看病很难有机会，如果她需要一名比普通医生更专业的男医生，可能需要到几百英里以外的加尔各答或孟买才能找到。1871年,整个印度只有10名英国牙医,因为牙医太少,所以允许人们请好几天假去看牙:1918年,埃米斯中尉因嘴巴肿胀疼痛,不得不从位于印多尔附近的姆豪驻地,跋涉350英里来到孟买,"寻求缓解牙痛"[64]。约翰·比姆斯时期以后,民事外科医生的素质有所提高①,其中最优秀的人步步高升,但很多人安于一份轻松的工作,也不怎么想搬家。据一名廓尔喀旅军官的说法,兰斯当避暑地是"喜欢运动和社交生活的懒散且胸无大志的医生的理想之地"[65]。

胸怀大志的医生们没有留在民站,不会仅满足于与少校和随军牧师在俱乐部里打台球。他们后来成了医学院教授、研究机构主任和卫生署长,其中职位最高的成为管理印度医疗机构和其将近700名官员的局长,负责监督隶属于印度政府的数百家医院和数千家药房。② 印度医疗机构中的职业种类和印度其他部门一样多样化。男医生可能在卡绍利(Kasauli)研究狂犬病疫苗,在马德拉斯研究蛇毒解毒剂;可能在兰契管理疯人院,或在波斯进行疟疾调查。尽管研究资金并不充足,但在研究关于热带疾病的知识和治疗方法上,印度医疗机构的实验室作出了一些重大贡献。正是该部门的官员罗伯特·罗斯(Robert Ross),在缺乏政府积极支持的情况下,发现了疟疾是由蚊子传播的。

印度医疗机构还有不少官员进入科学界任职,其中包括加尔各答博物馆馆长一职,以及印度海洋勘探局(Indian Marine

---

① 见前文,p. 128。
② 印度医疗机构的印度化始于1890年代,比印度文官机构晚不少。一个原因是如《印度教爱国者》(*Hindoo Patriot*)等印度报纸的态度,这些报纸出于宗教原因,阻止印度教教徒出国前往伦敦参加考试。到1940年,印度医疗机构共有695名医生,其中460名是英国人,235名是印度人。

Survey）外科医生－博物学家（surgeon-naturalist），值得一提的是，后者在"调查员号"（*Investigator*）蒸汽船上享有固定的铺位。初级军医可能渴望当上加尔各答植物园植物标本室主任，以后能有机会接任园长之职，园长则是政府金鸡纳研究专家兼加尔各答医学院植物学教授。与文官和军官一样，印度医疗机构的官员也可以加入印度政治机构，成为"土邦宫廷驻扎官的医生"。与政治机构的其他职位一样，有些医生的岗位悠闲自在、收入丰厚又位于宜人的地方；而另一些则不是。沃尔特·克赖顿（Walter Crichton）是驻锡斯坦（Seistan）政治专员的医生，这是一个位于波斯－阿富汗边境的偏远地区，后来，他被调到了瓦济里斯坦古勒姆（Kurram）办事处。1932年2月在巴勒吉纳尔（Parachinar）市场，一名阿富汗部落成员用斧头袭击了他，他身受重伤，此后再也无法正常使用左臂。[66]

值得一提的是获印度帝国勋章（Companion of the Indian Empire, CIE）的克赖顿中校。他来自马耳他一个叫克里蒂安（Critian）的天主教家庭，家里拥有岛上最大的书店。从斯利马（Sliema）的耶稣会学院（Jesuit College）毕业后，他赴爱丁堡大学学习医学，后来进入印度医疗机构，皈依了英格兰圣公会，并把自己的名字英语化（或凯尔特化）为克赖顿。巴勒吉纳尔市场受伤事件之后，他成为驻西姆拉和德里的军医。在第二次世界大战中，他服务于部署在意大利的印度部队。1943年，他因在伤寒和性病方面的工作而获得了那不勒斯"城市自由勋章"荣誉。后来，他还获得奥兰治拿骚勋章（Order of Orange Nassau），以表彰他对解放后的荷兰所作的贡献。此后，他回到印度，担任比哈尔公共卫生局长。印度独立后，他成为世界卫生组织驻韩国代表团团长，此后，又在中东地区担任世卫组织的多项职务。根据《柳叶刀》（Lancet）杂志的讣告，1930年代，他非常关心可怜的人力车（rickshaw）车夫，于是发明了"crickshaw"，一种轻型橡胶轮胎人力车，他希望这种人力车能够"让印度避暑地的苦力们工作得轻松一点"。印度总督威林登勋爵（Lord Willingdon）很支持这个计划，甚至购买了一小批这样的人力车，供自己在西姆拉的工作人员使用。[67]

在印度医疗机构中，很难找到职业生涯乏味或者缺乏变动的记录。即使是那些愿意在乌蒂当几十年民事外科医生，或在斋浦尔当几十年驻扎官医生的人，也被不了解他们心愿的上司调来调去。实际上，印度医疗机构的调动频率比其他部门都高。从1897年起的五年间，一名都柏林牧师的儿子利文顿军医中尉（Surgeon-Lieutenant Leventon）先后担任过驻阿萨姆省女王直属孟加拉轻步兵团（Queen's Own Bengal Light Infantry）医务官，在征讨阿帕塔尼（Apa Tani）山区部落行动中负责一支军警部队，负责一个霍乱营地，任曼尼普尔（Manipur）民事外科医生兼第43廓尔喀步枪团的医务官，担任锡布萨格尔（Sibsagar）的民事外科医生，最后是在德里杜尔巴加冕典礼的阿萨姆营地（Assam Camp）的医务官。[68]

欧内斯特·布拉德菲尔德于1903年加入印度医疗机构，并很快被调到驻马德拉斯的第88卡纳提克步兵团（the 88th Carnatic Infantry），他发现这座城市很怡人，因为"这里有很多商人……他们很会享受生活，所以可以毫不费力地找到一支能一起打两天板球的球队"；在马德拉斯，"通常星期六一整天都打比赛，星期天则留给射猎和其他运动……"。可是，在负责治理霍乱一段时间后，他被调到了孟买管区，治理默哈伯莱什沃尔的瘟疫、消灭老鼠，然后又被调到苏拉特海岸治理瘟疫。

尽管他很快就渴望回到马德拉斯,却被派到了白沙瓦,担任一支远征军的卫生官,负责处理士兵和随军人员中爆发的霍乱。之后又被派往密拉特军营,在那里,他至少可以享受"印度最好的马球和狩猎野猪的运动",参加团里组织的拔帐钉比赛。直到他陪伴一名精神病患者乘坐货轮(因为客轮拒绝搭乘此类病人)返回英格兰之后,才于1912年再次回到以前的省,在廷尼韦利(Tinnevelly)担任民事外科医生。在南方短暂停留期间,这个运动狂人还在两季马德拉斯狩猎(Madras Hunt)中担任"替补"。[69]

第一次世界大战期间,印度医疗机构的很多官员随同远征军前往美索不达米亚,服务于驻巴士拉的印度陆军部队或军队医院,或有时候负责将土耳其囚犯押送到印度。[70]布拉德菲尔德也被派往前线,在底格里斯河上的一艘医务船上工作,然后返回印度,管理一家麻风病人庇护所。1924年,他成为马德拉斯医学院的外科学教授和综合医院(General Hospital)院长。在该省工作期间,他专门研究胃溃疡和十二指肠溃疡,以及脊柱压缩性骨折,这是纳达尔人爬棕榈树采集棕榈汁的时候臀部着地跌落时常受的一种伤。[71]

布拉德菲尔德常常在上午看一两个私人病人,并探访威林登养老院(Willingdon Nursing Home),然后到医院,10点钟开始查房。他一周有三天上午会进行手术,下午一直在办公室待到他认为该做些运动的时候。这时他已40多岁了,不再打马球——而且自战争以后,也很难找到马;但是他热衷于打壁球和网球,在每年一次对阵印度队的板球比赛中,他还担任"欧洲十一人"(European Eleven)队的队长。在某个地方打上一小时球后,他可能会在马德拉斯俱乐部的长吧台旁喝点什么——

据说那是亚洲最长的吧台,然后"去被称为'鸽舍'或'鸡舍'的女士区接[他的]妻子"。[72]

这个惬意的惯例只持续了几年,因为他的妻子玛格丽特(他们于1920年结婚)决定带年幼的女儿回英国,并且一年的大部分时间都与她们住在英国,只在冬天回到马德拉斯与丈夫相聚。这个安排的花销很大,布拉德菲尔德必须供养两所房子,还要支付学费、船费,以及圣诞节时给孩子们找一个度假屋。大概是出于经济原因,他决定放弃印度南部的生活,"选择几年内不太艰难的军队晋升前途"——获得晋升后,就能有更高的薪水。因此,在1930年(他50岁那年),他主动要求去西北边境,先驻扎在科哈特(Kohat),然后驻守白沙瓦,切断了与南部的所有联系,只留下一名马德拉斯脚夫,此人忠诚地陪着他进了山区。晋升终于在1935年到来,他被任命为驻孟买政府的军医处长(少将军衔),两年后又被任命为印度医疗机构主任。第二个职位的任命消息是由即将离任的主任卡思伯特·斯普罗森爵士(Sir Cuthbert Sprawson)在电报里宣布的,电报写道,"特洛伊罗斯与克瑞西达,第四幕第五场第一行"(阿伽门农的那句"你已经浑身披挂,整装待发"[73])。布拉德菲尔德用同一场中涅斯托耳的一句台词回复:"我们的将军以一吻向你致敬。"①[74]

---

① 这次交流的微妙或神秘比不上1900年寇松任命大卫·巴尔到海德拉巴管区的电报。巴尔(正好是个秃头)觉得有必要在选定候选人之前提醒一下总督别忘记自己。于是,正如杜维廉所描述的那样,他"给当时在西姆拉的寇松发了电报:'诗篇132,第1节',译文为:'耶和华啊,求你纪念大卫所受的一切苦难。'寇松回复'诗篇75,第6节':'因为高举非从东,非从西,也非从南而来。'巴尔大概受到了鼓舞,因为寇松在北边。他又发电报:'诗篇121,第1节','我要向山举目,我的帮助从何而来。'寇松用'列王纪下,2,第23节'利索地结束了这一系列电报:'秃头的上去吧。'"。

第七章　工作生活：风餐露宿

巡　查

在 1900 年的英国，大多数人在有遮蔽的环境下做工。农民和渔民当然不是——大多数乡下人也不是，但绝大多数人在有遮蔽的工厂、矿山、火车、仓库、商店和办公室工作。相比之下，在印度，大多数英国人主要在户外工作，法官、银行家、商人和在秘书处工作的文官们例外。几乎所有其他职业都需要在户外。印度到处都有测量师——财政部门、地籍部门、地质部门、矿物部门、地形部门、三角测量部门——他们总是在各处测量。就连鸦片署（Opium Department）的官员都在露天的环境下生活和工作。理查德·布莱尔（Richard Blair）的整个职业生涯都在这个部门，从鸦片代理人助理做起，在孟加拉和联合省辗转任职，他大部分时间都住在帐篷里，因为要勘查罂粟田和农民种植罂粟的方法。尽管一个亲戚说他是一个"极其不爱冒险"的人，他还是在 39 岁时娶了一名有一半法国血统的女孩，年龄几乎只有他的一半。她来自一个在缅甸从事造船和柚木贸易的家庭。1898 年，夫妻俩生了一个女儿玛乔丽，五年后，在孟加拉的莫蒂哈里（Motihari）又生了一个儿子，叫埃里克（Eric），这个孩子长大后当了缅甸的一名警察；后来，他辞去职务，成为一名作家，以乔治·奥威尔的名字出版自己的作品。[1]

前面讲过，县官夏天都在法庭上汗流浃背地履行地方治安官之责，但到了秋天，季风过后，他就得戴上遮阳帽，变身为税收官，负责税收，他的工作就是巡视所在的县，亲自了解情况，看看人们生活得怎么样、庄稼的收成如何。巡视期间，即便是案头工作也在户外完成，在帐篷附近的树下搭起折叠桌，他的狗趴在脚边，信使徘徊于左右，文员们盘腿坐在地上，拿着墨水瓶和成捆的纸。在搭起这一经典场景之前，县官会花一整个上午的时间和印度官员们骑马巡查各个村庄、检查土地和建筑物、与乡税收员和当地农民交谈。然后，他回到帐篷，在锌制浴盆中洗个澡，吃简易午饭的时候，一小群人聚集在帐篷边，有诉讼人和原告，还有警察（带着犯人）带着一些小案件到他那里请他审理。

印度大多基层文官——助理治安官或乡级官员一年中的大部分时间都在外巡视，他们11月初出发，如果时间掌握得好的话，会在6月季风爆发之前回到民站。直到1939年，莫里斯·赞坎一年中仍有210天都在孟买管区的某个偏远地区巡视，因为实在太偏远了，"猎杀一直袭击村里牛畜的老虎成为一项公职"，尽管他本人在这方面"实在无能为力"①。[2]七十年前，安德鲁·温盖特（Andrew Wingate）一年中有七个月在这个省巡视，"从来没有哪一天是沉闷的"，尽管在那段时间里，他很少遇到英国人，甚至不讲英语。埃文·麦科诺基（Evan Maconochie）是孟买政府中间一代官员，他十分喜欢"露营生活，喜欢总在户外的感觉，总能看到不同的风景和面孔，喜欢

---

① 赞坎到该管区任职完全是阴差阳错，他"错以为班加罗尔和乌塔卡蒙德都在孟买"才选择了这个管区。他母亲认为他根本不应该去印度，因为她认为他"没有能力对付老虎"。

这项工作的性质,喜欢那种能为周围的人做些事情的感觉,哪怕只是很小的事情"。尽管他经常"两三个月都看不到一张白色面孔",但"在帐篷下的七个月"是他一生中"最快乐的时光"。³

随着时间的推移,巡视的细节慢慢发生了变化。到1930年代,平原地区的大部分巡视改为乘汽车进行,在山区,如阿萨姆省和中央省的部落地区,官员们有时会带上便携式留声机,给村民们播放杰克·赫尔伯特(Jack Hulbert)和哈里·劳德(Harry Lauder)的唱片;作为回报,卢赛山区(Lushai Hills)的县官可能不得不接受酋长的热情款待,喝很多山区的酒(zu)。然而,巡视的本质并未变化。这是文官了解一个县及其人民的手段,通过巡视,他们可以获得人们的信任;如果官员们具备一些医学知识和治疗用品的话,就更容易获得信任了。而且,对官员们来说,离开民站也有好处,他们已经整个夏天都泡在法庭案件中了,应该去偏远地区看一看哈考特·巴特勒所说的"守秩序的良民",或"东方生活中永恒且更令人愉悦的一面";巴特勒后来担任了缅甸省督,他反思说"当人身处丛林中时……世界似乎总是充满希望"。⁴

如果一名文官被任命为调解官员的话,也需要了解所在的县。这项工作持续三四年,官员要"评估"两三千个村庄的区域,勘测田地,计算收成和收入,努力解决有关租赁、租约和界限的纠纷,然后撰写一份长篇述职报告。文官还有一项户外职位是殖民官员,负责建立、治理旁遮普的"运河殖民地"——1890年代在杰纳布(Chenab)和杰赫勒姆(Jhelum)计划灌溉的数百万英亩土地上建起的殖民地。他必须对殖民地进行规划,设计农场、道路和村庄的布局,并安排新租户——最好是那种稳定的自耕农——彼此高效、和谐地居住在一起。

他要注意将来自同一个县的人安排居住在同一个村子，并把锡克教徒和穆斯林分开。1930 年，一名年轻官员的首要任务是确保租户在分配给他们的土地上建造适当的房屋并真正住在那里，而不能仅做人户分离的土地所有者，即依旧住在自己原来的村子，只到殖民地来收割庄稼。[5]

巡视不是一件短平快的易事，不做好大量计划是不行的。即使一名新任官员在第一次冬季巡查时，也需要 8 辆或更多的牛车载着仆人、帐篷和餐具上路；一名县官或专员可能需要多达 24 辆的牛车，毫无疑问，这些车排成一队缓缓前行一定很壮观，尽管在平直的道路上，它们的最快速度也只有每小时两英里。前面说过，一些地方官员不得不骑骆驼、大象或乘船进行巡查，但大多数官员自己骑马，仆人和装备则用牛车拉。由于牛车实在太慢了，因此几乎所有的物品都必须准备两套。文官坐在第一个帐篷外听取申诉时，牛车已经带着他的第二套帐篷赶往下一个营地了，以便在他傍晚骑着马溜达到的时候，一切已经在芒果林中准备妥当。

县官们有时候会住在驿站里，那里可能有一架旧书和一些过期的《布莱克伍德杂志》（*Blackwood's Magazine*），但他们通常更喜欢由政府提供的帐篷。这可不是那种用一把锤子和一些帐篷钉简单几分钟就能搞定的帐篷。年轻的乡官员詹姆斯·西夫顿很享受他的"吉卜赛生活"，但也承认这是一种非常"奢华"的吉卜赛生活。他跟父亲说，如果以为他儿子和其他"住帐篷的"同事们过着"因陋就简"的日子，那就大错特错了。"我的帐篷和您的客厅一样大。我有一块地毯和一间浴室，前面还有一个阳台，有桌子、椅子、床和一切舒适的东西。"乡官可能还会有一间厨房，里面有盘子、餐具和台灯，还有为他的小狗准备的狗篮,如果他有灵猩犬的话,会有细绳床供它们睡觉。由于瓷器在巡视途中比在营地更容易打碎,因此他可能会用搪瓷器皿进餐喝水,除非他听从妇女们的观点,她们觉得不该用搪瓷。《初到印度头几年的居住提示》(Hints for First Years of Residence in India)一书的作者安妮·威尔逊(Anne Wilson)说:"搪瓷器皿不好看,也不适合用来喝水,因为搪瓷杯子会特别烫。"[6]

除开家庭成员和可能中途加入的地方官员,县官巡视的随行人员大约有 20 人,包括文员、仆人和信使。即使一名林业官员在森林里露营时也会带上 12 人:脚夫、马夫、厨师、厨师的助手、清扫工、洗衣工和 6 名车夫。英国人在巡视途中比在总部还要依赖于仆人。他们的厨师会在沿途的村庄采办蔬菜,有时会在集市上买肉,不过一看见乡村屠夫那里苍蝇出没,文官通常就会自带肉类。如果仆人中有印度教徒,显然就不能带牛肉;印度教苦力有时甚至拒绝携带 Oxo 牛肉浓汤块,因为包装上有一个牛头。更稳妥的办法是赶上一小群绵羊,需要的时候雇一个当地的穆斯林屠夫。即便在印度教地区,也可以带上一头母牛和它的小牛来解决喝牛奶的问题,尽管有时可能不够喝,而且如果不煮沸的话,还很危险。有些人喜欢带水牛,但最好的办法是带山羊,特别适合于有孩子的官员,因为羊奶里没有结核菌,很安全。克林顿·道金斯(Clinton Dawkins)是一名林业官员,他与妻子伊妮德(Enid)一起巡视缅甸时,带上了还睡在摩西婴儿摇篮里的幼子们,他们认为山羊奶对孩子们来说是最健康的选择,但同时也准备了替代食品,以防在丛林中出没的老虎叼走山羊。[7]

省督或总督的巡视之旅当然完全另当别论。但至少在意图上有某些相似之处，因为英国人一直在努力通过巡查探访和组织严密的礼仪来证明自己的权威。早在1866年，埃米莉·艾登（Emily Eden）就曾感叹印度总督巡行的"辉煌"已不复存在；回忆起自己在印度期间——正值她的哥哥奥克兰勋爵（Lord Auckland）担任总督（1836~1842年在任）——的经历，她认为，由于印度现在"陷入了铁路的诅咒"，当时的那种辉煌已不复存在了。[8]但后来，印度总督和省督们完成了一些相当辉煌的铁路"巡行"，以及在两次世界大战之间，以火车和汽车相结合的"巡行"。我们已经提到过戈申勋爵对美国车的喜爱，但一名省督的随员和行李可不是区区六辆车能装下的。从马德拉斯到夏都乌蒂，戈申需要一列火车来运送他的马匹、银餐具和酒箱，被称为"马厩专列"，而乐队一行及家属则乘坐普通旅客列车前往。马德拉斯省督从乌蒂开始巡行时，不需要带乐队或银餐具，但他仍会需要一名管家（"乘坐负责提前托运行李的卡车"）和一名专司葡萄酒的管家，以及一名糕点师和普通厨师。他经常接受其他人安排的宴请——在某个俱乐部、官邸或者拉贾的宫殿，但在平原上，他的大部分巡行都是乘坐一列带有餐车和工作人员的特别火车。[9]

省督的军事秘书（实际上就是一名担任社交秘书的士兵）会事先安排并打印好巡视计划，包括访问的细节、时间安排和要穿的制服。1925年，在对该省西南部——科钦、廷尼韦利、特拉凡哥尔和阿奈马莱丘陵（Anaimalai Hills）——的巡视中，戈申勋爵和夫人各有分工：在勋爵访问廷尼韦利印度教学院（Hindu College of Tinnevelly）时，勋爵夫人访问妇童医院（Women's and Children's Hospital）；他访问特里凡得琅艺术科学学院（Arts and Science Colleges of Trivandrum）时，她参观大君女子学院（Maharaja's College of Women）。他们还一起视察了佩里亚尔大坝（Periyar Dam）和科钦的新港口，参观了茶叶种植园和种植园主协会，接待了代表团并听取长篇讲话，有几次还接受了"印度贵族"献的花环。在各种露天招待会、国宴和其他社交场合中，有一次是与特拉凡哥尔和科钦主教共进午餐，但戈申的一名副官波特尔上尉（Captain Portal）对那顿饭没有好印象，将其描述为"干巴巴的一顿午饭（没有喝的）"[10]。

这样的视察不仅给省督的随行人员增加了很多工作，而且对那些紧张地等待着迎接并竭尽全力希望别出岔子的人来说，也是如此。如果一名省督"穿着旧衣服"的话——因为没有人提醒他有一个大型仪仗队在某个地方等着他，由此产生的危机可能会毁掉整趟行程。[11] 1922年，孟买省督劳埃德勋爵（Lord Lloyd）"表示他有意"访问卡拉奇并在圣诞节在信德打猎时，专员总部的文官意识到他们的假期要泡汤了。省督的一名副官随后发了一份清单，列明省督阁下帐篷所需物品，包括壁炉、衣帽架和"高级地毯"，据负责组织这位单身专员社交活动的玛奇·格林的说法，这些要求让"所有人……都又气又恼"。劳埃德抵达时，玛奇的社交生活简直成了一场"完美旋风"，充满了花园派对、国宴和各种午宴。她"所有的时间"似乎都花在了"疯狂地脱下一场宴会的礼服，又换上下一场宴会的礼服，并在宴会上讨论天气的方方面面"。这样的视察有什么意义呢？就连寇松的私人秘书沃尔特·劳伦斯都对总督巡视的价值持怀疑态度。这些巡视经过如此精心的准备，却如此走马观花地就完成了；在打猎和观光上花了那么多时间；在招待会和国宴上却收获甚微；而且，官员见印度总督并回答他的问题时，都那么紧张，连舌头都僵住了，或者说了愚蠢的话。[12] 但是，总督或省督离开官邸、看看印度的各个地方也有好处：或许人们应该看到他，并觉得他对老百姓的事感兴趣；况且，让官员一直有事可做或许也不错。

丛林瓦拉

缅甸的森林官员曾被其他地区的同事嘲笑为"独树人"，意思是除了柚木以外，他们对其他木材毫无兴趣；而且除了保护柚木不发生火灾外，没有任何其他专业计划。[13]在上缅甸偏远的森林中，柚木很容易令人为之倾倒，不仅仅因为它是打造船只和家具的上等木材，还因为柚木本身还含有一种很有用的防腐油。有的林业官员会花上一生的时间来寻找这种树，选择合适的样本，在它长成后砍伐，然后想方设法地确保木材被运到目的地而非被河盗偷走。一名退休的林业官员在巴斯和西部协会（Bath and West Society）的年度展览中担任组织者，家具展品上哪怕落上一滴雨都会让他受不了，柚木的芳香会"唤起"他所有的感官，令他想起自己到亚洲丛林的第一天。其他像他一样的人也一直被这种参天大树的美丽所吸引，树木的顶端常常隐没在晨雾中，广阔神秘的森林、清新的空气以及每天在高过他们50英尺的摇曳的竹林中穿行，都让他们难以忘怀。[14]

克林顿·道金斯就是一个"独树人"，但幸运的是，他娶了伊妮德，她的父亲和兄弟都是林业官员，她自己也是一名柚木爱好者；退休后，夫妻二人在埃塞克斯郡（Essex）小巴多（Little Baddow）的艺术协会（Arts Guild）和妇女协会（Women's Institute）上举办了关于柚木的讲座。他的叔叔也叫克林顿·道金斯，是寇松在贝利奥尔学院的朋友，曾担任过印度总督参事会财政参事，后来离开了加尔各答，到伦敦为皮尔庞特·摩根（Pierpont Morgan）的机构工作。这个侄子也就读于贝利奥尔学院①，费用由叔叔支付。他在德国接受培训后，于1908年去了缅甸，从助理森林保护官做到了副森林保护官，最后成为彬马那（Pyinmana）的森林保护官。伊妮德对母亲说："克林顿**热爱**缅甸，很讨厌那<u>些</u>总是对缅甸充满抱怨的人。"在每年11月至4月的干旱季节，他会巡查森林；在雨季，他去林业学校任教，教缅甸学生如何绘制地图、建造桥梁以及在山区铺设马车道。15

在遇到伊妮德之前，克林顿都是和另一名森林官员一起巡山，还有一队"大象瓦拉"、搬运工和"邮政瓦拉"（dak-wallahs）随行，邮政瓦拉就是穿越森林送信的邮差，他们即使拿着长矛，也很容易遭到老虎和熊的攻击。经过一上午的巡视后，他会处理一些信件，然后骑大象出去，看看能不能捕到一头鹿或野禽，当作第二天的晚餐；灌木<u>丛</u>实在太茂密了，贴近地面的东西根本看不到。他告诉母亲，"没有任何女性的影响"，他和同事们"吃晚餐时总要打上领结"；他们还定期梳理头发，并且每两三天刮一次胡子（对丛林瓦拉来说，这是一个少有的习惯）。晚上，他们把狗拴在帐篷里，这样就不会被豹子叼走了，然后大家一起围坐在大篝火旁，夜里在硬竹床上睡觉。16

冬季和初春是给柚木"割树皮"的季节。按道金斯的说法，这种树"不群居"，意思是说这种树不会成片生长，如果那样的话，就很容易被找到并遭砍伐。一棵适合砍伐的柚木，

---

① 贝利奥尔学院的传统一直延续到了他的儿子约翰和孙子理查德·道金斯，前者成为尼亚萨兰（Nyasaland，马拉维的旧称）的一名殖民官，后者是生物学家和无神论者。

周长至少须达到七英尺，但两三英亩的森林里可能只能找到一棵，在险峻的地形中，柚木还常常被其他树木和非常茂密的灌木丛包围着。由于通常很难找到柚木，森林官员会"放出""一群奉命搜寻"大型柚木的"半原始的丛林居民"，"让他们找到一棵柚木时就大声喊叫"。找到一棵合适的柚木之后，官员会用一把特殊的锤子给树做上标记，然后让人环绕着树干切一圈深深的切口，穿透树皮和边材而直达树干心材，从而防止树液从根部向上输送。这样可以有效地杀死这棵树，由于树木躺在地上时无法很好地"风干"，这种环切法可使树一直站立着，直到它轻到可以顺着某条缅甸河漂流而下。

道金斯承认，看到一棵大树凋零死亡时"很难过"，而且三年后，回到原地看到"为了这一天而被环切的巨人那惨白的骨架……没有树枝，没有树皮，仅剩一棵光秃秃的大树干时，更加令人感伤"。这名官员还曾回来检查那些对死树进行锯割和搬运的木材公司，以确保他们没有私自砍伐那些没有被环切过的树木。这些公司有时会用牛车把木头从山上拖到山下的河道里，等到季风季节，洪水会淹没河道，但是大象显然比牛更有劲、更高效，尽管饲养成本也更高。大象还会被用来解决不可避免的"堵塞"问题，成百上千根原木横七竖八地堆在一起，堵塞了溪流、峡谷甚至是河流；正如吉卜林笔下的士兵回忆的，"看当搬运工的大象忙忙碌碌/我们走到小溪旁/寂静的一切让我们屏息不语"①。这些原木终于到达伊洛瓦底河或其某个支流的河边时，会有人把它们捕获并绑在木筏里，大约有200个木筏。木筏上的工人住在茅草小屋里。他们顺流而下，

---

① 出自吉卜林的诗歌《曼德勒之路》（"Road to Mandalay"）。——译者注

到达一个税收站时，森林官员最后一次查看这些木头，对其进行评估，并收取政府规定的使用费，然后让他们前往目的地——木材公司的仓库和仰光的锯木厂。

克林顿·道金斯退休后住在小巴多，经常有人问他一名森林官员或丛林瓦拉到底都干些什么——"是围着树木修剪它们吗？"。作为一名负责方圆1200平方英里甚至2000平方英里森林的官员，一个人修剪树木的效果非常有限。他的作用更多的是检查，在森林里巡视，看看应该如何保护树木，让它们长得更好，计划来年修建哪些道路和桥梁；雨季，他回到办公桌前，仔细研究方案，核算数字，并撰写逃不掉的报告。通常认为森林官员为了英印的利益，剥削甚至"掠夺"了他们所在的地区，但事实上，这种掠夺早已有之：早在印度森林局成立之前，在达尔豪西勋爵于1855年撰写那份关于森林管理和保护的重要备忘录之前，投机者和木材商就已经存在了。当然，丛林瓦拉们也必须设法在保护森林的职责和满足林区居民及印度经济的需求之间取得平衡。除了砍伐可以用于造船和家具的柚木，以及其他可用于铁路枕木和电线杆的木材外，林业官员还需要鼓励生产"小林业制品"（例如用于制造留声机唱片的虫胶或紫胶）和印度黑檀木，后者的树叶可用来卷烟草，制成比迪烟（穷人的香烟）。林业官员本人会有几名印度文员和下属，但森林中主要的劳动力还是大型木材公司的工人，例如缅甸的麦格雷戈锯木厂（MacGregors），雇用了两三千名男子和600头大象为其工作。在战争时期，大象也很有用。在高级森林官员"大象比尔"威廉姆斯（Elephant Bill Williams）的监督下，数百头大象及其骑手被从木材工作中抽调出来修建桥梁和道路，使得大批印度难民在1942年春季得以越过钦敦江（the Chindwin）

沿着曼尼普尔一线，离开缅甸。[17]

　　林业官员的职务名称从早先的"监督人"（superintendent）改为"保护官"（conservator），也更好地体现了他们的主要职责。正如道金斯所解释的那样："他的基本原则是，不允许森林被砍伐的数量超过大自然自我更新或他自己重新种植的速度。"另一名丛林瓦拉解释说，如果一棵树需要100年才能成材，"那么，森林官员每年砍伐的数量就不应该超过存活量的百分之一"。但问题是，在大自然、动物和其他人类行为的共同作用下，森林损失量常常远远超过百分之一。如果大吉岭的奶牛被放到森林里吃草的话，大自然可能就无法再生；如果黑熊在森林里随处扒树皮的话，新种的小树就没有生存的机会。但在成熟的森林里，山火比熊更危险：据报道，每年印度森林会发生约4500起山火。在尼泊尔边境特莱地区（Terai）的林地，森林官员管理的印度工人在洒红节（Holi Festival）过后的3月末或4月会弃老板而去，那时正是这个地区盛行疟疾的时候。因此，圣希尔·厄德利-威尔莫特（Sainthill Eardley-Wilmot）几乎独自一人在易燃的森林中度过干旱季节，时时警惕着夜间的火光或白天的烟雾，等待县里火情瞭望员的报告，但他知道自己其实也做不了什么，直到第一阵季风到来之时，才能松一口气。[18]

　　森林官员知道当地人需要竹子和木头来建造房屋或用作燃料，但他们对古老的山林习俗一点也不同情：他们当然不会宽恕"古老的习俗"库姆里（kumri），即部落山民烧林的做法。在缅甸，道金斯看到这些山民在灰烬中播种水稻、灌水、收割，然后去找下一片山林。在特莱，厄德利-威尔莫特发现大片森林被砍伐，灌木丛被烧掉，以方便狩猎者打猎，使食草牲畜能

203　吃到嫩草。在印度中部，詹姆斯·贝斯特（James Best）不得不与"最鄙视土地耕作者"的拜加（Baiga）部落族人作斗争，他们会在干旱季节来到山林，用斧头砍伐并烧毁大量树木，然后向灰烬中抛下几把种子。[19]对于一个来自温带地区农业国家的官员们来说——尤其他们的工作就是要管理、改善和利用林地，这种"游击式耕种"的做法实在令人厌恶，他们几乎从不试图去理解它。然而，这种农业方式实际上并不像看上去的那么随意，如果大面积内这样做的人不多的话，它实际上是一种生态可持续的耕种方式。

森林官员的巡查经历与县官大体相同，只是他去的地方更偏远，见到的同胞也更少；他骑大象的时间更长。在印度和缅甸巡查的丛林瓦拉们也印证了县官们巡视的相对奢侈："两套帐篷和露营家具装满了成列的牛车、马车，成队的仆人以及成群的奶牛、绵羊和山羊随行"，相比之下，丛林瓦拉们在缅甸通常只带两名仆人和三头大象，在原始森林中行走，没有现成的道路，甚至常常连林间小路也没有。[20]一个叫威廉·霍斯利（William Horsley）的丛林瓦拉并不在乎条件有多么原始，他是一名文官，正式的上级是税收官，但他同时也为孟买省森林保护官工作。他非常享受这种"贝都因式的游牧生活"，每天巡视山林，为森林保护区标界，带着灰狗出去打点野味当晚餐。当收到一份可以加快晋升速度的案头工作的聘请时，他拒绝了，因为他更喜欢"自由健康的户外生活"。作为一名"负责管理坎德什森林（the Khandesh Forests）的助理税收官，他可以常常从清晨到日落，手里拿着步枪，穿着染成褐色的衣服，在他的丛林中漫步，在奔流的小溪旁的树下吃早餐"。[21]

大多数森林官员似乎对野外生活感到满意，喜欢充满魅力和神秘感的山林,尤其是他们成家后带着孩子在营地时,孩子可以和各种宠物玩耍,比如鼷鹿①,或者骑在大象背上。然而,如果没有家人陪伴的话,孤独可能会令人压抑,甚至令人恐惧。詹姆斯·贝斯特不在乎"丛林人"(Jungly)这个绰号,但他意识到,"彻底过'丛林人'的日子对一个男人不太好":穿着睡衣吃晚饭且懒得剃须;炎热的季节独自一人,无所事事,除了打点野味和警惕山火。森林官员们打猎是得到鼓励的,因为这有助于他们了解自己管理的森林和居住在那里的人。贝斯特回忆说,成家前,打猎也"有助于保持理性",因为一年中的某些时候,这是"非常寂寞的生活中唯一的娱乐方式"。[22]但一名高级官员甚至连这种安慰都没有享受到,他似乎独自一人在丛林中生活得太久了,在营地的晚餐上,他宣布自己相信了"轮回";于是他决定放弃打猎,"以免误杀了自己已故的祖先"。[23]

警　察

东印度公司从未将治安当作工作重点。其大部分时间依靠当地民兵队伍在管辖区城镇维持某种程度上的秩序。事实上,在19世纪中叶以前,任何以正规形式组织的警察力量根本无从谈起,直到孟买为每个县任命了一名警司。孟加拉在大起义之后重视治安工作,短短几年内,印度各省建立了一种高级等级制度——从助理县警司(assistant district superintendent of police)(英国男子在英格兰通过考试后,加入该部门的警衔)直到督察长(inspector-general)。1909年,各级别警官共有670名(几乎全是英国人)。在他们之下是数千名警长和警员,主要是

---

① 俗称"鼠鹿"(mouse deer),是世界上最小的有蹄类动物。——译者注

印度人，但也有很多因为想留在印度而当了警察的英国士兵。

新警官的工资收入足够他们过上还不错的生活。县警司的薪水大概是县官的一半，但在偏远地区，即使督察（inspector）也负担得起一幢大平房和12名仆人。尽管警察部门的名声可能不如文官机构好听，但其社会地位并不低，不像商人或种植园主。警官的妻子甚至可以成为乌蒂狩猎大赛（Ooty Hunt）的"总管"；孟买的警察局长甚至可能是伊顿校友和基督教堂学院的毕业生。当然，低级警官想要过得宽裕点就比较难了，下属的警员更是如此。尽管军官和家属都能享受免费医疗，警察（和文官一样）却必须支付妻子和孩子们的医疗费用。已婚的弗农·贝利（Vernon Bayley）是1930年代德里的一名初级警官，为了"养家糊口，只能在德里广播电台（Delhi Radio）朗读六点钟的新闻"[24]。

县警司的日常工作与县官的日常工作（检查）以及军官的日常工作（检查和阅兵）有很多共同点：要检查马厩、哨所和警察医院，然后带着骑警进行越野训练。其他的工作还包括在森林中追捕强盗团伙，抓捕在百姓中间流传的"吃人"的老虎和豹子，密切关注集市和朝圣活动——扒手常常在这些地方伪装成僧人，伺机作案。有时会发生难以预料或者彻底失控的情况，比如踩踏事件、流行病或一座人满为患的小寺庙里发生窒息：1880年代，在每年一次前往本特尔布尔（Pandharpur）的朝圣之旅中，科尔斯警司最重要的职责之一就是向"至圣的神庙"中泵入空气。[25]第一次世界大战后，警察不得不越来越多地处理政治和族群问题，例如印度教徒与穆斯林之间的骚乱、针对印度教徒和英国统治者的马拉巴尔起义，以及违反甘地意愿兴起的暴力政治民族主义，特别是在孟加拉。1930～1932年，数名警官在达卡、加尔各答和米德纳普尔被暗杀。

在城市里,警察还要应对其他工作,往往涉及社会更丑陋的层面,特别是在有不同阶层和各类"底层人"居住的港口。20世纪初,彼得·汉森早年在加尔各答的大部分工作是指挥交通,但他很快被调到包括"唐人街"在内的一个区域,在那里,他不得不处理赌博、鸦片窝点和可卡因走私——由于印度警察的腐败,这些不但没有被剿灭,反而繁盛起来。这一切在孟买也一样,直到1888年,孟买警察局长又多了一份责任,那就是管理孟买市消防队。幸运的是,孟买的警察部门出了几位了不起的警察局长。前面提到过的在印度长大的欧亚人查尔斯·福耶特,他会讲孟买本地话,还是一位伪装大师;该省省督埃尔芬斯通勋爵挑战他,看他能不能骗过官邸的所有哨兵和工作人员,第二天早上,他化装成一名清扫工,出现在了省督的卧室里。他的继任者之一哈特利·肯尼迪(Hartley Kennedy),喜欢打扮成阿拉伯人,甚至打扮成戴着面纱的穆斯林妇女(purdah nashin),晚上在城市里闲逛,检查手下警官在警察局的表现。另一位对孟买有深入了解的警察局长是F. A. M. 文森特[人称"胖子"(Fatty)],他的父亲曾在1890年代担任过警察局长,他跟保姆学会了马拉地语。据一名下属的说法,他的语言非常口语化,甚至开起玩笑来有些低俗,但这"在跟孟买的工人打交道时,并非没有用处",在与卖淫有关的罪犯打交道时也很有用。[26]

1869年苏伊士运河的开通给孟买带来了很多好处,增加了孟买的贸易、财富和人口,也带来了东欧的妓女、皮条客和"情人"。航运公司开通了经过塞得港——另一名孟买警察局长称其为"欧洲下三滥的庇护所"——的航线后,这些人到孟买就更容易了,他们很快在格兰特路(Grant Road)及附近区域开了妓院。警方会不时地采取行动驱逐皮条客,但一般都会让妓女留下,算是"无奈之举"。她们最好仍住在格兰特路,由一名"女主人"管理,给她们提供住所和食物,并收取其收入的50%,这总要好过让她们自生自灭,因为她们"有可能会做窃贼和吵架",在餐厅或赛马场寻找客源,并在欧洲人聚居区的街头走来走去。[27]

为了获得保护,皮条客和妓女自然会向他们认为有可能被收买的警察求助。20世纪初,孟买有几名妓女和一些皮条客是俄罗斯犹太人。西蒙·费弗尔(Simon Favel)督察也是俄国犹太人,他出生于敖德萨,但已经入了英国籍,他喜欢吹嘘自己是"警察当中唯一获得过国王警察勋章的犹太人"。"胖子"文森特记录道,在第一次世界大战期间,费弗尔是他与敌对的外国人打交道的"左膀右臂"。很快,他发现这名督察还很擅长与性交易和利润打交道。在一些印度证人的帮助下〔包括一个名叫"巴尼"(Barny)的裁缝,他家世代给孟买的妓女做衣服〕,文森特摸清了这座城市里欧洲皮条客的上下级关系和历史脉络。一个名叫阿道夫(Adolph)的俄国犹太人曾是警察和妓女之间的"中间人",负责招呼船上下来的妓女,把她们带到鲍尔肯酒店(Hotel Balcon),介绍给妓院的"女主人"。阿道夫死后,一个名叫托斯特(Toster)的人接替了他,此人很快有了一个对手——莫里斯·芬克斯坦(Maurice Finckelstein),后者与费弗尔结了盟。此时(1909年),费弗尔已被视为欧洲妓女的幕后老板。二人设法将托斯特挤出了孟买,赶到了卡拉奇,但后来,二人因为瓜分勒索到的钱财而闹翻,费弗尔设法借"胖子"文森特的命令将芬克斯坦驱逐出境。

费弗尔此时彻底成了黑社会"教父"。根据妓院经理和巴尼提供的证据，费弗尔凡事都抽取佣金，连妓院易手交易也不放过。驱逐出境或威胁驱逐出境是特别来钱的手段。在他驱逐了一名日本皮条客之后，想要留在印度的日本女孩和皮条客都会定期付钱给他。他驱逐了德国女子索菲（Sophie），但没有驱逐奥地利女子米娜（Mina），因为后者给了他足够多的卢比，因此得以被允许留下。他还允许另一名奥地利女子弗里策（Fritza）留下，因为她嫁给了一个名叫沙洛姆（Shalome）的英国人。也有可能因为弗里策曾是他的情妇，不过忠贞不渝、多愁善感通常不是他的强项。根据巴尼的说法，他经常去"妓院享受姑娘们的服务"，"这种情况下，妓院女主人要自掏腰包给有幸服侍的女孩。费弗尔先生一分钱也不用掏"。

在调查了证据之后，文森特召见了费弗尔，停止了他的职务，并告诉他将会对这些指控进行内部调查。他的这名下属没有试图否认这些指控。相反，在恳求警察局长允许他辞职之后，他递交了一封书面辞职信，还交回了一年前刚刚获得的国王警察勋章。文森特很宽容。在给孟买政府的一封信中，他解释说，之所以放弃展开调查的计划，是因为他"认为不管此人多么罪有应得，公开令其蒙羞实在不太妥当"，毕竟此人刚刚获得嘉奖。印度政府对这种逻辑不太满意。内政部大臣认为，虽然丑闻令人尴尬，但"对丑恶行径的无情曝光和对罪魁祸首的严惩不贷，将鼓舞民众相信政府有决心杜绝此类滥用职权的行为"。在这件事上，他认为费弗尔"没有被刑事起诉已经很幸运了；更幸运的是，没有公开开除他，而是允许他自行离开该部门"。后来，印度政府希望能驱逐费弗尔（但因为他已经入了英国籍，就没能这样做），或至少确保他不能领取养老金。孟买政府保证不会向此人发放养老金。或许费弗尔也赚够了钱,不需要养老金了。[28]

另一个有着多民族社会结构和大型港口所常有的那种光怪陆离的城市是仰光。那里的警察部门尽管警力不足,但仍努力控制着海滨的妓院、全城的赌博场所以及利润丰厚的色情交易,但最难解决的问题是鸦片窝点,它主要集中在"唐人街",但也扩散到了城区以外的地方。在印度,吸毒者通常会咀嚼一种叫"加尼"(ghany)的危害较小的大麻,但缅甸的成瘾者(其中有很多是中国人)则用烟管吸食鸦片。1930年代,英国警官比尔·泰德的大部分时间都在搜查这些卫生条件恶劣的窝点。每次搜查时,"看到那些无一例外都比实际年龄衰老得多,而且消瘦又衰弱的瘾君子们躺在肮脏的沙发或地板上抽大烟",他感到"更多的是悲哀,而不是愤怒"。[29]

印度帝国警察在缅甸出了两名不同寻常的警官,他们后来都离开了警署,成了作家。第一位是赫克托·门罗,他于1870年出生在缅甸,父亲是一名英国陆军军官。他出生后不久,母亲就去世了,于是父亲把他和几个大一点的孩子送回了英格兰,交给德文郡老家的几个未婚姑姑照料,然后自己返回印度,担任缅甸警察局长一职。根据赫克托的姐姐埃塞尔(Ethel)的回忆录,姑姑们很跋扈,又脾气暴躁,赫克托后来以笔名"萨基"创作了很多短篇小说,诙谐俏皮中常带有一丝冷酷和嘲讽,这或许和姑姑们的专制有关。在父亲的压力下,他和哥哥们都进了缅甸警察局任职,他在曼德勒附近待了大约一年。结果在发了六次烧、得了一次疟疾后,他被打发回国,从此再未返回印度。[30]

缅甸的经历似乎对萨基的文学创作没有什么影响。埃里克·布莱尔（Eric Blair）的情况就截然不同了，缅甸的岁月启发他创作了小说《缅甸岁月》（*Burmese Days*），并帮助他形成了对政治和殖民主义的认识。前面说过，布莱尔出生于孟加拉，父亲是孟加拉的一名政府官员，但他随母亲和姐姐一起回了国，并就读于伊顿（得到了学费减免），在那里，他是"学院"（College）里出了名的思想独立的男孩。尽管他没有优秀到能获得牛津或剑桥大学的奖学金，但他后来的职业选择出人意料：对聪明的伊顿校友来说，肯定会有几个比去殖民地当警察明显更有吸引力的选择。后来，人们记得他在学校时经常谈到"东方"，而且还有一个朋友觉得他渴望回到那里。[31] 不管怎样，他报名参加了印度警察部门，并选择去缅甸任职，因为他母亲在那里有亲戚。① 1922 年，他到伦敦参加了必要的考试，在学术科目上表现不错，但在骑术考试中表现太差，所以被排在入选名单中的倒数几名。几周后，他动身前往缅甸，成为努力在那样一个庞大的省维持秩序的 90 名英国警官之一。

布莱尔在缅甸当了五年帝国警察。在曼德勒的警察培训学校接受了专业学习之后，他被派往伊洛瓦底江三角洲（Irrawaddy Delta），然后又先后被派往其他民站，包括毛淡棉（Moulmein），再后来被派往位于上缅甸山林中的卡塔（Katha）。在那里，他得了登革热，当时还没有针对这种令人衰弱的疾病的好办法。于是他申请了病假，获得批准后，于 1927 年 7 月启航返回英国。和门罗一样，他再也没有回到缅甸。

埃里克·布莱尔是一名能干的警察，收入也高，他喜欢缅甸的人民和风景。但他不喜欢这份工作，至少不喜欢其中帝国

---

① 见前文，p. 193。

主义的那部分职责。他承认英国人在那里做了一些好事：他们"修建了道路和运河"，他们"建造了医院，开办了学校，维护了国家秩序和安全"。但在他看来，缅甸人与英国人之间的关系完全错了：这是一种仆人与主子的关系，不管这个主子有多好，他都不想成为这种关系的一部分。在国外生活的几年中，他越来越能感觉到缅甸人民的敌视态度，那种"责备的目光"，还有那些看似"无事可做"只能站在街角嘲笑欧洲人的年轻佛教徒。在杰沙生病期间，他意识到自己不能再继续做帝国主义的代理人了。于是，他回到英国后就辞了职，并告诉父母自己希望成为一名作家——迄今为止，他并未在这个职业上表现出天赋。理查德·布莱尔曾在印度任职35年，其间四分之三的时间都孤身一人，他对此感到震惊。他觉得儿子的计划听起来像是一个"浅薄"之人才会有的想法——这个词恐怕怎么也无法和未来的乔治·奥威尔的品格联系在一起。[32]

工兵与运河

在印度陆军中，工兵部队的军官是最训练有素的人。他们就读于阿迪斯科姆军事学院和查塔姆皇家工兵学院，是维多利亚时代印度的精英人物，享有各种通常与战争关系不大的职业机会。中将理查德·斯特雷奇爵士（Lieutenant-General Sir Richard Strachey）只参加过一次战役——1845~1846年的第一次锡克战争（Sikh War）。在印度任职和在伦敦处理印度事务的另外七十年时间里，他都在挖凿运河、修建铁路、检查灌溉、调查饥荒和管理公共工程。他甚至在1870年代后期成为印度总督参事会的财政参事，尽管他完全不够格，但因为他的兄弟约翰返回了英格兰做眼科手术，他代行其职。

和斯特雷奇一样，杰克·肖·斯图尔特（Jack Shaw Stewart）也是一名工兵，也没有参加过战斗就成了一名上将：他在战场上的活动仅限于指挥1860年被派往中国的远征军（即第二次鸦片战争中的英法联军）中的马德拉斯工兵（Madras Sappers），和北京附近几次包围行动。还有一点和斯特雷奇相同：大起义期间，他也在印度，但没有参加战斗（他驻扎在没有反叛的马德拉斯），而且和他的同事一样，他的大部分职业生涯都投入了修建铁路、救济饥荒和公共工程部的行政管理工作中。理查德·贝尔德·史密斯（Richard Baird Smith）参与的军事活动多一些，尽管他在孟加拉工兵团（Bengal Engineers）的第一份工作是清除胡格里河里的一艘沉船。随后的大部分职业生涯，他都在修建运河工程，并被派到了伦巴第学习灌溉技术［之后，他出版了《意大利灌溉技术》上下卷（*Italian Irrigation*）］，后来被任命为恒河运河（Ganges Canal）的主管。然而，他多次被召回去做他的本职工作——军事工程，他参加了两次锡克战争，任务包括用渡船运送部队以及他们的大炮和行李车队渡过杰纳布河。在大起义中，他担任德里总工程师这一重要角色，负责维护和加强英军在城外山岭上的防御工事。1857年9月对德里的城墙发起最后的总攻时，是他说服优柔寡断的、总想撤军的英国指挥官威尔逊将军（General Wilson）保持振作，坚持下去，最后才赢得了胜利。

工兵经常从事的另一项职业是土木建筑。阿迪斯科姆的毕业生在学校里学习了建筑艺术的基础知识，但他们的前辈基本上都靠自学成才，照着书籍和论文进行设计。担任总督时，理查德·韦尔斯利开启了一股潮流，他任命不知名的怀亚特上尉（Captain Wyatt）——而非加尔各答的土木建筑师——建造总督府，这个上尉采用了一种帕拉迪奥式设计，罗伯特·亚当（Robert Adam）在设计德比郡凯德尔斯顿时也采用了同样的风格。总督府带动了多栋同类建筑的设计，甚至印度统治者也纷纷效仿，例如孟加拉工兵团的邓肯·麦克劳德于1837年在孟加拉穆尔希达巴德为纳瓦布建造的宫殿，就是类似风格。东印度公司当然鼓励其工程师多元化发展：经过几年的健康状况不佳（在印度）和伤痛（在塔斯马尼亚岛休养期间）之后，阿瑟·科顿（Arthur Cotton）获准离开高韦里河（River Cauvery）的灌溉项目，接受委派，前往戈达瓦里（Godavari）三角洲更北部一个有益于身心健康的地方建造一座教堂。[33] 一些工程师后来成为杰出的建筑师。斯温顿·雅各布中尉（Lieutenant Swinton Jacob）曾在拉杰普塔纳公共工程部工作，并在亚丁担任现场工程师，工作了十年后，他潜心研究拉杰普特建筑，最终形成了印度-撒拉逊（Indo-Saracenic）风格，并在斋浦尔、比卡内尔以及其他北部和西北部城镇的一系列杰出建筑中，都使用了这种风格；1896年，从印度陆军上校职位退休后，斋浦尔的大君将他留在自己的土邦担任顾问和监理工程师。但更多的时候，工程兵只能算合格的建筑师，不一定充满灵感。他们造出的大型建筑中充斥着太多折中主义：这里有点威尼斯哥特式的饰面，那里又略带瑞士小木屋气息，别的地方再来些肃穆的苏格兰式华丽恢宏，然后在顶部，整一个大杂烩制高点，再加一个意大利式塔楼，灵感则来自阿尔伯特亲王（Prince Albert）为怀特岛奥斯本宫所作的设计。

印度陆军允许其最有才华的工程师在整个职业生涯都从事建筑设计或运河挖掘，但这种做法遭到了一些人的批评，他们指责说不应忘记这些工程师属于部队，他们本质上是军人工程师。甚至连肖·斯图尔特——他本人就是一名受益者——也对这种制度颇为不满,因为年轻军官一到印度就会被派到内陆的某个民站,在那里,他多年的工作纯粹是民事用途,没有被要求执行过哪怕一天的军事任务、穿军服或"做任何可能让他想起自己的本职是一名军人的事情"。这样的人几乎总是认为"自己的军人职责是次要的",尽管他知道自己可能会被要求履行军人的职责,他有时会认为自己"被选中上战场很不幸"。无论如何,"在与其他士兵不认识或者没有相处过的情况下",将工程师军官送上战场都是荒谬的。肖·斯图尔特这样讲是出于亲身体会。在被派往中国之前,他"从未做过工兵的工作",在北京城外,他"强烈地感觉到自己不认识一个手下的士兵"。[34]

毫无疑问,他说的有道理。然而,贝尔德·史密斯的职业生涯表明,一名好军官完全可以在民事工作和军事工作之间转换。况且,把受过良好教育的工程师留在军营中,却不让他们发挥挖掘运河的作用,将是一种极大的浪费。有两名工程师从事大型灌溉项目达三十多年,分别是普罗比·考特利和阿瑟·科顿,两人都是在1818年进入阿迪斯科姆学习。和年轻时的贝尔德·史密斯一样,考特利也一度中断工作去了意大利北部,在那里,他学习了排水和分布系统,然后回到了他的主要项目——建造恒河运河,这是一条长达350英里(不包括数百英里的支渠)的大型水道,建造中没有使用过任何机械设备。考特利似乎靠的是建造者的雄心壮志——要比其他人造得更大更好,而科顿则完全出于人道主义情怀。在1833年目睹了一场大饥荒的影响后,他将灌溉视为一种道德义务,是印度统治者必须为其臣民谋求的福祉。他沿高韦里河和戈达瓦里河——从西高止山脉向东流的三大河系之二——修建的运河、沟渠和水坝,极大地促进了周边农田的繁荣。1987年,即印度独立后的四十年,安得拉邦(Andhra Pradesh)修建了一座雕像来纪念他。[35]

和运河一样,铁路也是那些在阿迪斯科姆或者后来在萨里库珀山的皇家印度工程学院(Royal Indian Engineering College)就读的工程师们倾注一生的地方。公共工程部的乔治·罗斯(George Rose)从1877年入职担任印度国家铁路(Indian State Railways)的助理工程师起,先后在铁路部门担任过各种职位——执行工程师、副经理、工程总监,以及海得拉巴的总工程师,到1904年退休时,他已是加尔各答印度政府的顾问工程师;根据《泰晤士报》的讣告,1884~1887年,在信德-皮欣铁路(Sind-Pishin Railways)工作期间,他赢得了"偏远边境各部落——阿夫里迪人、瓦济里人(Waziri)和俾路支人(Baluch)——的信任,在他后来取得的成功中,很多都离不开这些部落的友善和支持"[36]。

1860年以后,铁路里程飞速增长,印度陆军已无法提供足够的工程师来修建所有的铁路线、隧道和跨河悬臂桥了。于是,承包商从英国派出前来参与特定项目的技术人员,他们在项目结束后,不需要留在印度。马克·卡尔(Mark Carr)于1860年代参加了贾巴尔普尔(Jubbulpore)铁路的扩建工作,之后离开了印度,前往匈牙利修建铁路,后来成为力拓矿业公司(Rio Tinto Mining Company)驻西班牙总经理。他的同代人亨利·勒梅热勒(Henry Le Mesurier),学徒期间曾在根西岛修建防波堤,也参与了贾巴尔普尔项目,但后来离开印度前往埃及工作,并最终成为埃及铁路管理局(Board of Administration of Egyptian Railways)局长。[37]

担任维护铁路和运河的工程师,意味着处于一种孤独、艰难以及常常焦虑的状态。海得拉巴尼扎姆铁路的助理工程师西里尔·劳埃德（Cyril Lloyd）总是出门在外，在他的"查道车"上巡查铁路、检查铁轨和桥梁，每个月只能在塞康德拉巴德（Secunderabad）的军营待上一两天——放松身心，到俱乐部打网球。他去印度是想"增长工程经验"，而且他"喜欢带点冒险的户外生活"。他的确在季风期间找到了这种刺激，季风带来的洪水可能会破坏铁路线、冲垮水库的池壁、冲走桥墩大梁。但他热爱这样的生活，"在丛林中，不需要跟人打交道"，生活物品仅限于几盏油灯、一张简易床和一个帆布浴缸，每晚伴着篝火和"木头燃烧的味道"入睡。在写给未婚妻凯瑟琳的信中描述自己的日常活动时，他显然夸大了"铁路生活的魅力，驾着一辆查道车，'轰隆隆'缓缓行驶在烈日之下，或者拿着一杆枪在丛林中穿行"。作为一名年轻的妻子，凯瑟琳很快发现一个人独自（劳埃德·琼斯一直在工作）住在"一间会滋生各种害虫和蛇的、茅草屋顶的老旧客栈里"并不是"迷人的生活，根本代替不了结交同龄的有趣的人，也无法取代可以时常去剧院、音乐会和艺术展览"。据他们的儿子的说法，实际上，她变得"极度郁郁寡欢"和孤独，以至于"认真考虑要离开丈夫，返回英国"。[38]

与铁路工程师相比，运河工程师的日常工作更适合于已经成家的人。他有自己的房子，通常在运河沿线某个偏僻的地方，有时可能是瘴气弥漫之地。但他通常都不在家，因为工作需要他经常出差，住在沿岸的小客栈，在作物生长季，他要检查各个支流的情况，确保每个村庄都能有水浇灌庄稼；还要确保沟渠中的水流动得足够快，以防止河床长杂草，但水流又不能太快，否则会侵蚀岸堤。季风季节给其他职业的人提供了喘息的机会，但他却不能歇息。他不能休暑假，因为运河时时有可能冲垮岸堤、淹没村庄、危及生命。[39]

许多在印度工作的英国工程师并不像科顿和考特利、斯特雷奇和肖·斯图尔特那样属于"有契约的"官员。他们没有由查塔姆或库珀山提供的工作保障，会去为某些公司工作，这些公司可能会解雇他们，也可能会破产，使得他们只能在次大陆上漂泊，经常在不同的领域不停地换工作，最后流落在某个穷乡僻壤，手握雪茄夸夸其谈，却从没想过回"家"，回到克拉克顿（Clacton）的那条街道或莱姆里吉斯（Lyme Regis）附近的那栋小屋。约翰·比姆斯就找到了这样的一个人——乔治·福克纳（George Faulkner），他最终在奥里萨省管理克塔克（Cuttack）的运河。

他看上去像一头老狮子，一个高大、快活、粗俗又酗酒的老维京人，张口就是小曲、笑话以及不堪入耳的段子。他花钱极度大手大脚，总是负债累累，满脑子不着边际的想法，但是这个粗犷的老家伙却有着最精致的设计师的品位，以及最高超的工匠手艺和最精密的触觉。他绘画、雕刻、制模；他设计大楼、船只和桥梁；他培育出了最美丽的花朵，设计并布置了最可爱的花园……

福克纳和儿子们一起读文学——他们"热爱他们的拉斯金（Ruskin）[①]"，他的女儿们则被送到了法国，讲一口"带有纯正巴黎口音"的法语。尽管在印度生活了四十年，这个父亲"会说的任何一种印度语言都不过十几个字"。他的"举止和感

[①] 指约翰·拉斯金（John Ruskin，1819—1900），又译作约翰·罗斯金，英国作家、艺术家、艺术评论家。——译者注

情彻底是英国式的",而且谈到英格兰时总是"充满了自豪和热爱",但他一点也不想回到一个——比姆斯觉得——会让他感到不快乐的、格格不入并且可能会被误解的国家。对他来说,印度已经成为"第二故乡",他需要留在那里。[40]

靛蓝和阿萨姆茶

据说,木蓝种植园主整天都在马背上,连做梦也不下马。"那种高贵的动物"主宰了他的生活。工作、运动、交通和娱乐都离不开马;不管马儿是在飞奔还是在马厩中,他都喜欢它们的样子;马"成了他谈话的主要内容"[41]。木蓝种植园主常常离群索居,为了参加一个聚会,要骑马走上四五十英里。在"聚会"上——很偶尔的"聚会",经过整晚的大吃大喝后,第二天,他们会纵马打马球、赶野猪、在乡间驰骋。他们的人数很少,整个印度的木蓝种植园主不过区区 200 人。

年轻的治安官杰拉尔德·里奇（Gerald Ritchie）于 1870 年代被派驻到孟加拉一个以靛蓝业为主的地区。他住在一所"富丽堂皇的靛青色洋房"里,一天晚上,他正在听靛蓝与大起义的故事,忽然意识到种植园主与他到目前为止在英属印度遇到过的任何一个群体都不太一样。他们"粗犷,大胆,是务实的殖民者",既快活,又足智多谋,"自视为大英雄",尽管其中有些人"不免有些自负和逞强"。根据里奇的描述,他们每天很早就开始了"工厂"里的一天,首先要"绕着种植园"骑很远的路,"有时会追赶胡狼,直到大太阳正当头"。做完这些之后,他会"洗个澡,配着清凉的啤酒和威士忌,吃上一顿非常丰盛的早餐［午餐］",接着"吸上一阵烟,打一局台球",直到"所有人都上床了,在扇动的布扇下睡午觉"。午睡起来之后，他们要么开车兜风，要么打一场马球比赛，之后又接着喝酒，"再洗个澡，晚餐喝更多的啤酒和威士忌，然后［夜晚］坐在凉爽的户外，继续喝酒"。看到这种生活方式，对于"种植园主们身体强健、面色红润、浑身焕发着的田园式健康气息、满口的嬉笑怒骂"，里奇便不感到奇怪了。[42]

里奇的描述可能带有个人色彩，因为他自己是那些过度劳累的文官中的一员，所以就觉得——也许的确如此——没人会像他们一样勤勤恳恳地工作。其他记载表明，早晨的骑行和"追赶胡狼"实际上是对马、牛、农夫和耕地进行相当彻底的检查，这可能要花上五个小时，而且虽然在炎热季节会午睡，之后还是会花上一些时间来处理办公室账目，以及在傍晚时检查这一天所完成的工作。[43]不管怎样，检查工作集中在相当有限的一段时间内，那就是夏季作物实际生长的季节。到了6月下旬或7月初，根据预计降雨的时间，种植园主要监督作物的收割、装载到推车上、运输到工厂以及将其倒入大量的大桶中。木蓝的浸泡，搅拌含有染料的水，随后煮沸以改善颜色，然后反复过滤，直至颗粒足够大以便收集并压成饼状，这是一个漫长而复杂的过程。当紫蓝色物质最终干燥时，它被切成小方块装箱，然后被船送到加尔各答，在那里被拍卖并出口，主要销往欧洲和美洲。[44]

木蓝是英国在印度最早种植的作物，远早于咖啡和茶，因为这个行业在印度本土早已有之，尽管当时已开始衰落了。受到东印度公司的鼓励，种植园主于18世纪晚期从苏格兰和西印度群岛来到印度，在孟加拉的一些地区建立了工厂，这些地区后来被划入比哈尔省。尽管靛蓝业利润丰厚，但它始终是一个充满了不确定性的行业，容易产生投机，而生产过剩时市场又容易崩溃。这种作物对降雨的时机和降雨量的要求也很高；如果在作物还未成熟时就降雨，会带来毁灭性的打击。和印度平原上的其他许多企业一样，木蓝种植园也常年遭受洪灾的威胁。仅在1878年的一次洪水中，孟加拉一名木蓝种植园主所拥有的14家工厂中，就有12家被冲走了。[45]

靛蓝业的另一个问题是糟糕的"产业关系"，它在印度各行业中是最糟糕的，甚至比黄麻业还要尖锐。尽管东印度公司鼓励种植园主来到印度，却拒绝让他们在印度购买土地。虽然公司后来放宽了这个限制，但在加勒比地区及后来在东非所实行的那种种植园体系，却始终未在印度建立起来。种植园主建立工厂，加工靛蓝作物，并在加尔各答出售产品。但他们很少能拥有种植木蓝的土地，尽管有时可能会从当地地主那里租用土地。他们与耕种者（耕种的农民）之间的关系，也不像其他地方的土地所有者或实业家那样：农民不是他们的农奴、佃户或交租佃农，也不是他们工厂的工人。通常的情况是，种植园主与农民签一份协议，种植园主提前支付种植木蓝的钱，然后以固定价格从农民那里收购。当农民认为价格过低而选择种植其他更有利可图的作物（例如大米）时，问题就来了。种植园主很少相信调解甚至谈判那一套，而是动辄使用"棒喝"，强行要求农民执行协议。他们的恐吓行为非常嚣张，只有强硬的治安官才敢出面制止。

印度文官机构得不到英国种植园主喜欢和信任的原因之一，就是其被认为从内心偏袒农民和本地人。在孟加拉的纳迪亚（Nadia），威廉·赫舍尔被认为"过分同情"印度农民；同省的约翰·比姆斯也是如此。1862年，比姆斯被派往比哈尔东部的布尔尼亚（Purneah）时，他意识到自己"与种植园主保持良好关系"的同时,"有责任确保印度农民没有受到压迫"。在这个木蓝种植者通常是相当随和的欧亚人的地区,他做到了。但在下一个岗位——比哈尔省西北部的尚帕兰(Champaran),他却没能做到。该地区第一批种植园主很多已经赚够了钱,回到了英国,将产业留给了一群"粗暴又没有受过教育的、酗酒、游手好闲和对本地人毫无同情心的人"。比姆斯在尚帕兰发现一名叫鲍德温(Baldwin)的主要管理者使用驱逐和强迫劳动的方法恐吓不服从的农民,他别无选择,只能传唤此人,处以500卢比的罚款,并警告他:如果再犯,就要入狱。[46]

然而,即使是一个强硬的地方治安官,也无法留下持久的遗产。种植园主们仍然我行我素,继续剥削,这促使甘地在第一次世界大战期间去了尚帕兰,并发起第一次"非暴力不合作"(satyagraha)运动。19世纪末,随着德国合成靛蓝的发明,苯胺染料的生产成本和销售价格大大低于天然靛蓝,靛蓝业最终遭受了致命一击。此前,这个行业本已在困境中苦苦挣扎了一段时间,一些种植园主开始种植甘蔗,以寻求多元化,但甘蔗在印度也是一种不太可靠的作物,而此时从长远来看,靛蓝业已经注定走向穷途末路。在19世纪的最后四年中,靛蓝对美国的出口量减少了一半。在战争期间,甘地的反对者们有过短暂恢复,因为那时无法得到德国的发明,但他们没能坚持多久,即便其中的一两个通过向中国出口靛蓝而苟延残喘了一段时间——因为相比于合成染料,中国的地毯制造商更喜欢使用天然靛蓝。[47]

种植园主面临的主要问题是:靛蓝业衰败后,他们留不下什么资产。他们通常并不拥有土地,土地毕竟还可以用于种植其他作物;他们确实拥有工厂,可是工厂现在已经没有任何用处。英国的管理人员纷纷另谋职业，但那些彼此联姻的靛蓝世家往往还留在原地，生活在日渐破落的大宅中，四周是空荡荡的工厂和半空的马厩，曾经得到开垦的土地逐渐被周围的丛林重新夺去。

咖啡和茶比靛蓝甚至于鸦片更吸引投资者。而且，对于种植园主来说，比起在孟加拉平原上和心怀怨恨的农民打交道，在阿萨姆的山里管着通常比较温顺的劳动者更让人省心。然而，没有哪种作物能百分之百保险。橡胶种植园可能遭到大象的破坏，金鸡纳（Cinchona）（用于生产治疗疟疾的奎宁）可能会被荷兰竞争对手抢走生意，茶树的幼苗可能会被白蚁、红蜘蛛和"中国枯萎病"毁掉，而咖啡——特别是17世纪从也门传到锡兰、后来由英国人在印度南部培育出的阿拉比卡（Arabica）品种，则可能毁于蛀虫和叶锈病。此外，尽管山里可能更凉爽、更健康（当然瘴气常常也更重），但那里的种植园主与其他所有地方的种植园主一样与世隔绝：他们只能住在自己所管理的庄园里，而不能聚居在城镇中。1840年代，威廉·奈顿（William Knighton）放弃咖啡种植业而转行到新闻业后，他知道自己再也不会怀念"蚂蟥、孤独、苦力和形单影孤的洋房"[48]。

在印度，咖啡主要产于南部的迈索尔和尼尔吉里斯（Nilgiris）地区。咖啡始终不像茶叶那般成功，茶叶种植园主在海拔更高也更艰苦的环境中工作，他们喜欢嘲笑说，咖啡是"闲人才种的果树作物"。19世纪末，咖啡又遭遇了来自巴西和中美洲农产品的竞争——再加上英国人本身也更爱喝茶；但直到第一次世界大战之前，咖啡仍是印度南部种植园主的主要作物。印度过去没有栽培过茶树，自1840年左右才首先从阿萨姆开始，然后传到了库马盎和冈格拉河谷（Kangra Valley），后来又传到了大吉岭。然而，茶叶种植园建得实在太快太多了，以至于"种茶热"最后以1865年市场"崩溃"、无数茶叶种植园破产告终。由于英国对茶叶的需求仍在增长，种茶业后来又开始回暖，重拾升势，并且此时已扩展到了南方，在尼尔吉里斯和特拉凡哥尔高地地区，种植园主的殖民化程度非常高，到1950年代末期甚至被某些人视为"白人区"，人们在那里种茶、打板球、钓鳟鱼。[49]

种植园主需要有耐心、耐力和体力，来对抗孤独和疾病。在建茶园之前，必须清理掉一片丛林，通常是靠大象，然后修建住所、工厂和供苦力们居住的地方。第一年预备土地并栽种下茶苗，第二年对茶树丛进行护理和修剪，直到第三年才可以开始采摘，然后叶子经过揉捻和发酵等各道工序，最后进行干燥并装箱出售。[50]

1881年，在印度的茶叶种植园主不到800人。苏格兰人的比例照例很高，其中很多人的昵称叫"马克"（Mac）或"小吉米"（Wee Jimmy），这主要是因为印度南部很多茶叶种植园属于一家名叫詹姆斯·芬利的格拉斯哥公司。"格拉斯哥"可能会让"马克"去砍伐、清理一片丛林，开发成种植园，之后，这块地方就被称为"新垦地"。或者可能会让他管理一个已经建成的、占地约300英亩的茶园，其中有一个工厂，一个茶园办公室，一名医生，以及一个为他手下的印度助手、文员、工头（负责管理工人）和约400名男女工人服务的小集市。"马克"每个工作日从清晨6点的集合开始，有时靠吹一个大海螺——那"略带忧郁的刺耳的隆隆声"——来召集人员，之后，他会看着工头们领着自己的一班苦力去干分配好的活儿。和其他种植园主一样，"马克"一天中的大部分时间也在马背上度过，到处检查工作，也许就像高山脉①那个"有趣的老伙计"托尔森先生（Mr Tolson）一样，1920年代由"马夫"牵着，"一手夹着大雪茄"，"另一只手举着一把撑开的黑雨伞"，骑着马走来走去。芬利的另一名成员埃里克·弗朗西斯（Eric Francis）更喜欢骑摩托车，但他视察时也骑马，因为这样"他能上到足够高的地方，俯瞰田野"。一周中有一天（即星期五）被称为"品茶日"（Teaspit Day），在这一天，"当周的收成都要在总部接受正式的集体品茶"。[51]

"马克"刚入职的时候，或许还包括刚成家的时候，就住在一间破旧的平房里，里面只有几件木制家具，周围是丛林，离他最近的英国邻居也要沿着山路走上五六英里，最近的俱乐部就更远了。处于"马克"这种职位的大多数男子，偶尔会兴致勃勃地参与一下"亲密"的社交生活，以消除孤独感，他们会喝得"酩酊大醉"并"令人难以置信地胡闹一番"，尤其是在板球比赛之后。[52]种植圈子之外的人常把这些人描述为"嘈杂"而"喧闹"。约翰·比姆斯将孟加拉的种植园主形容为"粗犷吵闹的单身汉，不适合有绅士和淑女的场合，他们全都对官员怀有敌意或至少是不满"。深知他们习惯的阿萨姆省高级专员亨利·科顿（Henry Cotton）指出，他们喝巴斯啤酒和"掺水白兰地"的酒量简直惊人。[53]

好客和嗜酒可能是各种种植园主生活中固有的特点，是对付一成不变和单调的必不可少的解药，也是错过一些东西——友谊、社交生活、泡酒吧和去音乐厅——以后所获得的回报，这些东西对身在英国的人来说，可能早已司空见惯；种植园主

---

① "High Ranges"，位于印度南部的西高止山脉，是印度海拔最高的红茶产地。——译者注

们似乎借此聊以自慰，以确信自己所做的牺牲（孤独、气候恶劣和常常生病）是值得的，以确信尽管困难重重，自己依然可以生活得像男爵一样华丽。在冬季，靛蓝都被运走之后，种植园主们喜欢敞开自己两层楼高的"大宅"的大门，这些房子有时修得像城堡，周围通常环绕着芒果林的园子。他们的聚会会持续三到四天，白天骑马狩猎，然后是宴饮、跳舞、打台球、打牌，当然，还要山南海北地聊到深夜。1870年代，孟加拉的一所靛蓝庄园的一名客人描述道，"早餐"（大概是午餐）一道接一道地上"宫廷肉饭"（里面是羊肉或鸡肉）、当地"非常棒的贝克蒂鱼（Biktee）和野鲮鱼（Ruhoo）"、美味的炖野鸭、"肥嫩的鹌鹑"和"更肥厚的圃鹀"（一种雀科鸟），以及"香辣孟买鸭"（一种干鱼）。另一名来宾、作家埃玛·罗伯茨（Emma Roberts）则在那之前40年就曾提到，"这些带有一种野蛮气派的盛宴"，不禁令她想起"在书里读到过的过去那种奢华的贵族生活方式"。[54]

甚至连挑剔的约翰·比姆斯也很欣赏那种"真诚的贵族式的款待"、高水准的生活、成群的仆人和动物、与大象和成群子女为伴的靛蓝家族族长，尤其有一名和蔼的大腹便便的种植园主，有时会"抱起一个在阳台上爬来爬去的咖啡肤色的小家伙，看上好一会儿，才能确定是不是自己的后代"。这名被比姆斯称为"乔"的族长是英裔印度人，和布尔尼亚大多数种植园主一样，已是家族在印度的第二、三代人了，他们很少想去英国旅行，同时把孩子都送到大吉岭、勒克瑙和加尔各答的学校上学。尽管这些人常常固执又独立，但他们比那些祖先从未到过印度的英国种植园主和管理者更容易打交道。尽管后者也很友善和慷慨，会给陌生人提供免费的餐点，但比姆斯很快就意识到，这些人带他参观蒂尔胡特（Tirhut）县时，很明显别有用心。他们希望通过热情款待来收买县官，但如果办不到的话（很少能办到），就通过炫耀财富和权力来吓唬他，从而向他证明：是他们——而不是民政当局——在实际管理着所在的县。

比姆斯称孟加拉的茶叶种植园主对官员怀有敌意或不满。几乎所有的种植园主似乎都是这样。他们养成了那种开拓者、带有边疆思维的男子所特有的独立感，他们粗犷刚毅，坚决要自己管理土地和企业，不希望官员指手画脚。其中的很多人，特别是靛蓝种植园主们，基本上已经"印度化"了——大多数人根本没有想过退休后回到英国——但这是一种"定居者"意义上的印度化：他们坚信自己了解这片土地，了解生长在这片土地上的人们，知道如何以夷制夷。"与生俱来的"权利、社会改革或任何形式的工会谈判的概念，对他们来说完全是陌生的。他们深信，让苦力们干活的唯一途径就是强制，这种政策往往会涉及暴力。如果哪名县官试图保护种植工人的话，他可能会受到敌意和恐吓：一名茶叶种植园主威胁要开枪毙了任何哪怕只是想检查其茶园的官员。[55]这种行为的可悲后果是：如果种植园主因虐待工人而被告上法庭，他们只会受到非常轻的处罚，有时导致了重伤的毒打行为，也仅被判罚几卢比而已。

宣教团与道德品格

在 1813 年之前，没有英国传教士在英属印度生活和宣教。他们可能会为了传教而在印度其他地区生活和工作，比如浸信会教徒威廉·凯里（William Carey）就在丹麦定居点塞兰坡定居传教，那里的丹麦新教徒得到了基督教知识促进会（English

Society for Promotion of Christian Knowledge）的部分资助。但是，直到传教士在英国议会中的盟友迫使东印度公司终止对其领土上传教活动的限制之后，他们才获准在英属印度传教。

在《1813年特许状法案》（Charter Act of 1813）生效之前，东印度公司领地上的基督教仪式都由该公司的牧师主持，他们没有过多的精力或热情，只是向英国会众履行一名18世纪牧师的职责而已；英格兰圣公会没有在印度设立主教，甚至连副主教也没有。东印度公司并不希望将印度英国化或者让其皈依基督教，并决心避免引起印度教徒和穆斯林的警觉，让他们觉得英国人有这种想法。但到了19世纪初，威斯敏斯特已经有足够多的福音派信徒坚持认为：印度人应该听到福音，不论他们可能感到多么惊慌。其中最有力的倡导者是政治家兼演说家威廉·威尔伯福斯，他宣称继奴隶贸易之后，英国"道德品格上最大的污点"就是不负责任地让印度臣民"仍处于……地球上几乎有史以来最污浊、最黑暗、最堕落的偶像迷信中"。[56]他最亲密的一个盟友是查尔斯·格兰特，此人曾在印度担任文官，在两个处于婴儿期的女儿死于天花之后，成为一名福音派基督教徒。他返回英国后，成为一名议员，同时担任东印度公司高级董事，他认为印度教徒"实在太堕落了"，过于沉迷于迷信和邪恶，英国在道义上负有向他们介绍基督教的责任。[57]这也成为福音派对于印度教的核心立场：印度教残酷而污秽，其经文（吠陀经）也很污秽，因此，难怪其信徒残酷又淫荡，焚烧寡妇，杀害女婴。

1813年的法案宣告西方基督教在次大陆的地位将发生两个重大变化。在英格兰圣公会的结构中，此时设立了一个加尔各答主教，后来又设立了孟买和马德拉斯两个主教；加尔各答的大都会教区后来实在过于庞大，于是 1877 年在该教区的两端——拉合尔和仰光——又分别设立了一个新教区。对于印度百姓来说，更具影响力的是传教士们的到来。英国传教士最终被允许进入印度传教后，面临着激烈的竞争。实际上，这是次大陆上唯一一个英国人的人数不及欧洲其他国家和美国的职业。①首批新教传教士是丹麦人，但天主教徒比他们早得多；耶稣会士从 16 世纪开始就在果阿宣教，那里的葡萄牙当局利用传教士和宗教裁判所，强迫数千名印度教徒改宗。

19 世纪期间，各种令人眼花缭乱的欧洲宣教团体来到了印度，例如瑞典基督复临安息日会（Swedish Seventh Day Adventists）和柏林妇女东方女性教育联合会（Berlin Women's Association for Education of Females in Orient）。然而，提供传教士人数最多的国家是美国，其浸信会、长老会、公理会和其他团体的传教士分散到次大陆的三个角落——阿萨姆和缅甸、南部的泰米尔偏远地区以及刚刚被英国吞并不久的旁遮普。一些观察者感到很惊讶：一个奴隶制还在蓬勃发展的国家的公民，居然在如此遥远的地方宣扬基督教福音。但是，美国传教士极为执着，且相当有效，特别是在东北部科希马（Kohima）纳迦人（the Nagas）中传教的浸信会传教士。效果稍差的是在勒克瑙以东伯斯蒂（Basti）宣教的上帝大会（Assemblies of God）的一个分支，传教士是一个名叫盖杰小姐（Miss Gager）的年迈女士，她在那个地区周游，并用留声机播放传播福音的唱片。[58]

1820 年代，苏格兰长老会派遣了几名很有才干的传教士到印度设立宣教团，但苏格兰长老会的影响力因 1843 年的大分裂

---

① 除了娼妓业，但这个行业的人数要少得多。见后文，pp. 330-332。

(the Disruption)而受挫,教会的信徒一部分仍留在其中,另一部分则去了新的自由教会(Free Church)。在孟加拉,所有苏格兰长老会宣教士立即加入了自由教会,尽管他们连工作或敬拜的地方都没有;而原有的苏格兰长老会则保留了各学院和宣教团的建筑物,尽管除了东印度公司的三名牧师外,没有任何其他人住在里面。然而,大分裂并没有阻止长老会的信徒们继续去一些老牌大学接受培训,也没有阻止公理会教友去格拉斯哥神学院(Glasgow Theological Academy)学习,然后前往印度。在英格兰,19世纪初最大的传教士培训学院是位于伊斯灵顿的英国圣公会差会学院(Church Missionary Society's Institution)和戈斯波特(Gosport)的伦敦传教会神学院(London Missionary Society's Seminary)。其他较为有名的培训学院是布里斯托尔浸会学院(Bristol Baptist College)、纽波特帕格内尔福音派学院(Newport Pagnell Evangelical Institution)和卫斯理卫理公会神学院(Wesleyan Theological Institution for Methodists)。[59]

基督教传教士在印度的活动主要是劝诱改宗,为他们居住地周围的人们提供教育和医疗。但直到1830年之前,宣讲福音(不论是讲道,还是朗读圣经)几乎是传教士在印度的唯一活动形式。他们的工作内容后来涵盖了教育,一代人之后,又包括了医疗。大起义让政府和其他地方的许多人认识到,劝诱改宗是一个错误,"干涉本土宗教"正是造成那场可怕战争的主要原因之一。然而,许多传教士仍然不接受这种认识:他们当中的一些人坚持认为,现在要加倍努力。大起义结束后两年,在英国圣公会差会的支持下,新婚的比阿特丽斯·巴蒂(Beatrice Batty)出发前往印度,以便"在那些仍处于异教黑暗或不知基督福音的国家中"发展"我们蒙福的主的国度"。[60]

五十年后，仍有传教士相信可以战胜印度教，那些"头脑简单"的信徒不可能永远在"嗜血的"迦梨（Kali）、毁灭世界的湿婆（Siva）、感性的克里希那（Krishna）和"不雅的象头神"迦尼萨（Ganesh）面前"鞠躬敬拜"。[61]甚至连在1898~1902年间担任加尔各答主教的J. E. C. 韦尔登（J. E. C. Welldon）那样聪明的人也认为，"当地的王公"或许可以成为"康斯坦丁（Constantine）或克洛维（Clovis）"，靠"他个人的影响力或榜样作用"使印度皈依基督教。这名主教还是更适合于他之前担任的哈罗校长一职。他与印度实在太脱节了，所以不能理解为什么统治者维多利亚女王比耶稣基督在百姓中更受欢迎。[62]

传教士很少受到同胞的欢迎。维多利亚女王本人对她的印度臣民——尤其是穆斯林——充满了母性，在生命尽头，她"希望传教士们不要去打扰穆斯林"[63]。印度的官员往往觉得传教士令人讨厌，并且他们的活动也很危险；大多数官员认同曾两度担任孟买省督的乔治·克拉克的观点，即要想"安全地维护"英国的统治，就必须"对于不同民族和部落的习惯和宗教，本着宽容和合理尊重的态度"。[64]在1869年《神学评论》（*Theological Review*）的一篇论述"印度与基督教"的文章中，文官亨利·贝弗里奇（Henry Beveridge）承认，传教士们可能是"诚实和敬畏上帝的人"，他们是优秀的语言学家，并且到印度的"目的也不是发财"。但是他不希望再出现更多的讲道者和传教士了，"他们以为自己能转变印度教徒，真是大错特错"。[65]

有些宣教工作是无可厚非，即使在文官眼中也是如此。19世纪中叶，如果伦敦传教会愿意资助本杰明·赖斯（Benjamin Rice）花二十年来修订圣经的卡纳达语译本，当然无妨，但也相当徒劳无益（在19世纪结束前，其他学者还得再对其进行两次修订)。⁶⁶18世纪末,威廉·凯里已在丹麦人的塞兰坡建立了一个宣教团,在两名助手的协助下,着手一项惊人的工作:将整部圣经翻译成孟加拉语、印度语、马拉地语和梵语,还将其中很长的篇幅翻译成其他印度语言和方言,包括克什米尔语和阿萨姆语。尽管这一努力非常了不起,但也被证明是相当徒劳的。到19世纪末,这些卷本都不再使用;一名传教士学者指出,所有作品都"过时"了,"无法使用","语言不准确","用语不完善",而且"错误太多了,所以只能改用全新的版本"。⁶⁷

另一个专心致志的人物是乔治·希尔特(George Shirt),他在二十几岁时就决定毕生的主要目标就是要把"神圣的经文"翻译成信德语。但是,他必须先学习信德语及其复杂的书写方式,还需要编写出一套语法(此前没有人做过),并编译一部词典(当时也还没有)。根据他的传记作者的说法,他随后开始"阐述信德圣经(Sindhi Bible)",尽管中间还翻译了《共祷书》(Book of Common Prayer)和班扬的《天路历程》(Pilgrim's Progress)——新教传教士历来最喜爱的一部著作。⁶⁸他于1887年去世,也就是他在奎达开办新宣教团后的一年,享年44岁。

希尔特布道工作的其他方面更具争议性。在炎热的季节(原因不明),正值印度河泛滥,他和手下"一小拨福音传道士"会把船系"在某个方便的地方",然后"步行到最近的村庄",或者"通过大门,走进一个臭烘烘、脏兮兮的城市",接着开始在集市上布道,他们希望(但没能成功)效仿"那位巡回传道王子圣保罗"的成功先例。⁶⁹根据1850年美国一本小册子的记载,传教士的职责包括"与婆罗门争论,与每年节日聚会上数千名［印度教徒］交往，并对他们的罪恶和危险发出警告"。[70]前面提过，年轻的甘地觉得这种在印度集市上传道的行为令人无法忍受，但很少有传教士认为自己的行为带有挑衅性，或想过自己是否会容忍"一小拨"毛拉或婆罗门祭司在坎特伯雷或前往孔波斯特拉（Compostela）的朝圣路上布道。他们似乎并没有考虑过，作为一个吃牛肉、喝酒的种族，自己注定会被当作印度教徒的天敌。[71]

有些传教士反对在星期日打羽毛球，或者试图对在俱乐部说脏话的人罚款，这可能会令英国人反感。[72]当事人自然很恼火，而且很难堪：1890年代，由美国传教士率领的"孟买午夜传道会"（Bombay Midnight Mission）的成员开始在孟买红灯区巡逻，并在大街上走来走去，沿街敲门，还在妓院外面唱赞美诗，甚至与造访该区域的所有"绅士"攀谈，然后将其姓名发布在日志中，随后将日志送给这些人所在的俱乐部。[73]这些爱管闲事的人还对印度人的生活自以为是地横加干涉，特别是当涉及性或酗酒之时。1935年，在比哈尔的一个地区，路德派传教士破坏了乔治五世的银禧庆典，他们发起了反对跳舞和喝米酒的运动，使村民不敢前去参加庆典。几年后，在阿萨姆省的一个部落地区，美国传教士说服了不幸的米里人（Miri）：如果他们继续喝米酒的话，那里的皈依者就会下地狱。[74]

19世纪，到达印度后不久，很多传教士开始执迷于性与宗教之间的联系。他们尤其反感那些在偶像面前跳舞的庙宇女子；还有被富裕的婆罗门请来在英国客人面前表演的"舞女"。1830年代，加尔各答的传教士发起了一项运动，他们通过向婆罗门施压，成功地减少了这种"可耻的展示行为"。但似乎最令他们不安的是看到林伽（lingam）——一个代表湿婆崇拜的男性生殖器象征,一个"令人作呕的、野蛮的仪式"的象征物,在一名女作家看来,"几乎没有人愿意相信印度教徒作为一个民族的灵性"。[75]1843年,麦考利在下议院提出,"'林伽主义'(Lingamism)不仅是偶像崇拜,而且是最有害的一种偶像崇拜形式"。[76]男性生殖器符号在英国当然不能作为公共雕塑来展示,对于一些虔诚的基督徒来说,看到林伽简直令人无法忍受。1830年代,在印度南部,两名非国教派传教士"彻底融入了当地人",并成功地开办了一所学校,直到有一天来了一名外来的传教士,"一把抓过一名男子的林伽(种姓徽章),然后拿走了"①。尽管此人最终被迫归还了徽章,小镇仍然"因受到侮辱而骚动起来,大多数孩子退了学,那些没退学的则坚决要求重新采用'他们自己的异教书籍'"。[77]

传教活动中最具争议性的一面就是劝诱改宗,尤其是在清真寺或印度教集市或朝圣地等具有挑衅性的地方。尽管这显然激怒了一些印度听众,但其他人看到这些长相奇特的人试图用自己几乎不怎么会讲的语言传达宗教信息时,只是觉得很茫然。不管怎样,其主要目的——使印度教种姓教徒和穆斯林改变信仰——几乎彻底失败了。传教士自然成功地转变了很多孤儿及其孩子,也能使数千名不识字的非印度教部落民众和低种姓"贱民"皈依,但这些人放弃印度教并没有损失。毫无疑问,这些人当中有很多是真正的皈依者,他们接受了这种信仰并且感谢基督教宣教团可能为他们提供的教育和就业。复杂的动机是一种自然而永恒的人类状态。

然而,对于传教士而言,相比于救赎的教义,这些改宗的

---

① 记录这一场面的作者朱莉娅·夏洛特·梅特兰(Julia Charlotte Maitland)的本意可能是"*lingait*",即带有林伽形象的徽章。

人明显对基督教慈善事业的前景——他们自己会从中受益——更感兴趣,这显然不太令人满意。在传教活动可能会对更广泛的印度人产生影响的一些地区,传教的历史总是很相似:30年的宣讲可能只转变了一两个人——有时甚至一个也没有。伦敦传教会的 A. F. 拉克鲁瓦(A. F. Lacroix)牧师领导了1830年代针对加尔各答舞女的宣道攻势,他"被称为孟加拉最伟大的用本地话传道的宣教士"。根据传教士历史学家朱利叶斯·里希特(Julius Richter)在20世纪初的记载,

> 他精通孟加拉语,其他欧洲人无人能及。他的讲话充满了魅力,言辞充满了同情,并且恰如其分地使用真正地道的孟加拉语。无论他走到哪里,都能聚集大批听众,他令人信服的口才和运用了丰富的东方典故的讲话,令印度教徒为之倾倒和着迷。
>
> 另一位伟大的巡回传教士是麦康比(McComby),他是一名浸信会传教士。45年来,他不知疲倦地长途巡回传道,但和拉克鲁瓦一样,至死都没能使一个信徒皈依,二人的例子都鲜明地表明:相对而言,纯粹的巡回讲道无济于事。[78]

乔治·希尔特的传记作家对他钦慕不已,也有类似的故事可讲。他的研究对象在俾路支斯坦省从事宣教和翻译活动多年,"但却没能转变什么人的信仰,这一定常常令他很失望"。然而,他安慰自己说,他是"一个在旷野里呼喊的声音";他已经尽了对上帝的责任。[79]其他沮丧的传教士也持同样的态度。1883年,詹姆斯·门罗从孟加拉的印度文官机构退

休，他曾担任当地警察局督察长，回到伦敦后，成为伦敦大都会警察局（Metropolitan Police）警监，但随后又返回印度，在孟加拉的拉纳卡德（Ranaghat）成立了一个医疗传道团。然而，正如他的朋友亨利·贝弗里奇所言，他"对使当地人民皈依基督教的前景并不抱幻想"。门罗的观点是他和他的基督徒同胞们"奉命传递信息"；至于接受还是拒绝这些信息，则是听众自己的事。[80]

传教事业反复出现的一个主题是渴望"开辟新天地"，即需要去一个真正困难的地方，物色并努力转变非常没有希望的人。正是这种精神激励乔治·希尔特去了奎达，激励安妮·泰勒（Annie Taylor）小姐去向藏民传教（同样没能成功）；也正是这种精神促使英国圣公会差会在阿姆利则的锡克教徒中开展工作，促使卫理公会在班加罗尔向什叶派穆斯林传道，促使苏格兰长老会在喜马拉雅山麓昌巴（Chamba）的众多古庙间建立宣教团。本着这种精神，严格浸信会差会（the Strict Baptist Mission）的大卫·莫林（David Morling）从海威科姆（High Wycombe）奔赴印度南部的科利山（Kolli Hills），他认为那里是"地球上黑暗的地方之一，因为从未有新教传教士或基督教讲道人去过那里，并且我们了解到，那里的人粗鲁、没有受过教育、有着奇怪的习俗，完全陷于对于魔鬼的崇拜中"[81]。

1906年，无畏而幼稚的莫林为浸信会开发领地时，总是不免"把居民们那些可怜的、破败不堪的、简陋肮脏的小屋"与"每个路口矗立着的宽敞的、用石头建造的、有金色尖顶的寺庙做对比"——仿佛欧洲的哥特式大教堂周围从未有过中世纪及后来的污秽肮脏。在继续前行的途中，莫林经过了"油亮亮的神龛、血淋淋的祭坛"和数百只"被绘上最俗丽颜色的、用窑土烧制的马匹和大象,供夜间游走在乡间的神灵观赏"。最糟糕的是那"令人难以置信的丑恶——宗教把一条条街道变成罪恶的商业"。有时,他和同伴们被眼前的景象所征服,不得不读上一段圣经,然后跪在牛车板上,"将我们的重担放在主身上,祈求他的指引"。对莫林来说,不幸的是,迄今为止,"还没有基督徒侍工宣扬脱离罪恶、羞辱和悲伤的救赎福音;没有哪怕一盏明灯将这些可怜的、受迷惑的人从异教的黑暗中引向上帝王国的荣耀"。但至少,他现在"发现了偌大的泰米尔地区最需要帮助的人"。[82]

莫林很快就发现,在印度南部城镇建立传道使团是一件麻烦又复杂的事。"天气只有很热、更热、最热之分",他和同伴们意识到,他们没办法在"原住民区"生活下去,因为那将"毁掉他们的健康,令他们无法工作"。想要租用土地来建造使团驻地也很困难,因为地主之间争执不下,然后花了四年时间才炸开花岗岩,获得供水。修建小教堂也困难重重,印度教村民曾对莫林的施工队进行威吓甚至人身袭击。如果传教士雇用原住民基督徒[①]来帮助他们的话,这些人常常会受到排斥:他们的房屋被人砸过石头,本人也会被"理发师和村里的洗衣工拒绝提供服务"。有时,莫林和妻儿来到一个"弥漫着奶牛和山羊气味"的村庄,村民会拒绝卖给他们任何补给品:"没有水,没有婴儿的牛奶,没有任何食物,仿佛被困在一个沙洲上,完全与世界切断了联系!"[83]

传道之旅有时令人沮丧。莫林一行走近一个村庄时,"朴

---

① 1891 年的人口普查结果显示,仅有 200 多万名印度基督徒,其中约四分之三住在马德拉斯管区。尽管自公元 2 世纪以来,印度就有了基督教,但其中大多数人的祖先在 16 世纪被葡萄牙人皈依——通常是被迫改宗。

实的村民"常常一看到他们就四散逃跑了，传教士只能见到几名"被困的听众"：一名瘸拐老妇，两名正在屋顶上干活而匆忙下来、却没来得及关门上栓的人。即使有时村民没有设法逃脱，短暂地造访一个"从未听说过基督"的地方也很难产生多大影响，尤其在传教士不太会讲泰米尔语、村民又是文盲因而根本读不了圣经的情况下，更是如此。莫林及其追随者对一个小镇寄予了厚望，他们在那里收获了"第一批也是最认真的问询者"，并获得了"第一份荣誉，即信徒拒绝了偶像，并抛弃了印度教经文"。但是几年后——"噢，这一切真令人失望！……我们还是没能在这里赢得一个从印度教改信的受洗皈依者"。在反复的失望和磨难中，莫林仍然坚信一切都值得，坚信自己在印度的几十年都是为了一个崇高的目标——"基督救赎灵魂的荣耀"。鲜有印度教徒能够"跨过洗礼的卢比孔河，与种姓的怪物实现伟大的、最后的决裂"，但这并不重要。上帝在众人间做的工是无法用"任何标尺来衡量的，在印度更是如此"。[84]

莫林开始传教时已经有些落伍了。至 1906 年，在印度的传教士已经不太可能戴着遮阳帽四处游走的牧师了，他们更有可能在学校或医院里做老师、医生或管理人员。此时，大多数传教士是女性。[85]

1889 年，在为孟买大学威尔逊学院（Wilson College）的新大楼揭幕时，苏格兰人雷伊勋爵（Lord Reay）对学生们说，这所新学院的教授们希望"将构成苏格兰人品格最核心的道德品质传授给你们，使你们的心灵变得高尚"。[86] 很少有人拥有像亚历山大·达夫那样的道德品质，他是遭遇海难后于 1830 年第一批到达印度的苏格兰长老会传教士之一。① 达夫毕业于圣安德鲁斯大学,是一位名不虚传的优秀的学者和辩论家,也是印度教会教育的开创者。在他开办于加尔各答的学校里,学生很快就学习了——而且显然喜欢学习——罗比·伯恩斯和沃尔特·斯科特的诗歌。达夫心目中的英雄是17世纪苏格兰誓约派(Covenanters),他呼吁苏格兰人表现出同样的精神,不要崇拜虚名、财富和"不能持久的名声",而应该让自己的孩子们跟随"伟大的以马内利的军队"出征,通过在异教的印度工作,在服侍中"赢得荣耀的冠冕"。[87]

然而,教会教育是一个有争议的问题,特别是对于那些认为这不够符合福音派教义的人来说。在英国,支持传教活动的人通常更希望转化"异教徒",而不是为其提供教育,1892年,苏格兰长老会大会甚至禁止在传教活动中扩大教育。这不仅是因为派出一名传教士比出资建一所学校便宜得多;在许多人看来,这也更符合他们的根本目标,即"争取灵魂"。许多印度孩子似乎很喜欢英国式教育,却并未表现出改变宗教信仰的兴趣,似乎也印证了这种观点。[88]

然而,教会学校仍继续公开宣传基督教福音。甚至到了1935年,改宗的热情早已衰退之时,马德拉斯的女子基督教大学仍宣称,其"首要目标"就是"在其所处的土地上扩展神的国度",将上帝的真理"清楚地展现给世人,让那些听到它的人无法抗拒它的魅力"。[89]这样的意图不可避免地引起了潜在学生父母的疑虑,令他们不得不权衡这种教育的优势,是否值得让自己的孩子冒这样的险:他们可能会被允许吃肉和踢(皮

---

① 见前文,p.136。

革）足球，或者可能会背离他们的印度教或伊斯兰教信仰。在1890年代，斯利那加的第一所女子学校被迫关闭，因为有传言说，出席第一届颁奖典礼的英国客人是来绑架那些女孩的。[90]

实际上，在丘陵部落地区开办教会学校更安全，也更有效，那里的大多数居民既不是印度教徒，也不是穆斯林，而是泛灵论者。那加兰（Nagaland）和周边地区尤其温和，威尔士加尔文主义者和卫理公会、英格兰和美国浸信会以及大陆天主教徒和谐友好地相互竞争，争取那些将"猎取邻村人的头颅"视为最具男子汉气概的村民的灵魂。大部分前往该地区的英国人对威尔士宣教团的活动都表示赞赏。一名印度医疗机构官员指出，在加罗人（Garo）那些受欧洲天主教影响的村庄里，妇女们食用鸦片，并且"不穿上衣走来走去"；而在威尔士宣教医院附近的村庄里，她们远离了鸦片，并且"或多或少还穿着衣服"。[91]

在维多利亚时代末期，A. R. 麦克达夫（A. R. Macduff）牧师曾在记录中写道，克什米尔是一片美丽的土地，但"在道德上却是一个腐臭的污水池……终年积雪与万年粪堆并存的地方"。他断言，它令"所有社会改革者、政府官员和其他承担着'白人重任'的人绝望"[92]。只有塞西尔·厄尔·廷代尔-比斯科不感到绝望，他于1890年前往克什米尔，并在斯利那加的英国圣公会差会男子学校担任校长达半个世纪之久。他同意麦克达夫关于污水池的说法——斯利那加"道德上的污秽甚至比其实际的恶臭更甚"，但他决心努力清洗它。他没有受到自我怀疑情绪的影响，而是开办了一所不那么典型的教会学校（改宗不在议程上），但校风强调发展当时在英国学校中颇为流行的"肌肉发达的基督教"——注重品格塑造和据称能够帮助男孩子形成品格的体育运动。他的学生（其中的大多数是高种姓印度教徒）所带来的挑战与诸如拉格比和洛雷托（Loreto）等学校的学生不一样，且更为复杂，但廷代尔-比斯科精力充沛，充满自信（且自以为是），他组建了一支由牛津和剑桥大学毕业生组成的教职员队伍（其中大多数人是牧师），以协助自己。

他很快就明白了，如果踩死昆虫（这是杀生）或在学生表现好的时候拍他们的后背（这是对他们的亵渎），会冒犯婆罗门学生。更棘手的是体育运动——如踢足球（那块"亵渎神明的皮革"）、接板球（同上）及用皮手套拳击——造成的亵渎。所有这些问题都及时得到了解决，例如拳击中用布手套来代替。廷代尔-比斯科以他霸道的方式，鼓励帕坦部落的年轻人把拳头而不是刀刃当成学生最好的武器，他亲自教授出于防身自卫目的的拳击课。在布拉德菲尔德读书时，他自己险些遭到强奸，因此，他决心保护自己的学生免遭斯利那加索多玛俱乐部（Srinagar Sodomy Club）克什米尔娈童者的毒手，他最终抓住了这帮人的头领，并移交给了警察。[93]

学生家长们"非常反对体育运动，称那是浪费时间"，他们送儿子去学校是为了能够通过考试，然后好找工作。男孩们也反对，他们觉得体育不符合婆罗门的尊严：只有低种姓的人才划桨或划船，并且这些男孩根本不想锻炼肌肉。有个学生被命令上游泳课，他拒绝了，辩解说自己是绅士，而不是"苦力"。但是廷代尔-比斯科毫不让步，他反驳这名学生说，游泳除了本身有好处外，如果他的母亲不小心掉进了河里，他可能还需要去救母亲。尽管那名男孩回答说他会命令苦力把她拉上来，固执的校长仍然不顾婆罗门的反对，对13岁之前还通不过游泳考试的学生逐年增加学费。他后来还声称，他游泳课上的学生常在达尔湖（Dal Lake）游泳，每年都能救起近20名克什米尔人，使他们免于溺亡。[94]

在印度，基督教活动中争议最少、最受赞赏的当数医疗使团的工作。在苏格兰自由教会于1856年派遣一名医生担任医疗传教士之前，已有两代传教士前往印度了。在那之前，流动传教士自然经常被潜在的改宗者央求提供医疗帮助。情况往往是：如果那名传教士没有接受过医疗培训，他的帮助（就像他有时承认的那样）就是"江湖庸医"。F. 科利尔·萨基特（F. Colyer Sackett）承认，每个在海得拉巴待了几十年的传教士都"成了庸医"。他的治疗方法"或许有点风险"，但幸运的是，"从未有人统计过结果"，无论如何，结果一定"比乡村理发师的手艺强那么一点！哎，"这名诚实的传教士反思道，"这还真不是夸口。"[95]

苏格兰各宣教团有时可能会承认一个另有所图的目标——"医生的作用是打开那道门，让福音信徒们可以进来"，尽管这个目标可能常常实现不了。正如一名婆罗门人所说的："基督徒的教义不怎么好，但他们的医术很好。"然而，无论他们出于何种目的，开办医院和疗养院的宣教团坚决要求其医疗传教士具备相应的资格。1892~1893年的孟买宣教大会（Bombay Missionary Conference）强调了这一立场，并通过了一项决议，要求所有在印的医疗传教士必须拥有能在西方行医的医学学位或文凭。[96]

"诊所基督教"（有人这样叫它）成绩斐然。到1936年，其在印宣教团已设立了近200家医院、100多家药房，以及大量麻风病收容所和疗养院；这些机构雇用了数百名欧美医生（而不是印度医生）以及2000多名护士。[97]如同在英属印度的许多领域一样，医疗宣教团有时也变成了家族事业。罗纳德·霍兰（Ronald Holland）于1914年出生于奎达，他的父亲亨利在当地开办了英国圣公会差会医院（the Church Missionary Society Hospital），并率先提出了设立眼科营地的构想。① 从爱丁堡大学毕业后，他加入了父亲和哥哥行列，在宣教医院工作，很快，全家就一起经营一个移动眼科营地，覆盖了从克什米尔到俾路支斯坦省方圆2000英里的范围；三人挽救了15万名印度人的视力。② 传教士或许在日常工作中招人厌烦，但在危急时刻，他们的自我牺牲和干劲十足令人钦佩。一名林业官员承认，他本人曾经"并不总是支持传教士"，有时还"觉得他们很讨厌"，但在第一次世界大战后，流感灾害袭击他所在地区的村庄时，"贵格会传教士的救灾工作非常出色"。他们把学生组织起来，"由老师带领着，最好地展现了真正基督徒的作用"[98]。

1900年，在印的英国传教士男女数量相近，但从那时起，女性的比例开始增加。其中的许多人毕业于伦敦女子医学院（London School of Medicine for Women）以及牛津和剑桥新开设的女子学院。妇女从1860年代开始就在印度从事医疗工作，经常开设和经营药房；但自1880年代后期开始，在达弗林勋爵夫人成立"为印度妇女提供女性医疗援助全国协会"（National Association for Supplying Female Medical Aid to Women of India）之后，大批英国妇女来到印度。和一些男性同行一样，有些妇女也希望成为周游四方的传教士，从一个地方到另一个地方，甚至在某个印度村庄安家，在那里，她们的存在必然会引起父

---

① 后来，在印度和其他地方，它们由皇家英联邦盲人协会（Royal Commonwealth Society for Blind）经营。
② 根据DNB的记载，这是1960年亨利爵士和罗纳德爵士在马尼拉获得国际拉蒙·麦格塞塞奖（Ramon Magsaysay Award）时，嘉奖状中所列出的数字。

权社会的兴趣。但是，大多数妇女喜欢更实际的职业，即在学校当老师或在医院当医生。她们最想参加的传道团是闺房（Zenana）宣教团体，例如英国圣公会差会（女部）（Church of England Zenana Missionary Society），这家差会在旁遮普开办了很多医院，后来在班加罗尔和孟加拉的克里希纳加尔（Krishnagar）又开设了其他医院。在闺房制度中，深闺中的印度妇女生活在几乎难以想象的各种限制中，女传教士觉得自己不仅可以给她们看病，还能够关心她们的处境，甚至和她们交朋友。正如一名女性在1903年所指出的："我认为在这里人会对同性有一种热情；女性受到的压迫实在太多了，不管怎样，她们都比男人善良得多。"[99]

第八章 军队生活

驻印陆军

帝国在印度的军人包括驻扎年限不等的英国军团和印度陆军（孟加拉、孟买和马德拉斯陆军的总称），印度陆军部队由常驻次大陆的英国军官率领。从19世纪末开始，两支军队合称为"驻印陆军"（Army in India），由同一总司令指挥，通常由英国陆军的将军担任，不过担任这一职务最能干的两人（罗伯茨，1885~1893年；奥金莱克，1941年及1943~1947年）是印度陆军军官。在大起义之前，印度士兵的人数大约是英国部队的6倍，但之后，印度部队人数减少，而英军的规模（吸收了东印度公司的欧洲部队）有所增加。除两次世界大战外，"驻印陆军"的英国士兵在62000人至75000人之间，印度士兵为140000人至150000人。

从1863年起，印度部队中的英国军官人数也开始减少。一个有600名印度士兵的步兵营和420名骑兵的骑兵团，此时只有6名英国军官，包括指挥官和副官。在这些营团中，没有未授予军衔的英国军官。士兵由最初被称为"本地军官"的人管理和领导，这些军官后来被改称为"VCO"，即印度总督委任的军官（Viceroy's Commissioned Officers）；其中，最高级别的初级委任军官在步兵部队被称为少校（subedar-major），在骑兵部队被称为骑兵少校（rissaldar-major）。事实证明，军官的"印度化"过程比印度文官机构或印度医疗机构都慢。

238   20世纪初,寇松好不容易才说服英国政府允许他建立一个印度军官学员团,其精心培养的学员最终会成为印度陆军军官;但这个计划在其继任者明托勋爵的任期内被置之不理,明托勋爵就喜欢推翻寇松的计划。

直到第一次世界大战结束,才有印度年轻男子被桑赫斯特录取,并随后被授予作战任务。1923年,一些步兵营和骑兵团被选为"印度化"部队,不再接收英国的中少尉军官。1916年,莫里斯·亨利(Maurice Henry)加入了马拉塔轻步兵团(Mahratta Light Infantry)的一支部队,担任少尉;后来,他先后被派往伊拉克、奎达、德里和亚丁的其他部队任职,到1940年被召回来指挥这个营时,他发现自己和副指挥官是营里仅有的英国军官;其他军官都是由1932年成立的德拉敦印度军事学院培养出来的印度人,这所学院的管理方式非常像一所公学。到第二次世界大战爆发时,已有将近400名印度军官,但他们仍然仅占印度陆军军官总数的十分之一。从1940年开始,形势的发展要求必须增加印度军官人数。1945年夏天,印度军官数量已达8340名,但与此同时,军队的规模也大大增加,英国军官人数仍是印度军官的4倍。[1]

作家兼记者埃德蒙·坎德勒(Edmund Candler)找到了来自16个不同族群的印度士兵,在第一次世界大战期间,他在美索不达米亚全都遇到过。其中包括廓尔喀人、锡克人、贾特人(Jat)、多格拉人、旁遮普"穆斯林"和加瓦利人(Garhwali);如果坎德勒把古尔贾尔人(Gujar)和梅奥人(Meo)这类群体单独算作一个族群〔而不是分别算在贾特人和梅拉特人(Merat)里〕的话,印度士兵的种类还会更多。[2]这份名单有一个显著特征,即除了一个族群外①，其他所有族群均来自次大陆北部或西北部。100年前，东印度公司的军队主要从南部和东北地区招募士兵，但马德拉斯人失宠了，而大多数孟加拉人的部队在1857年参加了哗变。马德拉斯部队曾在阿尔果德与克莱武作战，在阿萨耶（Assaye）与韦尔斯利作战，但此后，他们很少参加战斗，到1840年代，如他们的一名军官所感叹的那样，他们仅被当作"民警而已"，主要任务是收税和"管好农民……而不是真正作战"。³到19世纪末，8个马德拉斯骑兵团已减少至3个。而当南方部队真正投入战斗时，他们的表现并不总是令人满意。在1885年一次打击缅甸匪帮的远征中，一名英国军官报告说，士兵们吓得"一看到武装的缅甸人"就四散而逃，他们扔掉了武器和弹药带，乞求赶紧回到马德拉斯。⁴

自19世纪中叶以来，印度陆军一直依靠着来自北方的"尚武种族"（martial race，英国人的叫法）。在征服旁遮普省后，大量战败的锡克教士兵被编入东印度公司的部队。很快，旁遮普省为印度陆军提供了一半的士兵。在旁遮普征兵时，军官不再需要依靠惠灵顿的"社会渣滓"，也不必在集市或失业人群中寻找印度同类人员；他们到乡村地区挑选那些种地的人。"不同种类的印度雇佣兵"在连队级别常常是分开的，但通常会被编入一个团。例如，在第28旁遮普步兵团中，锡克教徒、信奉印度教的贾特人和旁遮普穆斯林分别是独立的连队，还有一个连队一半是帕坦人，一半是多格拉人。一名年轻的英国军官很快就知道，与穆斯林在一起时要避开猪肉和酒，但与锡克教徒在一起时的注意事项要复杂得多。"必须记住，永远不要

---

① 来自阿萨姆的贾拉瓦人（Jharwa）。

给他们递烟,但又不要忘记他们很喜欢酒。""伯蒂亚拉量酒法"是"用两个手指——食指和小指——来测量的"。邓斯特维尔很高兴遇到了一名退役的锡克教军官,此人对他说白兰地苏打水(掺水白兰地,军官们最喜欢的饮料)中白兰地的浓度要是能翻一倍,并且用香槟代替苏打的话,味道会更好。[5]

对英国陆军中的少尉军官来说,最受欢迎的军团是廓尔喀步枪团,自 1815 年以来,这支部队就一直是英印武装力量的一部分。与其他部队不同的是,该部队的各营清一色由廓尔喀人组成,并且都在山上有常住的家,这很不寻常,他们很适应山里的气候,就在那里接受山地作战的训练。在诸如喜马拉雅山麓的兰斯当那样的避暑地,他们采石锯木,在杜鹃花和冬青树之间建造自己的营房。与廓尔喀人一起生活可能会有不尽如人意的地方。一名军官说,吃他们的食物需要"石棉喉咙"和"牛的消化系统",并且过十胜节时必须暂停正常工作,因为他们会大醉近十天。[6]廓尔喀人还"出了名的不会沿公路行军",尽管他们在丛林中"非常出色"。然而,这些及其他种种缺点都得到了渴望指挥这些士兵的英国军官的原谅,他们能吃苦,"身材矮小,体格强壮,有一半蒙古人的特点",他们顺从肯干,"爱微笑,也爱大笑",最重要的是他们很可靠。[7]竞争这些营的任命比印度陆军其他部队都要激烈。获得任命的约翰·马斯特斯学会了廓尔喀人行军时唱的小调儿,他发现歌词从"淫秽到怀旧无所不有,中间夹着各种古怪而毫无意义的无稽之谈"。[8]在廓尔喀营中任过职的军官,无一例外都会怀念那些"超棒的小个子",并且他们动不动就会谈到自己的士兵,常常招致其他营团同僚的反感。一名骑兵军官抱怨说:"他们中没有一个人能在五分钟内不同你讲'我的小个子们'。"这样的谈话可能会令军官学员不敢选择他们。1915 年，罗纳德·约翰斯顿（Ronald Johnston）在奎达被问到想加入哪个团时，他觉得"已经听到过太多小廓尔喀人这样那样的故事了"，于是申请加入旁遮普步兵团。[9]

除了几个团外，印度陆军的骑兵部队名声都不太好，但某些"非常规"单位除外，例如加德纳骑兵团（Gardner's Horse）[①]和斯金纳"黄衣骑兵"团（Skinner's "Yellowboys"）[②]。有些骑兵军官被黑利伯里学院拒之门外，没有经过培训，并且常常与自己的部队格格不入：孟加拉骑兵的所有骑兵团都参加了 1857 年的大起义，随后被解散。即使在那之前，也没有人敢宣称他们在战场上可与滑铁卢的苏格兰灰骑兵团（Scots Greys）或巴拉克拉瓦战役中的轻骑兵（Light Brigade）相提并论。普罗宾骑兵团（Probyn's Horse）是其中的一个例外，这个团 1860 年在大沽口战役（Battle of Taku Forts）中向数千名清军骑兵发起冲锋；其指挥官戴顿·普罗宾（Dighton Probyn）骑着他著名的战马"解围"（Clear-the-Line）指挥战斗，他也曾在大起义中获得过维多利亚十字勋章（Victoria Cross）。有几个骑兵团参加过第二次阿富汗战争（1878~1880），并发挥了一定作用，在西北边境也偶尔起到过作用。但是，除非一名军官的主要志向是打马球和狩猎野猪，否则，在印度当一名骑兵军官实在令人沮丧。总是没什么事可做。

在第一次世界大战期间，两个骑兵师前往法国，曾在印度担任过骑兵督察的黑格将军（General Haig）仍心存幻想：只要他的步兵能成功地发动进攻，他就可以"将他们投入缺口"，

[①] 又名"第 2 枪骑兵团"（the 2nd Lancers）。——译者注
[②] 又名"第 1 骑兵团"（the 1st Horse）。——译者注

从而击溃德国敌人。但在战壕和铁丝网密布的现实世界中,骑兵根本派不上用场,一些印度骑兵团最终下马,转型为步兵。[10]

除马德拉斯外,印度陆军骑兵通常实行一种被称为"西拉达"(silladari)的体制,即印度骑兵带着自己的马到部队。这样的骑兵肯定很难风度翩翩。直到19世纪末,大多数马匹都从乡村集市购买,是卡提阿瓦半岛、俾路支斯坦省或波斯湾当地的马;它们的速度也许不是很快,但是比起喜怒无常的外国马来,训练它们游过旁遮普河可能更容易些。然而,乡村战马逐渐被从澳大利亚进口的"威尔士马"(来自新南威尔士的马匹)替代,这些马在加尔各答或孟买由战马库(Remount Depot)的军官进行检查、挑选。这些人主要负责为英国部队提供马匹,他们隶属英军一个不起眼的分支,都是一些出了名的强硬、好喝酒的人。菲利普·梅森遇到过其中的一群人,他们打起马球来非常慢,部分原因是他们喜欢在每局之间喝威士忌。[11]

如果一个团与相距很远的另一个团交换驻地,双方可能都会觉得接管彼此的马匹更容易些,这样就不需要将它们运送到数千英里之外了,当然,这可能需要对马重新进行训练:1930年代,第8骑兵团(曾是枪骑兵)替换了某军刀团,那些马被"不习惯的枪旗飘动"吓坏了,受了惊。[12]但普罗宾骑兵团决心保留自己的战马。该团把从对华战争中得到的"犒赏"(batta)投资到了普罗宾纳巴德(Probynabad)的一家种马场,很快就成为驻印装备最棒的骑兵团。普罗宾本人提早退休,又为维多利亚女王和爱德华七世担任了将近40年的高级侍从,他的团也因此更名为"爱德华国王第11直属枪骑兵团"(the 11th King Edward's Own Lancers)[普罗宾担任名誉上校,国王担任总司令(colonel-in-chief)],并被认为是印度陆军中最时髦的团。

这个团自然装容整齐，佩戴蓝色头巾和猩红色腰带。然而，这些团变得魅力四射——并且数量众多，没多久就在战场上毫无用武之地。先是他们的制服换成了卡其色，当时的官员称其为"鼻烟色"，其实在印地语中就是"尘土色"的意思；然后骑兵们被告知长枪仅在仪式时使用；最终，随着部队逐渐机械化，战马都被带走了，代之以轻型坦克和装甲车。一两支部队得以将传统风格保持到第二次世界大战：大干道最后一次听到加德纳骑兵团的马蹄声是在1939年11月，当时，部队从贾朗达尔行进到锡亚尔科特；一年后，第19轻骑兵团举行了最后一次骑马阅兵式。在那之后，正如一名军官所感叹道的，人们"再也听不到那熟悉而动听的号角声了——'去马厩'"。[13]

骑炮团（horse artillery，最初被称为"galloper guns"）也在同一时间停止使用战马。在大起义的恐惧之后，英国决定皇家炮兵团的炮兵应该是英国人而不是印度人，尽管这一防范措施实际上毫无意义：由于保留了印度车夫，在另一起叛乱中，这些人会带走马匹，致使大炮无法移动。"炮兵"主要分为皇家骑炮兵（Royal Horse，RH）和皇家野战炮兵（Royal Field Artillery，RFA），还有知名度稍低的皇家卫戍炮兵（Royal Garrison Artillery，RGA），顾名思义，即通常戍守在某个地方（如山顶、要塞）或保卫沿海城镇。骑炮兵和野战炮兵总是鄙视卫戍炮兵，觉得他们不骑马，是"混凝土堡垒里的机器人"，但卫戍炮兵——山里的炮兵连中的确有印度士兵——也对那些目中无人的同仁反唇相讥，认为是自己在戍守边疆，身着卡其布短裤和短袖做着有意义的事情，并且零星地参加战斗；而骑炮兵和野战炮兵的同仁除了在"树懒带"扎野猪、打马球外，什么都没做，"一帮公子哥"骑着马四处乱冲，"拖着玩具炮"，

"穿着紧身制服和'叮当'作响的马刺",到处趾高气扬。一个真正的男子汉应该戍守边疆,同时在经济上也得到了好处,卫戍炮兵的低级军官(几乎绝无仅有)仅靠薪水就够了。不仅他们的生活成本比"树懒带"低——在开伯尔附近的要塞也没有多少需要花钱的地方,而且每天还能得到两先令的额外的"备战费"(armament pay)。14

汤米·阿特金斯

吉卜林认为"汤米·阿特金斯"① 遭到的诋毁最严重。汤米当然会相当聒噪,常常醉酒,并且真应该"告诉他一个新的形容词,好让他能表达自己的想法"。然而,吉卜林在他的一首诗《汤米》("Tommy")中解释道:"军营中的单身汉不会成为石膏圣人。"吉卜林承认每个团都会有"无赖",但他在印度认识的大多数士兵都是正派人,令他们惶惑不解的是,自己居然被人们形容为"野蛮和放纵的士兵",只有在国家处于危难之中——"战鼓开始响起时",他们才迅速地变身为"一条细细的英雄红线"。在吉卜林看来,这些士兵当然好过那些他从印度返回伦敦后认识的唯美主义者和"留着长发的文人",文人们"嘲笑那些在自己安然入梦时保护着自己的士兵",这让诗人很不齿。15

我们上次看到汤米·阿特金斯——以东约克郡军团二等兵克莱门斯的身份——是在1929年,他在孟买下了船(大多数更早的化身应是抵达加尔各答或马德拉斯)。赶走了港口的苍蝇

---

① "汤米·阿特金斯"(Tommy Atkins)是战争部(War Office)在1815年为步兵样本表格选择的通用姓名,例如"本人,二等兵汤米·阿特金斯,系第33步兵团……"。

和乞丐之后，他（克莱门斯）开始了在印度的第一次列队行进，在那场仪式上（他很惊讶），他收到了两包香烟。"痛快地吸了一阵烟"之后，他上了一列火车——"木制的座位非常不舒服"，最终到达了勒克瑙车站。在那里，他和同伴们受到第一营鼓乐队的欢迎，乐队一直奏乐，直到把他们"引领"到营房广场，指挥官准备给他们一个简短的欢迎致辞。之后，他们在军营商店外面集合点名，每人收到了两个床单、三床被子、两个枕头套（尽管只有一个枕头），外加一顶带杆的蚊帐和三张用椰子纤维填充的、被称为"饼干"的床垫。[16]

第二天早上，他们被听起来像喇叭声的起床号叫醒。洗漱后，穿上短裤和套头衫——天气已开始热起来了，然后享用"还算美味的早餐"，有玉米片，紧接着有"香肠、鸡蛋和培根，最后是面包黄油和果酱"。然后给他们发放了步枪、刺刀和网绳装备，再加上一个装被子用的蓝色棉毛地毯、铺地防潮布和蚊帐，用于行军或拉练。天气炎热时，他们必须穿脊柱护垫，这是值岗放哨时用来保护脊柱的一种背心，但很快，这种被认为没什么用处的东西就被废除了。比较有用的是一种轻质布面头盔，它取代了软木头盔，此时仅执行岗哨任务和参加仪式时才戴软木头盔，头盔上会缠绕帕格里（puggaree），即轻薄头巾。这种特殊的头巾右侧有一个"XV"标志，顶部边缘有一条黑带，它是为了纪念170年前在魁北克牺牲的沃尔夫将军（General Wolfe）；沃尔夫曾在北美指挥第15步兵团，即后来的东约克郡军团。

二等兵克莱门斯到达勒克瑙后不久，鼓乐队的指挥便来到他所在的连队，为鼓队招募新兵。长官宣布报名者需要"掌握"两种乐器，于是克莱门斯站了出来，选择了军号和长笛。尽管他发现长笛很难吹,但他很快就在阅兵仪式中与"打鼓的小伙子们"演奏《鸣金收兵》("Beating The Retreat")。15岁的男孩可以参军当鼓手,诺曼·威兹德姆就是如此;在18岁时可选择是否加入正规部队。在威兹德姆与克莱门斯之前的那一代人中,达德利·梅诺德-利森伯格(Dudley Meneaud-Lissenburg)年少时就报名参军,在炮兵团学习当军号手和小号手。过去,乐队经常在离营房远一些的地方练习:克莱门斯在一片"小树林"中练习,而梅诺德-利森伯格则在一片芒果林中吹小号。军号手和小号手还需要独奏,在一天中的不同时刻吹出各自的"号声"。清晨六点半吹完起床号后回来,威兹德姆经常被那些刚被他叫醒的人追着喊"烦死人了"。其他"号声"还包括"邮件"号(Letters)(前一天晚上到达的邮件得到整理之后,在周日上午吹的号声)、每天三餐时的"食堂"号(Cook House)、集合部队时的"检阅"号(Parade)和"集合"号(Fall-in)、更换岗哨时的"换岗"号(Guard)、在要塞中进行枪弹练习时的"开火"(Action)号和"停火"号(Cease-fire),以及表示熄灯的"最后一岗"号(Last Post)。[17]

英国驻印士兵的饮食以肉为主,每天一磅肉(包括脂肪和软骨),甚至有些士兵都认为"在这样的气候里,配给量可能太多了"。1760年代,马德拉斯驻军士兵每周有六天会吃牛肉、猪肉或羊肉;在野外,每日定量增加到一磅半。问题倒不在于肉的分量,而是质量及烹饪方式;在平原地区,肉质非常硬,因为在这种气候下,肉"挂"不了多久就会变质。1900年,部分早餐配的肉是小块牛排,士兵们称其为"卡其色肉块",据威尔士燧发枪团的二等兵理查兹(Private Richards)的说法,其肉质坚硬到"嚼完一块,下巴会痛上好几个小时"。19世纪时，士兵的早餐曾供应过咖喱饭，但是后来改成了粥、香肠、鸡蛋和"卡其色肉块"。一天中晚些时候的餐食几乎总是把肉和蔬菜一起煮成"大炖菜"。[18]

可怜的梅诺德-利森伯格从未去过英格兰，完全受不了这一切。他于 1894 年出生在乌蒂一个曾在马德拉斯陆军服役三代的家庭。他在班加罗尔、哥印拜陀（Coimbatore）和古努尔断断续续地接受过教育，童年的大部分时间都在尼尔吉里丘陵度过，那里有托达人（Toda）和其他部落。16 岁加入炮兵后，他被派到紧邻海得拉巴的塞康德拉巴德的一个大型军营，那里的部队妓院（"一个令人愤怒的附属物"）和索然无味的英式食物令他震惊。每天早上练习完军号后，他都得坐下来吃早餐，有面包和黄油，"一块硬邦邦的干肉，漂浮在黑色的肉汁中"，"用一盆加了很多水牛奶颜色的温吞吞的茶冲下去"。1 点的"正餐"——"总是卡其色牛排和煮土豆，每周换两次不同的汤汁，能再撑几个小时"；过后，茶歇时又是一盆茶，尽管这回的茶不加奶，是甜的，还配着"一汤盘咸粥"。这就是梅诺-利森伯格一天中的最后一餐，如果他参加军营里拳击比赛的训练的话，还会在 6 点半时得到一盘粥。难怪他会省下自己的薪水，偶尔到军营外吃一顿。18 岁那年，他被派到了孟买，担任连队的小号手，每周会去阿波罗码头（Apollo Bunder）附近的格林酒店（Green's Hotel）改善一次伙食，点"一份多汁的波特牛排"，喝一小杯"浓缩姜酒"，然后抽一支来自马德拉斯的丁迪古尔之花（Flor de Dindigul）雪茄。这要花去一卢比四安娜①，相当于其周薪的四分之一。[19]

---

① 安娜（anna）：旧时在印度和巴基斯坦使用的铜币。

其他士兵则把薪水凑起来,合伙雇一名印度厨师,以免军营伙食过于单调。在拉合尔外的一个军营,兰开夏燧发枪团的二等兵斯温德赫斯特和五个同伴每人每周付八安娜,雇了一个人去蔬菜和家禽市场采购,外加做几顿还不错的饭菜。每个军营的周围都潜伏着各种"瓦拉",随时准备满足部队的这些需求。尽管二等兵克莱门斯刚到勒克瑙时享用了"挺美味"的早餐,但早餐质量显然很快就下降了。"有些早晨",餐食"不是很美味",他会走到合住平房的阳台上,在那里,"鸡蛋瓦拉正在烹煮美味又好吃的大鸡蛋"。他也可以从"牛奶瓦拉"(dudhwallah)那里搞到新鲜的牛奶和黄油,或者从"炭火瓦拉"(char wallah)那里买到茶和三明治,这些人总是就在附近,在行军途中的每个歇脚点都随时准备好"大茶罐",他去钓鱼的时候(他经常去钓鱼),能找到另一个瓦拉可以烹制他钓上来的鱼。在密拉特,"瓦拉们"聚在一棵名为"伙食摊"(Ration Stand)的树下,向皇家威尔士燧发枪团的小伙子们出售便宜的鸡蛋、肉和蔬菜。二等兵理查兹甚至找到了一个"干瘪的老伙计",人称"培根瓦拉",这在印度很少见。此人大约90岁,可能曾是英国人、印度人或欧亚人。实际上,理查兹后来才知道,他是一个英国人,大约在70年前参了军,后来留在了印度,每天有一先令的退休金,然后娶了一个年龄只有他一半的欧亚女孩。[20]

与其他职业的同胞一样,英国士兵很快就发现有印度仆人为他们购物、做饭和洗衣是很正常和自然的。到达拉合尔后的第一天早晨,二等兵斯温德赫斯特醒来时,发现一个缠着头巾的印度人问他"大人,您需要刮胡子吗"。很多士兵欣然接受了起床号前在床上刮胡子的提议,有些士兵睡得太沉了,甚至于一个好的理发师,在防风灯下给他们理发都吵不醒他们。一旦他们享受惯了这种奢侈,很快就会习惯其他"本地人"为他们服务,例如"提水瓦拉"(bishtiwallahs)用山羊皮为他们提水,"风扇瓦拉"(punkahwallahs)则在3月至10月间为他们拉布扇,扇起微风,保持凉爽。

士兵的住宿条件依时间和地点而不同。1919年,驻瓦济里斯坦米尔阿里(Mir Ali)的部队住在帐篷里,靠防风灯照明,但1943年,他们住进了营房,有电灯和电风扇。19世纪士兵的住处通常是长长的昏暗的宿舍,两排床铺挨得非常近。后来,他们常常住在很大的平房里,有自己的井和厕所,还有一个将平房一分为二的餐厅。克莱门斯充满感激地指出,房子每半侧都有一名"炭火瓦拉"坐在走廊上,从清晨到深夜,随时准备着茶缸和一满箱子的三明治、蛋糕和香烟。他甚至还给客人赊账,可以到发薪日再付钱。[21]

对官兵而言,军营的每日生活都很无聊而单调。约克郡轻步兵团(Yorkshire Light Infantry)的一名中尉托马斯·多德尔(Thomas Dowdall),在1889年冬天跟母亲这样总结道:"7:30上军营……8:00~9:00队列操练……9:00~9:30回到这里……9:30吃早餐……10:00上军营……10:30队列操练……12:00~1:30整理内务……1:30~2:00回到这里……2:00吃午餐……3:30回到营房……4:00~5:00队列操练……5:30回到这里……8:00换装进晚餐。"当他担任"值班中尉"时,这种模式每周会变化一两天,因为他需要花上几个小时检查各种东西:食品及其他供给、炊事房和操作间、军士食堂、台球室、商店和值班岗哨室,还包括所有宿舍,以确保士兵的行军床"相当整洁"。晚餐后,军士点名并向他报告哪些人生病或缺席,在夜里的某个时候,他还得出去查岗,看哨兵是否警醒着。[22]

再早 50 年,马德拉斯团的一名中尉阿尔伯特·赫维(Albert Hervey)抱怨说,手下的士兵"疲惫不堪,无精打采……因为队列操练实在没有意义和价值",还无休止地"在一些根本不需要警戒的地方站岗"。[23]队列检阅占了大量时间,尽管在旁遮普阅兵常常因为沙尘暴而取消。来自奎达军营的多德尔在信中提到了指挥官的阅兵、旅的阅兵、副官的阅兵和教会的阅兵,尽管这个驻军小镇还没有教堂,但每到周日,这个营会列队行进到一块立着讲坛的空地。还有其他许多浪费时间的职责,大到为某名将军举行盛装队列检阅,小到不那么正式的清晨队列操练:约翰·莫里斯可以身着短裤、卡其色长筒袜和开领的迷彩衫检阅他的廓尔喀士兵,但他必须身着制服才能参加 11 点半召开的指挥官日常会议。[24]

除了队列检阅外,士兵的生活还定期穿插着行军礼("机敏地"而不是"懒散地")、警戒和行军。还有没完没了的各种视察:如果某名将军想要参观军营,士兵们那天就得"修整仪容",不过,二等兵斯温德赫斯特觉得,这至少让无聊的"部队有点事可做"。在寒冷的天气里,士兵会干些更有用的事情,他们参加步枪射击课程、进行长途行军、参加"运动营"和"冬季演习",印度陆军的军官对此非常重视。还有一件可做的事是体育运动,这也是自 19 世纪中叶以来,军事管理部门越来越大力推行的举措。拳击成为最重要的一个项目——"前排,向后转!拳击!"——即使是身材瘦小的青少年,也是如此。在勒克瑙,诺曼·威兹德姆本就是出了名的"军营小丑";在获得驻印英国陆军次轻量级冠军后,他就更出名了。还鼓励

开展板球运动（球场通常是用席子而不是草做的）和曲棍球运动，篮球运动也得到了一定的鼓励。²⁵

20世纪初最受欢迎的运动是足球，不只是军营战友之间在休息日踢，还有各种有组织的比赛，如穆里杯（Murree Cup）（旁遮普冠军赛）、杜兰德杯（Durand Cup）［由外务大臣莫蒂默·杜兰德（Mortimer Durand）①发起］，以及在加尔各答举行决赛的印度足球协会盾牌赛（India Football Association Shield）。二等兵克莱门斯和他所在的东约克郡鼓队有时会和一支"本地球队"比赛，尽管本地球员并不热衷于铲球，但他们赤脚踢球比他穿靴子还踢得有力。²⁶英国人和印度人被允许以个人身份、以混合团体或除一人以外的任何组合形式参赛，唯独一种方式被禁止：英国陆军部队的球队不允许与印度陆军部队的球队比赛。²⁷毫无疑问，这是担心此类比赛会变得"带有民族主义倾向"。

英国陆军的一些团有自己专属的节日。8月1日，二等兵斯温德赫斯特和兰开夏燧发枪团的其他士兵会在宴会上喝很多啤酒，以庆祝该团在1759年明登战役（Battle of Minden）中的英勇表现，当时，这个团在七年战争中帮助不伦瑞克公爵（Duke of Brunswick）击败了法国军队。所有驻印部队都在星期四放假一天，这一天被称为"士兵日"（All Soldiers Day）：不吹起床号，士兵可以想睡多久睡多久（警卫和担任"值班中尉"的军官除外）。尽管军官鼓励士兵在这一天参加体育运动——不少人确实这样做了，但他们没有义务非得留在军营。很多人会溜到镇上的集市喝上几杯，买些便宜的雪茄，看看当

---

① 他还负责划定了贯穿西北部落地区的"杜兰德线"（Durand Line），后来成为巴基斯坦和阿富汗之间的国际边界线。

地的女人。二等兵斯温德赫斯特第一次去就大惊失色:"被那些'想要摆脱什么'的女人粗暴地对待了,非常令人难堪。"奉命去纠察拉合尔的妓院也令人不快,纠察是为了阻止士兵去妓院,因为当时该团患性病的比例很高。① 但斯温德赫斯特还是很喜欢游览旁遮普省会那种更单纯的出游,还有在返回米安米尔兵营的途中,与好友来一场轻便的小马车比赛——从孟加拉银行(Bank of Bengal)到军营大门的七英里,这给返程增添了不少乐趣。

英属印度的体育形象(绘画和摄影中都如此),通常聚焦在较高端的社会阶层:骑兵军官狩猎野猪,总督坐在大象背上瞄准老虎,比卡内尔大君的贵族宾客(包括未来的乔治五世国王)在拉杰普塔纳的盖伊纳湖(Gajner Lake)上射杀上千只沙鸡。但与在英国不同的是,在印度,劳动阶层也可以打猎,普通士兵也可以拿着鸟枪漫步乡间。19 世纪下半叶,印度开始实行对于捕猎季节和猎物种类的限制,但并未划分狩猎区,因而也就不存在偷猎者和猎场管理员需要在猎区斗智斗勇的情况。诺森伯兰燧发枪团的二等兵弗雷泽回忆说,士兵只要跟上校请"打猎假"就可以了,"肯定都会批准",但要保证不射杀猴子和孔雀,"因为它们被当地人奉为神圣的生灵",而且要保证至少三人一组出行。如果三人中没有翻译的话,那就必须有一人能讲当地语言,还必须有一人知道如何"在受伤时包扎伤口"。[28]

这种防范措施并非总能得到落实,而且不管怎样,通常仍不够充分。在寇松担任总督期间,每年都有四五名印度人在争执或枪击事件中被士兵打死,对于如此广袤的地域来说,这个

---

① 见后文, pp. 332-333。

数字算不上很高，却足以惹恼这位总督大人，他说"这种令人发指的行为"侵蚀着他的"灵魂"，尤其是当肇事者没有得到应有的惩罚时。在一起事件中，他向国务大臣报告说，四名士兵外出打猎，"和往常一样，没有许可证，[并且]没有翻译"。然后，他们"和往常一样，射杀了一只孔雀，和村民争吵了起来，在此过程中，开了枪，和往常一样不是有意的，并且和往常一样打死了两名本地人"。在随后的审判中，"囚犯像往常一样被无罪释放"，对寇松来说，这种"掩护罪犯"的行径是"英国名字上永久的污点"。[29]

1870年代，罗伯特·巴登-鲍威尔（Robert Baden-Powell）的职业生涯刚刚开始不久，在他创设童子军（Boy Scouts）和女童军（Girl Guides）之前，他在驻印轻骑兵部队任少尉。他"很卖力，几乎废寝忘食地搞舞台表演之类的东西"，想摆脱"百无聊赖"，他认为英国士兵的"病根"就是太闲得无聊了。[30]如果士兵驻扎在一个大型要塞城镇，可能时常会有剧院公司去那里巡演，并在晚上表演轻音乐喜剧。1920年代已经有了电影，但需要将军营中的一个房间改造成放映厅，通常所使用的放映机也不太稳定。然而，对于一个部队来说，只可能隔三差五地有一次外来娱乐，大部分的娱乐活动还得靠"自给自足"。

直到英属印度末期，乐队演出一直是最受欢迎的娱乐形式，尽管其越来越像音乐厅演出或综艺节目，有讲笑话、漫画素描和传统歌曲演唱。二等兵理查兹回忆说，他所在的团每两周会在营房的草坪上举行一次音乐会，这"即使对我们当中最坚强的人来说……也意义重大"，因为"那些乐曲唤醒了对在英格兰度过的美好时光的回忆"。行军时也会举办演出，特别是周六晚上，在营地的篝火旁，军官坐在躺椅上，"普通士兵"蹲坐在地上,这样的安排据说在维多利亚时代晚期"非常能活跃气氛",而且是"为了改善官兵关系"。乐队自然要演奏所有的军团进行曲,即使在作战期间,也是如此,多德尔中尉觉得这"非常了不起",但他被告知这么做是为了"打动当地人"。然而,一个乐队的保留曲目不仅仅限于简单进行曲和吉尔伯特和沙利文的歌曲。1925年,在德里举行的一场盛大的归营游行中,除了几支必奏的埃尔加(Elgar)的曲目之外,乐队还演奏了柴可夫斯基的《1812序曲》和瓦格纳(Wagner)的《唐豪瑟》(Tannhäuser),以及西贝柳斯(Sibelius)的《芬兰颂》(Finlandia)。[31]

英国人在印度设有一百多个军营,其中的大多数都有类似的网格式街道、平房和营房、公墓和教堂,中间是带旗杆的指挥官官邸。营区占据了邻近印度城镇上风口数英里处靠近"民政区"的大片区域。一些军营被认为还不错,其他的勉强说得过去,但有几个令人无法忍受。1840年代,赫维中尉将马德拉斯管区的阿尔尼(Arni)描述为"可恶的火炉",那里的欧洲人经常死于霍乱或高烧;但附近的古德洛尔(Cuddalore)却是一个"怡人的地方",那里的部队可以享受"充足的新鲜空气和海水浴";班加罗尔(有着"丰富的英国水果和蔬菜")健康、热闹、有意思,是"全国最好的军营之一"。[32]在拉合尔外米安米尔的诺森伯兰燧发枪团的汤米·阿特金斯们中,吉卜林结交了士兵朋友,但那里被认为不利于身体健康,有时被称作"印度墓地"。旁遮普省其他地方的名声好一些——安巴拉,部分是因为比较适合于运动(那里的场地可容纳十几场马球比赛);还有拉瓦尔品第,那里靠近适合于冬季演习的平原地区,被认为是印度的奥尔德肖特。普通士兵喜欢的另一个军营是仰光,倒不是因为他们喜欢那里的气候,而是因为在第一次世界大战时,那里的食物便宜又好吃,可以在皇家湖泊上划船,还有四家电影院和一个剧场,"缅甸姑娘们会来跳舞,而且赤身裸体"。英国士兵一般都比较喜欢缅甸人,不仅仅指那些在集市上试图用吉卜林的台词"回来吧,英国大兵;回到曼德勒来!"来引诱他们的女子。[33]

英国和印度的部队都要定期调动,这是有意为之的结果,为的是消除无聊和停滞感。部队要在健康和不健康的营地之间轮换,如果从工作和气候都令人振奋的西北边境转移到位于"树懒带"的中央省一些令人萎靡的地方,会让人很不情愿,因为那里实在难以让士兵们保持振作、健康和警觉的状态。[34]一个无法解决的问题是天气炎热,因为不可能把全部驻印军队都派到山区去避暑六个月。3月初,北部平原的温度就会达到九十多华氏度——在未来的几个月还会继续上升——3月15日就开始实行夏季作息:早晨7点发放伙食,而不是在前一天晚上,以防食物夜间变质。几乎人人都盼着"赶紧到进山的那天吧"。

连队轮换进山,半个营4月进山,6月返回火炉,由另外半个营替换。他们很少去那些高级避暑地,例如西姆拉或乌蒂,那里到处都是官员、将军和"活寡妇"——她们的高级文官丈夫仍在平原地区坚持工作。驻扎在联合省勒克瑙的部队不会去该省夏都奈尼达尔,而是去凯拉纳(Kailana)那种不起眼的村庄,但去那里的路途与去时尚度假胜地一样颇费周折,需要先乘火车到德拉敦,然后是三到四天的上山行军,才能到达驻地。驻守白沙瓦的部队则可能需要行军到上托塔(Upper Tota),但他们在途中找到了一些安慰,赶两天路之后,他们会到达特雷特(Trett),在那里,穆里啤酒厂会沿山坡滚下成桶的啤酒,以犒劳过路部队。一旦到了目的地，每日生活唯一不同的是风景和气候。山区避暑地有一个食堂、一个集市和一个足球场，还有一间文身店，这是二等兵克莱门斯常去的一个"热门场所"，他"经常定期请人用针画出各种图案"。[35] 操练、行进和训练仍照常进行。部队本就不是来休假的。

在炎热的天气里，士兵们的军营生活无聊得令人打不起精神。清晨是一天中唯一可以做些正经事的时间，所以会尽可能地把这段时间填满。在曼德勒以北一个产水稻的驻地瑞保（Shwebo），部队早晨5点就起床了，然后列队集合：在接下来的三个小时里，他们会进行体能训练、步枪操练、队列练习以及"一点射击训练"，然后天气就会热得"可怕"，所以士兵们"在8点或9点就解散了"。在旁遮普的木尔坦（Multan），戈登军团的伊恩·汉密尔顿中尉每天清晨4：40起床，"胡乱穿上"衣服后就骑马到营房，他得特意让手臂远离身体，"否则汗水会弄脏白色夹克"。点名结束后，6：30回到自己的住处，由于一整夜都闷热得难以入睡，他现在非常疲惫，必须喝杯白兰地苏打水或者喝杯茶（喝茶的时候肯定比较少）。[36]

对于军官和士兵来说，问题是接下来直到晚上的十几个小时里做点什么，正如汉密尔顿所说的，"到了晚上，人们才开始精神起来，并感觉到又有了劲头"。20世纪，各军团有自己的游泳场，但通常不大，而且总是拥挤不堪；游泳场带淋浴间，可以洗冷水浴。士兵们大部分时间都坐在行军床上看书、吃东西、打牌和睡觉，军官们则在军官交谊厅里打发时间，也是看书、吃东西、打牌和睡觉。但后者至少可以自由出入，四处走走（如果他们愿意的话），喝点酒，而普通士兵通常不能出军营，以防他们"中暑"，并且士兵食堂通常直到晚上才开放，以防他们靠喝下一加仑的啤酒来抵抗高温。炎热的天气令所有人备受煎熬。军官们总是抱怨身体"不舒服"或至少"浑身乏力""易怒"。"普通士兵"通常受到的影响更大。值岗士兵可能在大热天会"穿得随意一些",只穿衬衫和短裤,这样的穿着虽然凉快一些,却使他们更容易招蚊子。大多数士兵不得不忍受难熬的暑热所带来的"折磨"或"难以忍受的奇痒",很多人还得忍受疥疮和水泡。二等兵理查兹回忆说,他们营里有30名士兵"因隐私部位长了水泡而同时住院"[37]。

相比于在英国的工人或驻帝国其他地区的英国士兵,英国驻印士兵在经济上还算宽裕。印度的生活成本非常低廉,即便参军不久的士兵也能负担得起合理数量的啤酒、食物和香烟——偶尔还能逛逛妓院;如果通过了各种"水平"测试的话(比如打鼓或射击),还能涨工资。六年后,他就"服役期满了",可以和同伴们在代奥拉利(Deolali,"Doolaly")或者后来在一个装货港口等待回国的军舰。但如果他决定留在印度继续服役12年的话,他可能会成为一名上士或军士长,并得到更高的薪水,足够他养一匹马和两名仆人。如果再继续延期的话,可以再加薪,并得到退休金和带全薪的长假。[38]

然而,合理的薪水并不能使汤米·阿特金斯们在酷暑中感到舒适和满足。实际上,范妮·帕克斯在1830年时就感叹,难道还有"比驻东方的一名普通士兵的生活更可怜的情形吗"?他的工作只占"很少的时间",他被迫在"极热的营房"里度过"一天中最热的时候",他又渴又无事可做,前者令他"像鱼一样"喝烧酒,后者令他无聊至极,心生不满,以至于他很快就觉得"生活是一种负担,几乎快要承受不住了"。[39]50年或100年后,条件肯定改善了很多。后来的士兵不必整个暑季都待在平原上。他们也不需要在印度夏季的时候作战,但前辈们曾于6月在普拉西、9月在阿萨耶、5月在塞林伽巴丹参加战斗,大起义中最激烈的冲突也发生在1857年6~9月。在英属印度的最后90年里,士兵们的生活通常很乏味,而且常常令人绝望。印度陆军的士兵们住在自己的国家,生活在熟悉的环境中,常常附近有亲戚。两军的英国军官们都能在民站俱乐部及营团军官交谊厅找到支持和战友之情;许多军官在印度有家庭传统,其中的一些人有妻子,就算是年轻未婚的军官,也可以参加民站的社交生活,并与上校和地区官员的女儿们调情。然而,年轻的汤米们没有妻子、没有传统,常常没有任何家庭关系,他们极少跟女人说话,除了上士的妻子或偶尔在集市上碰到的女人外(他们有时太害怕了,不敢碰她们,以防自己染上性病),这些年轻人太腼腆或太无邪了,不敢与宿舍和食堂的同伴太亲近,他们可能会被霸道的军士或口无遮拦的老兵欺负——正如范妮·帕克斯所说的,对这些士兵而言,生活可能"快要承受不住了"。他们中有些人觉得必须尽快离开军队,无法忍受挨到服役期满。实现这个目标的合法手段就是买断服役期,花钱退伍,但很少有人负担得起:这要花费约半年的薪水。其他方法还有当逃兵(这当然是有风险的)和装病(这在团军医面前很难成功)。一些士兵不惜假装自己聋了(在他们身后丢下一个卢比就能拆穿这种把戏)或突然疯了,他们装出傻笑的样子,还把草粘在头发上。然而,有些士兵却走得更远,因为很多墓碑的铭文都没有说。约翰·马斯特斯说:"军官自杀的话,通常能找到某种原因,但数十名英国士兵自尽,却找不到明显的原因。"[40]

大多数英国士兵用酒精来战胜无聊。他们有足够的钱和机会,经常喝得酩酊大醉,尤其是在没有机会花掉工资的短暂的军事行动之后。"不用说,"一名中尉在1890年的一次远征后说道,"腰包鼓鼓的,所以整个军团都大醉"四天。[41]比较寻常的机会是"发薪日及随后的几天",诺森伯兰燧发枪团的二等兵弗雷泽回忆道,"食堂会挤满了人,很多士兵会喝得酩酊大醉"。第二天,警卫室"挤满了需要指挥官处理的醉汉","尽管因醉酒而被逮捕的人,至少要在'醒酒'24小时后才能被起诉"。提到1880年代时,弗雷泽没有责备这些士兵,因为"除了喝酒,他们还能做什么呢?他们没有什么悲伤需要借酒来浇,却有大把大把的空闲时间,但无事可做"。错误在于"那时的当局没有为汤米们提供其他的娱乐方式"。[42]一代人之后,驻扎在中央省贾巴尔普尔的梅诺德-利森伯格中士也目睹了类似的情形,得出相似的结论。"尽管陆军禁酒协会(Army Temperance Association)不断地努力……部队的大部分士兵还是在大量供应啤酒的食堂里寻求慰藉,而且常常喝到不省人事的地步。在闲暇时间里,他们实在没有什么别的事情可做。"[43]

在18世纪,士兵们喝的是烧酒,通常由"棕榈汁"(toddy)制成,即经过发酵的棕榈树汁液,但也可以用大米和枣作为酿造原料。19世纪初出现了朗姆酒,由坎普尔的酒厂生产,朗姆酒或烧酒会配发给部队士兵,在兵营里每天1打兰①,行军或雨季时每天2打兰。在食堂或集市上还可以买到更多的酒,由于不限量,再加上某些"本地产的烈酒"质量低劣,许多人患上了肝脏疾病,造成了很多死亡,以至于总督达尔豪西勋爵在1850年代下令将配给的朗姆酒用水稀释;他还鼓励引进黑啤和啤酒。后来的总督诺思布鲁克勋爵(Lord Northbrook)坚信禁酒运动,1875年,他乐观地向维多利亚女王保证,禁酒运动在

---

① 打兰(dram):质量单位,为药衡的1/8盎司或常衡的1/16盎司。——译者注

印度取得了长足的进展，在那里，"当地劣酒"是"英国士兵面临的最糟糕的诱惑之一"。[44]

在 1885~1893 年担任总司令的罗伯茨将军的支持下，禁酒运动迅速发展起来，大型军营可能有一些相互竞争的团体：班加罗尔军营在 1920 年代有皇家禁酒协会（Royal Temperance Association）、福音禁酒协会（Gospel Temperance Association）、英国圣公会禁酒协会（Church of England Temperance Society）和士兵福音禁酒联盟（Soldiers' Gospel Temperance League）。[45]但这些团体将永远无法赢得这场战斗。最管用的解决办法是由达尔豪西提出的用啤酒取代烈酒，尽管这并不能减少醉酒的情况，却大大降低了人员伤亡的数字。东印度公司曾经也想推行浓啤酒，还向孟买发过几袋啤酒花，尝试鼓励酿造，但从英国进口的啤酒，例如霍奇森（Hodgson）或伯顿（Burton）浓啤酒，自然要比集市上酿出的劣质烈酒贵得多。但随着苏伊士运河的开通，进口啤酒越来越便宜，而且在印度也建立起了英国啤酒厂，浓啤酒很快成为部队的首选饮料。啤酒有几个昵称，比如"泻药"和"颈油"，喝啤酒的人被称为"啤酒瓦拉"和"泻药搬运工"等。"一起一醉方休"是士兵生活中为数不多的乐趣之一。二等兵理查兹说，士兵们形成了一些"喝酒帮派"，三到四个人把自己的资源集中到一起，保证定期供应啤酒、香烟和每月去一次妓院；但啤酒是主要支出项目。[46]

陆军军官被允许在军官交谊厅里喝很多酒，而且这也被认为是正常的，但是如果在当值时或在公共场所喝到醉酒的地步，就会被认为是失态，因为这样的行为可能会有损于营团和统治阶层的声誉。极其恶劣的和屡教不改的违规者会被开除。但对于喝醉了酒在大街上大吼大叫、唱猥亵歌曲的士兵，则通常会网开一面，至少在这方面是这样。似乎汤米·阿特金斯理应如此，"有点不受管束"（用吉卜林的话说）算是对他极其无聊的生活的补偿。冈纳·威廉·卡特（Gunner William Carter）于1842年3月到达印度，同月就因为不请假的缺席惹上了麻烦。在接下来的两年中，他又有几次不请假的缺席情况，有时一连几个晚上都不在；他还在阿格拉军营打架，在值班和本应该参加教学操练时喝醉了酒。然而，针对他的这些过失，惩罚始终都很轻。对于值班时醉酒的行为——而且已不是第一次犯规，冈纳·卡特仅仅被罚一周不许喝烈酒，且食物仅限于"粥"，即在一个名为"粥屋"（Congee House）的牢房中单独关禁闭时所食用的一种米粥。[47]

行军路上和边境沿线

马德拉斯土著步兵团（Madras Native Infantry）的赫维上尉（Captain Hervey）回忆说，凌晨行军的"首要准备工作"包括喝一杯热茶或咖啡，"里面加一勺上好的白兰地"，再加上"一点干面包……之后，一支上等马尼拉雪茄的热乎气让整个身子都舒服起来了"。这些准备工作都在深夜进行。由于南方的冬天比北方暖和，行军在远未破晓时就摸黑开始了，大约凌晨3点拆帐篷，赫维这时已经热好了身，很快就和队伍一起上路了。点着火把行军自然相当缓慢，特别是道路上已经挤满了人、手推车和牛车，但天亮后，"士兵们拉紧背包"，加快了步伐。目标是赶在"日出后尽快"到达下一个营地；上午11点都已经太晚了，那时的太阳已经"非常热"。[48]

1830年代，赫维率领一个1000人的军团行进。走在队伍前面的是乐队、鼓和横笛，然后是上校，他"高贵威严地"骑着马，身后跟着随行的勤务兵和"马夫"。然后是部队，再后面是副官和"医生"，他们后面跟着"病号轿"——载着生病或受伤士兵的轿子。在两侧及队伍后面，大约跟着5000名随营者——士兵们的妻子、马夫、割草的人、赶牛车的人和一大群军官们的仆人。接近营地时，乐队会演奏一支"欢快的乐曲"，部队会快速前进；不过，如果到了一个新军营，部队会在离营地一英里左右的地方稍事停歇，"整理得精神一点"，然后踏着《统治吧！不列颠尼亚！》（"Rule Britannia"）的乐曲走入军营。一到目的地，英国军官们就会"直奔军官交谊厅帐篷"，大喊"来点吃的喝的"。与此同时，开始挖厕所，并搭建营地，指挥官的帐篷两侧是副官和军需官的帐篷，他们都是部队在和平时期得以运作的关键人物，不远处是食堂帐篷、医院以及英国国旗（挂在杆子上）；在它们之外是上尉、中尉和士兵们的帐篷，都排成列。更远的地方是随营者们"可怜的帐篷"，搭建得"比较随意"。在当时和那种气候下，晚餐会安排在下午，乐队会在食堂外面演奏，用音乐让赫维和同伴们"打起精神"。到了晚上，如果地面是"平坦的草坪"，他们会跳舞，尽管男女比例悬殊，肯定不能尽兴。[49]

在接下来的100年里，行军必备品并没有发生太大变化。在平原地区，铁路可以把部队运送到很远的地方，但北部边境或山里却没有多少铁路，到达铁路的尽头后，一个营可能还要行军三到四天才能抵达目的地。此外，行军不仅仅是一种旅行方式，它对于锻炼身体、培养纪律和团队精神也很重要。约翰·马斯特斯和他的廓尔喀士兵每年会在海拔约8万英尺[①]的

---

① 原文如此，疑有误。

地方"负重"行军约 1500 英里。在 1930 年代，和 1830 年代一样，部队行军时靠唱歌来鼓舞士气，那些歌曲往往很通俗，而且旋律重复。兰开夏燧发枪团的士兵将吉卜林的诗《行军路上》（"Route Marchin"）谱成了曲——"……你听到军号已吹响，/有个团沿着 Grand Trunk Road 大道走来"，每个连队轮流唱一段，最后再一起合唱。[50]这和吉卜林的"靴子—靴子—靴子—靴子—抬起又落下！"一样，都能让士兵们从每日行军的辛苦中振作起来。皇家威尔士燧发枪团有一首更家常、更能抚慰人心的歌：只要他们快要到达一个能喝咖啡并稍事歇息的休息站，乐队就会奏起《波莉架起水壶》（"Polly put kettle on"）。[51]

在北方，冬季行军无需凌晨 3 点出发。起床号会在 5 点半或 6 点吹响，队伍 7 点出发，下午一两点之间就会到达目的地，并发现——像兰开夏燧发枪团喜欢唱的那样——"每个鲜花盛开的野营地，都和上一个一样。"北方可能比南方凉爽一些，但也更加尘土飞扬。在旁遮普，浓厚的尘埃云会悬浮在队伍上方，士兵们用手帕扎在头部，遮住口鼻。陆军的行军方式更加剧了扬尘的问题。步兵本应该走在长长的、载着行李的骆驼队前面，驼队每小时前进 2.5 英里，比部队慢一点。但是，士兵们每隔 50 分钟就会停下来休息 10 分钟，而骆驼不停歇，慢悠悠地就超过了士兵，迫使他们在新的尘埃云中挣扎，以便赶超这些"摇摇晃晃、脚步沉重的家伙"[52]。1920 年代，皇家信号兵团（Royal Corps of Signals）在西北边境也遇到类似的问题。该团士兵本该走在队伍前面，但每到一个休息站，他们都必须与基地总部（Base HQ）进行沟通。这意味着他们需要从骡子背上卸下设备，架起一个无线站和天线，与"基地"联络，清理发给队伍或由队伍发出的所有消息。等他们做完这一切再次收拾好行装时，战友们早已走过去了，于是他们不得不加紧穿过扬起的尘土，赶到队伍前面去。53

单兵营或骑兵团的调动在印度是很常见的行军方式。当然也有一些规模非常大的行军，要动用大象、炮兵辎重和成千上万辆的牛车大规模推进，用来对付迈索尔苏丹、马拉塔首领以及——很不幸——阿富汗人等敌人。但这种情况并不多。纵览东印度公司的军事史就会发现，其部队不断地作战，不仅在上述情况下，而且在 18 世纪，先是与法国人和孟加拉人作战，后来在信德、旁遮普当然还有大起义中，均有战斗。所有这些战役自然都包含了战斗——尽管也为数不多——包括英国小学生们曾经学习过的战斗，如克莱武和阿瑟·韦尔斯利分别在普拉西、阿萨耶取得的胜利。在这些及其他行动中，英国士兵们表现得勇敢而出色，他们克服了高温天气和异域环境，以少胜多，击溃了敌军；这些胜利被称赞为表现出了"阿金库尔（Agincourt）①精神"，毫无疑问，他们的确如此。但士兵们也参加了印度的其他战斗，那些孩子们没有读到过的战斗，它们表现出的不是阿金库尔精神，而是 1812 年对西班牙城市巴达霍斯（Badajoz）的洗劫，其残暴行为显然并未被那里的居民遗忘。54 在 1857 年大起义期间，英国部队（及其军官）表现出了令人作呕的嗜血和残酷，常常针对的是手无寸铁的印度人。增援勒克瑙的队伍在行军途中处决了数百名印度人，而占领德里的军队则洗劫了城市，屠杀了大批平民和起义分子。之后又寻找借口，为军队的复仇行为开脱：他们知道在坎普尔发生了针对英国妇女和儿童的屠杀，其中一些军

---

① 阿金库尔（Agincourt）：法国北部阿拉斯西北偏西的一个村庄。1415 年 10 月 25 日，英王亨利五世在此重创兵力远胜于己的法军。——译者注

人的亲人在大起义爆发时被杀害,德里的部队整个夏天和季风季节都在城外的山脊上度过,几乎每天都遭受袭击,许多同胞死于受伤或疾病。这些可能都是原因,但绝不是如此大规模地复仇的借口。复仇是可怕的罪行,它是英国人在印度做过的最糟糕的事情。

东印度公司在印度的战事实际上只有零星几次,而且从未动用过其在次大陆的全部力量。在1780年代和1790年代,加入马德拉斯军队的学员还可以期待参加军事行动,以及随之而来的奖章、发财和升迁。但1799年,蒂普苏丹(Tipu Sultan)在塞林伽巴丹被击败之后,这方面的前景变得渺茫且极其缓慢。马德拉斯的年轻军官们很快意识到,他们的军旅生活将不过是参加检阅、站岗执勤和练习射击,而那些枪恐怕根本不会在战场上用到。一些人离开了军队,但大多数人留了下来,无奈地接受了没有战事的生活,除非被选中参加海外远征。在马德拉斯军队服役10年后,赫维于1843年离开印度时写道:"哎,我的生活中没有艰苦的战斗;没有旷日的围困;也没有经历过陆地、海上的各种危险。"55 亚历山大·坎南(Alexander Cannan)和杰克·肖·斯图尔特从马德拉斯军队退役时都已是少将军衔,尽管他们都只参加过一次战事——离马德拉斯很远的战役,肖·斯图尔特在中国,坎南则是在讨伐奥里萨省一个小拉贾的远征时,那次远征其实没有打仗。

1858年之后,这种沮丧扩大到了印度北部。在大起义和第一次世界大战之间,有过多次军事行动,其中包括针对阿比西尼亚、中国、塞浦路斯的行动;还包括第二次阿富汗战争和第三次缅甸战争期间,以及南非战争(South African War)期间,尽管只有驻印英国军团参加了战斗。然而，这些战役所动用的军事力量仅占英属印度作战力量的十分之一（且通常少得多）。在印度服役近30年的高级军官们的服役记录表明，他们中很少有人在整个军旅生涯中参加过两次以上的战役。有些人的参战次数甚至更少。爱德华·比尔少将（Major-General Edward Beale）仅在1856年的波斯远征中参加过战斗，而亨利·比尔中校（Lieutenant-Colonel Henry Beale）似乎根本没有打过仗。

即使一名军官参加了战役，也很有可能看不到战斗。1885年，邓斯特维尔中尉还在英国某团时就参加了尼罗河远征，去喀土穆（Khartoum）营救戈登将军，但他和所在的营奉命留在了开罗，"只在基地做所有枯燥的事情，却从未听到过一声枪响"。两年后，在印度，他很高兴被派去参加征讨黑山（Black Mountain）哈扎拉人（Hazara）的远征，但后来，让他感到"恐怖"的是，指挥官之所以召他来，是为了让他"掌管军需库"。1893年，在印度度过了昂贵的九年却没有经历一次战役之后，他决定离开军队，去南美开始新的生活。但他遇到一名善意的银行经理，此人主动提出替他偿还债务，并安排他慢慢还款，两人聊了一番，他被说服了，继续留在了印度。[56]

在其职业生涯后期，邓斯特维尔确实目睹了相当数量的军事行动，第一次世界大战结束时，他已是负责指挥一支被称为"邓斯特军"（Dunsterforce）的盟军部队的少将，在高加索地区的巴库（Baku）与土耳其军队作战。但他再未参加过其他战役（他于1920年退休）——事实上，印度陆军中的大部分人在接下来的20年里都是如此。在两次世界大战期间的几十年中，印度陆军——以及英国驻印军团——的主要任务就是参加所谓的内部安全行动（Internal Security）。过去也会出动部队来应对内部混乱，但不是很频繁，在1860年代和1870年代，可能每年会有两三次。在接下来的半个世纪，这样的行动却有所增加，在1922年2月至5月间，士兵们出动了62次，帮助民政当局和警察处理民族主义煽动、社区暴力和工会抗议等问题。他们的干预被称为"援助民政当局"（Aid to Civil Power）。[57]

斯利姆将军在回忆录中描述了他作为一名低级军官，在警察无力控制局面的情况下，他如何被一名县官要求支援警察。那是"一贯炎热的天气里的族群矛盾"，他回忆起有一次，镇上的印度教徒聚集在主要的广场，与当地穆斯林对峙，抗议后者建的肉市离他们的居住区太近。他与部队迅速到达现场，士兵们"对将要采取的行动感到振奋……英国士兵一贯如此"，斯利姆站在一辆公共汽车顶上，看到敌对的人群大喊大叫，互相扔石头，只有细细一排警察将他们隔开。只有当人群向前涌来，警察似乎就要顶不住了的时候，他才派了一些士兵站在他旁边的公共汽车上，警告人群他们将开火。警告没有见效（大多数人在骚乱中听不到他的喊话），三名警察被撞倒在地，于是他命令两名士兵各向穆斯林人群开一枪，另外两名士兵各向印度教徒人群开一枪——"看在上帝的分上，千万不要打到警察"。这一命令只能不断地重复并执行，直到"暴民散开"并逃跑为止。然后，斯利姆让士兵们在广场上列队行进，竭尽所能，为受伤的警察和骚乱者提供帮助。在接下来的四天里，他们在小镇上巡逻，并挨家挨户地搜查闹事的头目。[58]在这种情况下，关键是应该遵循"最少必要武力"的原则，英国军官通常都会遵循这一原则，但1919年在阿姆利则除外，当时戴尔准将显然将这一原则抛诸脑后。①

在第一次世界大战以前,希望参战的冒险型军官会自愿参加印度以外的战争。欧洲不太适合他们,因为除了在克里米亚外,英军在1815~1914年间没有在欧洲打过仗,但非洲为那些准备战斗下去的军官提供了机会。(戈登高地军团)第92营的伊恩·汉密尔顿上尉"用了一些手段",加入了戈登救援远征队(Gordon Relief Expedition),他假装回英国休假,在苏伊士下了船,冲向开罗,恳请高级军官们带上他。他最终成功了,"高兴得不得了",但"[他的]高兴劲没能持续多久",因为像邓斯特维尔一样,他被命令"在一个无聊的边境站执行驻防任务"。不久,这个命令被撤销了,他又兴奋起来,他和所在连队奉命拿下了尼罗河上的五个大瀑布,然后在基尔贝坎战役(Battle of Kirbekan)中找到并击败了"托钵僧军"(Dervish host)。[59]

另一名拒绝接受取舍权的军官是第11孟加拉枪骑兵团的威廉·伯德伍德(未来的驻印总司令),他之所以获准参加南非战争,仅仅是因为英国陆军在纳塔尔(Natal)的人员伤亡过重。然而,若论成功软磨硬泡的奖项,必须授予温斯顿·斯宾塞·丘吉尔中尉,他还有一个几乎同样软磨硬泡的母亲,在伦敦代表他竞选。1893年在桑赫斯特,他本打算加入一支步枪部队,但随后决定更愿意加入骑兵团,即第4轻骑兵团,该团定于1896年前往印度。但在完成调动后不久,他又后悔了,想参加第9枪骑兵团

---

① 在1947年因分治而引起的暴力中,"援助民政当局"表现出新的维度,但这个话题超出了本书的范围。1947年3月,军队的东部司令部已设法控制住了加尔各答的暴力活动,但后来在旁遮普,随着警察和行政当局的崩溃,北部司令部几乎无法阻止大屠杀。

(the 9th Lancers), 前往非洲。印度之行似乎突然之间"毫无吸引力",不过是一次在"乏味的土地"上"无用且无利可图的流放",他将"既享受不到和平的乐趣,也无缘战争的机会"。但他还是随该团启航,并且——尽管经常缺席——在这个团一直待到1899年,最终上交了证件,辞去了职务。[60]

丘吉尔在轻骑兵团的指挥官是一名上校,他在军中任职30年了,却从未打过一天仗。他的新下属决心绝不走他的老路。尽管丘吉尔喜欢在班加罗尔打马球,但他意识到那里"战争的机会"实在太渺茫了,于是没过几个月,他就打算作为特派记者去参加希腊和土耳其之间突然爆发的冲突。这个计划没能实现,因为就在他航行穿越印度洋时,希腊人请求和解,战争很快就结束了。一回到英格兰,他就去参加了古德伍德赛马会(Goodwood Races),并得知将军宾登·布拉德爵士(General Sir Bindon Blood)正在组建一支野战部队,将作为先头部队打击西北边境的帕坦部落。丘吉尔连忙给布拉德发电报,请求加入这支远征军,然后马不停蹄地赶回班加罗尔,途中又发了更多的"电报",但将军没有回复。布拉德还有其他事情需要操心,不过他最终回复了,暗示这名年轻中尉(他们曾于前一年在英格兰的社交场合见过)可以作为"新闻通讯员"跟随他的部队,并在出现空缺时被"列为在编人员"(以军人身份)。向他所在的驻班加罗尔的团请好假后(这对他来说算不上难事),丘吉尔很快北上到了边境,加入了后来被称为马拉坎德野战部队(Malakand Field Force)。由于伤亡率很高,他很快成为第31旁遮普步兵团(the 31st Punjab Infantry)的临时军官,并参加了不少战斗,获得了一枚奖章,还收集了足够的信息,撰写了一本关于此次远征的小书。

丘吉尔返回班加罗尔的轻骑兵团后，又重新拾起对于马球运动的热情，参加了在密拉特举行的团际马球锦标赛（Inter-regimental Polo Tournament），但这项运动又不得不再次让位于他对于军事行动的渴望。他的新目标是加入同在西北边境的提拉远征军（Tirah Expedition），正如他儿子后来所写的，他"一直……想方设法加入这支远征军"，主要是通过拜访或致电与这支军队相关的高级军官们。尽管他后来在提拉的经历不如他在马拉坎德野战部队时活跃和令人满意，他后来——正如他讽刺地写道——还是"获得了一枚奖章和两颗勋扣"，表彰的是他在"困难与危险"中表现出的"勇敢"。然而，他一直在计划着让自己被派往边境，同时，在母亲的帮助下，他还在密谋参加另一次尼罗河远征，这一次是基钦纳将军（General Kitchener）极其缓慢地再次征服苏丹的远征。像往常一样，他又成功了：他赶在恩图曼会战（Omdurman）之前与基钦纳联系上了，在一次战斗中参加了骑兵冲锋，他在战役中经历得足够多，因此写了另一本书。此后不久，他回到了英格兰，然后又返回了印度，再次参加了在密拉特举行的团际马球锦标赛（这次，他的肩关节脱了臼），然后在1899年3月，他永久地离开了次大陆，打算开始议会生涯，尽管在当上议员之前，他还将参加另一场冲突——南非战争。他在印度驻扎了两年半，其间参加过三次战役（没有一次是跟随他所在的团），在英格兰休假数周，在班加罗尔轻骑兵团期间，他的大部分时间都在打马球和写书。[61]①

---

① 他再未回到印度，但在1930年代，他成为最著名的保守党反对派人士，反对英国政府试图通过立法，使印度享有相当程度的内部自治权。斯坦利·鲍德温的政府通过了《印度政府法》（Government of India Act, 1935），他认为丘吉尔又回到了年轻时的感觉，想再次成为1896年轻骑兵团的中尉。

中士、下士和普通士兵可能也会像他们的军官一样热衷于上战场,但他们无法选择离开自己的军团,到海外志愿参战。他们能指望的顶多——除非整个营都被派到国外——是到边境远征,通常去打击瓦济里斯坦的部落。约克郡轻步兵团被选为提拉远征军时,"每一名士兵,"多德尔中尉告诉母亲,"都像烈火一般炽热,所有人都迫不及待。"唯一担心的是他们可能看不到任何战斗。

这种担心很普遍。七年前,即 1890 年,多德尔和所在的营"全都处于最疯狂的激动之中",因为他们接到了组成一支远征军的命令,去打击俾路支斯坦省佐布谷(Zhob Valley)的普什图谢拉尼(Shirani Pashtun)部落。尽管士兵们"很讨厌行军",但每个人都"跃跃欲试""急不可待",两名因服役期满而马上就要回国的上士,"仅仅为了有机会打仗,续签了服役期",尽管对他们而言,这意味着要在一个他们不喜欢的国家多受五年苦。再次让士兵们担心的是,部落敌人可能会"不战而降,那样的话,我们就太失望了"。在山谷中缓慢前进时,多德尔思忖着,如果可以"痛击谢拉尼人",行军这种无聊的差事也算值了;但如果做不到的话,那真是单调乏味、浪费精力。情况开始变得对远征军不妙,那些部落人一看到远征军来了,立刻"四散而逃"。对多德尔来说,情况更糟糕,他奉命乘坐运送行李的火车前往阿博扎伊(Apozai);对于被调离远征军且不得不把时间花在"装卸骆驼,并以每小时两英里的速度"和这些"固执至极的牲口一起行军",他感到"非常撮火"。[62]

获准返回主力部队后,他的心情好了一些,但他依然担心谢拉尼人可能会避开真正的战斗,这样他就没有机会获得奖章了;谢拉尼人或许宁愿躲在山坡上的岩石后面,对着下面的队伍乱射。

当部队兵分两路,准备去偷袭谢拉尼人时,他的营"兴奋极了",但是,为实现这个目标行军了一夜后,两路队伍却在破晓时相遇,他们根本没见到敌人的踪影。两天后,部队倒是包围了谢拉尼人,他们看到被包围后,"所有人都走出来投降了",对将军们来说,这是一个"求之不得"的结果,但"对我们却是沉重的打击"。士兵们早上出去时都"精神抖擞",回来时却"一言不发,满脸沮丧","失望至极";最后"空欢喜一场",真是"太烦人了"。部队在一个周四回到了奎达的营房,刚到营房就开始灌酒,直到周一还在喝。[63]

在植被更多的东北边境地区也会进行"惩罚性远征",通常是针对一些部落,他们或是突袭了某个茶叶种植园,或是袭击了受英印政府保护的某个邻近部落。1905年11月,在缅甸,一小队锡克教和廓尔喀士兵被派出,要求韦朗(Wellaung)部落就其对龙诺(Lungno)部落犯下的"肆意暴行"(包括谋杀和盗窃案)给出满意的交代。韦朗部落暗示他们会战斗,但最终选择支付罚金,并归还盗窃的财产,可能是因为他们的庄稼当时正好可以收获了。[64]

这样的远征行动可能不会发生激烈的战斗,但也很少平安无事地结束。即使是勘测远征,也可能在没见过远征队的原住民部落中引起慌乱,这些部落对入侵者都会有本能的警觉。如果一支由步枪手护送的探险队和阿萨姆省阿卡山区(Aka Hills)里一个"友好"的部落一起扎营,可能会激起下一个山谷里某个不太友善的部落的敌意和袭击;手持弓箭、穿着"防箭皮革或用柳条编织的外套"的男子会突然来到营地,发生肢体冲突，并造成人员伤亡。即使士兵中死亡的人数不多，运送行李的人和牲畜的死亡率却总是很高。1871年，弗雷德·罗伯茨担任一支远征队的助理总军需官，去讨伐卢赛山区部落（他们总是袭扰茶叶种植园），队伍中有251名尼泊尔苦力死于霍乱，还有数量相当的人弃队而逃或丧失了工作能力，远征队的157头大象中有124头最后无法再使用。[65] 不管出于何种目的，惩罚性远征所付出的代价都极大。

不管怎样，正如英国士兵们所承认的那样，士兵真正的战场在西北边境，而不是东北边境。西北边境才有真正的战士——不是使用弓箭的"可怜的野蛮人"，而是使用杰撒伊步枪（jezail）、素来不畏残酷战斗的坚韧的帕坦战士。他们可能是"一群暴徒"，但他们懂得如何利用地形，在参差不齐的岩石间战斗：正如一名英国军官所说的，"在自己家门口"的部落人是"很难赶走"的。[66] 远征部队不能在山谷里行军，因为那里很容易有敌人的伏兵，他们会从山上向其开火。因此，必须派出先头分队爬上两侧的斜坡，在队伍和辎重在山下缓慢前进时，他们在山顶放哨并"设置警戒"。这样的操作必须在丘陵地区的每一段重复进行，即使到达了一处合适的露营地，周围也必须先设置警戒，然后，"旗队"用旗子在地上为各连队做出标记，待部队赶到后，再建起外围。然后是一整天就只吃了些未经发面的面包和生洋葱的士兵吃晚饭、讲笑话，随后睡在地上挖出的空洞中，身边放着步枪。在边境保持警惕并不难。一整天，部队一直警惕着，并试图预测随时可能发生的伏击。侦察巡逻队有一名信号员，他在柳条筐中装着两只信鸽，以防受到攻击时需要放出信鸽、请求增援。他们总是带两只鸽子去丘陵地带，以防猎鹰俯冲下来，抓走信使，这样的预防措施很明智，但也有风险，因为两只鸽子可能会成为朋友，它们不去传递信息，而是落在某块岩石上，彼此"咕咕"细语。[67]

大型远征军可能包括由多德尔率领的约克郡轻步兵团这样的部队，但边境地区的日常防御由旁遮普正规军（Punjab Regular Force）负责，其士兵被称为"皮弗"（Piffer），由迫击炮连、步兵营和五个骑兵团组成；其中有一些印度最著名的部队，包括由哈里·拉姆斯登（Harry Lumsden）率领的"向导兵团"（the Guides）和由"山姆·布朗（Sam Browne）率领的骑兵团"，两个团均成立于1840年代。除正规军之外，还有边境侦察兵团（Frontier Scouts），由几乎清一色的帕坦部落人和极少数英国军官组成。他们被编为不同的单位，如托奇侦察营（Tochi Scouts）、开伯尔步枪营（Khyber Rifles）及库拉姆民兵营（Khurram Militia），任务就是在各自的部落巡逻，从19世纪末到1919年的第三次阿富汗战争之间，这种安排的效果都还不错。这项政策的主要制定者寇松这样描述自己管理帕坦人的方式："如果他听话，就赏他、迁就他；但如果不听话，就把他摆平。"[68]

托奇侦察营穿着宽松的裤子，上身搭配宽松的卡其布衬衫，脚穿带很多鞋钉的凉鞋而不是军靴，这是为了能抓紧陡峭的斜坡。侦察营的英国军官身着相同的制服，包括一块小头巾，以免引起敌方狙击手的注意，不过，这些伪装显然很少能蒙混过去。侦察营的军官通常由正规军派出，他们都是一些喜欢有事可做、喜欢边疆生活的人，他们愿意为了更高的报酬和更长的假期铤而走险，这也是对他们所承受的艰苦的回报和补偿。其中一些人之所以加入侦察兵，例如约翰·普伦德加斯特中尉，是为了能存够钱，在三年任期结束后结婚。侦察兵的生活非常危险，因此只会选单身汉担任军官；任何在首次执行任务时未能注意到这一要求的人，都会被解职，并被送回常规部队。军队可不想用养老金养着 19 岁的寡妇们。[69]

一些军官可能会在边境地区找到"火爆三兄弟①式的浪漫"，但所有军官都会注意到实实在在的危险。东北边境已经够危险了，在曼尼普尔和纳加丘陵（Naga Hills），1876~1891 年有五名政治监督官被杀害；但在西北边境地区，危险更加持久，正如一名边境官员所说的，"一个人的生命价值远不如政府的一支步枪值钱"。政治监督官和侦察兵军官有时会被绑架或杀害，凶手后来总是会被形容为"穆斯林狂热分子"。昵称"巴尼"的巴恩斯少校（Major "Barney" Barnes）逃过了 1930 年代初瓦济里斯坦的两次谋杀企图，但后来没能逃过佐布的谋杀，成为 30 年内在那里遇害的第三名政治监督官。[70]

边境地区的士兵会长时间待在要塞和碉堡中。在旁遮普，你可能会被派到酷热的德拉加齐汗（Dera Ghazi Khan）或更远的相邻地区德拉伊斯梅尔汗（Dera Ismail Khan），英国士兵管它们叫"沉闷糟糕汗"（Dreary Ghastly Khan）和"沉闷无趣汗"（Dreary Dismal Khan）。除非你喜欢带着鹰隼打猎，并能买到一只游隼去沙漠里猎一种当地的鸨，否则，这两个地方都无事可做。边境地区的职责主要是警戒和监视，确保时刻准备应对莫罕德（Mohand）或阿夫里迪或其他部落的突袭。驻扎在负责保卫开伯尔的旅总部所在地兰迪科塔尔（Landi Kotal）的一名士兵这样总结自己的职责："让各部落保持安静，让车队老老实实地通过山口，并密切注意阿富汗边境"。[71]

---

① Beau Geste 是英国作家 P. C. 雷恩（P. C. Wren）的一部冒险小说，叙述英国三兄弟参加法国外籍军团的故事。

大多数军官都希望驻扎在白沙瓦，1901 年成立西北边境省时，这个镇成为该省首府。那里的军营确实很危险，被一圈密密的铁丝网包围着，英国人被抢劫的频率超过了印度其他任何地方。[72]但那里有林荫大道，还有一个带花园和草地网球场的俱乐部，春天，鸽子的叫声和橘子花香令军官们流连忘返。最重要的是，他们可以和妻子一起住在那里。即使在 1923 年埃利斯上校（Colonel Ellis）在科哈特的房子遭到袭击之前——当时他的妻子被杀，女儿被绑架（尽管后来被救出）——许多边境地区对妇女们而言都是禁地。

一名军官认为"与异性的关系""在我们的边疆生活中并不占多大比重"。事实上，除了信件往来外，在西北大部分地区根本不涉及与异性的关系。瓦济里斯坦深处的拉兹马克（Razmak），它是几个"无家属驻军站"之一。它有时被称为"世界上最大的修道院"，海拔 6500 英尺，四周有弧光灯和三重铁丝网。里面住着大约 5000 名英国和印度士兵、同等数量的随营人员以及 3000 头叫声快要令士兵们发疯的骡子。此地方圆 90 英里之内都不允许英国女性进入。在南部的俾路支斯坦，妇女们可以住在奎达，见到她们的丈夫，并在帝国最大的驻军站之一享受社交生活。然而在瓦济里斯坦，军官们的妻子却只能在本努（Bannu）挤在被称为"猫窝"的小房子里，盼望着她们的丈夫偶尔能回来过个周末。她们集体住在有公用就餐区的平房里，廓尔喀旅军官约翰·莫里斯说："在如此局促的空间里，她们常常内斗，几周后就几乎谁也不理谁了。"[73]

拉兹马克和其他要塞只有那些喜欢风景和即使在条件相当有限时也喜欢运动的人能够忍受。并非每个人都喜欢冒着很有可能被打死的风险去打猎。即使知道有武装警戒线的保护，在乱石丛生的荒原上踢足球也不是什么趣事。在西姆拉、克什米尔的古尔玛尔格（Galmarg）或加尔各答的"蜡烛油俱乐部"（Tollygunge Club）打高尔夫球可能很惬意，在边境却并非如此，那里的"绿色"实际上是"棕色"，草地实际上是"灌木丛"，并且最好提前派出哨兵，以防有人从某个掩体中发动伏击。[74]一项不太受限制的运动是猎胡狼，帕坦人的崇拜者们认为这个特例应归功于帕坦人的荣誉感和与生俱来对于体育的热爱。政治官员们显然成功地使当地酋长们相信：带着一群猎狗驰骋的英国骑手们，即便因为追赶猎物而进入了部落领地，也不会构成军事威胁。因此，"瓦纳猎狐队"（Wana Drag Hunt）的成员不会受到骚扰。兰迪科塔尔的军官们也是如此，他们可以在夜里驱车30英里穿过开伯尔，在黎明时分到达白沙瓦山谷狩猎（Peshawar Vale Hunt）的集合点。[75]

正如约翰·马斯特斯所言，边境地区是"一个模棱两可的地方，又算印度，又算中亚"。那里地势崎岖，干旱荒凉，却令大多数驻扎在那里的士兵为之着迷。那里的人亦是如此。跟随皇家卫戍炮兵团驻扎在那里的理查德·希尔顿（Richard Hilton）回忆说："几乎所有真正了解帕坦人的英国军官（和士兵）……都会喜欢上他们，并尊重他们……[而且]这种感觉肯定是相互的。"如果说这个部落的人有时是"盗贼"，有时有些奸诈，那么他们同时也很侠义、勇敢、运动和好客。他们是战斗的好对手，也是可以一起开怀畅饮的好朋友。西北边境省倒数第二任英国总督奥拉夫·卡罗认为"生活在帕坦人中间"是自己一生中最重要的经历[76]，持这种看法的英国人不止他一个。

但并非所有人都患上了一名愤世嫉俗的军人所说的"帕坦

人痴迷症"。那名廓尔喀旅军官约翰·莫里斯显然就没有受到影响。他曾想驻扎在尼泊尔锡金（Sikkim），或东北部的某个地方，却被派到了西北部的"土匪出没之地"。在瓦济里斯坦的达尔多尼（Dardoni）驻扎期间，他对"野蛮的部落人""产生了一种强烈的仇恨"，并且非常看不起侦察兵中的英国军官，认为他们"不称职，居然崇拜自己手下那些尽管阳刚却不值得信任的无赖"。[77] 悉尼和比阿特丽斯·韦布也持相似看法。这对谨慎保守的夫妇于1912年访问印度，当时，"野蛮的帕坦人所受到的普遍赞誉"令他们非常惊讶，这些人据说都是"好伙计，比印度教徒好得多"。但韦布夫妇很快就确定这是谬赞，这些人实际上"残酷而不忠，令人震惊地沉迷于非自然的邪恶，并且习惯性地侵占彼此的妻子"。居然有人佩服这样一个"几乎违背了所有诫命"并且"显然在世上根本没什么用处"的部落，这个问题令他们百思不得其解。[78]

军官交谊厅

马德拉斯土著步兵团（Madras Native Infantry）的赫维上尉不喜欢英国驻印部队的军官。他在19世纪中叶抱怨说，这些军官"自以为比印度陆军军官高一等"，"并因此表现出盛气凌人的做派"。[79] 正如赫维所认为的，这种优越感毫无疑问是"错误的想法"，但财富和阶级背景上的优越感助长了这种错误的想法：在印度陆军中，很少有军官能得到父亲的资助或私人收入。而且这种优越感存在了很长时间，尽管常常只是以轻松的嘲弄表现出来。印度陆军上校就应该是一个脾气暴躁、皮肤粗糙的老家伙，喜欢热咖喱和特里奇（Trichy）长雪茄。1914年，邓斯特维尔以上校身份再次来到奥尔德肖特时，常驻军官们惊讶地发现他居然不是红脸白胡子；他们递给他掺水的白兰地而不是加冰的红葡萄酒，对饭里没有咖喱而向他表示歉意，如果下午遇到他，他们会想为什么他没在午后小睡。[80]

理想中的印度陆军军官是会讲乌尔都语和所在部队语言（旁遮普语、廓尔喀语或是其他语言）的、有家长作风的军官，他不仅认识部队中的每一个人，还要知道他们的背景。用通常对同事持怀疑和批评态度的军官约翰·莫里斯的话说："旧印度陆军的这一特点很大程度上说明了军官与士兵之间的独特关系。连队指挥官被视为一家之父，因此必须随时就任何问题提出建议和帮助，无论问题多么微不足道。"[81]

毫无疑问，许多军官都是以这种方式成为模范家长式长官的。据印度分治时期正在印度的图克将军（General Tuker）的说法，"其中一些人比许多代表印度的印度人［即中产阶级城市议员］更了解真正的印度［农民和其他农村地区人口］"[82]，尽管可能并非经常如此，但很多印度陆军军官确实非常了解并热爱这个国家。

但也有相当一些军官并非如此。1857年大起义的爆发所引起的惊讶、否认以及拒绝相信自己的部队居然会反叛，都反映出当时孟加拉陆军中的很多军官有多么自满和与士兵脱节。而且尽管很多军官都能流利地讲当地语言——邓斯特维尔在加入印度陆军后的两年内就通过了旁遮普语、普什图语和波斯语（还有乌尔都语）的考试，相当一部分军官却做不到这一点。通过部队语言——乌尔都语——的强制性、低标准的考试，并不意味着军官们就能读懂乌尔都语伟大诗人的作品。其中的一些人只会发出不合语法的命令。据说，一名在印度驻守了27年的指挥官发表告别演说时，在开场白中说"他在这个国家的时间还不够长,没有学会当地的语言"。[83]不过也许他是在开玩笑,只是记录者不明其意。

尽管印度陆军培养出了英国最优秀的将军,但其军官们却注定比较狭隘,他们生活的军营几乎没有军事行动,也没有太多紧跟最新战术的动机。他们的职业要干一辈子,很多人满足于得过且过,非常缓慢地一点点向上晋升,直到最终成为上校。约翰·莫里斯认为,在印度陆军中,想爬到头、当上将军的想法被认为很奇怪,不太正常:"好军官应该满足于致力于促进所在团的利益,而超越这一点,就相当于一个人对自己的家庭感到羞愧,想要摆脱它。"[84]

然而,这种态度并没有使印度陆军的军官和英国军团有太大不同。并不是说萨默塞特的上尉或西肯特的少校都坐在军营里刻苦学习克劳塞维茨(Clausewitz)[①],或试图发明一种新步枪。戈登的军官从未——正如其中一人所承认的那样——主动报名参加"任何事情:没有报名上参谋学院;没有报名上战场,更没有……报名参加某种东方语言的考试"[85]。他们对军团以外的事情也不太热衷。

驻印英国陆军军官的工作量比印度陆军的同仁还要少,他们通常都懂得如何充分利用闲暇时间。德比郡团(Derby Regiment)的一名哈罗校友霍勒斯·史密斯-多里安(Horace Smith-Dorrien)于1892年被派驻到勒克瑙,那里是"绅士骑手"赛马世界的中心,两年后又被派到马球世界的中心安巴拉。尽管那时他已是一名级别相当高的军官了——助理副官长,但从他的日记中看不出工作占了很多时间。

[①] 指普鲁士军事理论家卡尔·冯·克劳塞维茨(Carl von Clausewitz),著有《战争论》。——译者注

在安巴拉,寻常的一天从黎明在赛马场上骑马奔驰开始;然后陪同将军检查一个团;下午去马球场;在俱乐部打一小时惠斯特牌;一顿丰盛的晚餐,然后跳舞或看戏;夜宵;再去俱乐部待一个小时,与皇家爱尔兰(the Royal Irish)昵称"姬蒂"的阿普索普("Kitty"Apthorp)或德比郡昵称"金克斯"的詹金森("Jinks" Jenkinson)聊天。[86]

两军军官有许多的共同点,爱去军官交谊厅(Officers' Mess)便是其中之一。这在19世纪和20世纪非常普遍;在此之前,军官往往自己安排餐食,邀请同事来做客。"军官交谊厅"制度包括三个"等级":行军交谊厅——提供野餐,用由骡子背载的搪瓷餐具席地用餐;营地交谊厅——在野餐的基础上增加了帐篷和折叠家具;而真正的军官交谊厅——"和平时期的交谊厅"——拥有军营常驻家庭的所有舒适的设施。据莫里斯的说法,这个内部军官交谊厅是一个需要以敬畏之心对待的地方,是一个"圣所","一个神圣的地方",任何时候"都不能用来开玩笑"。毕业于桑赫斯特的印度陆军军官沙希德·哈米德(Shahid Hamid)自然也对军官交谊厅充满了崇敬,他曾在缅甸作战,成为一名驻巴基斯坦少将。对他来说,军官交谊厅是军官"真正的家",在那里,他学到了军团的传统和习俗,学会了正确的"行为准则"。"在交谊厅里,军官……得到了塑造和打磨,直到他没有任何棱角,成为一个幸福大家庭的快乐一员。他逐渐学会为自己所在的单位感到自豪,并维护整个军团的荣誉。"[87]

这是一个承载着道德和情感力量的圣所,而并非展示美丽和精湛工艺的神殿。其承载的理念更崇高和深远。军官交谊厅实际上可以说"很简陋",它由军官设计,由士兵用当地能找到的材料建成。军团的餐具可能颇为气派,但家具极少如此。邓斯特维尔军官交谊厅的家具"又少又破旧不堪",而且很"土",椰席代替了地毯。军官交谊厅通常会有一间休息室,军官可以在那里读书、看杂志,用装饰着团徽的茶壶倒茶喝。交谊厅的墙壁上挂着前任军官褪色的照片,在过去的几十年中,除了书柜外,还有一部留声机和一台无线电收音机。其他重要的空间还包括:棋牌室,它是桥牌爱好者的天地,高级军官在来宾之夜太喧闹时也可以去躲个清静;台球室,它通常是打猎爱好者的殿堂,墙上挂着填充了的动物头颅。这些动物头颅通常脏兮兮的,满是虫蛀,但第36锡克团(the 36th Sikhs)的亨利·霍顿中尉(Lieutenant Henry Haughton)非常欣赏芒斯特燧发枪团(the Munsters)的军官交谊厅,他们有"一些非常精致的非洲动物头颅",其中有"威廉姆斯少校(Major Williams)猎到的两头犀牛的头颅"。[88]军官交谊厅的其他墙面装饰还包括长矛、旗帜和其他战利品,但最重要的还是在长餐桌两侧的墙壁上所陈列的现任和前任指挥官的肖像,偶尔是油画,大多是照片。

对于年轻的下属而言,初次进入军官交谊厅是一种令人望而生畏的仪式。关于该做什么、不该做什么,可以谈论什么、绝不能提什么,有太多不成文的规矩。还有各种各样的潜规则,例如与某人"喝葡萄酒",就需要时间和练习来慢慢吸收。1844年加入马德拉斯炮兵团(the Madras artillery)的乔治·戈弗雷·皮尔斯中尉(Lieutenant George Godfrey Pearse)怎么也没想到,自己会因邀请一名高级军官吃完咖喱后"共进雪利酒"而出了大洋相,当时"正确"的选择应该是啤酒。[89]

对于初来乍到的新人而言,更持久的焦虑来自如何用下属军官的薪水维持军官交谊厅的开销。他得认购各种基金、捐资维持乐队、分摊报纸和文具的费用,而且刚到团里就需要捐一些餐具,尽管通常会被允许与其他低级军官一起凑钱买盐瓶。但到目前为止,他最大的开销是食物和饮料。约翰·普伦德加斯特抱怨说,他三分之一的薪水都用来支付"已经很节制的军官交谊厅账单"了,不过很多低级军官——不光是那些有"热带口渴症"的军官——开销的比例还要高得多。[90]正如戈登的伊恩·汉密尔顿指出的那样,"加入一流军团的弊端之一"就是庞大的军官交谊厅账单,他所在的团就是这样。他本人试图节省一些开支,只喝配给的朗姆酒,不喝白兰地;喝配给的茶,而不喝"最好的小种茶"。但这并没有太大帮助,因为他仍然需要为戈登人著名的热情好客买单,"香槟总是在流动"。1870年代,汉密尔顿花在军官交谊厅账单上的钱超过了薪水的四分之三。[91]在这种情况下,很多年轻的低级军官不得不求助于印度教放贷人,温斯顿·丘吉尔中尉也是如此,他觉得这些人"肥胖""礼貌""可亲"且"贪婪"。[92]1931年,"为应对国际性的衰退",驻印总司令切特伍德将军(General Chetwode)呼吁军官们(由于经济危机而减了薪)在生活中厉行节俭,来宾之夜不要举办昂贵的晚宴,也不要提供香槟酒,并取消俱乐部里"军官们要出钱请碰巧遇到的同伴们喝酒的惯例",尤其是鉴于拮据的年轻军官们觉得"很难拒绝遵守这个惯例"。[93]

每一代军官都声称自己喝的酒比前一代军官少。1840年代,在马德拉斯,赫维中尉目睹了好几次喝酒喝到天亮的场景,除非仆人把烂醉的主人背回家。当皮尔斯中尉于1844年参军时,"真是太糟糕了":"独轮车"仍是"军官交谊厅的一个制度和一部分",即聚餐后把"不清醒"的军官放进去,然后

"推回家"。1877年已是一名将军的他写道，现在"完全不一样了"。回忆起1870年代时，伊恩·汉密尔顿声称，他和戈登军团的同僚们喝的酒"远远少于萨福克郡军团参加毛利战争（Maori War）老兵"，可事实上，军官交谊厅里的香槟"一直没断过"。而骑兵军官韦斯顿上校（Colonel Western）在1922年写回忆录时，回想起1870年代"军官交谊厅里葡萄酒或烈酒的消费量是现在的三到四倍。"[94]

不管几十年以来酒的消费量减少了多少，在伯纳德·蒙哥马利看来还是不够，在第一次世界大战之前，他是白沙瓦的一名低级军官，看到每个军官交谊厅都有"禁止非酒精饮料的严格规定"时，他感到十分震惊。这一经历也使他"终生厌恶酗酒"，也厌恶印度陆军。[95]

1918年，巴兹尔·埃米斯加入了一个团，该团的上校在早餐前要喝杜松子酒，这可不太寻常。早餐不是喝酒或狂欢的场合，至少当时还不是这样。在约翰·莫里斯的军官交谊厅，"大家都认可……早餐应是安安静静的一餐"，因为餐桌的每个位子上都有一个铁丝报纸架，尽管并不经常能派上用场，因为报纸直到下午才能送到。[96]

军官交谊厅的噪声音量直到晚上才显著上升。已婚军官通常在自己的住所与妻子一起吃晚饭，留下营里的单身汉们——六到七个——在军官交谊厅的餐桌上用餐，但在来宾之夜，人数可能翻两番，所有军官都会来，还会摆出银餐具。这种场合必须身着"军官交谊厅礼服"，由于猩红色是印度和英国部队的主要颜色，所以周围有很多红色。1850年代的一名年轻印度医疗机构官员詹姆斯·费尔韦瑟（James Fairweather）还记得，即使在天气炎热的时候,也要身着厚重的红色外套,来参加军官交谊厅宴会,并等着主人邀请他换上仆人特地带来的浅白色衣服,才"被认为合乎礼仪"。但是,炮兵、廓尔喀旅或"本地"骑兵团不穿红色。1920 年代,约翰·莫里斯在他的廓尔喀旅必须穿有硬领子(配"一种特殊的黑色缎面领结")的笔挺衬衫,下身穿"镶边黑色紧身长裤,配由专利皮革制成的惠灵顿靴子"。在这身笔挺衣服之外,罩一件"绣满镶边的深绿色布背心",然后穿上伊顿式短外套(Eton jacket),"像轻骑兵夹克那样带纽扣",并有更坚硬一些的"高硬领"。莫里斯在伦敦定制这套衣服时,裁缝对他说:"先生,您可能不知道,穿着军官交谊厅礼服是不能坐下的。"[97]

穿着高雅但不舒服的礼服,军官们和宾客们先在前厅聚集,喝些开胃酒,通常有雪利酒和马德拉白葡萄酒可选。为了好好品酒,宴会前半小时禁止吸烟,这样酒的味道才不会受到烟味的影响。大多数欧洲酒在印度都只流行一时,但马德拉酒始终很受欢迎,这得益于一种迷信:绕过好望角和后来穿过红海的漫长航行,对这种酒起到了"提味的作用"。莫里斯对营里的雪利酒的感觉却正好相反,实际上,其质量因海上航行和穿越印度炎热的平原而大打折扣,以至于"抽几口烟几乎影响不到它的味道"。[98]

客人陆续到达并在无烟的空气中品尝开胃酒的时候,团军乐队——铜管乐队和风笛乐队——开始在军官交谊厅外的走廊或草坪上如火如荼地演奏。当指挥官带领一众人等(按照职务高低)进入宴会厅时,乐队会奏响《老英格兰的烤牛肉》("Roast Beef of Old England")。就像交谊厅这处建筑本身一样,晚宴也是意义重于实际形式。食物看上去很丰盛,甚至摆得很漂亮，味道却不怎么美味。六道菜包括：开胃菜或"头道吐司"——通常就是潮乎乎的吐司配上沙丁鱼或半个煮鸡蛋，然后是某种索然无味的汤、某种鱼（"如果我们幸运的话"，会是罐头）、一大块烤肉（如果是牛肉的话，就搭配约克郡布丁）、布丁（通常是预科学校最爱的那种——蒸的、西米的或面包黄油的，或是松糕点心、粉红色牛奶冻），最后是"第二道吐司"或开胃品，基本与第一道吐司类似。[99]

随着菜品一道道上来，军官们喝起干红葡萄酒，并试图避免讨论那些似乎在每个团军官交谊厅都被禁止的话题。莫里斯回忆说，"宗教、政治或与我们职业有关的任何事情，都不允许讨论"，而"如果无意间提及某个女士的名字，犯规的人就要被罚出钱请大家喝一轮酒"。这是典型的惩罚军官们的手段，无论是在军官交谊厅里犯规，还是在狩猎场上违例，都是如此：为同伴们买酒喝。邓斯特维尔曾三度"不得不请军官交谊厅里所有人喝葡萄酒"：一次是"说起了某些宗教事务"；另一次是"引起了政治讨论"；还有一次是"提到了一个女士的名字"。他还不得不给一名共事的军官买酒，因为一起射鸭子时，不小心用霰弹枪弹丸扫射到了后者。医生从被射军官皮下每取出一粒弹丸，就要被罚一杯酒，这件事对年轻的邓斯特维尔来说真是"太昂贵"了。[100]

对谈话话题的限制反而成了某些人展示自我的机会，他们借此向年轻军官们讲述自己的种种功绩。这可能会持续很长时间，因为这样的人必然攒了相当多的狩猎故事。尽管莫里斯和同事们可能会礼貌地听着，但"每晚都闲聊没抓住的野鸡，捕了多少鱼，以及足球队的新中锋表现如何"，自然让他们提不起兴趣。[101]但随后就有了盼头，哪怕是暂时的，用完餐后，移去桌布，端上了玻璃酒瓶。瓶里主要是波特葡萄酒和马德拉白葡萄酒，但也可能是雪利酒、马尔萨拉葡萄酒，20世纪可能是威士忌酒。指挥官会拔去瓶塞，闻一下葡萄酒，以确保没有"变质"，然后把瓶子推向他左边的邻座。之后，酒瓶会沿顺时针方向在桌上传递；在仍保留着这一习俗的军团，闻酒会以相反的方向传递。

来宾之夜祝酒致辞时，谈话都要停下来，大家会为君主的健康干杯。到19世纪末，与一百年前相比，这一环节已经变得非常微不足道了，当时的仪式规模相当俄国化。随后，在乐队适当的音乐伴奏下举杯祝酒，如果向国王祝酒，就演奏国歌；如果"被祝酒者"是克拉伦斯公爵和海军，则演奏《统治吧！不列颠尼亚！》。1797年，威廉·希基在加尔各答参加阿瑟·韦尔斯利所在团（第33团）的宴会时，在通常的酒宴后，他被迫一口气喝下了22杯正式敬酒，"都是用相当大的酒杯盛酒"。尽管希基的酒量很大，第二天也"头疼欲裂"，"不能"起床；这是他有史以来最"狂饮"的一次。[102]

一百年后，祝酒词不过是"敬女王-女皇陛下"，或1901年的"敬国王-皇帝陛下"。18世纪唯一留下来的习俗是：在某些团，勤务兵会在祝酒前撤走盛有水的杯子，这样军官们就不会把波尔图葡萄酒倒在水杯里，从而避免无意间的"海外的国王"（即詹姆斯党觊觎王位者①）敬酒。[103]宴会期间，乐队在餐厅外的某个地方断断续续地演奏，上校此刻会请乐队指挥或风笛手进来，和他一起喝杯波尔图葡萄酒。此时，军官们正抽着

---

① 那时当然没有公认的觊觎者。最后一个觊觎者，在其兄邦尼王子查理/英俊王子查理（Bonnie Prince Charlie）于1807年死后，自称亨利九世国王。他曾任弗拉斯卡蒂（Frascati）的红衣主教和主教。

279 烟，享受着第二轮酒，心情大好，准备欢迎风笛乐队（如果有的话），这种乐队不仅苏格兰军团有，印度陆军的几支部队［包括由西福士高地兵兵团（Seaforth Highlanders）培养的廓尔喀部队］也有。风笛手们适时地进来，围着餐桌，在与会者们的椅子后面行进，吹奏一首慢进行曲、一首快进行曲、一首斯特拉斯贝舞曲和一首里尔舞曲，然后再走出去。国王生日时，乐队在马德拉斯的宴会厅里演奏，那是一座巨大的建筑，所以演奏还可以忍受，甚至令人印象深刻。但在小小的团军官交谊厅里，这种演奏简直震耳欲聋。对于约翰·莫里斯来说，这是身为廓尔喀旅军官要忍受的最糟糕的事情之一：他这辈子"怎么也欣赏不了风笛那凄厉尖锐的声音"。阿富汗埃米尔哈比布拉汗（Habibullah Khan）可能也不喜欢风笛声。1907年，西北边境高级专员哈罗德·迪恩爵士在白沙瓦招待他，安排了16名黑卫士兵团的风笛手围着餐桌行进，然后，作为一项特殊的礼遇，特意在这位埃米尔身后吹奏。之后，迪恩问这位皇室客人风笛手怎么样，这位埃米尔回答说："非常棒，很震撼！但是一个就足够了。"[104]

没有人可以在指挥官退席前离开餐桌，如果这位尊贵的人物选择留下来喝波尔图葡萄酒、讲故事，其他所有人都得留下来。即使他走了，可能还会有某名少校想继续回忆往事，在这种情况下，中尉们就得轮流留下来听。那些即使逃过了少校的低级军官们，也可能被另一名高级军官抓住，温斯顿·丘吉尔就曾被抓住，被迫"打一种当时很流行却很累人的'惠斯特'纸牌"[105]。

宾客之夜到了这个阶段，精力最充沛的低级军官们希望能找点有意思又带些孩子气的"乐子"。他们最喜欢的一个项目就是将一只猫鼬悄悄地带进军官交谊厅，看这个小家伙会造成什么破坏。更大胆的胡闹则是放进一头从外面的牛车上卸去了轭的公牛，这让低级军官们有机会展示他们的斗牛术：对着那头可怜的、被动的牛，一边挥舞他们的外套，一边大声喊"好！好！"。但大多数"高级恶作剧"都是军官们自己整自己。如果科哈特的一名中尉酒喝得足够"高"，他会以极快的速度骑着自行车冲下军官交谊厅台阶，越过几道树篱，"希望能在约75英尺下的集市着陆"。其他一些集体活动似乎都是为了伤后背设计的。军官交谊厅"背人混战"曾造成过非常严重的脑震荡，导致这种闹剧被禁止。邓斯特维尔回忆说，即使"绕着玫瑰花起舞"（Ring a Ring o'Roses）的游戏，"在一大帮成年男子参与时，也变得相当危险，而且致伤率——有时会导致严重的受伤——相当频繁"。最危险的游戏之一是一个叫做"博斯普鲁斯兄弟飞跃"（Bounding Brothers of Bosphorus）的令人眼花瞭乱的游戏，它要求参与者在桌子上翻筋斗，然后后背着地落在一堆倒扣过来的家具上。[106]

在这样的一个夜晚结束时，一些军官"为了第二天早晨不至于太难受"，试图通过喝下一碗"草原牡蛎汤"——生鸡蛋、伍斯特郡辣酱、辣椒粉和橄榄油，"来调动已经受到侵袭的肝脏"。其他人，至少在1930年代，可以写致歉卡片向主人道歉，在方框里打钩，承认自己犯了"酩酊大醉""唱下流歌曲""打碎瓷器和玻璃器皿"以及"一直讲恶作剧段子"的过错。无论他们做了什么，无论何时上床睡觉，他们都知道——并且为之骄傲——必须参加早上6点的点名，而且要看起来精神干练、"无可挑剔"，一点也看不出"几小时前还是醉醺醺的样子"。[107]

第三部分
经　历

第九章　亲密关系

比比的兴衰

　　直到东印度公司的最后几十年，大多数在印英国男人在职业生涯中至少有一部分时间与至少一名——通常不止一名——印度或欧亚女性共同生活，而且常常是其在印度的大部分时间里。这与阶级、气质、是否已婚或生活过度放荡都没有关系。在 18 世纪就是这样。参事会成员与加尔各答的商人一样，都可能有一名"比比"（bibi），即本地情妇。约翰·肖尔是东印度公司一名虔诚的官员，他有一个印度比比和两个有一半印度血统的孩子；返回英国后，娶了一名英国女子（生了九个孩子），后来又回到印度，担任总督（1793～1798 年在任），退休后成为英国与海外圣经公会（British and Foreign Bible Society）主席。

　　比比不仅仅是妾。1840 年代在印度当了七年军官的理查德·伯顿，称赞他的第一个比比不仅是护士、管家，还是一名老师，"既精通印度教文法，还深谙本地生活的规则"；而且知道如何让"仆人们各司其职"。后来他回忆道，印度女性的性爱技巧比英国男人们高超太多了，所以没有一个比比会爱上她的情人，这个推论，且不论对错——正如他的一个传记作者所指出的——是"他本人惆怅的坦白"[1]。正如后来在翻译《欲经》（Kama Sutra）和《芳香园》（The Perfumed Garden）时所表现的那样，伯顿是一名性爱专家、原型性学家，但他可能不是"践行"专家。他的一个理论就是，英国士兵在性交时过于粗暴和迅速了——可能情况确实如此——而印度妇女"天生冷淡"，加上她们"素食且不使用催情剂"，就更冷淡了，因此无法"在不到二十分钟内……得到满足"。他认为，如果这些士兵学会印度教"把持的艺术"，靠喝冰冻果子露、嚼槟榔甚至是抽烟来延迟射精的话，他们会表现得更好。[2]

英国男子与印度女子之间有很多爱情故事，至少传说中如此。传统上被视为加尔各答奠基者的乔布·查诺克（Job Charnock）遇到了一个年轻的印度寡妇，当时，她正在丈夫葬礼的柴堆上，马上就要被殉葬了，她的美丽令他无比心动，于是他将她抱下柴堆，并娶了她。英国军官、前雇佣军威廉·林尼厄斯·加德纳（William Linnaeus Gardner）在苏拉特谈判一项条约时，突然瞥见了帘布后"那双世界上最美丽的黑眼睛"。那是一个14岁的纳瓦布女儿的双眸，尽管最初遭到父母的反对，但第二年她还是被允许嫁给了加德纳：这桩婚姻非常幸福，如他几十年后所说的，他从未想过娶"另一个妻子"，这令"马塞尔曼（Musselman）夫妇非常惊讶"。[3]其他类似的婚姻也同样持久。1810年，年仅22岁的东印度公司官员托马斯·科布（Thomas Cobbe）与一个孟加拉的穆斯林"纳齐尔公主"（Nuzzeer Begum）结婚，二人育有十个孩子。他们的关系一直持续到了1836年，当时在前往英国途中，他下棋时因麻痹性中风而死亡，被葬于大海。[4]

18世纪末，东印度公司的几名高级官员与印度上层女性结了婚。驻海得拉巴的英军司令詹姆斯·达尔林普尔（James Dalrymple）、驻海得拉巴尼扎姆宫廷的驻扎官詹姆斯·柯克帕特里克（James Kirpatrick）都与穆斯林贵族结了婚。19 世纪初驻德里的驻扎官戴维·奥克特洛尼（David Ochterlony）据说有 13 名妻子，每人都拥有自己的大象，以便在晚上陪他沿着城墙骑行。

然而，社会各阶层与印度人通婚的情形还是不如找一个比比普遍。找一个本地情妇可能需要雇两名仆人和买槟榔、衣服及装饰的花销，但她比维系一个妻子便宜（当然也比与妓女发生性关系安全）。一名军官认为，供养一个有 16 名印度情人的"后宫"都比照顾一名英国妻子便宜。[5]另一种模式大约在 1830 年之前比较普遍，那就是英国男子在年轻时找一个比比，中年时娶一名英国女子，这样做的后果通常是，与约翰·肖尔一样，会有两房子女。艺术家蒂利·凯特尔（Tilly Kettle）于 1769 年到达印度，靠给印度贵族画雷诺兹（Reynolds）风格的肖像谋生；在次大陆时，他和一名印度女子有两个孩子，回到英国后，又和英国妻子生了几个孩子。[6]有时很难从记录中看出某位将军的子女中有多少是"私生子女"，多少是婚生子女。18 世纪，印度总司令罗伯特·斯洛珀爵士将军（General Sir Robert Sloper）有六个婚生儿子（两个在英国军团，另一个在马德拉斯陆军），并且似乎至少还有六个"私生"子女，包括龙骑兵卫队（Dragon Guards）的一个儿子和另一个轻龙骑兵团的儿子，还有一个女儿，她嫁给了东印度公司的一个书记员，此人后来成为孟加拉邮政局局长。[7]

威廉·希基发现从一个种族转换到另一个种族不是一件容易事。在他的英国情妇夏洛特·巴里（Charlotte Barry）于 1783 年在加尔各答去世后，希基有一段时间未寻新欢，但由于"天生多情"，他"有一天晚上召了一个本地女子"。女子来了以后,他却欲望全无。这种情况又发生了两次,因为一想到要"与黑女人发生关系",他就感到"恐惧"。后来他意识到一些印度女士实际上"非常可爱",并且"称她们为黑人是不正确的",这种恐惧才得以消退;上游省份(Upper Provinces)的女子实际上"非常白"。不久,他富有的朋友、穆尔希达巴德驻扎官罗伯特·波特(Robert Pott)送给他一个"非常漂亮的当地小姑娘",名叫基拉乌姆(Kiraum),"他推荐供我私人使用"。同居一年后,她生了一个男孩,但希基认为孩子"黑得有问题",他对于亲子关系的怀疑后来得到了证实,他发现基拉乌姆与另一个仆人有染。后来,希基又遇到一个名叫杰姆丹妮(Jemdanee)的"可爱的印度斯坦女孩",情况才有所改善,他提出想和女孩"成为亲密之人……她同意了"。按他自己的说法,这段关系非常成功。与其他女性不同的是,"她从未把自己隔绝起来,不见陌生人",还参加他酒气熏天的"男性聚会,热情地加入了欢乐的气氛,尽管她从不沾任何葡萄酒或烈酒"。后来,他们搬到金苏拉,是胡格利河上原荷兰人定居点,比加尔各答稍凉快些,杰姆丹妮怀孕了。她希望生一个"小威廉大人"(chota William sahib),她的确生下了一个男婴,这回是个"非常白"的孩子,但可惜她死于分娩,婴儿不久后也死了。[8]大威廉大人对母子二人的死感到非常难过。

希基在加尔各答的爱情生活并不稀奇,一些同时代的人肯定比他更混乱。理查德·布莱钦登(Richard Blechynden)开始其职业生涯时,曾是一名海军军校生,但他很快就意识到自己更喜欢陆地而不是海洋。1784年,年仅24岁的他在加尔各答给一名东印度公司的土木建筑师当助手。他从未结婚,但有一些情妇,有印度人、欧亚人、亚美尼亚人和"乡巴佬"英国人。他最喜欢的比比是一个穆斯林女士,他们公开地住在加尔各答,就像希基和杰姆丹妮一样,不过这个穆斯林女士没有拜访过他已婚的朋友们。当她在他怀中去世时,他在日记中写道:"我就此失去了一个同眠了将近七年半的人,我与她生了五个孩子,其中三个幸存了下来,却失去了爱他们、宠他们的母亲。"[9] 然而,他对她并不忠实,几周后就有了一名新情妇,在"让我伤心"之后还有"很多"。他通常让她们住在加尔各答以外的一处"花园洋房"中,一次住一人。

  布莱钦登的其他恋人没有一人能与那名穆斯林女士同日而语。但她们都属于非常能喝酒的那类人。一个亚美尼亚女孩简直就是一件"醉醺醺的行李",但至少她脾气好,而"乡巴佬"夏洛特喝了啤酒、马德拉酒或市场上的烧酒之后,就会发脾气——似乎什么酒都一样,只要喝得够多;有一回,她在两天内喝掉了九瓶马德拉酒。早上起来后,她大发脾气,把水泼在情人身上,并撕扯他的衣服。更暴力的是爱砸东西的伊莎贝拉(可能是欧亚人),她喝下两瓶马德拉酒后,就扯窗帘,将所有的盘子从桌子和餐具柜上一扫而下。即使清醒时,她也很让布莱钦登烦恼,她整日无所事事,只会懒洋洋地躺在硬床上,和"一大群穆萨曼尼(Mousaalmannys)唱歌、打手鼓"取乐。[10]

  人们可能会得出这样的结论:布莱钦登不善于识人,但实际上,并不是他选了这些女孩,而是她们选择了他,或是经他的仆人介绍,或是她们主动来到他的门前,看起来可爱又迷人。尽管已经有过多次经验了,但布莱钦登依然很天真,他会很快说服自己遇到了一个完美女孩,可以和她一起享受"婚姻带来的所有舒适,又省去了麻烦"。直到后来,他才意识到自己又陷入了一生中"最不幸的关系之一"。[11]

布莱钦登的日记告诉我们，在 1800 年前后几十年里，一个中等富裕的英国人在加尔各答会怎样安排自己的生活。从中还能看出不少关于男性对比比和其他女性的态度：一个叫唐卡斯特（Doncaster）的男子本该照顾他的朋友科利尔（Collier）的比比，这个朋友当时不在，但是她已经"有身孕"三个月了，他觉得可以"抚弄"她而不用冒怀孕的危险。布莱钦登的日记还提供了在孟加拉的一些英国妇女的信息，她们不属于与上校和文官结婚的那个阶层。据军医约翰·斯图尔特一封颇为轻蔑的信的记载，当时在坎普尔的大多数妇女显然不过是"来自拉德盖特山（Ludgate Hill）女帽店，甚至还有一些来自考文特花园（Covent Garden）和老德鲁里（Old Drury）的冒险家"[12]。至少加尔各答有一些妇女来自相似的阶层。布莱钦登的夏洛特此时 20 岁，但她在 13 岁时就与马德拉斯某军团的一名中士结了婚；她因病不能陪他派驻到某个地方，于是放任自己被一个中尉诱惑并包养。透过布莱钦登或经其编辑的描述，很多他认识的人的生活跃然纸上：里斯太太（Mrs Rees）发现自己的丈夫（一名记者）和罗林森小姐（Miss Rawlinson）偷情，于是就与一个名叫弗拉沙德（Frushard）的军医官同居去了；马尔德太太（Mrs Mulder）离开自己的丈夫，去和一名叫科林斯（Collins）的飞行员住在一起；塔克太太（Mrs Tucker）开了一个妓院，麦克纳马拉太太（Mrs Macnamara）招揽情妇，韦德太太（Mrs Wade）在丈夫发现她与"一个黑人同床"之后，"搬去与铁匠迈尔斯（Myers）同住了"。[13]

这些女性和其他被提及的女性是英国人、欧亚人、"乡巴佬"，还是有时是印度人，这并不总是很清楚。对于布莱钦登和他的朋友们来说，这似乎没有多少区别。在当时那个时代，阶级比种族更重要，处于另一个社会阶层的加德纳和海得拉巴英国官员们的婚姻已经表明了这一点。布莱钦登对待情妇的方式几乎没什么不同，不论种族如何，尽管在他臂弯里去世的那名穆斯林女士似乎占些优势，在尊重、社交生活和家庭开支方面超过了其他情妇。

没有人能肯定地说英国男人和他们的印度比比之间的关系是公平或平衡的，但其中的确有很多人相爱到老，往往一直坚持到生命的终点。希基记录了不少相亲相爱的例子：一个"美丽的印度斯坦妇女"试图帮她的伴侣（库珀上校）慢慢戒掉"连早上……也无节制地大喝白兰地或其他烈酒这种不健康且很有害的习惯"，而威尔逊医生接到由于健康原因让他回国的命令时，"一想到要永远离开一个与他共同生活了多年，并给他生了几个孩子的印度斯坦女人，他就非常痛苦，无法说服自己抛下她"。他不久后就去世了，当时仍在印度。[14]

比比们也得到了更具体的感情证明，包括仆人和赡养费，以及恋人去世后，留给她们和子女们的遗产。查尔斯·海·埃利奥特少校（Major Charles Hay Elliot）在 1817 年起草遗嘱时，给三个私生女留出特定的款项，还给比比当时正怀着的胎儿另外留出 35000 卢比；当年晚些时候的一份遗嘱修改附录显示，"这个胎儿已经出生了"。如果一名男子过世时仍未结婚的话，他的比比可能会得到全部财产、房屋和牲畜，以及金钱和珠宝。即使有妻子和婚生子女，他也常常尝试合理地分配自己的财富。詹姆斯·尼科尔森上尉（Captain James Nicholson）希望将自己的财产平均分配给十个孩子，其中两个是与英国妻子所生，其他几个则是与几名印度妇女所生。查尔斯·坎贝尔少校（Major Charles Campbell）的遗产则仅在两房子女之间分配——一名印度妇女于1820~1822年间所生的三个孩子，以及他的英国妻子于1825~1831年间所生的五个孩子。他的妻子还得到了三名有一半印度血统的子女的监护权。[15]

到坎贝尔少校的印度恋情时，比比时代已经开始衰落。对这段时期的遗嘱进行分析表明，1800年以后，印度比比成为遗嘱受益人的情况开始慢慢减少。[16]这个习俗当然不会突然结束。没有人会强迫老查特尼上校（Colonel Chutney）戒掉水烟、比比和咖哩杂烩肉汤。1840年，在瓜廖尔，埃米莉·艾登一行和"J上校一起吃饭"，这名上校的"生活方式非常本地化，几位黑人J夫人会在我们不在时出入他的内室"。几年后，行政官兼小说家梅多斯·泰勒上校（Colonel Meadows Taylor），被人发现在索拉普尔（Sholapur）过得像"一个土耳其帕夏，后宫佳丽众多"，其中有个女孩唯一的职责就是"抚弄"上校的眉毛。[17]但是，年轻的军官和文官不再公开供养印度情妇。他们也不供养英国情妇，只有很少人在30岁之前成家。对很多英国男子来说，这意味着他们在性能力最旺盛的十年里恐怕只能独身了。

传统上常认为是大量英国妇女的到来造成了印度情妇的逐渐消失，因为她们可以比以前更快地来到印度，而且到达之后，她们不准备容忍既是竞争对手又代表着道德羞辱的人存在。然而，英国的风俗习惯和道德观念都发生了变化，在男人之间也是如此。曾令摄政王（Prince Regent）津津乐道的那种社会，会让阿尔伯特亲王（Prince Consort）感到厌恶。福音派可能热衷于废除奴隶制，却不乐意与其他种族共同生活，甚至不一定同情他们的文化。功利主义思想常常伴随着对于非基督教信仰的鄙视，而且常常对那些信仰的信徒也充满了鄙视。显而易见的结果就是，英国人对印度的了解越来越少。老一辈东印度公司的军官们与他们的比比至少部分地生活在另一种文化中，耳闻目睹了——哪怕是被动地——其他民族和宗教；他们不仅要学习恋人所讲语言的语法，还要体会这些语言的细微之处，就像如果他们的恋人过排灯节（Diwali）或穆哈兰节（Mohurrum），他们也一定要了解这类节日。

比比从英国人的生活中消失后，有人试图将她们从英国历史上抹去。威廉森上尉（Captain Williamson）在1810年撰写《东印度旅行指南》（*The East India Vade Mecum*）时，记载了关于比比的有意思的信息；1825年再版时，这些信息都被删除了。[18]约翰·凯恩（John Kaye）在1854年出版查尔斯·梅特卡夫爵士（Sir Charles Metcalfe）的传记时，隐瞒了一个事实，即他的主人公有一个印度妻子和三个有一半印度血统的儿子，其中一个还是获得了巴斯勋章（Order of Bath）的杰出士兵，并被收入了《牛津国家传记词典》（*Oxford Dictionary of National Biography*）。① 似乎跨种族发生肉体关系实在太骇人听闻了，以至于人们不得不假装这种事不仅已经停止，甚至从未发生过。从此以后，只有好奇的人或古董爱好者才会明白一座大院角落里那座小小的、已被废弃的建筑物的意义，它隐藏在棕榈树后面，四周长满了旋花，那曾经是比比的住所（bibi khana）。

对于英国人来说，失去比比的损失远远超过苏迪普塔·塞恩（Sudipta Sen）所说的"亲密关系的减少"[19]，这比剥夺了性爱和天伦之乐要严重得多。最重要的是，这意味着丧失了了解，

---

① 梅特卡夫（1785—1846）是他那个时代印度北部最杰出的文官，他曾担任驻德里驻扎官（Resident at Delhi）和西北省副省督（lieutenant-governor of Northwestern Provinces）。退休前，他担任英属北美总督（governor of British North America）。在遗嘱中，他给私生子詹姆斯留下了5万英镑遗产，詹姆斯是孟加拉步兵团的一名军官。

失去了联系,甚至失去了知识。通过将自己与人类经验的这一领域隔绝开来,英国人切断了与其所统治的人民的重要联系,他们需要这些人默许他们的统治。有穆斯林妻子和穆斯林朋友的驻海得拉巴驻扎官对于尼扎姆宫廷情况的了解,要远远超过他的维多利亚时代的继任者。

比比的消失并没有结束英国人与印度人的性关系。英国男子仍然娶印度女子①,他们仍然找印度妓女②,其中的一些人仍然纳印度女子为妾,不过通常是在偏远地区,在山区或边疆,远离俱乐部那些对此看不顺眼的太太们。据莫妮卡·弗朗西斯(Monica Francis)的记载,在特拉凡哥尔产茶的高地地区,种植园主常把"美丽的采摘女"带上床。阿萨姆山区的种植园主也是如此。就像吉卜林的小说或萨默塞特·毛姆(Somerset Maugham)关于马来亚的小说中所写的,大多数男子在找到英国妻子之前都有本地的女朋友,但1901年出生在阿萨姆省的茶农莫里斯·刘易斯(Maurice Lewis)却正好相反。在他的传统婚姻失败后,他开始与一名"茶叶种植园女孩"(东北部都这样叫)交往,他们育有三个女儿。缅甸的一名退休警察威廉·辛克莱·汤姆(William Sinclair Thom)的婚姻也从西转向了东。1930年,他已经60多岁时,与英国妻子离了婚,不久就与一个缅甸女子马丁(Ma Tin)结婚了,二人育有几个孩子;他还找了一个当地情妇,又育有两个孩子。[20]

在英属印度,有一个地方比比这种事情又延续了两代人,这个地方最不像印度:缅甸。自18世纪以来,英国男子就一直很欣赏缅甸女子,那时在仰光从事贸易的船只上的官员们发现

---

① 见后文,pp. 309-314。
② 见后文,pp. 328-333。

缅甸女子不仅美丽迷人，而且非常独立。[21]这种观点保留了下来。达尔豪西勋爵将1850年的毛淡棉与他在印度看到的情况进行对比，发现"最奇特的"是"缅甸少女可以在商店里工作，妇女普遍享有较高的地位和自由，女子在18岁成年时可以嫁给自己选择的丈夫"。[22]缅甸男子也普遍讨人喜欢。印度文官机构的一名官员在1930年代写道，他"很少遇到不为缅甸人说话的英国官员。我们的共同点之一就是都把缅甸人称为帝国里最有魅力的人"。[23]奥威尔《缅甸岁月》（Burmese Days）里的人物可能不同意他的观点，但现实中的人们都同意。除了魅力、吸引力和独立之外，缅甸妇女也不受种姓制度或深闺制度的束缚。

在维多利亚女王统治的最后几十年里，驻缅英国当局一致认为，缅甸有太多地方气候过于恶劣，不适合于英国妇女居住。1880年代末的高级专员查尔斯·克罗思韦特（Charles Crosthwaite）建议官员们不要结婚，因为他认为死亡风险高得令人无法接受。后世的太太们能够证明这名高级专员过于谨慎了，但当时的证据似乎证明他是正确的。他的继任者亚历山大·麦肯齐（Alexander Mackenzie）于1892年在缅甸失去了第一任妻子，三年后在那里又差点失去了第二任妻子。因此，他建议所有在缅甸的英国妻子们都应该离开，也就不足为奇了。

在缅甸的木材公司不赞成有英国妻子在那里，还有另一个原因：他们希望招聘的年轻新人能够流动，不受家庭负担的束缚。这些限制条件不可避免地导致了英国男子与缅甸女子之间的关系，而类似的关系在印度早已消失：一名20世纪初居住在缅甸的调查人员称，90%在缅甸的英国人都有当地情妇。他们中的许多人在偏远地区过着孤独的生活，比如文官、林业官员、木材代理商或边防警察；他们经常一连几个月都看不到另一张欧洲面孔。缅甸是印度帝国中最大的省份，1901年只有8537名英国臣民、士兵和平民，其中的大部分人住在仰光或曼德勒。在这些城市之外，数百名英国男性和数量少得多的英国女性散居在面积大约相当于西班牙的地域内。一个20多岁的年轻男子显然需要有人照顾，如果没有英国妻子的话——因为他此时收入有限，加上为她未来的健康状况考虑——他会很自然地找一个缅甸姑娘。19世纪末担任印度事务大臣的善良的乔治·汉密尔顿也这样认为。他"一直觉得"，缅甸妇女是"最令人敬佩的管家"，此外，她们"活跃又有魅力，天生适合于陪伴男性"。[24]

缅甸的高级专员们往往不太同情下属们的困境，而担心包养情妇的做法会助长腐败（这个女人会从认为她有影响力的人那里收受贿赂），会损害帝国的威望，并导致出现一个既不为英国人接纳又不为缅甸人接纳的英缅混血阶层。然而，克罗思韦特也认为"强制推行道德规范"不是政府的职责，麦肯齐认为"窥探私生活"不是他分内的事，他的继任者弗雷德里克·弗赖尔也认同"消灭缅甸的纳妾制度是不可能的，人的天性如此"。[25]不过，所有这些观点都有一个附带条件：只要没有丑闻，谁也不会小题大做。

不幸的是，这些都无法预防。对于缅甸官员不道德行为的抱怨，以前就有过；加尔各答的一名主教自1870年以来就一直在抱怨。但在1900年，两名守贞斗士——埃达·卡斯尔夫人（Mrs Ada Castle）和她的丈夫雷金纳德——来找总督（寇松），雷金纳德是缅甸的一名警察，弗赖尔不得不将他调离勃固（Pegu），因为这对夫妇一直批评一名县官，尽管他已是中年，并娶了一名英国女子，但年轻时曾有过一名缅甸情妇。卡斯尔夫人的新目标是一名初级县官沃尔特·明斯（Walter Minns），她声称，此人公开与两名缅甸妇女生活在一起，甚至在公务巡查时带了其中一人。寇松不喜欢卡斯尔夫人的想法和她那"病态的清教主义"，但如果他认为这影响到了帝国的威望，就会大发脾气。他要求解释时，明斯称他在那次巡查中生了病，那个女人"不是作为情妇，而是作为护士"随行的。总督认为这个解释"非常不令人满意"，建议暂时不让这名犯了错的官员升职。然而，明斯是一名出色的官员，又精通语言（毫无疑问，他有好老师啊），不久，他就当上了仰光的副专员。[26]

弗莱尔对于这一普遍问题的解决办法是告诉手下官员们应该过"检点的生活"，否则就会失去晋升的机会。许多人的反应是与情妇结婚，这可能会让加尔各答主教和鼓吹守贞的人满意，但并不是弗莱尔希望看到的。到1903年，在缅甸的25名英国官员与缅甸妇女结了婚，几乎所有人都曾是他们的情妇。弗莱尔现在可以想象成队的乞求者来到县官家门口，给他的缅甸妻子送上礼物，并期待副专员的关照。寇松也非常吃惊，他要求伦敦的印度事务部发布规则，阻止与缅甸妇女结婚的做法。汉密尔顿本人无法做出这样的决定，只能依靠印度委员会（Council of India）的判断，它由老年男子组成，其中的大多数人是退休文官。这些人本就倾向于阻止变革——理由是"在他们那个年代"没有必要这样做——他们对于这个问题没有兴趣。阿尔弗雷德·莱尔不觉得一个男子娶了情妇就应该受到惩罚，克罗思韦特对此事的了解和其他人差不多，他认为政府没有"权利命令官员该和谁结婚或不该和谁结婚"。和蔼可亲的汉密尔顿松了一口气，因为他不必发布任何规则了。他承认，对于那些"无法接触到本国同种族女性"的英国军官们,他"一直倾向于给予极大的宽容"。27

英国人的婚姻

印度帝国所有英国人的岗位都不鼓励早婚。有些岗位明确禁止早婚。如果在申请时已经结婚了,就进不了政治部。要想加入边境侦察兵团,就必须是单身汉,而且要承诺至少三年内不结婚。其他雇主可能没有这么具体的规定,但也明确表示,他们希望雇佣单身和可以流动的年轻男性。没有哪个茶叶种植园主会想要一个被年轻家庭拖累的学徒。罗宾·德拉蒙德(Robin Drummond)邀请森林局一名同事在他的婚礼上当"伴郎"时,这个同事拒绝了,坚持说结婚"对林业员来说不是一件好事"。28印度是一个适合于户外工作的国家,适合于那些随时可以翻身上马驰骋在沙漠或丛林中的年轻人。

机动性对于一名中尉来说当然是必不可少的,很多年轻军官会认同吉卜林在《加兹比夫妇的故事》(*The Story of the Gadsbys*)中的一句话:

> 无论是下到地界还是登上王位,
> 独自旅行的人走得最快。

早婚将是一场灾难——而且对于雄心壮志来说是致命的。就像加兹比上尉的朋友马夫林(Mafflin)所唱的那样,

> 你可以刻在他的墓碑上,可以刻在他的名片上,
> 男子早婚,种下祸根!

即使一名士兵倾向于早结婚，军队也让他几乎做不到。诺森伯兰燧发枪团的二等兵弗雷泽记载，在19世纪后期，每个营只有25或30名妇女，她们被称为"军官夫人和其他士兵的妻子"。[29] 一个团航行前往印度时，通常每100名士兵可分到12个女性指标；如果已婚士兵的比例超过12%，一些人的妻子就不能随行——除非，像有时发生的那样，她们想办法自己偷渡上船。印度的已婚宿舍的"名单"中规定，中士优先，然后是下士。尽管对女性人数的限制带来了明显的经济效益——军队不必在津贴和已婚宿舍上投入更多的资金——但在军营这么狭小的空间里，如此明显的性别比失衡不可避免地会导致怨恨、嫉妒和不忠，偶尔还会引发命案。

对军官们来说，婚姻的主要障碍更多来自等级制度和经济方面的限制，而非人数。一名掌旗官认为，如果把自己"束缚"在一个"洋娃娃"上，还只能靠低级军官的工资来养孩子，那真是太愚蠢了。一条不成文的规定是："中尉不得结婚；上尉可以结婚；少校应该结婚；上校必须结婚。"[30] 正如一名上校的妻子所说的，这条规定的必然结果是，中尉们不应该和未婚女孩们跳舞，浪费她们的时间；他们应该把华尔兹时间让出来，让她们和那些能够娶她们的年长军官们跳舞，即"少校和上尉，或者非常有魅力的副专员"[31]。我们已经遇到过的埃米斯中尉，在1921年第一次回国休假时爱上了玛格丽特·道格拉斯（Margaret Douglas），但觉得自己财力不足，甚至当时及第二次休假时都没敢"表白"；幸运的是，他在1926年通过信件求婚时，玛格丽特仍然未嫁。[32] 当年年底，他们在孟买大教堂（Bombay Cathedral）结婚时，埃米斯快30岁了，大多数军官在这个年龄都当上了上尉，可以领取结婚津贴。但他们也只能领几年，因为，正如一名眼尖的太太所说的，许多军官30多岁时越来越"爱泡在军官交谊厅里"，被仆人和军官交谊厅骄纵，不愿意舍弃如此舒适的生活，去料理婚姻和家务。[33]令犹豫不决的追求者望而却步的可能还有需要获得上校的批准，尽管这通常只是走个过场而已①，以及需要把未婚妻介绍给军官交谊厅，让她得到高级同事和他们的妻子的接纳。[34]

文官早婚几乎和军人早婚一样受到强烈反对。"在你任职满五年之前，不要结婚"，1890年一名高级文官这样警告一名旁遮普的"格里芬"；那将会"毁掉，彻底毁掉你的前途"。"格里芬们"往往同意他的观点，如果哪个同事订婚了，他们会奔走相告这个"可怕的消息"，并警告彼此婚姻黯淡的前景。年轻文官们"通常完全被婚姻毁掉了"，一个名叫 J. W. 霍斯（J. W. Hose）的年轻文官在1887年写道。他们婚前相当富足，能够参加印度绝大部分生活、工作或运动，婚后却变得节俭和隐居，到哪里都带着妻子；他们不再骑马，而是坐在由狗拉的车里；不再打板球或网球等正经运动，而是打羽毛球；他们一次不落地去教堂，简直令人沮丧。[35]印度文官机构的官员工资相当高，但他们也得跟上一些标准。1891年，卢卡斯·金（Lucas King）的未婚妻杰拉尔丁（Geraldine）试图加快婚期，时年34岁的他称自己"一贫如洗"。不仅需要她从英国自带嫁妆、盘子和陶器，以及一个马鞍和一架钢琴，他自己还得提供一辆狗拉车、至少三匹马，外加一张餐桌和其他一些布置房间的家具。[36]

尽管困难重重，在印度文官机构，早婚还是时有发生，而

---

① 印度陆军目前仍实行这种批准制度。

且并不总是"彻底毁掉了"丈夫的前程。亨利·科顿于1896年晋升为阿萨姆省高级专员,尽管他21岁时就娶了一名爱尔兰少女,她小时候随母亲在普特尼荒原(Putney Heath)乞讨时遇到了摄影师朱莉娅·玛格丽特·卡梅伦(Julia Margaret Cameron)。更常见的情况是,文官试用期人员在英国先订婚,过几年再结婚。有时之所以推迟结婚,可能是因为父母反对这桩婚事:希望儿子能在加尔各答找到一个更合适的新娘,约翰·比姆斯的父亲让他保证和未婚妻埃伦(Ellen)在两年内互不见面,两年后再结婚。(他的计划失败了。)其他人则推迟到获得晋升并攒够了钱——或者从某个亲戚那里得到经济支持后再结婚。莫里斯·海沃德之所以能在25岁左右结婚,只是因为他未来的岳母,一名寡妇,给了他一笔钱。而卢卡斯·金也不必为婚礼的花销和未来的家庭生活烦恼:杰拉尔丁的哥哥阿尔弗雷德·哈姆斯沃思(Alfred Harmsworth)[《每日邮报》(Daily Mail)未来的创始人]为她支付了嫁妆和钢琴的费用,后来又给了她一笔极其慷慨的津贴。[37]

对于那些没有额外经济支持的人来说,就只能在印度等待、写信和祈祷好结果了。订婚的状态常常会持续四五年——其间,未婚夫妇有时连可以见面的休假也没有——到了后期,两人会充满焦虑,担心婚礼的日子、担心对彼此的感情、担心女方怎样才能适应印度的现实,以及丈夫可能对工作太投入。"我非常担心印度的单调会令你感到压抑",沃尔特·里奇(Walter Ritchie)在1845年给未婚妻奥古丝塔(Augusta)的信中写道,这离他上次见到她已经三年了,"我对自己的工作很感兴趣,从未觉得这种单调有何不好"。[38]

即使在英国,18世纪和19世纪的年轻人订婚时对未来的

297　伴侣也了解得不多。在印度，由于距离遥远、通信速度又极慢，这种情况更为严重：一名男子在1795年圣诞节从加尔各答给未婚妻写的信，可能在1797年之前都收不到充满爱意的回信。即便到了20世纪，在印度工作的男性有时也会觉得对一个女孩不够了解，不好当面求婚，于是决定还是日后通过航空邮件或发电报求婚，这样就不会那么尴尬。文官机构的菲利普·马丁（Philip Martyn）于1936年在曼彻斯特遇到了他未来的妻子玛格丽特，那个夏天又见了她两次，然后回到了孟加拉，六个月后他写信向她求婚，之后又过了两年半，才宣布打算在英国和她结婚，然后带她返回印度。[39]

在各种不同寻常的订婚中，最离奇的或许当属莫里斯·赞坎的订婚，他是印度文官机构最后一批，也是最聪明的官员之一（他在剑桥获得了三科第一）。1936年，他在大学与未来的妻子塔娅见过一次面，在接下来的九年里，她一直和他通信，印象中，他是那个她在剑河上认识的"身高6英尺的英俊小伙儿"，而不是那个"腼腆的同伴"。对于只见过一次面的人来说，两人的通信无疑非常亲密：1942年，他告诉她，他对和谁上床"非常势利"，因为"与一个第二天早上既不能交谈，第二天晚上又不能介绍给朋友们的人上床是非常肮脏的"。这也许让她望而却步。不管怎样，他们都与其他人订了婚，然后又同时取消了婚约。仿佛这是世界上最顺理成章的事情，莫里斯随后从印度写信求婚，塔娅从美国回信接受了求婚，尽管"我们相隔万里，相隔九年"。[40]

据我们所知，大多数漫长而危险的订婚结局往往相当圆满。但有些也免不了出差错。亨利·米德尔顿·罗杰斯（Henry Middleton Rogers）的未婚妻最终决定留在英国，于1874年成为第10任圣奥尔本斯公爵（Duke of St Albans）的第二任妻子。这一果断的行为至少让这女孩不用受乘船去印度的罪了，不至于在船上爱上一个有魅力的人，或者在码头上因为分开多年，两人可能都觉得对方不再有吸引力而相见不欢。1780年代，伯恩少校（Major Burn）写信向他多年前在爱尔兰认识的科尔曼小姐（Miss Kearman）求婚，并在她接受后给她寄了旅费。她如期来到印度，却发现少校外出参加战事了，少校请他的朋友沃森上校（Colonel Watson）在自己不在期间关照她。上校恰当地这样做了，但希基说，他"深深地迷上了少校的意中人，这让他十分痛苦"。当科尔曼小姐对"上校的热情"也投桃报李时，他觉得有必要向少校坦白一切，少校没有按照当时的习俗向自己的朋友挑战决斗，而是说"世上没有任何事情能让他与如此不忠而薄情的女子结合"，"真心欢迎上校与这个反复无常的女士发展关系"。[41]

  少数幸运的英国男子在印度找到了英国妻子，通常是高级军官和官员的女儿。由于性别比失衡，将军或副省督的女儿必然会有很多追求者，除非这个父亲回绝了所有的追求者，否则总会有人获胜。总是在官邸进进出出，除了组织宴会之外无事可做的副官们，尤其近水楼台先得月。明托勋爵担任总督期间（1905~1910），他的女儿艾琳·埃利奥特小姐（Lady Eileen Elliot）很想嫁给父亲的一名副官，但出于势利，她的母亲不赞成这桩婚事——这名军官是德干骑兵团的一名中尉——最终，她嫁给了另一名副官，此人隶属于掷弹兵卫队（Grenadier Guards），在社交场上更能拿得出手：巴克卢公爵的小儿子弗朗西斯·斯科特勋爵（Lord Francis Scott），曾是明托家在博德斯行政区的邻居。[42]秘书处的年轻文官也有类似的优势，因为他们肯定会与副省督和其他高级官员的家人在社交场合打交道，在舞会、野餐和网球比赛中相遇。他们自然比那些丛林瓦拉或在偏远地区担任乡军官的同事们占优势。几名娶了副省督女儿为妻的文官，二三十年后也升到了同样的职位（或类似的职位），威廉·麦克沃思·扬（William Mackworth Young）便是其中之一——他当上了旁遮普副省督。

在服役期间结婚很常见。皇家工兵团（Royal Engineers）的几名军官娶了团里几名年长军官的女儿。[43]弗雷德里克·柯里（Frederick Currie）是一名文官，也是东印度公司最后一任董事长，他与三任妻子育有12个孩子，三任妻子都是文官的女儿。然而，这些婚姻更多时候得益于机会和环境，而不是势利和优越的排外感。几名文官在坎普尔的商界找到了妻子：菲利普·哈钦斯（Philip Hutchins）娶了一个女孩，她父亲拥有一家糖厂。[44]商业家族实际上可能比社会上层家族更排外。毕竟，他们在某个地方扎下了根，比如坎普尔或加尔各答，这和文官及军官明显不一样。很多出身于这种背景的女孩宁愿待在家人身边，也不愿跟随丈夫从一个民站或军营到另一个民站或军营，这也是可以理解的。小说家鲁默·戈登姐妹四人在孟加拉长大，都嫁给了加尔各答的商人。与姐妹们的婚姻不同，鲁默的婚姻是一场灾难，她的丈夫劳伦斯是一个"快乐的庸俗人"，他在音乐会上昏昏欲睡，以为奥马尔·海亚姆（Omar Khayyam）①是一种咖喱。他们的一个朋友说，劳伦斯是一个"彻头彻尾的体育迷"，而鲁默却"分不清高尔夫球和网球"。他在财务上也一窍不通。二人于1948年离婚。[45]

---

① 奥马尔·海亚姆（Omar Khayyam，1048—1131）：波斯诗人、哲学家、数学家、天文学家。——译者注

伊洛瓦底轮船公司印章

查尔斯·沃尔·马利特爵士于1790年与马拉塔的佩什瓦缔结条约
托马斯·丹尼尔（Thomas Daniell，1749–1840）绘

詹姆斯·斯金纳,英裔印度骑兵军官,创建了斯金纳骑兵团(Skinner's Horse)

理查德·韦尔斯利,1798年至1805年任印度总督
罗伯特·霍姆(Robert Home,1752–1834)绘

洛克伍德·吉卜林与儿子鲁德亚德·吉卜林于1883年在拉合尔

约翰·比姆斯,印度文官机构公务员,作家

罗伯茨将军与其属下

梅奥勋爵 1869 年 12 月在印度加尔各答总督府

埃米莉·艾登,旅行家、作家、总督奥克兰勋爵的妹妹

哈里奥特·达弗林,为印度妇女提供医疗服务的先驱

夏洛特·坎宁,画家及植物学家

贝古姆·约翰逊,加尔各答多次再婚的家长式女性

印度拉瓦尔品第军官俱乐部，1890年

壁挂动物头角和刀枪、桌上摆放银质餐具的军官交谊厅

加尔各答圣保罗大教堂，1870 年
约翰·爱德华·扎赫（John Edward Saché）摄

阿塔克桥，1907 年

东印度群岛的猎虎活动

英国人参加马球运动

兰开夏郡的军官们 1936 年参加体育运动

地毯瓦拉

鲁道夫·斯沃博达（Rudolph Swoboda，1859-1914）绘

乔治·钱纳利（George Chinnery，1774–1852）的自画像

桑迪斯上尉与他的第一任妻子夏洛特以及两人的孩子威廉和艾伦
罗伯特·霍姆绘

詹姆斯·柯克帕特里克与海尔·妮萨的子女
乔治·钱纳利绘

彩插图片均来源于公版图片

一些英国男子在船上遇到了他们未来的妻子。1938 年，36 岁的军官罗伊·厄克特（Roy Urquhart）在前往西北边境重新加入他所在的高地轻步兵团的途中，和 20 岁的帕梅拉·伊迪丝·康登（Pamela Edith Condon）玩起了纸牌游戏。[46] 次年，他们在印度结了婚，几年后，当时已是少将的厄克特带头向阿纳姆（Arnhem）跳伞的壮举，在电影《遥远的桥》（*A Bridge Too Far*）中由肖恩·康纳利（Sean Connery）饰演，这让他更加声名远扬。其他男子则足够幸运地在印度遇到并且后来娶了某个朋友的亲戚，来看望兄弟的女孩，或者陪伴马上要嫁给某个种植园主或林业官员的姐妹的姑娘。

然而，这些人始终都只是少数。大多数军官和官员还是得等到他们第一次休假，第一次回到英国，才有较大的机会找到妻子。那时，他们已经 30 岁，经常感受到一名印度医疗机构官员所说的"性饥饿的痛苦"。在偏远的民站待了几年后，有些人非常绝望，正如埃米莉·艾登所说的，他们向"遇到的第一个女孩"求了婚。文官约翰·梅纳德在向西航行的途中，在埃及遇到了他未来的妻子，并在威尼斯圣马可大教堂（St Mark's）的一根柱子后面向她求婚，当时他甚至还没到家。警察比尔·泰德一直等他到了爱丁堡，然后在福斯桥（Forth Bridge）的一个拱门下向一个女孩求婚。[47]

然而，至少在维多利亚时代，大多数求婚都更有规矩，没有这么浪漫。对于很多男性来说，比起"合适不合适"和"品格"，以及一名女子是否被认为"非常适合出入一个印度家庭的厅堂"来说，性和爱情都是次要的。

孟加拉未来的副省督乔治·坎贝尔认为，总的来说，给自己"提供"一个伴侣是有利的，尽管在休假期间，他花在寻找伴侣上的时间,比不上花在写书和研读法律上的时间。约翰·劳伦斯是有史以来唯一一名成为印度总督的文官,他休假一开始就打算找到个身体健康、脾气好、理智的女子。他无意谈情说爱——他把仍在想象中的未来妻子称为"灾难"——他先是很努力地在巴斯寻找"贤淑之女",但没能找到,后来在多尼戈尔找到了。马德拉斯的文官乔治·帕特里奇(George Partridge)1865年出生于德文郡,40多岁时才开始物色妻子,不是因为他想在印度有一个伴侣,而是因为他需要一个女主人,来照料他在德文郡为退休生活购买的一小块房产。有一年,在乌蒂,他被两姐妹的魅力深深迷住了,下一次休假时,他去了她们在北爱尔兰的老家,说服其中一人嫁给了他。[48]

有时婚礼可以很快被安排好,然后在家乡举行。更常见的情况是,即便在英国当面订了婚,准备工作也是跨洲进行的。男子回到了印度的工作岗位,他的未婚妻通常在几个月后——或者经常几年后——随他去印度,且一般都是在有人陪同的情况下。一些反对婚事的父母会利用这段时间试图说服女儿改变心意。格温德琳·普里多(Gwendolyn Prideaux)的母亲试图让女儿打消结婚的念头,告诉她在印度会看到各种令人不快的虫子;格温德琳无视这些警告,在订婚两年后,于1909年乘船前往印度,在孟买大教堂与雷金纳德·加兹比(Reginald Gadsby)举行了婚礼。[49]即使有母亲的帮助,一个女孩子仍有很多事情要安排,因为她即将开始三次非常重大的冒险:嫁给一个几乎不认识的男人,在一个可能从未去过的大陆上生活,以及在艰难的条件下开始多年的母亲生涯。杰拉尔丁·哈姆斯沃思尽了最大的努力让自己做好充分的准备,她上马术课、读吉卜林的作品;她专横的未婚夫卢卡斯·金对她说,要想成为

"太太"（Burra Memsahib），就必须很会骑马，他还推荐她看《山中的平凡故事》，因为这本书"读起来令人赏心悦目"，可以让她"对印度的生活有一个最基本的了解"。杰拉尔丁在挑选嫁妆方面更加独立。"36"这个数字一定对她有某种吸引力，因为她买了36件背心、36件睡裙和36件"套装"（一种连身的内衣裤）。[50]

婚礼可以在从卡拉奇到仰光的任何地方举行，但在1869年之后，最常见的地点是孟买，那里有两座大教堂和几乎所有相关的小教堂、礼拜堂和教堂。一名当地商人回忆道，每周五，"随着最新一批新娘"在圣公会大教堂举行婚礼，那里"从早到晚都能听到曾在伊甸园回荡的声音"。[51]孟买成为最受欢迎的地方，因为即使新郎住在坎普尔或马德拉斯，一般也认为最好是女孩一到印度就结婚，在孟买之后去享受短暂的蜜月——有时是在阿格拉参观泰姬陵——然后再去丈夫的民站。与许多其他女性一样，菲莉丝·菲尔德（Phyllis Field）在孟买"一下船"就举行了婚礼。她于1910年在圣莫里茨（St Moritz）结识了印度文官机构的查尔斯·沃森（Charles Watson）——她母亲带她去那里参加冬季运动，她参加了一个雪橇队，沿着由德国王储"小威利"（Little Willy）经营的雪道滑雪。她当时23岁，沃森35岁，正在休假，是孟买政府的政治和司法大臣。几周后，在伦敦，他戴上了一顶丝绸礼帽，带她去切尔西参观皇家医院的雷恩礼拜堂，然后在一辆双座马车上向她求婚。不知出于什么原因，他们不得不等了两年，菲莉丝才乘船前往孟买；她抵达当天就在诸圣教堂（All Saints Church）举行了婚礼，鉴于她丈夫的地位，婚礼招待会在马拉巴尔角（Malabar Point）的省督官邸举行。[52]

在孟买举行婚礼的模式沿袭了四代。1929 年,劳伦斯·弗莱明（Laurence Fleming）的母亲也在这座城市"一下船"就举行了婚礼。她在婚礼当天早上从热那亚乘坐劳埃德·的里雅斯特航运公司的船抵达,她的未婚夫到船上迎接她,他在阿萨姆省和缅甸石油公司工作；乘火车走了 2000 英里才到达孟买。下船后,新娘一上午都在美发店和一家鞋店度过——她的银色小皮鞋在航行中坏了,然后与几个朋友在游艇俱乐部共进午餐。婚礼于下午在沃德比路（Waudby Road）的苏格兰教堂（the Church of Scotland）举行,随后这对新婚夫妇搬到了泰姬陵酒店（the Taj Hotel）,在那里举行招待婚礼宾客的晚宴,并伴着切尔皮诺（Cherpino）的百老汇歌剧《蠢事》（Follies）的音乐跳舞,他们当时正在镇上。第二天,这对夫妇出发前往中央省的主要避暑地伯杰默里度蜜月。[53]

很少有人留下关于新婚之夜和蜜月的记录。有些人倒是记录了,毫无疑问——即使是含蓄的——记下的时刻可能并不令人愉快,有时甚至非常糟糕。范妮·马克斯韦尔（Fanny Maxwell）的印度蜜月之旅就是在天气刚开始转热时,陪同她丈夫（一名印度文官机构官员）在他所在的县进行一次工作旅行。她的日记没有描述夫妇间的肉体关系,但她简短地提到了"恼火的丈夫",还有无非"平时吃饭的次数,没有什么值得记录的"或"我没有空间来描述自己的感受"之类,都表明蜜月并不恬静愉快。[54] 玛丽·科利尔（Mary Collyer）与年长得多的丈夫——工程师杰克·肖·斯图尔特进行了一次苏格兰蜜月旅行,但显然非常失败,以至于她后来拒绝和他一起去印度,因为她的母亲在她还是婴儿的时候就在印度死于霍乱。她在英国待了六个月后,才去与丈夫团聚,还是因为她的父亲把她带到了马赛，并强行把她推上了轮船，"由她的女仆诺尔斯（Knowles）陪同"。[55] 有一个人勇敢地记录了用司汤达的话可被称为"惨败"的新婚之夜，此人就是英国印度文官机构驻信德最后一批军官中的罗杰·皮尔斯。经过一年各自身处不同大洲的分别之后，他的新娘琼（Joan）来到了卡拉奇，遇到了很多陌生人，当天就举行了婚礼，二人新婚之夜住在一家酒店，第二天早餐时，其他客人"无疑都在想象一个充满了幸福和激情的夜晚"。可惜，并不像他们所想的那样。她丈夫可怜地回忆道，"一对处男处女在新婚之夜相遇"，都"非常疲惫，过度紧张，不知所措"——而且"也不熟练"。幸运的是，在第二天搬到卡拉奇北部海湾的一个小屋后就好多了，他们在那里可以睡觉、游泳、晒太阳和做爱。[56]

我们无从知道有多少新婚之夜会出现阳痿的问题，尽管我们可以猜到，丈夫也是童子之身的情况应该不多见。然而，即使打一开始就没有性能力方面的问题，婚姻关系中还有很多未知的、未经考验的、潜在的破坏因素。鲁默·戈登并不是唯一一个嫁给了那种不喜欢音乐会、从未听说过奥马尔·海亚姆的丈夫的知识女性。埃迪丝·格宾斯（Edyth Gubbins）是一个热情的瓦格纳迷，也是莫卧儿建筑的爱好者，但她发现自己所嫁的这名陆军上尉认为泰姬陵是一个"可怕的怪物"，他的主要兴趣是打猎并记录下自己一共猎杀了多少种鸟类。[57] 这说明一个问题，大多数夫妻在结婚前几乎没有时间相互了解。另一个障碍是年长丈夫们的无知，他们在军官交谊厅或丛林或民站生活多年后，已经形成了固定模式，他们没有接受过任何辅导，无法理解年轻妻子的需求。邓斯特维尔在32岁生日时结婚，他坦率地承认了自己在这方面的不足。在提到毕晓普斯滕顿（Bishopsteignton）的婚礼、德文郡短暂的蜜月以及前往孟买的长途旅行后,他承认这"对于我的妻子来说,是一个相当艰难的开始",而且或许将"变得更加艰难,因为我天生根本不是那种体贴周到、呵护有加的丈夫"。他们到达港口后,情况也并没有好起来。在从孟买乘火车到白沙瓦的途中,"我妻子真希望她从没有来到印度"。[58]

第三个问题在印度大多数职业中都很常见,但在军队中尤其突出,那就是通常每隔几年就要进行工作调动的惯例,这样妻子们很少会觉得自己已经在一个地方安顿得足够长,可以有一个家,并规划一个花园。邓斯特维尔和妻子在结婚的头两年搬了五次家,这么动荡的生活促使邓斯特维尔太太写了一篇文章《幻灭》,还在报纸上刊登出来,将在印度的新娘的期望与她的现实生活对比了一番。军方对已婚夫妇的搬迁总是漠不关心。蜜月结束后,约翰·普伦德加斯特上尉回到了开伯尔山口的要塞,而他的妻子佩姬(Peggy)则独自留在白沙瓦的一套公寓里开始婚后生活。廓尔喀旅军官罗伯特·布里斯托(Robert Bristow)也有类似的经历,他在婚礼结束后回到了"修道院般的"拉兹马克军营,把妻子留在穆里的一家酒店。在印度驻守的29年里,布里斯托在15个"和平时期"的民站生活过,这还不包括参加军队的一些课程和夏季去避暑地。[59]

除了婚姻、性、海上旅行、陌生的国度及怀孕等冲击外,新婚妻子必须在一个很少拥有她在英国所知的那些便利设施的家中开始婚姻生活。艾丽斯·海沃德(Alice Hayward)在印度的生活接近尾声时,她可能在孟买过着相当豪华的生活,她的丈夫是一名高等法院法官,但刚开始时(1892),未来的海沃德夫人只能住在一处平房里,地面是用牛粪做的(上面铺着枣子垫),第一次进屋时,她发现门外有一条眼镜蛇。[60]其他妻子住的平房可能好一些,但在不怡人又危险的地方。信德的雅各布阿巴德是印度气候最恶劣的地方之一,在 19 世纪,它夺去了相当多妻子和孩子的性命。尽管在接下来的一个世纪里这种风险降低了,文官罗杰·皮尔斯(他喜欢那里)知道,如果他延长任期的话,"会招致婚姻灾难"[61]。

在短篇小说《口口相传》(*By Word of Mouth*)中,吉卜林将印度描述为"一个令夫妻彼此倾心相爱的愉悦的国家。他们可以完全独立生活,不受干扰"。这话固然不错,但谁知道除了他的父母之外,吉卜林又看到了多少对夫妻是真的"彼此倾心相爱"呢。对于那些做不到这一点的人来说,印度肯定是一个糟糕的地方。在边远地区,在丛林,在运河上的家或偏远的民站,丈夫和妻子会比在城市或英国更需要相互依赖。除非其中一人死亡,否则,他们很可能会在很长一段时间内在极其艰难的环境中被困在一起。

另一种选择是离婚,但仅仅因为配偶对彼此感到厌倦而离婚是行不通的;或者分居,这一点可以慢慢且相当谨慎地做到,特别是在孩子们在英国上学,需要母亲陪伴的情况下。然而,和在其他任何地方一样,在印度,人们可能会相当简单粗暴地处理分居问题。1890 年,一名军官的女儿亚历山德拉·坎贝尔(Alexandra Campbell)嫁给了雷金纳德·沃内福德(Reginald Warneford),他是一名铁路工程师,在她马车的马受惊时救了她。但几年后,她清醒地感到自己可以"做得更好"。尽管他们一起育有一个儿子和四个女儿,但她憎恨他的职业,憎恨他对于铁路的执着和对于印度员工的喜爱。最终,她离开了他,没有留下字条,也没有解释,带着他们的女儿去了大吉岭,与自己的父母住在一起。在平原等待了几个月后,雷金纳德酗酒

而亡,她嫁给了一名军官,并将儿子雷克斯①送回了英国,和她前夫的父亲住在一起。⁶²

但大多数夫妇并没有分开。他们觉得这样做太困难、太尴尬了,会让孩子和在印度的亲朋好友感到不安,也会影响到事业。其实坚持过下去反而更容易。阿尔弗雷德·莱尔就是众多意识到自己在第一次休假时犯了错误的文官之一,他在1863年娶了一个名叫科拉·克卢蒂(Cora Cloete)的荷兰女孩。"与莱尔家男士相处的方法,"他提醒自己的一个姐妹说,"就是离他远点。"但可怜的科拉显然做不到:随着阿尔弗雷德从西北省一路晋升到中央省、加尔各答和西姆拉、拉杰普塔纳,再到加尔各答和西姆拉,最后回到他开始的地方——在西北省担任副省督,她都不得不跟着他,而且家里还不断地添丁。在他的大儿子出生后不久,莱尔说他不想再被更多的孩子"阻碍",部分原因是他希望专注于工作,但也因为他"总的来说,不喜欢婴儿和他们的各种东西"。尽管他至少应该为很快生下四个孩子承担部分责任,但他讨厌他们,有时甚至希望他们不存在,特别是对于女儿索菲(Sophy),他怀疑她有"非常强烈的性本能",她毫不掩饰对于他的私人秘书的迷恋,令他十分尴尬。

然而,他的怨恨主要发泄在妻子身上,在写给姐妹们的信中,他称妻子为自己的"不幸"。他抱怨说自己的半生都"浪费在一个错误上":科拉对他的事业毫无帮助,在一个男人需要得到建议或休息的时候,科拉根本给不了。他痛苦而又无奈地意识到,无论在印度还是未来,他永远都不会有一个"愉快

---

① 雷克斯(Rex)后来加入了皇家空军(RAF),并于1915年获得维多利亚十字勋章,后来在法国上空的一起飞机失事中丧生。

的家"。结婚 15 年后,他希望她能回英国照看孩子们,但他越是想说服她,"她就越紧紧地抓住不放手"。科拉确实坚持到了最后,在奈尼达尔和安拉阿巴德享受了作为副省督夫人的"地位和尊严",1887 年,她随丈夫永远地离开了印度,并与他一起住在了南肯辛顿(South Kensington),直到他于 1911 年去世。[63]

阿尔弗雷德·莱尔只是西北省(后来称为联合省)几个婚姻不幸福的副省督之一。约翰·休伊特(John Hewett)于 1907 被任命担任该职务时,他分居的妻子坚持回到他身边,享受"夫人的待遇",尽管他们住在奈尼达尔总督官邸的不同配楼里,彼此很少说话。他们之后是詹姆斯·梅斯顿(James Meston),他有一个嫉妒心极强的妻子。接着是哈考特·巴特勒,他的妻子弗洛伦斯显然在婚礼当天刚走出教堂就抛下了他——至少是暂时抛下了他;她曾经拒绝了他的第一次求婚,而且明显后悔自己改变了决定。多年之后,她向丈夫的副秘书下命令道:"勒普顿(Lupton)先生,绝不要把我和哈考特留在房间里。"可怜的巴特勒是一个很性感又爱讲黄色笑话的男人,他也对这个下属坦言,自己和妻子尽管结婚多年,同居的时间却不超过八天。他是英国最聪明、最博学的官员之一,1938 年,因常年饮酒过度而英年早逝。弗洛伦斯没有出席他的悼念会。[64]

在印度,英国人的婚姻很少以离婚收场,但很多却因一方的离世而早早结束,大批人迅速再婚。在军队中,二婚和更多次的婚姻部分是年龄差距的结果——一名孤儿院少女嫁给了一个年龄大很多的中士——但也有的是财务上的迫不得已。这些因素对印度文官机构军官们的遗孀影响并不大,因为无论其丈夫年龄或级别如何，她们都能得到不错的退休金，其他官员的遗孀也能得到同样的照顾。但是，普通士兵们的寡妇却得不到这样的保障。在丈夫去世后三个月，她们就不再属于军团"在编"人员了，需要另找地方居住，另谋出路。士兵的死亡率非常高——往往死于疾病和酗酒，而非死于战斗——所以几乎总有焦虑。所幸的是，鉴于男女比例严重失衡，一个寡妇总能——如果她不招所有人讨厌的话——在三个月期满前找到人嫁掉。孟买一名上尉的妻子玛丽安娜·波斯坦斯（Marianne Postans）记录了1830年代的一起事件，在一名炮手因发烧在医院去世后一个小时内，他的遗孀就收到了三份婚约，不到一周，她就再婚了。这个过程又以相似的间隔重复了两次，如果不是这名女子年纪轻轻就去世了，可能还会无休止地继续下去。[65]

1846年，一支英军在萨特莱杰河（River Sutlej）沿岸的索布拉翁（Sobraon）胜利结束了第一次锡克战争，但伤亡惨重，仅一个龙骑兵团就有14至15名寡妇。根据皮尔曼中士（Sergeant Pearman）的说法，其中几名妇女已经结过三四次婚了，这些寡妇中的大多数都能够在一个月内再婚，她们几乎"一回到宿舍"，就立即改了嫁；其中的一名妇女与H部队的古德森中士（Sergeant Gooderson）结婚时，已是第六次结婚了。[66]波斯坦斯夫人批评这些女子谈到"她们的丈夫可能会面临的命运"时的那种"无情的冷漠"，但她也理解"她们在日常生活中遇到的诱惑、克制和痛苦"。[67]如果，像据称的那样，其中的一些人在丈夫还没有身处任何明显危险之前，就已经排好了潜在替代者的名单，可能也会被认为是理智而非无情的做法；特别是如果年龄差距太悬殊，以至于即使在正常情况下，她们的配偶也会早她们二三十年去世的话，就更是如此。无论如何，这种事情不只发生在特定阶层中。威廉·希基对此持一种格外苛刻且不公正的批评态度,他指责阿瑟·海瑟里吉爵士(Sir Arthur Heselrige)的第二任妻子——他在40多岁时娶了"一个不羁而轻浮的15岁女孩"——"水性杨花";在海瑟里吉死于"胆汁热"后,她"在一名年轻英俊的步兵中尉的怀里寻求安慰……他成了她的第二任丈夫"。[68]

士兵的妻子可能是最需要帮助的人,但她们当然不是唯一想再婚并留在印度的寡妇。如果一个女人已经离开英国多年,并且习惯了住一所大房子、有很多仆人和在山里过夏天,那么,比起独自回国,在伊斯特本或切尔滕纳姆孤身一人生活(至少一开始会这样),在次大陆找一个仍在工作的单身汉或鳏夫可能更方便,生活也不会受太大的影响。莫里斯·海沃德注意到格兰瑟姆上校(Colonel Grantham)的姐姐——一名遗孀——如何盯上浦那的县法官威廉·亨利·克罗(William Henry Crowe),她给他的平房修剪爬藤植物,以此来讨好他,"哪怕她因身着灯笼裤而成了浦那的丑闻",还是成功当上了克罗夫人。[69]

18世纪"丑闻式"的再婚案例更加五花八门。1709年,凯瑟琳·库克(Katherine Cooke),"一个不超过13岁或14岁的非常漂亮的女士",在父母的强迫下嫁给了孟买南部加尔瓦尔(Karwar)工厂的厂长,这名东印度公司官员"年事已高",而且显然"畸形"。不到两年,她的丈夫就去世了,她嫁给了一个更年轻、更合适的人。不到一年,他在海上被马拉塔"海盗"发射的炮弹炸死,然后海盗们登上她的船,俘获了这名两度丧偶、已到孕晚期的少女。获救后,她嫁给了另一名东印度公司官员,后者也在与"当地人"的战斗中丧生,这一次是在印度南部。之后——她此时 25 岁左右——她成了一名英国海军中队准将的情妇,此人带她回了英国。[70]

英属印度历史上最著名的再婚寡妇是弗朗西丝·克罗克(Frances Croke),她于 1728 年出生在南部的圣大卫堡(Fort St David)。她是东印度公司一名文官的女儿,15 岁成为坦普尔夫人,20 岁成为奥尔瑟姆夫人(Mrs Altham),同年还是 20 岁时又成了沃茨夫人(Mrs Watts)[詹姆斯·奥尔瑟姆(James Altham)在婚后 12 天死于天花]。后来,她住在孟加拉,与威廉·沃茨(William Watts)有了四个孩子,并在他退休后一起回到了英国,但在他于 1764 年去世后,她意识到印度才是她想去的地方。回到加尔各答后,她犯了一生中最严重的错误,46 岁时,她嫁给威廉·约翰逊牧师(Rev. William Johnson),一个比她小 16 岁的、自以为是又贪婪的牧师。这一次,死亡没有带走她的丈夫,她只好自己来摆脱他,给了他一笔可观的养老金,条件是他回英国,且再也不许回来。弗朗西丝此时被称为约翰逊夫人(Begum Johnson),她在加尔各答又待了 25 年,是一个很有名的女主人,很受爱戴。她于 1812 年去世,享年 80 多岁,同年,她的孙子、第二任利物浦勋爵成为大不列颠首相。[71]

英国男性可能也和英国女性一样热衷于再婚,但性别比例使他们再婚的机会比女性少得多,在军队的普通士兵中尤其如此。在英国,普遍被接受的做法是男人在妻子去世后应该至少过一年才能再婚,但在印度,很少有人遵循这种限制。三个月左右的时间似乎较为合理,即使对高级官员和军官来说,也是如此。如果时间更短的话,连威廉·希基也看不过去,尽管他本人在乱交和不雅行为方面毫不逊色。玛丽·基思利(Mary Keighley)在 1780 年代去世后,她的丈夫、位于科西姆巴扎尔

（Cossimbazaar）的东印度公司工厂的负责人，"看起来悲痛不已"，然而"刚过两周，他就又娶了一个妻子——皮奇小姐（Miss Peach）"。奇怪的是，希基主要怪罪于第二任妻子，宣称他无法想象任何"有一丝感情的女性，怎么会同意与一个刚刚丧妻几天的男人结合"[72]。

希基还不够长寿，未能见证乔治·詹金·沃特斯（George Jenkin Waters）的婚姻生涯。沃特斯是南方的一名法官，被称为"文官中的蓝胡子"①。从1823年开始，他在十年内安葬了四任妻子，前两任妻子被葬在奇托尔（Chittor）的一座大型陵园。后来，他放慢了速度，直到1857年才又安葬了第五任妻子，然后到1871年又娶了第六任妻子。他本人于1882年在布赖顿（Brighton）去世，享年90岁。[73]

异族通婚

无论这一做法招致了怎样的批评，英国男性一直到英属印度时期结束以后，还不断与印度、缅甸和欧亚女子结婚。英国女性也与印度男性结婚，但人数少得多。前面提到过，18世纪末，一些东印度公司高级官员在海得拉巴和其他地方娶了印度贵族女性；100年后，驻缅甸的官员们娶了他们的情妇。然而，大量通婚是在其他时代、其他地方发生的。

在英属印度，几乎没有什么地方比加尔各答的孟加拉俱乐部更"老牌"了——用后来的话说。这家俱乐部成立于1827年，几乎与伦敦的加里克俱乐部（the Garrick）、革新俱乐部（the Reform）和雅典娜俱乐部（the Athenaeum）同时成立。然

---

① 蓝胡子（Blue Beard），古代欧洲故事中的邪恶角色，结过多次婚，每次都先结婚再杀妻。——译者注

而，看一眼创始人成员名单，就会发现这里既没有势利眼——包括银行家、货厢瓦拉和经营代理商，也没有通常会与当时当地联系在一起的种族排外。泰勒上校（Colonel Taylor）（生于1790年）的母亲是"一名印度王公的女儿"，她儿子先娶了"一名东印度女士"，然后又娶了两名英国女子。理查兹将军（General Richards）于1861年去世，享年83岁，尽管生为英国人（尽管他生前从未回到过英国），他先是与"一名印度女士"（事实上她是欧亚裔）结了婚，后来又娶了一名被《孟加拉先驱报》（Bengal Herald）描述为"贾特部落土著女子"的女性。[74]一代人之后，于1831年加入印度文官机构的肯普法官（Judge Kemp）娶了一名印度女子，许多其他法官也是如此，尤其在缅甸，这种状况一直持续到独立前。仰光的首席法官亨利·谢尔登·普拉特爵士（Sir Henry Sheldon Pratt）于1902年与来自伯塞恩（Bassein）的马温（Ma Win）结了婚，共同育有五个孩子。1935年，他的妻子在眉谬附近去世后，普拉特让人在她的墓碑上刻下了"远比红宝石珍贵"。[75]

种植园主、警察、传教士和其他行业的人也与印度、缅甸妇女通婚。他们常从山里选择部落新娘，这些女孩不受种姓或深闺制度的束缚。1937年，印度医疗机构负责人欧内斯特·布拉德菲尔德访问古卢谷（Kulu Valley）时，发现喜马拉雅山麓这片地区的大多数英国定居者都娶了山区妇女。同一时期，在大吉岭，一家茶叶种植园的苏格兰经理——一名60多岁的鳏夫，娶了当地部落一个十几岁的女孩杰蒂（Jeti），她曾在茶叶种植园做采茶工。另一个部落妇女的爱慕者是杰出的维里尔·埃尔温（Verrier Elwin），他曾被喻为"与自己的田野工作结为伴侣的人类学家"。事实上，他两度娶了部落女子，第一次是一个名叫科西（Kosi）的贡德（Gond）女孩，后来是一个叫卡沙里（Kachari）的帕尔丹（Pardhan）女孩；在与她们及其部落生活期间，他成为公认的研究部落性行为的学术专家。[76]

这样的结合当然不容易被接受。茶叶种植园经理不能带杰蒂去大吉岭的种植园主俱乐部吃午饭。维里尔·埃尔温的母亲对他说，以他的"头脑和能力"，他真的不能"继续做一个山顶洞人"。[77]军医欧文·伯克利-希尔一辈子和母亲关系都不好，他之所以参加印度医疗机构，就是为了不听她唠叨。在第一次世界大战前，驻扎在塞康德拉巴德军营时，他与一名拉风扇的风扇瓦拉（女性）有一段关系，后来，他娶了卡林比尔·库希曼尼（Karimbil Kunhimanny），一个蒂扬（Tiyyan）种姓女孩，这件事"招致了他许多朋友和家人的不满"；却不会引起他母亲的不悦，因为直到她去世前几年，他才敢告诉她自己有一个印度妻子和四个孩子。[78]

英印通婚可能最终并不会影响一名文官的职业生涯，但在英属印度统治接近尾声之前，这样的婚姻在印度文官机构中一直都不受欢迎。1930年代，迈克尔·卡里特（Michael Carritt）的上级以"最友好、最语重心长的方式"告诫他，如果娶孟加拉阿散索尔镇（Asansol）的亚美尼亚族女孩为妻，对他的前程"不会有什么好处"。同一年代，在阿格拉，一名非常冷漠的税收官给 W. H. 普里德莫尔提出了不那么友好的警告：如果他娶那个母亲有一半印度血统、父亲是爱尔兰士兵的名叫西比尔（Sybil）的女孩，他将被放逐到联合省一个条件艰苦、气候恶劣的县。[79]然而，这种反对似乎在第二次世界大战中逐渐消失了。1946年，印度文官机构的罗伯特·杜奇（Robert Dutch）与一名带着三个孩子的孟加拉寡妇相对比较顺利地结了婚。

随着英印通婚，自然出现了大批孩子，他们被冠以各种名称——"混血儿"（half-caste）、欧亚人和（在20世纪）盎格鲁-印度人。因这些结合而出生的女儿们常常嫁给英国男子，尤其是士兵。19世纪初，马德拉斯的詹姆斯·英尼斯将军（General James Innes）有六个欧亚女儿，其中的大多数嫁给了英国陆军军官。[80]这种情况后来慢慢减少了，但也有少数几例一直维持到维多利亚时代中期，那时，反对声出现了。大起义前夕，约翰·比姆斯在加尔各答遇到了伯奇将军（General Birch）的妻子，形容她是"一个年迈肥胖的混血儿"[81]。她的同龄人弗朗西丝·马斯登（Frances Marsden），是一名爱尔兰少校和印度比比的女儿：1841年，弗朗西丝的第一任丈夫托马斯·奥利弗上校（Colonel Thomas Oliver）在阿富汗丧生，但那时她已与另一名英国军官休·马西·惠勒（Hugh Massy Wheeler）生了八个孩子，而且第九个孩子即将出生。作为一名欧亚人和有婚外情的女子，她在英国社会显然声名狼藉，但在奥利弗去世后三个月，她和惠勒结了婚。休·惠勒后来获封爵士、坎普尔驻军的将军和指挥官，1857年6月，他、弗朗西丝和当时在身边的两个女儿在坎普尔的大起义中被杀。

阿尔伯特·赫维上尉在1840年代写道，军官、文官与他所称的"韦佩里婆罗门"，即马德拉斯韦佩里县（Vepery）的"混血儿"结婚是"司空见惯的事"。"过去，马德拉斯陆军的军官们经常与她们鬼混在一起。"然而，尽管他认识一些被欧亚女孩"迷住"的、"无忧无虑的年轻人"，但"这样的事情现在很少发生"。在赫维写下这番话几年后，阿尔弗雷德·莱尔于1856年作为格里芬来到加尔各答时，感受到了潜在的诱惑。他应邀参加由"一所年轻女子学校"举办的舞会，其"公开宣称的目的"是以 200 英镑嫁妆为诱饵,把女孩们嫁掉。莱尔为自己能被认为"有资格参加"而感到自豪,但他没有被女孩们(都"或多或少地有些肤色")迷倒,这让他松了一口气,在"安全通过考验"之后,他成了"一个自由人"。[82]

欧亚女孩子们很少瞄准像莱尔这样毕业于伊顿的黑利伯里人。她们中的许多人在军队孤儿院长大——要么是孤儿,要么是父亲离开了印度的女孩子。她们离开孤儿院之后,可能会成为士兵的妻子、保姆或家庭教师,后来还有人成为护士、助产士或打字员。在这些地方,婚姻的成功率都很高。1800～1818年,加尔各答孤儿学校(Lower Orphan School)的 380 名女孩——大部分是欧亚人,但有些可能是"贫穷的白人"——都嫁给了英国男子。[83]一些机构继续瞄准精英阶层,但并不总是能成功。1870 年代,加尔各答的基德普尔孤儿院(Kidderpore Orphanage)邀请所有新入职的医疗官员参加一年一度的舞会,但据一名客人的说法,没有一名"黝黑的美女"在印度医疗机构中找到伴侣。[84]最有希望的地方是勒克瑙和迪纳普尔,那里既有军营,还有一个欧亚/英裔印度人铁路社区。1945 年,帕卡德准将(Brigadier Packard)记录了驻扎在那里的英国士兵如何"被邀请参加舞会和其他社交场合",以及"尽管官方不鼓励",一些人后来还是"娶了当地人"。驻印服役期即将结束的年长士兵,也娶了这个社区的人。二等兵理查兹记得他所在营的几名士兵在参加了一门铁路培训课程后留在了当地,并娶了欧亚女孩为妻。[85]

人们普遍认为,英国人和印度人"混合"生出的女孩子会很漂亮,但出于势利和种族原因,英国中产阶级看不起她们,嘲笑她们很土,嘲笑她们的"印度口音"(chee-chee accent),

还有（他们说）她们身上有大蒜和廉价香水的味道。自英尼斯将军时代以来，"纯种"和"混血"之间的界限越来越根深蒂固，以至于欧亚/英裔印度女孩不顾一切地假装自己根本不是印度人，如果她们的肤色比正常英国人稍黑一些，那是因为她们有一个西班牙外祖母。然而，她们很少蒙混得了那些谙熟阶级欺骗小把戏的人；除了口音的问题外，她们经常化很浓的妆，有时涂了太多的粉，以至于脸非但没有变白，反而略带紫红色，特别是眼底的阴影部分。[86]

偶尔，这种欺骗也会奏效。加尔各答的英国舞蹈老师吉米·西蒙（Jimmie Simon）回忆道，英国女孩们拒绝与一个名叫奎妮·汤姆森（Queenie Thomson）的漂亮的英裔印度女孩在同一节课上表演，奎妮·汤姆森"过去常常粉饰自己腰部以上的部位"。"奎妮"一生都假装自己是塔斯马尼亚岛原住民，但实际上，她出生在孟买，母亲是一名欧亚女子，父亲据说是来自达灵顿（Darlington）的一名铁路工程师。从长远来看，这并没有什么影响，因为她最终以曼尔·奥勃朗（Merle Oberon）这个名字成为好莱坞著名女演员。"混血"的污名也没有影响到她的欧亚同龄人维维恩·哈特利（Vivien Hartley）的演艺事业，她母亲似乎有部分帕西人血统。她也去了好莱坞，并以女演员费雯·丽成名。[87]

1902年，国王爱德华七世要求印度士兵出席他在伦敦举行的加冕典礼时，寇松总督有些担心，因为"尽管看起来可能有些奇怪，但女佣甚至于更高阶层的英国女性"，都对印度人的制服和体格太过着迷，以至于她们可能会主动向这些士兵示爱。[88]许多英国人认为——或者在受到影响后而认为——英国女人爱上印度男人，比英国男人被印度女人所吸引"更奇怪"。

小说家莫莉·凯曾在印度生活过几段时间,她宣称,尽管她知道"几对西方男子与亚洲女子之间的婚姻非常幸福美满——她们都是很棒的妻子!",但她从未见过"一对(曾经)持久的反过来的婚姻"。[89]这种观点也许反映了她所生活的社会,以及"咆哮的20年代"(Roaring Twenties)在西姆拉、德里和克什米尔由"热闹非凡的派对"和"令人捧腹大笑"的玩笑的社交生活。对于英印婚姻更广泛的观察表明,涉及印度男性的婚姻至少和其他婚姻一样成功。

还有一个悠久的传统,那就是纳瓦布、王公和大君拥有——或希望拥有——作为妻子或情妇的欧洲女子。1903年,寇松觉得有必要敦促金德(Jind)的王公与两名锡克教妻子"恢复婚姻关系",因为他有责任为自己的土邦生个儿子和继承人,但自从他娶了一名欧洲气球驾驶员的女儿为妻后,就一直冷落这两名妻子。[90]印度和英国的中产阶级也有通婚的传统,他们就不必受到这类问题的困扰。1892年,亨利·贝弗里奇拜访了孟加拉的一名英国妇女,她"独自一人生活在穆尔希达巴德的穆斯林中间",对于婚姻感到很满足,生了十个孩子。他记录道,她"身形高大,金发",她的丈夫"其貌不扬",但"性情温和",而且"台球打得很好"。[91]

当然,有些这样的结合并不成功。关于英印统治最后几十年的回忆录记录了库奇人(Kutchi)用虚假的承诺引诱英国妇女结婚,或者"卑鄙的普温达①放债人"诱拐英国妇女,但又拒绝娶她。[92]然而,警察莱斯利·罗宾斯(Leslie Robins)在同一时期的回忆中,将他目睹的此类婚姻的失败归咎于无可救药

---

① Powindah,阿富汗游牧部落帕什图人的一个分支。——译者注

的英国妇女,他认为是她们厌倦了自己正派而可敬的印度丈夫。[93]但是,更多回忆录中提到的既成功又"被社会接受"的婚姻,"反过来"就未必如此。印度法官、医生或克什米尔学者与受过教育的英国女孩的婚姻,与苏格兰种植园主和茶园采摘女孩的结合,当然不可同日而语。

孩子们的未来也迥然有别。茶叶种植园的后代可能会被寄养到山区的某家孤儿院,幸运的话,或许能在铁路上找到工作,其他婚姻的孩子可能会渴望——至少在20世纪——步父母的后尘。维维安·博斯(Vivian Bose)出生于1891年,父亲是印度人,祖父是一名高等法院法官,母亲是英国人。他本人曾在英国达利奇学院(Dulwich)和剑桥大学学习,在伦敦获得律师资格后,回到印度执业,在印度娶了美国基督教领袖、诺贝尔和平奖获得者约翰·R. 穆德(John R. Mott)的女儿艾琳(Irene)。印度独立后,他成为一名受人爱戴的印度最高法院法官。一代人之后的基思·罗伊(Keith Roy),父亲是孟加拉人,母亲是英国人,他本人在莱斯特(Leicester)和伦敦接受教育,1935年加入印度文官机构,1947年担任政府副大臣,为独立后的印度邦务部门(States' Department)工作,后来成为塔塔(Tata)旗下一家美国制药公司的总经理。[94]混血终于不再是一种耻辱。

通 奸

1885年春,随皇家炮兵团驻扎在拉瓦尔品第的休伯特·杜凯恩中尉(Lieutenant Hubert Du Cane)告知父亲,他已申请在西姆拉休假三个月。然而,这个计划并没有激起他的热情,因为他听说那个镇上的"主要职业"是"赌博、酗酒和违背第七诚［'不得通奸'］，哪一条对我都没有吸引力"。⁹⁵也许杜凯恩是正人君子，也许他只是试图安抚父亲而已，因为在英属印度，西姆拉被称为"卡普亚"（Capua）——一个以罗马帝国早期的香艳生活而闻名的意大利小镇。否则，一个在旁遮普炎炎烈日下汗流浃背的中尉，怎么会不想去西姆拉呢？

  这个避暑地的名声历来被归咎于吉卜林，但杜凯恩的反对——以及将之比作卡普亚——却早于这位作家发表的任何一部小说。这名炮兵军官将西姆拉的恶名归咎于利顿勋爵统治时期，这名1870年代的风流总督被怀疑与两名印度文官机构下属的妻子有婚外情。事实上，这两个女人不是他的情人，而是他那两名副官的情人。其中一人叫梅布尔·巴滕（Mabel Batten），是一个不同寻常的夫人。她在印度长大，在德累斯顿学习音乐，在佛罗伦萨学习意大利语后回到印度，19岁时嫁给43岁的文官乔治·巴滕（George Batten）。婚后仅几个月，她就开始与威尔士亲王爱德华调情（他在1876年访问阿格拉），尽管彼此被对方深深地吸引着，这位未来国王的传记作家认为"这可能只是一次调情"⁹⁶。第二年，美丽的梅布尔在西姆拉遇到了利顿的一个来访朋友威尔弗里德·斯科恩·布伦特（Wilfrid Scawen Blunt），这个保守党激进分子以他妻子的祖父（拜伦）为榜样，但他本人的主要成就乃风流成性，而非政治或诗赋。他们第一次见面时，她就向他吐露了秘密，显然是把自己的那些恋情和"所有西姆拉"的绯闻都告诉了他。不管两人在印度是否成为情侣，二人在1880年夏天去古德伍德赛马会旅行时已确定是情侣关系，她住在他位于萨塞克斯的房子里，半夜把门半开着。第二天早上，他觉得自己如"神"一般，后来以为自己是唯一能满足梅布尔那些"难以启齿的渴望"的人。⁹⁷事实上，并非如此。在丈夫退休几年后，她在伦敦享受了一生中最重要的一段关系，即与年轻的女同性恋作家拉德克利夫·霍尔（Radclyffe Hall）陷入了一段非常热烈的恋情。

如果说西姆拉落下香艳之名最初是利顿政府的氛围所致，那么其名声经久不衰则要归功于鲁德亚德·吉卜林的著作，他作为拉合尔《民政与军事报》的记者，1880年代有五个夏天都在那里度过了一段时间。这名年轻作家相当公开地说，他在为自己的小说寻找人物和"素材"，刚到镇上的第一个下午，他就大步走在母亲的人力车旁，"了解了大部分丑闻"。然后，他会花时间与那些任何他可以获得"奇闻逸事"或"好素材"的人交谈——尤其是倾听。从热情洋溢的伊莎贝拉·伯顿（Isabella Burton）女士那里，他获得了人物"霍克斯比太太"（Mrs Hauksbee）的灵感，还有"50个想法和一些故事"。有时他不需要听，只需观察，比如安拉阿巴德高等法院首席大法官的妻子埃奇夫人（Lady Edge），她"尽管已经四十好几了，但还是很顽皮"。照吉卜林的说法，她"毫不吝啬地展现自我"。[98]

在吉卜林20岁出版的第一部作品《办公室小调》中，"小调"部分有一半诗句都以通奸为主题。在两年后出版的《山中的平凡故事》中，婚姻不忠是西姆拉的故事中反复出现的话题，后来的《加兹比夫妇的故事》和《雪松之下》（Under the Deodars）也是如此。对于一个似乎从未犯过通奸罪的人而言，或者确实与妻子以外的任何人有过婚外情的人来说，这种执着颇有意思。这自然引起了无数评论家的兴趣，他们认为描写维多利亚女王印度帝国夏都的这些"明目张胆的堕落行为"的人是不负责任的，应该受到谴责。吉卜林很少向他的批评者让步，但他的确否认了自己认为西姆拉的所有生活都是轻浮或不正当的。在《雪松之下》（1888）的序言中，他试图"向消息不灵通人士保证"，英属印度"并非住的全是打网球和违反第七诫的男男女女"——但这个保证可能会让消息不灵通人士感到困惑，因为他们发现书中的大多数故事恰恰都是关于这些人的（除去网球）。[99]

在《唐璜》（*Don Juan*）中，拜伦曾打趣说："气候闷热难耐的时候，通奸行为要普遍得多。"但他这是在对比欧洲南部和北部。在印度，情况完全相反，至少对英国人来说如此。一名文官嘲讽道，马德拉斯的气候"让人走进台球室，脱下外套，不停地点很多酒水，但在《山中的平凡故事》里肯定不是这样"。在如此"令人不振"的环境中，不可能有"平凡的故事"。[100]而在喜马拉雅山7000英尺高的地方，松林和雪松环绕，"平凡的故事"式行为更吸引人。西姆拉和其他避暑地充满了浪漫和享乐主义，那里天天派对不断，夏天的夜晚温暖得可以在月光下野餐，来自偏远民站的官员和他们的家人可以与同胞们一起尽情放松。韦尔登主教认为，去西姆拉度假的男男女女就像"在火山阴影中起舞的人"。[101]也许他们的确如此。也许这解释了为什么在避暑地时，他们会有那般轻佻的行为。

大多数记录下了自己对西姆拉的回忆的人坚持认为吉卜林夸大了事实，他们认为大多数"山里的小私通根本没什么大碍"。如果一名穿着马裤的年轻男子在西姆拉"和姑娘兜风"，意思是他就带一个女孩去骑马而已，并非打算对那姑娘做不端行为。[102]1909年，莫德·戴弗出版了《在印度的英国女人》（*The Englishwoman in India*），目的是驳斥那种认为英国女性在次大陆存在习惯性不端行为的观点。赞同她观点的人喜欢强调在一个几乎没有隐私的国家犯下通奸罪的种种实际困难。有时据说做这种事唯一安全的地方是在夜班火车上。哈考特·巴特勒认为英国人的"行为很检点",因为他们的房间有六扇门,通常都是开着的,仆人们时刻光着脚走来走去。因此,不可能发生"不正当的爱情",所以英国人的这种名声实在"名不副实"。[103]多情的省督们和印度总督们还有另一个问题,即那些从不离左右的副官。第一次世界大战期间任孟加拉省督的卡迈克尔勋爵(Lord Carmichael)试图避开这些副官,好与"一个非常美丽的玛哈拉尼(maharani)①"在官邸的花园里调情,而就算他成功了,也不过是一次私下会面。[104]

然而,不仅从吉卜林的消息来源和巴滕夫人对布伦特的评论中,还有很多来自西姆拉和其他避暑地的证据都表明"不正当爱情"很常见,但可能不是强制性的。出生于1827年的戈弗雷·皮尔斯将军回忆道,在早期的西姆拉,"有几名活泼的年轻女子和非常淘气的年轻人",常常在"那些阴暗的松树林立的道路"旁的轿椅里"幽会"。[105]后来,虎视眈眈的"活寡妇"——丈夫在平原工作而自己在避暑地度夏的中年妇女——越来越普遍,甚至成了一种制度。这些女士中最有名的还有广为流传的绰号,成了笑柄,比如"激情的干草堆"("漂亮的洋娃娃般的女孩……瓷器般的蓝眼睛")、"行军床眼镜蛇"("懒洋洋的深色眼睛的褐发美女……指甲和嘴唇一样红")、"床上加早餐"、"丽洛"、"中尉的知识指南"和"情色女王"(这个女人"收集其他女士的丈夫,每征服一人就在床架上刻下一道凹痕,没人知道床架为何还能屹立不倒")。和其他地方一样,英属印度的乱性行为在战时更多,在欧洲胜利日期间,"激情

---

① 玛哈拉尼即印度土邦主的妻子,或为女土邦主、女大君。——译者注

的干草堆"在卡拉奇特别活跃。莫莉·凯将她与一名军官的婚外情归咎于"战争的压力",这名军官直到 1945 年才与妻子离婚并与她结婚,当时,她正怀着他们的第二个孩子。在战时的印度,似乎还有一些"失踪而被假定为死亡"的军官回来寻找自己的"遗孀",却发现她们已在其他男人的怀抱中找到了安慰。[106]

后来成为小说家的廓尔喀军官约翰·马斯特斯,和吉卜林一样,也是一名避暑地敏锐的社会观察者。他认为,活寡妇之间相互竞争,衡量成功的标准不是比谁更机智、更美貌或更智慧,而是看谁"在面对所有竞争时,能攀上最令人向往的男人并抓住他"。马斯特斯发现,奇怪的是,在大城市可能逃得过别人耳目的行为,在避暑地却不可能不被注意。

> A 上尉利用休假的一个月来马苏里与妻子会合。民站形成了一种默契,永远不让他知道 B 先生的存在,B 先生是一名常驻官员,大家都知道,在过去的几个星期里,他每日每夜的大部分时间都和 A 太太在一起,并且 A 上尉前脚刚回斯威提布尔(Sweattypore),他后脚就会接着这样做。在 C 太太周围,正公开争宠;她已经彻底放弃了任何一夫一妻制的伪装。她丈夫最终在离婚诉讼中传唤了 16 名共同被告。[107]

在未出版的自传中,哈考特·巴特勒可能声称,在印度的英国社会有着几乎无与伦比的道德感。然而,在担任省督期间的私人信件中,他却兴致勃勃地记录了各种丑闻的细节。在 1920 年写给一个老朋友的信中,他细细品味了一桩在西姆拉快要上离婚法庭的"彻头彻尾的丑闻"。金先生、金太太和他们的一个朋友住在科斯托芬酒店（Corstorphine's Hotel），这个朋友名叫维克里（Vikhary），是一名骑兵军官。金先生不会跳舞，所以鼓励朋友带自己的妻子去参加各种舞会，但他很快就起了疑心，因为二人从这些聚会回来得太晚。于是，有一天晚上，金先生"喝得酩酊大醉，走到维的房间，发现自己的妻子和他正在床上。金先生用一根通火棒打倒维（下手不太重），并叫醒酒店里的人做目击者……"。在如此喧哗的闹剧之后，三人迅速逃离了西姆拉。巴特勒咯咯大笑。"我一得到消息，就回了电报，'捅娄子的人被捅了'。"后来，听说维克里被派往马匹补给部门时，他又咯咯大笑：这个任命说明军队很有幽默感。[108]

吉卜林和马斯特斯都不认为通奸仅限于避暑地。阴谋、激情和悲剧在任何地方都可能发生，甚至在令人不振的马德拉斯也不例外。在印度各地——甚至更远的地方，男男女女都为同样的困境感到苦恼，面临着同样的选择，犯同样的错误。当妻子和家人远在英国时，一名有九个孩子的地区官员被工于心计的"贝姬·夏普"（Becky Sharp）引诱；小说家弗洛拉·安妮·斯蒂尔是一名非常强势的女士，她意识到这名地区官员正处于精神崩溃的边缘，于是大步走进他的住所，在里面住下来，最终迫使可怜的"贝姬"退出，在一个专门为她准备的地方生下了情人的孩子。[109]另一名成熟的官员——19世纪末坎普尔的一名税收官——就没有那么幸运了。他娶了一名军士长的女儿，希望她能成为一名"太太"，于是把她送到英格兰学习礼仪。这个计划没有奏效。她回来后显然依旧"粗鲁无礼"，"行为非常恶劣"，并与埃尔金磨坊的一个经理有染；这名官员于是开始酗酒,并因此丧命,他的妻子也在同一周去世,可能是因为堕胎出了问题。[110]类似的悲剧在军队也会发生,特别是如果一名中年军官娶了一个拒绝随军的、比他年轻很多的女子时。1905年,旁遮普某团的库珀少校饮弹自尽,因为他无法控制年轻的妻子,她与"一个恶棍"的行为实在"不体面",以至于被马苏里的多家酒店赶出。几年后,在非洲服役时,曼纳斯上尉(Captain Manners)在得知妻子在印度不忠后,也结束了自己的生命。[111]

情场失意也差点要了弗雷德里克·卢格德(Frederick Lugard)的命,据其传记作家的说法,这名军官转而一次次地冒险"寻找刺激和危险,如果可能的话,还想在遥远的地方终此一生"。1880年代,他在印度的职业生涯已有了一个不错的开端,参加了在阿富汗和缅甸的战斗,但后来爱上了一个再婚离异、久经情场的妖媚女子,她抛弃了他。他听说她在勒克瑙的一次马车事故中受了重伤后,急忙从缅甸赶来看她,结果发现她已乘船去了英格兰;他再次追赶她,回到家后,却发现她已基本康复,正"把她的感情撒到其他地方"。精神高度紧张的卢格德认为自己会发疯,于是逃往非洲,冒着生命危险参加了征伐阿拉伯奴隶主的战斗,后来在尼亚萨湖(Lake Nyasa)附近身受重伤。[112]康复后,他成为伟大的"帝国建设者"之一,后又成为一个统一的尼日利亚的缔造者——无论是福是祸。

当然,这样的案例并不能代表英国妇女在印度的行为。她们当中很少有人是荡妇、贝姬·夏普或"激情的干草堆"。很多女性对自己的婚姻——以及印度给她们的婚姻造成的压力——感到不满,但很少有人愿意承受19世纪离婚所带来的压力和公众关注。更多的人逐渐和谨慎地实现了一种事实上的分居，妻子带着孩子在英国的时间越来越长，丈夫在休假时去探望他们（如果他们仍然友好相处的话）。约翰·格兰特爵士（Sir John Grant）于1862年从孟加拉副省督的职位退休时，不想继续与妻子一起生活，他妻子生了八个孩子，其中有两个不是他的。不离婚也不同居，而是分开各过各的——这似乎是一个合理的解决方案。然而，格兰特的妻子和大女儿简·斯特雷奇恳求他改变主意，他最终也这样做了：唉，"和解"又导致了30年的不幸婚姻。[113]

然而，如果丈夫起诉离婚，就不可能这么谨慎了，比如乔治·伊拉里奥·巴洛（George Hilario Barlow），他在担任马德拉斯省督期间（1807~1813）颇有争议，后来，他发现妻子的第15个孩子是他堂弟兼副官乔治·普拉特·巴洛上尉（Captain George Pratt Barlow）的。像巴洛这样愤怒的丈夫往往会直接找律师，第40土著步兵团（the 40th Native Infantry）的约翰斯顿·内皮尔中校（Lieutenant-Colonel Johnston Napier）就是这样，1838年1月，他发现妻子伊莎贝拉（Isabella）离开了他们在马德拉斯的家，搬去和该市警司爱德华·埃利奥特（Edward Elliot）一起住，他立即提起了两桩诉讼，一桩起诉与妻子离婚，另一桩起诉埃利奥特"擅自闯入"以及"通奸"。庭审很快展开了，内皮尔的律师称伊莎贝拉是"淫荡且暴躁的女人"，称埃利奥特是"道德败坏、风流成性"的男人。2月，这名警司被勒令向内皮尔支付一大笔赔偿金；4月，离婚得到批准；11月，伦敦的一项议会法案批准了这一决定。同年，伊莎贝拉和埃利奥特生了一个孩子，二人于1839年结婚后又生了两个孩子。[114]

在英国，离婚所花的时间比在印度长。恒河运河工程师考特利上尉发现自己不是双胞胎孩子的父亲时,也立即开始了离婚程序。由于他当时(1846)在英国休假,因此他必须先到民事法庭索赔,然后到处理婚姻犯罪的教会法庭,最后到上议院,在那里,事情会以非常公开的方式得到解决。[115] 1857年的《婚姻诉讼法》(Matrimonial Causes Act)使离婚程序更简单、便宜、快捷,有时也不那么令人尴尬,但整个过程仍相当公开,带给人很大压力。而且这项法案并没有对妻子更公平。简·斯特雷奇可能阻止自己的父母离婚,但她无法阻止儿子奥利弗在印度因妻子鲁比(Ruby)通奸而离婚,他获得了孩子的监护权(后来对孩子不闻不问),并将自己描绘成受害方,可实际上却是他令妻子染上了性病。两人当中,他才一直是那个更不忠的人,长期以来追求与尽可能多的女性"交欢"。[116]

分居与和解的模式在印度与在英国大致相同,尽管过程有时会更长,并横跨两大洲。1926年,电影导演林赛·安德森的父母在印度分居了,此前,他的母亲埃丝特尔(Estelle)和卡思伯特·斯莱少校(Major Cuthbert Sleigh)发生了婚外情。埃丝特尔随后带着年幼的儿子们回了英格兰,但1932年又回到了班加罗尔,试图与丈夫和解。这种状态持续了一段时间,至少她怀孕了,但除此之外,都是失败的;这对夫妇离了婚,1936年,埃丝特尔与那名少校结了婚,当时,他已因病退伍。[117]

在维多利亚时代的英国,通奸被认为是非常可耻的事情,政治前程可能会因此被断送,查尔斯·迪尔克和查尔斯·斯图尔特·帕内尔(Charles Stewart Parnell)便是如此。然而,在维多利亚时代的印度,通奸并不会毁掉仕途,甚至不太耽误晋升。或许发生在西姆拉或省督府的激烈的分手会有些影响,但即使像莱尔、休伊特和哈考特·巴特勒这些婚姻不幸的副省督们,也没有受到什么影响。而他们手下负责晋升的官员似乎对此并不在意。漫长而曲折的离婚并没有阻止普罗宾·考特利(Probyn Cautley)成为北方运河的负责人、退休后成为印度委员会成员以及获封巴斯骑士勋章。即便成为共同被告,通常也不会断送前程。埃利奥特一直担任警司,并成为马德拉斯的首席治安官,直到1856年退休。1850年,助理军医莱斯托克·威尔逊·斯图尔特(Lestock Wilson Stewart)在好望角逗留期间,开始与玛莎·贝尔夫人(Martha Bell)有染。他被她的丈夫、开普殖民地勘测总监(surveyor-general)查尔斯·贝尔(Charles Bell)起诉,众人皆知他是贝尔夫人第四个孩子的父亲,但这些都没有阻碍他在印度医疗机构的晋升;在52岁去世时,他已经是卫生局副局长(deputy surgeon-general)。他在印度文官机构的同代人查尔斯·穆尔(Charles Moore)也在类似的情况下获得了晋升:他与一名军官的妻子私奔后被共同起诉,但这并没有妨碍他晋升为县法官。他如期与这名军官的妻子玛格丽特·埃玛结了婚,并与她育有四个孩子,但她后来似乎从记录中消失了。穆尔提前退了休,1890年代,他与另一个配偶住在伦敦的卡文迪什广场(Cavendish Square);他还与另一个人的妻子有来往,她住在切尔西,是他的情妇。[118]

由于考试难、竞争激烈,想进印度文官机构颇为不易。然而,一旦进去了,就很难被除名,除非犯下维多利亚时代(以及后维多利亚时代)印度的滔天罪行——侵吞公款或其他形式的腐败。阿瑟·特拉弗斯·克劳福德(Arthur Travers Crawford)出生于1835年,是孟买的一名文官,他寻欢作乐的生活远超同时代的穆尔,但他还是步步高升。在他五十多岁时,比他年轻些的同事 A. R. 博努斯（A. R. Bonus）形容他已经"与两个女人私奔，与自己的妻子分居，在浦那的某段时间还和两个从美国来的女演员生活在一起"。但事后，"他照常为社交圈所接纳，似乎什么也没有发生过"。[119]毁掉克劳福德仕途的不是他滥交的生活方式，而是他维持这种生活所需的开销的方式，包括收受贿赂和接受某些王公的预支款。当其中的一些行径见诸报端时，他的政府将他软禁在家中，但他从浦那逃脱了，在孟买被抓获时戴着假胡子。他没有进监狱，但被印度文官机构除名了，并不予发放退休金。[120]

在解释克劳福德之前为何能恢复社会名誉时，博努斯曾表示，是大环境促使英国女士能说出"几乎令他惊呆了"的话，这些话"在英格兰会引发极大的丑闻"。[121]在《山中的平凡故事》的第一代读者中，像博努斯这样的人经常参与这样的对话，他们惊叹于"所谈的恶毒的丑闻"，并得出结论：吉卜林"笔下的女人更真实地反映了现实生活，她们超出了大多数英裔印度人所能容忍的底线"。[122]这样的氛围或许可以解释"格里芬"勒佩尔这类人的存在，他是一名文官，1880年代担任印多尔驻扎官兼印度中部总督代表（Agent to Governor-General）。在总督达弗林勋爵看来，格里芬是"一个庸俗且名声不佳的人"，这名下属"喜欢将自己塑造成妇德的摧毁者"，并且"习惯于炫耀与一些庸俗的二流女子保持亲密关系"，这令他非常反感。[123]尽管达弗林对格里芬的反感有些超乎寻常，但他的观点得到了一些同时代文官的认同。阿尔弗雷德·莱尔看到他的这个同僚在西姆拉与吉卜林的朋友伯顿夫人调情时，将他比作"厚颜无耻的浪子"，还有一次将他比作那个总是"与别人的妻子隆重地住在一起，所有人都必须向他低头致敬的统治宠儿"路易十四。[124]维多利亚女王的儿子、孟买总司令（1886~1890）康诺特公爵抵达印多尔时，他的妻子暗示，格里芬的现任情妇——一名离异女士——应该在她在驻扎官邸进午餐时退席。勒佩尔爵士注意到了这一暗示，但拒绝照办，他通知公爵夫人，如果她觉得不能与住在他家里的女士们会面，那么，他将不得不放弃招待她的荣幸。[125]

尽管格里芬疏远了皇室、总督、同僚们以及印度中部的几名王公（特别是博帕尔土邦夫人和霍尔卡大君），他还是升到了顶层职位，因为他非常能干，尽管他的行为显然不够得体、理智。由于格里芬的"虚荣心和自负"以及丑闻缠身的私生活，达弗林可能没有提拔格里芬担任其最心仪的职位——旁遮普省副省督（他曾是该省出色的首席秘书），但确实给了他另一个省份——缅甸——的最高职位，"从社交角度来讲，他不会那么显眼"。在旁遮普任职遭到拒绝让格里芬备受打击，他对仰光没有丝毫兴趣。他指责总督对自己"漠不关心"[126]，于是提前退休回到了英国，在51岁时结了婚。他试图从政，但没有成功。

在英属印度，通奸只能是主要存在于中产阶级的一种消遣方式，因为很少有英国劳动阶层的女性住在那里。即使对那些生活在印度的劳动阶层女性来说，军营狭小的已婚宿舍也不是理想地。二等兵理查兹回忆说，威尔士燧发枪团的大多数已婚女性都"非常正派"。只有两人有"固定的情夫"；其中一人的丈夫将她打"出了一双可爱的黑眼圈"（她用水壶砸得他头破血流），而另一人的丈夫要么很温顺，要么"太笨了，根本没看出来"。每次"哪对已婚夫妇发生了严重争吵"，上校的妻子伯蒂夫人就会出面："没有人能当着她的面继续咒骂和用东西砸对方。"[127]然而,有时事情在上校夫人赶到现场之前,就已经解决了。1854 年,在锡亚尔科特,士兵托马斯·佩西(Thomas Pacey)因谋杀中士罗伯特·弗伦奇(Sergeant Robert French)而被判终身流放,当时,他刚刚发现中士与自己的妻子有染。[128]在他最感人的故事之一——《女人的爱》("Love o' Women")(1893)中,吉卜林描述了一起类似事件,事件发生后,"军营广场上只剩下地面上的一摊血迹……而屋里,一个女人尖叫着,疯喊着,满嘴恶毒的脏话"。

与士官和二等兵相比,通奸的军官有更广的选择、更好的地点和更多的机会。然而,能证明他们此类行为的书面证据少之又少,而且仅有的证据也往往不可靠。查尔斯·德弗罗上尉(Captain Charles Devereux)——这显然是一个化名——写了一本"回忆录"——《印度的维纳斯》(*Venus in India*),它属于典型的维多利亚时代色情文学。故事的大部分明显是虚构。这名"上尉"把他年轻的妻子留在了英国,救了一名被阿富汗人肛奸的英国女孩,后来引诱了她和她两个十几岁的妹妹;与此同时,女孩们的父亲,一个上校,正赶往白沙瓦,去尝试该团新来的妓女们——以每晚四人的速度,然后把她们带到军营。[129]爱德华·塞伦(Edward Sellon)上尉的《跌宕人生》(*The Ups and Downs of Life*)是一本更可信的回忆录,作者至少是真人真姓,他于 1866 年 48 岁时在皮卡迪利开枪自杀。尽管作者与英国妻子们的风流韵事相当模式化,但在"开始与当地女子定期性交"后,他的叙述表现出了更多个人特色。他对价格和习惯的了解以及对交际花艺术的理解,都表明他的写作来自亲身经历。离开印度后,塞伦承认没有一个欧洲女人能够"比得上那些性感、丰满的东方美女"。[130]

1840年代，在随所在团驻扎在巴罗达期间，理查德·伯顿记录了他的军官同伴们和他们的比比。他还记载了一些年轻的少尉如何勾引上级军官的妻子，把她们带到军营里印度人的出租屋。[131]后来高级军官对"向女士献殷勤的年轻军官"非常反感，即那些休假时到山里去娱乐、聚会和——运气好的话——与常住在那里的某个活寡妇有染的中尉或其他年轻人。据约翰·马斯特斯的回忆，年轻小伙子们本应该"去追赶动物，而不是姑娘"。[132]但对于年长些的军官，即使是已经结了婚的，可能也更宽容些。欧文·伯克利-希尔本人很喜欢印度女子，但也毫不掩饰对自己的上级军官萨瑟兰中校（Lieutenant-Colonel Sutherland）的钦佩，中校是一个"强烈的性爱主义者"，尽管已有一名德国妻子，但他"从来不缺情妇"，这个下级与他相识时（第一次世界大战之前），他正有两名情妇，一人是政府官员的妻子，另一人是中央省绍戈尔医院（Saugor Hospital）的助产士。[133]

那些有心通奸的军官的问题是，他们能注意到的最可能的人选，即最常见到的女性，大多是同僚军官的妻子。她们是大忌。无论发生什么事，除了婚外情会带来的巨大破坏力和心痛之外，无视此禁忌的军官都必须辞去团里的职务。跨团发生关系或许还可以容忍，但一个团的内部绝不允许发生关系。1936年，迈尔斯·斯米顿（Miles Smeeton）不得不离开绿色霍华德军团（Green Howards），转而加入了一个印度陆军团，因为他爱上了自己指挥官的妻子、一个名叫贝丽尔（Beryl）的女子，她非常有冒险精神，曾徒步穿越中国前往缅甸。有人警告她旅途的危险以及有遇到强盗和被强奸的风险时，她回答说："哦，这一点我才不担心。比起送命，失贞算不了什么。"[134]

必行之事

曾有一种理论认为,英国的"帝国建设者们"之所以无法享受正常的性生活,是因为他们过分专注于建设帝国,所以没有把精力浪费在肤浅的追求上。的确,一些未婚的帝国人物,如戈登和基钦纳,似乎没有性生活;另一些人尽管结了婚,性生活可能也不怎么活跃。但这是因为他们或多或少缺乏性欲,或者在某些情况下,因为他们可能已沉迷于某种在英国被视为非法的性行为。他们并非为了帝国的荣耀而升华了自己的欲望。

在英国人统治印度的最后一个世纪,前往印度的中产阶级年轻男性了解到:除非他们准备挑战当时关于情妇、通奸、同性恋和印度女性的习俗,否则,他们不太可能享受到充分的性生活。一些人觉得,既然英国女性的性别比失衡如此严重,针对她们所展开的竞争如此激烈,那么,尝试也是徒然。为什么还要费心与休假的骑兵军官竞争呢?如果无法获得非商业化的性行为,何不满足于几乎同样"美味"的东西,比如"草莓和奶油"?[135]在印度独立之后很久,帕迪·马西中校(Lieutenant-Colonel Paddy Massey)总结了他在印度担任中尉时曾面临过的这种观点:

> 性,可能因为它太难得到了,这个话题并没有困扰所有人,当然也不像今天这样已经成为普遍话题。靠中尉的工资是不可能结婚的;解药还没有被发明出来;单亲家庭不为社会所接受;妓院只有特别愚蠢的人才会去,剩下的就只有不停地运动了。[136]

运动确实被认为是灵丹妙药，这和很多英国公学类似。汤米·阿特金斯们的所有足球比赛和上尉们、中尉们的马球比赛背后的理念都是"出够了汗就不会想着性了"。"狩猎野猪"是最危险、最令人筋疲力尽的运动，也被认为是最有效、最"愉悦"的解药。但球友们认为，你必须认真对待，并放弃其他乐趣。达卡的一名高级文官弗兰克·西姆森（Frank Simson）命令道，"你们不能再去'林荫大道'①"；"必须放弃早晚与民站迷人的女士们一起驾车兜风的乐子"。正经想要狩猎野猪的人应该请求被派驻到一个没有社交和赛马场但有很多老虎和野猪的地区。[137] 对此，亚历山大·沃德罗普少校（Major Alexander Wardrop）表示同意。他在《现代狩猎野猪》②（*Modern Pigsticking*）——一部颇为小众的经典作品——一书中承认，在印度，他把所有的假期和钱都花在了"长矛和步枪"上，他已用矛骑马射猎了700多头野猪。在他看来，结了婚的男人都是傻瓜：靠"驯养一些好动物"和打猎所"获得的乐趣会多得多"。[138]

野猪狩猎者们在其诗句中毫不隐讳地表达了对女性的厌恶。孟买第9土著步兵团（the 9th Bombay Native Infantry）的莫里斯上尉显然被认为是"印度体育界的桂冠诗人"，他写了一首名为《野猪》（"The Boar"）的诗，并被配上《我的爱人就像一朵红红的玫瑰》（"My luve is like a red, red rose"）的调子吟唱，这显然不得体。另一首作品是《马鞍、马刺和长

---

① 林荫大道（the Mall）是英国伦敦的一条大道，西起白金汉宫，东至水师提督门和特拉法加广场，为举行重大仪式而建造，重大王室仪典和外国元首访英时均会经过此大道。——译者注
② 沃德罗普在1914年出版了这本书，几年后，他结了婚。他还成为一名高级将领，1937年，作为驻印度北方司令部（Northern Command in India）总指挥官（GOC）退休。

矛》("Saddle, Spur, and Spear"),其中写道:

> 让别人自吹自擂,自豪地
> 为女士们的目光干杯吧……
> 但我看不到任何魅力
> 在所有的性爱中……
> 我将改变我的主题,并欣然遐想,
> 真正的猎人们在这里向我举杯,
> 斟满我的酒杯,一饮而尽
> 为马鞍、马刺和长矛干杯![139]

以防信息不够强烈,一名被称为"C"的吟游诗人在《猎人之歌》("The Hunter's Song")中再次直白地写道:

> 我们不稀罕虚情假意的女人之吻,
> 我们不稀罕守财奴的幸福……
> 让傻子和女人在一起
> 浪费青春的宝贵时光……
> 对我们来说,野猪的标致
> 远超过鸽子所驾的天车里的维纳斯……

对于男人们来说,与其"与咆哮的妻子共度余生",不如去狩猎野猪。[140]

在印度,很少有英国男性会接受运动能够代替性这一观念。大多数人会同意《孟加拉枪骑兵》的作者、骑兵军官弗朗西斯·耶茨-布朗(Francis Yeats-Brown)的观点,即有规律的性生活"在炎热的地方比在寒冷的地方更有必要"[141]。英国最伟大的帝国建设者——就为帝国所占领的领土而言——完全同意这一观点。1798年,理查德·韦尔斯利被派往加尔各答担任总督时,他的妻子亚森特(Hyacinthe)拒绝一同前往。尽管在欧洲时他们的关系曾大起大落,但也充满了激情,而他在印度需要她。"这种气候,"他对她说,"让人按捺不住性欲。"在一封冗长而充满指责的信里——至少花了十个月才收到对方对自己在前一封信中的抱怨作出的回复,他恳求、哄骗和威胁。"说到性爱,"他说,"在这种气候下必须为之。"亚森特告诉他要禁欲,因为她自己也必须如此,但最终被证明不可能。[142]他还是找了一个情妇。

不管比比制度多么不公正、不平等,它都有一些优点,尤其对英国男子而言,当然对种族关系也有好处。它的消亡鼓动了另一种制度的壮大——卖淫,它几乎一无是处。未婚的文官们似乎没有去过妓院,至少在所辖县没去过,因为在那里暴露和遭到勒索的风险太大了。军队和警察中的未婚军官们确实去过那种地方,但他们当中有多少人因为恐惧、厌恶或道德原因而坚持狩猎野猪或远离那种场所,我们无从得知。嫖客们自然更喜欢去大城市的红灯区,比起在军营里寻求满足而言,在那里他们有更多选择,被看到的风险也更小。巴利根戈区(Ballygunge)卡拉亚路(Karaya Road)的一座座平房隐蔽在僻静的花园中,对于加尔各答的军官们来说,那是一个谨慎的去处。1920年代,在德里,一家名为"土耳其浴"(Turkish Baths)的妓院是低级军官们经常光顾的地方。[143]

在他的《性别心理学研究》(*Studies in the Psychology of Sex*)中,性学先驱哈夫洛克·埃利斯(Havelock Ellis)发表了

"GR"案例史——一个热衷于与不同类型的性伴侣尝试不同性行为的英国军官。他向埃利斯坦承,自己曾和军官兄弟们一起"纵情淫乐":有一年过生日,他"预定"了六名女子到他的住所,晚餐后,"将她们作为礼物"送给了五个朋友。还有一次,他和两名同事一起"在孟买纵情了三个晚上。我先找了希腊人,然后是波兰人,最后是日本人……"。[144]

GR还与那些不是妓女的妇女和部队战友发展了感情①,他也喜欢用动物和水果做身体实验。他不忘那句帕坦人的谚语——"女人传宗接代,男孩带来快乐,瓜果带来享受",有一天,他拿了个甜瓜"试试谚语到底是不是真的"。千真万确。但是木瓜比甜瓜更好,它"最近似人体阴道"。GR本可能会过度沉溺于他的木瓜,如果不是"一个非常漂亮的拉风扇的女子及时出现"而满足了他的"需求"的话。为了想清楚自己的真正需求,他给埃利斯列了一份喜好清单,排在前面的是"[和他]自己同一阶层的女人、朋友和淑女",但如果没有的话,他会找一个自己不"介意"的女士,接着是"各阶级和肤色的妓女",最后是"男人、男孩、动物、甜瓜和手淫"。[145]

汤米·阿特金斯永远都不会有机会编写一份这样的列表。除妓女以外,他很少和女人说话,除非是军营已婚宿舍里的女人,或者乐队指挥和军士长的妻子。然而,从应征入伍开始,他就听到了很多关于性行为的事情,军医官们会警告他"诱惑"和性病的风险,军营宿舍里的老兵们会在"熄灯"后回忆起他们认识的女人和逛过的妓院:他们可以"让听众们……津津有味地一连听上几个小时",兰开夏燧发枪团的二等兵斯温

---

① 见后文,p. 335。

德赫斯特抱怨道。然而，这名二等兵真正抱怨的并非由此导致的睡眠不足，而是老兵们"不断重复"自己的艳事，打消了年轻人的"自然厌恶"，促使他们"成为付费夜晚的顾客"，在拉合尔妓院里寻衅滋事，最后因性病住进了医院。[146]

汤米很快就学会了性话题的行话。如果他在两次世界大战期间驻守印度，他很快就会形容女人"撩人""风骚""性感""迷人"；如果是英裔印度人，就是"辣妹"。他会学到"狼吞虎咽""抖动"和"蘸灯芯"的意思，也许还会问战友，"Will she drop'em？"他可能会慢慢明白"黏糊糊的东西"（性病）、"一剂"（性病）和"中弹"（得性病）。然而，无论他擅长什么语言，最适合于描述自己行为的短语应该是"猛击主教"——自慰。[147]

19世纪，汤米最常见到的妓女是"拉尔集市"（lal bazaar）的姑娘们，这是军团集市的一个特殊区域，在那里，她们接受一名老太太的看管和医生的检查。在阿格拉，她们被安置在萨达尔集市（Suddar Bazaar）上一家专门为英国士兵服务的名为"破布"（Rag）的妓院里。一些"军营妓女"跟随部队行军进山，在山区过夏天，在比阿格拉更凉爽的气候中谋生。[148]

在运输途中或驻扎在大城市附近时，如果愿意，汤米可以拓宽自己的经验。小号手梅诺－利森伯格直到第一次世界大战前不久才意识到这可能会有多广泛，他在孟买参观完植物园后，拐错了弯，进入了格兰特路，"一个不折不扣的充满了不法和邪恶的窝点，在那里，瘾君子、鸡奸者和妓女以无限的活力半裸着招揽罪恶的生意"。转过那条路，他进入了萨特莱杰街（Sutlej Street），他惊讶地看到"在摇曳的灯光下，一批批水手、士兵和平民真的从出租车和马车里涌出来，成群结队……"。

这条街上都是带门廊的单层建筑,有一个被照亮的前院。这名小号手发现在街的一侧,"除了英国人以外,所有国籍的欧洲女性都坐在低矮的椅子上,只穿着半透明的衬裙和长袜,大声地宣扬着自己的魅力"。相比之下,在街的另一侧,"日本妇女们端庄地坐在前院,耐心地缝制或编织,似乎满足于依靠她们迷人的着装来吸引顾客"。[149]

年轻的梅诺-利森伯格第一次被派驻到塞康德拉巴德时,就已经被团里的妓院震惊到了。但孟买的红灯区更令他触目惊心。穿过萨特莱杰街的第一个十字路口后,出现在眼前的景象比之前"还要不堪入目":身着白色棉质衬裙的印度、欧亚和其他亚洲妇女,正"厚颜无耻地掀开衣裙,露出躯干……"。然而,更糟糕的还在后面——"堕落到了极点"——过了下一个十字路口之后:"本地苦力阶层的女性像动物园里的动物一样坐在栅栏后面,水手们、士兵们和苦力们一边贪婪地张大嘴观看着,一边为入场费讨价还价。"正如孟买警察局的一名专员所承认的那样,那些栅栏看起来非常糟糕,让这些女孩看起来像是"被关在笼子里的动物",但设置这些栅栏是为了"保护这些女性不被下层的男性乌合之众淹没,他们随时都可能因为最微不足道的挑衅而诉诸暴力"。这些栅栏迫使"下层嫖客们在门外排队",并使这些"妇女得以一次只接待一名客人"。[150]

这个时期,印度的绝大多数妓女是印度人,绝大多数嫖客也是印度人。汤米·阿特金斯花在印度妓女身上的时间比其他种族多,因为印度妓女更容易找到,但他在喜好上相当开明。正如1870年代的官方报道所指出的,他"在性爱消费方面并没有很挑剔",有时他喝了太多酒,甚至记不清自己刚和什么国籍的妓女"同居"过。[151]在能够分辨出区别之时，他特别喜欢日本妓女，她们干净整洁，很少患有性病；勒克瑙有"一群"日本女性，"专靠士兵维持生计"。那名军官"GR"也给日本妓女打了最高分，除了干净整洁、"举止优雅和身姿曼妙"外，她们还"对整个过程都很用心"。不过，"东方的白人女性令人无法忍受……都是欧美市场的渣子"。[152]

欧洲妓女通常出现在加尔各答、孟买、马德拉斯、仰光和卡拉奇这些港口城市，这说明她们的客户群体主要是那些不习惯于印度女性的水手。但即使在海边，她们的数量也不是很多。1880年，加尔各答有65名欧洲妓女，不到该市从事此行业女性人数的1%。几年前，首都有9名注册过的英国妓女，但大多数地方的人数更少，甚至根本没有。1913年，在仰光，欧洲妓女只有1名西班牙人、1名罗马尼亚人、2名意大利人和16名犹太妇女，其中3人来自中东，13人来自俄国。同一时期抵达缅甸首都时，二等兵理查兹发现那里一名英国妓女都没有，这让他松了一口气。事实上，根据印度政府内政部（the Home Department of Government of India）1913年的一份报告，当时印度共有234名欧洲妓女，其中的一半在孟买，但"没有英国女性公开卖淫"。尽管没有英国女孩在那里损害帝国的威望可能令当局感到欣慰，但他们担心"当地人"可能会把俄国人和意大利人误认作英国女人。仰光的一名警司表示，城里人会知道这些妓女与"太太""不属于同一阶级或种族"，但"在仰光嫖妓的无知村民们是否同样了解其中的差别，就难说了"。[153]

在寻求性满足的过程中，汤米·阿特金斯面临的最主要的问题就是感染性病的风险。他在18世纪抵达印度后不久，性病就一直是一个危险：到下个世纪的头几年，驻马德拉斯的英国部队中有四分之一的人都染了病。军事当局承认士兵们对于性的需求，但认为鸡奸和手淫从道德方面和对于身体的影响来说都有害，他们认为别无选择，只能允许卖淫，并试图降低性病的感染率。于是，军营里成立了"封闭医院"，在军营里的"拉尔集市"染上性病的女孩会被拘留在那里，接受检查和治疗。这些医院并没有大大降低染病人数，主要是因为士兵们继续使用集市外的女孩，但对军队来说，这比什么都没有强，尽管对那些女子来说，这种手段令人感到压抑和耻辱。

除了性病之外，汤米·阿特金斯及其追求的下一个障碍是在英国和印度的"纯洁游说团体"（purity lobby），他们对于"1868年印度传染病法案"（the India Contagious Diseases Act of 1868）感到气愤，该法案要求对妓院进行强制注册，并对士兵可以使用的妓女进行强制治疗。游说团体震惊地发现居然存在获批的军营妓院，尽管设立妓院的目的是改善英国士兵的健康状况，让他们能够履行职责，而不是痛苦地躺在医院的病床上，接受汞和其他有痛苦副作用的治疗。1880年代，印度和锡兰的圣公会主教们谴责所有帮助部队的措施，因为对他们来说，"劝阻和镇压邪恶"远比"减少罪恶所带来的痛苦或其他邪恶重要得多……"。主教们得到了教会之外的支持，他们是民间和议会中"宣扬纯洁的人"。在这些团体的压力下，封闭式医院和军营妓院均被关闭了，致使性病立刻激增：1880年代末，在孟加拉的一些地区，几乎一半的英国士兵在接受治疗；在孟买的部分地区，比例甚至更高。根据埃尔金总督的说法，关闭还导致了"更可悲的邪恶……非自然犯罪增加了"。尽管《1895年印度政府组织法案》（Indian Government Act of 1895）代表了纯洁游说团体在英国取得的胜利，但军官们非常愤怒，因为这项对士兵的健康极其有害的措施,是在"病态的已婚狂热分子和非专业的无性姊妹"的要求下通过的。[154]然而,当年成为国务大臣的乔治·汉密尔顿很快就意识到,近年来无监管的制度是不切实际且行不通的,妓院纷纷秘密地重新开张。然而,官方仍然持反对态度。1902年成为印度总司令的基钦纳将军告诫士兵们要自制,并敦促他们想象一下:如果他们不能自律,他们的母亲会怎么想?他还警告他们,如果被感染了,他们不仅会长"棘手又恶臭的溃疡",鼻子也会烂掉。[155]

罪恶与冒险

帝国的职业生涯或许能够挺过通奸、离婚和包养情妇,却经受不住同性恋丑闻。哪怕有一丁点儿倾向,都有可能严重损害声誉。

1845年,刚刚征服信德的内皮尔将军(General Napier)要求理查德·伯顿调查一个传闻,即英国部队可能在卡拉奇使用同性恋妓院。作为一名初出茅庐的探险家和性学家,伯顿欣然接受了委任,他化装成一名来自波斯的商人,非常仔细地观察其中三家妓院的动静。尽管他没有发现有英国人参与的证据,但仍然写了一份报告给内皮尔,详细描述了这些地方所提供的服务的种类和价格。尽管将军曾向伯顿保证不会将文件转发给孟买政府的上级,但两年后内皮尔辞职以后,该文件被发现了。内皮尔的敌人以及他在军队和孟买秘书处的下属读了这份文件,他们相信——或者因受到震动而相信——只有同性恋才可能写出这样的报告,所以他们试图将伯顿革除军职。尽管他最终没有被解职——毕竟他只是奉命行事——但事情很清楚,他再也别想升职,他的军旅生涯到头了。1849年,伯顿离开了印度,开始了作家和探险家的新职业。[156]

当在奥斯卡·王尔德（Oscar Wilde）的审判中听到被揭露出来的事实时，英国公众感到惊愕。然而，如果他们了解锡兰总司令赫克托·麦克唐纳（Hector MacDonald）一案的细节，一定会更震惊。麦克唐纳是名副其实的帝国英雄，父亲是一名佃农，他白手起家，在印度开始了职业生涯，曾参加过第二次阿富汗战争、第一次南非战争、尼罗河远征、苏丹远征和第二次南非战争。1902年，他被任命为锡兰总司令，其军事职责并不复杂，因而有大量的空闲时间，于是——据称——他就与舞男、寺庙的男童和大东方酒店的服务员一起度过了这些时间。当他和四名僧伽罗男孩在火车上的不端行为被抓到时，他被告到了省督约瑟夫·韦斯特·里奇韦爵士（Sir Joseph West Ridgeway）那里，省督曾是印度陆军军官，也曾参加过第二次阿富汗战争。麦克唐纳的鲁莽行为已持续一段时间了（据说也是和英国男孩），以至于很快就有人提出了其他指控，显然，大约有70名证人可能会被传唤。为了避免丑闻，里奇韦让麦克唐纳去英国休假，并建议他考虑一下自己的未来。在伦敦，这名将军见了当时的英国总司令罗伯茨，罗伯茨告诉他，只有回到锡兰接受军事法庭的审判，他才能留在军队。在返程途中，麦克唐纳在巴黎写信告诉总司令，他不能面对军事法庭，这让这位陆军元帅希望自己消失，找到世界上某个遥远的地方，然后被遗忘。时任驻印度总司令的基钦纳将军可能就是一名受压抑的同性恋，他希望有一个更戏剧性的结局：他希望自己的同僚接受军事法庭的审判，并被枪毙。最后，麦克唐纳在巴黎的酒店饮弹自尽。[157]

基钦纳的态度可能是因为对麦克唐纳打破了他和他的一些

单身随从似乎已经奉行的独身原则感到不满。由于害怕暴露，许多英国同性恋决定在印度过独身生活。尽管印度文官机构没有这类丑闻，但根据平均法则，每年都会有几名男性同性恋入职。于1930年加入该机构后，迈克尔·卡里特遇到了两个例子，其中一人被称为"奥斯卡"，因为他是王尔德最臭名昭著的男友"波西"·道格拉斯（'Bosie' Douglas）的朋友：他聪明、迷人、热情，而且因为没有任何丑闻，所以步步高升。另一人也是唯美主义者，他是米德纳普尔的法官。"欢迎你，亲爱的孩子……真心欢迎你。我是詹姆逊，"他用略显矫揉造作的口吻对卡里特说，"不过，叫我吉米吧，亲爱的孩子。"他之后如此补充道，并伸出了"一只软弱无力的手来握手"。吉米在佛兰德（Flanders）获得过一枚军事十字勋章（Military Cross），他在印度也很勇敢，在充满暴力的米德纳普尔也拒绝携带左轮手枪，他自愿出庭审理恐怖主义案件，因此成为暗杀的目标。他有妻子和一个孩子，但他们住在英国，他孤独而闷闷不乐，总希望自己在牛津或伦敦，而不是在一个文化或性取向都找不到出口的地方工作。显然，他通过"臭名昭著的严厉的"司法判决，向印度人发泄了自己的不满。[158]

军队中确实存在同性恋关系，尽管数量没有人们所预料的在一个更宽容的社会中那么多。1945年，帕卡德准将曾在印度陆军指挥过一个营，他注意到手下的印度士兵"经常与其他印度士兵存在同性恋关系，排里所有的麻烦通常都与此有关"。[159]英国军团里似乎没有发生过太多这类事，但也足以造出一个特殊词汇："budlee-budlee"，指军营"吊床密友"间的鸡奸，或者，如果是在行军中露营的话，就叫"露营密友"（bivy-chum）；还采用了押韵的俚语，"arse"（屁股）这个词逐渐被说成了

"Khyber Pass"（开伯尔山口），尽管这个词也可以在与性别无关的情况下使用，比如"Up Your Khyber, Mate!"（"冲上开伯尔，伙计！"）。[160]

军官之间的同性恋关系很少见，但也确实发生过。哈夫洛克·埃利斯的双性恋病人 GR 与一名兄弟军官有染，后者告诉他自己与团里的其他三名军官"有关系"；他没有提他们的名字，但 GR 可以猜到他们是谁。[161]参与同性恋行为的军人们通常都很谨慎，但西肯特军团（West Kent Regiment）的年轻军官肯尼思·西赖特（Kenneth Searight）是个例外，他在 1912 年前往孟买的一次航行中与 E. M. 福斯特成了朋友，并向他坦白了自己的生活，其丰富和活跃令这个缺少性经验的作家惊讶不已。[162]

尽管存在种种风险，同性恋冒险行为在印度可能比在英国更容易进行。正如约翰·马斯特斯所回忆的那样，"在这个大而随和的国家，一些同性恋可以以相对舒适的心情追随自己的秘密主角"。[163]西赖特中尉当然做到了。尽管在 26 岁离开英国时还是性方面的新手，但他在印度的性生活异常活跃，尤其是驻扎白沙瓦期间与帕坦男孩们在一起的时候。这名军官用 2706 行押韵的对句记录了自己的行为（"每个特定年龄的男孩都会出租/他的魅力来满足所有的欲望"是比较克制的），他将这份手稿称为"小儿志"（Paedikion），还补充了一个附录，列出了伴侣的名字和年龄，以及他达到性高潮的日期、地点和次数等诸多细节。[164]

福斯特抵达印度后不久，就和两个旅伴一起去白沙瓦拜访西赖特，西赖特邀请他们参加团里军官交谊厅的宾客之夜。尽管福斯特丢了一个项圈，还迟到了，让乐队等了很久才演奏《老英格兰的烤牛肉》，不过晚宴很成功。之后，西赖特让福斯特和他跳舞,还背着他去了一个朋友家。根据历史学家罗纳德·海厄姆(Ronald Hyam)的说法,福斯特与西赖特的相遇使他对性冒险的可能性持更加开放的态度,也更愿意在他的小说中描写性冒险;他回到英国后不久,就开始写作小说《莫里斯》(*Maurice*),但这部小说在他有生之年没有出版。[165]

然而,当福斯特 1921 年回到印度,担任印多尔附近代瓦斯邦大君的秘书时,他并没有受到西赖特行为的鼓舞而变得同样冒险。在炎热的天气里,他坐在宫殿周围,孤独无聊,性欲低落。他厌倦了手淫,最后做了一次拙劣的尝试,还试图勾引一名印度教工人,后来,他担心有人向大君告发了这件事,就主动向雇主坦白了。尽管这名王公同情他,但也表示对于女人的欲望更自然,福斯特回答说,自己的情况不一样,因为他"对女人没有感觉"。这名大君仍然表示同情,大声道,既然上帝把福斯特造成这样,他(王公)必须给自己的秘书提供一个娈童。经过深思熟虑,他物色了宫廷理发师 K,他将付钱给 K,但他恳求福斯特在这段关系中不要扮演被动的角色。福斯特到底扮演了什么角色,我们无从知道,但我们知道两人曾有一段时间是情侣,(在大君的默许下)在宫殿的一间废弃套房里幽会。[166]

第十章 居住地

房　屋

　　印度的第一批英国居民住在东印度公司的"商馆"里或他们在主要定居点修建的堡垒里。直到18世纪初，马德拉斯的英国居民还居住在圣乔治堡（Fort St George），以防受到公司现实的或潜在的敌人的攻击。在那里，商人们在自家储藏室的上面建造了通风的房屋，这些精致的房屋被粉刷成白色，有着宽阔的阳台，但存在一个主要的缺点：平屋顶在炎热的天气会开裂，季风季节又会漏雨。

　　英国人感到更安全后，他们中的很多人搬出了堡垒（考虑到即将到来的迈索尔战争，这种行为为时过早），搬到他们在城外的风水宝地上建造的"花园洋房"，很像他们的同胞沿着泰晤士河在伦敦西南部的里士满、彼得舍姆（Petersham）和特威克纳姆（Twickenham）建造的别墅。到1780年，这样的住宅已有200间；到被认为是马德拉斯财富顶峰的1800年，房屋的数量甚至更多。据很快就会来到这座城市的玛丽亚·格雷厄姆（Maria Graham）的记载，尽管所有的办公室和账房都在城里或堡垒里，但"所有人都住在乡下"。就连住在带两层深阳台且气派的官邸里的省督，也觉得有必要建一座大的乡村别墅，周围环绕着布洛涅森林（the Bois de Boulogne）大小的鹿园，这栋位于古恩迪（Guindy）的别墅离他平日的住所仅七英里。1830

年代，朱莉娅·梅特兰观察到英国人"试图让马德拉斯尽可能英国化"——"汗流浃背的英格兰"，但她不喜欢这样。一百年后的总督欧文勋爵（Lord Irwin）则有不同的看法。他宣称，戈文迪的房子是他在全印度见过的"最美妙"且"最有英国味道的地方"。[1]

花园洋房的主人也被称为"平顶上的人"（flat-tops），他们喜欢在房顶上举办派对，客人们用遮阳篷遮阴，这比在花园里更能免受青蛙和蛇的滋扰。[2]与加尔各答和印度帝国的其他大部分地方一样，这些建筑受古典风格（通常是帕拉迪奥风格）的影响。尽管孟买之后的和最壮观的建筑是各种形式的哥特式风格，但帝国主义者往往对哥特式风格感到厌恶和不信任，特别是那些认为自己是罗马和古典文明继承者的人。"在印度建造一座哥特式建筑，"寇松相当愚蠢地说，"就好比把泰姬陵建在海德公园里。"[3]

和马德拉斯的定居者一样，在加尔各答的英国人也在东印度公司控制了周围的省份后，在城外购置了房屋。最时尚的地区是胡格利河畔的加登里奇，18世纪末，罗伯特·林赛（Robert Lindsay）看到那里的"河畔边处处点缀着乡村别墅，一片青葱"时，欣喜若狂。林赛的同龄人威廉·希基也感到惊喜万分，从他位于加登里奇的房子放眼所望到的，令他赞叹不已——河流、堡垒、宫殿和"船只桅杆组成的'无边森林'"。和在马德拉斯一样，加尔各答也主要是帕拉迪奥风格，尽管后来受到了希腊复古式风格的挑战，但与"人人"都住在乡下的南部城市不同，英国人仍然住在城市，并且自己建造房子。然而，这些住宅并不像伦敦那些沿街道或广场而建的联排建筑，它们更像别墅，独门独户，四周环绕着花园。[4]

马德拉斯和加尔各答与19世纪初的其他定居点不同。大多数在印英国人并不住在"绿荫"环绕的河畔的帕拉迪奥式花园别墅里。在城市之外,大多数人——直到印度独立——都住在"平房"(bungalow)里,这个词最初指孟加拉的农民小屋。18世纪末,英印式平房是单层建筑,用晒干的砖块砌成,茅草做顶,天花板很高,阳台带木柱。很快,它变得更加宏伟,一座白色的坚固的房屋,瓦片屋顶,古典风格,花园非常大。屋顶上围着栏杆,多立克式柱取代了木柱,阳台常常沿着平房的长边延伸到柱廊。还增加了带柱子的门廊,足以容纳马车出入,因而乘客不用受到日晒雨淋。在非常宏伟的房子里,门廊高得容得下大象通过。

平房通常沿军营道路而建,供军官们居住;或沿"民用线"而建,供县官、法官和其他官员居住。有时,这些房子超越了平房的定义,多出了一层;有时,它们(仍在平层范围内)经过扩建,成为官邸,比如曼尼普尔的茅顶半木制结构的官邸和伯杰默里的低矮、错落有致的夏季住所。它们也可能样式古怪,尤其是在避暑地,因为不受街道网格的限制,也没有风格统一的压力。西姆拉直到19世纪下半叶才发展起来,那时,英属印度古典时期已经结束,于是它融合了各种风格,包括模仿都铎风格和瑞士-巴伐利亚风格,甚至偶尔还能看出这可能是亚洲小镇。作为军营,班加罗尔经历了栏杆和柱廊盛行的古典阶段,但在1880年代转向了模糊的哥特式风格和浪漫主义风格,建筑物带有陡峭的斜顶和装饰性的山墙;其最独特之处是"猴顶"(monkey-top),即窗户的上半部之上有一个被漆成绿色的尖顶,与平房的白色墙壁形成鲜明对比,本可以遮挡阳光和雨水,但实际是装饰。[5]

平房内部有若干大房间，彼此相连，都连着阳台，没有走廊或楼梯，门和墙都尽可能少一些，目的是尽量减少空气流通的障碍。平房的内部依气候和当地的动物群而定。如果木质地板容易变形或被白蚁啃食，那铺它们就没有意义了。地面用砖打底，然后涂上泥土和牛粪的混合物，再铺上棕榈叶垫子，这样更经济、实用。家具同样需要采取能预防蚂蚁的措施。床、桌子和衣柜的腿用浸过石蜡的布条包裹起来，然后放在装有一英寸水深的旧锡罐里，就不那么容易被蛀了。[6]

一些人不顾危险，花时间和金钱购买了上好的家具，18世纪是用乌木和红木做的椅子，维多利亚时代是沉重的、深颜色的、通常用染过色或漆过的柚木制成的餐具柜和大橱柜。还有人从伦敦顶级商店拿到了商品目录，然后说服当地工匠照着希尔家居公司（Heal's）或梅普尔家具公司（Maples）的样式打造家具。[7]然而，许多人（特别是那些流动性大的人）用不着这么费心。如果你生活在印度那样的气候中，每两年就从一个岗位调到另一个岗位，用车将贵重物品运送几百英里，途中必定会被损坏和被虫蛀，那还有什么意义呢？还不如把它们就地卖掉，当然总是要亏本的；然后到要去的县买新的，或者向公共工程部租借。你能找到的家具鲜有舒适的。简陋的平房里可能会有用帆布套在木头上做成的折叠式鲁尔基椅（Roorkee），户外可能会有一些阳台椅，它们被称为"种植园主的长袖"（planter's long-sleever），有着带空隙的藤条，能让空气在汗流浃背的身体周围流通。男人还可以在这种椅子上躺躺，特别是如果它们有装酒瓶的"口袋"的话；然而，就如一名茶农的新婚妻子（在发现丈夫的平房里几乎没有其他家具时）所抱怨的那样，"没有哪个女士能舒舒服服地坐在上面"。[8]

那时，个人的房间力求简约。浴室无需太多家具，只需要一个锌制浴缸和一个可移动的马桶，称为"雷桶"（thunderbox），由清理工清洁。根据莫莉·凯的说法，卧室里只需一个铁床架（带蚊帐）、一个衣橱（almirah）、一个凳子、一面穿衣镜、两把藤椅和一个大理石台面的梳妆台。[9]然而，在印度和在英国一样，维多利亚时代的中年人和中产阶级见不得起居室不被填满无用之物：在次大陆，要有柚木桌子和装饰性屏风、黄铜托盘和碗、用豹皮制成的地毯和挂在墙上的狩猎战利品，它们可能会与描绘特罗萨克斯或威尼斯的水彩画挂在一起，但不会与任何印度人的画挂在一处。在英属印度最不寻常的墙面装饰中，有一幅是贝蒂·蒙哥马利（Betty Montgomery）为其位于奎达的平房卧室墙壁所作的裸体画。当被问及从哪里找到的模特时，这位未来的陆军元帅夫人回答说："我有一面镜子。"[10]

狩猎战利品有可能造成婚姻早期的裂痕。一个刚从英国出来的女孩，一路上心烦意乱，对婚姻生活紧张不已，对印度充满了恐惧，看到自己的新家用动物的尸体做装饰后（它们的头被挂在墙上，皮被铺在地板上），可能会觉得这是最后一根稻草。一些妻子坚持将这些装饰撤掉。玛乔丽·弗朗西斯（Marjorie Francis）嫁给了特拉凡哥尔附近的一名茶叶种植园主，他本人并不喜欢打猎，所以她"不用再看那些眼睛发光的头颅标本了……以及更可怕的，一个完整的熊崽标本伸出爪子，举着一个用来装……客人名片的黄铜托盘"。然而，她还是看到了狩猎者们在自己的平房里布置了鹿和野牛的头，把它们"制成标本，挂在"墙上，周围是"消失的丛林领主"——老虎、豹子和黑豹，"对着那温和的猎物咆哮"。还有用蹄子做的烟灰缸，用海龟壳做的相框，"挖空象足后做成的废纸箱，以及用大象的巨齿做的门挡板"。[11]玛乔丽可能没看到另一个——罕见的幸运——淫秽的东西：一个用大象阴茎制成的高尔夫球杆袋。

平房里最重要的家具是用来缓解酷暑的装置。布风扇（punkah）起源于18世纪，后来成为家庭必备品。就是将一块带褶边的布套在一根木杆或木头框架上，然后固定在天花板上，由一名风扇瓦拉拉动连着风扇的绳子，以产生微风。和挂蚊帐一样，挂起布风扇是女主人每年春天必做的事。另一件必做的事，通常由男性来办，就是惩戒风扇瓦拉，他常常被发现仰躺在阳台上，将绳子系在大脚趾上。他枯燥乏味的工作中最重要的一点就是保持清醒，特别是在晚上，那时他和其他人一样都最想睡觉；他常常被一只砸过来的靴子叫醒。H. M. 基希（H. M. Kisch）在给英国的家人的信中写道："你根本不知道在热带气候下，一个晚上昏昏欲睡的风扇瓦拉多么令人恼怒。"1860年代，在孟加拉的农村辛苦工作了一天后，这名年轻的文官会睡在布风扇下的床上，但"就在你睡着之前，风扇瓦拉也睡着了，风扇就会停下来。然后，你的脸和脚就任由蚊子和沙蝇咬，炎热的天气和对于风扇瓦拉的愤怒，让你恼火到无法忍受"。你只能起床叫醒仆人，这会让自己彻底清醒，然后这个过程又会重复一次，这样你可能整夜都"睡不了一小时"。[12]

另一种更复杂的装置叫"解暑机"，一个巨大的机器，有四个手动旋转的风扇，能将经香根垫冷却的空气吹进房间，垫子是用香根草编成的，须不停地往其上浇水。较少消耗人力的方法是不使用机器，仅把香根垫挂在敞开的门上，让进屋的风先通过垫子，但仍需仆人来使垫子保持湿润。这些或许不是很有效，但这种草的根部会散发出一种香气，可以（略微）冷却空气。后来，由于电动吊扇的发明及其在第一次世界大战后的广泛使用，这些垫子就变得多余了——布风扇和解暑机同样如此。

大多数平房周围都有很大的院落，那里有马厩、仆人宿舍和厨房——之所以建在房子外面，是为了减少平房内的热量和降低火灾的风险。还有一个花园，就和院子里所有的建筑（马厩除外）一样，都属于女主人的管理范围，会在每天早晚凉快的时候得到检查。考虑到英国妇女为了陪丈夫去下一个岗位工作，常常不得不抛下这些印度花园，她们在花园里的工作（尽管只是动动嘴，很少亲自动手）还是很了不起的。一名印度陆军少校的妻子玛格丽特·汉内（Margaret Hannay）在1829年的日记中忧伤地写道，她对自己"种下的和打理过的""每一棵树和灌木"依依不舍，但她没能"看到它们枝繁叶茂"，现在，它们"很可能凋零了"。[13]

即使一对夫妇在某个地方待的时间足够打造出一个花园，还是有一些长期存在的挑战，比如花园害虫、缺乏当地园艺技能，最重要的是，平原地区的炎热天气。季风能够带来一些缓解，然而，杂草总是在被割掉后几个小时内就又长出来了，所以根本无法割草或控制杂草。当地的土壤和气候条件只能种本土植物，任何尝试种其他植物的努力常常都是鲁莽之举，这使得巴林的政治监督官只能种枣树、柽柳和一些耐盐的灌木。即使生长条件良好，园丁们也不得不面对野生动物的破坏。特拉凡哥尔山上的一个菜园经常遭到豪猪的袭击，它们常洗劫根茎类作物，豺最喜欢吃菠萝，挂在树上的飞鼠吃红花菜豆，叶猴剥开豆子、折断嫩芽，仆人们不得不敲打平底锅，连喊带骂地把它们赶走。[14]

英国女性常因试图在不合适的地方打造英式花园而备受嘲讽。在平原上试图种植郁金香或天竺葵确实徒劳，草坪也往往令人失望，无论花多少力气打理它们，以及开户外派对和玩槌球游戏时多需要它们。然而，对于那些觉得自己被流放了的女性来说——与她们的丈夫不一样，他们到印度是有目的的——能种些牵牛花和菊花会让她们感到欣慰，同样的，能从加尔各答的卡特（Carter）和萨顿（Sutton）订购些种子，或者在家里"插花"，把它们放在花瓶里、摆在桌子上，也很令人欣慰，就算在偏远地区的平房里没什么人能看到它们也没有关系。尽管海拔较高的避暑地最适合于搞园艺和种玫瑰，但在海拔较低的地方可能也会成功。你可以在班加罗尔种冬青树，或在索拉普尔种甜豌豆，在缅甸的眉谬种大部分英国花卉和蔬菜。在喜马拉雅山麓海拔约1000英尺的萨哈兰普尔（Saharanpur），东印度公司建了一个非常成功的植物园。

在平原地区，明智的做法是把植物放在花盆里——方便调节阳光、遮阴和浇水，并把它们放在靠近房子的地方、阳台上和入口。对于爬墙的植物和花卉来说，显然最好种适合当地气候的品种：满墙的九重葛和一簇簇万寿菊、一排排美人蕉以及一簇簇夹竹桃和一品红。所有这些品种看起来都缤纷艳丽，与周围的热带环境相得益彰，但实际上它们都不是印度本土品种。很多受欢迎的树木也不是，比如蓝花楹、木瓜树、罗望子和鹅掌楸。

许多英国女性慢慢爱上了本土植物，最有名的当属两名总督夫人——阿默斯特总督夫人（Lady Amherst）和坎宁总督夫人（Lady Canning）。萨拉·阿默斯特（Sarah Amherst）是一名严肃的植物学家，她喜欢印度花卉，并嘲笑在"完全不适合的自然气候"中种植英国花卉的风尚。她到喜马拉雅山采集植物,她的名字也因"阿默斯特兰花"(Amherstia nobilis)而得以流传,这种植物非常美丽,被称为"缅甸之光"(the Pride of Burma)或"璎珞木"(Orchid Tree)。[15]夏洛特·坎宁(Charlotte Canning)是一名富有想象力的园艺家,也是一名才华横溢的画植物和风景的画家。她也喜欢胡格利河上巴拉格布尔总督花园里的"丛林小径"和热带动物。她也到山区采集植物,1861年底,就在她和丈夫即将返回英国的前几周,在去大吉岭的一次旅行中,她因感染了疟疾而病故。

在英属印度,对当地植物着迷的业余植物学家随处可见。詹姆斯·柯克帕特里克(James Kirkpatrick)在海得拉巴种植芒果园;沃伦·黑斯廷斯退休后试图在格洛斯特郡种植荔枝和番荔枝。1835年,德文郡公爵(Duke of Devonshire)从查茨沃斯(Chatsworth)派了一名年轻园丁到缅甸南部采集兰科植物,并带回了两棵阿默斯特夫人的璎珞木,其中一棵在返程中死亡。[16]然而,最成功的植物学工作是由东印度公司雇用的专业人员——他们往往是"外科医生兼植物学家"(surgeon-botanists)——完成的,他们对次大陆、喜马拉雅山脉和尼尔吉里山脉以及平原地区的数千种不同的植物进行采集、研究和分类。东印度公司还建造了很多植物园,第一个植物园建在加尔各答,同时还聘请了一批精通并热爱园艺的管理人员来打理它们。

在这些园艺家中,很多都是从邱园(Kew Gardens)派出的,悉尼·珀西-兰开斯特(Sydney Percy-Lancaster)却是"土生土长"的。他于1886年出生在密拉特,一生中的大部分时间都在从事美人蕉的收集和培育工作,这项工作是由他父亲在加尔各答开始的。他还建了一个苗圃,为新德里的道路和街道提供树木，印度独立后，他担任印度政府园艺部门的负责人。1947年，他决定不回"家"，加入了勒克瑙的植物园，并在那里工作到1959年，那时，他的儿子说服他到罗得西亚（Rhodesia）南部和自己一家人同住。两年后，他的妻子和儿子意外离世，他回到了勒克瑙，并在那里度过余生。

仆人与购物

在1807年离开加尔各答前夕，威廉·希基列了一份需要付清三个月工资的仆人名单。总共有63人，其中包括8名餐桌侍者和8名照看马匹的仆人：1名马车夫、3名割草工和4名马夫。[17]按照当时的标准，这还不算一个很高的数字。希基是一名相当富有的律师，但他不是暴发户，省督、驻扎官和最高法院法官的仆人更多。1830年代，哈里·费恩爵士（Sir Harry Fane）在印度担任总司令时，用餐时站在他座椅后的"侍从"就有6名，他女儿身后有3名。

19世纪和20世纪，这个数字普遍下降了，部分原因是英国雇主们相对没那么富裕了，还有一部分原因则是一些仆人的角色因时尚或"进步"而变得多余了。假发理发师、烧水烟筒的仆人和轿夫都不再被需要。还有"射手"，1830年代，朱莉娅·梅特兰会派射手"每天到丛林里捕回我们一半的晚餐"，主要是野鸭和鸽子。[18]然而，宗教和种姓制度限制了每个人的工作种类，仆人的数量仍然居高不下。1768年，金德斯利夫人（Mrs Kindersley）在加尔各答写道，这些因素"给英国人带来了极大的不便和高昂的开支，因为这迫使他们雇佣三倍于正常情况所需的仆人数量"。她接着说，即使在"最紧急的情况下"，仆人们也不会"履行不属于他们特定种姓的那些最琐碎的职责"。这样的抱怨一直持续到英印统治结束。1920 年代，玛乔丽·卡什莫尔（Marjorie Cashmore）要求将一只死鸟从她位于兰契的院落中移走时，没有一个仆人愿意碰它；她不得不从集市上找来一个清洁工把它弄走。[19]

1882 年，亨利·贝弗里奇在孟加拉班基普尔（Bankipore）民站的家中有 39 名仆人。对于一名朴素的法官的家庭来说，这似乎仍是一个巨大的数字，他是印度民族主义的早期支持者。然而，正如他的儿子威廉[①]后来所指出的那样，在英国，这些仆人中的很多人所提供的服务是由商店或地方政府提供的。运水工和清扫工取代了供水和卫生设施；园丁和猎禽手被雇来提供基本食物；班基普尔没有有轨电车或公共汽车，因此需要马夫和割草工。贝弗里奇一家的生活方式与 18 世纪的希基不一样了。[20]

仆人是根据种姓、宗教和前雇主推荐信中的能力来挑选的。最好让穆斯林而非印度教徒来当厨师、管家或任何在餐桌旁服侍的仆人，因为他们必须接触牛肉；有了汽车以后，找穆斯林当司机可能更好些，因为高种姓的印度教徒不愿意清理轮胎上的动物粪便。[21]大多数户外工作都可以由印度教徒完成——园丁、洗衣工、马夫、割草工和夜班看守人，但只有"贱民"才会当扫地工。当然，在某些地方，人们别无选择。1890 年代初，曼尼普尔政治监督官的妻子埃塞尔·格里姆伍德（Ethel Grimwood）原本希望找个戴印度腰带的印度教园丁，但她不得不凑合着找了那加部落的人，他们干园艺活儿时赤身裸体。她

---

① 即未来的贝弗里奇勋爵（Lord Beveridge），他撰写了那份将英国打造成福利国家的报告（1942）。

给了他们游泳裤,试图"灌输雅观的概念",但他们更喜欢将衣服当作头巾。[22]

对于哪里可以找到最好的仆人,英国人内部争论不休。男主人的贴身男仆可能来自任何地方,但一些雇主"发誓"说,全印度"最好的"男仆来自奥里萨省的几个村庄。英国人对于厨师的人选也意见不一。很多厨师是穆斯林,据说,其中最棒的一些来自缅甸和孟加拉边境的阿拉干-吉大港(Arakan-Chittagong)地区。其他受欢迎的厨师是来自葡属果阿的基督徒,他们"没有种姓或食物方面的禁忌",经常位列仆人等级的顶端。然而,尽管他们总体上"很优秀",但"容易"在"危急时刻"喝醉。[23]果阿基督徒还会被雇来当奶妈或保姆,她们在这个岗位上的主要竞争对手是那些在马德拉斯接受过基督教传教团教育的女性。然而,和男仆一样,保姆也可能来自任何地方,甚至是山地部落。罗利·特里维廉(Raleigh Trevelyan)于1923年出生时,他的父亲是布莱尔港(Port Blair)驻军的负责人,这是安达曼群岛(Andaman Islands)上的一个罪犯流放地;因此,孩子的"第一个保姆是个叫米米的缅甸女杀人犯"。另外两个杀人犯把他的母亲抬到了分娩的医院。[24]

由于对无意中中毒的危险保持警惕,女主人们勤勉地监督着厨房里发生的一切。印度厨师的聪明才智给英国人留下了深刻的印象,因为他们可以在丛林中的营地里用最基本的餐具——通常只有最基本的食材——很快就做出饭菜。但厨房的卫生标准则没给英国人留下好印象,这不仅仅是因为他们喜欢干净的锅碗瓢盆,还因为他们知道喝了受污染的水或牛奶后,人会很快染上疾病并死亡。1940年代,安妮·亨利(Anne Henry)回忆起她的母亲在克什米尔时"总是盯着仆人把饮用水烧开,用'粉红色帕尼'(高锰酸钾)水洗生蔬菜"[25]。对于不那么危及生命的问题,母亲们也会很严格,她们禁止厨师在厨房里睡觉或抽烟斗,并检查账目,以确保他从集市采购所赚取的利润不会超过传统的数目——可接受的数目。

和其他时代、其他地方一样,英属印度的主仆关系无疑也充满了喜爱和虐待、忠诚和怨恨、善意和剥削。仆人知道自己的主人和女主人会很强硬,但同时也希望他们能够公平待人,尽管他们可能会对自己大喊大叫,但希望他们不会打自己,也不会强迫自己做"低于身份"或违背宗教信仰的事情。印度文官机构的试用人员被告知永远不要"打本地人",如果使用了暴力的话,可能会被开除。但在较低的社会阶层,粗鲁和暴力很常见,而且很少受到应有的惩罚。向睡熟的拉风扇的仆人扔靴子还算相对温和的暴力行为。

加尔各答的理查德·布莱钦登在大约1800年发现了他的仆人懒散、不诚实,有时还醉酒,并且经常吵架。然而,就像他和情妇们的关系一样,他似乎非常不擅长挑选仆人,也不善于和他们打交道。后来的雇主很少抱怨自己的仆人争吵和酗酒,不诚实通常仅限于从采购活动中获取过高的"佣金"。坎普尔的乔治娜·麦克罗伯特(Georgina McRobert)发现扫地工偷了她家母鸡下的蛋,然后卖给了厨师,厨师又把鸡蛋当作集市上的鸡蛋卖给了他的情妇后,她决定"一笑了之",因为这些仆人"毕竟有一些好品质"。小事往往最令人头疼,比如发现守夜人睡着了,还打呼噜,或者听到了仆人吐口水、漱口,他们"往嘴里灌满水,然后用一根棍子清嗓子,发出最令人难以忍受的声音"[26]。

一名年轻的文官在1890年写道,仆人可能"偶尔会令人无

348 比恼火，但他们对你的忠诚可抵过许多罪过"。这种感受很普遍。维奥莉特·黑格（Violet Haig）的丈夫于1939年结束了担任联合省省督的职业生涯，她回忆说，尽管常常"受够了"仆人"贪小钱的种种小伎俩，但很多时候他们表现出的真诚和忠诚，足以弥补这些不足"。[27]在英国休完一个长长的假期后——正对要回去工作感到沮丧时——回到孟买，看到你的老男仆戴着花冠在阿波罗码头（Apollo Bunder）迎接你，真是令人感动。就连这名最不轻易动感情的文官也承认，回到自己的住所，见到"一群往日的仆人"，"也并非没有魅力"。[28]

理查德·布莱钦登可能会觉得他的仆人令人讨厌，但他和许多同胞经常会在法律面前或在与其他英国人发生纠纷时支持他们。财富和地位很容易让雇主生出仁慈和庇护之心。他们可能会在仆人嫁女儿时赠送嫁妆，或者帮助他们结清赌债。英国人在离开印度和自己的仆人们告别时，他们出了名的沉默可能会让告别看起来不那么动容。1887年，阿尔弗雷德·莱尔从副省督职位上退休后，与莫蒂默·杜兰德（他的同事和未来的传记作家）同乘一艘船前往英格兰，杜兰德当时回国休假。杜兰德看到莱尔在甲板上与他的贴身老男仆告别，"两人站在那里，默默地看着对方，这是一场无声的终生告别，非常悲伤"。莱尔接着拍了拍这名仆人的肩膀，"有点像是爱抚"，然后，他转身走下了甲板。这是他与印度的告别。[29]

即将退休的文官通常会努力确保其贴身男仆在自己离开后能找到另一个雇主。有些主仆关系甚至牢固到主仆之间一直会保持联系，尽管他们都知道以后再也不会见到对方了。比尔·考利于1947年退休，但仍继续与他的旁遮普男仆通信，一直到这个仆人去世的1974年，尽管这个贫穷的印度人不会写字，不得不雇一名书信先生帮他写信。³⁰ 其他仆人从即将离去的雇主那里得到了更实际的帮助,这些帮助有时可能会持续数十年。马修·卡沃科雷西(Matthew Calvocoressi)是一名有希腊血统的英国商人,他于 1923 年从拉利兄弟公司(Ralli Brothers)的董事职位上退休,从加尔各答回到了英国。离开印度后,他每月仍会向四个最亲近的家仆——包括贴身男仆、司机和保姆支付津贴,直到他于 1939 年去世。在他去世后,他的遗孀赫米奥娜·梅尔维尔(Hermione Melville)继续支付这笔钱,直到这些仆人于 1950 年代中期去世。利齐(保姆)和拉坦(贴身男仆)去世时,她给他们的女儿寄了钱,用来支付丧葬费用。³¹

1928 年,工党政治家克莱门特·艾德礼作为西蒙委员会成员被派驻印度,他找了一个名叫阿西尔瓦坦(Aseervatham)的贴身男仆,他也一直与此人保持联系。多年后,也就是 1950 年代,艾德礼当上了首相,并负责处理姗姗来迟的印度独立问题,他帮助这名男仆获得了在班加罗尔开酒吧的执照。这名前首相于 1967 年去世,但在 1980 年代,每年艾德礼生日时,阿西尔瓦坦先生都会在班加罗尔的圣方济各·泽维尔大教堂(St Francis Xavier Cathedral)付费为他举办安魂弥撒。³²①³³

在印度的英国妇女通常依靠仆人来完成家庭采购。在孟买或加尔各答的典型城市家庭中,厨师和助手会在黎明前出发,到市场上采购当天的食物,然后赶回家准备早餐。在偏远地区,

---

① 英国人与其贴身男仆的关系并不是从英印时期才开始的,也没有止于英印统治的结束。1980 年代,BBC 驻德里电台记者唐纳德·米尔纳(Donald Milner)退休后回到了牛津郡乡下,他带上了自己的男仆,把他安顿在车库上面的一个大房间里。

他们会去最近的集市，但如果觉得这些集市不够好或非常不卫生的话，这些家庭往往更愿意自给自足。在班基普尔，贝弗里奇一家有几头奶牛和一名"奶牛工"，这样他们就有了新鲜的牛奶和黄油；还有一些母鸡和一名"养鸡工"，这样就可以吃自家的蛋和鸡了。[34]

为女主人采购的方式之一是坐在门廊上检查商贩们当着她的面打开的商品。某些家庭，比如贝弗里奇一家，雇了自己的裁缝（darzi），或与民站的邻居合用一个裁缝。对于那些没有这样做的人，当地的裁缝就会带着缝纫机来到门廊上进行测量。女主人会给他看式样，并给他一些布料，裁缝就盘腿坐在门廊上，迅速而灵巧地将布料变成一件衣服。即使是马德拉斯和班加罗尔这些城镇的中产阶级女性，也往往更愿意找裁缝做衣服，而不是到商店里买成衣。裁缝或其他做衣服的人也会去军营。一名士兵的妻子戴维森夫人回忆说，在姆豪的军营里，"丝绸瓦拉"会来到门廊帮你量衣服；"你选好式样后，他回到集市，然后很快就会给你送来做工精美、价格非常便宜的衣服。"[35]

另一种购物形式在偏远地区很重要，那就是从大型百货公司寄出的商品目录中邮购商品，比如1891年在孟买开业、1901年在加尔各答开业的陆海军商店。北部偏远山区加瓦尔（Garhwal）县官的妻子黛西·克莱每年会下两次大订单，先经过48小时的火车运输，然后由苦力背着走三四天后到达。里面有克莱夫人认为在接下来的半年里对自己、丈夫和女儿们来说必不可少的一切，包括梨香皂和凡士林、安乃定和鞋油，以及亨特利与帕尔默斯公司（Huntley&Palmers）的"高级字母饼干"。[36]

在印度的大部分地区，很少能体验到愉快的购物之旅。你可能会在意想不到的地方碰到很棒的商店,比如乌蒂的希金博特姆书店(Higginbotham's Bookshop)或哈多少校(Major Hadow)在斯利那加开的地毯店,但若想获得全方位的购物体验,还得去大城市。加尔各答一直自诩为一个高端城市,即使在 19 世纪中叶,也能买到约克(York)火腿和威斯特伐利亚(Westphalia)火腿,以及据称在"福南梅森百货公司(Fortnum&Mason's)里能找到的所有货品"[37]。马德拉斯自认为可与之匹敌,不仅仅是因为它拥有被誉为"卡纳提克的哈罗德百货公司"(Harrods of Carnatic)的斯宾塞百货公司。如果在 1930 年代沿着这座城市的芒特街(Mount Street)走一走,会发现许多实用又多样的机构。在走到一家由帕西人开的新埃尔芬斯通(New Elphinstone)电影院之前,可以进麦克卢尔药店(Maclures)看看,这家药店做的苏打水非常不错,还有一家顶级的 E. C. 巴恩斯眼镜店(E. C. Barnes)。过了电影院,还有更多药店和克莱因和韦勒(Klein and Weile)摄影工作室,再过去是由一名科西嘉岛糖果制造商创办的安吉利斯酒店(Hotel d'Angelis)。1934 年,由具争议的"身体线投球战术"(bodyline)的倡导者道格拉斯·贾丁(Douglas Jardine)带领的英国板球队曾下榻于此。继续往前走,会遇到英属印度的一些顶级商业品牌,如怀特韦·莱德劳公司(Whiteway Laidlaw's,一般制衣公司)、出版商朗文(Longman)和格林斯(Greens),以及雷恩·贝内特公司(Wrenn Bennett's,一般商品,尤其是玩具)。过了这些商店,可以参观建于 1852 年的尖顶基督教堂、W. E. 史密斯公司(W. E. Smith,外科器械经销商和汽水制造商)展厅、希金博特姆的马德拉斯总部、艾迪生公司(Addison's,汽车和摩托车经销商)展厅,最后是卡纳提克的哈罗德百货公司，其在丁迪古尔（Dindigul）的工厂生产据称是温斯顿·丘吉尔最喜欢的雪茄——"亚洲之光"（Light of Asia）。[38]这里与加瓦尔迥然不同。

食 物

1689年，一艘"印度人"大商船上的牧师约翰·奥文顿（John Ovington）记录了自己与东印度公司的商人们在其苏拉特工厂用餐的经历。三名厨师——英国人、印度人和葡萄牙人——用不同的方式把肉"料理"一番，以满足每个人的胃口，除其他菜品外，他们做了"最常见的印度菜"〔用煮熟的米饭、煮熟的家禽和香料混合而成的"帕劳"（palau）〕和一道"印度佳肴"〔混合香料和大蒜的烤肉串（cabob）〕。每逢星期日和节假日，这些"娱乐项目""更大、更壮观"，会加入孔雀肉、羚羊肉等肉类，以及"开心果、李子〔和〕杏子等""波斯水果"。尽管工厂里常喝英国啤酒和欧洲葡萄酒，但"在盛大的节日上"，可以"有节制地、痛快地喝"波斯葡萄酒和欧洲葡萄酒，这名牧师显然并不觉得这种说法自相矛盾。[39]

苏拉特工厂有趣的"大杂烩"菜单没能在18世纪持续很久。尽管番石榴果冻和腌芒果等蜜饯保留了下来，并进口到了英国，但英国乡绅的肉食口味在印度占据了主菜地位，而且——加上他们喜欢炫耀和丰盛——摆满了火鸡和大块牛羊肉的餐桌充分显露出这一点。在1779年去印度之前，伊丽莎·费伊（Eliza Fay）经常听人说起"孟加拉炎热的天气让人没有食欲"。到了印度以后，她没有发现任何能支持这一说法的证据，事实上，尽管在"两点——一天中最热的时候"用餐，她认为自己从未见过"能消耗掉如此多的食物"。有时，她可能会吃巴德万炖菜（Burdwan Stew），就是把所有的东西都扔进锅里乱炖——"鱼、肉和禽类"；但更多的时候，她去参加晚宴时，身旁的桌子（"被大餐的重量压得吱呀作响"）上摆着（除了火腿、舌头、家禽和火鸡之外）"几乎半只孟加拉绵羊"和"一头小牛身上所有的肉"。[40]到1830年代似乎还是这样，当时住在印度南部的朱莉娅·梅特兰发现印度宴会餐桌上食物的分量是英国宴会的四倍——"鹅、火鸡和羊肉都只是配菜"[41]。

然而，当时的菜肴实际上已开始发生变化，逐渐变得不那么明显地"以肉为主"了，而是更具法式风味。正如玛丽安·波斯坦斯1838年在孟买所观察到的，"屠宰动物的大祭献"已经被"更清淡的美食"所取代，比如佩里戈尔派（Périgord pies）、腌肉和当地的一种鲳鱼（pomfret）。[42]菜品不再一下子全摆上餐桌，而是一道一道上，细节都写在法语菜单中。肯尼-赫伯特上校（Colonel Kenney-Herbert）著有《马德拉斯的烹饪技巧》（*Culinary Jottings for Madras*，1885），他说，"对于清淡葡萄酒的品味"和酒精饮料的"适度沉迷"，激发了"对于精致和艺术性烹饪的渴望"。然而，随着大块的肉被从菜单上撤下，咖喱和米饭也不再出现在菜单上；维多利亚时期在印度的人更喜欢欧式菜肴，在他们看来，它们更精致。肯尼-赫伯特声称，"质量已经取代了数量，昔日浓稠的咖喱和丰盛的东方菜肴"，已经"逐渐从我们的餐桌上消失了"。[43]

然而，这些菜肴并没有完全消失。英国人一直很喜欢英印烹饪混合的三大菜品：香辣咖喱汤［最初被称为"胡椒水"（*milagu tanni*，泰米尔语），后来被更夸张地称为"马德拉斯汤"（*potage de Madras*）］；印度烩饭［kedgeree，熏鱼和煮得很老的鸡蛋是英国人对扁豆燉饭（khichri）的改造，扁豆燉饭是一种用小扁豆、米饭和香料制成的印度食物］；以及浇着浓稠酱汁的辛辣菜肴，英国人称之为咖喱——他们往往加了太多咖喱粉。[44]连肯尼-赫伯特也很喜欢这些食物。咖喱肉汤或"精心调制的咖喱""本身是极好的东西"，早餐、午餐或露营时都很适合食用。但在追求"精致菜肴"的"新体制"下的晚宴菜单上，它们不再有"立足之地"。[45]

无论这些食物受到或保留了法国或印度的何种影响，其核心仍是英国菜肴。某道菜可能会有个法国名字，但它绝不能做成寇松所说的"油腻的法国菜"。印度医疗机构的萨默塞特少校（Major Somerset）曾说，他"喜欢非常简单的英式烹饪，不喜欢花哨的调味汁将好吃的食物弄得乱七八糟，这样你根本尝不出到底在吃什么肉"[46]。在这一点上，他和很多同胞的看法一致。简单的烹饪，健康的食物——这是英国人的口头禅。当"健康"一词被用于食物和饮料时，有些令人望而生畏和倒胃口；就连孟加拉俱乐部的雪利酒也被描述为"健康的"。[47]1860年代，马德拉斯俱乐部建了一个农场，并在其院落建造了"绵羊增肥棚"，声称其目的是为会员们提供"优质和有益于健康的食物"。实验没有成功，很快就不了了之。[48]

很少有英国人比爱德华·利尔（Edward Lear）更能接受印度和印度的风景。利尔是一名画家，也是"胡话"诗人，1870年代，应他的朋友总督诺思布鲁克勋爵之邀，在次大陆旅行了14个月。他热爱那里的风景，热爱那里的植被、棕榈树和芒果树，甚至热爱大多数维多利亚人讨厌的印度教圣城贝拿勒斯——他不喜欢英式印度的加尔各答［他称之为"忙碌喧嚣阿巴德"（Hustlefussabad）］和让他想起了莱瑟黑德（Leatherhead）的乌蒂。然而，他的餐食——写生途中的日记里有详细的记载——全都是"有益于健康的"英式食物，不断重复最基本的饮食："早餐：鸡蛋和牛排"，"早餐：牛排和红葡萄酒"，"早餐：冷牛排和鸡肉"，然后有一顿隆重的"重要早餐：牛排、炖兔和烤鸡，面包和黄油，一瓶红葡萄酒……"。而且，他并不只是早餐吃得普通、健康。一天中其他时间的代表性食物是"啤酒和羊肉的普通晚餐"，午餐是"神圣的煮羊肉、土豆和半瓶啤酒"，有时是"果酱布丁"。[49]

对于那些希望严格遵循英国饮食的人来说，罐装食品的发明是一大幸事。罐头最初有一个缺点，19世纪，锡罐使食物有股金属味，并有锡中毒的风险，特别是用于装鱼时。尽管罐装人造黄油比罐装黄油便宜，但即使没有金属味且无毒，也被认为是劣质的。[50]到了两次世界大战期间，罐装技术得以改进，几乎所有能够灌装的食物——沙丁鱼、香肠、芦笋、熏鱼等，都出口到了印度，通常是从骑士桥（Knightsbridge）的哈罗德百货公司出口的。加尔各答"最高级的葡萄酒和食品店"马自达（Mazda's）的订货单显示，1936年9月，一名乡级官员W. H. 索马里兹·史密斯收到了波尔森（Polson）黄油、吉百利（Cadbury）巧克力、帕斯卡（Pascal）薄荷酒、库珀（Cooper）牛津果酱、雀巢（Nestlé）浓奶油、立顿（Lipton）纯帝国咖啡、德尔蒙特（Del Monte）大白芦笋和麦维他与普赖斯（McVitie and Price）的苏格兰罐装脆饼等。[51]即使身处孟加拉东部的河边平地，他也一定有家的感觉。

小早餐（Chota Hazri）或简易早餐就是在黎明后不久喝一杯茶、吃一片吐司，然后在大约9点时（最好在愉快的晨骑之后）吃真正的早餐，这个习惯在英印一直相当稳定。对于那些有茶歇习惯的人来说，茶歇也是如此。和早餐一样，茶歇最好也在门廊上进行，有三明治和蛋糕，但通常是一顿私人的家庭餐；在维多利亚时代，很流行女性茶话会，但到20世纪，它在印度已经成为一种"罕见的娱乐形式"。和在英国一样，不管什么时候喝茶，通常都要加牛奶和糖。

其他餐的时间比较灵活。1770年代中期，希基在印度时，"正餐时间"是1点，不过几年后，费伊夫人改到了2点。作为总督，康沃利斯勋爵明智地将时间提前到了更像西班牙人的时间——冬天3点，夏天4点；到该世纪末，其继任者韦尔斯利勋爵又将此时间延后到了5点。在接下来的一个世纪里，正餐时间不断延后，最终晚上8点或8点半才进正餐。这样的转变显然需要提前加一餐清淡（或比较清淡）的午餐（Tiffin），通常是咖喱饭。在大多数的家庭中，这顿午餐会安排在1点到2点之间，但错过了早餐的巡视官员通常会在11点到12点之间吃午餐。

无论印度的食品是如何被英国化的，其意图必然受到可用食材质量的影响。对于1927年加入印度文官机构的菲利普·马丁来说，早餐无疑看起来非常英式，对于一个坚持一周七天吃鸡蛋和培根的人来说确实如此。[52]然而，他喝到的牛奶与他在英国喝过的任何一头牛的奶都不一样；它很可能是水牛奶。黄油可能也来自水牛，为了让它看起来不那么白而被染了色，奶油尝起来像牛奶。至于面包，根本没有与他在欧洲吃过的面包相似的东西——至少在主要城市以外找不到——因为那里的烤箱太原始了，面粉和酵母的质量也太差；最好还是吃薄煎饼。"翻滚鸡蛋"（炒鸡蛋）听起来很诱人，但现实——骨瘦如柴的鸡下的蛋毫无味道可言——也让人大失所望。培根只有在罐装和进口的情况下才能辨认出来。

气候因素加上食材不佳令肉食者感到沮丧,尽管18世纪的食客好像几乎没有注意到这些问题。在英国,人们会把肉挂起来,使之变得鲜嫩可口;但在印度平原地区,如果在2月之后把肉挂起来,肉很快就会变质。必须在宰杀完一天之内把肉吃掉,但这样的肉又硬又没有味道。

除了羊肉之外,红肉通常买不到。由于猪肉对穆斯林来说不洁,让许多印度教徒感到厌恶,因此想吃猪肉的英国人只能自己寻找货源,通常从山上的几个养猪场购买。然而,本地猪肉从来没有成为英印日常饮食的一部分;和奶酪和葡萄酒一样,火腿几乎总是靠进口——价格不菲。尽管印度教徒被禁止吃牛肉,但因为穆斯林吃牛肉,所以牛肉的供应较多。牛肉的主要问题是质量。那些小型婆罗门牛并非为了吃牛肉而饲养的牛,所以味道与加洛韦牛(Galloway)或阿伯丁安格斯牛(Aberdeen Angus)完全不一样。正如肯尼-赫伯特上校所解释的,它需要大量的辣椒酱才能变得可口,尽管利尔的日记没有告诉我们他在吃煮牛肉、冷牛肉、烤牛肉和咸牛肉等传统午餐时,是否使用了这种调味品。前面说过,英国军团需要大量的牛肉类物质来做炖肉和"卡其色肉块"等日常饮食。然而,这些食品的主要原料往往不是牛肉。正如1930年代塞康德拉巴德军营里那名士兵的妻子戴维森太太很快注意到的那样,"我们把水牛肉当牛肉吃,把山羊肉当羊肉吃,[而且]很难吃"。[53]

即使在军营以外,你也会经常发现自己吃的羊肉实际是用山羊肉冒充的。事实上,真正的羊肉是后来的英印唯一欣赏的红肉,即使像其他肉类一样,它很难吃,因为不能被挂起来。伊丽莎·费伊认为孟加拉羊肉"非常棒",其他人则称赞巴特那和德干(Deccan)地区饲养的绵羊品种很美味。但并非每个人都认同平原羊肉的优点。在西北边境，普伦德加斯特上尉认为帕坦人的肥尾羊是"印度次大陆上最好的"或许是"唯一可食用的肉"；与帕坦士兵一起吃上"一大顿羊肉饭配厚厚的全麦面包"，简直是"世界上最美味的食物"。[54]

避免吃到山羊肉的一个可靠的办法是加入"羊肉俱乐部"，这是维多利亚时期印度的典型制度之一。在内陆的一些民站，人们以五或五的倍数结成小组，购买一小群绵羊。定期宰杀绵羊，分成五份——前腿、后腿和羊脊——不同部位在小组成员之间轮流分配。当轮到高级人物（法官或县官）分到羊脊时，他常常觉得自己有义务"宴请整个民站的人"，这种场合相当严肃，组员和他们的妻子都得正装出席，严格按照优先次序落座。一名初级治安官回忆说，在他的第一个民站，每次去吃饭都必须坐在县工程师妻子旁边。[55]

羊肉俱乐部至少能让人们从鸡肉这种印度随处可见的单调肉类中解脱出来。"在印度的人们会多么厌倦家禽，你很难想象。"1876年，H. M. 基希给在英国的家人的信中这样写道。在位于孟加拉偏远地区的民站，他每天吃五道有鸡肉的菜：早餐吃热的和冷的鸡肉，然后是鸡汤、烤鸡，以及正餐的"鸡肉配菜"。[56]考虑到印度培育出世界上鸡的祖先（红原鸡，red jungle fowl），它没有培育出更大、更美味的品种有点奇怪。印度的鸡都很瘦，而且没什么味道，以至于很多人觉得如果不将它们全身裹满伍斯特郡酱汁就难以下咽。人们曾无数次尝试将餐桌上的禽类多样化，包括饲养火鸡，尽管火鸡在印度的气候中很难长得好；以及捕孔雀，然而，尽管烤孔雀会令人想起中世纪的宴会，且在圣诞餐桌上看起来很漂亮，但孔雀肉很干且味同嚼蜡，再者，捕杀孔雀是对印度教徒的冒犯。在印度，最鲜美的养殖鸟类是在"鹌鹑养殖场"的坑洞内或昏暗的窝棚里饲养的鹌鹑。

比起养殖,靠狩猎实现食物的多样化反而更成功。下班后带着枪去"为盘中餐打猎"是巡查官员的信件和日记中耳熟能详的一句话。这是结束了一天的巡查后放松的好办法,也是改善伙食的一种方式。在一次狩猎中,著名的"猎人"、卡梅伦高地军团的 J. 莫里·布朗(J. Moray Brown)享用了一顿有"野兔汤、绿鸽萨尔米、烤丛林家禽、咖喱鹿脑、烤鹿腰和炖印度红枣"的晚餐。毫无疑问,正如这名军官所说的,这是一顿"不容小觑的晚餐"。[57] 尽管狩猎(以及采集)自己的盘中餐肯定很令人满足,但打猎的成就感往往比享用印度的野味更令人兴奋。被射杀了最多数量的鸟——沙鸡,实际上是无法食用的,大多数野鸭也不能吃。1840 年代的阿尔伯特·赫维写道,在"卡纳提克乡间",这种猎物"特别难吃,肉质很干,还很硬"。烤兔"干而无味",即使配上果冻或罗望子酱也不"好吃","炖汤也好吃不到哪去";只有用罐子腌起来才"能吃"。同样,对于有羽毛的野味,比如鹬或鸭子,最好的办法也是"把它们腌起来"。同一时期,在北方的费恩小姐也持同样的观点。一个冬日,她团队中的绅士们射下了一些黑色的山鹑,它们"被认为是美味佳肴",但在她看来,它们"与所有印度野味没区别,毫无味道"。[58]

印度的鱼倒算不上无味,至少马拉巴尔海岸或孟加拉湾的海水鱼算不上。在炎热的天气里,鱼比肉更容易变质,所以人们经常在早餐吃鱼(通常是奶油鱼蛋饭),就是要赶在鱼刚刚被捕上来就吃掉。生活在内陆地区的人们就只能吃味道不那么好的淡水鱼了,特别是结鱼(mahseer),垂钓者发现钓这种鱼像钓三文鱼一样令人兴奋,但由于它肉少且相当无味,所以吃起来就没三文鱼那么令人兴奋了。沿海地区有大量贝类,这是巴林政治监督官能够享受到的为数不多的当地奢侈品之一,但聚集在港口附近的对虾和虾会带来健康风险。孟买的一道特色菜是甜味鲳鱼,配以凤尾鱼黄油酱;另一道被英国人奇怪地珍视的菜是一种咸鱼干,人们好奇地称之为"孟买鸭"。一些印度最好吃的鱼,比如鲳鱼(becktie)和鲥鱼(hilsa),都在印度的另一边,即孟加拉湾河口。根据美食家的说法,所有鱼中最美味的当数芒果鱼(mango-fish),特别适合于烟熏后做早餐。贝柳船长(Captain Bellew)认为这种鱼是"印度的银鱼","加尔各答的美食爱好者"应该在胡格利河畔的"富尔塔白色酒馆"一饱口福。[59]

对于喜欢树上水果——苹果、梨和李——的英国人来说,平原的环境实在荒凉,对于那些喜欢玫瑰和杜鹃花的人也一样。在印度,树木在海拔约 7000 英尺的山上生长得最好,这远远高于苏格兰的本内维斯山(Ben Nevis)。而大多数产于欧洲和美洲的蔬菜,在平原上却很成功。在雨季末播下的种子,到圣诞节就能成熟。菠菜可以在炎热的天气中生长,幸运的是,生菜也可以;沙拉菜(仔细清洗后)在夏天特别受欢迎。

暑天里一道爽口的甜点是"傻瓜芒果"(糖、奶油和芒果)。信德一名文官的妹妹说,"这里人人都吃",用葡萄酒杯盛着吃。然而,太太们的蛋糕和布丁通常和由她们制作或监督制作的其他食物一样,都是英式的;就算她们给蛋糕起一个印度名字,比如蒂尔胡特茶糕(Tirhoot Tea Cake),里面可能也没有真正的印度食材。英国人从来不喜欢黏糊糊的印度甜点,也许哈尔瓦甜食(halva)除外,但她们自制调料时会用到大米和椰子。小时候吃过的布丁往往是成年后最不怀念的食物，尤其是在学校吃过的布丁，尼尔吉里斯的希伯伦学校（Hebron School）的"马拉巴布丁"依然让人一想起来就不寒而栗：冷冻的木薯布丁（"青蛙卵"）"粘在一起，像一块覆盖着厚厚棕色糖蜜的牛奶冻"。但在家里，布丁可以被改造，如果配上黑糖浆和椰奶的话，回忆还是很美好的。[60]

饮　品

在英印统治的最后几十年，对于很多英国人来说，一天中最怡人的时刻是晚上6点，那时，日头落下了，人们开始享用一天中第一杯酒精饮料。在城市里，一些英国人可能会在午餐时喝一杯啤酒，但大多数人会坚持只喝一杯提神的酸柠檬汁、姜汁汽水和苏打水；负责建设科钦深水港的罗伯特·布里斯托在印度待了多年，也只认识一个白天喝威士忌的欧洲人。[61]在偏远地区，人们甚至更节制，等待着日落时刻的到来，无疑，有些人会迫不及待，就像海军军官等待太阳从桁端升起时那样，只不过对于他们而言，那一刻是上午的晚些时候。忙碌了一天之后——大多数官员6点就起床了，他们觉得自己应该喝些烈性饮料，一小份或一大份（相当于两三指宽的白兰地或威士忌），配上大量苏打水和冰块。20世纪第二受欢迎的饮料，也是女性很喜欢的一种饮料，是琴蕾酒（gimlet），即一种由杜松子酒和酸柠汁制成的鸡尾酒，也要加很多冰块。

这与他们祖先的时代多么不同啊。潘趣酒（punch）曾是17世纪的主要饮品，就是用阿拉克烧酒（最好来自果阿）、水、香料或玫瑰水、柠檬或柠檬汁以及大量糖调成的酒。这种酒一直到下个世纪都很受欢迎，但后来受到了各种在遥远的北方制造的饮品的挑战，那些饮品无论如何都算不上能解渴：马德拉葡萄酒（取代了以前从波斯进口的葡萄酒）、樱桃白兰地（女士们非常喜欢）和被称为"烧酒"（加热并加了丁香和肉桂）的热饮酒。在加尔各答，威廉·希基和他的朋友们甚至喝"烧香槟"：作为合唱俱乐部（Catch Club）的主席，他定了一条规矩，从凌晨两点到日出，会员们必须喝"烧开的香槟"。[62]

1777年刚到加尔各答时，希基承认自己的生活非常"没有节制"，每天喝"大量的香槟和红葡萄酒"。[63]后来，他成了一名好客的主人，为自己的红葡萄酒、霍克酒和马德拉葡萄酒的品质感到自豪。加强型葡萄酒比红葡萄酒更受欢迎，正如前面所说的，马德拉葡萄酒在印度仍然很受欢迎，部分原因是大西洋远航对其口味有"改善效果"。[64]它受到了各个阶层的喜爱，从1790年代布莱钦登的情妇们（她们能喝上两瓶）到1940年代马德拉斯省督的客人们；伦纳德·伍尔夫认识的一名锡兰的文官认为，"不论在什么气候下，一个绅士都应该在午餐时喝[马德拉葡萄酒]"[65]①。马德拉酒的对手雪莉酒几乎无处不在。在14个月的印度写生之旅中，爱德华·利尔所到之处几乎都能找到这种酒，不论早餐、午餐和晚餐，口渴时他会配着苏打水喝雪莉酒。几年前，一种"雪莉饮料"（把雪莉酒、酸柠与糖和碎冰碴混合而成的美式鸡尾酒）曾在加尔各答流行了一阵，这或许拜查尔斯·狄更斯（Charles Dickins）所赐，他笔下的马丁·瞿述伟（Martin Chuzzlewit）抿了一口，"抬起双眼，……欣喜若狂"。

作为一名驻印上校，阿瑟·韦尔斯利被认为"对葡萄酒非

---

① 伍尔夫认为这种酒在任何气候下都是一种"无趣的酒"，并认为在锡兰北部这样温暖的地方，任何人，无论是不是绅士，都不应该喝这种酒。

常有节制",但这样描述他的人在同一句话中写道,这名军官"在晚餐时和别人一起喝了四五杯,之后大约又喝了一品脱红葡萄酒"。尽管我们无从知晓当时红葡萄酒的酒精含量,但惠灵顿最近的一名传记作家认为,这些酒肯定本来就不浓烈,或者可能被仆人稀释了。[66]为了与拿破仑在伊比利亚半岛的元帅作战,韦尔斯利回到了欧洲,不久后,葡萄酒在印度就不那么受欢迎了。希基时代,加尔各答的葡萄酒商可能会夸耀自己的红葡萄酒"口味浓郁"、霍克酒"醇厚而年代久远",但如果非要说欧洲葡萄酒在亚洲的口感和在欧洲一样好,那就太牵强了。[67]从塔拉戈纳(Tarragona)进口圣餐葡萄酒没什么问题,但即使是本地治里的法国人,也不认为他们的勃艮第葡萄酒可以与拿破仑在马尔迈松(Malmaison)喝的香贝丹(Chambertin)相提并论。意识到这一点后,特里奇诺波利的圣约瑟夫耶稣会学院(Jesuit College of St Joseph's)从澳大利亚进口葡萄酒,认为它比欧洲产品更经得起海上运输。[68]人们继续饮用葡萄酒,特别是在团军官交谊厅,但在印度当一名葡萄酒商肯定非常沮丧。一名20世纪的格里芬马尔科姆·达林在1907年走进菲斯顿先生在孟买的葡萄酒店,并惴惴不安地点第一杯葡萄酒时,店主觉得有必要警告他,"葡萄酒受不了这里的气候",他的顾客"明智"地"少买一点"。这样的坦诚为他赢得了达林33年的忠诚。[69]

1820年后不久,葡萄酒的人气被啤酒抢走了,啤酒在运输过程中更可靠,也更适合在印度的气候下饮用。从18世纪末开始,在印英国人就开始喝"乡村啤酒",这种啤酒显然很适合与咖喱搭配,但实际上是一种啤酒鸡尾酒:每五分之一瓶进口啤酒或黑啤中,被加入了一葡萄酒杯的棕榈酒、一些糖和生姜或许再加些干柠檬皮或橘子皮。早期在印度酿造啤酒的尝试不成功，部分是由于用来制造木桶的印度木材影响了啤酒的味道。但到了 1880 年代，山区已经有了不少酿酒厂，其中几家是由戴尔准将家族经营的。20 世纪，戴尔·米金（Dyer Meakin）曾在广告中称其"午餐啤酒""堪比迄今为止生产得最好的皮尔森（Pilsener）啤酒……由最上乘的英国啤酒花和最好的麦芽酿造而成……是运动员的理想饮料，因其纯净和有益于健康，医生们强烈推荐体弱者饮用"。[70]

然而，印度的大部分啤酒都是进口的。意识到世涛（stout）和波特（porter）黑啤酒不适合于印度后，英国啤酒商专注于生产啤酒和苦啤酒，霍奇森率先推出了淡啤酒（Pale Ale）；后来，伯顿的啤酒厂巴斯（Bass）和奥尔索普（Allsopp）或多或少效仿了其配方，推出了印度淡啤酒（India Pale Ale），即 IPA。根据亨利·科顿的说法，到 1870 年，"巴斯的瓶装啤酒占据了统治地位"，而霍奇森公司由于误判了定价，"风光不再"。[71]

啤酒自然把汤米·阿特金斯从往往致命的集市朗姆酒和阿拉克烧酒中解救了出来。然而，进口的"泻药"或"颈油"不只由军队军官交谊厅里的"啤酒瓦拉们"和"泻药搬运工们"喝。此时，整个社会都很流行喝啤酒。托马斯·巴宾顿·麦考利（Thomas Babington Macaulay）指出，1830 年代在加尔各答，就连他的妹妹汉娜（Hannah）和妹夫查尔斯·特里维廉也"往往沉迷于啤酒"，尽管他自己"更有贵族气质"地只喝"雪莉酒或霍克酒加苏打水"。1858 年，菲利普·哈钦斯在马德拉斯开始印度文官机构的职业生涯时，"几乎人人都喝啤酒……差不多唯一的替代品是本地治里生产的淡红葡萄酒或白兰地加苏打水（Brandy-and-Soda）"；威士忌"几乎没什么人知道，或许除了一些苏格兰人外"。同期,在中央省,"即使是身居高位的人也喝啤酒"。J. H. 里维特-卡纳克回忆道,"太阳落山后",人人都喝啤酒,"在节假日的午宴上、周日的'午餐'上也要喝上一瓶"。在接下来的一个世纪,普伦德加斯特中尉的一名指挥官,如果没有一瓶奥尔索普啤酒在手边的话,就无法正常工作。[72]

在英属印度第二受欢迎的饮料是白兰地,因为可以配着汽水和冰块"长时间地"喝,所以作为解渴的饮料可与啤酒一争高下。几十年来,"烈酒"(peg)都指白兰地而非威士忌,医学上认为它对发烧的人有好处,这使它更受欢迎。在印度,白兰地不是在球状玻璃杯里晃动着喝,而是加苏打水喝,苏打水最早由英国人于1830年代在法鲁卡巴德(Farrukhabad)的一家工厂生产,人们认为瓶装苏打水比用"泡腾片"制成的"跑了汽的苏打水"要好得多,气泡也更丰富。另一种成分是冰。抵达印度后,英国人就一直在拼命寻找冷却饮料的方法,用香根草(khus-khus)把瓶子包起来放进井里,或者把白蜡细颈瓶浸泡在装有水和硝石的容器里。1833年,美国图德制冰公司(American Tudor Ice Company)〔以其创始人弗雷德里克·图德(Frederic Tudor)的名字命名〕的一艘船首次从美国运来了冰,部分地解决了这个问题。然而,冰块的供应非常不稳定,以至于加尔各答的英国人都焦急地等待着消息,盼望着装载温纳姆湖(Lake Wenham)冰块的船只的到来。[73]尽管图德先生很有进取心——英国人肯定也都很感谢他,但这不是一个好办法。经过海上四个月的航行,不出所料,很多货物在运抵时已经融化了,更多的会在运往偏远地区的途中融化。随着1878年制冰厂的建立,状况有所改善,但配送问题仍然存在。在旁遮普省的酷热中苦苦挣扎的马尔科姆·达林认为"没有什么声音比冰块叮当作响的声音更悦耳",但从木尔坦订购的货物经火车运达的时候,就只够他喝一杯酒。[74]另一个有用的发明是冰盒,这意味着人们可以带着一瓶瓶凉苏打水去参加网球派对。

白兰地波尼失去往日的辉煌不是它自己的问题,不是因为口味的改变,也不是因为突然的厌恶,甚至也不是因为人们意识到像波尔图葡萄酒那样,在热带气候下不宜喝太多。而是因为根瘤蚜虫从北美传到了欧洲,摧毁了生产这种酒的葡萄藤。苏格兰威士忌取代了白兰地,它之所以受到欢迎是因为有人觉得它有助于对抗失眠,能保护饮酒者不得腺鼠疫,而且根据艾莱酿酒厂(Islay distilleries)在印度的广告,"当时最著名的医生会在必要时把它当成兴奋剂开进处方"[75]。然而,并非所有人都喜欢白兰地的继任者。温斯顿·丘吉尔"非常不喜欢威士忌的味道",说他的父亲伦道夫勋爵(Lord Randolph)"除非在荒原或特别寒冷的地方打猎,否则,绝不会喝威士忌"。温斯顿在马拉坎德野战部队服役时才克服这种"厌恶感",那里除了茶和酸柠汁之外,没有别的可喝的。然而,在那次启蒙之后,"在情况允许的时候,他再也不对这种东方白人军官的主要常备饮品缩手缩脚了"。[76]

许多女性也被威士忌的味道拒之门外,尽管道金斯家的家庭女教师在缅甸的一家俱乐部里发现了一个例外,那里的英国女性喝"威士忌的酒量惊人"[77]。那些不喜欢威士忌的人可以选择杜松子酒,这种酒此时在帝国颇受人尊敬,因为它改善了奎宁水的味道,而且因为奎宁可以预防疟疾,医生也推荐这种饮料。一种更值得怀疑的添加剂是罗斯青柠汁(Rose's Lime Juice),制造商声称晚上饮用可以避免宿醉,但傍晚时分与杜松子酒掺着喝（掺在流行的杜松子鸡尾酒中），可能会造成所谓的宿醉。杜松子酒相比于威士忌有一个优势，那就是它可以在印度生产，味道也不会太差，而且在两次世界大战期间都可以买到。在第二次全球冲突中，马德拉斯的帕里公司发明了帕里海军杜松子酒（Parry's Navy Gin），它很快受到了追捧，甚至可以作为货币使用：大批货物被空运到了新加坡（1942年之前），甚至由美国波音飞机空运到了中国。[78]

孩 子

大多数前往印度的英国妇女都在印度次大陆生下了她们的第一个孩子。如果她们在英国结婚并很快怀孕了，她们很可能会经历一段艰难的旅程，在"比斯开湾度过一段可怕的时光"。在东印度公司通过绕好望角而进行长途航行的时代，"印度人"船上经常会有婴儿出生，地中海航线的运兵舰上也不断有婴儿出生。1868年1月，两名士兵的妻子在葡萄牙海岸外分娩，当时，她们的船"鳄鱼号"离开爱尔兰后前往印度仅几天。[79]这种事情不一定是因为计划不周。士兵和他们的妻子经常不被告知他们九个月后会在哪里。

比斯开湾波涛汹涌的大海可能会导致流产，穿越印度的崎岖道路和长途旅行也可能会导致流产。分娩本身往往既痛苦又危险。有地位的女主人，上校或专员的妻子，可能会安排在山区的一家疗养院生孩子，但对于士兵或林业官员的年轻妻子来说，很少能有这样的待遇。1918年4月，来自斯莱戈（Sligo）的炮手的妻子弗洛伦斯·米利根（Florence Milligan）不得不坐牛车前往艾哈迈德讷格尔（Ahmednagar）的一家医院生下她的儿子特伦斯·艾伦（Terence Alan），这个男孩长大后成为喜剧演员斯派克·米利根。[80]至少特伦斯还是在医院出生的。很多妇女分娩的地方根本没有任何医疗设施。1890年代，一名县官的妻子珍妮·帕特里奇（Jenny Partridge）在前往加瓦尔上任的途中，在一间驿站平房里生下了一个孩子；另一个孩子①出生在丈夫开始巡视之旅的前一天，当时，她在偏远山区待了一个月，除了她从德文郡带来的一名保姆外，身边没有一个欧洲人。[81]为了配合丈夫们的岗位调动，妇女们常常不得不忍受在不方便的时间和地点分娩。1867年冬天，乘船沿恒河而下时，约翰·比姆回忆说，他"不得不停下来一段时间，因为我妻子马上就要临盆了"。埃伦在蒙吉尔（Monghyr）的古堡生下他们的第一个女儿后，才重新上路。[82]

在英印统治的最后几十年，出生在印度的中产阶级儿童对自己的"黄金"婴儿期几乎有同样的回忆。他们可能已经忘记了自己讨厌化装舞会，可能也没有意识到势利会阻止他们和小斯派克·米利根那样的孩子（他是一名中士的儿子）[83]一起玩耍②，但他们总是记得那里的色彩和温暖、他们的小马和其他宠物、集市上的香味，以及一群崇拜他们的印度仆人。他们中的很多人看到了自己父母的行为（通常是如此忙碌和冷漠）与家里的印度人是多么不同，这些人显然无所不能，会取悦他们，和他们一起玩耍，甚至会在一棵大印楝树上为他们造一间温迪屋（儿童游乐室）。正如文官沃尔特·劳伦斯所回忆的那样，仆人们会唱着无与伦比的摇篮曲，发明无穷无尽的游戏，"耐

---

① 帕特里奇的第二个孩子叫雷克斯。成年后，他成了利顿·斯特雷奇（Lytton Strachey）和布卢姆茨伯里派（Bloomsbury Group）的朋友，他们说服他改了一个听起来不那么有帝王气派的名字——拉尔夫（Ralph）。
② 斯派克被允许和印度孩子一起玩，但在他们的"打仗"游戏中，双方（以及他们的父母）都心照不宣地接受印度孩子永远不能获胜。

心地和小洋少爷们玩上几个小时,从不责备他们的散漫和变化无常"[84]。

对大多数小主人而言,最重要的和最喜欢的仆人是保姆,她们通常身材矮小,穿着白色纱丽,面带慈爱的微笑,保姆对孩子们充满了关爱和关注,又很少管教他们。成年后,许多人把保姆当作第二母亲,也许比亲生母亲更可爱,她总是令人安心,在他们童年的早期代表着温暖和安全。保姆照顾孩子们,带他们去郊游,教他们说自己的语言,所以很多北方的英国人在会说英语之前,就会说印度斯坦语。吉卜林家在孟买的保姆会带鲁德亚德去市场,去棕榈树下的海边散步,回到家后,她会提醒他跟父母讲英语。

父母对保姆没那么着迷,他们担心她无休止的纵容——永远顺从"小姐"或"小少爷"的意愿——会把孩子们宠坏,把他们变成缺乏严格管教的小暴君。还有一个担心是跟仆人接触太多可能会使孩子们养成坏习惯,学到不靠谱的印度口音,甚至可能会对印度文化和宗教产生同情。再有就是害怕——尽管这种风险被夸大了——她们会给婴儿吃鸦片,好让他们不哭闹,好好睡觉。这种情况确实发生过,但罕见。[85]

在鲁德亚德·吉卜林的回忆中,他在印度度过的孩提时代简直如在天堂,并将自己被驱逐(回英国)归咎于英国人感到让"一个白人孩子"在印度度过整个青少年时代"不合适,也很危险"。[86]危险当然是有的。印度的气候和卫生条件导致了很多人丧生,既有成年人,也有儿童;那些幸存下来并在五十多岁时退休回到家乡的人,往往看起来像是七十多岁的老人。英国儿童在英国的气候中可能会更健康,尽管他们在英国可能也会死于疾病或传染病,但在印度更是如此,通常是死于痢疾或霍乱。用印度医疗机构医生约瑟夫·弗赖尔（Joseph Frayer）[87]的话说，生活在天气炎热的平原上的孩子变得"弱不禁风"，但从1860年代开始，山区就有了为他们开设的学校。再没有一个孩子仅仅因为气候的原因而需要回国了。

前副总督班菲尔德·富勒爵士（Sir Bamphylde Fuller）在第一次世界大战前提出了一种奇怪但很普遍的观点，他声称，印度的气候对"欧洲人的性情"和身体都"有害"，英国儿童如果七岁以后还留在印度的话，不仅会"丧失大脑和身体的能量"，还会"更早地产生性感觉，早于自己种族的一般年龄"。[88]这里，我们进入了一个新的维度，或许吉卜林使用"不合适"这个词暗示了这一点，即道德层面和伪科学层面，而不是气候方面的原因。弗赖尔医生认为，印度的环境造成了道德堕落，这种氛围往往会使英国孩子"不诚实、虚荣"，"不喜欢学习"。[89]1939年，希拉·弗雷泽（Sheila Fraser）建议孩子们可以在印度接受教育时，她的丈夫德诺姆爵士（Sir Denholm）回答说："绝对不行。"作为克什米尔的驻扎官（他父亲在上一次世界大战开始时就担任了这个职位），他完全可以找到好的辅导老师和好学校，但他不会"听取"这一建议，据称是担心孩子们"以后会染上印度口音"。[90]然而，在对口音的焦虑背后，其实是担心孩子们会被灌输思想——哪怕是被动的、无意的，并受到"本土"思维方式的影响。100年前，在1830年代的马德拉斯，朱莉娅·梅特兰就表达过这种焦虑，当时她自己会试图阻止孩子学习印度语言，因为如果那样的话，他们会学到"印度人的各种恶作剧，以后像一个小印度人"。[91]

当然，把孩子送回英国的理由也非常充分，就像罗马驻奇里乞亚（Cilicia）总督要让儿子在罗马接受教育，或者西班牙驻墨西哥总督要把孩子送回塞维利亚（Seville）或马德里一样。把孩子放逐到离自己的居住地几千英里的地方，并不是维多利亚时代或帝国主义时期的人特有的习惯。1780年代，威廉·帕尔默少校（Major William Palmer）自豪地把有一半印度血统的长子（也叫威廉）送到了英国接受教育；一代人之后，海得拉巴驻扎官詹姆斯·柯克帕特里克把两个孩子（一个3岁，一个5岁）送回了英国，尽管他们的穆斯林母亲凯尔·乌尼萨（Kair un-Nissa）坚决不同意，并且很绝望。[92]同一时期，理查德·布莱钦登从加尔各答把比比们和情妇们的子女送到了英国接受教育，以便"开阔"他们的视野，让他们接受更多英国文化的熏陶，这会有助于他们日后找到更好的前程和适合的婚姻。[93]

在随后的时代，父母认识到被送到英国上学的男孩子与同学们有共同的培养过程和纪律观念，对日后会有一些好处；通过熟人和"校友关系网"，他在上大学或开始职业生涯方面所拥有的优势，是留在印度的男孩永远也得不到的，即便后者没有在印度染上滑稽的口音。除了"乡巴佬"和已在印度扎根的种植园主家庭外，几乎所有负担得起将孩子送回英国上学的人都这么做了，连那些不属于帝国事业的人也如此。从1820年代到1840年代，印度南部的传教士亨利·贝克牧师（Rev. Henry Baker）将自己的至少10个孩子送回了英国接受教育，费用由英国圣公会差会承担。[94]就连威廉和米尔德丽德·阿彻（Mildred Archer）这对亲国大党、希望结束英印统治的夫妇，1945年在孩子上学的问题上也毫不犹豫。他们的小儿子迈克尔之前已经有了一名英语家庭教师，后来上了马苏里的一所美国学校，但他的母亲指出，他现在"8岁"了，"显然必须去学校接受欧洲教育"——他去了牛津的龙学校（Dragon School），他5岁的妹妹玛格丽特（Margaret）去了湖区（Lake District）的一所寄宿学校。[95]

分离带来的痛苦往往令人难以忍受，尤其是对凯尔·乌尼萨这样的印度妇女而言，她们担心（就她的情况而言，这种担心完全有理由）以后再也见不到孩子了。1839年，传教士亚历山大·达夫返回印度时，他和妻子把四个孩子留在了苏格兰，包括一个婴儿，后来，这婴儿长到11岁时才再次见到父母。[96]同年，文官詹姆斯·托马森带着生病的妻子和他们的七个孩子回到了英格兰，把他们都留在了那里，自己只身回到印度。到达孟买时，他得知妻子去世了，但由于"职责所在"——他既是一名福音派教徒，又是一名管理人员，他没有考虑回去照顾孩子们（他们都还不到10岁），而是把孩子们留给自己的妹妹照顾。他回到了阿格拉的工作岗位，多年来一直试图说服孩子们，责任和"上帝的旨意"比重视家庭更重要。[97]然而，就连没有达夫和托马森那么有干劲和热情的人，也觉得必要时有责任放弃子女，向帝国尽职。文官G. R. 埃尔斯米（G. R. Elsmie）写道："我们1880年休完假返回印度时，把十个孩子留在了英国。"事实证明，他们比大多数父母幸运。在接下来的十年里，这些孩子都陆陆续续去了印度，有的嫁了人，有的当了低级军官。1890年，全家人（包括孙子、孙女和女婿们）在拉合尔大教堂庆祝圣诞节。[98]这样的家庭团聚极其少见——埃尔斯米一家再也没有这样团聚过。

一名文官的女儿黑兹尔·斯夸尔（Hazel Squire）承认，她"成年以后一直在试图释怀和解决"1930年代与父母的"分离所造成的创伤"。[99]很多孩子最终也没能解开这个结。吉伦·艾特肯（Gillon Aitken）是芬利公司（Finlay）一名经理的儿子，1939年出生于加尔各答，3岁时被送往大吉岭的第一所寄宿学校；印度独立时他被带走了，1947年被送往英国的第二所寄宿学校。他回忆说："我7岁时就失去了父母，我以为他们死了。"[100]从18世纪到20世纪，6岁被认为是男孩子回"家"的正常年龄，最好和父母一起，他们会安排在休假的时候做这件事，然后，他们返回印度时会把他留在英国，可能是英格兰南部的一所私立预科小学。1782年，伊丽莎·费伊注意到，一个"快7岁"的男孩还住在加尔各答，这已经"相当晚了"。130年后，"普遍的意见"认为，男孩应该在"五六岁时"被"送回家"，以免他"因错过英国预科学校所提供的早期训练、教育和纪律"而被宠坏，"变得专横和落后"。[101]

由于女孩在训练和教育上不被要求与男孩等同，所以她们离开印度的时间没那么严格。她们往往晚一些回"家"，早一些返回印度。但她们也可能需要早点离开，好和一个年满五六岁的哥哥搭伴而行。可怜的特丽克丝·吉卜林（Trix Kipling）就是这样，在她年仅3岁时，父母就带着她和5岁的鲁德亚德回了英国。一家人一起待了几个月后，洛克伍德和艾丽斯·吉卜林（Alice Kipling）带着孩子们来到了南海（Southsea）的一个寄宿家庭，把他们安置在那里，然后什么也没有解释，夫妇二人就返回了印度。即便后来证明寄宿家庭的主人霍洛韦太太（Mrs Holloway）是一个善良的女人，而不是殴打他的福音派暴君，小鲁德亚德一定也很难理解父母为何背叛并抛弃了他，为何把他留在南海长达五年半。后来，艾丽斯（从她的一个姐妹那里）得知了他的痛苦，才回国把他带走了。22岁时，吉卜林在《黑羊咩咩叫》（"Baa, Baa, Black Sheep"）中描述了自己的经历,这个故事仅略有虚构,读起来令人心酸,不难理解——或许也应该——这让他的父母很难过。

人们试图在骨肉分离的问题上看得开一些,宽慰自己说,这是他们必须付出的"帝国的代价"。成年后,这些孩子试着回忆离别时刻,仍然对母亲表现出的沉着和无动于衷感到困惑。然而,也许他们从未意识到,为了**不哭**,为了不表现出伤心,她们付出了多少努力,因为她们流露出的感情会让孩子们更加难舍难分。安妮·威尔逊于1888年与一名苏格兰文官结了婚,她理解"一千名母亲的痛苦,她们为了印度而舍弃了自己的孩子,就像雏鸟还没有学会飞行……就被父母从巢里推了出去"[102]。她知道,可能会有人觉得夫人们肤浅、轻浮,但她们在听到婴儿的声音时,常常尽量不让自己崩溃,她们最私密的时间用来拆阅来自英格兰的信件,仔细阅读信中那些泪痕斑驳的文字,感受经历。

经历过第一次分离之后,女性可能不知道自己还能忍受多少次这样的分离。当英国和印度之间的航行只能经过好望角时,事情很简单:圣诞节或暑假不能去看望孩子们。你要么留在印度陪丈夫,要么留在英国陪孩子。1797年,罗伯特·克莱武的儿子爱德华(Edward)被任命为马德拉斯省督时,他的妻子亨丽埃塔(Henrietta)和他一起踏上了一场被她比作"天方夜谭"的旅程,尽管这意味着她只能将儿子托付给自己的兄弟波伊斯勋爵(Lord Powis)以及布里斯托尔主教(bishop of Bristol)。[103]不过,同时代的亚森特·韦尔斯利做出了另一种选择,她和孩子们一起留在了英国,让丈夫在加尔各答因性方面的挫折而近乎疯狂。

在英国人统治印度期间,英国女性面对这一困境的反应发生了变化。到19世纪中叶,妻子通常认为她们的首要职责是陪伴在丈夫身边。1840年代,范妮·普拉特(Fanny Pratt)决定和她的丈夫——一名被录用担任马德拉斯省督参谋人员的中校——一起赴任时,将四个孩子留在了英国。她似乎最担心孩子们宗教方面的教育会被忽视,于是在信件中不断地向他们"倾吐虔诚的心声",但孩子们可能更愿意母亲忽视他们,所以对来信都没什么反应。[104]在接下来的几年里,更多的女性开始感到在英国的孩子们得到母亲的照顾与自己在印度支持丈夫同等重要。一些女性甚至认为更重要。亨利·科顿的妻子玛丽在丈夫30岁之前带着两个儿子回了国,在英国又生了第三个孩子,再也没有回到印度;在接下来的28年里,孩子们只有在父亲休假时才能见到他。

和其他人一样,在解释为何这样安排时,科顿归咎于气候,以及他的妻子在平原连续住了六个酷暑之后身体虚弱。[105]和其他问题一样,它可能还有其他原因,包括关系的恶化。然而,除了完全分居或离婚的情况外,大多数夫妇寻求的解决方案都没有玛丽·科顿激烈。正如我们谈到过的军医欧内斯特·布拉德菲尔德,他的妻子可以在冬天和丈夫在马德拉斯住几个月,而一年中的其他时间则和孩子们住在英格兰。航空旅行的出现使其他折中方案成为可能。1930年代,理查德·希尔顿和妻子决定,对儿子们来说,最好的办法就是妻子带他们一起回英格兰,和外祖父母一起住在怀特岛的一个教区里;身为西北边境的一名炮兵军官,希尔顿就可以报名前往"无家属的"、条件艰苦的民站,这样他每年可以有三个月的年假,经过三天的飞行后,他就可以和家人一起在雅茅斯(Yarmouth)过暑假了。[106]

在英印统治早期,父亲们不得不等待更长的时间,才能见到被他们送到或带回英国接受教育的孩子们。洛克伍德·吉卜林将孩子们流放到南海后,将近七年没有见过他们。有些孩子在孩童时代以后再也没见过父亲,即使他们成年时父亲还在世:1837年,6岁的查尔斯·格拉斯福特(Charles Glasfurd)被送往苏格兰,从此再也没有见过父亲,尽管1850年代他们同是驻印士兵。[107]最悲伤的是那些由于妻子因分娩或疾病而早逝而无法享受孩子的婴儿期的父亲们,作为鳏夫,他们不得不把子女送回英国,将他们留给祖父母或外祖父母后,返回工作岗位。这意味着他们不仅失去了孩子们的陪伴,还失去了对他们成长的影响。马德拉斯的文官霍普顿·斯托克斯(Hopetoun Stokes)在年轻的妻子去世后,把孩子们送回了国,与祖母住在一起,他只能任自己慢慢地和孩子们形同陌路。他在马德拉斯的驻地写道:"他们一定都长大了,不认识我,也不关心我是谁。"[108]

"英印的孩子"日后常常会回想起他们从未有机会"了解"自己的父亲。有时是因为,就像休·盖茨克尔一样,孩子在英国上学时,父亲在国外去世了。更多的则是因为父亲只能断断续续地见到孩子们——从五六岁开始到十几岁或成年。也许双方之间会建立起一种善意的关系,一种疏远的感情,但仅此而已,而且往往连这一点也做不到。孩子们可能会怨恨父亲的长期缺席,更怨恨他的存在,他退休后回来和他们住在一起,无异于一个陌生人。未来的歌手、本杰明·布里滕(Benjamin Britten)的伴侣彼得·皮尔斯(Peter Pears)承认,他"永远也不会原谅"自己的父亲,他是缅甸铁路的一名工程师,在彼得13岁时回到了家,取代自己成为(用他的传记作家的话说)"家里的男主人和母亲的保护者"。[109]

刚到英格兰的孩子们一看到"家"的样子,几乎都不知所措,然后会感到沮丧。2月的某个早晨的蒂尔伯里或南安普敦,是一个令人沮丧的开始,特别是如果赶上码头工人罢工的话:阴冷、潮湿,没有一点吸引力。斯派克·米利根的第一印象是"巨大的噪声,一切都那么寒冷灰暗";尽管他在印度的童年远远算不上金色童年,但他很快就渴望回到仰光。[110]印度的城镇可能又脏又乱——并没有很多英国儿童住在里面,但英国的城镇肮脏、灰暗,到处弥漫着煤烟,关键是没有颜色。孩子们上学以后的情况也没有好转,他们会生冻疮,整天吃炖汤、板油布丁和煮熟的蔬菜。他们中的大多数人很快就渴望回到印度,不仅仅是因为想念父母、宠物和仆人——以及这一切给他们带来的安全感,还包括印度斑斓的色彩、阳光和辛辣的气味。他们出生在印度,觉得那里才是自己的家乡。他们发现很难与从未闻过檀香味、骑过大象、听过杜鹃叫声的孩子们交朋友。英国难得令他们喜欢的一点是房子里有带扶手的楼梯,可以滑着玩。

在英格兰有老家的孩子们很幸运,比如希尔顿家的男孩们在怀特岛有祖父母家,学期结束时可以回到那个令人安心的地方。然而,亲戚们的招待并不总是令人感到宽慰,甚至不能指望他们总是乐意招待。一名印度陆军军官的儿子罗利·特里维廉觉得自己8岁到14岁之间的生活可以用无意中听到的、一个亲戚对另一个亲戚说的一句话来概括:"罗利该去你那里过圣诞节了。"[111]显然,艾丽斯·吉卜林担心自己的姐妹们和妯娌们——共有八个——同样不情愿;无论如何,她都不愿意勉强她们接纳自己的儿子,上一次他两岁半回英国时,吵闹,好斗,还爱发脾气。但小吉卜林们至少可以和姨妈和姨父——乔治·伯恩-琼斯(Georgy Burne-Jones),她的前拉斐尔派丈夫——一起过圣诞假期,至少在一年中的其他时间里,可以一起住在南海。很多兄弟姐妹从小就天各一方,假期里分别与不同的姨妈姑母叔叔舅舅住在一起,学期里又上不同的学校,男孩们常常上南部沿海的寄宿学校,女孩们常上走读学校或亲戚身边为"年轻的女士们"开办的某种"机构"。

有些教育机构为身在印度的家长提供咨询,建议他们哪些英国学校适合他们的孩子。1913 年,约翰·克里斯蒂去了萨塞克斯海边的圣塞浦里安学校(St Cyprian's),因为他的父亲被告知学校里有"其他有印度背景的男孩",其中包括里韦特-卡纳克和埃里克·布莱尔,后者当时正对这所学校憎恶不已,后来(成为乔治·奥威尔后)在散文《如此,如此的欢乐》("Such, Such were Joys"[112])中,他猛烈地抨击了圣塞浦里安学校①。然而,对于把孩子送到哪所学校,大多数父母都有自己的想法。未来的诗人兼编辑艾伦·罗斯(Alan Ross)上了康沃尔一所名不见经传的小型预科学校,因为他的母亲"认为康沃尔的气候适合于在印度出生的孩子"。但他的父亲却很失望;他更希望将小艾伦送到自己的家乡苏格兰,让他在爱丁堡的卡吉尔菲尔德(Cargilfield)和费蒂斯(Fettes)接受教育。[114]

大多数父母选择了自己比较了解的地方,去他们自己或兄弟们曾经就读过的学校,或者去南部沿海的学校(比如圣塞浦里安学校),其他在印度出生的孩子常在那里就读。伊斯特本周围的学校尤其有吸引力,因为不少文官和其他官员退休后搬到了该镇及其周边地区,因此可以与休假时来看望孩子的年轻同事相聚。埃米莉·布恩(Emily Boon)和她的兄弟姐妹们

---

① 克里斯蒂跟随布莱尔上了伊顿公学,后来就读于剑桥,加入了印度文官机构,到印度独立时,担任总督的私人秘书。他晚年时写了一篇文章,驳斥了奥威尔认为的圣塞浦里安学校的种种恐怖和校长的残暴行为。[113]

（他们的父亲是一名文官）搬到萨塞克斯居住时，遵循了一个熟悉的模式：哥哥是沃辛（Worthing）附近兰辛中学（Lancing College）的寄宿生，姐妹们和母亲住在一起，是伊斯特本一所学校的走读生。[115]从预科学校毕业后，男孩们自然而然地进入公学，通常是他们父亲上过的那所学校，或者去一所成立较晚的、旨在成为——后来被称为——"帝国的摇篮"的学校就读，例如贝德福德、克利夫顿（Clifton）、韦斯特沃德霍和马尔伯勒等学校。切尔滕纳姆可能已经算不上印度文官机构的顶级摇篮了，但它仍向次大陆的其他部门输送了大量毕业生。切尔滕纳姆一个著名的校友、文官沃尔特·劳伦斯访问该校并发表演讲时，对男孩子们说，印度是切尔滕纳姆的"特约酒馆"①，他们有责任为之效力。[116]

一些印度文官机构的夫妇顶住了来自朋友、家人和同事们的压力，没有将他们6岁的孩子送回英国，当然，如果是女孩且在山区里任职的话，会更容易坚定决心。第一次世界大战前几年，约瑟夫·克莱（Joseph Clay）的女儿们在印度度过了一个漫长且相当田园式的童年时代，大部分时间都在加瓦尔山间露营；同一时期的埃文·麦科诺基利用班加罗尔宜人的气候，让孩子们比平常多在他身边待了四年。威廉·霍斯利算得上最尽心的英国父母之一，他曾是丛林测量员，从1880年代开始在孟买省担任法官。他和妻子都渴望"紧紧地抓住"孩子们，以至于他等了16年才休第一次长假，以防自己在返回印度时觉得有必要将大女儿留在英国。当最终回到英国时，他实在受不了骨肉分离，于是带着四个女儿和一名家庭女教师一同返回。他

---

① 特约酒馆（tied house）：在英国，特约酒馆是指被要求从某一特定的啤酒厂或酒吧购买部分啤酒的酒馆。——译者注

知道，如果任何一个孩子生病去世，他会受到多少责备；当她们发烧时，他感到担忧、内疚；当看到她们在信德的自家花园里"健康快乐"时，他松了口气。几个年长些的女儿最终回英国时，在他的安排下，只需一年多的时间，他就可以提前退休，和她们团聚了。[117]

大多数在印度出生的英国儿童没有在英国上学，只有父母能够负担得起学费、船票以及通常需要在假期给监护人或亲属一些费用的孩子，才会回到英国上学。克莱夫妇和霍斯利夫妇有选择的余地，但大多数父母没有。驻守在印度的英国士兵的一个必然后果就是留下了数千名孤儿，他们更不可能回到英国上学。

18 世纪，民政部门和军事部门都在加尔各答和马德拉斯开设了学校和孤儿院，主要接收士兵和军官的子女。这些孩子中的很多人实际上并不是"彻底的孤儿"：有的孩子可能是父亲死于疾病或战役，有的可能是没有母亲的欧亚儿童，他们的父亲所在的兵团正返回英国，而他们自己更愿意留在这个出生和长大的国家。1863 年，二等兵帕特里克·卡罗尔（Private Patrick Carroll）让他的孩子们选择是和他一起回"家"还是留在印度时，孩子们选择留在阿格拉的天主教孤儿院。[118]

对幼小的英国儿童来说，城市里的孤儿院或附属于平原某军营的孤儿院都不利于健康，尤其在炎热的天气里，1840 年代，亨利·劳伦斯（Henry Lawrence）建议新的孤儿院应该建在山区。他感叹道："军营里的孩子们过着腐烂的生活，道德上和身体上皆是如此，他们只有在山区学校和孤儿院的氛围中才能茁壮成长。"通过哄骗他的同事和亲自慷慨捐赠，他筹集到足够的资金，于 1847 年在西姆拉附近的萨纳瓦尔（Sanawar）

开设了第一家劳伦斯军事收容所（Lawrence Military Asylum）。第二家建在拉杰普塔纳的阿布山（Mount Abu），在劳伦斯于大起义中去世后，又成立了两家收容所——乌塔卡蒙德的洛夫代尔（Lovedale）和穆里的戈拉加利（Ghora Gali）。劳伦斯的一名副手赫伯特·埃德华兹是一名虔诚的福音派教徒，"数百个孩子在绿色的山坡上玩耍"，"不戴帽子"跑来跑去，"捉蝴蝶而不是染上致命的疾病"的景象，令他颂赞不已，这些孩子一出了军营，就不再"面色苍白，体弱多病"，而是变得"健壮〔和〕有用"，他们生活的地方将"看不到醉酒，也听不到咒骂，他们童年的所有印象都应该是宗教的而非罪恶的"。1857年，埃德华兹参观收容所时，看到它变成了"真正的祝福"："男孩和女孩都是真正的英国孩子——长得好，丰满红润，精神饱满。"到 1864 年，萨纳瓦尔收容所里"真正的英国儿童"已达 419 名。[119]

这所收容学校的座右铭是"永不屈服"——据说这是亨利·劳伦斯在勒克瑙被围困时的遗言，这些机构保留了他们坚定的战斗精神。高年级男生们被号角声召唤到他们的活动中，尽管低年级学生和女孩子们也在钟声下集合。士兵的子女被给予优先考虑，无论是英国人还是混血儿，但也接收官员和铁路员工的子女，后来还接收货箱瓦拉和印度人的子女。学校为孩子们提供了充足的食物——每天的饮食包括 8 盎司肉和 16 盎司面包——这对失去了亲人的家庭显然是一种恩惠。1920 年，当陆军上士豪伊（Staff Sergeant Howie）在奎达突然去世后，萨纳瓦尔的学校接收他的四个孩子作为免费寄宿生，并帮助他的遗孀参加教师培训课程，以便她能在适当的时候赚取收入。[120]

19 世纪中叶以后，随着避暑地的发展，涌现了大批私立学校。后来被称为马多克学校（Maddock's）的第一所私立学校，其成立时间甚至更早——1835年，当时，校长将他的男校从密拉特大熔炉搬到了马苏里山麓。后来，从大吉岭、穆里到克什米尔的喜马拉雅山麓一线，密布着很多学校；南部的尼尔吉里丘陵也建立了一些学校，但数量稍少。这些学校基本上都是寄宿学校，其中最昂贵的学校希望只招收英国学生，这将对父母更有吸引力，因为他们担心自己的孩子如果与英裔印度人混在一起会有口音。莫莉·凯的母亲听到女儿们用印度英语交谈时，将她们从学校［西姆拉的奥克兰学校（Auckland House）］带走了，让一个朋友的家庭教师来教她们。这种势利的做法非常常见。安·伯金肖（Ann Burkinshaw）不能在她所居住的加尔各答上学，而是被送到了一千英里以外的西姆拉的一所学校，那所学校很小，听不到印度口音。艾伦·罗斯（那个被送到了康沃尔的孩子）在回忆录中写道，山区的学校"被认为不是很合适"。[121]

不管学生是什么血统，大多数学校都渴望品格上尽可能英国化。它们的组织方式效仿"本国"类似的学校，由学长领导，被划分成不同的"学院"（house），充满了体育精神。他们中的许多人居住在维多利亚时代风格的建筑里，外部山墙密布，内部简朴，还有长长的石头走廊。这些建筑没有一点印度风格，在文化上几乎只与英国发生联系。即使在由美国卫理公会教徒开办的女子学校［大吉岭的赫蒙山（Mount Hermon）］，学生宿舍也都被命名为都铎、约克和温莎。和这些地方的所有学校一样，女孩们都被要求穿黑色羊毛袜。

顶尖学校的校长都是牛津或剑桥的毕业生，助理校长也尽可能地从这些大学招聘。女教员似乎来自范围稍广的地域：

1930年代，尼尔吉里斯希伯伦学校的女教师大多来自澳大利亚或新西兰。孟买管区潘奇加尼（Panchgani）男校的招聘说明书宣称，该校教师"在正常的情况下，将完全从英国招聘"。该校成立于1903年，由殖民地和大陆教会协会（Colonial and Continental Church Society）创立，学校承诺"按照英国公学的模式，提供纯正的英式教育"，并且"特别关注"体育运动，"认为体育是发展体魄和品格的一种手段，而非目的本身"。那里的男孩将享受"充足的健康食品"和温和的气候（海拔4300英尺），他们的制服是卡其色的棉质西装，但每周日，身高超过5英尺7英寸的学生可以穿蓝色西装；不足这一身高的学生只能穿伊顿夹克［或被称为"短夹克"（bum-freezers）］。在学校的杂志上，创始人（和所有者）做出了不太可能且（对于一个教会协会来说）令人惊讶的声明，即他们是"现存的唯一一个专门致力于帮助分散在帝国各地的白人男子的协会"。[122]

早在山区流行起来之前，平原上就有了大型学校，比如勒克瑙和加尔各答的拉马蒂尼埃学院（La Martinière College）。但其中的大多数无法与喜马拉雅的魅力竞争。1864年，加尔各答主教乔治·科顿（George Cotton）将圣保罗中学从首都迁到了大吉岭，后来一直设在那里。除劳伦斯之外，科顿是在印度建立山区学校的最重要的人物。这名新主教是阿诺德博士在拉格比公学的弟子，后来担任马尔伯勒学校校长，他的目标是在喜马拉雅中部建立一所学校，它不面向那些"一心崇尚家庭教育"的"富人"，而是面向他所说的"富裕程度处于中产阶级"的家庭，那些无法负担将孩子送去英国的官员和其他政府雇员。他说服总督坎宁勋爵支持这一计划，于是，西姆拉公学（Simla Public School）于1863年如期开学。三年后，这名主教在孟加拉东部的戈莱河（Gorai River）溺水身亡，学校被改名为科顿主教学校（Bishop Cotton's School），后来被称为"BCS"。[123]在科顿夫人的鼓舞下，附近又成立了一所女子学校——奥克兰学校。切尔滕纳姆女子学院（Cheltenham Ladies' College）的几名老师来到这里任教后，该校被称为"印度的切尔滕纳姆"，但对凯夫人来说，染上印度口音的危险还是超过了其教学优势。

科顿主教瞄准的这一阶层，为这些和其他山区学校提供了稳定的生源：工程师和警司的孩子，站长和商店主的孩子，会计师和内河轮船船长的孩子，印度文官机构"编外"公务员的孩子，有足够的钱让孩子在印度接受教育但又不足以送他们去英国上学的家庭的孩子。另一类家长是"土生土长"的茶农或靛蓝种植园主，他们把儿女送到了大吉岭的圣保罗学校，或马苏里的约克学校（York House）和汉普顿法庭学院（Hampton Court College）；他们很高兴看到自己的孩子从"苍白、害羞和退缩"，"在山上待了有益于健康的几个月后，变得健壮而红润"。[124]

科顿主教给出的开办新教学校的一个原因是：竞争对手耶稣会和其他天主教学校在发展壮大。这些学校常常建在圣公会学校附近：1845年在马苏里开办的耶稣和玛丽修道院（Convent of Jesus and Mary），大吉岭的耶稣会圣约瑟夫学院（Jesuit St Joseph's College）——1846年，一名爱尔兰修女就已经在那里创办了洛雷托修道院（Loreto Convent）；1890年代，一座带有巴伐利亚雕像的圣母无染原罪教堂（Church of Immaculate Conception）随之诞生。几个爱尔兰教派在印度的分布也很广，包括圣帕特里克兄弟会（Brothers of St Patrick）和爱尔兰基督教兄弟会（Irish Christian Brothers），后者办了很多学校，如西姆拉的圣爱德华学校（St

Edward's），它是由教区天主教大主教"赞助"的。1930年代，耶稣和玛丽姐妹会（Sisters of Congregation of Jesus and Mary）在《西姆拉时报》（Simla Times，一份天主教报纸）上刊登了整版广告，颂扬其开办的23所学校的过人之处，这些学校从拉合尔一直延伸到德拉敦，向南延伸到孟买和浦那。这些学校并非只面向英国和英裔印度儿童：其中一所设在萨达纳（Sardhana）的"孤儿院和养育院"面向印度女孩，还有一所阿格拉圣约瑟夫印度女童孤儿院（St Joseph's Orphanage for Indian Girls at Agra）。

出于自豪感和宣传的需要，所有学校都喜欢宣传学生的成就。他们需要向潜在的家长表明：他们的儿子也可以效仿刚毕业的学生，进入鲁尔基（Roorkee）的勘测部（Survey Department）或工程学院（Engineering College），甚至可以在桑赫斯特获得一席之地。他们还会宣传其校友，比如戈拉加利的一名学生后来成为廓尔喀旅的一名准将；马苏里在学校屡获奖项的威尔科克斯（Willcox）兄弟，日后也非常成功，其中一人在第一次世界大战期间担任驻法国的印度陆军部队指挥官。1933年，《西姆拉时报》宣称，由爱尔兰基督教兄弟会经营的奈尼达尔圣约瑟夫学院的校友中，有"海德拉巴邦铁路负责人、印度鸦片专员、巴拉班基（Bara Banki）现任副专员和一名西非总督"。[125]

山区学校的英国学生和欧亚/英裔印度学生人数总是保持在5000人左右，远远超过了英国学校中来自印度的英国儿童人数。有些学生只是暂时就读，特别是在战时。未来的剧作家汤姆·斯托帕德在父亲去世后去了大吉岭的赫蒙山（他的母亲嫁给了印度陆军的一名军官）；1950年代，女演员费莉西蒂·肯德尔在父亲的演出团在印度巡回演出时，曾短暂地就读于几家洛雷托修道院。学生的种族背景多年来变化不定，较贫困的英国学生(他们的父母负担不起学费)和富裕的英国学生(他们的父母付得起英国账单)都越来越少,而英裔印度学生和印度学生不断增多。在独立前的20年里,科顿主教学校有四名印度学生队长,他们正接受"领导印度事务的训练"。然而,第二次世界大战使得英国学生的数量回升,他们留在印度是因为父母不愿意让他们冒险乘船回英国。1941年,BCS的新生人数从200人跃升至400人。[126]战争带来的另一个变化是教师的构成。由于男教师去参军了,他们空出的位置通常由女性——军官、政府官员和货箱瓦拉的妻子——顶替。当时,在卡拉奇建立了一所不同寻常的学校,即希基小姐战争学校(Miss Hickey's War School),由一名古怪的女士经营,根据一名学生的说法,她"独自发动了一场战争,反击虐待当地驴子的行为"。如果发现有哪辆驴车经过学校的话,希基小姐会冲出教室,斥责不知所措的赶车人,把驴嘴里的"嚼子"取下来没收。[127]

随着德国的战败和印度的独立,山区学校不再作为英国机构而存在,尽管英国教师继续在这些学校工作。但作为印度的学校,它们得以继续运营,并蓬勃发展。其中大多数学校延续至今。三所劳伦斯学院——两所在印度,一所在巴基斯坦——仍然存在,并保留了"永不屈服"的校训。圣保罗和赫蒙山仍在大吉岭,希伯伦仍在乌蒂,男校(Boys' School)[后来被称为圣彼得学校①(St Peter's)] 仍在潘奇加尼。科顿主教学校和奥克兰学校仍在喜马拉雅,也就是现在的希姆拉(Shimla)。在 BCS,男孩们仍被分成四所学院,一所["勒弗罗伊"

---

① 圣彼得学校最著名的校友是一个名叫法鲁克·布萨拉(Farrokh Bulsara)的帕西少年,他成年后成为皇后摇滚乐队(Queen)的主唱——佛莱迪·摩克瑞(Freddie Mercury)。

(Lefroy)]以拉合尔主教的名字命名,另两所["里瓦兹"(Rivaz)和"伊贝森"(Ibbetson)]以旁遮普省副省督的名字命名——第四所,无需解释了,名为"寇松"。

宠　物

曼尼普尔政治监督官的妻子埃塞尔·圣克莱尔·格里姆伍德将感情全部倾注在她的各种宠物身上。每天早上,她和丈夫都会给所有的宠物喂食,大到马匹,小到"两只小水獭,它们非常温顺,像狗一样跟在我们后面"。她没有孩子,也没有工作,唯一的工作就是为这名政治监督官持家,她所在之地偏远而危险,是一个印度教小邦,四周群山环绕,住着那加部落和库基部落(Kuki)的人;在住所的花园里,前任代表们的坟墓永远提醒着她:她与世隔绝,不堪一击。① 她需要有宠物可照看。她无法想象"如果没有这些动物,印度的生活会是什么样子"。[128]

埃塞尔喜欢收养动物,"当地人知道这件事"后,给她送去了自己抓到的各种动物:鹿、熊、猴子和其他动物。被在印英国人当作宠物的物种数量,足以填满整个动物园。即使是孩子也可能拥有——除了小马、猫、兔子和乌龟之外——长臂猿、豪猪和各种松鼠。男子经常饲养他们在丛林中发现的或由村民

---

① 对于格里姆伍德夫妇来说,危险并不来自那些部落,而是来自曼尼普尔王室。1890 年,一场宫廷革命推翻了当时的大君,扶植他的一个兄弟继任,阿萨姆首席专员詹姆斯·昆顿(James Quinton)率领一支廓尔喀人小分队进驻该邦,以恢复秩序。从计划本身到计划的实施,统统都是错误。战斗爆发后,格里姆伍德、昆顿和三名军官前往王宫,与新"政权"谈判,但他们在王宫被绑架并被处决了,埃塞尔和寡不敌众的廓尔喀部队被迫放弃官邸,逃离了该邦。

赠送的老虎和黑豹幼崽，尽管不能一直养下去：这些动物最终还得送到动物园或放生野外。1886年，总督理事会的法律委员考特尼·伊尔伯特（Courtenay Ilbert）退休时，他的家人实在不忍把宠物都留在印度：于是把黑豹带回英国送到了伦敦动物园，那只长尾鹦鹉则陪着他的女儿去了牛津的萨默维尔学院（Somerville College）。[129]

对于在印英国人来说，宠物至少和在英国一样重要。单身和孤独的时候，有孩子需要娱乐的时候，特别是孩子们离家上学的时候，都需要宠物。宠物们的待遇通常会比在英国更宠溺、更古怪。黑莉夫人（Lady Hailey）的驴子可以和她一起在勒克瑙的官邸门廊上吃早餐；未来童子军的创始人巴登-鲍威尔有几匹小马就像狗一样跟在他身后，一只名叫阿尔杰农（Algernon）的宠物猪也是这样；在埃里克·布莱尔位于缅甸永盛（Insein）镇的房子里，如一名大为惊讶的游客所回忆的，住着"山羊、鹅、鸭子和各种各样的东西"。在孟加拉任职期间，助理治安官H. M.基希也更喜欢将他的宠物养在自己的平房里，包括一只幼豹和一头幼象，直到它们长得太大才作罢。他还养了一只豚鹿、一只水獭、一只非常大的蜥蜴和四只猫鼬。尽管最后这些宠物并不漂亮，也不讨人喜欢，但它们在英属印度很受欢迎，因为就像吉卜林《丛林之书》中的獴一样，它们会吃院子里的蛇，还能除掉平房里的"害虫"。如果从小的时候就开始养，它们可能会温驯、多情。基希让它们中的一只睡在他的壁炉里，另一只睡在他的浴室里。唯一的担心是它们可能会试图吃掉他养的鸟，其中有八只短尾鹦鹉；因此，他不得不把笼子挂在天花板上。

与孟加拉的低级文官相比，高级官员们喂养的动物更多，也更专业。在巴拉格布尔的度假地,总督们有时会有一间鸟舍、一家动物园和一个象群。在加尔各答,首席法官伊莱贾·英庇爵士(Sir Elijah Impey)收集的鸟类和动物之多,令从1777年开始给这些动物作画的三名印度艺术家,花了五年才全部画完。[130] 收藏家收集的动物通常因其居住的地区而不同。如果他们住在缅甸,很可能养长臂猿和猴子;如果住在喜马拉雅,他们会养熊、山猫、雪豹和当地的野山羊。在大多数地方,他们都可以搭建鸟舍和鹦鹉笼,鹦鹉、八哥和长尾鹦鹉都很容易被抓到。文官戈弗雷·戴维斯(Godfrey Davis)饲养的鸟非常多,从爪哇禾雀到孟加拉雀,应有尽有,他用了很多笼子来养这些鸟。每天早上,在位于卡拉奇的家里,他和女儿及两个仆人会将所有鸟笼子搬到草坪上,用他的喷水壶喷洒鸟儿,并移走托盘,让它们在草地上玩一会儿。然后再将所有笼子都搬进屋里,跟鸟儿们说再见后,他再去地方法院。[131]

  最出名的宠物当然是狗,尤其是有着粗糙的白色皮毛和棕色V形耳朵的刚毛猎狐㹴。还有很多其他品种,包括西班牙猎犬、万能梗犬、灰狗,当然还有杂种犬,但小型猎犬(苏格兰犬、公牛犬和猎狐犬)最受欢迎;而且,这些猎犬还能抓老鼠。然而,像所有的宠物一样,狗在印度也有一些弱点。它们可能会被蛇咬伤。可能会中暑,把自己抓伤。如果在海边的话,情况更糟,它们会被冲进大海。更危险的是黑豹。丛林瓦拉詹姆斯·贝斯特知道,黑豹会在他的院子里徘徊,希望捕到他的羊,但这是意料之中的麻烦。更难对付的是它们对于身体肥胖的英国狗的胃口,以及对它们肆无忌惮的追捕;甚至听说它们会袭击走廊,叼走一只牛斗㹴。在奈尼达尔散步时,安·米切尔(Ann Mitchell)"大声地说话、唱歌,希望豹子别靠近我们的狗,我们在狗前面不远处开路,让狗走在中间"[132]。

　　黑豹对于养狗是一种威慑,但更大的威慑是狂犬病,可经胡狼及其他犬科动物传播。在一些地方,比如信德,狂犬病非常普遍;罗杰·皮尔斯的一只狗就死于狂犬病,另一只死于犬热病。宠物狗常会死亡,有时人也会丧命,甚至在卡绍利的巴斯德研究所(Pasteur Institute)于 1900 年成立后,也是如此,该所位于德里以北 180 英里的旁遮普省。不幸的是,卡绍利离印度大部分地区都太远了,疑似狂犬病患者迫不及待地想知道咬伤他们的狗是否真有狂犬病:他们会被塞进牛车,拉到最近的火车站,然后由火车运往旁遮普,总共可能需要四天。

　　戈登一家在卡绍利的痛苦经历尤为难忘。阿瑟·戈登的妻子凯瑟琳曾要求他不要在他们位于阿萨姆省的家里养狗,因为两个女儿都还年幼,她害怕狂犬病。但他无视她的想法,买了三只西班牙猎犬,果不其然,这些狗染上了狂犬病,咬了他和小女儿鲁默。在阿瑟和小女儿穿越印度北部进行胃部注射期间,凯瑟琳到一个茶叶种植园小住,不幸的是,茶园主人的狗也得了狂犬病,咬了她另一个孩子的嘴唇。尽管时值 7 月,她又怀有七个月的身孕,但凯瑟琳别无选择,只能跟随另一半家人乘火车穿过恒河平原,前往卡绍利;这些事对她的打击太大了,以至于一到卡绍利就生下了第三个女儿。所有人都挺过了这场意外,但鲁默说,阿瑟的妻子始终无法完全原谅他。[133]

第十一章 形式主义

"礼宾礼节"

英属印度的社会等级有两种不同的划分方法。一种势利的方法是基本按照种族划分。正如文官爱德华·韦克菲尔德所说的:"那些出生于英国的人瞧不起'乡巴佬'。乡巴佬家庭又鄙视混血家庭;混血家庭则似乎认为,只要鄙视一切与印度沾边的东西,他们就能在某种程度上清除自己身上的杂质。"[1]第二种势利的方法是按照职业划分,有些类似于印度教的种姓制度,印度文官机构相当于该等级制度中的婆罗门,货箱瓦拉(如同印度教中的吠舍)在这一等级中的地位则较低。由于东印度公司的文官本身也曾是商人,所以这种划分相当荒谬,但现实就是如此。

军官认为自己在社会地位上与文官平起平坐,但由于他们的薪水较低,影响力也较小,所以他们的地位实际上排在文官之后。紧随其后的是印度医疗机构的医生、英国的律师和公共工程部的工程师,然后是教育部、邮电局和铁路局的官员。在官员之下,则是货箱瓦拉、种植园主和其他"手工艺"人。自然,等级的划分会因时代和地域而异。1870年的社会等级差异比1910年更显著;律师在加尔各答的社会影响力比旁遮普省大,但军人在加尔各答的影响力就不如在旁遮普省。然而,在任何时代,男人都倾向于在职业圈子内结交，或偶尔在相邻圈子结交；他们的妻子更是如此。

即使在这些职业内部，也存在等级和细分。在骑兵团，马匹补给部门军官的地位不如枪骑兵军官。在商人群体中，等级制度很分明，顶层主要是大银行、管理机构、P&O 和铁路公司的领导人物。在其之下是一群经理和工程师，然后是推销员和店主。[2]就连一家大商店的经理也只被当作"售货员"，地位较低，有一个"出身于零售业"的人，显然在成为一名成功的商人后，仍对此"耿耿于怀"：根据吉兰德斯经纪公司（Gillanders agency）威廉·塔利（William Tully）的说法，此人举止"装腔作势"，就是为了克服"巨大的自卑情结"。[3]

类似的等级制度似乎在各行各业都存在，甚至在铁路部门，一名站长的妻子认为晚宴时她应该比另一名站长的妻子先入席，因为她丈夫"并没有在主线上"[4]。人们很少能逃离阶级意识强的同胞（通常是女性）所处的圈子。旁遮普省一个敏锐的印度人指出，如果你是苏格兰人，而且保留了乡音，事情就会容易得多，因为这样就很难给你归类，就像牧师、医生一样，你会在俱乐部里获得"一定的社会中立性和相当高的最低接受度"。[5]另一种逃脱的方式是成为一个漂亮的、擅长网球的女性。朵拉·约翰斯顿（Dora Johnston）是拉瓦尔品第一名铁路工程师的女儿，但她是一名优秀的网球运动员，所以"走到哪里都会受到邀请，被'品第'精英劲旅中的小伙子们选为搭档"[6]。最后，她没有嫁给枪骑兵军官，而是嫁给了文官哈里·圣约翰·菲尔比（Harry St John Philby）［离开印度文官机构后，他被称为"阿拉伯的菲尔比"（Philby of Arabia）］，并

于 1912 年在旁遮普省安巴拉生下了他们的长子——未来的间谍基姆①。⁷

英国人在印度建立的这种等级社会需要以一种正式的方式加以规范，正如一名年轻文官在抵达旁遮普省时所抱怨的，需要"严格地遵守礼节"。⁸名片制度就是这种礼节最极端的表现形式。民站新来的人需要拜访每个英国家庭，并在每栋住所外的小锡盒或小木盒里留下一张名片（不是印刷的，而是蚀刻的），上面刻着他的名字、军衔（如果是军人）和所属俱乐部的名字（而非他的地址）。即便在一个很小的避暑地，由于各家房子坐落在山间不同的高度，也需要好几天时间才能拜访完；而乘着轻便马车（并穿着晨礼服）走遍马德拉斯，则需要几个星期。第一次拜访时，主人表面上"不在家"，当新人和主人最终穿着各自的制服正式见面时，正值中午到下午 2 点之间最热的时候。这个制度颇为奇怪，一名孟买的太太认为它简直疯狂，但大家仍得遵守，正如她自己所说的，早上 7 点到 10 点是"骑马或狩猎"的时间，而"4 点到 6 点是雷打不动的俱乐部和马球茶点时间，所有人都会参加"，因此，"唯一可以正式拜访的时间"只有中午。⁹

几乎所有人都承认这个制度和时间的安排愚蠢至极，正如《先驱者报》（Pioneer）的一名记者所指出的那样，这明明会给"一众善意的两足动物……带来极度的不适"¹⁰。然而，没有人试图改变它。温斯顿·丘吉尔中尉可能选择不去"拜访"——"这个国家的荒谬习俗"，但他有足够的傲气不去在意当地"社

---

① 基姆·菲尔比（Kim Philby）的教名也是哈罗德（Harold），但他父亲听到这个小男孩用旁遮普语和仆人们交谈时，想起了吉卜林的书，说道："他是一个真正的小基姆。"于是这个名字就叫开了。

会",而且,无论如何,他也没打算在一个他认定英国人的"生活"是"愚蠢、乏味和无趣"的地方待太久。[11] 没有留下拜访名片的助理治安官或印度陆军中尉发现自己受到了排斥。居民们极为不悦,拒绝承认他们,更不用说邀请他们参加任何聚会了。1920年代末,莱亚尔普尔(Lyallpur)的银行经理戴维·约翰逊(David Johnson)拒绝了县官的晚宴邀请,他说,这名低级文官(将参加晚宴的文官)"没有遵循礼节来拜访我们,我们宁愿不与他见面"。[12]

在级别更高的府宅、驻扎官或总督的官邸,则不需要拜访名片。来访者或新任官员只需在官邸的留言簿上写下自己的名字,然后他们会被邀请参加至少一次活动。1930年代,克什米尔驻扎官的私人助理会将这些名字分在不同的标题下,然后打印出名单,不太重要的名字被打在"鸡尾酒或自助午餐"下,级别较高的则在"午宴或晚宴"下;"茶和网球/槌球"的邀请函应该是发给较年轻的一组人。将自己的名字写在总督的留言簿上非常重要,因为这样才能被列入名单。1923年,仅就当年2月之前来访过的人,德里临时总督府就打印出了一份长达65页的名单。[13]

在英属印度,就餐座位的安排不是根据谁可能会和谁相处,或哪些客人可能有共同兴趣而安排的;从总督府到法官的住宅,座位的安排完全由资历决定。如果女主人或副官不知道一名准将是否比一名专员的级别更高,他们可以查阅一份名为《礼宾排序》(Warrant of Precedence)的政府刊物,并会发现准将的级别确实比专员高一级。韦尔登主教无法理解为什么"位次礼仪"在印度比在英国更受重视,他认为这种僵化的制度给英印社会投下了"相当令人沮丧的阴影"。在加尔各答,对于在

"那个季节"（冬季的几个月）总坐在同一个人旁边，人们感到"无聊得要死"。在舞会上，玛丽·寇松总得先与孟加拉副省督（在他所在的省里，地位仅次于总督夫妇）跳舞，然后与总司令（顺序紧随其后）跳舞。如果这两位绅士出席晚宴，她必须坐在他们中间；如果两人没出席，下一人是孟加拉首席大法官和加尔各答主教（韦尔登）。总督或省督出行巡视时，变化甚至更少。1917年，总督切姆斯福德勋爵（Lord Chelmsford）访问信德时，总是坐在专员的妻子罗莎蒙德·劳伦斯旁边，后者发现"要在连续16次进餐时都表现得聪明、有吸引力和机智，真是太难了"。[14]

印刷版的礼仪规程涵盖的内容远不止省督及其随行人员在巡视期间的座次安排和菜单。还有一些用于详细说明行程安排的小册子：哪些副官乘坐哪辆车，谁负责行李，军医和私人秘书是否共用一名男仆，车辆将在何时、以何顺序出发前往目的地——学校、医院、市政办公室、王公或地主的园会，以及所有这些访问、会议需要多长时间。如果一名省督前来参加一项重要的活动，他会极其严格地遵循规程。正如一个名叫詹姆斯·哈利迪的文官所描述的，省督阁下的汽车在红地毯旁优雅地停下来了，某位重要"人物"正等着迎接他和他的夫人；司机旁边的一名男仆跳下车来，打开了车门；当班的副官缓慢地下车，然后是私人秘书；接着，仪仗队"将枪斜举，准备行礼"，乐队指挥"举起了指挥棒"；这时候，省督阁下下车了，夫人紧随其后，副官敬礼，私人秘书脱帽，这位重要人物鞠躬、握手，仪仗队举枪致敬，乐队指挥挥动着指挥棒，所有人都起身静立，乐队开始演奏《天佑国王》（God Save the King）。[15]

英属印度的社交娱乐活动大多是从英国引进的，有晚宴、网球聚会、化装舞会、早间咖啡派对、鸡尾酒会（从1920年代开始）、野餐、舞会、周日午餐、军团舞会（跳舞时军官可以脱下马刺，以免扯破女士的礼裙）和省督花园派对（在这些派对上，所有人都要在演奏完《天佑国王》且主人离席后，才能离开）。省督经常要招待大批宾客，不仅包括在来客留言簿上签了名的英国人，还有印度的知名人士和来自欧洲大陆的"著名"游客。20世纪初，查尔斯·贝利（Charles Bayley）在担任海得拉巴驻扎官期间，不得不招待了一位总督、两位马德拉斯省督、威尔士亲王和王妃，以及两位巴伐利亚王子、德国王储、黑森伯爵和四位来自法兰西共和国的波旁王子。[16]

　　国事活动的各项安排组织得很好，执行得很严格。作为总督夫人，雷丁夫人（Lady Reading）或许可以在西姆拉组织一场"化妆或假面"的"月光晚会"，但在德里，她必须遵循先例，舞会以枪骑兵方块舞开场，然后是一支"华尔兹"、一支"狐步舞"和一支"一步舞"，"华尔兹"和随后的每支曲子都重复三遍。[17]宾客收到邀请函的同时，会收到一份打印的节目单，并附上一支小铅笔，这样他们就可以填上舞伴的名字了。当然，所有此类活动都讲究着装得体。在总督府的门廊里，副官过去常会备好一盒白色长手套（还有16颗纽扣），供那些忘记自带手套的女士使用。然而，那些忘记穿长袜的人却得不到一双新袜子；她们的丈夫或父亲早上会接到电话，让他们严加管教。[18]更重要的是，副官和秘书必须确保所有相关人员都受到了邀请，并确保他们用餐时在正确的位置就座。个别情况下，活动场合可能会过于私人化和复杂，即使有《礼宾排序》，也解决不了问题。如果在西姆拉为总督和总司令举行一场舞会，应不应该邀请那个传闻是总司令情妇的女人呢，尽管总督已经将她排除在其官邸之外？（这个棘手的问题引发了一些激烈的争吵，后来，舞会因其他原因取消了。）阿尔弗雷德·莱尔也遇到过一个难题，作为西北省副省督，他必须决定是否邀请一名女子参加一场晚宴，她"逃离了丈夫，离了婚，然后又和丈夫复婚了"。尽管他不确定该不该问她，但最终还是问了，结论是"她丈夫最清楚"。[19]

君主的庆祝活动——周年大庆、加冕典礼和更常见的王室成员生日庆典——都是举行正式授勋仪式的场合，英国和印度臣民被授予荣誉。在国宴开始前，所有客人身着全套制服，爵士头衔的领受者会走到讲台上，省督及其卫兵在那里等待他们，授予状被放在一个垫子上。在乔治三世统治期间，加尔各答总督会在6月国王诞辰日当晚举办一场"公共晚宴"、一场舞会和夜宵，只有在天气"异常炎热"的情况下，活动才会被推迟到12月举办。[20]这一习俗延续下来了，并扩大到了在全国各地举行的阅兵式，从卡拉奇到班加罗尔。同样是在6月，这座南部城市为乔治五世举行的诞辰游行，是希腊家庭会坚持参加的活动：如果不参加的话，在他们看来，就像"在圣诞节不去教堂一样亵渎神明"。国歌奏响时，人群脱帽而立，部队穿过广场，英国步兵走在前面，后面跟着迈索尔骑兵、马炮兵和新装甲车。[21]不那么正式的庆祝活动包括为国王的健康干杯，或者用威廉·希基的话说，"为乔治三世举杯，尽情畅饮"。100年后，维奥莱特·雅各布（Violet Jacob）记录了一场三人聚会——在丛林中庆祝维多利亚女王的生日，"相当庄严地"举杯，祝"她健康长寿"。[22]

几乎一成不变的社交礼仪是靠大量的礼仪制服支撑的。1935年，史蒂文森-汉密尔顿中尉成为旁遮普省督的副官时，被要求准备"几套普通套装",在平时"没有什么活动"的时候穿,一套用于午宴的正式的细条纹西装,一套用于茶会的轻便正式西装,一套用于园会的晨礼服配条纹裤子和大礼帽,外加几套制服:一件工作人员外套(蓝色,配有深紫色的燕尾,用作晚礼服),军团礼服(头盔上有一束红天鹅的羽毛作为羽饰)和"蓝色便服"(实际上是"非常正式的"),一件与靴子、马刺、剑和一顶带长金穗的头盔搭配的全长礼服。[23]高级别官员在着装上也丝毫不能放松。1939年,厄斯金勋爵建议接替他担任马德拉斯省督的官员,他需要准备一件燕尾服、一件礼服大衣、一件招待会礼服外套(蓝色,带金色领口和袖口)和一件大礼服(全身都是金色)。他个人对印度的妥协是在马德拉斯的晚上穿上军官的长筒靴,用来"防蚊,这些蚊子特别喜欢欧洲人的'新鲜血液'"。但他不需要把靴子带到乌蒂去,因为他的夏都"远在蚊子活动带之上"。[24]

英国当局通常坚持要求在伦敦举行的一些仪式必须在加尔各答重复一遍,尽管这座印度城市的居民直到大约五个月后,才会知道在帝国首都发生的事情。1817年11月初,摄政王的女儿夏洛特公主(Princess Charlotte)去世了,虽然伦敦法院开始悼念,但加尔各答的公民一直到次年4月19日才穿上丧服。对于丧服和其他制服,当局通常不会理睬不同气候可能需要不同着装的言论。在官方场合,军官和官员必须尽可能地"遵守伦敦的着装规范"。根据1823年3月发布的《总则》(General Orders),他们可以"在炎热的季节穿白色棉布或亚麻裤",而不是"紧身裤",但除了这唯一的"通融"外,军官必须"严格按照"伦敦的《国王条例》(King's Regulations)着装。[25]"严格遵守派"和"放松派"之间的争论又持续了一百年。1919

年,孟买省督卫队的队长仍然坚持要求所有官员在最热的天气里穿上厚重的军礼服,尽管总督本人很乐意让他们穿轻便的"白色军官服"与他一起用餐。在1939年初巡视南方时,林利思戈总督采取了折中做法:白天穿"白色礼服",园会上穿晨礼服,国宴上穿晚礼服。[26]

加尔各答的英国人比其他地方的英国人会更严格地遵守社交礼仪,可能是因为他们在孟加拉待的时间比其他任何地方都长(除了马德拉斯),而且更沉迷于先例。1860年代初,约翰·比姆斯在旁遮普省时,一个同事会说,"今晚来吃饭吧",但在孟加拉,主人总是给他发书面请柬,请他赏光。[27] 半个世纪后,在孟买,一名货箱瓦拉可能会只穿衬衫吃午饭,但如果被调到了加尔各答的办公室,他就必须穿上外衣、打上领带吃午餐。这并不代表孟买在一天的晚些时候对于着装很随意。如果那个货箱瓦拉下午出海了,他必须换下游艇衣服,换上硬领和领带,然后才能在孟买皇家游艇俱乐部喝茶,坐在草坪上听乐队演奏;如果他留下来吃晚饭,则必须打上白领带、穿燕尾服,除非他要穿俱乐部的蓝外套制服,配有暗黄色镶边、白色马甲和数不清的"锚和缆绳"的镀金纽扣。[28]

在晚餐时换上光鲜的衣服并不是英属印度独有的习惯。但在丛林中为晚餐精心打扮的画面总令人忍俊不禁。晚上露营时穿一件浆过的衬衫和扎一条礼服腰带似乎很荒唐,但在汗流浃背一整天地检查村子排水沟或在丛林中披荆斩棘之后,必须换衣服。印度人自己也会这么做。多年后,"老手们"因为这个习惯而受到嘲笑时会感到很困惑:这似乎"和刷牙或刮胡子一样,再寻常不过了"。[29] 正如吉卜林所理解的那样,这也是孤独的人们努力不"崩溃"或不变得"不修边幅"的一个重要仪式。在他的故事《在鲁克》("In the Rukh")中,一名独自生活的林业官员每晚都会穿上一件白衬衫,以便"在与世隔绝的环境中保持自尊"。在他位于拉合尔的家中,吉卜林也这样做——即使在父母不在的情况下——因为"如果一个人打破了为最后一餐打扮的习惯,就等于他放弃了最后的希望"[30]。

如果在丛林中都能够讲究礼仪,那么在偏远地区的小民站当然也如此,尽管女主人需要借用邻居的器皿和餐具,因为她们自己很少有足够的餐具。借用仆人——就是1830年代朱莉娅·梅特兰记忆中"每把椅子后面那个戴着头巾、像苏丹一样的人"[31]——的习俗也延续了下来,只是没那么盛行了。1920年代,玛奇·格林和她当文官的弟弟阿诺德在信德的民站外出用餐时,一个"帕特瓦拉"(patiwallah)(阿诺德办公室的信使)走在他们前面,挥舞着灯笼(为了找蛇),拿着一块布(在到达时给他们擦鞋子),他们后面跟着一个男孩,"出去吃饭的时候,他总是来帮忙服侍"[32]。

另一个延续了很久的习俗是用法语写菜单。玛奇和阿诺德在偏远地区的住所款待客人时,玛奇不会这么费心,但她在卡拉奇担任信德专员的社交秘书时,就必须这么做(而且还得保证不出差错)。这个习惯始于19世纪中叶,一直延续到了1920年代,但后来衰落了,至少在最不重要的官方场合不再被采用。1924年,在班基普尔为一名文官举行的告别晚宴上,所有的九道菜——从开胃菜(Hors d'Oeuvre)和佛罗伦萨焗烤鱼(Poisson à la Florentine)到冰桃炸弹(Bombe à la Pêche Glacée)和咖啡(Café)——都是法语,但随后几年,在同样的晚宴上,菜单都采用了英语,尽管其中有一些法语词(想必现在已被认为是英语化的词了),如"Hors d'Oeuvre"(开胃菜)和"Entree"

（主菜，不再带有明显的法语发音）。[33]比班基普尔级别更高的地方则不愿改变这个习惯。在为焦特布尔大君举行的授勋仪式宴会上，德里的总督府（Viceregal Lodge）用法语印制了菜单（*Dinde Strasbourgeoise*，斯特拉斯堡火鸡），印度王公们也回馈了这一礼遇。1923年，在博帕尔举行的一场国宴上，执政女邦主的菜单采用了法语，尽管不是很准确，而且还有几道菜——丹麦黄瓜（原文如此）、米兰芦笋、挪威松饼（原文如此）和什锦水果冰淇淋［*ConcomreDanoise*（原文）、*Asperges Milanaises*、*Croútes Norvegiennes*（原文）和 *Glace Tutti Frutti*］——向除法国之外的其他欧洲国家致意。[34]高雅餐厅仍然沿用法语。1938年，佩利蒂餐厅（Peliti's）（加尔各答最高档的餐厅之一）、泰姬酒店（the Taj）（孟买最高级的酒店）甚至于威林登俱乐部（Willingdon Club）的正式晚餐均沿用法语菜单。[35]

英国人在印度的生活注重礼仪体现了其一个非常鲜明的特点：表面上的多样性背后，实质上的一致性。居住在民站的英国人所形成的社会，想必是这个星球上最缺乏多样化的社会之一。1897年，约翰·佩罗内特·汤普森（John Perronet Thompson）作为印度文官机构格里芬抵达印度，当时，他指出这个群体注定是有限的，因为没有人富有，没有人贫穷，没有人年老，没有人年轻——除了少数6岁以下的幼儿。如另一名文官所说的，这个社会"既没有因年轻人的想象力而意气风发，也没有因暮年的感慨而变得温和"[36]。

另一个限制因素，至少在主要城市以外的地区是，这是一个"官员社会"——主要由官员组成，而且，正如我们所看到的，是一个高度等级化的官员社会。在汤普森时代，大多数文官都曾在牛津和剑桥接受过教育——其他许多官员也都上过大学，但在印度，他们很少提及自己在教育阶段曾感兴趣的话题。正如韦尔登主教所抱怨的那样，官员们谈论工作、体育、八卦、休假、在山里的生活以及升迁的前景，但他们很少讨论艺术或文学。当然，如汤普森所承认的，他们选择成为"行动派"，喜欢户外生活而非成为伦敦的文学评论家或贝利奥尔学院的典型学究。即使你喜欢歌剧，如果从未有机会看《莱茵的黄金》（*Rheingold*）或《帕西法尔》（*Parsifal*），你就无法真正谈论瓦格纳如何改变了歌剧。人们也可以为没有读太多文学作品的人找到借口——因为他们的工作太忙了，因为他们的书在这种气候中都散了架，因为书店很少（并且希望谈论书籍的人也很少），但这些借口并不能完全解释为何在印英国人总体上如此反智，为何——正如格里芬赫伯特·吉（Herbert Gee）感叹的——"我们几乎完全忽略了事物的美学和艺术方面"[37]。对绘画感兴趣的人可能无法跟随欧洲艺术的潮流和发展，但他们本可以购买印度画家的画作，然而，很少有人对印度艺术产生足够的兴趣而愿意这样做。①

在印英国社会之所以千篇一律，很大程度上是由于他们中的大多数都来自相似的阶级背景。上层阶级很少去印度，除非担任几年省督或某英国军团的军官，而工人阶级主要局限在军营或铁路上，因而在印英国社会主要由中产阶级构成，其中又包含了多种不同的细分阶层，其细微差别令人难以分辨。这并未阻止这一阶级的男性和女性意识到他们之间的阶层差异，或者在印度环境中增加的差异，但从外部看，他们可能并没有太

---

① 本段叙述中的一些例外将在下一章中讨论。

大的不同。高级文官和他们的妻子——通常被称为"上层人士"——可能看起来很高贵,比工程师或站长高人一等,但对于驻扎在印度的上流社会的将军来说,他们就像那些"在汉普郡我的住处周围搭小平房的可怜虫"。[38]

在印英国女性名声不佳,特别是在男性审美家眼中,他们往往将女性一概而论。1912年,E. M. 福斯特第一次乘船去印度时,一听到她们的谈话,就认为她们"相当堕落,在本地人问题上令人憎恶";后来,在《印度之行》(A Passage to India)中,他将她们虚构为特顿太太(Mrs Turton)和卡兰德太太(Mrs Callander),并加以讽刺。他的朋友戈兹沃西·洛斯·迪金森(Goldsworthy Lowes Dickinson)也在那艘船上,他甚至更野蛮,嘲笑她们是"头脑空洞、内心空虚的女人,试图通过鄙视当地人来填满她们自己"。另一个搞文学的朋友 J. R. 阿克利(J. R. Ackerley)描述了在印英国女性如何"以一种轻松的、聪明的方式大声"交谈,以及一名英国妇女如何警告他不要试图"理解当地人黑暗而扭曲的心灵"。这样的批评太司空见惯了。廓尔喀旅上尉约翰·莫里斯将同僚们的妻子描述为"脾气暴躁的泼妇",而乔茜·达林(Josie Darling)本人就是一名年轻文官的妻子,她对那些"在英国只是无名小卒",来到印度后却变得高高在上、不可一世的英国妇女感到非常愤怒。[39]

很多女性并不符合这一"类型",她们中的一些人将在下一章中得到讨论。不管怎样,还是存在一种类型。令批评者反感的是,某些女性的做派就好像她们上升了一个阶层,因为在印度,她们可以负担得起仆人、马匹和一栋大房子的费用。乔茜·达林认为,那些原本属于"'埃丁伯勒女士'(Edinboro ladies)阶层甚至级别更低"的女性,在印度会摆脱"莫宁赛德那群人"（Morningside Set），摆出"贵妇人的架子"。18世纪末，随着妇女们陆陆续续地到达印度，也发生了类似变化。当时的一名观察者称，一些军官的妻子在来印度之前，不可能奢望"一个月换两次衬领"，现在却"摆出一副淑女做派"。然而，她们依然——如旅行家玛莎·格雷厄姆（Martha Graham）在19世纪初坚称的——"缺乏教养，穿着俗艳"。1848年，福克兰夫人作为省督夫人抵达孟买时，注意到当地的女士比在英国时"更在乎自己的地位"。半个世纪后，另一名省督夫人似乎亲身印证了这一观点。1912年，悉尼·韦布和比阿特丽斯·韦布夫妇访问孟买时，嘲笑克拉克夫人（Lady Clarke）在嫁给第三任丈夫省督乔治爵士（Sir George）后，摆出了可笑的"王室气派"，而从前她不过"身居小屋"。[40]

如果说这种蔑视在很大程度上是势利的话，它也反映出了一定的事实。军医欧文·伯克利-希尔注意到，那些出身"不是淑女"但在印度发现自己处于优越社会地位的女性，"经常对那些她们［曾经］认为地位不如自己的人跋扈又刻薄"；"总能制造出各种麻烦"。[41] 即便福斯特也不会断称她们都是这样的人，但的确会有足够多的女性抱团形成一种广泛的、非正式的联系，建立起一种社会和文化上的优越感，并将她们的价值观传递给下一代。英国男性需要结识各种印度人，不仅仅是仆人或店主；在工作中，印度文官机构的官员必须结识下至农民、上至王公的各个阶层的印度人。但很多英国女性，至少是那些没有职业动力去与印度人交往的女性，往往只与自己的同胞交往。难怪她们会感到寡不敌众，有时还觉得被围困了，面对自己的处境，她们的反应是呼吁团结，不仅试图通过建立统一战线来对抗印度极其危险，而且还试图在自己人当中反对那些潜在的和现实的破坏分子。因此,一些年长的女士常常"管教"年轻的妻子,把她们哄到俱乐部和桥牌桌前,教导她们遵守礼仪和检查厨房的必要性,告诉她们如何对待仆人,并警告她们——如果她们表现出令人担忧的倾向的话——不要与印度人太过亲近。

如果她们认识伦纳德·伍尔夫的话,一定会认为他是一个颠覆分子,尽管他其实并没有埃里克·布莱尔那么有颠覆性,而且他只有在作为帝国主义者(就像《1984》未来的作者一样)参战时,才表现出温和的反叛。尽管伍尔德很多事做得都对——他打桥牌和网球、在俱乐部喝威士忌、养了一只狗(刚丝猎狐狸),但他太聪明了,太"剑桥"了(他随身携带1784年版的90卷伏尔泰著作),太喜欢去偏远的地方体验锡兰"最古老的田园文明的生活和交通"了。他还是一名敏锐的观察者,尽管女士们可能只会对此表示怀疑,但他对于次大陆的英国社会的自命不凡与局限性的观察一针见血。他写道,"正如你在吉卜林的故事中所看到的",那个社会——无论是在印度还是在锡兰——基本上都在郊区,与帕特尼(Putney)或佩卡姆(Peckham)没有太大不同,弥漫着"热带郊区的那种空气"。不同之处在于,热带地区的英国人的行为举止更盛气凌人。他们的谈话通常都很琐碎——八卦、体育和"商店"(工作),但他们本身很"高贵,因为在一个陌生的亚洲国家,我们是统治阶级"。

尽管伍尔夫生活在爱德华时期的锡兰,但他总觉得自己生活在吉卜林笔下1880年代的印度。他会遇到戴着头巾的泰米尔人,认为他"真像吉卜林故事中的一个人物",还会遇到一些"白人",认为他们"在很多方面也与吉卜林故事中的人物惊人地相似"。有时他会怀疑自己是不是一个真实的人,一个即将目睹博甘布拉监狱(Bogambra Jail)绞刑的文官,还是正置身于《雪松之下》(*Under the Deodars*)当中,"过着吉卜林笔下的故事人生"。他写道:"我永远也无法断定到底是吉卜林准确地按照英印社会的形象塑造了他笔下的人物,还是我们准确地按照吉卜林故事中的形象塑造了自己。"⁴²

俱乐部

对很多人来说,最能代表英属印度的莫过于"俱乐部"的各种形象了。这可能是福斯特虚构的俱乐部,如戴维·利恩(David Lean)在电影《印度之行》中所拍摄的那样,聚在一起的男男女女变得刺耳和不理性,面对山洞里一起不知原委的事件,就好像碰到了一起谋杀案,并提出愚蠢的建议,如召集军队去"清理集市",并把妇女和儿童送到山里去。然而,福斯特本人从未目睹过这样的场面,其他人也没有,这样的聚会不会在俱乐部举行。更真实的画面——一个被大量拍摄和描述的画面——会更悠闲、更宁静。人们坐在阳台的藤椅上,裹着头巾、系着腰带的仆人给他们端来冰镇饮料;他们可能在看其他会员打槌球,可以听到其他会员打网球的声音;很快,乐队就会开始演奏。在俱乐部,男人们坐在扶手椅上看报纸和杂志,可以听到过道对面打台球的声音。

俱乐部是民站和军营的社交中心,对文职官员来说比对军官更重要,因为文职官员没有聚会的场所。俱乐部是一个可以去休闲、锻炼和交谈的地方,在那里你可以随心所欲,或严肃认真,或轻松随意。正如一名文官所回忆的,那是一个"消除工作烦恼"的地方。如果法官和地方行政官在法庭上对某个案件意见不一，他们可以在事后抽上一支雪茄，喝上一杯酒，然后继续做朋友。但俱乐部的历史并不久远，它只是东印度公司统治的遗产。在大起义之前，只有大城市才有几家非常高级的俱乐部，直到1870年前后，才在偏远地区成立俱乐部。在那一年之前，民站唯一的聚会场所是教堂和咖啡店（如果有的话）；在那之后，俱乐部发展得非常快，十年内，几乎每个民站都建了一个俱乐部。

报纸编辑斯坦利·里德（Stanley Reed）称为"印度俱乐部中的贵族"的孟加拉俱乐部、马德拉斯俱乐部和孟买比库拉俱乐部（Byculla of Bombay）分别成立于1827年、1831年和1833年，与伦敦蓓尔美尔街（Pall Mall）的一些主要俱乐部同期成立。① 据孟加拉俱乐部第一任负责人芬奇上校（Colonel Finch）的说法，成立孟加拉俱乐部很有必要，因为加尔各答"当时没有什么体面的酒店或咖啡馆……"。[43] 它最初建在丹格广场（Tank Square）（后来被称为达尔豪西广场），然后搬到了乔林基街的麦考利故居，后来又搬到同一条街的另一处地址，并于1911年在那里开设了最为宏伟的会所。这座会所宏伟却不切实际。研究它的历史学家称它的"逐步扩建"的建造方法导致了"很多不可思议的怪事"，直到"这座建筑接近完工时，才发现从二楼到一楼没有楼梯"。尽管"在大厅后面加了一段壮观的大理石楼梯"挽救了这一局面——"亡羊补牢，但维护这座怪异而巨大的建筑物的费用一直高昂。至于会员资格，这家俱乐部偏爱资历，以至于无论官员还是商人——按照其历史学家

---

① 里德添加了第四家"贵族俱乐部"——卡拉奇的信德俱乐部（the Sind），但由于这个港口直到1843年才成为帝国的一部分，因此这家俱乐部的年份稍晚（1871年）。

的说法——都在某种程度上给俱乐部"强加了一点庄重的气氛,如果不是浮夸的话"。一个在第二次世界大战期间参观过这家俱乐部的美国人将其描述为"怪人宫殿(Dook's Palace),而且怪人们气息全无地躺在楼上",另一个美国人看到会员们午餐后在阅览室里睡着后,评论道:"太好了,这真是太好了,但在美国,我们会埋葬死者。"[44]

或许俱乐部主席听到了这些说法,1947年,他建议将其拆除,理由是这座建筑"不合时宜,……从设计到建造没能考虑现代俱乐部生活的需求"[45]。事实上,这座巨大的乔林基街建筑直到1970年才被拆除,当时售出了大部分地皮,俱乐部在罗素街(Russell Street)的一块地皮上重建了一栋较小的建筑。2018年,这家俱乐部仍然存在,当然,它接受印度会员。

如果说孟加拉俱乐部是英属印度最荒唐的建筑物之一,那么,与它同为"贵族"的马德拉斯俱乐部——人称"俱乐部中的王牌"——则是最漂亮的建筑物,它带有廊柱,属于帕拉迪奥式风格,并且非常庞大,以至于一名文官开玩笑说,"你进去过三四次可能还会迷路……还会觉得有些地方没去过"[46]。据说这里有亚洲最辣的咖喱、最优雅的仆人和最长的吧台。一位会员写了一首打油诗颂扬它:"印度最长的吧台连起/辛辣的故事和冰爽的饮品"[47]。无论这家俱乐部多么欢快,里面同样等级森严。低级会员只能聚在吧台的一端,除非被邀请与高级会员一起喝酒,否则,不能到另一端去。女士们根本不允许进入酒吧,她们只能待在被称为"母鸡窝"(moorghi-khana)的女士配楼,1918年的停战日除外,她们被从配楼拉过来,并被要求端送庆祝饮料。[48]

马德拉斯俱乐部拒绝女性入内,促使1890年成立了一家几乎同样漂亮的俱乐部——阿迪亚俱乐部（the Adyar），它有一个八角形的穹顶和临河的花园，并鼓励人们加入，"以摆脱严厉的马德拉斯俱乐部"。印度独立后很久，两家俱乐部被迫合并了，都搬到了阿迪亚大楼。由于年轻的阿迪亚俱乐部最终在1960年接受了印度会员，马德拉斯俱乐部的忠实会员也不得不做出了妥协。[49]

民站的俱乐部当然比不上"贵族"俱乐部。其中一些民站的俱乐部非常小。孟加拉总部锡拉杰甘杰（Sirajganj）的俱乐部——正如乡官所感叹的——就是"一个只有两个房间的铁皮棚子，一间用来打桥牌，一间用来打台球"。旁遮普省萨戈达（Sargodha）的俱乐部令1927年的一名格里芬热衷不已，认为那是一个"非常可爱的小"地方，有桥牌、台球和草地网球场；但他很快意识到，会员实在少得可怜，有时甚至凑不齐打桥牌或网球的四个人。[50]大型民站俱乐部的设施自然更齐全，不但有游泳池，往往还有高尔夫球场。这些地方可能还会有各种竞技俱乐部，更倾向于体育运动，也更适合于妇女儿童。不少俱乐部可能仅局限于一些基本活动（网球—饮料—桥牌—晚餐—台球），但有些俱乐部则更发达、更多样化。缅甸的主要避暑地眉谬的俱乐部不仅有间很大的女士休息室，还有一块草坪，里面有跷跷板和沙坑。

在城市，有人脉的富人可能会加入好几家俱乐部。在仰光，他可能会把勃固俱乐部当成社交俱乐部，同时还加入吉姆卡纳俱乐部（the Gymkhana）进行体育活动，加入乡村俱乐部骑马，还会加入划船俱乐部在可以俯瞰皇家湖泊的阳台上喝酒。加尔各答俱乐部的种类更多。沃尔特·格纳（Walter Gurner）这样的高级文官可能会参加两个主要的"绅士"俱乐部（孟加拉俱乐部和联合服务俱乐部），以及"星期六俱乐部"（the Saturday Club）（他可以带家人去那里游泳、跳舞和用餐）和几英里以外的蜡烛油俱乐部（Tollygunge Club），那里的周日早餐很受欢迎，其高尔夫球场算得上印度最具有吸引力的球场之一。[51]

然而，成立这么多俱乐部的目的并不是让有特权的人享受多样性，而是鼓励来自特定社会或种族的群体抱团，不去加入其他群体。铁路工人应该满足于他们的铁路俱乐部；英裔印度人应该待在为他们准备的设施里。1941年，位于迪格博伊镇（Digboi）的阿萨姆石油公司（Assam Oil Company）炼油厂有四家员工俱乐部：英国员工的迪格博伊俱乐部（Digboi Club）、印度员工的印度俱乐部（India Club）、英裔印度员工的阿萨姆谷轻骑俱乐部（Assam Valley Light Horse Club）和体育俱乐部（Sports Club），最后一个俱乐部所有人都可以参加（只要他们喜欢运动）。在其他地方，界限通常比较模糊，导致了一些复杂的情况和争执。

作为一名局外观察者，一名印度文官机构的印度法官注意到，人们付出了很大努力，试图"摆脱自己本该属于的俱乐部"而去加入另一个俱乐部，后者的成员却非常努力地"把他们拒之门外"。[52]

俱乐部选举很容易造成不和。候选人必须有一个提名人和一个附议人，他们必须经过俱乐部委员会的审查；为了成功通过审查，他们必须避免被现有成员投票否决。文官、军医和军官不会轻易被否决；教士也不会。麻烦基本出在"低于"他们级别的人士中。一名高级政治官员在1880年代退出了俱乐部，据他的孙子的说法，"当时，他听说有人提议招收工程师和林业官员"。[53]在随后的一个世纪，人们和各个俱乐部都以自己变得不那么沉闷了为荣,但有时这种变化仅仅流于表面。加尔各答的星期六俱乐部很受年轻人的欢迎,因为它没有那么拘泥于礼仪,并且常举办舞会,但在会员问题上和其他俱乐部一样僵化狭隘。1930年代,选举一名(英国的)孟加拉引航局成员已属相当"有进步性",但当这名男子辞职并重新申请时——会员们结婚后都必须遵守的强制性程序,他被否决了。没有人给出原因,但俱乐部内的一个朋友猜测,肯定是一些会员认为他的新婚妻子要么是英裔印度人①,要么是"乡巴佬",或者可能是英国人,但相当"普通"。[54]直到1950年代,星期六俱乐部的会员仍然仅限于欧洲人。[55]

一些英国人出于一项原则、一个实际的反对意见和一种偏见,希望把俱乐部当成自己的保留地。自由结社是一项基本权利,意味着可以自由地与自己希望交往的人结社,并排斥其他人加入。而且这种特定的结社形式是民主的:它属于其成员,成员们可以通过投票来制定和修改规则。事实上的拒绝更难解释,尤其对印度人而言。这有一个前提,即英国人在这片土地上只占极少数,他们中的许多人与这个国家的人民每天一起工作很长时间,一天结束后,他们需要一个可以放松的地方,"把头发散下来",对自己的同胞想说什么就说什么,而不用担心可能会被外人听到。在法庭上待了一天后,法官需要自由地发泄一下对于辩护律师或伪证人的牢骚,而不必担心他的言论被报告给记者或议会议员。他们的第三个理由颇有些以牙还牙的意味:如果一名印度绅士拒绝自己的妻子见英国人(因为她

---

① 费雯·丽的父亲欧内斯特·哈特利不得不在第一次世界大战前夕退出了孟加拉俱乐部和星期六俱乐部,因为他娶了一个可能有一半帕西族血统的女人。

需要遵守深闺制度），那凭什么他就可以享受见英国女士的特权呢？

第一次世界大战之前，各家俱乐部都很少有印度会员，但他们通常觉得没必要宣布这种排他性。在 1912 年的《萨克尔的印度名录》(*Thacker's Indian Directory*) 中，只有两家俱乐部公开承认这一点：蒂尔胡特种植园主俱乐部（Tirhoot Planters Club）只有"居住在"比哈尔的"欧洲男性才有资格入会"；尼尔吉里斯的古努尔俱乐部（Coonor Club）专门面向"活跃在整个社会中的欧洲绅士和女士"。古努尔俱乐部的政策目光短浅，其会员实在太少了，以至于因为"很难凑足人手"，几名文官不得不打"三人制"惠斯特牌。[56] 但很少有目光长远的俱乐部委员会。随着会员人数的日益减少，如果孟加拉俱乐部在印度独立后接纳印度人成为会员，它本可能在不必解散的情况下存活下来；1959 年，到它允许印度人加入时，大多数原本可能想加入的印度人都已加入了其他俱乐部。[57]

许多俱乐部在两次世界大战之间放宽了会员限制，部分原因是印度文官机构和其他机构中印度人的数量在不断增加。但还是有一些存在排他性的最后阵地，特别是在某些俱乐部，货箱瓦拉和种植园主的票数超过了思想更自由的官员的票数。然而，白沙瓦俱乐部（Peshawar Club）之所以得以保留其限制，不是凭借货箱瓦拉（他们在边境地区的人数很少），而是因为它允许在英国的退休会员对俱乐部事务进行投票。尽管印度军官最终于 1939 年获准在其著名的马蹄形吧台喝酒，但其氛围显然没有改变。它在成为巴基斯坦的一部分之后，也没有发生太大变化。1970 年，一名前边境地区官员故地重游时发现，"俱乐部里的声音还是老样子，网球的'砰砰'声，以及人们高喊

'好球，老兄！'"打得漂亮！"——都是1930年代的英文……巴基斯坦人仍然使用已经过时的英语俚语，给孩子起英国化的小名"[58]。

早在1939年之前，英国官员就一直敦促允许印度人加入俱乐部。1914年，作为一名低级地方治安官，圣约翰·菲尔比曾威胁莱亚尔普尔的俱乐部：一旦由他提名的印度人被否决，他就退出俱乐部；最终，他如愿以偿。[59]菲尔比这类人意识到，俱乐部的种族排他性不仅不公平、有害，而且不利于英国的统治。正如孟买记者斯坦利·里德所指出的，这使"英国人与当地知识分子不能密切联系"，并自然地在"受过教育的印度人"中引起不满。那些信奉英国文化并能引用莎翁的话来支持任何论点的年轻人，不知道自己为何在俱乐部不受欢迎。1891年，作为一名年轻的乡军官，哈考特·巴特勒不得不与一名沮丧的婆罗门打交道，此人在"亲爱的伦敦"待了四年，"对英国文学有相当的了解"，现在"比英国人更像英国人"。他在伦敦见过两名前任总督——诺思布鲁克和里彭（Ripon），甚至还入选了蓓尔美尔街的革新俱乐部，但现在，他得知自己想加入安拉阿巴德的俱乐部的申请被军方否决。这个消息让他"深受伤害"，以至于他"认真地考虑是否应该成为英国政权的死敌"。巴特勒设法安抚了他，并对他未来加入俱乐部持乐观态度，如果他愿意听取一些建议的话。这名婆罗门需要了解谈话的艺术——这是他所欠缺的——与公开演讲风格之间的区别。英国人不希望自己的俱乐部里有任何种族的无聊之人。[60]

1873年，大都会俱乐部（Cosmopolitan Club）在马德拉斯成立，其宗旨是把欧洲人介绍给这座城市的"高级居民，从而"能使他们"对印度社会有所了解"。其他一些俱乐部，比如印多尔的俱乐部,不得不接纳那些对俱乐部的建设作出了贡献的印度人。在奥里萨邦的巴拉索尔(Balasore)的俱乐部不得不接纳几名印度会员,因为当地的大君提供了场地,不但免收租金,还主动提出支付所有的维护费用;正是他而非英国人坚持认为,印度的会员资格应仅限于他本人以及马尤布汉杰(Mayurbhanj)和尼尔吉里的王公。[61]

若想成立同时接纳英国会员和印度会员的俱乐部,需要得到总督和省督的支持。威林登勋爵在担任孟买省督期间(1913~1918),积极有效地推动了这项政策。斯坦利·里德告诉他,自己在无法强迫现有的俱乐部——如比克拉俱乐部和游艇俱乐部(Yacht Club)——改变规则后,决定成立一个新的俱乐部。在英国居民和印度王公的资助下,威林登体育俱乐部(Willingdon Sports Club)于1917年11月向英国和印度的会员敞开了大门。此后,总督和省督特意光顾那些"混合"俱乐部:1939年,林利思戈勋爵访问科钦时,坚持与埃尔纳古勒姆(Ernakuklum)莲花俱乐部(Lotus Club)的印度会员一起打网球,这个俱乐部同时接纳英国人和印度人,不分性别,也不分种姓和信仰。如果说孟买和加尔各答的高端俱乐部拒绝接受这个暗示,那么,偏远地区的乡村俱乐部就不同了:到1936年,马德拉斯以西的韦洛尔的俱乐部有一半会员都是印度人。[62] 20世纪的俱乐部在制定规则时轻易不考虑肤色问题,如德里的威林登俱乐部和吉姆卡纳俱乐部。作为俱乐部界的后来者,女子俱乐部也享有这一优势。成立于1911年、位于马德拉斯的女士娱乐俱乐部(Ladies' Recreation Club)奉行双重宗旨:不仅要在"欧洲和印度女士之间",也要在"所有阶层和信仰的印度女士"之间,"促进社交和友好交往"。各女子俱乐部非常注意在任职人选上保持平衡。1930年代的尼尔吉里女士俱乐部（Nilgiri Ladies' Club）的女赞助人是当地的一名王妃，总裁是马德拉斯省督的夫人，副总裁包括布拉肯伯里夫人（Mrs Brackenbury）和博比利（Bobbili）的王妃，终身会员中还有特拉凡哥尔的玛哈拉尼。[63]

种族关系

如果认为俱乐部会员资格问题体现了英国人-印度人关系的本质，那未免过于表面化，但它确实反映了一个相当普遍的现实，即各俱乐部会员都倾向于接纳与他们相似的、有共同品位和价值观的人，这些人——至少对他们来说——"有资格成为俱乐部会员"。事实上，绝大多数英国人和印度人都觉得彼此不适合参加俱乐部。即便如此，他们之间的关系在几个世纪里起伏不定，复杂多变难以简化。

就个人层面而言，英印之间的关系总体在18世纪末处于最佳状态，当时启蒙运动时期的英国人在加尔各答统治和学习，印度上流社会和欧洲人相互在歌舞表演和晚宴上款待对方，英国男子娶了印度妻子，学习她们的语言并尊重她们的宗教。当然，人数不是很多，但足以营造出一种文化交流的氛围，即便是印度人在战场上节节败退、在政治上被排除在权力之外的时候，也依然如此。帕西族绅士会在孟买与英国人共进晚餐；纳瓦布和其他穆斯林贵族会品尝欧洲的饮料和食物，甚至还会品尝标着"苍鹭"或"英国鹿肉"的火腿。[64]

随着19世纪的到来，文化交流的想法日渐衰落，尤其在英国人方面。出于一些可以理解的原因，种族关系在大起义后的十年间降到了最低点，在福音派的褊狭和维多利亚时代理念的推动下，文化隔离到 1857 年时已大行其道。1850 年代初，德里的英国人和莫卧儿宫廷的印度人可能身处同一座城市，但正如威廉·达尔林普尔（William Dalrymple）所说的，他们"不仅生活在不同的精神世界，而且几乎生活在不同的时区"[65]。印度人开始宴饮时，英国人已经上床睡觉了；当歌舞结束、舞姬退去时，英国人已一觉醒来，女士们在太阳还不会晒伤她们的肤色之前，就出发去晨骑了。

长期以来，英国人居住在大城市的欧洲人聚居区，但此时他们也住在民用线沿途和军营里，并且很快还会搬进另一种隔离型的定居点——山区避暑地；在西姆拉或大吉岭，已经不太可能有文化交流的机会了。亨利·坎宁安的小说《达斯蒂波尔编年史》（Chronicles of Dustypore）于 1875 年出版时，伦敦《旁观者》（Spectator）杂志的评论家惊叹于在印英国人如何能生活在一个"绝对排外"的世界里，这个世界"为他们所独有，被一堵看不见却又无法逾越的墙与印度其他地方隔离开来"。[66]

英国官员可能与家人、同事一起生活在达斯蒂波尔，但他们中的大多数人自然不会过与世隔绝的生活。地区官员或运河工程师整天与印度下属一起工作，林业官员或印度陆军军官也是如此。这些在维多利亚时代末期来到印度的人，并没有试图与"印度人的生活"隔绝，尽管他们很快就意识到了自己喜欢哪部分、不喜欢哪部分。被派往偏远地区的英国人几乎都很喜欢在那里碰到的印度人，那些为了养家糊口而在土地上辛勤劳作的农民和乡下人。被派到印度军团的人也都很欣赏他们将要指挥的印度士兵，不管是锡克教徒、贾特人、多格拉人，还是其他什么人。还有些人遇到的是地主阶级的成员——王公、柴明达尔①或纳瓦布的兄弟；这些人可能会来俱乐部打网球，甚至邀请他们出去打猎——他们也喜欢这些人，就像后来在他们成为政治官员以后，也喜欢那些土邦、宫廷生活和古代骑士氛围一样。

英国新来者打一开始就不喜欢的一类人是那些被称作"巴布"的人，即经常在英国人办公室担任文员的印度教徒，他们基本都是城市人，通常久坐不动，讲话可能长篇大论。这类人总能激起初来者心中的偏见和成见，他们很快就写信回家，将巴布描述为"油头滑嘴""肥胖""油腻""圆滑""狡猾""不诚实""奴颜婢膝""懦弱"和"卑鄙小人"；[67]如果再碰上他们是孟加拉人的话，那就更糟了。很难理解年轻的英国男子为何会对他们所认为的性格缺陷有如此强烈的反应，其实他们也知道有些经常醉酒、暴力和满嘴脏话的同胞肯定有过之而无不及。他们的许多偏见肯定在英国就埋下了种子，至少在潜意识中，从所见所闻中，从他们所知道的克莱武、门罗和韦尔斯利领导下的英国小分队击败印度大军的事迹中。他们中的许多人会读到麦考利对于孟加拉人的控诉——"娘娘腔""诡计多端"，以及他们最大的特点——"不诚实"。[68]尽管有这类宣传，孟加拉的文官往往还是会喜欢上孟加拉人，欣赏他们的宽容、和蔼可亲和机智。然而，即使是亨利·贝弗里奇——他当然很喜欢孟加拉人，也会被他们的喋喋不休激怒。他对自己未来的第二任妻子说，"孟加拉人的顽疾"是他们"永远都思考、谈论、谈论、思考，但……就是不采取行动"[69]。

鲁德亚德·吉卜林观察到，英国男性通常会仰慕在他们刚

---

① 柴明达尔（Zemindar），又译作扎明达尔（Zamindar），波斯语"土地所有者"之意，他们是印度次大陆的世袭贵族。——译者注

开始工作的地区占主导地位的宗教社区。但在较为混杂的地区，如联合省的大部分地区，他们则倾向于穆斯林，吉卜林自己也如此。与英国人一样，穆斯林能征善战；与基督教徒一样，他们有一个易于理解的一神论宗教。在后来成为联合省首府的安拉阿巴德，还是格里芬的哈考特·巴特勒"总体上"更喜欢"穆斯林而非印度教徒"，尽管前者"更不安分"，找了"更多的麻烦"，并且"对于摆脱我们的心思也不那么遮遮掩掩"。他认为，穆斯林的宗教比印度教"纯净得多，也更能提升自我"。[70]对其他英国人来说，穆斯林的习惯似乎也更有吸引力。1920年代在孟买工作时，社会工作者梅茜·赖特发现，"与穆斯林交朋友比与印度教徒交朋友更容易，因为他们的习惯和生活方式与我们相似"。与她同时代的记者伊恩·斯蒂芬斯也赞同这一点。尽管他来自第四代"海豚"家族——格拉斯福德家族①，但他在一些他所说的"生活小细节，比如个人卫生等"方面"接受了穆斯林的方式"，而且在印度独立后很想全盘转变，将自己的英国国籍换成巴基斯坦公民身份。尽管他是不可知论者，但他"感觉相比于基督教，自己在思想上更接近伊斯兰教"，因为伊斯兰教不那么"要求人轻信"。[71]

斯蒂芬斯或许想申请巴基斯坦护照，但令人困惑的是，"作为一个不可知论者"，他实际上发现印度教更具有吸引力：伊斯兰教"充满了严苛的、明确的规则和定义"，而且它对待女性更苛刻。[72]英国人亲印度教的知识分子传统，自东印度公司成立之初就存在了。牧师约翰·奥文顿曾在1689年描述过苏拉特的盛宴，他热衷于印度教徒的生活方式、素食主义和他们对

---

① 见前文，pp. 75, 130。

待动物的方式。多年后,珀西·比希·雪莱(Percy Bysshe Shelley)也是如此,他曾考虑过到印度去,在某个大君的宫廷谋个差使。[73]东印度公司认为保护印度教的宗教场所是其职责之一,其文官中涌现出了很多杰出的梵文学者;来自基尔马诺克的约翰·缪尔(John Muir)更乐于担任贝拿勒斯梵文学院(Sanskrit College)的校长,而非法塔赫布尔(Fatehpur)的民事及刑事法官。在前福音派时代,作为一种艺术爱好,英国人可能会收集印度教神像,爱德华·克莱武(Edward Clive)和亨丽埃塔·克莱武(Henrietta Clive)夫妇在前者担任马德拉斯省督期间(1798~1803)便是如此。

才华横溢又有些古怪的孟加拉作家尼拉德·乔杜里(Nirad Chaudhuri,1897—1999)认为,"英国人的头脑只要一接触到"印度教徒的头脑,"就完全控制不住脾气,于是无法冷静地分析问题"。[74]可能不同的思想环境和条件使他们无法相互欣赏,但这需要加上基督教的不容忍,才使其成为一个脾气问题。毕竟,福音派教徒干预印度教习俗的理由不仅仅是声称这些习俗本身——如寡妇自焚(sati)——是错误的,而且认为产生这些习俗的宗教令人憎恶、无可救药。维多利亚时代的"头脑"面对印度教时倒没有大发脾气,却对僧侣和乞丐、怪诞的神像、生殖器象征、色情雕塑,以及一众噩梦般难以理解的神灵厌恶地转过身去。这种反感之普遍,即使是思想更开明的维多利亚时期的人,可能也不愿费心考究其真正意义。1893年,年轻的助理地方治安官哈考特·巴特勒认定"现实中的印度教""愚蠢或肮脏,或者两者兼有",因此他"没有研究其信条的兴趣"。[75]甚至连E. M.福斯特也觉得"印度教的字符……几乎是天书"[76]。

哈考特·巴特勒这类人很清楚印度人心中的反感,无论是印度教徒还是穆斯林。他自己应该也意识到了，在他后来治理的缅甸和联合省的那些肤色更深、体型更瘦削的人看来，他那粉扑扑、胖乎乎的身材有多么奇怪。正统的印度教徒可能会反感英国人吃牛肉和喝酒的习惯，他们看到女性不戴面纱就出现在公共场合时可能会感到震惊，会对把孩子送到数千英里以外的学校上学的想法惊骇不已。然而，印度人的反应——不同于维多利亚时代的英国人——总体上似乎是一种不理解，而非恐惧或谴责。斋浦尔的大君赴英国参加国王爱德华七世的加冕典礼时，拜访了德比郡的凯德尔斯顿，即当时总督（寇松）的家乡。当他看着草坪上的兔子"在阳光下嬉戏"时，他"想知道英国的洋老爷怎么会去印度呢"；他们为什么不待在家里吹笛子？[77]这个问题真令人想不通。另一个令人不解的问题是，对于那些在两地都认识英国人的印度人来说，在印英国人怎么会与在英国的英国人如此不同。1929年，旁遮普印度教徒普拉卡什·坦登（Prakash Tandon）乘船前往英国学习特许会计师课程，他发现英国人冰冷冷的，不亲切，直到船抵达塞得港时，他们变得"既友好又有吸引力"，在他居住在英国的八年间，英国人都是这样。结果，他"喜欢上了啤酒、炸鱼和薯条、火锅和燕麦饼"，觉得自己"离兰开夏郡的中心已经不能再近了"。[78]

乔杜里对这种转变有自己的解释。他认为，英国人本质上是"勇敢且善良的"，他们在英国本土时懂得分寸，行事保持低调。然而，在印度，他们却变得咄咄逼人，部分是因为人数上的劣势使他们总担心会有反抗，部分是因为印度的气候使他们在思想、习惯和行为上走向极端。"英国人在印度喝酒时总是大桶大桶地喝。"[79] 1860年代末，海得拉巴的首相萨拉尔·忠格（Salar Jung）对驻当地宫廷的驻扎官理查德·坦普尔给出了另一种更具外交辞令的解释,来描述印度人对于英国人的感受。这名政治家援引莫卧儿皇帝奥朗则布(Mughal Aurangzeb)的话说,印度曾经有过更糟糕、更暴力的外国统治者,"尽管他们犯下了各种错误",但他们还是"扎下根来,与印度人民融合到了一起"。他们当中谁也不像英国人那样"与这个国家完全格格不入","尽管[他们]有各种美德"。[80]

萨拉尔·忠格可能抱怨过英国人的清高,但他也很清楚印度社会固有的排他性。不同种姓的印度教徒不能互相往来,不能通婚,也不能一起进餐。"贱民"甚至不允许进入他们所属的宗教寺庙。才华横溢的年轻旋转球投手帕尔万卡尔·巴鲁(Palwankar Baloo)入选浦那印度教队(Poona Hinds)后,中场休息时被禁止进入该俱乐部的休息室;他的队友们在休息室用瓷杯品茶时,他却只能在外面用一次性的杯子喝茶。[81]莫罕达斯·甘地认为"贱民"的事业与自己一生中其他事业同等重要,他甚至批评说是自己的印度同胞促使英国人在印度如此行事:"正是我们自己教会了他们'不可接触'的概念。"1924年,他在艾哈迈达巴德(Ahmedabad)的一次教育会议上说,英国人来到印度后,"他们看到这里的人信奉一种奇怪的宗教,一个人触碰到另一个人后会受到玷污,因此甚至避免站在那个人的影子里。他们认为自己也应该以同样的方式行事,否则就会置身于危险之中……"[82]

从字面上讲,"不可接触"常常延伸到了印度教徒对待英国人的行为中。1920年代效力于切德尔布尔(Chhatarpur)大君的作家J. R. 阿克利为一名印度教绅士不愿与他握手的行为辩解,理由是这"不是印度教致礼的自然方式,所以很尴尬",而且无论如何,"必须触碰一名肉食者的手对他来说也不是一件愉快的事"。这名大君本人有一条不与欧洲人吃饭的规矩,不过他偶尔会打破这个规矩,与客人喝上一杯茶,但这本身就是一种居高临下的姿态,不太可能让治理这个国家的人产生好感。[83] 即使是那些一辈子都在努力改善与印度人关系的英国官员,如果忽视了正确的礼仪,也可能遭到冷落。旁遮普文官中最亲印度人的马尔科姆·达林就曾被一名穆斯林丈夫斥责,因为他没有向他的妻子行额手鞠躬礼;还被一名印度教丈夫"教训"了一顿,因为他打破了接触的"禁忌"——与他的夫人握手了,而不是双手合掌向她致礼。[84]

阿克利和达林对这些责备所表现出的宽容,在英国人中很少见。更典型的反应是先感到惊讶,然后很恼火。第一次世界大战前不久,斋浦尔的一名婆罗门扔掉了他正在烹调的食物,罗恩·汉密尔顿太太的印度向导解释说,因为她的"影子[已经]遮过了它",这让汉密尔顿太太大吃一惊。[85] 年轻的哈考特·巴特勒也大受震动,一名婆罗门访客在与他握手后就离开了,去仆人带来的一盆水里洗那只受了污染的手。[86] 无论一名年轻文官多么希望与所在县的印度教徒成为朋友,如果他的触碰就能玷污一个人、他的影子都能污染这个人的食物,那这种友谊又怎么可能建立呢。

英国人与印度人之间最大的社交障碍是他们对妻子社会地位的不同态度。正如巴特勒所说的:"他们想见我们的女士,却把自己的女士藏在帷幕之后。"[87] 英国的夫人小姐不断受到指责,批评她们未能"融入",但对她们来说,"融入"的确不太可能:19 世纪末的一名文官的妻子抱怨说,她不仅不能见印度妇女,甚至如果碰巧遇到了她们的丈夫,也不能问及她们。[88] 印度的很多习俗——从同意权的年龄到限制寡妇再婚——都令英国人头疼，但最让英国人恼火的还是深闺制度——让女子深居闺中，不能让除了家人以外的男子看到她们。印度各地的深闺制度不尽相同。孟买就比联合省宽松一些；在南部，王公的女儿可以在马德拉斯省督面前跳舞。[89]但在大多数地方，这是拉近英国人与印度人关系的巨大障碍。英国人交朋友经常是成双成对的，一对夫妻与另一对夫妻打完网球后一起吃饭是很常见的事；这在印度人当中根本不可能做到。即使是总督，也见不到相对开明的大君的妻子：在瓜廖尔，明托离得最近的一次是信地亚的妻子隔着帷幕为他演唱《穿过麦田》（"Coming Through the Rye"）。1903年，沃尔特·劳伦斯结束了在印度的职业生涯后，最大的遗憾就是"从未有幸见到过印度女性，也从未有幸了解过她们的生活"。他知道她们可以从格子窗里看到他，但他"永远不能和她们说话，无法了解她们的想法"。他认为，这个习俗"具有破坏力"，它切断了英国人与"真正的印度"的联系，使英国人无法"接近她的心灵、思想和灵魂"。[90]

英国人对深闺制度的反应往往更直接。1870年代，马德拉斯省督的妻子霍巴特夫人（Lady Hobart）拒绝邀请印度人参加舞会，除非他们携妻子一同出席，但她的确邀请过那些女性参加"仅限女士"的派对。然而，正如哈考特·巴特勒所说的，英国人的普遍态度——"既然你不让我去拜访你的妻子，那你也别来拜访我的妻子"——很"荒谬"，因为这等于否定了"良好的教育和习惯的作用"。[91]

无论如何，还有其他个人的和官方的原因，使得很多英国人可能不愿意与当地居民建立非常密切的社会联系。很多英国女性不想待在印度，她们待在那里只是因为自己的丈夫在印度任职。一些女性从一开始就不知道如何应对危险、孤独和陌生的环境；她们不像在意大利度假的年轻女性，在几周里享受风景，品尝意大利面食。她们知道自己将在印度待上几十年，而且对其中的很多人来说，唯一坚持下去的方式就是结成小团体，避开人群。毕竟有时官方都不鼓励与印度人"友好相处"，特别是在大起义后的几年里，新一批文官被教导要高傲一些，并要求印度人表现出顺从。[92] 多年来，英国官员一直被鼓励保持"清高"，通过他们的着装、举止以及旅行时乘坐头等火车车厢，来彰显他们的优越地位。

英国人曾经一直邀请有名望的印度人到官邸或总督府做客，但到19世纪末，人们努力恢复了由个人举办"混合派对"的做法。1880年代，孟买的警察局长弗兰克·苏特（Frank Souter）就很喜欢举办这种活动，但根据威尔弗里德·布伦特的说法，尽管其意图值得称赞，但这些活动相当乏味、不自然。同一年代，在班基普尔，贝弗里奇夫妇举办了他们所谓的"国际派对"，在院子里搭起一个个单独的帐篷，分别供印度教徒和穆斯林用餐，并希望客人们之后能够相互交往，在房子里逛一逛，听听音乐家的演奏，但避开在另一处吃火腿的乐队成员。印度绅士们也举办了"混合派对"，但这些派对上很少有交流。詹姆斯·西夫顿描述在巴加尔布尔（Bhagalpur）举行的"一场有烟火的晚会"上，他除了在到达和离开时与主人握了手外，再也没有看见过他；这名年轻的文官一晚上的大部分时间都只能坐在专为欧洲宾客预留的座位上。[93]

共济会似乎成了一个更有可能互相交往的地方，至少那些接纳印度会员的支部是这样。吉卜林所在的拉合尔共济会支部有穆斯林、锡克教徒、犹太人和基督徒，这位诗人很欣赏这种跨族群的兄弟情谊，在那里，"黑色和棕色兄弟"之间"不存在异教徒这回事"。① 然而，作为不同族群的人聚会的地方，共济会支部也有缺点。其一是印度教徒不愿加入。另一个想必是普遍存在的问题，那就是会员忍不住托同伴的关系走后门。约翰·比姆斯不得不从奥里萨之星支部（Lodge Star of Orissa）的"负责人"职位上退下来，因为有太多"游手好闲的人"和"欧亚混血儿的办事员""借着共济会弟兄这一神圣的纽带"，恳求他帮忙谋个一官半职。⁹⁴

一群高种姓印度教徒对于英国人与印度人之间建立友谊或至少是文化融合持开放态度，他们就是被称为"因加班加"（Ingabanga，意为英国式孟加拉人）的孟加拉亲英派，19世纪末，他们在加尔各答蓬勃发展。小说家阿米特·乔杜里（Amit Chaudhuri）在他的一本关于加尔各答的书中，记录了这些人说话时多么像已故的维多利亚时期的英国人，他们说"t"而不是"that"，说"beck"而不是"back"，他们还对"在晚餐的每一道菜该使用哪种刀叉"一清二楚。在他看来，这些孟加拉亲英人士有些"迂腐"，"他们彻头彻尾地英国化了，是孟加拉不招人待见的一个少数群体"。⁹⁵

但在伦敦攻读律师资格或在贝利奥尔学院作为印度文官机构见习生学习的印度人，变得相当英国化、养成了英国人的习惯以及热爱莎士比亚和丁尼生，当然是可以理解的。他们仍然可以是爱国的印度人，即使他们效力于帝国，并接受国王-皇帝授予的爵士头衔。贝哈里·拉尔·古普塔（Behari Lal Gupta）是最早一批在印度文官机构任职的印度人之一，但他也一直研究波斯语和梵语，他关于印度法官应该被允许审判英国公民的

---

① 取自吉卜林的诗"Mor Lodge"。

观点,至少在原则上于 1883 年被里彭勋爵的政府所接受。他的女儿迪希玛(Dihima)肯定是一名因加班加,正如她的孙子、记者苏南达·达塔-雷(Sunanda Datta-Ray)在一篇优美的短文中所描绘的那样。她说一口"清脆的英语",吃牛肉,格雷(Gray)的《墓园挽歌》("Elegy")是她最喜欢的诗,但她也"深深扎根"于印度 19 世纪的复兴时期,那是"英国的影响所发酵出来的"。只可惜这种文化融合的尝试往往结不出亲密友谊的果实。达塔-雷回忆说,英国人和孟加拉人互相拜访、留下名片,有时坐下来共进晚餐,但他们的关系"客气得僵硬、呆板"。[96]

1912 年,在拉合尔,E. M. 福斯特很高兴在马尔科姆·达林的餐桌上遇到了这么多印度人,但他沮丧地发现,在英属印度的大部分地区,在这方面像他朋友和妻子乔茜(Josie)的夫妇实在不多见。然而,第一次世界大战推翻了英国的很多社会障碍,对印度也产生了类似的影响。硬领和拜访名片日渐衰微,喜欢爵士乐和鸡尾酒的人不太可能向《礼宾排序》卑躬屈膝。桥牌派对、网球派对、草坪派对,甚至于舞会,都成了可以互相交往的场合。查尔斯舞的出现并没有对深闺制度产生太大影响,但英国女性现在更努力地举办"深闺派对"(purdah-nashin)。以前,她们隔着帷幕的拜访常常令人难以忍受,闺房中戴着面纱的妇女无法与她们的外国客人进行口头交流,只能向她们展示自己的珠宝和纱丽。西姆拉新成立的"深闺俱乐部"对大家来说都更有意思,英国官员的妻子和印度女性(包括那些西方化了的和那些仍然"严格与世隔绝"的印度女性)都在那里定期聚会,晚上看戏剧、听音乐和跳"乡村舞"——"所有男仆都不得在场"。深闺关系中的另一个新元素是体育。法官的女儿芭芭拉·唐纳森（Barbara Donaldson）回忆道，1920年代末，身穿"华丽纱丽"的深闺女性，"羽毛球和排球打得非常好"。1941年，杜维廉成为乌代布尔的驻扎官时，他和妻子发起了"一项社会创新"：为"宫廷的女士们"和当届政府举办深闺网球派对。现场竖起了屏风，"所有男性一下午都不许在场"。[97]毫无疑问，这样的活动对改善种族关系有所助益，但很少建立起友谊。正如我们前面所见，英国人和印度人之间的社会接触偶尔会出现通婚，但这种情况属于凤毛麟角。而且，至少直到英印统治的最后几年，真正的跨种族友谊也很少见。权力、偏见、种族及宗教构成的种种障碍，实在太难跨越了。

在《印度之行》的最后一页，英语教师菲尔丁先生（Mr Fielding）问那个印度人阿齐兹（Aziz）："为什么我们现在不能成为朋友？……这是我想要的。这也是你想要的。"但阿齐兹因自己不曾犯下的罪行（事实上根本不存在）而在法庭上受审，他怒不可遏地说，除非他和他的印度同胞将"所有该死的英国佬都赶到海里去"，否则，这是不可能的。1924年完成小说创作的E. M. 福斯特在最后一句话中似乎认同阿齐兹的观点，即此时确实不可能建立友谊——"不可能，现在还不行"。

福斯特和他的朋友J. R. 阿克利一样，到印度去时没有背负任何英印包袱；他们不是官员，也没有英国雇主。两人都希望结交印度朋友，而且都与雇佣他们的大君的男仆建立了情爱关系。然而，他们所拥有的这种友谊并不长久，甚至在他写完小说之前，福斯特就已经清楚，他并不像自己所以为的那么喜欢印度人；他对"他们（以及'英国人'）是否彼此同情不再感兴趣"。[98]

第三位试图与印度人交朋友的小说家是保罗·斯科特，尽管有一次他在社交方面过于主动,正如其他朋友(包括印度人和英国人)所警告的那样,他肯定会失败。1944 年,他来到孟加拉,担任第一空中补给连(No. 1 Air Supply Company)的一名中尉,并被告知要挑选一名新的中士(印度称 havildar)。他选了一个名叫纳拉扬·达斯(Narayan Dass)的南方人,战后一直与他保持联系。20 年后,当他开始研究《拉吉四重奏》时,他接受了达斯的邀请,来到他在安得拉邦的家中度过了三周,他的前下属此时已是当地村长。斯科特为此感到兴奋不已。

他想象着在棕榈树和稻田中度过懒散的日子,呼吸着茉莉花和夜晚的芳香,与达斯在菩提树下追忆往事。然而,这位天真的小说家的访问却是一场灾难。达斯没有表现得像两个老战友一起回忆战争往事,而是称他为"先生",把他当洋老爷对待,让村民们都来看他——还坚持让斯科特遵守印度教的卫生习惯,每天早上带着一壶水到田里去。村庄的污秽肮脏、达斯的一举一动以及印度教的卫生习惯,都让斯科特震惊不已,他深感绝望。当他被当作洋老爷对待时,他发现自己越来越强词夺理,甚至于傲慢,任由"洋老爷的面孔"——他称为"优越感的面具"——盖在自己"温和而自由的面孔"之上。出于实际考虑,他写信给一名印度出版商,恳求他发封电报,说他必须去马德拉斯演讲。数年后,斯科特仍然对于要了这个花招感到内疚。[99]

第十二章 奇人异事

不靠谱的文官

马尔科姆·达林去任何地方都会带上一本书。担任旁遮普省初级地方治安官期间,他曾带着济慈的书去法庭,在午餐时间阅读,但有一天被一名下属看到了,下属拿起书大声说:"天哪,是诗歌啊!""唉,"达林提到这件事时幽默地写道,"我的名声完了。"[1]自 1850 年代劳伦斯兄弟时代以来,旁遮普的官员就理应是实干家,在马背上治国,而不是读诗或有艺术追求的青年。高级专员约翰·劳伦斯发现一名年轻文官带着一架钢琴来到旁遮普时,他发誓要为他"砸掉"钢琴,并在接下来的两年里将该官员调换了五个不同职位。[2]

很多像达林这样的官员更喜欢去英国人很少的偏远地区任职,而不是找一份听起来更诱人、名声更好的某个省府的工作。有些人,比如马德拉斯的西德尼·邓洛普(Sidney Dunlop),向往"在丛林中漫步",向往"夜晚寂静无声的安宁";还有一些人,如锡兰的伦纳德·伍尔夫,则希望沉浸在"最古老文明的舒缓生活"中,体验"完全独处的深深的幸福"。[3]达林也喜欢在一个慢节奏的文明中工作,用文字描述这个文明——对他来说就是描述旁遮普的乡村生活,在晚餐时,他想穿着网球衫而不用穿"野蛮"的袜子,读一些荷马或屠格涅夫的作品。[4]对于爱好文学的文官来说,问题是任何时候同一个省似乎找不到第二个同类。阿尔弗雷德·莱尔和查尔斯·埃利奥特是同时代的黑利伯里校友,他们都当上了副省督,也都将自己的文学兴趣一直保持到职业生涯结束。然而,由于他们在印度几乎从未见过面,他们的文化友谊只能在偶尔的书信中表达一下。莱尔是一位有才华的诗人,著有薄薄的单卷本《语录》(œuvre),他觉得埃利奥特"对印度来说过于'文人'了",但埃利奥特在不太有利的环境中保持了对于印度和欧洲文化的热情。他对当地音乐表现出了罕见的兴趣,在担任地方治安官期间,他曾召集一群吟游诗人朗诵一篇关于拉杰普特骑士精神的长篇叙事诗,名为《阿尔哈之歌》("Lay of Alha")。在他担任孟加拉副省督的最后一个春天,埃利奥特开始研读但丁,他到达大吉岭时,公文档案还没到,于是每天得以读一个章节及评论。[5]

但丁也为联合省一名文官约瑟夫·古奇(Joseph Goudge)带来慰藉,他的第一任妻子死于霍乱。他对印度的艺术或文学不感兴趣,但在英国休假时遇到了菲利丝(他未来的第二任妻子)并与她谈论但丁之后,他开始痴迷于意大利文化,尽管他从未去过这个国家。他只身回到印度后,开始沉浸在卡尔杜奇(Carducci)的诗歌和阿里奥斯托(Ariosto)的《疯狂的奥兰多》(Orlando furioso)①中。按照菲利丝的描述,他的一天通常从读上一小段拉丁语开始,塔西佗(Tacitus)配简易早餐,然后——如果觉得"懒"的话——"在檀香树下读一本意大利抒情诗"。然后,他开始处理公文和申诉书,接待来访者,直到下午茶时间再读一本安东尼奥·福加扎罗(Antonio Fogazzaro)的小说;随后又开始正式工作,直到晚餐时间开始另一轮意大

---

① 又译作《愤怒的奥兰多》。——译者注

利书籍的阅读。然而,这样的生活并不能令人心满意足,因为尽管他非常喜欢文学,但仅有书籍"还是缺点儿什么",除非"能与一个志趣相投的人谈论书籍"。据他的孙女、作家安妮·奇泽姆(Anne Chisholm)的记载,可怜的古奇即使退休后也可能从未去过意大利,但他晚年在桑威奇(Sandwich)曾用斯宾塞式诗节的形式翻译《疯狂的奥兰多》。[6]

文官们经常因远离英国社会而受到批评,印度文官机构手册敦促他们定期去俱乐部,哪怕他们觉得俱乐部"乏味无趣"。处在他们的位置,官员们有责任"招待其他居民,因为他们可能不具备你们所拥有的文化和兴趣资源"。[7]达林尽可能不去理会这一指令,他宁愿光着脚看书,也不愿在俱乐部勉为其难地强装"欢快"——驻印同胞很爱用这个词。菲利普·梅森在偏远的加瓦尔过得最开心——他不用打领带,妻子也不用穿裙子(即穿裤子);但在萨哈兰普尔,他觉得必须去俱乐部,以免让人觉得自己"冷淡、高人一等"。对一名驻印政治监督官来说,巴林可能算不上一个受欢迎的地方,但埃米莉·洛里默(Emily Lorimer)的丈夫被派去那里时,她非常高兴,因为这样就可以"摆脱一个普通民站里没完没了的俱乐部、晚宴的攀比、各种拜访和各色人等"。[8]

1934年,米尔德丽德·阿彻前往比哈尔,她不同寻常,受过牛津大学教育,而她的丈夫同样与众不同,是毕业自剑桥的文官。她对每一个与英印帝国有联系的人都持怀疑态度。她去兰契的俱乐部见到了约翰·梅里曼(John Merriman)专员,在她看来,他不过是"一个彬彬有礼的、嗜酒的社交达人"。后来,她发现了他的藏书,听他谈论这个省和它的历史,才意识到"在印度的英国社交生活迫使很多有学问的人将他们的知识和真正的兴趣隐藏在传统的外表之下"。一名军官认为，在勤勉紧张的官场中保持理智的唯一办法就是"选……一个需要花一些心思……但可能对职业不会有任何用处……的深奥的学科"。[9] 约瑟夫·古奇开始研究从但丁到福加扎罗的意大利文学时，肯定采纳了这一建议。1860年代，海得拉巴管区的两名早期官员也是如此，其中一人利用业余时间翻译了荷马的希腊语作品，而另一人则翻译了哈菲兹①的波斯语作品。[10]

然而，更常见的做法是接受威廉·亨特的建议，他是一名文官，主要在政府担任统计员，他建议选择一门印度学科作为自己的爱好，比如历史、文化、语言或科学。沃尔特·弗朗西斯接受了这个建议，"以防止"自己"成为一个除了自家店铺外一无所知的无趣的英印混血儿"。[11] 然而，大多数文官的做法更积极。道格拉斯·迪尤尔（Douglas Dewar）似乎毫不费力地就找到了合意的兴趣：他写了六本关于印度鸟类的书。米尔德丽德的丈夫比尔·阿彻（Bill Archer）写了一本著作，内容是关于印度中部原住民部落库鲁克人（the Uraons）的歌曲和诗歌，后来，他还研究原始印度雕塑。米尔德丽德则开启了自己的艺术历史学家的生涯，写了一本关于巴特那绘画的书。

尽管一些文学作品——即使是那些出版了的作品——缺乏深度且只流行一时，有一些作品却对学术作出了有用的原创性贡献。如果西北省副省督威廉·缪尔关于伊斯兰教和"穆罕默德"（1858年和1883年）的书可能被视为"东方主义者"批评的目标，那么他哥哥约翰——退休时只是一名县法官——

---

① 沙姆斯·丁·穆罕默德·哈菲兹（Shams-ud-din Muhammad Hafiz, 1320—1389）波斯最受欢迎的诗人之一。——译者注

所著的关于梵文文本的书籍绝非如此；这名来自基尔马诺克的默默无闻的学者在研究中没有掺杂丝毫帝国主义事务。¹²A. C. 伯内尔（A. C. Burnell）的研究也是如此，他也是一名法官，还是一名梵语学者，为坦贾武尔（Tanjore）的梵文手稿编撰目录，并因此获得国际声誉，包括斯特拉斯堡大学（Strasburg University）名誉博士学位。¹³① 正如历史学家阿尼尔·西尔（Anil Seal）所指出的，文官们"被指责看不起印度人"，但正是他们"努力创建起了大部分印度古代历史和文化人类学"。¹⁴

语言学是文官最喜爱的一种"爱好"。就连约翰·比姆斯这么忙碌的人，也喜欢每天"一头扎进梵语和普拉克里特语（Prakrit）"，来提振"疲惫的灵魂"——并适时地完成了一本《印度现代雅利安语言比较语法》（Comparative Grammar of Modern Aryan Languages of India）。人类学几乎同样流行，不少这方面的学者退休后到大学教授这门课程。乔治·格里尔森（George Grierson）对这两个领域都很感兴趣，他著有《比哈尔农民生活》（Bihar Peasant Life）等著作，还编写了八卷《比哈尔语方言和子方言的七种语法》（Seven Grammars of Dialects and Subdialects of Bihari Language）。

对人类学家来说，阿萨姆省是一个特别富饶的研究地区。

---

① 伯内尔还［与孟加拉工兵部队的亨利·尤尔上校（Colonel Henry Yule）］合著了英属印度最杰出的文学作品之一——《霍布森-乔布森：英印词汇短语词典》（Hobson-Jobson: A Glossary of Anglo-Indian Words and Phrases），于1886年出版，1903年由威廉·克鲁克（William Crooke）（另一名文官学者）修订。任何对"punkah"（布风扇）、"bungalow"（平房）和"kedgeree"（一种食物）等词的词源感兴趣的人，都会觉得即使阅读这本上千页的书，依然是一件乐事。

尽管 19 世纪末，驻纳加丘陵的政治监督官很可能被部落族人杀害①，或者即使幸存下来，也可能染上疟疾，但这个地区仍令印度文官机构未来的几名人类学家向往。约翰·赫顿（John Hutton）就是其中之一，他几乎整个职业生涯都在纳加丘陵担任文官（1909~1935），在那里，他用蜡筒录制部落族人的声音，并撰写了几篇关于纳加部落的论文；退休后，他成为剑桥大学社会人类学教授。另一名是年纪稍小的詹姆斯·米尔斯（James Mills），他也在阿萨姆省度过了自己的文官生涯，写了三本关于纳加部落的书，并成为省督关于东北部落地区问题的顾问。1947 年，他很不舍地离开了"心爱的纳加丘陵"，到伦敦的东方与非洲研究学院（School of Oriental and African Studies, SOAS）工作，后来成为皇家人类学研究所（Royal Anthropological Institute）所长。和赫顿一样，米尔斯对阿萨姆省部落的兴趣比对维护大英帝国在印度的利益更大。正如乔纳森·格兰西（Jonathan Glancey）所写的，这两人都"非常勇敢"，敢于"挑战他们既有的认知，挑战他们在维多利亚时代上学时被灌输的看待世界的方式"；两人都有一种"强烈的正义感和对于山水的热爱"，并"对他们遇到的每一个人、每一件事都充满了兴趣和关心"。[15]

19 世纪下半叶，英国在印的各种政治势力——军队、官员、商人和种植园主——基本秉持保守立场。英国国内的保守

---

① 1876~1878 年，先后有三名监督官因遭遇暴力而死亡：巴特勒上尉（Captain Butler）在与洛塔（Lhota）纳加部落的战斗中丧生，P. J. 卡内基（P. J. Carnegy）被他的哨兵射杀，盖邦·达曼特（Guybon Damant）在安加米（Angami）纳加部落的一场叛乱中被杀害，当时，他正准备进入他们的一个村子。

党人似乎很清楚这些人在印度的一举一动,以及他们去印度的目的。迪斯雷利让维多利亚女王成为印度女皇,他选择的总督梅奥勋爵是一名家长式的官员,他认为"只要天上有太阳",英国就应该牢牢抓住印度。自由党的想法要模糊得多。格莱斯顿非常清楚在爱尔兰或意大利会发生什么,但对于印度,除了向他的总督(诺思布鲁克、里彭和达弗林)发出含糊的指示("加强对于当地同胞的政治培训")和让更多印度人加入政府之外,他没有给出答案,甚至连目标也没有。[16]

在印英国人尤其不喜欢那些来到印度次大陆的自由党议员,他们在一次短暂的访问中决定了印度的问题所在,然后回到英国,敦促进行改革并给予印度人选举权。正如一名年轻的文官沃尔特·弗朗西斯在1893年所说的:"在这里,人们感觉自己生活在火山地壳上,对任何往裂缝里泼水想看看会发生什么的人都不信任,哪怕他们只是为了好玩。"[17]这种焦虑感有时近乎多疑,但它反映了一个现实,一个敏锐的人已经认识到的现实,即大英的印度帝国更容易受到内部紧张局势的冲击,而不是来自俄罗斯或其他国际对手的外部威胁。这种不安全感导致官员们担心非传统派的同事,甚至对自己忧心忡忡。1936年,在孟加拉的W. H. 索马里兹·史密斯请他的父母不要再给他寄《新政治家》(*New Statesman*)杂志,因为作为一名文官,要成为一份左翼周刊的"热情忠实的读者","实在太难了,也不合适"。很快,他意识到这样的态度不起作用,于是让他们继续邮寄杂志,尽管他知道这份杂志的政治观点对一名年轻的印度文官机构军官来说"非常不健康"。[18]《新政治家》杂志还出现在约翰·莫里斯所在的廊尔喀旅的军官交谊厅里,有一天被这名上校看到了。他快速地翻了翻,发现其具有煽动性,而且

"红得可怕",他问道,"这该死的东西怎么会在"这里?没有人知道,但所有军官现在都热切地读了那份杂志,他们意见不一,有些人认为"这肮脏的东西应当被逐出"交谊厅,有些人则认为其"政治思想荒谬得近乎幽默"。那本杂志的确被逐出了交谊厅,但原本对政治不感兴趣的莫里斯非常喜欢杂志中的艺术版面,于是订阅了那份杂志。[19]

保守党人在英属印度的军官和官员中可能占多数,但文官机构中一直存在少数派传统,他们并不赞同梅奥勋爵的观点,而是认为即使英国人现在对印度来说是必要的,他们的存在也不应该是永久的,他们的使命应该是道义上的。马德拉斯省督托马斯·芒罗(1820~1827年任职)和孟买省督芒特斯图尔特·埃尔芬斯顿(1819~1827年任职)等行政官员(两人都是苏格兰人)认为,英国在印度的目标应该不仅局限于提供开明和高效的政府,更应该努力教育印度子民,使他们有一天能够实现自我治理。芒罗对东印度公司的董事说:

> 你们在这里不是为了把印度变成英格兰或苏格兰。要根据当地的制度和方式——而不是置这些于不顾,带着有利于他们而不是反对他们的态度来工作;当你的臣民能够自己建立和维持一个称职的政府时,要功成身退,把光荣和问心无愧当作对自己努力的最大回报。[20]

在芒罗和埃尔芬斯顿所处的时代,他们的思想得不到认同。康沃利斯已经将印度人排除在政府高级职位之外,现在,福音派和功利主义者一心想要破坏"当地的制度和方式"。然而在19世纪晚些时候,在经历了大起义的创伤和破坏之后,传统少数派在文官机构中得以复兴,往往由苏格兰人推动。1885年底,印度国民大会(Indian National Congress)成立时,其创始主席不是印度人,而是一名退休的阿伯丁文官、著名的鸟类学家艾伦·奥克塔文·休姆(Allan Octavian Hume)。休姆聪明、暴躁、自负,担任国大党总书记长达九年,他撰写小册子,组织各种委员会,变成了一个直言不讳的煽动者,有时甚至连他的印度同事都觉得有必要谴责他。国大党的另一名苏格兰人主席是休姆的传记作家威廉·韦德伯恩,他是孟买的一名文官,"时时刻刻将自己与当地的政治运动联系在一起",这让他的上级很恼火。英国文官亨利·科顿最恰当地表达了这些支持国大党的官员的观点,他指出,"由一小帮在宗教、思想和举止……上都与人民无法亲密交流的外来客管理一个大国","是不可能长久的"。[21] 与休姆和韦德伯恩不同,科顿几乎攀到了印度文官机构的顶峰,当上了阿萨姆省的高级专员,但对民族主义思想的强烈热情或许使他失去了本有机会获得的最高职位——孟加拉副省督。和韦德伯恩一样,他退休后成了一名自由党议员,但他在下议院几乎没有影响力,这和韦德伯恩如出一辙。然而,他仍然对印度人民念念不忘。1906年,应当时在南非当律师的莫罕达斯·甘地的要求,他向(温斯顿·丘吉尔时期)殖民地事务部的初级大臣提出了一系列关于印度人在南非德兰士瓦省(Transvaal)受到骚扰的议会质询。[22]

印度文官机构有一小群特立独行的人,他们的观点超越了国大党的英国朋友和国大党的主席们。1930年代,孟加拉的初级地方治安官迈克尔·卡里特开始为英国共产党工作,充当联络孟买的同志的中间人,并运送成堆的共产国际文献;1938年,33岁的他觉得无法将自己的工作与信仰结合起来,便辞去了职务。[23]然而,大多数"进步的"文官倾向于采取渐进主义的方式。19世纪末,亨利·贝弗里奇曾倡导印度自治,但时机还不成熟:他认为,倘若英国在当时那个阶段抛弃了印度,就好比"一个人贩子绑架了一个孩子,然后在心生悔意时将他遗弃在老虎出没的丛林"[24]。印度文官机构后来的几代自由主义者不那么担心老虎了。20世纪初,马尔科姆·达林意识到,"必须在他有生之年实现自治",正因如此,他的专员将他视为"赤热的激进分子"。比尔·阿彻于1930年加入印度文官机构,此前他是剑桥工党(Cambridge Labour Party)的一名活跃成员,他未来的妻子说,他"几乎觉得自己负有一种道义上的责任","要检验他的工党的原则,并通过人道管理积极争取印度独立"。[25]对达林和阿彻来说,1947年的到来并不算太快。

其他英国女士

在爱德华·汤普森(Edward Thompson)的小说《印度的一天》(*An Indian Day*)中,大吉岭的希尔达(Hilda)不知道"作为一个女人——至少是一个英国女人——世界上还有哪个国家能像印度这样让人毫无用处"。很多英国女性都会同意她的看法,即除了印度,再无其他。在印度,大部分让她们在家中"有用"和有效的事情都由仆人完成:做饭、打扫卫生、购物、园艺,甚至是照顾孩子,都由别人来管。她们的丈夫在工作时,尤其是在偏远民站任职时,也没有什么活儿可干:正如一名文官所指出的,在印度,她们被剥夺了"普通女性购物、串门、收拾家居的消遣"。[26]即便在繁华些的地方,一个人又能多久去看一次丈夫在马球场上驰骋?花多少时间打桥牌、打麻将,或在俱乐部浏览产品目录和杂志呢?无聊和孤独,在其他情况下可能会孕育出革命思想,在印度却是英国女性的主要烦恼之一。

　　这里要讲的并不是那些因陷于无聊而无所作为的女性。也不是那些抱着特定目的去印度的女性,比如为了宣传通神论而去印度的安妮·贝赞特,或者决心追随甘地的马德琳·斯莱德(Madeline Slade)[后来被称为米拉·贝恩(Mira Behn)]。①也不是那些不管出于什么原因对印度抱有消极或负面态度的女性,比如那些喜欢斥责印度人虐待动物且不停地向地方官员抱怨该问题的女性。1876 年,理查德·伯顿离开印度 27 年后再次回到印度,他的妻子伊莎贝尔(Isabel)举报了一名男子②,原因是此人为了让牛走得快一点,扯了它的尾巴。²⁷ 毫无疑问,这些女性通常都有自己的观点,如果她们参观过英国的屠宰场,她们也会这么想。这并不是要诋毁格拉迪奇夫人(Mrs Gradidge)这类妇女,她在奎达开办了一家动物医院,尽管印度人可能会感到很困惑,不理解为什么会有人如此关心驴和骆驼,却又如此热衷于打猎和狩猎野猪。²⁸

　　为了丈夫的职业生涯,一些女性与英印社会一边保持着距离,一边又维持着一定的联系。她们可能拒绝去俱乐部骑马、打桥牌或喝杜松子酒,但也不完全断绝往来。一名文官的妻子赫米奥娜·奈瑟罗(Hermione Nersole)就是其中之一,但她比大多数人更特立独行,先后接触了佛教和素食主义,还阅读了 D. H. 劳伦斯(D. H. Lawrence)的著作。²⁹ 琼·皮尔斯(Joan Pearce)的离经叛道更为典型,她是剑桥大学的毕业生,也是

---

① 关于其他去印度工作的女性,请见前文,pp. 65-71。
② 这名男子被捕后,她开始担心自己可能认错了人;于是这名男子没有受到指控而被释放,"条件是他答应不再扯牛尾巴"。

左翼图书俱乐部（Left Book Club）的成员（和她的文官丈夫罗杰一样）。婚后不久，琼认为其他女会员"很糟糕"，于是疏远了这些人，不去打桥牌，在帕西的一个疗养院而不是民用医院生孩子，坚持在卡拉奇的一所修道院学校当老师——这对一名文官的妻子来说极不寻常；想必那些女会员还不知道她曾给一个母亲奶水不足的印度教婴儿哺乳。也许教书的工作磨去了她的叛逆，因为后来她改变了对于桥牌的看法，桥牌打得相当不错；她甚至还喜欢上了卡拉奇游艇俱乐部。[30]

这里要讲的是另一种类型的太太，她是印度的"爱好者"，对英印既不拥护，也不反对。她可能没有特殊的禀赋，也不出众，但她决心充分发挥自己的能力，决心享受和欣赏在次大陆的每一刻。范妮·帕克斯就是早期的"爱好者"之一，她的确才华横溢，与众不同，对她来说，"在印度流浪的乐趣"无穷。她在1830年代写道："带着一顶好帐篷和一匹阿拉伯骏马游历四方，你在印度可能就会永远快乐。"即使坐在一条极其缓慢的小船上飘荡，孟加拉的风光也令她兴奋不已，难以言表：印度教的寺庙，破败的山路，一棵古老菩提树盘根错节的树根，正在沐浴或头上扛着水的妇女，"所有当地小船"都蕴藏着"无限的美丽"。[31]

还有两名范妮·帕克斯式的女性，一人是旁遮普一名文官的妻子安妮·威尔逊，另一人是驻扎在孟买和信德的文官的妻子罗莎蒙德·劳伦斯。安妮来自格拉斯哥，1889年前往印度，当时，她已经为15世纪佛罗伦萨的激进共和派修士萨沃纳罗拉（Savonarola）写了一本简短的传记。由于迫切地想要了解印度教徒的想法，她学习了印度斯坦语，参观了贝拿勒斯，还读了《吠陀》（*Vedas*）和《奥义书》（*Upanishads*），尽管这段经历其实很令人沮丧,"苦乐参半"。但印度乡村给她带去了完完全全的喜悦,尤其是黄昏时分,"从泉边朦胧的薄暮中归来的牛",还有"村庄里袅袅炊烟"中的那种"最纯粹的感觉"。[32] 罗莎蒙德·劳伦斯嫁给亡姐的丈夫,之后于1914年前往印度,那里"壮丽"的景色给她留下了深刻的印象,特别是默哈伯莱什沃尔周围山区的景色令她想到了瓦格纳(Wagner)的《指环》歌剧("Ring" cycle)。她也喜欢信德的风景(她的丈夫被任命为信德专员),喜欢清晨骑马穿过"冰蓝色"沙滩,太阳从薄雾中升起,"波斯水车的嘎吱声","绿鹦鹉在大树间穿来飞去"。[33]

喜欢露营的女性比不喜欢露营的女性更容易爱上印度。在旅途中,她们可以采集植物、贝壳和蝴蝶;欣赏黎明和日落,看在风中摇曳的棕榈树和木麻黄树,享受孟加拉广阔水域上的斑斓光线。她们会熟悉乡间的味道,不仅包括集市上的气味——香料的味道以及茉莉花和檀香木的香气,还有村庄的味道——烧牛粪的烟味或黄灿灿的芥菜田里飘来的清香。爱德华·利尔曾半开玩笑地抱怨道,"印度的鸟都不怎么会唱歌",英属印度的人们普遍错误地认为鸟儿不会唱歌,就像他们觉得花儿的香味也怪异一样。[24] 很多人觉得那里鸟儿的歌声要么单调乏味——就像铜匠一直发出的"咚咚咚"声,要么"刺耳"、不和谐,就像鹰鹃那种让人无法入睡的、一声高过一声的叫声。然而,像埃米莉·里奇(Emily Ritchie)一样抱怨"听不到甜美的鸟鸣声"的人,显然从来没有听过一名文官所说的"鸣鸟之王扇尾鹟所发出的如叮咚泉水般悦耳的歌声"。[35]

对于印度夜晚各种声音的喜爱,也是大多数英国人往往学不来的一种爱好。夜间"地狱般的"噪声包括狗吠声、敲打手鼓声(伴随着其他印度乐器)和胡狼的嚎叫声,尖厉的叫声如同痛苦的嘶喊。但有些人喜欢听夜晚的蝉鸣和早上醒来时波斯水车的声音。检验人们对于印度的感受的一个好法子，就是看他们对于蛙叫的反应。如果你像一名士兵的妻子戴维森太太一样，喜欢马德拉斯"巨大的季风蛙"所发出的"呱呱"声，那么你可能会喜欢印度。在卡拉奇，玛奇·格林喜欢"每天晚上青蛙开始吟唱"的时光，在印度西部的一块稻田里，罗萨蒙德·劳伦斯沉醉于"数百万只青蛙合奏的笛声"，一曲"咕呱咕呱"的、"不间断的合唱"（就像阿里斯托芬剧中青蛙所唱的那样）。然而，这不仅仅是女性的爱好。对文官沃尔特·劳伦斯（与罗萨蒙德没有亲属关系）来说，"蛙鸣"甚至"比鸟儿的歌声更能抚慰人"。[36]

绘画是最流行的一种记录喜好的风景的方式。当然，也有很多男性素描师，尤其是在阿迪斯科姆学院学过绘画的工程师当中。马德拉斯步兵团（Madras Infantry）的赫维上尉认为写生是"印度极好的消遣方式"，因为印度有"如此美丽的、可供画笔描绘的题材"；总督诺思布鲁克勋爵一开始他漫长的秋季之旅，就会立即打开速写本；在海得拉巴，理查德·坦普尔坚持将欣赏他最近所作的水彩画作为宴会的高潮。然而，在英印后期，写生在很大程度上变成了一种女性职业。凯瑟琳·里德（Katharine Read）是一名成功的画家，入选了《国家人物传记大辞典》（*DNB*），1777年，她在54岁时动身前往马德拉斯；凯·尼克松于1927年开始其艺术生涯的印度阶段。[①] 但在这之间的150年里，几乎所有的女性都是业余画家，尽管其中不乏优秀之人。她们也是狂热的爱好者，也必须如此，因为在印度

---

① 见前文，p.63。

户外写生不像在托斯卡纳画橄榄林或在坎伯兰（Cumberland）画湖泊。炎热使一天中的大部分时间都无法作画，刺眼的阳光也是如此，卡拉奇的玛奇·格林觉得"眼睛太累了"，她不得不学着凭记忆绘画。1848年，孟买省督的妻子福克兰夫人在浦那坐下来画一片如画的风景时，险些被一头大象和一头水牛踩在脚下；然后一群孩子过来看她在做什么，后面跟着他们的母亲和几名当地僧侣；最后，有人赶着一群牛羊经过，扬起的尘土不但遮住了视野，连她的纸和颜料盒也布满了灰尘。[37]

苏格兰妇女维奥莱特·肯尼迪-厄斯金（Violet Kennedy-Erskine）的爱尔兰丈夫阿瑟·雅各布（Arthur Jacob）是一名中尉，1895年，他所在的轻骑兵团被派往印度，她随同前往。她很有才华，写了一些关于印度的故事，后来又创作了一些诗歌，得到了苏格兰民族主义者和共产主义者休·麦克迪尔米德（Hugh MacDiarmid）的赞赏，并为她出版了这些作品，能得到此人赞赏的诗人并不多见。然而，她的一腔热忱却在印度的山川景色上，她不停地画，陶醉在风景和植被中，她研究榕树的根，画出了一幅幅关于寺庙和花卉的精美画作，尤其是罂粟花。她喜欢参观土邦，她觉得那里比英属印度更有意思，她喜欢露营，觉得天下"没有比这更好的生活"了，特别是那些能在暮色中勾勒出"巨大的圆顶和陵墓"的地方，简直令她流连忘返。"由俱乐部和所谓的社会组成"的英印人的生活，从未触动过她。她说，如果那样的话，她早就"无聊死了"。[38]

埃米莉·奥弗伦（Emily Overend）出生于1881年，在都柏林接受教育，并在三一学院获得了现代语言一级学位。之后，她去牛津大学继续深造，又获得了德语一级学位，后来在萨默维尔学院教授德语语言学。然而，1910 年，她放弃了牛津大学和自己的工作，嫁给了一名在印度政治机构工作的苏格兰官员戴维·洛克哈特·鲁宾逊·洛里默（David Lockhart Robinson Lorimer），即众所周知的"洛克"。洛克和他的哥哥约翰都是印度政治机构的官员，尽管第一个是从印度陆军进入印度政治机构的，而另一个正好相反，是从印度文官机构进入印度政治机构的。结婚后不久，洛克被任命为驻巴林政治监督官，隶属于印度政府，埃米莉觉得那里的景色荒凉而平淡无奇，基本只有粗糙的砾石，除了村子井旁边的一个"枣园"外，"没有一棵灌木或树叶植物"。她的住宿条件也提不起她的兴趣。他们简陋的房子用咸水制的灰泥盖成，所以总是剥落，屋顶也需要不断地修理；咸水加上极其石质的土壤，导致花园几乎种不了任何东西。埃米莉设法挺过了炎热的天气，她剪掉了薄纱连衣裙的领口，睡在阳台上，这总比在室内好一些，尽管那轮"在英国美丽浪漫"的月亮在这里就像波斯湾的日光一样强烈、明亮。

然而，她欣然接受了巴林的生活。她喜欢当地的海鲜、对虾和螃蟹，尽管蔬菜和水果"不是很多"，但她可以从过往的船只上买到柠檬和香蕉；柠檬汁配苏打水成了她主要的解渴饮品。除了一名欧洲传道团的成员之外，她几乎找不到其他可以交谈的人，这些人已经在那里待了"20 年，却没能让一个人改宗"，但它的"存在本身"就为洛里默夫妇和所有欧洲游客提供了"莫大的帮助……"。埃米莉承认，传教士的世界观或许相当有限，但他们都属于"一生中有工作要做"的人，因此"比那些只会消磨时间的人的八卦更能振奋人"。后来，他们的这些伙伴开始令人扫兴——"传教士们，不管多好的传教士，毕竟只能算半个人"，为了换换花样，她为"两名法国珍珠商"

举办了一场晚宴。

　　幸运的是,社交对她来说无关紧要,她巴不得不必住在某个印度民站,也不用非去参加俱乐部不可。她全身心地投入了洛克的工作,包括解放奴隶、经营珍珠养殖场以及维系与当地酋长的关系等。然而,她丈夫的主要兴趣——和她一样——是语言。洛克曾在西北边境任职,学过普什图语,正忙于在自己忘记这门语言之前编写一本普什图语语法书;① 同时,他还在学阿拉伯语,而且,身在巴林,工作中的很多时候都需要用到波斯语。作为一个初到东方的人,埃米莉觉得需要先学印度斯坦语,这样她至少可以和家里的印度厨师交流。然后,她又学习了阿拉伯语,每天读两个小时的古兰经,尽管她觉得阿拉伯语学起来实在令人沮丧,因为各地的用词都不一样。

　　由于欧洲语言一直是她的职业,她决心保持对于这些语言的"新鲜感",特别是"哥特语"和"古英语"。她同样热衷于阅读吉本和其他早就"立志"要读但因牛津的工作而不得不拖延的、"犒劳"自我的一些书。洛里默夫妇用婚礼收到的礼金买了新版《大英百科全书》(*Encyclopaedia Britannica*),晚上互相朗读英国作家特罗洛普(Trollope)的作品。她告诉父母,她真怕读到他作品最后一卷的那一天。

　　1912年底,洛克被任命为克尔曼和波斯俾路支斯坦的领事,又是一个政治监督官的职位;这个调动让埃米莉很高兴,因为她

---

① 他的《普什图语》(*Pashtu*)于1915年出版,此前13年,他的哥哥约翰已写了一本类似主题的书——《瓦兹族普什图语语法和词汇》(*Grammar and Vocabulary of Waziri Pashto*)。洛克后来又出版了几本关于波斯语的书,包括《现代波斯语巴赫蒂亚里、巴达赫沙尼和马达格拉什蒂方言音韵学》(*The Phonology of Bakhtiari, Badakhshani, and Madaglashti Dialects of Modern Persian*)(1992)。

此时正在学习波斯语，相比印度斯坦语，她更喜欢讲、读波斯语——这门语言有"相当不错的文学性"，印度斯坦语"只是一种供仆人"使用的世界语，[似乎]从来不是任何人的真正语言。在克尔曼待了两年并短暂地被调回印度帝国吉德拉尔（Chitral）任职后，洛克于1915年奉命参加针对土耳其人的作战，并被派往美索不达米亚远征军（Mesopotamian Expeditionary Force）执行特别任务。这支远征军主要由印度陆军部队组成，由在西姆拉的总司令指挥。洛克在阿马拉（Amara）担任文职监督官期间，埃米莉曾在埃及短暂地担任过红十字会失踪和受伤调查部主任。后来，她去了巴士拉，远征军的首席政治官珀西·考克斯（Percy Cox）注意到她精明强干，于是任命她担任《巴士拉时报》（*Basrah Times*）的编辑兼经理，这是远征军政治部出版的时事通讯，每天以英语、阿拉伯语和波斯语发行。她很享受这份工作的点滴日常，喜欢校对，甚至连办事员和翻译员之间明争暗斗的办公室政治也喜欢。此外，她似乎也喜欢推行严明的纪律。她的第一项改革措施就是"任何人进入办公室之前必须脱掉鞋子"；第二项措施是"禁止任何在（她的）办公桌听得见的范围内的人嗓子里发出令人作呕的声音和随地吐痰"；第三项是"拿起扫把，清扫一下"。

洛克从底格里斯河回来后，他们回到了克尔曼，一直到1920年，他被调回印度、派往喜马拉雅，这一次是在吉尔吉特担任政治监督官。一到达山上的目的地，他们发现当地的九名王公及其继承人、随从聚集在一起迎接他们，王公按资历排列，站在最前面的是罕萨米尔（Mir of Hunza），紧随其后的是纳加尔米尔（the Mir of Nagir），后面是资历较浅的七人。像往常一样，埃米莉充分利用了这片即将成为她新家的荒凉而孤独的土地。那里的山脉或许"崎岖而荒凉",但吉尔吉特本身就是"一片奇妙的小绿洲",政治监督官的房子"最漂亮",还带有"一个可爱的花园"。[39]

伊妮德·斯迈西斯(Enid Smythies)比埃米莉·洛里默小几岁,并且有英裔印度血统;她的父亲和兄弟都是森林局的官员。她喜欢运动,21 岁的生日礼物有旱冰鞋("时下最热门的东西")、一根银尖的马鞭,以及一根叫做 niblick 的高尔夫球杆("绝对是球场上必备的球杆")。作为总督府的客人,她生日那天晚上应邀参加了一场舞会:那是一个"极其开心的夜晚",月光如此明亮,她"可以在两支舞之间出去走走,这总能让人神清气爽"。那年夏天的大多数日子,她都在"溜冰场"练习轮滑,并担任四人划船的舵手,准备参加奈尼达尔划船比赛。

伊妮德也喜欢和她的哥哥伊夫林(Evelyn)一起旅行,到喜马拉雅的森林里,到有人居住的山间,到"肮脏、闷热、破旧的旧寺庙"。"我喜欢集市的气味和一切,"她在给母亲的信中写道,"这就是印度,不是吗?"1913 年,她嫁给了伊夫林的朋友克林顿·道金斯①,他也是一名林业官员,她与他一起生活在缅甸的丛林中。她立即喜欢上了自己的新家。伊妮德的丈夫告诉母亲,从"第一眼"开始,伊妮德简直就"陶醉在缅甸"和缅甸人民中,她觉得缅甸人干净而富有同情心。她甚至喜欢那里的天气,尽管降雨和潮湿给她的钢琴造成了"令人沮丧的影响":"高音区两个八度的琴键拒绝发声"。她很自豪自己不是那种总说"暑天要去山里"的女人;她热爱那个季节的

---

① 见前文,pp. 199-202。

丛林，喜欢那些光秃秃的树，有些树开着花，阳光透过高处的树枝照下来，还可以"走在干枯的树叶上"。官员们曾警告他们的后辈不要结婚，因为缅甸的气候对英国女性有危险①，但伊妮德认为他们的建议都是无稽之谈。她觉得总部彬马那的气候很"理想"，比奈尼达尔甚至英格兰的气候都要好。当首席医疗官同意"缅甸任何地方的任何人都绝对没有必要去山区躲避炎热的天气"时，她高兴极了。她不明白为什么这么多官员都选择在旁遮普省或联合省度过他们的职业生涯，他们本可以选择缅甸。

伊妮德觉得彬马那"是东方……最漂亮的地方之一"，那里的塔楼、尖塔和"古色古香的缅甸老房子"错落有致，棕榈树和芒果树点缀其中。在清晨金色的阳光下，它看起来"美极了"，周围的环境也美不胜收，"雾气氤氲的稻田和青蓝色的山丘，太阳冉冉升起，照得天空如同燃起了橙色的火焰"。在那里以及他们的下一站——伊洛瓦底江西岸的杰沙，她几乎可以种植任何一种英国蔬菜和浆果。但不幸的是，那个民站有"社交圈"、俱乐部和纸牌游戏。伊妮德很快就不再打桥牌了，因为"总让人感觉不愉快"，她不喜欢"被牵扯进去"。她和丈夫晚上也不再去俱乐部，那"太浪费时间了"。

克林顿在1914年春天给母亲的信中写道："我们的乐趣在于消失在丛林中，而不是进入社会的旋涡。"伊妮德喜欢各种类型的丛林，无论是彬马那周围的落叶林，还是伯塞恩港周围的红树林和常绿林。她还喜欢带着三个儿子去旅行，把宝宝们放在摩西篮子里，或者像当地的克伦（Karen）妇女那样背着他

---

① 见前文，p. 291。

们，用披肩将他们绑在后背上；她拒绝雇保姆，以防孩子们学会对保姆发号施令。她唯一不喜欢缅甸的地方的大概就是水蛭、竹虱（被咬之后一个月才能好）和燕窝汤，当地的"支那人"认为那是一道"美味"，并花大价钱去买。伊妮德觉得燕窝汤没有特别之处，很令人失望——"就像细面条一样，一点味道都没有"。

这对夫妇的家书表明，他们对自己的生活和儿子们的生活都感到很满足，儿子们在被送回"家"上学之前，都过着英国儿童文学作家阿瑟·兰塞姆（Arthur Ransome）才可能想象出来的那种生活。克林顿在结束了一天的"树皮环切"之后①，喝完茶，他会和伊妮德去最近的河边，坐在一块岩石上。他会带上一把枪和一本书，她会带上"画画的东西"，两人亲昵地、静静地坐着，因为河水的声音太大，说话也听不清楚。她经常在炎热的天气里画画，因为那时手指不冷，景色也更迷人，尽管她发现很难用水彩描绘出湍急的河流。到1915年，她的作品已经在仰光的艺术展上展出了，她售出了一些关于山川湖泊的素描；还赢得了一个奖项。不久，她又开始写作，发表了一些关于缅甸风景的文章——森林、海岸、宝塔和伊洛瓦底江，并在《仰光时报》（*Rangoon Times*）圣诞节号上发表了一篇短篇小说。她还为《仰光公报》（*Rangoon Gazette*）写书评，并在接下来的50年笔耕不辍。[40]

1921年，34岁的玛奇·格林随弟弟阿诺德一起前往印度，阿诺德此前在信德当了六年的文官，休完长假后正返回印度。玛奇在出海途中显露出了勇于开拓的精神。船上有一名头一次

---

① 见前文，p. 200。

乘船的女性，她瘫倒在铺位上，不停地哭泣——正如阿诺德所说的，这"对她丈夫来说肯定是一次相当痛苦的经历"；与之相反，玛奇对一切都很享受。她参加了土豆赛跑、打板球（用黏糊糊的球）、在船上的音乐会上和弟弟一起唱吉尔伯特和沙利文的二重唱。她唯一不喜欢的是一些英国乘客谈论印度人的方式，这让她很反感，让她觉得这些人"就不该与印度有任何关系"。但后来在卡拉奇看到印度文官机构的官员们与当地居民交谈时，她感觉"非常不一样"。在与印度人打过网球后，"很难无动于衷地"与他们交谈；"许多人变得格外友善"。但阿诺德依然以本色待人，不管是对印度人还是英国人，说话的方式都"一模一样"。

玛奇与伊妮德·道金斯和埃米莉·洛里默不同，她并没有试图回避社交生活，在担任专员的社交秘书后就更不可能回避了。她热衷于打网球、驾帆船、参加读书俱乐部（读王尔德和易卜生的作品）、和邻居们共度音乐之夜（还是唱吉尔伯特和沙利文的歌）。然而，她也承认社交生活、无休止地换衣服、频繁地打牌以及"没完没了的台球游戏"，"在娱乐的同时也确实荒谬"。像伊妮德一样，她也更喜欢旅行，乘坐一艘小船沿印度河而上，或者骑骆驼穿越沙漠，骆驼是借来的，"以丝绸和银饰装扮，总体上看起来非常漂亮"。所到之地和周围的环境都令她从感官上深深地沉醉：季风中"湿润的泥土散发出的芳香"，雨水溅落在泥土上的声音和气味，青蛙的吟唱和芒果的味道（尽管她吃芒果时要穿上泳衣），以及一些突如其来的景象，比如他们的车在一口乡村池塘边被扎破了轮胎，她突然看到"夕阳西下的天空映衬出一棵弯弯的棕榈树那深暗的轮廓"，那似乎是"东方的精华，我们坐下来为此欣喜不已"。英国人经常对印度火车的噪声和缓慢感到恼火,但玛奇却陶醉于其中。夜间旅行是一件"令人愉快的事",火车只是"慢吞吞地行驶",直到到达一个车站,她喜欢听那里"卖蜜饯的小贩叫卖货物和每个人都为着什么事叫嚷"的声音。和其他英国女性一样,玛奇也在纸上和画布上描绘了自己心中所看到的印度景色——街景和棕榈树、卡拉奇的小溪和港口,还有"色彩鲜艳的小船和上面长长弯弯的桅杆"。

玛奇·格林不是埃米莉·洛里默那样的语言学家,但她雇了一名当地老师教她印度斯坦语,并阅读泰戈尔的作品,尽管可能读的是英译本。而且她为促进英国人与印度人的关系尽了一份力,尽管程度有限,且以一种非常英国化的方式。她为闺房宣教会组织了一次杂物拍卖,接待了深闺中贵族女儿们的来访,并为女童军(Girl Guides)① 工作,其中既有穆斯林、帕西人和印度教徒,也有英国和英裔印度女孩。[41]她教她们打绳结、铺床和包扎伤口;教她们搭帐篷、用杆子做担架,以及崴了脚踝时应该如何处理。她还教她们跳苏格兰里尔舞,并在帝国日(Empire Day)的集会上指导她们完成操练和齐步走。1922年,她所在的女童军因表现出色而获得了一个奖杯和盾牌。

在和阿诺德一起生活了五年多之后,玛奇于1927年回到英国,但在1930年又回到了弟弟身边。由于他们的父母此时都已去世了,所以在印度生活的第二段时期不再有描写他们在信德

---

① 在英国,幼年女童子军被称为"布朗尼"(Brownies 亦有棕色的意思。——译者注),但由于显而易见的原因,在印度没有使用这个词,那里的幼年女童军被称为"蓝鸟"(Bluebirds)。女童军创始人的妻子巴登-鲍威尔夫人前往印度时,多次被提醒在演讲中使用适当的词语,但显然这件事"深深地折磨着她",让她十分困惑,结果她称这些女孩为"我的小黑鸟们"。

生活的信件。在玛奇这段时期的文献中,唯一的证据是她的一些素描和照片,显示两人经常戴着花环,不是在旅行途中,就是在板球比赛现场,或在参加官方活动时并排而坐。阿诺德此时任上信德拉尔卡纳的地方长官,坐在前排座位的中间,而作为资深的(常常也是唯一的)白人女士,玛奇也在中间就座。阿诺德1933年的照片看起来还很健康,但当年年底他就去世了,年仅42岁。次年的《印度事务部名录》记录了这一事件,但没有透露原因。当然,也没有透露玛奇的情况,她当时已经46岁了,未婚,也没有直系亲属。她活到80多岁,并于1970年将自己的信件和13幅关于信德的画作捐赠给了印度事务部图书馆。[42]

丈夫们的退休并不意味着伊妮德和埃米莉与缅甸和印度的关系就此中断。克林顿·道金斯于1936年退休,他和伊妮德住在埃塞克斯的小巴多,她继续在那里写作关于东方的文章,两人偶尔还会在一些讲座上谈谈缅甸的森林。他们有三个儿子,都出生在缅甸,都去了非洲殖民地机构任职,分别是尼亚萨兰(现称马拉维)、乌干达和塞拉利昂。

埃米莉·洛里默在丈夫于1927年退休后,又重拾了学术生涯,翻译了几本德语著作,包括恩斯特·康托洛维茨(Ernst Kantorowicz)的西西里国王和神圣罗马皇帝腓特烈二世(Frederick II)的传记。她也通过为《听众》(Listener)和《地理杂志》(Geographical Magazine)撰写关于"罕萨的农民生活"等主题的文章,保持了对于印度的兴趣。1934年,她和洛克回到了次大陆,对喀喇昆仑山脉进行了一次人类学和语言学考察,这次旅行让她有机会担任《泰晤士报》驻克什米尔记者,并就此写了一本名为《喀喇昆仑的语言探寻》(Language Hunting

In the Karakoram）的书。然而，到 1930 年代末，她担心希特勒打算推行《我的奋斗》（Mein Kampf）中的计划，于是将注意力转移到了纳粹主义上。1939 年，她出版了《希特勒想要什么》（What Hitler Wants），三年后又出版了《这个德国人需要什么》（What the German Needs）——实际上是一种严厉的再教育，以阻止"他"发动第三次世界大战。她于 1949 年去世，比玛奇和伊妮德早了几十年。

  这里描述的三名女性并不十分相似。埃米莉是一名学者，她可能对玛奇没什么可说的，而玛奇可能在这位前牛津导师面前局促不安。伊妮德可能不理解为何一名女士可以当社交秘书，或者另一人宁愿翻译一本书，也不愿住在丛林里。但她们也有许多共同之处，最重要的就是她们都对周围的环境有一种敏锐的感知。在印度帝国，三人都与在那里工作的亲人生活在一起；每个人都欣然拥抱自己所处的极端地理环境——缅甸、信德、波斯湾和喜马拉雅，享受它，了解它，学习它的语言，画它的风景，在文章和信件中记载它。三名女性在写给远在英国的父母的大量信件中，都年复一年地带着热情写信，几乎从不抱怨当地的炎热、肮脏、嘈杂或居民（除了埃米莉在巴士拉时禁止她的文员在自己的办公桌附近吐痰）。她们三人的文书最终都被存放在印度事务部图书馆（现存放在大英图书馆），这对历史学家来说是一件好事，尽管这些资料可能还未激起它们应得的学术兴趣。就本书而言，参考这些资料不是因为它们可能会提供一种不同于刻板印象中的英国女士的新观点，而是因为它们读来有趣，文笔优美，看起来值得花时间仔细阅读。任何读过这些信的人，都一定会被写信人的精神所打动——被她们的热情、好奇心以及对那里的人民和他们所处环境的同情所打动，并可能会忍不住想：如果 E. M. 福斯特遇到过伊妮德或埃米莉（玛奇对他来说去得太晚了），特顿太太可能就会是一个完全不同的人物，《印度之行》也可能会成为一本完全不一样的书。

入乡随俗

"入乡随俗"在这里并不是一个褒义词，不是用来夸一个人深谙印度文化、说起印度的语言来"像当地人"。相反，这个词带有一种蔑视，意在说某个人有点问题、"不太对劲"，过于同情当地人，"走得太远了"，甚至可能是一个不爱国的人。1930 年代，比哈尔的一名年轻文官比尔·阿彻就被认为"有点问题"，他的一些行为也"不受欢迎"，因为他在自己的平房里穿印度服装，还上拉格课①。43 即使是开明和善解人意的行政官员，也通常认为还是应以英国方式表现其开明和善解人意。杜维廉"难以容忍那些从穿着打扮到行为习惯都印度化得不再像英国人的英国人"。他认为自己和同事们"服务于祖国和印度的最好的方式，应当是保持自己的文化"。44

1579 年，来自牛津新学院的托马斯·斯蒂芬斯（Thomas Stephens）经罗马前往果阿，在那里当了一名耶稣会牧师。此后，他在印度度过了人生中的 30 年，并用马拉提语写了一首史诗，来解释圣经的教训：他"东方化"的目的可能主要是传递西方的信息。比他年轻一代的托马斯·科里亚特（Thomas Coryate）似乎没有这样的计划。他从陆路经波斯前往印度，于 1615 年到达拉合尔，很快将自己描述为一名"苦行僧，流浪的苏菲派苦行者，乞求施舍"。他语言、穿着得体，手势自然，

---

① 拉格（Raga）是印度古典音乐旋律的基本调式。——译者注

连莫卧儿皇帝贾汉吉尔（Jehangir）也深受感动，为他提供了经济资助。[45]然而，在"深入当地人"期间，他常在英国驻莫卧儿皇帝的大使托马斯·罗爵士（Sir Thomas Roe）处久居。也许更真实的例子是约翰·奥斯瓦尔德（John Oswald），他是黑卫士兵团一名激进的年轻军官，于1782年抵达孟买。但在印度待了几个月后，他开始厌恶自己的工作，于是辞去了委任，和"一些婆罗门"住在一起，据同时代的一个人描述道，他彻底"转变了心意"，之后再未吃过肉。在途经波斯和中亚回国后，重回英国的他此时已不再是一个咄咄逼人的年轻士兵，而是一个举止如"印度婆罗门般温和慈善的"男人，如果看到肉市，他会"不惜一切代价"绕行。只是因为生来是无神论者，奥斯瓦尔德才没有成为一名"印度人"。[46]

"入乡随俗"的鼎盛时期，或者说至少呈现出"当地人"的方式和特征的时期，是18世纪最后十年左右。那时，东印度公司的某些官员留着"拉杰普特式"的络腮胡或山羊胡，用指甲花染手指，抽水烟，不吃猪肉和牛肉，他们还养印度情妇，有的人甚至纳妾，他们用歌舞伎表演招待朋友，穿"穆斯林式"的服装，允许自己的孩子成为穆斯林，那时候威廉·加德纳和戴维·奥克特洛尼等人以印度为家，在那里度过了半个世纪，从未想过要回英国。古怪的爱尔兰官员查尔斯·斯图尔特（Charles Stuart），人称"印度人斯图尔特"，行印度供奉祭拜（puja），在恒河中沐浴，还曾发起运动，试图说服英国女性摒弃传统服装，改穿飘逸的印度长袍。然而，他和其他人都脚踏两只船。詹姆斯·柯克帕特里克可能接受了海得拉巴的穆斯林习俗——还娶了一名穆斯林妻子，但他仍担任海得拉巴驻扎官，这是英国新兴的印度帝国中最有权势的职位之一。很少有英国人会逾越同胞们的情感边界。但有一个人这样做了——尽管可能是无意的,那就是戴维·黑尔(David Hare),他是一名钟表匠,用自己做生意赚的钱在加尔各答建了印度教学院;他与印度教的关系被认为过于亲密,以至于在 1842 年死于霍乱后,他的遗体都不被允许按基督教仪式葬在欧洲公墓里。[47]

另一个不知不觉中走得太远的人是理查德·伯顿,他对卡拉奇同性恋妓院的研究被认为对于一名印度陆军军官来说过于尽职尽责。[①] 没有人能与伯顿假扮"本地人"的本领相提并论。1853 年,在前往麦加的探险中,他又扮成了在卡拉奇时扮演的米尔扎·阿卜杜拉(Mirza Abdullah)这一角色——一个总指着自己的胡子信誓旦旦的波斯商人,但在途中,他又摇身变成了一个流浪的苦行僧,以阿卜杜拉·汗(Abdullah Khan)的身份进了禁城,阿卜杜拉·汗是一个在印度出生、在仰光接受教育的趾高气扬的帕坦人。然而,对伯顿来说,"假扮当地人"比"入乡随俗"更有趣;他只是玩一玩,而不是真的要改变人生。他主要的兴趣点或许是在亚洲和非洲,但如果他真的需要生活在这些地方,应该会想方设法实现,而不会在他生命的最后 18 年去担任英国驻的里雅斯特的领事。

进入 19 世纪后,接受印度风俗习惯的英国人越来越少,这个趋势一直延续到英国统治的最后几十年。有些"苦行传教士"抵制这一趋势,比如罗兰·贝特曼牧师(Rev. Rowland Bateman),他抛家舍业,前往"荒蛮之地"传教,戴着头巾,骑着骆驼,过着"像印度人一样"的生活;甚至还有女性"苦行僧"的例子,她们穿着纱丽,跐着凉鞋。[48]抗拒这一趋势的那

---

① 见前文,pp. 333-334。

些官员，往往是生活在相当偏远的地区的默默无闻的人；而不是像德里的奥克特洛尼或海得拉巴的柯克帕特里克这类驻扎官。到了1870年代，已经很少有官员像卢赛山区的负责人托马斯·卢因上尉（Captain Thomas Lewin）那样——根据一个同事的说法，漫步在"荒野中……穿着当地人的衣服，和部族人住在一起"。也不再有多少官员效仿纳加丘陵的政治监督官布朗军医少校（Surgeon-Major Brown）——根据一个同时代人的记载——他完全"陷入"了所谓的"本地方式"，以至于"两名妇女在同一天生下了他的两个孩子"。[49]到了20世纪，那些"入乡随俗"的英国男子被分成了两类，一类是经过深思熟虑自愿为之，另一类则是一步步陷入其中，可能是因为出了什么问题而自暴自弃，通常还伴有酗酒问题。第一类的一个例子是伦纳德·伍尔夫遇到的莱斯特郡步兵团（Leicestershire Regiment）的一名军官，他刚被任命为上尉就皈依了伊斯兰教，辞去职务后前往麦加朝圣。第二种类型的代表是鲁宾逊上尉，我们已经见过他了，他由于上瘾而在缅甸成了乞丐——只不过他是鸦片成瘾，而非酗酒。[50]

在第二次世界大战期间，来自班加罗尔的、英国化了的希腊人保罗·诺里斯（Paul Norris）遇到过这两种人：一人是情报官，他在东孟加拉（East Bengal）自己的勤务兵所在的村庄度假，还计划娶勤务兵的妹妹，在那里定居了下来；另一人是因被撤了职而无家可归的前军官，他告诉诺里斯，自己对西方唯物主义感到幻灭，并已在"印度教的形而上学和冥想中找到了平静"。[51]另一种类型的人要少见得多，也更难以追踪，有一名"本地化"了的英国妇女，非常神秘，很少出现，但偶尔有人说她住在一个集市上，戴着面纱，谁也看不出她的样子，也有人说她住山上或沙漠边缘某个很偏远的地方。1880年代,沃尔特·劳伦斯在旁遮普巡查时,一名女子来到他的帐篷前,从由她的仆人竖起的一面屏风后面告诉他,自己的父母在大起义中丧生后,一名穆斯林绅士带走了她,对她很好,并在她长大后娶她为妻。20年后,劳伦斯又听说了另一个例子:一名英国警官告诉他,"一名白人妇女和乔吉人(Jogi)住在海拔13000英尺的神圣的朱姆诺特里(Jumnotri)洞穴里"。[52]

一些"入乡随俗"的人这样做的原因可能不是出于偶然因素或环境所迫,而是因为他们需要找到另一个家园、另一个身份,可以在异国做不同的事情、穿不同的衣服、用一种不同于母语的语言说话甚至于思考。他们以前可能没有意识到这一点,也不是一开始就奔着这个目的去的;他们可能只是在突然且意想不到的时刻才意识到了自己的需要。厄休拉·格雷厄姆·鲍尔(Ursula Graham Bower)看起来就是其中之一。她是罗丁女子学校(Roedean)的一名学生,后来在伦敦初入社交场。1937年,她前往印度,与朋友们住在阿萨姆省的英帕尔(Imphal)小站。在那里,她与其他年轻的英国女性一样——常常"自在地闲逛",在俱乐部打高尔夫球,到驻扎官官邸(the Residency)打网球,直到有一次她与这名外科医生及其妻子一起去了纳加乡村——她一下子就被那里的丛林山岭和人迷住了。正如她后来所回忆的,那种感觉就好像发现了一个她本应"一直"属于却意外地"迷失"了的世界;回到英帕尔几天后,她感觉到与"自己人"有些"格格不入",渴望回到那个"山野丛林的荒野现实"中去。

第二年,她又回到了印度,并得到了当地政治监督官的许可:可以再去纳加乡村,拍摄人类学照片,并对泽姆纳加人(Zemi Naga)进行研究。经过漫长而艰难的北卡查尔山(North

Cachar hills）之旅，她来到了莱松村（Laisong），很快便在那里开了一家诊所。在那个疟疾肆虐的地方，人们接受了她的奎宁和急救，但"对于其他所有的疾病，他们还是更相信自己的魔法宗教仪式"。厄休拉·鲍尔深深地着迷于她的新环境，而且一直如此。后来，她意识到自己已经成了泽姆人，村民们也这样认为，他们收留了她，并将她当作前世女神转世。[53]她独自与这些人生活了近七年，学习了他们的语言和仪式，通过他们的眼睛看世界，并从平原上的同胞那里赢得了"纳加女王"的绰号。

厄休拉在她心爱的泽姆人中的生活被第二次世界大战改变了，当时，纳加乡村成为抗日前线的一部分。1942年3月，她去了卢姆丁枢纽站（Lumding Junction），经营一家食堂，服务来自缅甸的难民列车。她还加入了一个名为"V字军"（V Force）的游击队（斯利姆将军第14军的一个作战单位），游击队请她说服泽姆人和其他纳加人担任"当地侦察兵"。她如期招募到了150人，但他们的装备只有陈旧的长筒前膛枪，幸运的是，他们主要负责一些情报工作，而非抵抗牟田口廉也将军（General Mutaguchi）的入侵军团。

战争结束时，一名"身材瘦长的、湿漉漉的上校"来厄休拉的营地拜访她，说他想在她的地区收集蝴蝶。这其实是一个借口，因为蒂姆·贝茨（Tim Betts）一段时间以来一直对"纳加女王"的故事感兴趣，现在战争结束了，他决定去见她——只要她不是"妖精"或"长着马齿的悍妇"，甚至可能要娶她为妻。因为彼此素不相识——她对他一无所知，结婚的想法显然还有些遥远，但两人还真走到了一起，而且非常快，尽管举行了两次婚礼。第一次是在西隆举行的英式婚礼，有葡萄酒、蛋糕和婚纱；第二次是在吸烟的、从温切斯特毕业的蒂姆得到了部落的批准后，在厄休拉的村子里举行的仪式，随后是唱歌、跳舞、饮大桶米酒的庆祝活动，一直持续到第二天凌晨。[54]

在缅甸民政部门工作了几个月后，贝茨上校复员了，令他妻子高兴的是，他被任命为喜马拉雅偏远地区苏班西里（Subansiri）的政治官员。厄休拉可以在东北的部落再住三年，但印度独立使她丈夫失了工作，于是他们决定在 1948 年回到英国。从他们到"家"的那一刻起，她就很沮丧。当她从火车车窗往外看时，英国的山都"太近了"；她好想"把它们往后推"，想"在自己和人迹罕至的山脉之间，有 40 到 50 英里的清新空气"。离开阿萨姆省时，她感觉自己好像"被连根拔起了"，"伤口的痛永远挥之不去"。当有人问她为何闷闷不乐时，她觉得很难解释清楚"家不再是家，而是完全陌生的感觉，她的家只在阿萨姆的群山中，从此再无其他……"[55]。她的确试图寻找另一个家园，她和蒂姆以及两个女儿在肯尼亚生活了一段时间，在那里种咖啡，直到茅茅起义（Mau Mau Uprising）爆发。然后，他们在马尔岛（Isle of Mull）定居下来，那里的降雨至少会让他们想起阿萨姆省。1988 年，她的葬礼上抬棺材的人当中有三名纳加人。

避免戒断症状的最好的方法是做一个当地人，留在印度，维里尔·埃尔温就是这样做的，他在 1964 年去世时已经成为一名印度公民。埃尔温是塞拉利昂英国主教的儿子，曾在牛津大学获得双学位（先是神学，后是英语），1927 年，他前往印度，为浦那一个受到印度教修行理念影响的基督教传教机构克里斯塔·塞瓦·桑格（Christa Seva Sangh）工作。然而，在到达后不久，他便发现很难将自己的基督教工作与他所钦慕的莫罕达斯·甘地的教导结合起来，特别是关于所有宗教都同样正确或同样错误的信条。他仅在萨巴马蒂（Sabarmati）的甘地修行院待了一周，便转变为印度民族运动的支持者，开始追随甘地，他认为甘地是"当今世界上最崇高、最像基督的人物"[56]。1930年，甘地反抗政府，游行前往海边自制食盐，埃尔温公开支持他。次年，他离开了传教机构，不久又辞去了神职工作，脱离了教会。

埃尔温对甘地的追随既是个人层面上的，也是政治层面上的。在甘地的支持下，他为印度中部的贡德人建了一个修行院。然而，他很快就质疑甘地的社会教诲是否适用于山区的部落族人。纺棉和丛林里的居民有什么关系呢？为什么向那些从花酒和放荡不羁的性生活中获得许多无害快乐的人宣扬禁欲和独身很重要呢？经过自身宗教修行的严酷考验后，埃尔温陶醉于部落生活，陶醉于女性生活中，修行院的一名印度朋友曾说，这些妇女"过去换丈夫就像我们换袜子一样，换过就忘了"[57]。埃尔温曾是圣方济各和甘地的追随者，现在他自己也变得性乱起来，娶了两名部落妇女，还有很多其他的性关系。他认定，性是每个人都应该享受的东西，这一观点导致了英国人和（后来的）印度官员对他的鄙视，认为他是一个"已经部落化了"的"性狂人"。

但埃尔温也为印度2500万原住民进行了理性的辩护，认为他们简单而富有吸引力的社会需要保护，不应受到城市商人、放贷人的侵蚀，也不应受国大党那些试图"将自己的资产阶级思想和清教徒教义强加给自由的、无拘无束的丛林人"的"素食主义者和禁酒者"左右。[58]他早期在贡德人中的工作是提供教育和医疗援助。后来，他充当起了人类学家的角色，向无知和持怀疑态度的局外人解释部落生活；再后来，又成为这些人及其生活方式的捍卫者。在山地部落生活的二十五年间，他在一系列雄辩的著作中为其辩护。他的母亲可能会认为他是一个

"穴居人",他同时代的英国人可能会嘲笑他是反面的圣奥古斯丁(St Augustine)①——从节俭的牧师变成狂热的滥交之徒,但他在独立后的印度确实获得了一些认可。他可能是第一个被授予印度国籍的外国人,他被印度总理贾瓦哈拉尔·尼赫鲁任命为东北边境局部落事务顾问(尼赫鲁告诉他的官员们要"吸收"埃尔温的哲学思想)。他去世后,印度一家报纸的一篇社论将他描述为印度"最杰出的人类学家",并补充说,他"可能是那些思想自由的英国人中最后一位……将这个国家当作自己的家,并完全认同这个国家的人民的开明之士"[59]。

无业游民

1870年代末,文官沃尔特·劳伦斯驻扎在白沙瓦时,"两个古怪的无业游民"越过阿富汗边境,前来向他讲述了自己的故事。其中一人是军队逃兵,另一人是在加尔各答离开所在船只的水手,他们刚刚被阿富汗的埃米尔阿卜杜勒·拉赫曼(Abdur Rahman)驱逐出喀布尔,埃米尔给了他们食物和毯子,还试图让他们皈依伊斯兰教,但没有成功。早些时候,他们曾到过古勒姆山谷(Kurram Valley),逃兵一路跳舞,水手拉小提琴,二人之所以能够毫发无损地抵达喀布尔,显然是因为阿富汗人都觉得他们是疯子——而且认为疯子的生命是神圣的。[60]

1884年,劳伦斯被派往拉合尔,在那里与当时还是《民政与军事报》年轻记者的鲁德亚德·吉卜林成了朋友。四年后,

---

① 奥古斯丁(354—430),又名"希波的奥古斯丁"(Augustine of Hippo),天主教译为"圣奥斯汀",基督教早期神学家,新柏拉图主义哲学家。主要作品包括《上帝之城》《基督教要旨》和《忏悔录》。年轻时生活放荡,后觉醒悔改,潜心著书立说,致力于牧养教会、宣讲福音、救济贫弱等事业。——译者注

吉卜林出版了一部了不起的小说，讲述的是两个"无业游民"的故事，他们也越过了阿富汗边境，艰难地穿过雪地，在"卡菲尔斯坦"（Kafiristan）的群山中建立起了自己的王国。他虚构的这两个人物——丹尼尔·德拉沃（Daniel Dravot）和皮奇·卡内汉（Peachey Carnehan）——比劳伦斯看到的那两个人更具有传奇色彩，肖恩·康纳利和麦克尔·凯恩（Michael Caine）在约翰·休斯顿（John Huston）执导的电影《国王迷》（*The Man Who Would be King*）①中饰演他们时也是如此。吉卜林的灵感或许来自其他故事，包括两名在美国出生的冒险家的经历——乔赛亚·哈伦（Josiah Harlan）和威廉·加德纳，前者在半个世纪前曾在兴都库什（Hindu Kush）短暂地当过王公，后者则是曾为锡克帝国而战并娶了一个阿富汗公主的海盗。然而，劳伦斯和吉卜林②在拉合尔的旁遮普俱乐部（Punjab Club）共进晚餐时，劳伦斯不太可能没给他的这个朋友讲过那两个流浪汉的故事。而且总是留心于寻找"版本"的吉卜林，更不可能不在事后记下来。⁶¹

劳伦斯在工作中遇到过不少游手好闲之徒，但他从不知道其中有谁"结局圆满"。他将从喀布尔被逐出的那两个人形

---

① 又译作《霸王铁金刚》。——译者注
② 四十年后，两人都住在萨塞克斯，吉卜林说服劳伦斯写了一部回忆录——这也是"印度老手"写得最好的回忆录之一——《我们效力过的印度》（*The India We Served*），1928 年出版。再早几年，吉卜林曾鼓励更有名的 T. E. 劳伦斯根据自己的经历写一本书。这位沙漠英雄的一封几乎难以辨认字迹的手写信草稿被存放在哈佛大学，信件显示，二人曾在 1918 年相遇，彻夜畅谈了两个晚上，T. E. "滔滔不绝"，直到吉卜林可能想要睡觉，于是告诉他去写本书。四年后（第一稿在火车上被偷之后），劳伦斯在信中写道："于是，我就写了。"吉卜林同意阅读《智慧的七根支柱》（*Seven Pillars of Wisdom*）的打印稿，条件是劳伦斯不能透露他读过。

容为"无能、绝望的家伙";还有一个他在某个客栈的角房里遇到的英国人也是如此,此人"受过良好教育,出身不错,却走了下坡路",他喜欢读书,"过去常常白天睡觉,晚上喝酒"。而其他人,像吉卜林笔下的那两个人一样,更具攻击性,更虚张声势,试图在印度各地招摇撞骗,有时会假扮成记者,勒索某个王公。劳伦斯遇到过一个人,他待在一个驿站里,吓坏了驿站管理员,还欠下一笔他永远也还不清的账;另一个人给"一个印度权贵当临时车夫,但完全不称职,这个虚荣的权贵宁愿找一个白人马车夫而置安全于不顾";还有一个人甚至来向他"讨教下一步该去利用哪个城市或王公"。然而,劳伦斯总体上对这些人持宽容的态度。游手好闲的人或许愤世嫉俗,但他们"常常是哲学家",知道"很多我们所不了解的"事物。[62]

18世纪,无业游民被归为"底层欧洲人",或社会最底端的"欧洲流浪汉"。他们以前往往是水手、仆人或退伍士兵,酗酒、打架还债台高筑。[63]然而,由于东印度公司会仔细地审查想进入其地盘的欧洲人,因此这类人的数量在1850年代之前不可能有很多。工业和铁路行业提供的新就业机会使得这类人越来越多,但"底层欧洲人"或"欧洲流浪汉"——现在被称为"印漂"(vagrant)——的主要来源仍是英国兵团的逃兵以及跳船或失业的水手。欧洲人在印度很难有藏身之地,那些无法藏身的人就继续漂泊,从一个城镇跋涉到另一个城镇,在露天的地方或无人的阳台上过夜,乞讨,在种植园主和其他不太可能深入了解他们历史的雇主那里找份临时的差事。[64]其中的很多人无疑是不幸的,在企业或茶叶种植园破产时被裁员,但其他人则因酗酒、不称职甚至是犯罪行为才被解雇。一些人和穷困潦倒的保罗·诺里斯一样,1930年代住在德里车站的二等车厢候车室,"白吃白喝"。其他人则像威尔士燧发枪团的杰拉尔德下士(Corporal Gerald)一样,到处招摇撞骗,此人出身于公学,却喜欢伪装成不同的身份,过着流浪生活,他从上海和孟买的放债人那里"借"了大笔现金。[65]

维多利亚时代的在印英国人对任何可能损害"统治种族"声望的事情都感到紧张。一名总司令称,流浪就属于这种情形,它是政府的"严重耻辱",损害了政府"在当地人眼中"的形象。[66]自由党政治家查尔斯·迪尔克在1860年代末访问印度后表示,"酗酒的士兵和'欧洲流浪汉'的行为对英国人的名声所造成的伤害,怎么高估都不为过",这些人"本性野蛮粗暴","在印度各地流窜","令当地人不寒而栗","简直恶贯满盈"。[67]如果被拘捕了,其中一些人会被送到省府的济贫院,但水兵们常被送到在一些主要港口设立的"水兵之家",逃兵则交由军事当局处理。[68]女性流浪者通常会受到相当宽大的处理。她们不会被送到济贫院,而是常常被遣送回国——以防她们在印度沦为妓女,或被慈善机构收留。位于马德拉斯普纳马利高路(Poonamallee High Road)的"友人济困协会"(Friends Need Society),可容纳60名妇女("年老体弱或穷困潦倒"),"以救济需要帮助的穷人,抑制欧洲人和英裔印度人的乞讨行为"。[69]

在没有济贫院或驻军的地区,初级治安官会见这些流浪汉,听他们讲述自己的倒霉经历,然后决定为他们提供怎样的援助。比哈尔省巴加尔布尔的詹姆斯·西夫顿的习惯是给他们提供一顿丰盛的餐食,然后让侍从将他们送到火车站,让他们乘上自己选择的任一方向的列车——开往加尔各答或孟买。[70]在印度的另一边，沃尔特·劳伦斯也采取了类似的政策，但并不总是得到感激。一名造访了他在旁遮普营地的"来客"，"因营地提供的餐食中没有酒，且只给了他前往孟买的车票而没有给他钱，就大怒并破口大骂"[71]。吉卜林笔下的德拉沃和卡内汉曾发誓，在追求抱负期间滴酒不沾。大多数无业游民的抱负只不过是生存和避免坐牢，所以他们不觉得非得和自己过不去。

第十三章　休闲娱乐

艺术家与业余爱好者

在印度的英国侨民群体常被指责为庸俗，总体来说确实如此。很难想象如果不是这样的话，情况会怎样。大多数英国男子去印度是为了追求户外事业，并且许多人在偏远地区过着与世隔绝的生活。即使是生活在大城市的英国人数量也太少了，无法维持与欧洲中等城市相当的欧洲文化生活。像帕尔马或博洛尼亚这类意大利小城，或许在19世纪就有了自己的歌剧院，但它们的人口已远远超过英国人在印度的最大聚居地。在加尔各答或孟买，这类人只有11000多人，而在马德拉斯，这个数字还不到一半。

演员和音乐家很少尝试到印度发展事业，因为他们知道自己吸引不到足够的观众；对音乐家来说，还存在一个阻碍——那里的气候对他们的乐器是毁灭性的。作家也遇到了类似的问题，潜在读者太少了。没有几个小说家留在印度，只有少数几人由于其他原因不得不留下来：亨利·坎宁安，因为他是一名政府律师；弗洛拉·安妮·斯蒂尔，因为她嫁给了一名文官；爱德华·汤普森，因为他是孟加拉卫斯理学院（Wesleyan College）的教师。吉卜林是唯一一个身处印度期间所写之书就非常畅销的作家，但他也在23岁时离开了印度次大陆。除了吉卜林的《基姆》之外，一直以来，关于印度的小说中，最经久不衰的当数 E. M. 福斯特和保罗·斯科特的作品，福斯特以游客的身份去了印度，而保罗·斯科特是偶然地去了印度，他在第二次世界大战期间被派驻到那里。即使是在印度次大陆长期生活过的印度小说作家，如约翰·马斯特斯和鲁默·戈登，其大部分——有时是全部——代表作也是在离开印度以后才创作出来的。

唯一能够在印度事业辉煌并住很长时间的艺术界人士就是画家。与其他领域的艺术家相比，画家有几个优势：他们拥有印度客户，愿意坐着让他们作画，并为自己的肖像支付高价；他们拥有英国社区以外的作画对象——建筑物、风景和土著人民，这些都令他们感兴趣，有时甚至让他们着迷；他们不必依赖在印同胞来欣赏他们的技能和获得工作报酬。如果某名省督或首席大法官希望以不错的价格购买他们的画作，那固然好；如果没有，他们的作品也可以打包带回国。托马斯·丹尼尔（Thomas Daniell）1786 年到达加尔各答后，与侄子威廉制作了一系列有关这座城市的铜版画，并在加尔各答售出，然后用售画的收入沿恒河而上，进行了一次长途旅行。从德里、勒克瑙和喜马拉雅山麓回来后，他们卖掉了沿途所作的画，用收入又到南方旅行了一次。在马德拉斯，他们卖出了更多画作，得以去孟买，然后经由中国回国。当他们回到伦敦时，距离出发已经过去九年了，但他们仍存有大量画作，包括数百幅风景画和纪念性建筑物的画，正是这些素材中催生了二人雕刻的 144 块铜版画——《东方风光》（*Oriental Scenery*）。

这对叔侄当然是描绘印度地形和建筑最著名、最成功的英国艺术家。然而，还有其他一些能力相当的艺术家，包括威廉·霍奇斯［William Hodges，理查德·威尔逊（Richard Wilson）的学生〕，他曾先于丹尼尔叔侄沿恒河而上，前往阿格拉。很多描绘印度建筑和风景的人，都是东印度公司的员工、测量员和工程师，比如马德拉斯工兵团（Madras Engineers）的托马斯·弗雷泽（Thomas Fraser），他专门画堡垒和要塞。然而，即使是最有才华的军官，也很难打入专业画家的世界，去争夺伦敦皇家学院（Royal Academy）的一席之地。1764 年，弗朗西斯·斯温·沃德（Francis Swain Ward）中尉辞去了马德拉斯陆军的职务，试图在英国靠当一名画家谋生。九年后，在认识到自己的失败后，他请求东印度公司重新召他入伍，并授予他上尉军衔，东印度公司满足了他的请求。沃德对此非常高兴，于是向公司捐赠了十幅油画，他的老东家对这些礼物十分满意，于是付给了他 200 基尼，在他到达马德拉斯后，又额外付给他一笔钱。[1]

经好望角前往印度的英国肖像画家，往往会在印度停留很长一段时间。其中最优秀的一些人得到了丰厚的资助，主顾中既有英国人，也有印度人，有些人甚至还在印度宫廷谋到了差事。约翰·佐法尼在印度住了五年，蒂利·凯特尔在印度住了七年，其间，他们有了几个半印度血统的孩子。乔治·钱纳利（George Chinnery）于 1802 年乘船前往印度，显然是为了躲避妻子，从此再也没有回英国。他靠为马德拉斯和加尔各答的大人物画像谋生，但他更喜欢描绘乡村及其居民。他在达卡税收官查尔斯·多伊利爵士（Sir Charles D'Oyly）的家中住了四年，并教他画画，他还帮助了很多孟加拉的英国业余画家提高绘画技巧。然而，钱纳利无论赚多少钱，总是负债累累。1825 年，在印度生活了近 25 年后，他为了躲债，逃到了澳门。在那里，他又花了 25 年画各种类似的题材：赖以谋生的肖像画〔比如苏格兰鸦片贩子威廉·贾丁（William Jardine）和詹姆斯·马西森

（James Matheson）的肖像画]，以及他真正热爱的乡村风光（在澳门是珠江三角洲的居民和风景）。有人说他是"19世纪前往东方的所有欧洲艺术家中最有才华、最多产的一位"，这不无道理。²他于1852年去世。

钱纳利去世时，一种新的艺术形式正在挑战维多利亚时代印度的水彩画家。摄影实际上是由东印度公司推广的，1855年，船长林尼厄斯·特里佩（Captain Linnaeus Tripe）作为官方摄影师前往阿瓦（Ava）的缅甸宫廷：他带回来很多绝美的风景和宝塔的照片，其中的很多于2007年和2008年在华盛顿国家美术馆（National Gallery of Art）和纽约大都会艺术博物馆（Metropolitan Museum of Art）举办的展览上展出。东印度公司还将摄影列入了阿迪斯科姆学员的课程，那些被选中将成为工兵的学员可以在查塔姆的皇家工兵学院进一步学习摄影。但次大陆的先驱摄影师中也有单干的个人摄影师。其中最引人注目的当数塞缪尔·伯恩（Samuel Bourne），他放弃了在诺丁汉当银行职员的工作，前往印度，成为一名摄影师。

在1863年到达加尔各答后，伯恩很快就意识到他想去山区而非在平原工作。于是，他三次前往喜马拉雅和克什米尔，展开摄影探险：第一次去了西姆拉，他很失望，因为那里没有湖泊，"没有粗木桥梁，也没有常春藤覆盖的废墟"；第二次去了克什米尔，那里确实有一些风景如画的地方，包括一个迷人的湖泊；第三次去了古卢谷，他翻过了高高的山口，寻找到了恒河源头。伯恩在印度的工作与在英国的摄影师很不一样，正如他热衷于指出的那样，不是坐在"绿草如茵的小溪河岸上……[或者] 坐在某个壮观的公园……的林荫大道上……一切舒适和便利都随手可得"。他的探险可能会持续九个月，就像探险家探险一样,与大约 80 名仆人和搬运工一起背着照相器材、三脚架、玻璃板(经常会被打碎)、便携式暗室和"大量轩尼诗白兰地"翻山越岭。而且,当他到达选定的地方后,经常"在那荒凉的山口上,在寒冷和薄雾中瑟瑟发抖",当准备好他的玻璃板,等待天气好转时,云层却突然降下来,他不得不收拾行装,第二天再来。[3]

人们在加尔各答观赏英国画家的肖像画和风景画时,可能会觉得他们看到的作品与那个时代在英国绘制的作品旗鼓相当。但对于他们所听到的音乐或去过的剧院,就完全不可能有同样的感受了。画家都是专业人士,但音乐家和演员几乎都是当地的业余爱好者,所以怎么可能一样呢?1780 年代,加尔各答的音乐会是在拉尔集市的和谐酒馆(Harmonic)举行的,那里既是一家酒馆,也是"舞厅"和音乐厅。每两周,"一些按字母顺序轮流挑选出来的绅士"会赞助一场晚会,包括音乐会、舞会和晚餐。1786 年 5 月,这样的活动得到了《加尔各答公报》(Calcutta Gazette)的大力报道,宣称亨德尔的《弥赛亚》(Messiah)演出取得了"惊人的成功","令音乐爱好者大饱耳福"。[4]但在私下的信件和日记中,观众就不太可能如此慷慨了。总司令的女儿伊莎贝拉·费恩(Isabella Fane)在 1836 年 1 月看了一部意大利歌剧(未说剧名)后,发誓再也不去了,因为那部歌剧实在"太糟糕了",令她感到"无聊透顶"。两周后,她又去了一次,再次感到"无聊至极"。在那个时期,音乐演出可能已经从和谐酒馆升级到了有包厢的剧院,伦敦也一样,但歌剧表演实在"令人难以忍受",费恩小姐怎么"都不喜欢意大利式尖叫,不管唱得有多好"。总督府的音乐会也好不到

哪里去:歌手和管弦乐队都"令人难以忍受",音乐"糟糕"到"没有人想听";唯一能做的就是将那个夜晚当作一个社交场合。⁵

一个世纪后,孟买的音乐演出仍然不能令人满意。这一时期,一些意大利歌剧院偶尔会到印度巡回演出,他们挑选了《卡门》这类作品,以为英国人会喜欢,却给觉得有义务邀请演员喝茶的省督带来了社会和语言上的问题。⁶根据 1935 年孟买的一名评论家的说法,冈萨雷斯意大利大歌剧公司(Gonzalez Italian Grand Opera Company)的《茶花女》(*La Traviata*)演唱水平很高,但一场"精彩的演出"未能尽兴,原因是管弦乐池太局促了,"冈萨雷斯大师"无法"指挥一支足够大的管弦乐队",只好让"大提琴缺席",但这"不可避免地导致音乐听起来单薄而虚弱"。当晚的另一个打击是"场景转换又慢又吵,令人痛苦"。在当时的另一篇文章中,这名评论家嘲笑孟买这样一个巨大的城市居然无力"维持一个交响乐团和一个室内乐团",他那愤慨的语气暗示这简直是"自所多玛和蛾摩拉时代以来,最没有灵性、最贫瘠的一个城市"。⁷

在较小的城镇,情况不太可能得到改善。1890 年代,勒克瑙的音乐菜单包括两周一次的音乐会,主要是钢琴独奏、歌曲和朗诵。偏远地区的音乐之夜完全取决于业余爱好者的热情,取决于是否有男性以及(更多时候)女性愿意站在立式钢琴旁唱歌,如果幸运的话,有时还会有小提琴或大提琴伴奏。哈考特·巴特勒自己就是一名钢琴演奏家,他对很少有女性能演奏钢琴曲而感到很遗憾。然而,在印度,要保持一架钢琴始终适合于演奏本身就是一项艰巨的任务。如果它在运输过程中(用牛车运输时经常如此)或由于气候潮湿而受损,就只能找当地的铁匠来修理琴键和琴弦。有时，从孟买或加尔各答租一架钢琴伴奏反而更容易。

教堂的风琴也有类似的问题，而且更严重。乌塔卡蒙德的圣斯蒂芬教堂（St Stephen's）靠一台手摇风琴撑了几十年，这架琴有两个管筒，每个管筒可演奏十首曲子，这意味着周日早、晚礼拜时可演奏的圣歌和赞美诗的曲目相当有限。1877年，夏都马德拉斯的主教堂终于收到了一架管风琴。但当时，乌蒂已经发展起来了，需要建第二所教堂——圣托马斯教堂（St Thomas's），它就没那么幸运了。这所教堂从一开始就只有一架相当基本的簧风琴，后来虽然得到了两台二手管风琴，但它们被认为"无法修理""完全报废了"；直到进入20世纪后的很长时间，这所教堂的会众都不得不凑合着使用那台簧风琴。[8]

在英属印度，剧院的业余演员比音乐厅里的声望高一些。事实上，业余戏剧表演是英印的典型活动之一，它将社交与娱乐结合在一起，后者包含了大胆有时甚至是危险所带来的强烈兴奋感。莫德·戴弗在其著作《在印度的英国女人》（1909）中称，山区避暑地的活寡妇最容易陷入"两个最危险的陷阱"——"业余戏剧演员和休假的军人"。"发生在印度的家庭悲剧中的一半"，都因二者中的一类而起。[9]

业余戏剧社团在避暑地和其他地方如雨后春笋般涌现，但最著名的戏剧社团（通常由总督赞助）在西姆拉。早在1839年西姆拉还远未成为英印夏都的时候，埃米莉·艾登就记录了那里的一场戏剧晚宴，当时，她的哥哥总督奥克兰勋爵的随行人员正在排练"场景"。后来，利顿和兰斯当都鼓励在西姆拉上演戏剧，明托的女儿艾琳（Eileen）有一次的表演极其感人，她母亲说瓜廖尔的大君"冲出去了，倒在沙发上，摘掉头饰后开始抹眼泪……"[10]。在欢乐剧场（Gaiety Theatre），西姆拉业余戏剧俱乐部（Simla Amateur Dramatic Club）通常上演从英国引进的客厅喜剧，不过其"拿手之作"显然是"格里芬"勒佩尔的"关于女权的著名轻喜剧"，其中有文官中广为流传的警句：印度政府就是"一个偶尔会找不到钥匙的、由办公室信箱组成的专制政府"。[11]

西姆拉是业余演员的保留地，没有专业人士来竞争，但这并不妨碍一些"女主角"像大牌明星一样，为谁应该扮演女主角而争吵，引起不少"矛盾"。平原地区也主要是业余演员的天下，在首府主要是加尔各答业余戏剧团（Calcutta Amateur Theatrical Society），在19世纪大部分时间里，那里的女性角色都由男孩扮演。记者J. H. 斯托克勒（J. H. Stocqueler）在1820年代刚开始业余演员生涯时，在孟买扮演了一些女性角色，但他于1830年代到达孟加拉以后，则可以演伊阿古①、卡西乌斯②和法斯塔夫③。[12] 据伊莎贝拉·费恩那些年日记的记录，她在加尔各答常常"以一场戏剧结束一天的生活"，有时是在市政厅上演，但剧院的经历并不比去听音乐会更令人愉快。有一次，那场戏非常没意思，蚊子让人"受不了"，屋子里热得要命，"人们散发出流汗的臭味"。[13]

在苏伊士运河开通后，专业演员有时也会前往印度，但很少会以个人身份前往。他们都是跟随一家剧团，先从孟买

---

① 伊阿古（Iago）：莎士比亚戏剧《奥赛罗》（Othello）中的人物。——译者注

② 卡西乌斯（Cassius）：莎士比亚戏剧《尤利乌斯·恺撒》（Julius Caesar）中的人物。——译者注

③ 法斯塔夫（Falstaff）：莎士比亚戏剧《亨利四世》（Henry IV）中的人物。——译者注

开始演出,然后迅速到印度其他地区巡演。他们会在某个镇停留一周,然后再到某个军营待上一周,每天晚上演一场不同的音乐喜剧。第二次世界大战期间,国家娱乐服务协会(the Entertainments National Service Association,ENSA)招募了一些歌手和演员到国外为军队演出——薇拉·琳恩(Vera Lynn)就是如此。派往印度的演员中有杰弗里·肯德尔(Geoffrey Kendal)和他的"燃气之光"(Gaslight)剧团,他们从孟买出发,途经大吉岭和西隆,前往加尔各答,一路乘坐火车,每日吃"温莎汤、鱼和薯条、羊肉和蔬菜以及果冻"。在去了白沙瓦和边境地区,以及南下去了卡拉奇之后,肯德尔回到了伦敦;在"剧目中增加了《武器和男人》(Arms and Man)之后",再次回到印度,在六个月内完成了86场演出。他热爱印度次大陆,热爱那里的炎热、明亮和气候,战后,他带着自己的莎士比亚剧团(Shakespearana Company)到印度巡回演出,享受印度人对于《奥赛罗》《麦克白》和《尤利乌斯·恺撒》的喜爱。他的小女儿首次登台亮相扮演的是麦克达夫①的儿子,11岁出师时扮演了帕克②,18岁时,她跟父亲说希望离开剧团,到英国寻求职业发展,这让父亲很难过。她说到做到,她就是费莉西蒂·肯德尔。[14]

休长假

早期的在印英国人几乎没有度假的选择。他们住在堡垒和工厂的围墙内,不能躲到当时还不存在的避暑地,也不能在有

---

① 麦克达夫(Macduff):莎士比亚戏剧《麦克白》中的人物。——译者注
② 帕克(Puck):莎士比亚戏剧《仲夏夜之梦》(A Midsummer Night's Dream)中的人物。——译者注

权有势的邻居的丛林中打猎,当然更不能回英国。即使在第一批移民到达后一个多世纪,东印度公司已经获得了领地,有了相当的自由空间,然而,除了骑马和射猎外,他们仍然没有太多事情可做。18世纪,孟加拉的一名法官威廉·邓金爵士(Sir William Dunkin)喜欢在河上乘船远足,但在炎热的天气里,其乐趣也一定很有限。

在通往印度的运河航线开通之前,许多英国人在退休之前再未看到过他们的祖国——有些人甚至在退休后也没能看到。于1867年辞去孟买省督后,巴特尔·弗里尔回到了英国,他上次见到这个国家还是在32年前,当时自己才十多岁。一代人之前,刚刚卸任勒克瑙驻扎官的约翰·洛在阔别38年后再次回到家乡,正值母亲弥留之际,他的姐妹们在母亲的床边祷告自由教会的教义。[15]即使在运河开通之后,一些"老手"也未能充分利用它。黑利伯里最后一批毕业生之一的约翰·比姆斯,在35年的任职生涯(1858~1893)中只休过两次假。

然而,对年轻一代来说,从1869年开始,旅行时间缩短到了三周,人们当然想多回国几次。官员们现在回英国可以休特权假(privilege leave)(将每年一个月的假期连攒三年)、因"紧急私事"的特殊假(通常是因父母去世,但有时是为了安排婚事)、凭医疗证明的病假和长假(furlough,源自荷兰语"verlof",意思是"休假"),他们在印度任职满八年后就可以休长假,最长可达两年。这种情况自然使官员不那么"印度化",或至少不那么热衷于在印度度过休闲时光了,而更倾向于回到英国,他们的孩子往往已经在英国上学。这又为种族和文化隔离增加了一股力量,不利于改善英印社会关系的初步尝试。一名"老拉杰普特人"对约翰·佩罗内特·汤普森说,"现在的洋老爷们"(1900)

无法"与老一辈人相提并论",这名文官意识到他的话"很在理"。汤普森的前任不常休假回国,他们更懂当地的语言,更了解当地人的做事方式和想法……[16]

尽管休长假的时间取决于所在省份或部门的其他人的计划和健康状况,但大多数人都争取在3月回英国,这样就可以在印度过完冬天后,在"家"里享受春夏了。唯一想要反其道而行之的——在印度过暑天,回英国过冬天——只有猎狐的人。旁遮普文官迈克尔·奥德怀尔声称,蒂珀雷里1908年至1909年的冬天治愈了他的疟疾,他每周有三天会去狩猎。一代人之后,爱尔兰骑兵军官威廉·马根(William Magan)在休假期间同意为南韦斯特米斯郡狩猎会(South Westmeath Hunt)担任一个赛季的总管。但是印度骑兵部队昵称"布兰尼"的布兰福特少校(Major"Branny"Branfoot)不愿将此事交由偶然因素或身体不佳决定。根据马根的说法,布兰福特少校只在冬天回国休假,他"雇上两三个猎人,在一家最喜欢的酒吧安顿下来,到布莱克穆尔谷地(Blackmoor Vale)狩猎"。[17]

乡愁对于后来到印度的英国人的影响,似乎比他们的前辈大得多。也许后者意识到了他们不定何年何月才有机会回归故里,所以决定好好享受当下。相比之下,维多利亚时代的格里芬承认,他们有时会陷入怀旧和孤独中难以自拔。1886年底,约翰·梅纳德抵达孟买后仅仅几周,就抛弃了所有关于坚忍和洁身自好的观念,告诉母亲自己入错了行,他"怀念伦敦的雾霭或牛津的毛毛雨",[18]会在下一个圣诞节前回家。① 他的同代人可能没有考虑过放弃工作,但他们会承认自己心中的向往,

---

① 事实上,他在印度又待了三十年,在担任了旁遮普省财政专员后,被授予爵士头衔。

特别是对于刚刚就读过的大学的怀念。1880年代的牛津格里芬就一再对奥里尔学院曾教过自己的导师倾诉，他们多么怀念曾经住过的镶护板的房间、查韦尔河（the Cherwell）上的小船以及学院那"惬意的环境"。A. R. 博努斯坦言，他渴望回到自己"原来的房间，穿着学院的制服上衣，带上一根烟斗，生起暖暖的炉火，坐在我最舒服的扶手椅上读书"。[19]

　　这种感觉可能会被印度的工作和经历冲淡，但它们通常深埋在心底，在离开八年后，因即将到来的休假而重新点燃。第一次航行中有一个解放仪式，就是在到达孟买港或当时流行的东西方分界线塞得港时，把木髓遮阳帽扔进海里。在马赛，你发现自己在和法国搬运工说印度斯坦语，但你没有在"美丽的法国"逗留，因为你急于到达英吉利海峡，看到那白崖。然后，正如一名归来的警官所说的，在经历了上信德希卡布尔（Shikarpur）的种种不快之后，"皮卡迪利和蓓尔美尔街、可爱的英国乡村小道和田野"带来的"愉悦"扑面而来。对习惯于跋涉穿越沙漠的人来说，能在海德公园扔雪球实在太令人激动了。[20]

　　乔治·奥托·特里维廉（George Otto Trevelyan）于1860年代初在印度待了一年，他在自己的作品《竞争瓦拉》（Competition Wallah）中列举了一些回国的乐趣："第一次看到萝卜地和宽背羊；第一次敞开胃口吃自制面包配亮黄色黄油，以及地道的培根；第一次野餐；第一次去干草市场剧院……"[21]骑兵希拉里·胡克很喜欢在印度打马球和打猎，但他也喜欢可以在英国"痛痛快快地"吃英国美食的感觉——烤牛肉、德文郡奶油、农家苹果酒。[22]光线和风景的不同给人带来的感受比预想的更强烈，英国较为柔和的光线使人们不再需要像"对着印度的强光"那样眯起眼睛。对未来的陆军元帅弗雷德·罗伯茨来说,"新绿色"能让厌倦了"干涸沙质平原单调颜色的眼睛好好放松"。这名年轻的军官认为,第一次休长假的那种"强烈的喜悦",怎么形容都不为过。[23]而第一次返回印度的那种告别故乡、家人甚至是此生可能再也无法相见的年迈亲人的伤感,也同样刻骨铭心。

长假当然不仅仅只有特里维廉所描述的那些乐趣。恶劣的天气、码头罢工工人以及海关官员的无理行为,可能很快就会让他们归家的心情大打折扣。印度医疗机构的肖特上尉打算趁长假进行科学研究,所以带回了两罐用酒精保存的波斯蜥蜴,但被海关官员查获了,官员坚持要他为此缴税。肖特解释说这些是动物标本,但海关官员称,"把蜥蜴拿出去,这些液体很容易重新蒸馏"当酒喝。[24]回国官员抱怨得更多的是忽视和漠不关心。他经常发现人们已不再记得他是谁,或者——即使记得——也对他的工作或对印度毫不关心。就连印度事务部也对他不感兴趣,其傲慢的员工对来访的文官表示出"惊讶和些许不耐烦……来自印度的粗鲁家伙怎能侵犯他们的隐私"。埃文·麦科诺基(Evan Maconochie)抱怨政客们"在寒冷的季节来到印度,捕猎我们的野味,喝了我们的酒,基本上用我们的钱好好享受了一番,回国后却在[英国公众面前]诋毁我们,在皮卡迪利见了面也对我们不理不睬"。[25]

军官和官员为自己的长假制订了周密的计划。由于大多数人除了英国和印度之外,没去过其他地方,所以计划中常常会安排欧洲旅行。约克郡轻步兵团道德尔中尉计划去法国并学习法语,然后徒步去意大利。除了这两个国家,文官刘易斯·鲍林还到了中欧的大部分地区,参观了16座英国大教堂,并到了中国。²⁶ 其他人可能还会趁第一次休假找一名妻子①和充电学习。曾于1860年代先后担任《马德拉斯每日新闻》（*Madras Daily News*）、《马德拉斯时报》（*Madras Times*）和《马德拉斯邮报》（*Madras Mail*）编辑的查尔斯·劳森（Charles Lawson），将休假的第一年描述为一次"心灵的沐浴"。在军营或民站待了多年后，人们内心非常渴望自我提升。政治官员荣赫鹏②（Francis Younghusband）努力弥补缺失的大学教育，所以进修了化学、物理、地理、植物学、生物、农业、摄影和社会科学等课程；他还要观赏优秀的绘画作品和聆听美妙的音乐，最重要的是，他会钻研后来成为他一生研究对象的领域：宗教和伟大的宗教人物。²⁷

一些有抱负、有远见的官员则抓住长假的机会，为印度的仕途添砖加瓦，并为退休后的去向做准备。到伦敦四大律师学院（Inns of Court）攻读律师资格很受欢迎，正如一名文官曾非常正确地盘算的那样，"英国大律师的身份将会打开在印度司法界上升的通道"。²⁸ 另一条路是进入文学界，著书立说，亨利·科顿就是其中之一，尽管他的作品——那本呼吁激进改革的《新印度》或《转型中的印度》（*New India, or India In Transition*）——可能对他的事业并未有太大帮助。1850年代初，乔治·坎贝尔不觉得休闲（更不用说消遣）有意义，于是同时走上了这两条路——考取律师资格，还写了两部长篇著作〔《现代印度》（*Modern India*）和《印度可能就是这样》（*India as It May Be*）〕，并且还——用他的话说——"给自己找到了一个伴侣"。在接下来的一次长假期间，他先后试图竞选邓巴顿郡和圣安德鲁斯

---

① 见前文，pp. 299-300。
② 荣赫鹏，英国陆军军官、探险家。1903年指挥英军入侵西藏。

的自由党议员（如果竞选成功的话，他就需要从印度文官机构辞职），在这两次尝试之间，他又写了另一部书，这次是关于爱尔兰的，它主张爱尔兰岛"最大的希望"在于"承租人使用权的保障和节俭的农民"。从印度退休后，他终于实现了进入议会的雄心壮志，担任代表柯科迪（Kirkaldy）的议员长达17年，但即使他的崇拜者也觉得他应该在退休后另谋一个爱好。在坎贝尔担任副省督期间，亨利·科顿曾在孟加拉任副大臣，他说，在威斯敏斯特，他的老领导"属于议会里很无趣的那类人"：他"缺乏机智，不善自卫"，刺耳的苏格兰口音听起来"像一把锉刀"，"在议会讲话时总是面面俱到，这个习惯很不明智"。[29]

在印度的假期

英国的海滨度假风尚始于18世纪中叶的马盖特（Margate），但没有被复制到印度。那里夏天的海边太热了，除非真的泡在水里。在避暑地发展起来之前，海上航行是避暑的一种方式，特别是对生病的人，但要走很长一段路才会感到凉爽些。槟榔屿被认为是一个很好的疗养胜地——其实可能名不副实——马六甲（Malacca）也不错。但中国——尽管路程更远——被认为是更好的选择，特别是广州。1863年，苏格兰传教士亚历山大·达夫被送往中国治疗痢疾，尽管当时已有疗养院的大吉岭更方便。另一个更远的选择是澳大利亚，1882年夏天，贝弗里奇一家因健康原因，在印度仆人的陪同下去了那里。

在苏伊士运河开通之前，健康不佳通常会使人们去西南，偶尔去毛里求斯，但更多时候去好望角，甚至去更远的圣赫勒拿岛。与内河游轮一样，海上航行被认为是"万不得已的治疗方法",而且往往因为拖得太晚了,病人经常在船上病故。然而,如果他们能挺过旅途,好望角的气候确实有利于康复。在1818~1840年的职业生涯中,孟加拉陆军的威廉·麦肯齐(William Mackenzie)设法凭病假条在好望角度过了近一半的时间,常常一住就是两年;也许这让他熬过了在印度的时光,但他在退役后不久就去世了,时任中校,享年57岁。抛开健康状况和气候不谈,到好望角休假(以及澳大利亚和锡兰)对东印度公司的文官来说是有好处的。只有在这些地方休假,才能保留其在印度的职位;但如果回了英国,他们就必须放弃职位——至少是暂时放弃,这条规定直到1840年代初才被取消。

在印英国人中,许多人喜欢在河流和大海中游泳。士兵们喜欢驻扎在南部的古德洛尔,正如赫维上尉所说的,他们可以"享受充足的新鲜空气和海浴,生活成本低,又很健康"[30]。然而,游泳并没有成为假期的一项集体活动。1860年代,曾有过在奥里萨省巴拉索尔附近建造一个度假村的尝试,但未能建成,因为那里没有商店和饮用水,从加尔各答过去也很不方便。后来,沿奥里萨海岸往南,在布里(Puri)和戈巴尔布尔(Gopalpur)"海滨"修建了不少漂亮的酒店。这些胜地很适合圣诞节去,因为那时温度适宜,但孟加拉湾的海浪太大了,不适合平静地游泳。戈巴尔布尔的英国儿童必须每人配一名印度救生员。[31]

英印最热情的游泳者是南部沿海地区的文官。约翰·索恩(John Thorne)是马德拉斯的一名县官,后来升至印度文官机构的最高职位,他特意在辖区内所有最好的海岸游泳,并特别鼓励下属也这样做。他的助手S. K.切特尔(S. K. Chettur)(后来也做到了印度文官机构的最高职位)也迷上了游泳,喜欢在高韦里河和戈达瓦里河畅游，他后来担任马德拉斯游泳爱好者协会（Madras Bathers' Association）主席。[32]印度西海岸的海水比孟加拉湾平静，孟买管区的官员喜欢到果阿北部的勒德纳吉里（Ratnagiri）游泳，那里有沙滩和上好的芒果。再往北，在卡提阿瓦半岛，孟买省督的司法助理被允许在最热的几个月将法庭搬到海边。然而，在马拉巴尔和印度的另一边，时有悲剧发生。1937年，曾写过三部小说的年轻文官丹尼斯·金凯德（Dennis Kincaid），在加尔瓦尔（有时被称为"印度的康沃尔"）溺水身亡：他在6月一个闷热的夜晚无法入睡，于是跳入了季风来临前波涛汹涌的大海。同年，法官赫舍尔·克里斯琴（Herschel Christian）和妻子奎妮也在奥里萨溺水身亡。[33]

喜爱山区的英国人自4月开始就充满了向往，他们急切地想要逃离平原雨季前的"三伏天"。当然，山区也会有季风，但不会那么严重，也不会有随后那么强烈的湿度。喜马拉雅山脉与中部、南部的80来处避暑地的气候不尽相同，但最好的季节通常是春季和夏末。

到1870年代，到山区度假已经相当普遍了，人们认为这是一段休息、疗养以及与朋友相聚的时光。人们在旅途开始就充满期待和兴奋，而且随着景色和环境的变化越来越强烈。如果从加尔各答出发，会向北穿过孟加拉的乡村，经过稻田、香蕉及棕榈树种植园，然后上山进入新的植被带，直到最后能透过大吉岭的松树和杜鹃花丛看到干城章嘉峰（Kanchenjunga）。或者，如果愿意的话，也可以选择去西隆，那里有红色的土壤、蓝色的绣球花，气候温和；喜欢那里的人觉得它是"世外桃源"。喜马拉雅的避暑地都能看到白雪皑皑的山峰和郁郁葱葱的山坡。

家家户户都会租一间度假屋、一处平房或木制小屋,或者会住在一家可能由某名军官遗孀经营的旅馆或寄宿屋,每年都会有回头客。空气、温度和景色的变化都很重要。在尘土飞扬的、闷热的平原住久了之后,能住在蕨类植物和雪松之间,生活在蚊子线以上,戴着草帽而非木髓帽,晚上坐在原木火堆前,真让人大松了一口气。最重要的是,避暑地能提供身心滋养。1830 年代,一名军官的妻子玛丽安·波斯坦斯在一篇关于默哈伯莱什沃尔的气候"令人焕然一新"的文章中宣称,它"重新调节了即将崩溃的神经,让苍白的脸颊再度泛起红晕"。20 年后,福克兰夫人对她的观点表示赞同。在默哈伯莱什沃尔,这名孟买省督夫人写道,"你起床后会精神焕发","觉得自己脱胎换骨了"。[34]

避暑地最初通常是疗养院,被规划作为英国人的疗养所。那里的建筑都是英式风格,花园里种满了英国花卉,房屋通常以柳谷(Willowdale)和草甸滩(Meadowbank)这类名字命名;旁遮普省的达尔豪西有凯尔索小屋(Kelso Cottage)、斯诺登别墅(Snowdon Lodge)和劳德代尔(Lauderdale)等不太适合的名字。在印英国人喜欢能让他们想到"家"的东西,哪怕它们其实与英国的任何地方都没有相似之处;或许他们需要时时安慰自己,让自己相信他们仍然生活在从小长大的同一个星球上。常被认为是全印度最具英伦风情的乌塔卡蒙德就引发了许多自相矛盾的类比。热情的英国人称其风景与温莎森林(Windsor Forest)、莫尔文丘陵(Malvern Hills)、萨塞克斯丘陵(Sussex Downs)、赫特福德郡、基利克兰基(Killiecrankie)、德文郡、威斯特摩兰(Westmorland)和爱丁堡的布雷德山(Braid's Hill)相似。厄斯金勋爵 1930 年代的夏都就在那里,他认为那里是

"南部丘陵（South Downs）与考德（Cawdor）附近的马里郡（Morayshire）的混合体"[35]。事实上，乌蒂和这些地方都不太像。在其大部分原生林地区重新种植了桉树和金合欢树后——从景色和环境的角度来说，都是一场灾难——它看起来更像澳大利亚。当然，部分地方看起来——以及听起来——也很像印度其他地方。和所有避暑地一样，乌蒂需要并且引来了一个集市，以及远远超过英国居民人数的印度人口。

在两次世界大战之间，英国人最喜欢的度假胜地是克什米尔，尽管它的美丽在那之前很久就得到了世人的公认：1880年代，沃尔特·劳伦斯认为达尔湖是"世界上最精致的角落"，并指出，同胞中"明智"且有眼光的人会避开避暑地而选择克什米尔。[36]劳伦斯喜欢宁静，但在1920年代和1930年代，那里的英国人并不宁静。其中最尊贵的或许是一名来访的省督，他可能会在夏利马尔花园（Shalimar Gardens）与当地的大君共进晚餐，在数千盏灯的照亮下，坐在垫子上，用手指抓着吃印度晚餐。但很多英国度假者住在斯利那加湖的游艇上，常常组织喧闹的派对，只和自己人一起玩游戏、跳舞。约翰·马斯特斯记得水面上整天都会传出留声机里播放的诺埃尔·科沃德（Noël Coward）歌曲的声音。"遮阳篷下的午餐派对从11点的鸡尾酒开始，直到下午4点昏昏欲睡地将白兰地和冰蛋奶酥全都喝完、吃完才结束。"[37]

晚上，年轻的英国人喜欢在希卡拉（shikara）木船上吃晚餐、跳舞，这是一种像贡多拉的小船，由克什米尔船夫划着。这些船被取名"爱巢""快吻我"，大概是因为船夫意识到他们的城市已经成了外国人坠入爱河的地方。来自马德拉斯的警官约翰·德·沙扎尔注意到，在克什米尔，"英国人的矜持一扫而光",人们很快就彼此熟悉了,休假的军官向活寡妇"示好","并不总是被拒绝"。[38] 莫莉·凯在回忆录中记录了一个丈夫因出海捕鱼提早返回,让妻子及其情人措手不及,他举枪向那个好色之徒射击,后者跳入湖中,游到了安全地带,枪声惊动了周围船屋上的人。克什米尔驻扎官的职责之一就是确保英国人在度假时规规矩矩,并安排那些不守秩序的人离开。[39]

在避暑地,英国人可以租印度房东的房子住,也可以建造并拥有自己的房产。然而,克什米尔是一个土邦,因此他们只能租用住所。在斯利那加,他们通常在夏天租一艘船屋,住上一个月左右,而不会购置永久的船屋,有位肯纳德先生租用了三艘船屋——一艘用于居住,一艘用于娱乐,还有一艘用作厨房和仆人的住处。[40] 在度假胜地古尔马尔格(Gulmarg),高尔夫比社交生活更受重视——甚至还有一个儿童球场,那里有很多可供租用的木屋或小屋。克什米尔唯一的问题是,其大君是一名严格的印度教徒,边境海关搜查非常严格。英国家庭必须记住,携带的食品中只能带马麦酱(Marmite),而不能带博维利牌(Bovril)牛肉汁。也禁止带奥克索(Oxo)牌牛肉浓汤块,被称作"牛眼糖"的儿童糖果也会受到怀疑,早期的一名政治监督官曾由于为其病弱的妻子订购了来自英国的牛肉汁提取物而被告上法庭。即使到了1939年,英国人也不允许其官员在克什米尔开车,以免因撞到牛而被逮捕、关押。[41]

西姆拉的景色和建筑与许多竞争对手相比稍显逊色。那里的房屋大多比较简陋,猴子常在波纹状铁屋顶上叽叽喳喳跳来跳去,政府办公楼笨重而乏味;1885年,民政秘书处和军队总部迁入的办公室,让人想起利物浦的仓库。这座小镇沿着一条狭窄的山脊伸展开来,不像乌蒂和奈尼达尔那样与周围环境相得益彰，而且它只有一条适合步行的小道，绕着一座名为贾科（Jakko）的山。然而，作为印度总督、总司令和旁遮普省副省督的夏都，这里是事业狂和热衷于社交活动的人们的好去处。正如我们已经看到的，这里也很有意思，哪怕在两次世界大战之间，更具冒险精神的女士也都移居到了克什米尔。安妮·威尔逊记得，20世纪初，人们在"松树下点着火把跳舞，在月光下的草坪上举行音乐表演，在总督别馆组织露天剧场表演"[42]。当然也少不了体育活动，通常在最近的一块平地安嫩代尔（Annandale）的球场举行。1870年代，"溜冰"或轮滑成为一种流行的爱好，尤其对女性来说，那些在淡季去西姆拉的人可以沉浸在冬日的爱好中，在被洪水淹没后结了冰的网球场上滑冰、打冰球。[43]

西姆拉一年中的大部分时间都可以进行娱乐活动，除非季风把安嫩代尔变成一片沼泽。不过，一些较小的避暑地会举办一些特殊的"活动周"，以便附近的人都能参加。吉卜林在他的一部小说中描述了英国人在圣诞周举行的聚会，男男女女"带着球拍、成捆的马球杆、昂贵而伤痕累累的板球拍、猎狐犬和马鞍"，从偏远的四面八方赶来。除了平常的"民站周"外，还有"警察周""军队周"和"种植园主周"，都以娱乐和美食为主，不过种植园主的"农神节"往往比其他活动更热闹。除了板球、网球和其他比赛，每个"周"都有自己的节目：科哈特有全国爱犬大赛，锡亚尔科特有由女性"掌舵"的牛车比赛。[44]对小民站来说，重要的是要让活动足够吸引人，能吸引女性宁愿长途跋涉也要前来观看。为了"吸引200英里以外奎达的女孩们接受我们的邀请"，约翰·马斯特斯及其在洛拉莱（Loralai）军营的委员会制定了一个日程，其中包括一场化装舞会、三场其他舞会、一场狗表演、一场寻宝游戏和一场"男女对阵板球比赛"[45]——在比赛中，男士只能用左手或雨伞击球。

大多数民站都会为绝大部分的体育活动提供设施，但赛艇除外，这项运动颇受那些上学时学校和大学附近有河和划船俱乐部的年轻军官和官员的欢迎。在印度为数不多的几条通航河流中，最好的一条是浦那的穆拉河（the Mula），全印度划船比赛（All-India Regatta）就在这里举行；其他地方如马德拉斯和加尔各答都有河流，可供划桨运动员训练，并派队伍去参加比赛。唯一可以举办划船比赛的避暑地，只有那些有大湖的地方，特别是奈尼达尔和乌蒂（那里的湖是人工湖）。

奈尼达尔不同寻常的是它拥有一个巨大的天然湖泊和一片非自然形成的平地，1880年的一次山体滑坡填满了湖的一端，大大增加了现有"平地"的面积。联合省的夏都有很多体育活动，5月底会举办一个"活动周"，还有一个包含了划船比赛的"秋季周"。它还为女性设立了一个"9月周"，参赛队伍会根据婚姻状况组建。1900年，已婚妇女队的战绩很好，但第二年，"老处女队"在冰球、划船比赛中获胜，在板球比赛中也以一局险胜。[46]在英属印度，激烈的体育活动伴随着热火朝天的社交活动。1920年，哈考特·巴特勒担任该省省督期间，奈尼达尔的"秋季周"使其不得不在一天之内接连出席游艇俱乐部（作为非正式海军准将）的一场午宴、总督府的一场舞会和花园派对，以及晚上在俱乐部的一场晚宴。

板球与其他比赛

在1898年成为加尔各答主教之前，J. E. C. 韦尔登担任哈罗公学的校长,他在任时发展出了一个理论,即体育精神与帝国成就相辅相成。英国男孩们在板球场上和足球场上学到的勇气、毅力、活力、坚韧、团队精神和纪律这些品质日后会帮助他们在"和平时期与战争时期都取得成功"。在 1895 年提交给皇家殖民研究所(Royal Colonial Institute)的一篇论文中,韦尔登宣称:"在大英帝国的历史上,有这样一段文字记载:英格兰的统治地区归功于体育运动。"[47]

韦尔登的理论正值"强身派基督教"时代,很多人都赞同他的信条。当时很少有能比《生命的火炬》("Vitaï Lampada")更能引起共鸣的诗,亨利·纽博尔特(Henry Newbolt)的主人公将在学校板球场上练就的勇气和责任感带上了沙漠战场,在加特林机枪"被卡住、上校阵亡"的情况下,他高呼"加油!伙计们!振作起来!",让"一个溃散的方阵"重整旗鼓。在军队中,团队精神和自制力无疑是值得褒奖的优秀品质;体育精神和举止得体也是——不仅仅是对军官而言。驻印陆军体育管理委员会(Army Sports Control Board in India)在其 1933 年的手册中将优秀运动员定义为"为自己的队伍而战,而非为自己而战","赢得起,也输得起,即胜不骄,败不馁","无私"和"对手下败将体贴有礼","无论裁决结果如何,都绝不干涉裁判"。[48]

与韦尔登同时代的在印英国人都认真对待锻炼,不仅因为校长给出的理由,也因为如果不锻炼的话,他们会感到疲惫、沮丧。这是时代精神的一部分。前几代人都不太喜欢团队项目,很难想象威廉·希基这样的人会在三柱门之间奔跑。在印度,早期的比赛和运动通常都是个人参加,而非团队。1832 年,范妮·帕克斯正沉浸在射箭的乐趣中,她用由水牛角条制成的弓练习射箭，这项运动一直到维多利亚时代早期都是一种很常见的消遣方式，男女皆宜。1860年代，它的受欢迎程度逐渐减弱，槌球、羽毛球和保龄球（程度较低）在一定程度上取代了它，尽管这些活动几乎没有不相容之处。总督约翰·劳伦斯使得槌球在西姆拉风行一时，即用沉木槌击打沉重的球穿过宽铁环门，这项运动在越来越多的地方受到欢迎；在炎热的季节，特别适合在小型避暑地开展。

槌球在19世纪最后几十年的主要竞争对手是羽毛球，这也是一项男女都能参加的运动，相当温和，对不愿穿特殊运动服的中年人特别有吸引力。1870年代，H. M. 基希在吉大港举办了羽毛球派对，他负责给客人提供掺苏打水的小杯白兰地。年轻力壮些的小伙子可能会在当地体育馆的牛粪地面上打羽毛球，但他们通常更喜欢墙网球，这也是一项非团队运动，在1850年代已成为军官的最爱；几乎每个俱乐部和军营都有墙网球场。这项运动的热度一直保持到了世纪之交，其爱好者出现了分化：一部分转向了壁球，另一部分爱上了草地网球。

壁球开始流行起来，尤其是在军队中，因为正如一名军官所解释的，壁球是"一种强度非常大的锻炼方式"；有时一个团的军官联谊厅就有自己的球场，即使偏远的边防哨所，常常也会在堡垒的外围挤出一个球场的位置。① 不过，20世纪初，草坪网球成了英属印度经久不衰的球拍类运动，一项男女都可

---

① 英印最棒的壁球运动员不是英国人，而是来自西北边境的可汗家族的成员。最成功的一人是哈希姆（Hashim），他在白沙瓦的一家军官俱乐部当球童，会员们结束了一天的比赛后，允许他和朋友们一起使用球场。他在30多岁时获得了孟买全印锦标赛（1944）冠军。1950年代，他在8年间夺得了7次英国壁球公开赛冠军。在他失利的那年（1957），他输给了堂兄罗尚（Roshan）。

以参加的运动。然而，它确实存在某些在印度才会出现的问题。尽管名为草坪网球，但这项运动通常是在泥土地或水泥混凝土球场上进行的。在信德这样的地方，这些场地可能会非常热，直到晚上 7 点才能踩上去，但那时光线已经太暗了。巴林的洛里默家的球场位置更好，下午 5 点左右就开始有树荫了，因此这对夫妇在日落前可以打上近两个小时。在卡拉奇，玛奇·格林在总督府粉色的水泥球场上打得很尽兴，那里"有三名戴着红色头巾的白衣绅士……接球"，但潮湿的气候对球拍来说是致命的，球拍必须不断地调弦。网球对官员和其他忙碌的人来说也是一项很好的运动，因为正如一名印度文官所说的："人们在结束了忙于视察和处理文件的一天之后，得到了所需的所有锻炼。"[49]而且这项运动很适合于社交，四个人打球，完全没有桥牌桌上的那种敌意，打完球后，大家一起坐在阳台上，一边小酌，一边欣赏渐暗的晚霞。

  高尔夫球和网球几乎在同一时间开始流行，大多数避暑地都会提供这项运动。但高尔夫场地与网球场相比更参差不齐。许多球场的条件都非常差，果岭上几乎没有草，球道上还有石块和仙人掌。其他那些在山区或偏远地区的球场又都很小。斯蒂芬·哈奇-巴恩韦尔在东孟加拉任职的第一站加入了一家"非常热衷于运动"的七洞高尔夫俱乐部，该俱乐部还有另外四名会员。在大一些的地方，不同的运动项目不得不争夺同一片场地：在阿伯塔巴德（Abbottabad）的老球场，每一局都"被迫在足球比赛中途打第二杆"。[50]有些地方不是这样的：加尔各答有两个很棒的球场——蜡烛油俱乐部和皇家加尔各答高尔夫俱乐部（Royal Calcutta Golf Club），后者成立于 1829 年，是不列颠群岛以外世界上最古老的俱乐部。然而，对 1920 年代到印度旅行的美国记者洛厄尔·托马斯（Lowell Thomas）来说，只有乌蒂和古尔马尔格的球场才算得上真正的好球场。他注意到，"古尔马尔格的欢乐""有些令人惊叹"，在短暂的季节（7月至9月）里，人们晚上跳舞，白天打高尔夫球，偶尔进行野餐、喝"杜松子酒和苦啤酒"。[51]

在英国非常流行的团体运动，在印度受到了人数、气候和地形的种种限制。因为偏远地区的民站永远凑不齐能够组成球队的22名年龄和能力相当的人，因此这些运动只有在大城镇、军营和避暑地才能开展，不过，没有几个避暑地有足够大的空间或平坦的场地，可容纳大面积的运动场。一年中的大部分时间都太热了，不适合进行体育运动，而其他季节的地面又太硬，对于曲棍球和英式橄榄球等运动来说太危险了。在混凝土等地面上打英式橄榄球尤其危险，在马德拉斯的阿迪亚俱乐部，尽管当地消防队在比赛前给球场浇了水，还是有多人受伤了。一些特别热情的球迷喜欢在季风中打球，这种情况下到处都很泥泞，简直成了"泥巴大战"。[52]英印最杰出的橄榄球运动员是乔治·坎宁安（George Cunningham），他最后当上了西北边境省的省督①；在加入印度文官机构之前，他曾担任过苏格兰橄榄球队的队长，参加了1910年举办的五国锦标赛（Five Nations Championship）。

足球是英国部队里最受欢迎的运动，就像曲棍球在印度部队中最热门一样。为了制止过激行为，部队要求这两项运动的每场比赛都必须有一名军官在场，并且建议采取一些处罚措施，如果能被更年轻的几代人采用的话，会颇有益处：殴打或踢对

---

① 1947年，他从退休生活中复出，担任巴基斯坦西北边境省首任省督。见后文，p. 510。

手停赛三个月，辱骂裁判禁赛六周。⁵³足球和曲棍球是英国和印度球队之间最经常举行的两项比赛，特别是在1920年代和1930年代的孟加拉，那里的居民成了这两项运动的爱好者。英国和印度部队之间仍然禁止比赛①，但鼓励英国士兵和当地印度球队之间开展比赛。踢足球的士兵在与诸如"班加罗尔穆斯林"这样的对手对阵时感到相当困惑，因为他们光着脚踢球，但当比赛染上政治色彩时更令人不安。埃里克·布莱尔在缅甸被一个"敏捷的缅甸人"绊倒了，缅甸裁判"视而不见"，"人群中发出了可怕的笑声"，这让埃里克·布莱尔很恼火。这种情况发生过不止一次。布莱尔以前的同学、文官约翰·克里斯蒂与年轻的孟加拉人踢足球时，也有过类似的经历：每当他被绊倒在泥泞中时，人群都"欣喜若狂"；他"对自己成了释放种族紧张情绪的工具感到很不舒服"。⁵⁴

　　与英属印度联系最密切的运动是板球，一定程度上可能是因为板球后来成为英格兰和独立的印度之间一项引人注目又竞争激烈的运动。现在出现了一些暖心的传说，讲述的是在殖民地体育运动中英国人如何建立起一个"板球帝国"，并将这项运动传授给了自己的臣民。事实上，当时并没有太多的传授，大多数从事这项运动的印度人是通过观看和模仿他们的主人学会的。哈里斯勋爵曾在与澳大利亚的四场对抗赛中担任英格兰队队长，1890年被任命为孟买省督，在孟买还获得了"印度板球之父"的美誉。然而，历史学家拉马钱德拉·古哈（Ramachandra Guha）的研究表明，这项荣誉完全名不副实。哈里斯认为"沉默寡言的盎格鲁-撒克逊人"比"容易

---

① 见前文，p. 248。

激动的亚洲人"更适合于这项运动——"他们中最优秀的人往往也会因为一些鲁莽的击球而导致击球员出局",事实上,他几乎没有为印度板球做过任何事情,甚至不愿意与印度球队比赛。在孟买,他延长了令人尴尬的不公正待遇,吉姆卡纳俱乐部最好的草坪仅供英国球员使用,还允许打马球的军官在印度人可以打板球的区域胡乱踩踏。[55]

并非所有的英国板球运动员都像哈里斯一样。毫无疑问,很多人都希望打球的环境能让他们找回早年的感觉,在剑桥的芬纳板球场(Fenner's)、牛津的公园或家乡的乡村草坪上击球的感觉。他们一年中的亮点可能就是入选印度文官机构球队,在奈尼达尔的某一"周"举行的、全部由英国人参赛的比赛中对阵"其他"球队。然而,在英国统治的最后一个世纪,这项运动出现了大量的种族融合——当然是在地方层面上。1830年代,赫维上尉所在的马德拉斯团的一名副官教印度士兵打板球,"在很短的时间内,他们就成了击球、投球和守球的高手"。赫维回忆说,那时候他们每天晚上都打球,"打得很开心";没有哪些新人能像我们的小伙子那样那么"享受这项高尚运动的乐趣"。[56]一代人之后,在印度西部,奥利弗·普罗宾少校(Major Oliver Probyn)担任一支居住在其辖区的"比尔11人"(Eleven of Bheel)民兵球队的队长;同一时期,在边境的马尔丹军营(Mardan),向导团的威格拉姆·巴蒂(Wigram Battye)在水井附近铺设了一个球场(以便给球场浇水),并为印度士兵提供技术指导。[57]毫无疑问,很多时候与印度人打球是出于现实原因——仅靠英国军官,凑不齐人数;但到19世纪末,英国人与印度人球队之间已经开始定期举行比赛。1897年,维奥莱特·雅各布在姆豪军营观看了一场该营地驻军与"印多尔穆斯林"之间的比赛。[58]

很快,与社区球队进行比赛变得很普遍。1920年代,在卡拉奇举行的国王兼皇帝的寿辰庆典上,阅兵式之后进行了"英国十一人队"和镇上帕西人之间的比赛。与此同时,官员们开始与附近学校的师生一起打板球:1908年,圣约翰·菲尔比第一次被派驻旁遮普时就这样做了。在孟加拉东部的马尔达(Malda),民站和当地高中之间经常比赛,不过双方都发现很难招募到11名水平足够好的球员,因此比赛日常常会派星探去迎接从加尔各答抵达的火车,试图吸引几名"客串明星"。[59]英属印度的板球比赛不一定很隆重。在堡垒和军营,士兵们在铺了垫子的场地上打球,在军需库,双方的少校可能会根据种族而非能力临时拼凑起英国人和印度人的队伍。[60]有时,还会善解人意地引入一些深奥的地方规则。1930年代,孟加拉的英国官员在与拉尔莫尼哈德(Lalmanirhat)铁路职工的比赛中,将对方击球员杀出局的投球手必须当场喝下一品脱啤酒,这一限制条件无疑使比赛更加势均力敌。[61]

英国人按照自己的"公学"体制为印度王公贵族的儿子设立了大学之后,给自己找到了新的板球对手。成立于1875年的阿杰梅尔的梅奥学院(Mayo College),常被称为"印度的伊顿公学",学生几乎一周中的每一天都打板球,周日也不例外。在卡提阿瓦半岛的拉杰库马尔学院(Rajkumar College),未来的酋长们很喜欢与英国官员打球,他们继位后,其中的一些人还成立了自己的球队。[62]事实上,板球运动能在印度广泛流传,主要应归功于这些王公。他们当中有些人是非常出色的板球运动员,比如伯道迪(Pataudi)的纳瓦布、伯蒂亚拉和讷瓦讷格尔〔Nawanagar,又名兰吉(Ranji)〕的大君;也有一些王公板球打得很糟糕,比如维济亚讷格勒姆(Vizianagaram)的大君

"维济"(Vizzy)。在英格兰的一场比赛之前,维济用一块金表贿赂了一个郡的队长,让他掷球时故意让自己击到。这个英国人不得不"掷了一个直投球和几个远球",但他补充道,"你不能整天都那样投球,至少在英国不行"。⁶³

在印度,板球运动的发展在某些方面与英国非常不同。它骨子里是一项在城市而非乡村开展的运动,部分原因是根本无法"选出一个让婆罗门和贱民都满意的11人村队"——正如古哈所指出的。⁶⁴印度球队的球员挑选和所受支持都以社群为基础,而非地域。印度没有兰开夏郡人和约克郡人之间的比赛,而是印度教徒、穆斯林、帕西人和欧洲人(英国人总是被这样称呼)之间的竞争。1907~1945年,孟买举办的锦标赛最初被称为"三角赛"(印度教徒、帕西队伍和欧洲人),后被改称"四角赛"(增加了一支穆斯林),最后变成了"五角赛"(又增加了一支名为"其他"的队伍,成员由印度基督徒、犹太人和佛教徒组成)。可想而知,这些比赛肯定会政治化。英国官员担心自己的队伍被打败会损害帝国的威望,而这当然也是印度教徒击败他们的动机。印度教徒对穆斯林的比赛火药味更足,到第二次世界大战结束时,这些比赛使族群间的对立越来越激化,以致最终取消了孟买锦标赛。

1933年,马里波恩板球俱乐部(MCC)在印度举行了一次漫长的冬季巡回赛。① 队长道格拉斯·贾丁因最近在澳大利亚对唐纳德·布拉德曼(Donald Bradman)和他的队友使用了"肉搏式投球"战术而声名狼藉。他来到次大陆时,以冷酷无情、毫无体育精神和表现出非常不英国式的态度而著称(实际上他是苏格

---

① 1977年之前,英格兰板球队一直以"马里波恩板球俱乐部"(Marylebone Cricket Club, MCC)的名义进行海外巡回赛。

兰人），打球不是为了比赛，而是为了获胜，甚至不惜伤到其他球员。然而，在印度，他好像完全变了一个人，或许是因为他回到了自己的出生地。他 1900 年出生于孟买，有相当多的英印背景：他的祖父在因霍乱去世之前是一名高等法院法官，他的一个叔叔曾在印度文官机构工作，他的父亲是孟买管区的法律总顾问。在印度各地打了几场比赛后，MCC 于 12 月抵达孟买，参加联赛的首场比赛。然而，比赛前一天，贾丁没有与队友们在一起，而是找到了父亲的前管家，管家希望去塞里公墓（Sewrie）为几个家人的墓碑献花圈。两人上了山，绕着墓地走时，管家说他心脏周围疼痛。贾丁急忙将他送往爱德华国王纪念医院（King Edward Memorial Hospital，KEM），但他很快就去世了。

MCC 赢得了那次联赛，但印度球员给贾丁留下了深刻的印象。他离开次大陆时曾预言："十年后，印度将成为世界上最顶尖的板球国家之一。"[65]

狩 猎

詹姆斯·穆尔（James Moore）晚年曾回忆道，在爱德华七世时代，他作为印度文官机构格里芬刚到印度时，男人们常常说："今天天气不错，咱们去捕些什么吧。"[66]在随后的几十年里，这种情况不那么普遍了，尽管 1908 年人们对于射击和狩猎的喜爱与维多利亚时代大致相同。与在英国相比，射击在印度有更多机会——规模和目标的多样性都是如此，人们还有更多的自由时间，何时何地进行这项运动所受的限制也更少。大多数有枪或可以借到枪的英国男子，在印度都喜欢狩猎（shikar）。①

---

① shikar 这个词源于波斯语，意为"打猎"或追赶猎物。

军队和其他部门也都鼓励野外运动,尽管出于不同的原因。射猎被认为是训练炮手和步兵的很好的方式,就像狩猎野猪和猎狼可以提高骑兵的技能一样。廓尔喀旅军官 R. C. B. 布里斯托意识到不去射猎的下属会被认为缺少"某种军事才能"时,给自己买了一杆猎枪和一支步枪。[67]在印度的英国家庭中,这种才能的证据会被展示在非常显眼的地方,墙上和地板上都有动物战利品,相册中贴满了成就记录,通常是狩猎者手拿枪支、脚踩动物尸体。

印度文官机构和森林局鼓励射猎,认为官员可以借此帮助其所在县的人民,加深对所辖区域的了解。老虎和黑豹会捕食山羊和牛,成群的黑鹿和野猪会破坏农民的庄稼。在文官爱德华·布伦特(Edward Blunt)看来,消灭这些有害的动物是"造福于民"。在他眼里,射猎和狩猎野猪"不仅是一项运动",也是"农业改良的工作"。布伦特建议他的文官同僚扛上枪,四处走走,多与村民聊聊打猎的事,增加对所在地区的了解。埃文·麦科诺基对此表示赞同。他说:"很多了解村民想法的线索,都是在巡视间歇的聊天或在安静的池塘边盯着浮漂之时获得的。"鼓励林业官员射猎也是出于类似的考虑:去熟悉森林,了解其居民;作为负责捕猎法的人,应该熟悉野生动物。因此,"为了下锅而射猎"就不再是一句简单的话了,尽管它的原意仍然成立。莫里斯·海沃德跟踪一群"流浪的黑鹿"时,或许是在为纳西克(Nasik)的农民除害,但他知道这也会为自己提供新鲜的蛋白质。[68]

打猎可以在结束了一天的检查工作后进行,需要大约一个小时,而营地正在准备晚餐;也可以在节假日进行——印度正好有很多节日。例如,拉合尔的民事法院不开庭的时间有:25

个印度教节日［包括十胜节 4 天和排灯节（Diwali）2 天］、15个穆斯林节日［包括穆哈兰姆 8 天和开斋节（Eid-al-Fitr）2 天］、3 个基督教节日［圣灰星期三（Ash Wednesday）、耶稣受难日（Good Friday）和圣诞节］，再加上一个短假期［节礼日（Boxing Day）到新年前夜］、一个长假期（9 月）和每个月的最后一个星期六。[69] 但最上瘾的狩猎者通常喜欢有更长的打猎时间。当军官们有两个月的假期时，他们经常把全部时间都花在射击或狩猎探险上。1835 年，约翰·雅各布被任命为中尉，为庆祝晋升，他到卡奇（Cutch）进行了为期两个月的狩猎野猪之旅[①]，一直追赶猎物，直到与信德交界的地方。

  1840 年代，赫维上尉很高兴印度没有捕猎法。这就意味着他可以捕杀"大猎物""山鹑"以及其他任何在猎枪射程内的猎物。40 年后，的确出现了捕猎法，对狩猎的季节、可以捕捉的鸟类和动物种类作了很多限制。鸟类当中受到保护的有黄鹂、蜂虎、戴胜、苍鹭、白鹭、莺和翠鸟。但还是有大量可以合法捕杀的物种。比卡内尔的大君为他的客人——通常是总督、省督或来访的皇室成员——提供了数量在英国难以想象的猎物。1906 年，明托勋爵在一次为期两天的射猎中，捕获了 4914 只沙鸡（一种几乎不能食用的鸟），而且并不是很难：这些鸟成群飞行，彼此距离非常近，人们几乎百发百中。盖伊纳湖上捕获的比卡内尔鸭的数量也很多。1935 年，厄斯金勋爵和他的同伴们只差几只就几乎破了单日捕获量的纪录（990 只），只因当时有人受了伤：其中一名狩猎者患上了"枪支头痛症"，而大君的儿子把手放在炽热的枪管上，烫出了"一个巨大的水

[①] 印度西部用于"扎猪"的术语。见后文 pp. 479-483。

泡"。⁷⁰站在湖边，瞄准飞过头顶的鸭子射击是最简单的方法，但许多射猎者更喜欢乘小舟或挖空的独木舟，坐在船首在芦苇间寻找鸭子。射猎专家建议将注意力集中在可食用的鸟类上，如水鸭（水鸭也常成群飞行）；不要在婆罗门鸭身上"浪费一枪一弹"，因为尽管它的羽毛"很漂亮"，但"在餐桌上一文不值"。⁷¹

印度有12种鹌鹑和14种鹧鸪，这些鸟都可以射杀，但射猎权威人士W. S. 伯克（W. S. Burke）先生抱怨道，缅甸鹌鹑"打起来没什么意思"，因为它"很难受惊"，也飞不远。印度还有六种鹬，其中一种也遭到了《印度田野》(*Indian Field*)编辑伯克的微词：彩鹬实在是一种"可怜的鸟"，它们似乎"更热衷于展示自己的羽毛，而不知道逃跑"。⁷²其他品种的鹬倒是"很好的猎物"，因为它们会急转弯飞行。然而，要追猎它们，条件却相当严酷，枪手得顶着大太阳，站在齐膝深的沼泽或被洪水淹没的稻田里，袜子上围了一圈吸食他们血液的水蛭。一个爱好者建议穿"轻质橡胶曲棍球靴"，尽管"不能防蛇、水蛭或蚊子"，但至少能让他"把脚从沼泽的泥浆里拔出来"。⁷³

马德拉斯和孟买的省督们都必须（像总督一样）定期给君主写信。有时很难找到写作题材，但在乔治五世和乔治六世统治时期任职的那些人，偶然发现了一种填满书页的方式，那就是写他们的打猎经历为君主解闷。⁷⁴马德拉斯的省督们认为狩猎鹬是他们管区内最好的运动方式，厄斯金勋爵预料到国王肯定会对他的故事感兴趣：鸟儿们如何在潮湿的稻田里过夜，然后飞到干燥的灌木丛中，赶猎物的人将它们赶往枪手们的方向。乔治国王通过私人秘书回复说描述"非常有趣"，并认为鹬

"在快速往山下飞时一定很难射杀"。唉,那一年(1938),桑德灵厄姆(Sandringham)的鹬和山鹬都很少,但作为补偿,国王陛下"打了很多鸭子"[75]。

在印度,热衷于狩猎的人很少仅局限于猎鸟。毕竟,还有很多不同的动物可以捕猎,而且在1880年代引入了"点450高速猎枪"后,猎杀它们变得更容易了。在其他可以狩猎动物中,猎物包括山猫、豹、老虎和雪豹、黑熊、野牛和水牛,以及多个品种的野山羊和鹿。狮子在朱纳格特也可以捕猎,直到寇松勋爵发现吉尔森林里的狮子所剩无几,于是禁止了这项运动。猎象很久以前就被禁止了,除了那些"流氓大象"(即横冲直撞、毁坏庄稼和房屋并且伤人的大象)。狂热的狩猎者罗伯特·巴登-鲍威尔说,他无论如何都不会射杀大象,因为他"太敬重大象了"。但没人会敬重鳄鱼,特别是涉嫌在洗衣池塘边吃了女性的"食人鳄"。印度没有短吻鳄,其鳄鱼主要有两种:一种是主要生活在孟加拉河的体型庞大的"沼泽鳄",另一种是在孟加拉河和印度河里都存在的"印度食鱼鳄"。在边境德拉伊斯梅尔汗,一个几乎没有其他娱乐活动的民站,度假的人们在圣诞节期间有时会乘船沿印度河而下,向河边的鳄鱼开枪。在孟加拉的布拉马普特拉河上,也组织过类似的探险。[76] 由于中弹的鳄鱼通常都正在沙岸上晒太阳,这种狩猎并没有太多乐趣,尽管很容易击中鳄鱼,但除非子弹穿过其很小的大脑,否则很难击毙它们。

英印一个经久不衰的形象是捕虎,人站在树上搭的一个小平台上,用一只被拴住了的山羊引诱老虎靠近,或者在捕猎大象的时候,总督和省督等老虎从灌木丛中现身之时,冲着它开上几枪,然后赶紧冲到安全地带。看到爱丁堡郊外林利思戈勋爵的住所霍普敦（Hopetoun）墙上的皮草，可能会认为猎杀老虎是总督的主要工作之一。但事实并非如此。有些总督，如诺思布鲁克，认为这是浪费时间，而另一些总督这样做主要是为了讨好他们正在拜访的大君。许多在印英国人，尤其是游客，不顾一切地想要"猎杀"至少一只老虎，还有一些人则属于特别热衷于捕虎，比如文官乔治·尤尔（George Yule），据说他杀死了数百只老虎。但他徒步跟踪老虎，这降低了命中率。他的大多数同事都不捕虎，除非发现哪只老虎骚扰了村庄。

有一种更受欢迎的运动形式，那就是在山区或丛林中追踪某些品种的鹿和山羊。追捕是最费力的一种狩猎形式，但在狂热爱好者看来，这也是"狩猎的诗意"所在。[77]在比卡内尔，追踪可以非常壮观：追赶瞪羚和黑鹿的时候，明托夫妇乘着"一辆由六匹马拉的四轮大马车"，在沙漠里飞奔着，旁边的狩猎向导们骑着骆驼，给他们指鹿群的方向。[78]许多追踪者会认为这是作弊。他们认为，真正尊重这项运动，必须爬上数千英尺，在暴风雪中爬上悬崖峭壁，冒着从悬崖上坠落的危险，猎杀一只藏羚羊、一只喜马拉雅麋鹿或一只长着58英寸长角的长胡子捻角山羊。然而，并不总是要到山上去，才能表现出勇敢。根据狂热地颂扬"狩猎的诗意"的那个人①的说法，"在印度炎热、干旱的平原上"追捕羚羊，比"在秀丽的苏格兰石南和岩石丛生的斜坡上追逐高贵的赤鹿"，"更考验狩猎者的能力"。[79]投入的狩猎者会竭尽全力避免被发现，在"极其多刺的"地面上匍匐数英里以追捕羚羊，或者，"如果在雨季，草丛又高又郁葱"之时，他们会把卡其色衣服染成"鲜艳的橄榄绿"，这

---

① 此人是卡梅伦高地军团的军官J. 莫里·布朗。

样才不会被黑羚发现。[80]

与英国相比，在印度的狩猎探险更加艰苦、危险，也需要更多的规划和准备。露营准备的物资不只是晚餐的佐餐用品——白兰地和红葡萄酒、伍斯特酱和凤尾鱼酱，还有成箱的药品，包括氯仿、奎宁、霍洛威药膏、沃伯格退烧滴剂、治疗蝎子叮咬的醋、治疗大黄蜂叮咬的洋葱汁、治疗蛇伤的菲茨西蒙斯血清和斯克鲁布斯氨水。伯克先生命令道："如果没有基廷牌或肯普牌的驱虫粉，千万不要去露营。"[81]所有的专家都认为，带枪外出时，"饮酒节制""绝对必要"。啤酒"……在炎炎烈日下，对射猎和肝脏都是最糟糕的饮料"；在野外，"年轻人[应该]只喝淡凉茶"。[82]在结束了一天的狩猎后，纽沃尔上尉（Captain Newall）和朋友们会喝上一杯"混合饮品"，也就是将啤酒、雪莉、糖、香料和琉璃苣混合而成的饮料，"再加入苏打水，整体口感都变得清爽了"。还有一些人建议晚上喝"一小杯烈酒"，将白兰地当成一种"医疗安慰剂"。[83]但在印度狩猎不能带狗充当安慰剂，因为在大多数地方，饥饿的美洲豹会将狗置于危险之中。正如一位著名的狩猎者所说的，"野外并不需要犬类的帮助"；外出射猎鹧或山鹑时，狩猎者会发现"当地的仆人""比猎犬更吃苦耐劳"。[84]

狩猎者有时喜欢说狩猎带来的快乐不是杀戮，而是智取狡猾动物的成就感。然而，有太多证据表明，子弹"砰"的一声击中要害时的狂喜让这一说法很难令人信服。[85]当一个人射杀两头野牛，砍下它们的头，测量牛头的大小，吃掉牛的舌头，然后将它们制成标本当作战利品时，不只智取一只算不上特别狡猾的动物，还有更多的动机。[86]这些做法表明，除了其他因素外，还有相当的虚荣心和展示阳刚之气的动机。痴迷地"收集"物种标本也是如此。1908 年,来自伦敦的文官盖伊·弗利特伍德·威尔逊(Guy Fleetwood Wilson)被派往印度担任总督参事会的财政参事,他下定决心"要射杀印度每一科危险野生动物中的至少一只"。在两年半的时间里,他猎杀了"至少一个,有时甚至三四个标本",然而,令人痛苦的是,他一直没捕到犀牛。但这不会太久。当他终于"将子弹射进犀牛的肩胛骨"时,那种快感和"狂喜"可想而知。[87]

并非所有的英国人都像不可言喻的威尔逊。甚至在维多利亚时代,也有一些不打猎的人,比如爱好绘画的理查德·坦普尔;或者"捕猎抢劫犯和杀人犯"的警察埃德蒙·考克斯(Edmund Cox);还有亨利·科顿,他一直无法摆脱杀死一只流浪狗所带来的心理阴影,从此再没有开枪猎杀过任何动物,除了一只肚子里装满了女人手镯的鳄鱼。詹姆斯·穆尔注意到,爱德华七世时代的年轻人开始"反感所有这些屠杀",至少开始反感捕杀动物;但他也承认,"出于一些完全不合逻辑的原因",像他这样的人依然继续捕鸟、捕鱼。在锡兰,他的同代人伦纳德·伍尔夫也朝着类似的方向发展:起初对于丛林冒险感到兴奋,随后开始厌恶杀戮,最终更喜欢在晚上坐着看来水坑边饮水的动物。第一次世界大战让其他人也有了同样的感受。在战壕中亲历了战争后,约翰·莫里斯不再想有任何杀戮。作为一名军官,他对狩猎的热情仅限于拥有一支猎枪和一支步枪,但从未发过一枪一弹。[88]

尽管狩猎这个词的含义很广,但一定不包括斗鸡,这是英国人和印度人都很喜爱的一种"血腥运动"。斗鸡赌博在 17 世纪的马德拉斯很盛行,18 世纪,佐法尼在一幅伟大的油画中描绘过斗鸡的场面①。理查德·伯顿和他在信德的同事们一直让这项运动持续到了19世纪（在它被列为非法之前）。这个词可能也不包括收集蝴蝶，这是一项被嘲笑为娘娘腔的爱好，但担任总督的林利思戈和班加罗尔的温斯顿·丘吉尔都很喜欢这项活动，直到一只"邪恶的"老鼠钻进他的橱柜，"吞掉了所有标本"。[89]一项更正宗的狩猎运动是狗追野兔，但因为野兔不多，所以不得不用胡狼和小狐狸替代。猎鹰或猎隼也算狩猎，不过参与的人很少。和斗鸡一样，这项运动在17世纪比在后来的时代更为流行，且主要局限于西北边境。人们可以用一只小雀鹰在任何地方追捕八哥，但骑在马背上追捕鸨更具挑战性：发现一只鸨后，放开猎鹰，然后跟在它后面追赶猎物，可能会追上五英里。

在英国乡绅中，狩猎、射击和垂钓的受欢迎程度大致相当，三者一起填满了一年的时间，几乎留不下空白。在印度，垂钓处于很大的劣势。无论是鱼还是河流，都不能与"家乡"相比，而且阳光常常太亮了，鱼很难到水面上来。主要的猎物是结鱼，数量很多，但很难捕捉，其他淡水鱼都没什么可说的；用小筏子在河里捕鱼也没有多少乐趣可言。最好的解决办法是从英国进口鳟鱼，然后在孵化场饲养，不过这可能解决不了垂钓运动的问题。尽管褐鳟鱼被成功地引入了克什米尔的河流，但它们无法在尼尔吉里斯河里繁殖，因为那里的溪流不够冷；不过虹鳟鱼被带到了南方，并且很快成了马德拉斯总督们的天然垂钓对象。垂钓虹鳟鱼无疑为戈申勋爵提供了一项不错的运动，他放松时喜欢在乌蒂"苏格兰般的风景"中钓鳟鱼。[90]

---

① 《莫当特上校的斗鸡比赛》（*Colonel Mordaunt's Cock Match*）（泰特美术馆，Tate Gallery），这幅画捕捉到了18世纪末勒克瑙的国际化氛围。

骑 马

英国人对印度统治的衰落，或可与骑马运动的衰落联系起来，当然二者可视为在下坡路上齐头并进。1930年代的一名官员称，"善骑的人"总是令人"敬重"：在集市上，总有人向他"行额手礼，女士们也会大胆地看向他"。即使在更早的时候，在帝国似乎还没有受到威胁的时代，骑马也被认为对一个人的地位至关重要。维多利亚时期的一名政治官员说，如果他"不再骑马，他在印度也就不再有用武之地。一个步行的英国人，在人群中不过是芸芸众生"[91]。

不管骑马是否实用，很多英国人都认为在日常生活中会骑马至关重要，对女性如此——无论是跨骑，还是更高雅、更危险的侧骑（对背部伤害很大）；对男性亦如此，不管是旅行、工作，还是休闲。然而，他们在印度进行的所有徒步球类运动都源自英国，或者至少来自欧洲，但英国人喜欢的马背运动要么起源于印度，要么印度本身也有类似的运动。

无论何时何地，只要英国人觉得空间够并足够安全，就会在印度开设赛马场。当然，在山里很少有足够的空间；在大吉岭，没有足够的空间让马儿自由驰骋，即使有，在那样的海拔地区飞奔也会气喘吁吁，所以比赛都用山里的小马。平原地区有不少好的赛马场，如勒克瑙和仰光等省府城市，以及一些管区城市。孟买的骑马爱好者几乎一年到头都可以尽情享受，因为皇家西印度赛马俱乐部（Royal Western India Turf Club）每年11月至3月会在该市举行22场比赛，然后6月至10月会在浦那举行12场比赛。南方管区也有两个赛季，冬季在马德拉斯举行，为了避暑，比赛从清晨开始；夏天在乌蒂举行，下午进行比赛。1930年代,马德拉斯的赛马俱乐部常常从英国引进马匹,然后以每匹约240英镑的价格出售给省督和其他人。[92]

加尔各答赛马俱乐部（Calcutta Turf Club）的比赛也开始得很早,第一场比赛在日出或早上7点开始,为了避免酷热,并且,正如斯托克勒在1830年代所说的,让"各个阶层"都能"参加和欣赏这项运动,而不会影响到他们的日常工作"。[93]该俱乐部举办过（至今仍在举办）类似埃普瑟姆（Epsom）和纽马基特经典赛（Newmarket Classics）赛事,并且在一年中最重要的赛事上,君主（在印度是总督）将乘坐马车入场,和阿斯科特赛马会一样。1860年,孟加拉俱乐部向其中一名胜利者颁发了一个不同寻常的奖杯：一个香槟和勃艮第葡萄酒的船型冰酒器,维多利亚女王站在船头,手持王冠,海神站在船尾。[94]这类活动场面盛大,被认为是改善种族关系的一种方式：印度上层阶级很喜欢这项运动,也喜欢看精彩的表演；此外,马匹没有种姓或宗教问题。

在迈索尔,戈申勋爵可能会很高兴看到,大君的"王室赛马配得上阿斯科特",而在乌蒂,省督杯则由戈尔哈布尔的王公赢得。[95]

从次大陆发展起来的一项运动是"钉帐篷钉"（tent-pegging）,骑手们奔向一根帐篷钉,用长矛将它从地里挑起来。然而,尽管所有有马的人都可以参加,坎普尔的一名女性玛吉·琼斯（Maggie Jones）还在1888年因"骑马持矛"而赢得了一座奖杯,但这项运动基本仅限于骑兵,并被用作训练手段。另一项源于印度的运动是马球,也很少有女性参加,它是19世纪中叶后不久从曼尼普尔习来的。早期的英国人称它为"马背上的曲棍球",就像曼尼普尔人玩的那样,是一种娴熟地骑在小马上进行的运动,但没有固定的球队、球门柱,也没有非常明确的规则。另一种与此相关的运动,也是明显毫无规则地争抢,在罕萨和西北部其他地区很流行,但真正影响英国人的是曼尼普尔人,并于1862年在加尔各答赛马场举行了一场表演赛。随后,第11孟加拉枪骑兵团开始了这项运动,英国各枪骑兵和轻骑兵部队紧随其后,它很快就广泛地传播开来。杰拉尔德·戈登(Gerald Gordon)担任达卡地方长官,从被扣留在那里的几名曼尼普尔酋长处得到了专业指导,酋长们是因相互之间的"小战争"而被作为人质扣留。[96]

早期英国人的马球运动,并不像后来那样只是富人的高雅运动。在亚丁,你可以从骑兵团借一匹马,在一片被用作高尔夫球场的高低起伏的沙地上打球;在曼德勒,"即使是最贫穷的"初级警察,也可以雇一匹小马(每匹1卢比),"负担得起参与的费用";在其他地方,你可以看到单身汉和已婚男子之间的比赛,有些人将其戏称为"光棍对阵有家室的苦哈哈赛"。[97]然而,当参赛选手开始认真对待比赛时,它确实成了一项非常严肃的运动。印度骑兵团军官威廉·马根说,有三四个团"把马球当作主要的娱乐项目,他们把空闲时间和闲置资源几乎全部用在马球上"[98]。1890年代,在安巴拉,军营广场(Maidan)可同时进行六场比赛,第18轻骑兵团组成了四五支马球队,他们在马厩里养了近百匹顶级马球马。但在这十年中,英国人最好的马球队居然是达勒姆轻步兵团(Durham Light Infantry),这肯定令英国和印度骑兵团相当难堪。

温斯顿·丘吉尔中尉不在西北边境或没有被派去参加其他战事时,会专注于在班加罗尔打马球:这项运动是他"严肃的人生目标",场场不落。即使在决定放弃委任之后,他仍于

1898年底回到印度，参加在密拉特举行的团际锦标赛。就在比赛开始前，他从楼梯上摔了下来，扭伤了脚踝，肩膀脱臼，但他仍然参加了比赛，在对阵第四龙骑兵卫队的决赛中，打进了轻骑兵队四个进球中的三个。然而，正如丘吉尔所认识到的，来自土邦的印度人也向曼尼普尔人学习，球技往往一样出色。在印度南部，海得拉巴尼扎姆的卫队戈尔孔达旅（Golconda Brigade）"无人能敌"；在北部，来自焦特布尔和伯蒂亚拉的运动员也非常出色。[99]

带着猎犬骑马狩猎是亚洲的另一个传统，但这一次，英国人并不准备向他们的臣民学习。他们坚持将英国猎狐犬带出来，尽管印度根本没有这类狗喜欢猎杀的那种狐狸。从英国引进的动物中，牛是无法适应印度的动物之一，猎狐犬也是。赫维上尉回忆说，1840年代，一群猎狐犬刚到马德拉斯就不行了。直到第一次世界大战之前，每年都要向南方输送新的猎狐犬，以填补"印度蜱热"等热带疾病所造成的缺口。[100]来自英格兰不同猎区的孟买猎狐犬似乎更健康，可能是因为它们经历的季节更为多样。在撒尔塞特岛（Salsette）经过一个冬季的狩猎后，它们被向内陆迁移了80英里，在那里摇身一变成为柯基猎犬和浦那猎犬。[101]

印度狐狸（vulpes bengalensis）与英国狐狸不同。它体型更小，更灰白，气味更弱，受到惊吓时，它很快就消失在众多洞穴中；简而言之，这是一种不太令人满意的猎物。追逐胡狼会更有意思，至少在开阔的田野尤其是西北部田野时是这样。在马德拉斯附近，胡狼会在稻田和带有仙人掌树篱的村庄中奔跑，以致马和猎犬很难追上它们。然而，在乌蒂，狩猎比赛在迈索尔大君的度假别墅"芬希尔宫"（Fernhill）开幕，那里有足够的空间,可穿越唐斯山脉(the Downs),进行长距离驰骋。早上6点半,"猎犬集合",山谷中弥漫着薄雾,山丘泛着粉色,这项运动速战速决(通常并不杀生),官员们10点前就能回到办公桌前。有时,太阳太热时,猎犬可能闻不到野狼的气味;有时,它们可能会被野猪转移了方向,转而追赶野猪。戈申勋爵在日记中详细地记录了在乌蒂狩猎的喜怒哀乐,但后来的一名总督就没有这种爱好。正如厄斯金勋爵所承认的,他是一个拒绝狩猎的"异类",他认为马是"一头咬、一头踢的危险动物,中间骑着还不舒服"。[102]

最令人兴奋的狩猎在西北部,那里的"参赛者"主要是来自奎达、米安米尔和白沙瓦驻军的军官及其妻子。白沙瓦河谷狩猎的爱好者称它可与英国最好的郡以外的任何狩猎相媲美,尽管那里的乡间与英国几乎没有相似之处。猎人们不是去"圈出"一个藏身地,找到一只狐狸,然后越过田野、翻过树篱去追赶它,而是"圈出"一片甘蔗地,赶出一只胡狼,然后在石质土壤和灌溉沟渠里追赶它。与英国狐狸不同,胡狼并不生活在"地下",而需要上到"地面",但通常想捕到它也不容易,也没有借口说这项运动是为了除"害"。如果白沙瓦的官员担心周围没有足够多的胡狼可捕,他们会在狩猎前几天将一头死骡子放在"适合狩猎的乡间",以引诱它们。[103]

猎狼显然是一项适合于骑兵军官的活动,但一些骑兵指挥官对另一项运动的评价更高。第10轻骑兵团的沃恩上校(Colonel Vaughan)宣称,狩猎野猪"对马和人来说都是最好的训练",而且他喜欢用军马进行这项运动。沃恩的同事沃德罗普少校则坚称,人和马还必须学会跌倒,"六腿朝天"。没有什么比"毫发无损地摔跤更能锻炼人的神经了"。[104]

在英格兰,狩猎野猪这一传统自中世纪起就存在了,在印度的历史甚至更久远。在英属印度,野猪——猎人们总是称为"猪"——不管在哪里都会遭到捕猎,而且除了马德拉斯、旁遮普西部和印度中部的部分地区外,几乎到处都有野猪。狩猎者最初将长枪当作标枪,离得足够近时会将标枪掷向野猪;但后来,他们将长枪当作矛,像骑马斗牛士那样"下手"握长矛,不过孟加拉除外,那里是将短一些的矛"高举过肩"(可能更像斗牛士助手),因此击中野猪的角度不同。罗伯特·巴登-鲍威尔回忆道,无论是用长矛还是短矛,无论是骑着"阿拉伯马"还是"威尔士马",都无法与追逐野猪半英里的刺激相提并论——"野猪忽左忽右地'躲避'追捕者,猎人们随之扭动、转身"。同样,对士兵威廉·伯德伍德(William Birdwood)来说,遇到一头又大又壮、奋力抵抗的野猪用尽力气向你扑来,"那种刺激几乎没有什么可与之相比"。巴登-鲍威尔承认,这是一项"粗犷狂野的运动","或许还有些野蛮"。然而,它并不像人们所想象的那样"残酷"或"一边倒":"马儿无疑也喜欢这项运动,兴奋得丝毫不亚于骑手",而野猪本身具有"好斗嗜血的天性、特别坚韧和无情的神经系统,似乎也沉浸在对抗中不能自拔,一直奋斗到最后一刻"。[105]斗牛爱好者过去也常常这样为斗牛辩护。

当然,这项运动的"乐趣"之一就是它极其危险。"猪"生活在崎岖的乡间,在高高的草丛中"窜来窜去",草丛掩盖了洞穴和凹陷,以及"看不见"或废弃的水井。为了追上猎物,马匹踩上这些陷阱就会人仰马翻,满足了沃德罗普对"六腿朝天"的热情。在耕地里,三英尺深、填满了松软土壤的瓜田总是会让人摔下来；看见追兵倒在地上，野猪常常会转过身来，用獠牙攻击他们；骑手的皮靴这时候派不上多大用场。跌倒经常会导致肩膀受伤和锁骨骨折，但头骨骨折和死亡只是偶尔发生。[106] 马的死亡率更高一些，通常是由于颈部骨折；那些幸存下来的马往往也伤痕累累，除非它们从膝盖到脚踝都佩戴皮革护腿。《孟加拉枪骑兵》的作者弗朗西斯·耶茨-布朗追赶一头野猪跨过一条河，野猪跑进了柽柳灌丛，他用长矛同时刺进了他的马和猎物，结果二者都毙了命。他把马火化后，将骨灰撒在了恒河里，不过他留下了一只马蹄作为纪念，用作墨水瓶。[107]

对于野猪狩猎的热爱，可能会主宰一个人的生活和职业模式。文官弗兰克·西姆森总是喜欢被派驻到偏远的民站，这样他就可以忽略"社会"，而专注于猎捕野猪和老虎了。他选择在没人想去的孟加拉东部的诺阿卡利（Noakhali）当了六年地方长官，因为在那里狩猎野猪仅次于在莱斯特郡"带着最棒的猎犬去猎狐"；仅在1857年3月的一天，他就用长矛扎了16头野猪。[108] 和大多数运动一样，野猪狩猎也发展成了一项规模更大、更机敏、更有组织的运动。西姆森可能会和几个朋友一起去灌木丛搜寻猎物，但野猪狩猎很快就变成了一项设立了奖杯的"竞赛"，由"帐篷俱乐部"组织比赛。这项娱乐活动也鼓励印度贵族参加，一些土邦如伯蒂亚拉、戈尔哈布尔和托尔布尔（Dholpur）的统治者很快也都成了爱好者。1880年代，博帕瓦尔（Bhopawar）的政治监督官怀利上校（Colonel Wylie）强调了说服一名在宫殿里娇生惯养、"喜欢听阿谀奉承"的年轻大君参加狩猎的好处，即在那里他必须"与托尔布尔等竞争，还［会］遇到令人愉快的有男子气概的英国绅士"。[109]

"狩猎野猪蓝绶带"赛事——相当于这项运动的德比大战①——是每年3月举行的、为期三天的卡迪尔杯（Kadir Cup）。这个名字在印地语中是河床的意思，朱木拿河（the Jumna）和恒河干涸的河床是最适合狩猎的地方。参赛者们在某个周日的晚上聚在一起，吃上一顿丰盛的晚餐，睡在远离马匹的帐篷里（为了躲苍蝇）。六七十名军官参加比赛，每人可骑两轮，每轮三匹马，获胜者（用长矛刺到猪的人）进入下一轮——整个周一、周二都在进行预赛。骑手们等待着驱兽人和大象（大约四十头）把野猪赶出来，然后去追赶它，追赶的过程——用沃德罗普少校的话说——由"非常熟悉规则、了解野猪习性"的人来裁判。[110]周三进行半决赛和决赛，之后是"野猪狩猎者"杯比赛（Hog Hunters' Cup），赛程与安特里（Aintree）的全国大赛（Grand National）一样长，但围栏没有那么大，场地也崎岖得多。驻印骑兵督察长道格拉斯·黑格（Douglas Haig）参加了1905年的卡迪尔杯，比赛的组织、项目的安排和每天印制的菜单、从密拉特送来的鲜花，以及从阿格拉运来的冰，都令他印象深刻。[111]

在一天的狩猎结束后，狩猎者们会回到营地，在芒果树下搭起白色帐篷，啜饮当天的第一杯酒。厄斯金-克拉姆夫人（Lady Erskine-Crum）在1930年代为《女王》（Queen）和《野外运动》（Field）撰写了关于野猪狩猎的文章，她推荐喝掺了"威士忌的热茶"，大多数参与这项运动的人都同意她的观点：用其中一人的话说，这是一种"献给神的饮料"。男人们随后会四处走走，拍拍马匹，检查袋子，与猎人们聊聊天。填满沃

---

① 德比大战（the Derby）：指邻近地理位置的两个对手之间的比赛。该术语首次使用是英国埃普瑟姆（Epsom）一年一度的马赛。——译者注

德罗普少校称作"晚餐前令人痛苦的空虚"的方式是：在有皂沫的热水浴缸里泡一泡，然后坐在篝火旁，喝上一杯"掺有"姜酒的威士忌。宴会的最后通常都会举杯祝野猪健康，还有其他祝酒词，然后开始唱歌，"迷糊的格雷厄姆"（Fuzzy Graham）在霍尔登上尉班卓琴的伴奏下，首先会唱一曲野猪狩猎者之歌。[112]

> 越过山谷，越过平原，
> 穿越丛林，像魔鬼一样骑马前行。
> 听！前面有一头野猪，我们出发吧！
> 坐在你的马鞍上，飞奔吧呔嗬。

这项运动由各"帐篷俱乐部"管理，每个帐篷俱乐部都有自己的"乡间地盘"，并由名誉秘书管理，负责组织狩猎，正如沃德罗普所指出的，他们因此得能讲当地的语言，"至少要能与村民和苦力交谈"。帐篷俱乐部制定狩猎规则，并对违规行为进行惩罚。其中的一些规定与英国晦涩难懂的猎狐规则类似。纽沃尔上尉断言，正如在狩猎郡县射杀狐狸被认为无法容忍一样——但在高地（the Highlands）可以这样做，"从可以在马背上用长矛刺穿野猪的距离射杀"同样"不可饶恕"。另一个禁忌是不能杀死一头母猪（即便用长矛），这是为了保证它们能生产未来的猎物。这些行为都要处以罚款。加尔各答帐篷俱乐部的第 8 条规则规定，"除非出于自卫，否则，任何用矛刺母猪的人"都必须支付"12 瓶香槟的罚款……供参加下一次比赛的人饮用"。[113]

帐篷俱乐部的军人早已经习惯了这些惩罚，因为他们在军官交谊厅里提到女性或政治时也要受这类处罚。他们对此欣然接受，因为帐篷俱乐部就像交谊厅和当地俱乐部一样，是他们生活的堡垒；沃德罗普觉得，其中"一半的乐趣"就是可以在那里结交到其他部队的军人。另一半乐趣则来自赛程中重要的社交活动。1910年，在巴雷利帐篷俱乐部（Bareilly Tent Club）的年度晚宴上，年轻的耶茨-布朗松了一口气，他发现那里没有"爱抱怨的人"——"这家帐篷俱乐部很高兴没有这类人"——只有"好人"，他轻快地唱着《越过山谷》（"Over Valley"）和《巨型野猪》（"the Might Boar"）等歌曲，并至少发表了十次演讲："没有什么能比一顿狩猎野猪的晚宴，更能缓解炎热天气带来的乏味了。"25年后，在他从印度陆军退役之后很久，耶茨-布朗仍"对于再猎一次猪念念不忘"。他多么渴望"手握一支锋利的巴雷利长矛的平衡感"和"双膝间骑一匹良驹的活力"。[114]

第十四章　最后一班岗

在印死亡情况

"在印度，一切突如其来，"一名英国妇女对于20世纪初的情景回忆道，"黄昏来得突然，死亡也来得突然。一个男人可能早餐时还在跟你说话，下午就已故去了。"一直以来都是如此。1805年，一名游客报告说，他曾两次应邀在晚餐前参加葬礼，但当天中午还与故去者共进午餐。[1]流行病传到某个民站时，人们的生命开始以小时计算：他们"每天晚上都忧心忡忡地去俱乐部，想知道前一天晚上又有谁离去了"[2]。死亡对在印英国人来说是如此熟悉、迅速和频繁，以至于他们似乎没有时间陷入长久的悲痛。如果哪名军官在战事中阵亡了，葬礼一结束，他的财产就会被拍卖：马、衣服、左轮手枪，甚至于烹饪锅和水瓶。

早期的死亡率非常高。根据牧师托马斯·奥文顿（Thomas Ovington）的记载，17世纪末，孟买的英国人中流行一种说法："一个人活不过两次季风季。"许多年轻人甚至连一季也没能挺过。那一时期，孟买的英国人口一直没有增长，甚至在某些年份，如1672年，还有所下降，当时死亡人数远远超过出生人数和新到人数的总和。如 P. J. 马歇尔（P. J. Marshall）所述，18世纪，东印度公司超过一半的雇员死于印度；在普拉西战役（1757）之前的几十年里，那些渴望发迹的书记员中，整整三分之二的人再也没回过英国。³在1760年代从加尔各答写来的信件中，纳撒尼尔·金德斯利（Nathaniel Kindersley）夫人声称，女性死于"暴热病"的频率低于男性，因为她们的生活"更节制"，而且"暴露在白天酷暑中的时间少一些"。⁴但仍有很多女性死亡；初到印度的中年妇女很可能撑不过一年。18世纪去印度的英国人中，可能有一半的生存时间未超过五年。在1775年加入东印度公司军队的30名掌旗官中，14名在1780年能够晋升中尉之前就去世了：他们中无一人死于战场。⁵

生存率过了很久才有所改善。1796~1820年，1243名孟加拉陆军军官在印度服役期间阵亡或死亡，只有203名军官——总数的七分之一——领到了养老金退伍。⁶在普通士兵中，19世纪上半叶英国驻印士兵的死亡率同样很高：年均死亡率为69‰，不过到1882年，这一比率已降至原来的四分之一。⁷然而，总体数据不像墓地登记簿和墓地那样带来人性方面的冲击。南威尔士边民团（South Wales Borderers）驻扎在迪纳普尔的人说，仅1817~1818年，该团就故去了1名军官、6名士官、96名二等兵及60多名妇女和儿童。⁸

更多情况下，英国驻印士兵是死于疾病，而非敌对行动，但也有数百名士兵在阿萨耶和塞林伽巴丹入侵阿富汗和美索不达米亚的战役中，在费罗泽沙（Ferozeshah）、索布拉翁和奇利安瓦拉（Chillianwallah）的锡克战争中受伤或死亡。在1857~1858年的大起义中，也有很多士兵死于战斗，还有少数士兵死于边境及深入部落地区的探险，有的士兵在营地执行站岗任务时，在黑暗中遭袭身亡。英国平民也是暴力的受害者，在1756年的"加尔各答黑洞"（Black Hole of Calcutta）事件和1763年的巴特那大屠杀事件中，数十名平民丧生，1857年大起义开始时,在德里、密拉特、占西和勒克瑙被杀害的人更多,尤其是在坎普尔,数百名男女老少遭到屠杀。有些家庭全家被灭门。坎普尔的格林韦(Greenway)一家就有19人丧生。[9]

印度文官机构有34人在大起义中丧生,另有8人死于战斗引发的疾病。在接下来的几十年中,文官只是偶尔成为攻击目标。正如哈考特·巴特勒在1891年对他父亲所说的,幸好印度人"并不经常盯上地方治安官"[10]。由革命派孟加拉民族主义者实施的政治枪击事件,在两次世界大战之间越来越多。1928年,一名地方治安官在吉大港被一名伪装成请愿者的人刺死,此人在拜访名片上印了"拜伦勋爵"字样,蒙混了这名官员。[11] 1930年代初,米德纳普尔三名地方官员接连被暗杀:一人是在视察当地工艺品展览时遇害,另一人是在召开地区委员会会议时被人从窗外开枪击中身亡,第三人在球场准备踢足球时遇袭身亡。文官并不是孟加拉革命者的唯一目标:1930年的受害者还包括在达卡一家医院被谋杀的警察督察长 F. J. 洛曼(F. J. Lowman)、一名警察督察(被误认为是洛曼的继任者)和监狱督察长,后者在孟加拉政府要地加尔各答书记大楼(Writers Building)被枪杀。几个月后,提佩拉(Tipperah)的地方治安官在自家门廊被两个十几岁的女孩枪杀,二人正假装向他递交一份诉状。即使退休回到英国,也不一定能幸免于难。1940年,迈克尔·奥德怀尔从旁遮普省副省督的职位退休20年后,在伦敦遇刺身亡。

对政治官员和军官来说,边境地区的生活通常更加危险。正如我们所看到的,东北部的官员经常在与不同部落的争端中丧生,还有一人死于与曼尼普尔王室的争端。在西北部,军官倒没有遭到过突袭或部落袭击,但经常被个人暗杀,暗杀者的动机如果不是出于伊斯兰教，就很难解释清楚了。对这些死亡最简单的解释——至少在墓碑上如此，就是受害者遭到了加齐（ghazi，即宗教"狂热分子"）的杀害。白沙瓦的一名专员在听取申诉时被一名"宗教狂热分子"杀害；栋格的一名驻扎官在睡梦中被一名马哈苏德（Mahsud）哨兵谋杀，此人显然受到一名部落毛拉的煽动。

在印英国人想出了各种自我了断的方式。最荒谬的也许是决斗，这主要是18世纪的男子在受到侮辱、欠下赌债或发现有人与妻子有"不正当的放肆行为"之后，捍卫自身名誉的一种方式——通常以死亡告终。尽管东印度公司试图禁止这种做法，但几乎没有成功：1780年，连总督（沃伦·黑斯廷斯）也觉得必须与同事菲利普·弗朗西斯（Philip Francis）决斗（决斗中后者受了伤）。

一个问题是，明智的人觉得，如果拒绝接受挑战，即使自己明显是对的，也会受到排斥。马德拉斯省督（1781~1785）马嘎尔尼勋爵（Lord Macartney）在与一名议员的决斗中受了伤，该议员要求省督对所谓的"攻击性言论"道歉；勋爵返回英国后，又被迫与一名被他解了职并遣送回国的将军决斗，并再次受伤。

其他伤亡率稳定的活动还包括体育。最致命的是骑马，因为参与人数多，尽管它本身是一种无害的消遣。默里（Murray）的《旁遮普手册》（Handbook to Punjab）警告旅行者，在1875年之前，至少有22名女士、先生和他们的马从西姆拉的悬崖坠落身亡。在达尔豪西、兰多尔（Landour）和其他避暑地，也都有人这样丧命；鲁德亚德·吉卜林的马有一天晚上从达尔豪西的马厩冲了出去，从悬崖上坠落而亡。所有涉及骑马的运动都有人丧命：赛马、马球、野猪狩猎（尽管没有人们想象的那么多）和猎狼：1919 年，白沙瓦的猎狼高手、印度医疗机构的一名上校带着猎犬游过纳戈曼河（River Nagoman）时，溺水身亡。有时，跟猎"猪"时一样，猎物会掉过头来追捕猎人。有人因老虎、豹子和熊丧命，通常是在被它们咬伤之后。人射中老虎后，会追着它进入丛林或高高的草丛，受伤的野兽会突然跳出来，向他扑去。1865 年，爱德华·圣莫尔勋爵（Lord Edward St Maur）在与一只被他射伤的熊肉搏后被截肢，之后在迈索尔附近去世。[12]

在印度，还有人因酗酒和其他方式自杀，就像在英国一样，原因五花八门：事业不顺或债务、企业倒闭；抑郁或"精神失常"；无法承受失去亲人或婚姻不忠的痛苦。但在印度多了一个原因：炎热加上孤独。自杀往往发生在炎热季节，通常在偏远地区，而且军队中年轻军官和年轻士兵自杀的概率高于大多数文职职业。① 但山区也有人自杀。19 世纪中叶，在大吉岭附近小小的森查尔（Senchal）军营，军人自杀事件非常频繁，以至于那里的墓地被称为"自杀墓地"。人们认为是寒冷的冬天和潮湿的薄雾造成了士兵的抑郁，所以营地后来被搬走了。[13]

喜马拉雅山山麓部分地区可能被认为是有利于健康的，但也存在危及人类生命的危险。大吉岭容易因暴雨而发生山体滑坡：1899 年的一次山体滑坡吞没了卫理公会学校，造成了 10 名学生死亡，镇上其他数十人丧生。奈尼达尔更容易发生山体滑坡，1880 年的一次山体滑坡（恰逢一次小地震）将维多利亚酒店及其住店客人以及其他几座建筑冲下了山，落入湖中：造

---

① 见前文，pp. 254-255。

成151人遇难，其中包括43名英国人。地震的范围更广，破坏性也往往更大。最严重的两次地震灾难分别发生在1905年的达兰萨拉（Dharamsala）和1935年的奎达，造成数十名英国人和数万名印度人死亡。

马德拉斯步兵团的赫维上尉常常对英国人在次大陆的习惯颇有微词，而且往往是有道理的。他记载道，每当有人在印度去世了，这种"悲伤的情况"总会被归咎于"恶劣的气候"，而"如果了解事情真相的话"，会发现往往都是"自作自受"。[14]赫维记录的是1840年代，当时，他的同胞们开始慢慢地对自己的健康状况有更加理性的认识。在1680年代，托马斯·奥文顿曾指出，"在狂饮之后"，人常常会发烧。在19世纪之前，其他人也觉得二者有联系，但没有改变饮食、饮酒习惯。1798年，罗斯·艾尔默（Rose Aylmer）抵达加尔各答后，威廉·希基告诫这个"非常迷人、可爱的女孩"不要吃太多"那种有害和危险的水果——菠萝"，但她显然没有在意这个建议，结果因"患上了最严重的肠道不适"而去世了。[15]我们无从知道这个可怜的女孩是否真的死于"过量的"菠萝——更有可能是死于霍乱，但我们知道，那个放纵自我的希基很幸运，没有死于心力衰竭或肝脏疾病。

当然，在印英国人也死于那些在英国可能致死的疾病，包括结核病、天花、癌症、破伤风和肝炎。1942年，埃德蒙·布兰迪（Edmond Blandy）刚被任命为阿萨姆省督①，就被诊断出患有肺癌，但他不是因为生活在印度而患上了肺癌，而是吸英

---

① 布兰迪因体检而没有接受这一职务。相反，他得到了一个加尔各答的挂名职位、一个爵士头衔和一套房子，几个月后，他便在加尔各答病故，但生前阅读了吉本和整本圣经。

489 国香烟所致。[16]然而，印度也有一些疾病，它们在英国很少或从未导致过死亡。如果病人不是在没有医生的地方倒下，如果一个患有阑尾炎的人被开车送往医院，而不是坐着牛车走上30英里，在路上死于阑尾穿孔，那么死亡是可以避免的。[17]阿尔弗雷德·莱尔在《遗憾之地》("The Land of Regrets")这首诗中描述了一个病倒在了偏远之地的英国人。他指的是印度。

> 你用蜉蚰和疾病折磨他，
> 他倒下了，当你灼热的风吹过时，
> 回想起老英格兰的海风。
> 躺在孤零零的平房里。

在印度，很多英国人临终时孤身一人，在丛林里或在偏远的民站，没有人安慰他们，也没有人倾听他们在最后时刻想说的话。

英国人中最常见的疾病是疟疾（有时被称为"丛林热"），但它并不是最致命的。很多人在印度时或在被遣送回英国后死于这种疾病，不过大多数疟疾病人尽管反复遭受疟疾发作的折磨且身体虚弱，仍幸存了下来。中暑没有疟疾那么普遍，而且更好预防，身体过热时就无法排汗。中暑并不总是因为男人不小心将自己暴露在阳光下所致。1872年，鲁尔基的地方治安官因为自己的大象陷进沙子里太久而中暑而亡；他留下了一名34岁的寡妇和9个孩子。[18]1916年夏天，在中暑造成的最严重的一次灾难中，一列从卡拉奇开往信德沙漠的三等火车车厢里挤了19名英国士兵，全部因中暑而死亡。

印度有许多疾病是致命的，包括痢疾、脚气病和黑水热。但最致命的是伤寒（当时被称为"肠热病"），它是一种致死率非常高的疾病；还有霍乱，也会席卷整个军营，致使军营减员一半。霍乱是一种毫无规律可言、反复无常的疾病，有时似乎会选择在军营宿舍里睡相邻床位的男子。在 1867 年密拉特的一次疫情中，第三步兵团（the 3rd Regiment of Foot，"皇家东肯特团"）有 129 名士兵、59 名妇女和儿童死亡；还有很多比这更残酷的数字。[19]当霍乱袭击一个营地或军营时，士兵和随军人员每天早上醒来都会想这一天是不是他们的末日。各营采取了一种被称为"躲避霍乱"的政策——如果可能的话，将营地不断地转移到地势更高的地方；但这个措施并不那么有效，因为（他们还不知道）他们面对的这种疾病并不是通过空气传播的。

霍乱也不分军衔高低。在 1857 年的大起义中，总司令安森将军（General Anson）在向德里进军的路上染病而亡，他的继任者巴纳德将军（General Barnard）在围攻德里时也被霍乱夺去了性命。疾病也不会基于阶级或富裕程度而区别对待。19 世纪，霍乱夺走了马德拉斯的两名省督［托马斯·芒罗和乔治·沃德（George Ward）］的生命，第三名省督［霍巴特勋爵（Lord Hobart）］死于伤寒。孟买省督的妻子弗格森夫人也死于霍乱，她的丈夫比她多活了 36 年，直到 1907 年在牙买加的一次地震中去世。相继的三任总督（达尔豪西、坎宁和埃尔金家族的第一代）没有死于疾病，却死于健康不佳和工作压力（前两位在返回英国后不久就去世了）；达尔豪西夫人也是如此，而坎宁夫人则在印度死于疟疾。驻印度圣公会主教们可能对疾病相对免疫，但他们往往早逝于和水有关的环境中。伟大的加尔各答希伯主教［"最耀眼和最好的晨光之子"（Brightest and Best of Sons of the Morning）等脍炙人口的赞美诗的作者］在洗澡时死亡,他的继任者之一——科顿主教(避暑地学校的创始人)在一条河里溺亡,而另一位(詹姆斯主教)在一次航行中去世并被海葬。在加尔各答其他早期主教中,一位［托马斯·米德尔顿(Thomas Middleton)］死于中暑,另一位［约翰·特纳(John Turner)］死于不明原因的发烧。[20]

海上举行葬礼可能比在陆上更令人痛心,这或许是因为当棺材被"托付给大海"时,乘客和船员都免不了会在场或在附近。而且他们中的人数多得不成比例,主要是因为当太多健康状况不佳的人被建议回国——或有病假证明被送回国时,已经为时已晚。有时是他们自己的错:即使有医嘱的情况下,他们仍无法忍受与丈夫、妻子、情妇或孩子分开;或者他们想完成一个项目,或者为退休生活再多赚十万卢比。有些人拖了太长时间,甚至没能赶上船,就在前往加尔各答或孟买的途中离世了。1892~1896年,俾路支省连续三任省督代表(当地最高级别的官员)在离任前夕去世。和很多驻印度的人一样,他们没有意识到留在印度已经太危险了。

曾经记录了加尔各答悲欢离合的生活百态的威廉·希基,记载了一些熟人的离世,他们在加尔各答拖延得太久了,要么在首都去世,要么在离开马德拉斯两天后去世,要么三周后在海上离世。众多因健康原因被命令回国并死于海上的人当中有三个同时代的人:1830年代因打击暴徒而闻名的斯利曼将军(General Sleeman)——死于锡兰;迈索尔专员及长达25年的实际统治者卡本将军(General Cubbon)——死于苏伊士运河;以及总司令费恩将军——死于亚速尔群岛。大多数在船上去世的人都会被海葬,但有时会将他们的遗体保存在一大桶朗姆酒中,等到了圣赫勒拿岛后再埋葬,甚至被一路带回英国埋葬。

印度帝国有一千多个英国人的墓地。最精致，或许也是最漂亮的是南公园街公墓（South Park Street Cemetery），这是18世纪末和19世纪初加尔各答许多显赫人物的安息之地：很少有地方比墓地更能唤起人们对于英属印度历史的回忆，树木间林立着众多陵墓，融合了各种建筑元素，有圆顶、金字塔、方尖碑和古典立柱。后来，人们对这类陵墓的兴趣逐渐消失了；同时，到印度去的英国人越来越多，所以需要更多的墓地。1770年，一名可能可以葬于某个墓地的军官，一个世纪后就只能有块墓碑了，或许同事还会在教堂里给他立块纪念牌匾。雨后，军营墓地的掘墓人会抓紧时间多挖出十几个坟坑，以免以后有人离世时因地面太硬而挖不动。由于葬礼通常在死者去世的当天举行，这是一个相当明智的预防措施。

在战场上阵亡的军官的遗体无法被运回团部，但会尽可能地举行安葬仪式，整个团排成方阵，将遗体安放在炮车上而非棺材里，在制服上盖上披风或被子，伴着乐队演奏的亨德尔《扫罗》中的《死亡进行曲》（如果有苏格兰团参加的话，会有风笛手演奏哀乐），送葬队伍前往墓地，然后是圣公会仪式、长老会祈祷仪式，并在墓地上方鸣放最后三响礼炮。[21] 前往墓地送行的路上，几乎一定会演奏《死亡进行曲》，不论亡者是士官、二等兵还是军官，墓碑上会写下"交战结束，苦难拢息"①，在后丁尼生时代，则是"天父的手指轻触他，他睡着了"②。葬礼结束后，乐队往往会演奏一些喜剧歌曲和轻松愉快的曲调，来驱散悲伤的气氛。但这一招并不总能奏效。无论亨

---

① 圣诗中的词句 "strife is o'er, battle done"（参见 http://hymn.pct.org.tw/Hymn.aspx? PID=P2011092900005）。——译者注

② 出自丁尼生的诗句："God's finger touched him, and he slept"。

德尔的进行曲在歌剧院里听起来多么美妙动人,在霍乱蔓延期间,一天听上数次"持续的低音",人们会更加沮丧、恐惧,特别是医院里的病人。在这样的情况下,明智的指挥官会禁止演奏这首乐曲;当第62团的上校和副官在同一天因霍乱去世时,团乐队主动决定不演奏这首曲子。[22]

在南公园街公墓的一座墓里,埋葬着特威斯登家族(Twisden)四个孩子的遗骸,他们在1820~1827年去世,都还未满两岁。在同一个公墓,还埋葬着赫米蒂奇家族(Hermitage)的七个孩子,他们相继在1826年后的二十年间去世,其中只有两个孩子长到了青少年时期。印度各地的墓碑都记录了类似的死亡人数,阶层之间几乎没有差别。在西姆拉,一块石板纪念着弗雷德·罗伯茨三个婴儿的夭折,这名前伊顿公学军官后来成为总司令;新加坡的缔造者斯坦福·莱佛士(Stamford Raffles)在半年内就痛失了三个孩子。当时英国的婴儿死亡率也很高,但没有这么极端。分娩死亡率也很高,但在印度,高温和医疗设施不足使这一问题更加严重,后来,由"悲伤的丈夫"竖起的无数墓碑都记录了这一点。女性即使挺过了分娩这一关,后来仍可能英年早逝:气候不适、丧子之痛以及生活在异国他乡所带来的其他种种问题,都可能使她们再无承受之力。路易莎·布劳顿(Louisa Broughton)挺过了失去四个婴儿的痛苦,也挺过了大起义期间在阿格拉堡被围困的数月,但最终,她的身体再也支撑不住了,在年仅23岁时留下一个婴儿后离世。[23]

孩子们墓碑上的铭文心酸而重复,读起来几乎难以承受。最容易接受的也许是圣经或祷告书中的传统语录:"愿你的旨意成全","主已赐下,主已取去",或最流行的一句,有时被简化为"容小孩子,不要禁止他们到我这里来,因为天国就是这样"。人们多么同情那些只能接受无奈的安慰之词的父母，比如"在耶稣身边睡着了"或"在耶稣的怀抱里安全"，或者苍白的对联"上帝也爱她，认为最好/把她带回家，与他一同安息"，然后再加上一些真实而真挚的话语，比如"妈妈以100种不同的方式想念宝宝"。有些人无法理解为什么会发生这些悲剧，会刻意加上半句"神的道路奥秘难测"，这也引起了很多人的共鸣。

　　在印度，死亡和丧亲之痛与英国大同小异，但在印度又增添了一种辛酸。在英国，人们通常住在亲人的墓地附近，所以可以去墓地看看，探望故去的亲人，献上一些花；甚至将同一个家庭的成员安葬在同一个教堂墓地，也令人感到些许安慰。在印度就没有这个条件，只有坎普尔等少数有定居社区的地方除外。大多数在印英国人生活在变化中。他们的孩子死后就地安葬，但他们自己不得不前往下一站，无法再看到坟墓，也无法忘记他们就在那里，无人照看，也没有任何亲人去探望。他们经常随身携带孩子的一缕头发和其他遗物、坟墓上生长出的一朵花的干花瓣。多年来，他们会寄钱进行修缮和重新整理碑文，他们会收到信件，向他们保证墓碑有人照料，杂草也已清理。大多数情况下，他们只有特意去扫墓才能再次看到它。1947年8月15日，也就是独立日那天，奈尼达尔县法官罗伯特·贝利斯（Robert Baylis）降下了旗帜，在坎普尔"稍作停留，去看望［他］失去的一个孩子的坟墓"，而后前往孟买，踏上了"缓慢而凄凉的英格兰之旅"。[24]

归国人士

　　驻印官员们花了很多时间考虑自己未来的退休生活，他们有梦想，有担心，还制订了很多计划。自己会住在哪里？养老金能有多少？最重要的是，他们将如何融入这个在过去30年中可能只回过三四次的国家，以及他们还能做什么？19世纪英国的变化至少和自那以后一样快，再次回到那里生活必定会令人感到陌生和困惑。人们离开英国去印度时可能铁路就是最高级的旅行方式了，回来后却发现所有人都想在天上飞，或者像《蟾蜍庄园》（*Toad of Toad Hall*）中那样在高速公路上开车。

但大多数情况下，焦虑似乎不如白日梦的乐趣。在营地的一天结束前，约瑟夫·古奇合上但丁的书，熄了灯，常常想起自己将要看到的演员，将要去听的音乐会，以及他将和新婚妻子一起参观的意大利城市。[25]人们会自然而然地对他们在印度最无法得到的事情充满了憧憬。如果能过上一个真正的圣诞节，吃到真正的烤火鸡而不是孔雀或罐头火鸡，看到知更鸟，装扮一棵冷杉树、冬青和槲寄生而不是一品红和棕榈树树枝，那该有多好。如果能去商店买礼物，而不是只能邮购或从偶尔才来一次的小贩那里买东西，那该多有意思。

随着回国日期的临近，人们常常充满了疑虑，心情也开始越来越复杂。长期以来，亨利·贝弗里奇一直在"山楂树下淙淙的苏格兰小溪"和"宽阔、浑浊、汹涌的胡格利河"之间左右为难；问题是，印度真的已经"深深地烙进了他的心里"。加尔各答可能并没有让威廉·希基如此刻骨铭心，但这个和蔼可亲的人一想到即将离开他的朋友们和这座城市、看到他最喜欢的仆人"忧郁和沮丧的表情"，他就非常"低落和悲伤"。[26]告别的时刻总是很伤感，在印度，这种时刻还特别长——尤其当告别者职位显赫时，因为要举行告别晚宴，发表祝酒词和演讲来纪念他的工作；举办招待会，以发表致谢"讲话"；当地社区的人们——包括印度人和英国人——还会送他到车站，目送他登上开往孟买的火车。在埃尔金勋爵于 1896 年启航回国之前,一名官员对他感叹道,打破一个人一生的工作和联系的链条,"是一件多么令人悲伤的事"。27 如果恰好赶在英印统治结束时离任,那种感伤更是超越了个人感受。1947 年,货箱瓦拉威尔弗里德·拉塞尔(Wilfrid Russell)去了克什米尔管区,当时,他正坐在客厅,突然"一股思绪涌上心头","对眼前的一切即将逝去感到痛心"。

> 他意识到几代英国人积累的知识、经验和作出的奉献——这一切都将在几年内被遗忘,他们远离故土,为一项自己曾经信仰的事业付出了一生,即使这项事业现在正受到新一代(或许不那么幸运的)当地人民的质疑。这就像发现自己置身于一座古老的英国乡村别墅,里面仍装满了过去几代人的珍宝,却很快就要被拍卖以支付遗产税。28

对二等兵来说,告别比较容易,他们中的大多数人在印度待的时间并不长,一开始也没想过去印度,在那里,他们也几乎没有享受过福利和奢侈,他们之所以离开,只是因为服役期满,或者所在的团被派到了其他地方。东约克郡军团的二等兵克莱门斯,上一次提到他是在 1935 年,当时他在勒克瑙;六年服役期满后,他乘坐当初来到印度的同一艘船回到了英国。他对自己的到来和离开作了一段简短、不带感情和实事求是的描述。他和同伴们被送到了贝弗利(Beverley)的兵团仓库,在那里的勤务室领到了薪水和退伍证明,然后去营房,那里有一辆来自伯顿的面包车,裁缝们带来了一些衣服让他们试穿:"我们很快又穿上了'便服'。"29

我们还提到过 1920 年在拉合尔兰开夏燧发枪团的二等兵斯温德赫斯特。他离开脏兮兮的、有乞丐和"徘徊的女人"的孟买时也不难过。当初在前往印度的航行中,他是一名军医助理,现在在回国途中成了军医总长,但除了这项职责外,他还把时间花在拳击、摔跤、打牌和唱歌上。当船到达英吉利海峡并经过斯沃尼奇(Swanage)时,人们开始唱起了"顺着斯瓦尼河而下"(Way down upon the Swanee River)。尽管当时是 1 月,船在灰蒙蒙的天空和寒风中停靠在南安普敦,但斯温德赫斯特很高兴回到这里,感受那"一滴正宗的英国雨"。回国的第一天晚上,他和伙伴们渴望找一家"炸鱼薯条店",他们在街上漫步,询问南安普敦的"当地人"哪里可以找到这样的店——但这些人听不懂"浓重的兰开夏口音"。最后,他们进了一家香肠土豆泥店,喝了很多啤酒,直到上床睡觉时,还在唱"斯瓦尼河"。没过几天,他们就领到了步枪,这让他们怀疑自己是否会被派往爱尔兰,1921 年初,爱尔兰对一名士兵来说是一个危险的地方。很快就得到了证实:他们确实要经过克鲁(Crewe)和霍利黑德(Holyhead)去往都柏林,他们的任务就是例行的街道巡逻和宵禁。这些士兵一到都柏林,就被告诫不要和"爱尔兰妞"上床。[30]

与离开 30 年后一个人或夫妻二人返回英国的人相比,随部队在印度待了几年后返回的士兵适应起来要容易得多。退休文官从一上岸起就会注意到各种变化和不同:通常是一些小事,比如面部毛发的流行样式——络腮胡子还是小胡子,或者双片眼镜取代了单片眼镜和夹鼻眼镜。他可能下船时穿着硬翻领的衣服,戴着硬草帽,却发现岸上所有人都穿着柔软的衬衫,戴着软帽或者洪堡毡帽。这些变化本身可能是微妙而无关紧要的,却让他感到自己在很多方面都是一个局外人,他并不完全"属于"这里,祖国一直在变化,他却无缘参与。

长期离家的人们归来抱怨的第一件事几乎总是天气;有意思的是,他们中的很多人下船时都碰巧赶上了薄雾细雨的天气。很快,他们会感到更多的失望或幻想的破灭。交通当然比在印度贵得多,而且也没那么体面,尤其是当乘坐伦敦地铁出行时。他们能供得起的房子比过去小了很多,曾经在印度笑脸相迎又极为丰富的家政服务,在英国相对来说既稀缺又昂贵。A. E. W. 梅森的小说《断路》(*The Broken Road*)中的一个虚构人物——迪尤斯上校(Colonel Dewes)贴切地表达了许多军官和官员的感受:"人的思念总是会超过自己的想象,而现实总是不及想象的一半。"迪尤斯还表达了在印度生活过的读者可能会熟悉的另一种感受:在英国,"人感到自己是一个局外人……失去了社会联结"。[31]

不少高级官员(后面将会提到)在退休后谋得了相当有影响力的职位;但大多数人没有这样的机会,因此,他们觉得自己很无能,很渺小。他们可能打过仗、挖过运河、治理过数百万人,但在英国的同胞很少想要了解他们的功绩,也没想过帮助他们在自己的国家施展才华。1947 年,奥拉夫·卡罗回到了英国,感到"生活已经找不到意义",当时他只有 54 岁,需要找一份差事。然而,尽管他刚刚卸任德里的外交大臣和西北省督,但外交部和其他机构都没想过再聘用这样一位有才华的人。[32] 卡罗的情况不在少数,也不仅限于独立时期。19 世纪,G. O. 特里维廉指出,对"加尔各答的一名社会领袖"来说,"沦为养生温泉浴室里的普通一员"和"从高等法院屈身于地方法庭",是何等"严峻的考验"。这种失落感并没有减弱。1947 年之后，一名印度文官机构官员退休回到了东安格利亚（East Anglia），他觉得当地人可能会以为他为伊普斯威奇互助会（Ipswich Co-operative Society）① 工作。[33]

很多人很快就意识到他们是多么不适应英国的生活。② 正如一名于1946年回国的妇女后来所承认的那样，印度让她变成了一个"完全无用的人"：不会做饭，不会打扫房间，不会洗衣服，也不会生火。[34][35] 这种觉得自己一无是处的感觉，再加上无人认可甚至于无人感兴趣，自然会导致自尊心受挫，反过来又会导致自负，总是强迫性地告诉不感兴趣的听众自己在印度曾经做过什么——夫人们谈论在印度帝国的奢华生活，她们的丈夫则在俱乐部重复浦那、打虎和"小廓尔喀"的轶事。从印度回来的无聊的人以各种形式出现：下议院喋喋不休的议员，回忆边境往事的士兵，坚称钓马西亚鱼（mahseer）比试图手抓三文鱼更有意思的垂钓者。一些人回到了曾经就读的大学，把余生奉献给了讲台。伊夫林·豪厄尔爵士（Sir Evelyn Howell）于1932年回国，之后又活了四十载，直到94岁辞世。豪厄尔曾担任荣誉研究员的剑桥伊曼纽尔学院（Emmanuel College）发布了其讣告，向他对于边境的专业知识、担任巴格达总督、先

---

① 缩写亦为ICS，与印度文官机构（ICS）相同。——译者注
② 其中的一个例外是才华横溢的梅布尔·巴滕（见前文，p.315），她从印度回来后，发展得很好。在英国，她重新投入音乐生涯，作曲，弹奏钢琴，并在音乐会上演唱女中音。埃尔加（Elgar）、福雷（Fauré）、戴流士（Delius）和年轻的珀西·格兰杰（Percy Grainger）都为她写歌，老邦德街（Old Bond Street）的阿特金森（Atkinsons）还专门为她调制了一款由马鞭草和白丁香构成的香水。梅布尔在50多岁时爱上了女同性恋作家拉德克利夫·霍尔，1910年，在年长得多的丈夫去世后，她们一起住在了卡多根广场（Cadogan Square）。1916年，她在委婉地指责霍尔出轨时（这引起霍尔的强烈反应）中风发作，并于几天后去世。

后担任瓦济里斯坦和克什米尔驻扎官以及印度政府外交大臣的职业生涯致以敬意；讲述了他如何（与奥拉夫·卡罗合作）翻译了胡沙尔·汗（Khushal Khan）的诗歌，但没有（或许是出于得体考虑）提及他是一名猎狼爱好者且用《伊顿划船歌》的曲调写了《白沙瓦山谷狩猎之歌》（"Peshawar Vale Hunt Song"）。然而，在描述他"高谈阔论东方语言"，或者就"语言学或文学某个意想不到的观点向学监发问"，以及这个老校友骑着自行车沿纤道看划船比赛，表现得好像赛艇八人组的"命运"就是"整个学院兴衰的晴雨表"时，可以感觉到讣告撰写者的一丝恼怒。此外，讣告还提到他可以"用十一音节诗句或挽歌对句……对人表示赞扬"，不仅把胡沙尔·汗的作品译成英语，还译成了拉丁诗人贺拉斯的诗韵格式，这表明他是一个非常聪明的老学究，只是没有足够的机会来展现自己的才华。他的同事也很感谢他，原因却是他修订了学院的通讯录。[36]

1890年代到访伦敦的一名印度法官，被人们与他谈论印度时所表现出的热情深深触动，他感受到了他们对印度人民的喜爱，以及对那个他们曾经工作过的地方的喜爱：他们对于印度的"思念"，似乎比他们在印度时对于英国的"思念"更强烈。[37]去过印度的英国人确实非常怀念印度。在"阴郁、多雾和凄冷的英格兰"生活了一段时间后，一名东印度公司官员的女儿写道，"即使是印度灼热的平原"，也变得"令人怀念"。[38]沃尔特·劳伦斯说，在印度，人们渴望"英格兰宜人的牧场"；而当他们身处牧场时，又开始渴望印度的颜色、浪漫和"珊瑚岸边芬芳的微风"。[39]在印度，英国人找到了能让他们想起德文郡的地方，并试图在山里打造出一片片英国式飞地；而现在，当他们沿着德文郡的一条小道下山时，他们可能会想起"古老的古努尔山路边最精致的角落"[40]。1839 年,范妮·帕克斯刚回到英国时,德文郡曾让她感到失望。这里曾经牛儿壮、羊儿肥、绿草如茵,但看过印度之后,一切"在对比之下竟显得那么小",乡间也再不像她记忆中那样群山环绕。[41]

很多人在英国似乎产生了一种在印度没有意识到的浪漫情怀,他们怀念那里的黄昏时分,怀念在星空下入睡,回忆起素馨花的芬芳或恒河边村落的炊烟,想起季风来临时雨点打在干燥皮肤上的情景和落在干裂尘土上的气味,眼前会浮现栩栩如生的画面:果蝠倒挂在枯死的芒果树枝上,身着五颜六色纱丽的妇女在新绿的田野中采茶,日暮时分赶着牛儿走回村庄,扬起"牛尘"。即使是像"边疆邮件"这样的词——比如"飞翔的苏格兰人",也会令人哽咽。不仅仅只有中产阶级怀旧。我们的朋友克莱门斯和斯温德赫斯特可能没有过这种感觉,或者至少他们没有写过这种感觉;但其他人有过,其中一人就是我们现在已经很熟悉的二等兵理查兹。1909 年回国后,威尔士燧发枪团承认,与在印度相比,英国的培根和其他食物都更好吃,但他对于家的"喜悦"很快就"消退"了,他渴望跟随部队一起再次回到那个热带国家,听"牛蛙的叫声和热带昆虫发出的嗡嗡声";他甚至怀念晚上"胡狼的嚎叫"。理查兹真的提出了返回印度的申请,当被告知作为预备役军人不能再次参军时,他认真考虑过用假名加入一支即将奔赴印度的部队;但因为害怕被揭穿,并且想到要重新参加新兵训练,他才作罢。[42]①

---

① 1914 年敌对行动爆发时,理查兹确实重新加入了他所在的团。几乎整个世界大战期间,他都在西线度过,没有受重伤,并 [在同伴罗伯特·格雷夫斯(Robert Graves)的帮助下] 在《老兵不死》(*Old Soldiers Never Die*)(1933)中记录了这场冲突。这本书的成功促使他又写了一本关于在印度服役的回忆录——《老兵萨希卜》(*Old Soldier Sahib*),于 1936 年出版。

萨默塞特轻步兵团的伯特·伦德尔（Bert Rendall）也是一名对东方无法忘怀的士兵。90多岁时，他在约维尔（Yeovil）住所的起居室仍然堆满了印度铜器和小饰品、廓尔喀刀、雕刻的花瓶和眼镜蛇造形的烛台；墙上挂着关于开伯尔山口、兰迪科塔尔和边境上其他地方的风景画；餐具柜上摆着他身穿制服的深褐色照片——他在穆里山，身着卡其色哔叽料制服和英国国民警卫队（Home Guard）作战服。[43]乔治·奥威尔在小说《上来透口气》（*Coming up for Air*）中描写了伊灵（Ealing）的英国中低阶层归国者家里有柚木雕花家具、黄铜托盘，还有"戴着遮阳头盔的小伙子们的照片"。在财富和阶层等级高一些的家庭，还会有狩猎的战利品，地板上的兽皮和墙上的鹿角，玻璃柜里狰狞的虎头或黑豹头，用大象某个部位制成的东西（可能是雨伞架）或用鳄鱼制成的东西（可能是桌垫）。1880年代退休的皮尔斯将军感到很骄傲，因为在他位于切尔滕纳姆住所的餐厅里，陈设着他猎过的最大的黑鹿的头；令詹姆斯·贝斯特感到欣慰的是，他每天晚上去卧室睡觉时，他的"大水牛"都会从楼梯顶上俯看着他。[44]一些人试图重现印度——而不是英属印度，并以一种不那么世俗的方式：一对从噶伦堡（Kalimpong）回来的夫妇，将他们在科茨沃尔德（Cotswold）的农舍布置成了"鲜明的藏式风格"。奥拉夫·卡罗退休后回到了萨塞克斯，无事可做，试图在自己的花园里重现"一小片克什米尔风光"。他和妻子认为莫卧儿花园"可能是终极的人间天堂"，于是种了一些同样的树，包括悬铃木和雪松，希望它们能"博得莫卧儿皇后努尔·贾汗（Nur Jahan）的笑容"。[45]

1787年，《加尔各答公报》称，很遗憾听到"东印度公司的人在英国受到了极大的不尊重"⁴⁶。该报指的是那些在印度幸存下来,并带着巨额财富返回了英国的暴发户。他们不受欢迎,一是可能有人嫉妒他们的财富和权势;二是因为他们太招摇了,举止粗鲁,衣着艳俗,以相当庸俗的方式炫富;还有部分原因是势利的结果,即不可剥夺的土地财富面对"贸易"财富的态度,尤其是通过可疑手段积累的财富。然而,即使这些不尊重令暴发户们愤愤不平,并令他们在社会上更加抱团,但按照世俗的标准衡量,他们仍是成功人士,在大多数情况下,他们实现了自己的追求:用财富可以买到房子、产业和议会席位。其中的很多人还当上了东印度公司董事。

在随后的几个世纪里,回国的人当中,很少有人发财而归,或有能力对国家事务施加影响。少数几名高级文官担任了殖民地总督,查尔斯·梅特卡夫同时管理牙买加和加拿大。然而,在印度独立前,除了曾担任印度前外交大臣的莫蒂默·杜兰德之外,没有人被授予重要的外交职位,也没有人进入内阁,尽管前副省督安东尼·麦克唐奈成了一名颇受争议的爱尔兰事务副大臣(1902~1908)。在任命杜兰德和麦克唐奈之前,阿尔弗雷德·莱尔曾撰文强调,梅特卡夫是唯一"在与印度无关的任何时期取得过成功的人"。巴特尔·弗里尔在南非可谓遭遇了"惨败";虽然在担任孟买省督时期无疑非常成功,但他在担任开普殖民地总督期间挑起了1879年祖鲁战争(Zulu War of 1879),这是一个灾难性的错误。莱尔继续批评这些从印度返回的官员,称他们在"议会水域"中"只能勉强地游一游"。⁴⁷由于这些都是以印度成就著称的聪明人,他们的失败最有可能的解释是:印度是一项如此庞大的事业、一个如此衰弱的地方,以至于他们身心俱疲,无力再应对进一步的挑战。

印度独立时,外交部向30多岁或40岁出头的年轻文官和政治官员敞开了大门;他们当中有不少人很快成为大使,不过,除了驻莫斯科的杜维廉之外,很少有人在重要大使馆任职。殖民地事务处也乐于接受,尤其是那些希望去非洲的官员:几名前军官和官员加入了肯尼亚、苏丹和南北罗得西亚的殖民政府。

1947年夏末,货箱瓦拉威尔弗里德·拉塞尔在古尔马尔格与政治官员和印度陆军军官打高尔夫球,这些人的整个职业生涯都在印度度过,此时正在克什米尔享受最后一个假期,"然后就要带着枪、钓鱼竿和狗前往肯尼亚和罗得西亚了"[48]。对于那些担心英国可能太小、太狭窄、没有太多事情可做的人来说,非洲似乎是一个令人兴奋的选择:它有空间、有机会,在帝国中扮演的角色在1940年代看起来似乎会比实际持续的时间更长。你可以当一名狩猎管理员,或进行狩猎活动,或通过加入苏丹国防军(Sudan Defence Force)继续当兵。然而,大多数人都去那里务农,阿萨姆省的茶农去肯尼亚种咖啡是一个很自然的转变;厄休拉·格雷厄姆·鲍尔去那里定居,因为她的丈夫在战前曾是一名种植园主。其中的一些企业显然颇为成功:在内罗毕农业展上,曾在缅甸宪兵队服役的特伦斯·康纳上校(Colonel Terence Conner)连续六年获得了东非最佳小麦种植奖。[49]然而,很多人在肯尼亚仅待到茅茅起义。虽然一些人在罗得西亚于1965年"单方面宣布独立"后才离开,但一名前印度陆军军官留了下来。他的一名前同事称他为"伊恩·史密斯(Ian Smith)的忠实支持者",他坚守在自己位于赞比西(Zambesi)边境的农舍里,"四周布满了狗、步枪和铁丝网"。[50]

有些政治官员在职业生涯中被不断地调换岗位,有时在印度境内,有时被调到印度之外,他们发现自己在以后的生活中很难专注于某一个国家。杰克·巴泽尔杰特（Jack Bazalgette）就是其中一名不安定的官员。印度独立后，他作为壳牌公司（Shell）的一名雇员前往委内瑞拉，然后回到了英格兰，为巴纳多博士之家（Dr Barnardo's Homes）工作，之后到伊斯坦布尔参与世界教会理事会（World Council of Churches）的难民项目，再后来又到贝鲁特从事更多难民工作。退休之后，他依然无法安定下来。他和妻子决定不需要一个永久的家，所以将所有财产都给了子女，然后买了一辆大篷车，后半辈子就开着这辆大篷车，边生活边旅行。⁵¹

　　回到英国，对于退休文官而言，有一些再正常不过的岗位。其中之一是内政部，1947年初，内政部派一名官员到印度面试45岁以下的意向候选人；我们在早餐时见过的P. D. 马丁①就是其中一名接受了此调动的文官。早期的另一个机构是印度事务部。尽管印度事务部只能雇一小部分退休官员，但有名望的前文官可以被任命为委员会成员，负责监督印度政府的活动，这项工作很合适他们，而且也不严格，但阿尔弗雷德·莱尔仍抱怨说，这工作干起来味如"嚼蜡"。对退休官员来说，下议院是一个不太适合的地方，当然在其议员眼中也是如此。退休文官几乎注定在选举中都表现平平：年迈，脱离实际，对国内政治知之甚少；而且，就算抛开这些缺点，他们赢得了选举，他们当起议员来几乎无一例外地令人失望：长篇大论，对辩论知之甚少。寇松曾经警告过一名雄心勃勃的候选人，却未被采纳，这名退休文官"果不其然沦为议会里令人生厌的家伙"⁵²。

　　一项更有前途的第二职业是投身学术领域，因为在学术圈，

---

① 见前文，p.354。

这些回国的人至少可以就他们所了解的话题进行授课或写作：对一名前丛林瓦拉来说，先加入英国林业委员会，再去当牛津大学的林业教授，也合乎逻辑。我们曾看到，阿萨姆省的几名政治官员成为剑桥大学和伦敦大学亚非学院（SOAS）杰出的人类学家，不少退休文官被任命为牛津大学印度史高级讲师。另一个合乎逻辑的职业是语言教学，特别是在为印度文官机构培养学生的大学里。1920 年代，赴马德拉斯的牛津实习生会由古德洛尔前法官悉尼·罗伯茨（Sydney Roberts）教授泰米尔语或泰卢固语；想去孟买的实习生则会师从印度文官机构的 C. N. 斯内登（C. N. Sneddon），一名印度实习生说，此人讲起马拉地语来就像"浦那的一名可敬的婆罗门学者"[53]。一个不那么显而易见却居然有很多文官从事的职位，是中小学和大学的财务主管：牛津圣约翰学院（St John's College）就有定期从退休文官中招募的习惯。或许是文官清正廉洁和管理高效的美誉使他们如此受欢迎。彭德雷尔·穆恩（Penderel Moon）于 1929 年加入印度文官机构，当时他是万灵学院（All Souls College）的董事；印度独立后，他仍在印度工作了多年，于 1965 年回到万灵学院，继续担任董事和财务主管。他退休后的主要成果是《英国对印度的征服与统治》（*The British Conquest and Dominion of India*），乃该主题有史以来篇幅最长的著作之一，于 1989 年出版，也就是他去世之后两年。

  印度独立时，一些印度陆军军官设法让自己调到了英国陆军。杰弗里·班福德（Geoffrey Bamford）于 1927 年加入兰开夏燧发枪团，随后加入印度陆军，1947 年，他回到了自己以前的燧发枪团。然而，第二次世界大战之后，部队编制迅速缩减，步兵部队中尤其没有多少空缺。从印度归来的步兵军官如果希望继续留在部队,往往不得不加入炮兵。[54] 1947 年,警察部门也几乎没有空缺,尽管早期曾有两名孟加拉的督察长担任过伦敦大都会警察局局长。然而,在两次世界大战之间,很多成功破解和拦截了苏联无线电通信的警察,都是从印度超募到军情五处(MI5)和秘密情报局(MI6)的。[55] 其中的两人,阿利斯泰尔·丹尼斯顿(Alistair Denniston)和约翰·蒂尔特曼(John Tiltman),是位于布莱奇利公园(Bletchley Park)的政府密码学校(Government Code and Cypher School)的顶级密码破译者。

从印度回国的英国人正赶上这个国家没有足够的就业机会;毕竟,他们当初之所以离开,就是因为觉得国外的发展前景更好。回国后,一些人可能会进入银行、商业或法律行业,但数量不多,也很少有人取得了巨大成功:他们通常太老套了,太脱离实际,缺乏相应的资质。很多退休官员明白这一点,所以目标也不高,除非家里还有在上学的孩子;一些人觉得能当个地方治安官或进入郡议会就可以了;另一些人则找到了志趣相投、要求不高的工作,如纽马基特(Newmarket)的赛马预测员、《泰晤士报》的赛艇记者和伊普斯威奇钟表博物馆(Ipswich Clock Museum)馆长。不管曾是在加尔各答挥汗如雨,还是曾在偏远地区忍受炎热,官员们最常见的梦想就是在英格兰买下一小块土地,成为一名农民。也有人希望在坎伯兰养猪或在萨默塞特郡养红波尔牛(Red Poll cattle),但最令人向往的是拥有一片苹果园,住在老教区牧师住宅里,像 F. L. 布雷恩在诺福克郡那样,在 60 英亩的地里种上果树。这些农业投入并非都能成功,有时候焉知非福。1947 年,菲利普·梅森从印度文官机构退休后,试图在多塞特郡一边写作,一边耕种 15 英亩的贫瘠土地。这个小农场占据了他大部分时间,但几乎没有回报,经过一番挣扎，他最终放弃务农，全家搬到了伦敦，专注于文学写作，并担任种族关系研究所（Institute of Race Relations）所长。他所著的关于英属印度的书［其中两本以笔名菲利普·伍德拉夫（Philip Woodruff）出版］，是所有前印度行政官员所出版的书中最细致入微、文笔最流畅的。

归国的人通常不会决定住在他们出生和长大的地方，即使仍有家人住在那里。暴发户需要靠近东印度公司总部和威斯敏斯特，所以经常把家安在哈利街（Harley Street）周围的"暴发户聚居区"梅费尔（Mayfair），这样他们抬腿就可以到达干草市场，在诺里斯街咖啡馆吃上一顿咖喱菜肴。他们当然也想拥有乡村别墅，通常会在伦敦附近的伯克郡（有时被称为"英国的印度斯坦"）或萨里郡购买或建造别墅。尽管暴发户已经习惯并保留了印度人的品味，但他们并不想在英国建造受印度建筑启发的住宅。他们最典型的住宅是伯克郡的巴西尔登公园府邸（Basildon Park），它是为弗朗西斯·赛克斯爵士建造的，有着帕拉迪奥风格的外观，室内是新古典主义风格。在暴发户的宅邸中，只有格洛斯特郡的塞辛科特庄园（Sezincote）是一栋"东方"风格比较明显的建筑，它由查尔斯·科克雷尔（Charles Cockerell）买下，并在1805~1807年由他的兄弟根据托马斯·丹尼尔（Thomas Daniell）的建议进行了改建，建筑的外部有印度教和伊斯兰教的装饰图案，花园里有一座印度教寺庙和几座婆罗门公牛石雕。但其室内装潢依然是古典和乔治王朝时代的风格。

伦敦也是后来返回英国的人们的首选之地，特别是对那些更有抱负的人而言，当然他们很少渴望去梅费尔。其中的大多数人定居在西部的贝斯沃特（Bayswater）（被称为"小亚细亚"）和南肯辛顿（有时被称为"英裔印度人区"）。在考虑退休时，阿尔弗雷德·莱尔曾担心自己会成为住在韦斯特本格罗夫（Westbourne Grove）一所小房子里的被遗忘的"老古董"；但事实上，他成了受欢迎的社会人物，住在肯辛顿女王之门（Queensgate）和克伦威尔路（Cromwell Road）附近；好几名前旁遮普省副省督也都住在那里。那些在伦敦工作但又不希望喧嚣的人，则去了郊区，比如锡德纳姆（Sydenham）和贝肯纳姆（Beckenham）。这些人在郊区没有特殊的居住模式，不过最受欢迎的是泰晤士河以南的区域。

归国的人普遍都更喜欢住在英格兰南部，无论是伦敦，还是南部各郡。但从事工业的归国者例外：那些从哈利法克斯和阿克灵顿（Accrington）到坎普尔经营工厂的人，退休后往往会去约克郡和兰开夏。[56]其他大多数人都更喜欢在南部，要么是因为他们希望住在伦敦或附近，要么是因为更喜欢南海岸更温暖的气候和更温和的冬天。很多人认为海风和海浴有益于健康，所以选择住在沿海地区，并在伊斯特本、霍夫（Hove）和圣伦纳兹（St Leonard's）形成了定居点。退休文官最喜欢的养老之地是萨里郡，因为它靠近伦敦；还有德文郡，或许原因恰恰相反。德文郡似乎是那些整天只想温文尔雅、一副准乡绅派头慢慢地体面地走下坡路的男人们最喜欢的地方，正如文官雷吉·帕特里奇（Reggie Partridge）被其孙女所描述的那样，"不喜欢任何新的、现代的或复杂的东西"[57]。

一项针对19世纪最后几十年加入印度文官机构的官员的调查显示，他们退休后最喜欢的城镇是伦敦、都柏林、牛津（主要是为工作）、切尔滕纳姆（主要是为了休闲）和坎伯利。[58]没有多少人住在东安格利亚，在伍斯特郡以北定居的人就更寥寥无几了。都柏林有一些退休官员，特别是来自马德拉斯的官员，但爱丁堡和格拉斯哥就很少。整体来说，苏格兰因人而异。其暴发户退休后往往住在伦敦，但会向边境以北的故土捐款，以抚慰自己的良心。威廉·费尔利（William Fairlie）将部分靛蓝利润捐给了基尔马诺克的"慈善事业"；约翰·福布斯（John Forbes）在阿伯丁建了一所精神病院。[59] 洛将军在印度生活了54年，于1858年退休，但他无法接受住在苏格兰的想法：他每年夏天会去自己在法夫郡的庄园，其他时间则住在肯辛顿，直到80多岁时，他放弃了这两个地方，在布里克斯顿山（Brixton Hill）定居下来。[60]

然而，这只是故事的一部分。曾在巴格达艰苦任职的政治官员威廉·特威迪（William Tweedie）① 退休后回到了邓弗里斯郡的家，成为当地的一名治安官。印度文官机构最后一批官员之一的弗雷泽·诺布尔（Fraser Noble）曾在奈恩（Nairn）上过学，所以决定退休后去那个小镇；他在阿伯丁大学获得过双科第一，因此决定回到母校，当了一名讲师，后来成为该校副校长。那些用在印度挣的钱在英国购买或存下了地产的人，当然希望留给自己享受。苏格兰首富约翰·约翰斯通用他在孟加拉赚的钱买了好几处庄园；他如期退休回到了苏格兰，在其中的一处庄园——克拉克曼南郡（Clackmannanshire）的阿尔瓦（Alva）——去世。下个世纪，阿德沃利奇的约翰·斯图尔特回到了印度（他的出生地）赚钱，不是为了购置新的庄园，而是为了保存家族在厄恩湖的祖传产业。在坎普尔生活了35年后，他如期完成心愿，并在那里退休了。

---

① 见前文，p. 185。

留守人士

1977年,在保罗·斯科特因癌症去世前几个月,他的小说《留守》(Staying On)获得了布克奖(Booker Prize)。与他所著伟大的四卷本四部曲不同,这是一部短小而幽默的悲喜剧,讲述了一名前印度陆军军官和妻子在印度独立后"留守下来",后来退休到了一个避暑地,并非因为他们特别喜欢印度,而是因为他们已经习惯了印度,觉得靠他的工资(为一家孟买的商业公司工作)和后来的养老金,可以比在英国生活得更舒服。后来这部小说被拍成了一部感人的电视片,由特雷弗·霍华德(Trevor Howard)和西莉亚·约翰逊(Celia Johnson)饰演这对夫妇,十分令人难忘。小说让人们觉得"留守下来的人"只是少数1947年没有回英国的军官和他们的妻子而已。

事实上,自18世纪以来,一直就有大批英国人"留守"下来。东印度公司时期的老人在那里安了家,通常娶了印度妻子,建立了大家庭。对威廉·加德纳来说,"幸福的巅峰"是他在印度所拥有的一切:他心爱的夫人加上"新书、花园、铁锹、无须听命于任何人、睡衣、孙子孙女〔以及〕宁静"。[61]他为什么要放弃所有这一切,去进行一次漫长而危险的海上航行,然后在一个他现在觉得自己是一个陌生人的寒冷国家生活呢?在通往印度的地中海航线开通之前,老一辈的将军和上校经常觉得"回家"太麻烦了:在19世纪的前30年,很多人在孟加拉生活了50多年之后,在印度去世,即他们从青少年时代起就再也没有见过英国。[62]东印度公司的军医和文官在职业生涯结束后,也留在了印度:W. A. 布鲁克(W. A. Brooke)于1768年作为一名书记员离开了英国,1833年在贝拿勒斯去世,享年81

岁。即使是东印度公司以外的人,也常常觉得印度的生活太惬意了,不愿意放弃。约翰·波普(John Pope)曾在东印度群岛当过"自由水手",之后,他回到了孟买,当了该市的治安官,1821年在那里去世。他的同辈艺术家罗伯特·霍姆(Robert Home)于1791年抵达印度,成为勒克瑙的宫廷画家,退休后去了坎普尔,1834年在那里去世,享年82岁。几乎各行各业都有一些人在印度找到了自己的位置,不想离开。我们已经见过的奥里萨省运河工程师乔治·福克纳,他深受英国文化熏陶,除英语外不会说其他语言,但他决定在印度的家终其一生。[63]

在20世纪之前,大多数留在印度的英国人都是退役士兵和无委任士官,在服役期满后,这些人会开始新的职业,然后拿着军队养老金退休。1787年,在马德拉斯工作的九名前东印度公司的士兵当中,一人"经商",一人经营"客栈",一人经营马房,两人在兵工厂工作,另外两人在学校工作,还有两人当阿尔果德纳瓦布的侍从。一个世纪后,退伍后的职业范围将扩大到铁路和警察工作。

1840年代,赫维上尉注意到"我们的老欧洲士兵们""非常偏爱班加罗尔",那些"迷上了当地妇女"的人,喜欢在那里退休。在他看来,这似乎是一个明智的安排,直到他去了另一个退休站古德洛尔,在那里他目睹了那些"可怜的老伙计们"正与他们"黑皮肤或棕皮肤"的妻子过着"悲惨的"生活:他们没有工作,也无事可做;他们不使用流动图书馆,而是聚集在"肮脏的地方和酒馆"周围赌博、争吵,然后"醉醺醺地、摇摇晃晃地回家"。[64]

东印度公司鼓励"迷上了当地妇女"的老兵们退役后到某些指定的地方居住,通常是军营或军营附近。在东印度公司解体后，该习俗仍延续了很长时间，而且不仅仅针对娶了印度妻子的士兵。1890年代，赫尔曼·卢克从印度警察部门退休时，家里争论的问题不是去哪个国家，而是去印度的哪个地方定居，是到山区、平原还是沿海的某个地方。他们根本就没有考虑过回英国生活。尽管卢克来自格洛斯特郡，但他已经在印度生活了40年，他的妻子埃伦是一名"当地出生"的英国女子，从未去过英国。最终，他们选择了恒河边迪纳普尔的一座"优质砖砌"平房，那里的军事哨所有几个退休的朋友，他们的三个女儿日后还可以从兵团物色丈夫。[65]

在留下来的英国人中，有一类人非常特殊，那就是1947年留下来的印度陆军军官，他们通常是出于一种责任感，留下来帮助处理分治所带来的混乱和悲剧。尽管他们对宗派屠杀感到愤慨，对文职政府的崩溃感到心灰意冷，但仍有约2000名军官选择了留在自己的岗位上。这次"交接"既不突然，也不令人愤懑，也不需要所有英国人员迅速离开；萨默塞特轻步兵团直到1948年才离开孟买。印度和巴基斯坦这两个独立国家各自任命了一名英国总司令，他们是桑赫斯特的同龄人，如果这两个新国家之间爆发战争，他们将面临两难境地。① 巴基斯坦还任命了负责海军和空军的英国军官以及一名英国总参谋长，后者一直任职到1951年。尽管最高级别的官员在1950年代初退休了或被撤换了，但一些年轻官员留任的时间更长。印度独立后，詹姆斯·贝尔上校（Colonel James Bell）在巴基斯坦陆军任职，在拉瓦尔品第担任军事训练主任和阿伯塔巴德边防部队团部中

---

① 1948年，巴基斯坦第二任英国总司令道格拉斯·格雷西（Douglas Gracey）将军拒绝服从穆罕默德·阿里·真纳（Mohammad Ali Jinnah）的命令，没有派他的部队去克什米尔与印度军队作战。

心（Frontier Force Regimental Centre）指挥官。他还担任过巴基斯坦空军学校（Pakistan Air Force School）的行政官员和卡拉奇信德俱乐部的秘书，直到1960年才离开巴基斯坦。[66]

　　独立后的印度觉得并不需要这么多英国军官，尽管它也委任了斯特布尔将军（General Stable）担任军需司令，并留用曾指挥过钦迪特部队（Chindits）的廓尔喀旅军官伦泰恩将军（General Lentaigne），让其担任参谋学院院长，直到他1955年去世；它还任用了一名英国海军司令，直到1957年。到1947年，印度文官机构已有一半是印度人了，因为尼赫鲁政府不需要太多英国文官，除了东北边境地区。在其他地方，印度邀请一些文官留任一段时间，包括一名旁遮普的地方官员艾伦·阿瑟（Allan Arthur），巴基斯坦也邀请他留任。① 尼赫鲁临时政府（1946~1947）的教育文化大臣查克拉瓦蒂·拉贾戈帕拉查理号召一些文官继续留在自己的工作岗位，宣称印度需要他们的才干。[67]彼得·格温（Peter Gwynn）响应了这一号召，这个爱尔兰人同情印度民族主义者，在马德拉斯和安得拉邦一直工作到1967年。但是，最需要英国人的省份是阿萨姆邦，那里的新政府几乎没有合格的行政人员，无论是区级官员，还是更高级别的官员。尼赫鲁于1949年任命罗纳德·洛奇爵士（Sir Ronald Lodge）担任该邦行政长官，T. S. 海利（T. S. Hayley）也被恳请继续担任阿萨姆邦政府里负责农村发展的秘书。政治官员在部落地区也供不应求，即使他们已经退休并返回了英国。杰弗里·艾伦（Geoffrey Allen）回到英国后，配给制、码头工人罢工以及找工作之难都令他心灰意冷，这时，印度政府邀请他

---

① 他拒绝了这两份工作的邀请，去苏丹当了一名政治官员。

担任巴利帕拉边境区（Balipara Frontier Tract）的政治官员。他欣然应允。他和妻子返回了印度，在各部落中展开工作，直到担心自己可能没有养老金，才在印度茶叶协会（Indian Tea Association）找了一份工作。得知他辞职的消息后，尼赫鲁（当时恰好在阿萨姆邦）试图说服他改变心意，邀请他成为印度公民（带养老金），但艾伦还是选择了茶叶协会，到西隆接受了另一个职位，在那里一直生活到1970年退休。[68]

与印度相比，巴基斯坦本土培养的印度文官系统官员的占比较小，因此它留住或请回英国文官的愿望更强烈。该国前几任领导人真纳（Jenah）和利亚卡特·阿里（Liaquat Ali）也认为，在难民大规模地外逃之后，需要英国官员来恢复秩序、维护稳定。在巴基斯坦四个省中的三个——西旁遮普省、东孟加拉省和西北边境省，真纳都任命曾在英属印度文官机构任职的英国官员担任省长；他甚至劝说前橄榄球国际球员乔治·坎宁安爵士从苏格兰的退休状态中复出（他当时担任圣安德鲁斯大学校长），再次担任这个边境省份的省长（他曾于1937~1946年担任该省省督）。① 如果说一个后殖民地国家任命前殖民大国的官员是一件不同寻常的事，那么至少真纳和利亚卡特·阿里在这件事上是一致的。驻奎达的四名代表——俾路支省的实际统治者——均是英国人，政府各部的五位常任秘书也是英国人。威尔弗里德·格里格森（Wilfrid Grigson）是一名杰出的文官，曾写过一本关于印度中部贡德人的书。他应邀担任巴基斯坦难民事务部秘书，先是在卡拉奇，后来在拉合尔，但他不久后死于一场空难。

---

① 坎宁安（Cunninggham）第二次退休后，巴基斯坦政府又任命苏格兰人安布罗斯·邓达斯爵士（Sir Ambrose Dundas）担任这一职务。

巴基斯坦的新文官部门自豪地认为自己是印度文官机构的继任者,多年来,其招募宣传都将其前任称为"世界上最杰出的文官部门"[69]。1947年,新政权热衷于留住县和省级的英国文官,并邀请许多人留下来——哪怕只有一两年,以帮助维持稳定。利亚卡特·阿里试图劝说莫里斯·赞坎来巴基斯坦,但这名来自孟买的才华横溢的文官实在太受欢迎了:为了在印度为联合利华(Unilever)工作,他拒绝了利亚卡特·阿里、殖民办公室和伦敦的《经济学人》(The Economist)的邀请。在与亚历山大·麦克法夸尔(Alexander MacFarquhar)、西德尼·里德利(Sidney Ridley)和罗杰·豪罗伊德(Roger Howroyd)的接触中,巴基斯坦更为幸运。麦克法夸尔曾担任巴基斯坦商务和教育大臣数年,悉尼·里德利在1954年之前一直担任信德政府秘书,罗杰·豪罗伊德则从非洲被请回,先后担任县官、税收专员和拉合尔促进委员会(Lahore Improvement Council)主席。爱德华·斯内尔森(Edward Snelson)在1929年加入印度文官机构之前,就获得了律师资格,如果不是因为与巴基斯坦的司法机构闹翻了,他可能会一直留在巴基斯坦。1951~1961年,他担任法律与议会事务部秘书,负责起草这个新国家所需的大部分法律法规;还曾率领巴基斯坦代表团参加关于海洋法的国际会议。至少从一个方面讲,巴基斯坦对这四个人是有好处的:他们去世时的平均年龄是90岁。

也有英国文官选择留在即将成为东巴基斯坦的东孟加拉。斯蒂芬·哈奇-巴恩韦尔通过印度文官机构的考试后,被派往孟加拉(尽管这曾是他排在末位的选择),于1933年抵达,当时,政治恐怖主义正甚嚣尘上。他的职责之一是充当地区行政长官(极端分子最喜欢袭击的目标)的辅助保镖,手握一把左轮手枪，插在口袋里，走在长官身后。然而，他渐渐爱上了孟加拉，并希望在独立后留在那里。他本可以选择去分治后的任何一边，但他选择了巴基斯坦，因为那里更需要文官，且印度的议员几十年来一直试图摆脱像他这样的英国人，与他们共事一定会让人很别扭。

在做出选择后，哈奇－巴恩韦尔被调到了贝克甘杰（Bakerganj），这是一个三角洲地区，有孟加拉湾的众多岛屿，即将被纳入这个新的伊斯兰国家。1947年8月15日，在那里，这名高高瘦瘦的典型的英国绅士降下了英国国旗，兴高采烈地升起了巴基斯坦国旗，然后用孟加拉语向庆祝人群发表了生动的演讲。或许他因自己不再是一个殖民大国的代理人，而是一个独立国家的高级官员而感到欣慰。在担任县官期间，他发起了保护孙德尔本斯地区（Sundarbans）红树林的活动；后来，他担任过粮食采购总监，最后成为东巴基斯坦农业发展公司（East Pakistan Agriculture Development Corporation）董事长，以一名政府雇员的身份为这家公司工作了19年，于1966年辞去该工作。他从未对自己留下来的决定感到后悔，但时不时想到这给他造成的贫困，还是会有些伤感，特别是在他和妻子住在达卡的一套"最简陋的小公寓"期间。1940年，还是印度文官机构的一名军官时，他就已经拥有了一辆汽车、一艘摩托艇、两匹马和一辆摩托车。在战争期间，他放弃了其中的一些财产；后来又不得不卖掉了汽车，因为他的工资收入赶不上东巴基斯坦节节攀高的生活成本。到1960年代，尽管他的收入并不比其他文官少，但他只能买得起一辆脚踏车。[70]

1947年，约翰·克里斯蒂选择留在印度，不是为了继续自己的文官生涯，而是因为他和妻子"在德里扎下了根"，他希望继续留在那里工作:先是在商界,后来在工业界。印度和巴基斯坦的独立当然意味着次大陆的政治和军事结构会发生巨大变化:大多数英国士兵回到了英国,大批行政人员也是如此。但在其他领域,变化并不大,至少在几十年或更长时间内,不会有太大改变。1947年并不像一场伟大的军事战争结束之时:侵略者全部被赶了出去,其同伙被一网打尽,并受到了惩罚。即便在司法这样一个前殖民者可能会被高度警惕、会被怀疑可能存在偏见的敏感领域,法官们仍在继续他们的职业生涯,并步步高升,达到了职业顶峰。阿瑟·哈里斯爵士(Sir Arthur Harries)曾是中殿(Middle Temple)的一名出庭律师,1959年从加尔各答高等法院首席大法官的职位上退休。前印度文官机构官员、地方法官威廉·布鲁姆(William Broome)后来当上了安拉阿巴德高等法院首席大法官,一直在那里待到了1972年,退休后搬到了班加罗尔。他有一名印度教妻子,他的讣告说:"他全心全意地为印度奉献。"[71]

大多数行业都没有受到政权更迭的太大影响。传教士继续在学校和医院工作,牛津传教会和剑桥兄弟会为圣公会各个教区提供主教,包括新的达卡教区。医疗行业的男性和女性都留了下来。独立时,印度医疗机构的官员可以选择退休或留在巴基斯坦工作,但不能留在印度,因为印度本身已有足够多的合格医生。

加尔各答医学院眼科教授E. J. 萨默塞特(E. J. Somerset)曾考虑去巴基斯坦,但最终决定不去了,因为他"相当确定巴基斯坦会陷入混乱",如果那样的话,他的养老金就会"彻底泡汤"。然后他考虑回英国,但病人聚集在他位于加尔各答的私人诊所,恳求他留下来。于是,他留了下来,尽管不再受雇于该学院,但诊所的收入足够维持比较舒适的生活:主要是诊所、房子、俱乐部和运动——每周三和周六下午,他会在皇家加尔各答俱乐部(Royal Calcutta Club)打高尔夫,球场在第七洞和第十四洞附近被安排了仆人,为口渴的高尔夫球手提供橙汁和酸柠汁。孟加拉首府的商界——包括英国人和印度人——在1950年代非常发达,萨默塞特的几名前印度医疗机构同事都成立了大型私人企业。他自己常常每隔三年就回英国待上几个月,1961年,在他55岁左右时,他决定在英国退休。他一直认为,那些长期留在印度的少数老"隐居者""看起来很可悲",他不想成为一个"没有同龄人的老古董"。返回英国也有一些积极的理由:他需要在国民医疗服务系统(National Health Service)工作十年以上,才有资格领取养老金,而且他想让女儿们在英国的学校接受教育。[72]

独立后,有一种职业在某种程度上反而变得更轻松、更有趣了,那就是新闻业。在英印统治时期,英国记者经常受到"无名小卒"(koi-hais)①的攻击,批评他们过于自由和同情印度人,而民族主义者则批评他们是帝国的辩护者。现在,他们可以做不偏不倚的评论员和记者了。加尔各答《政治家报》(*Statesman*)的主编伊恩·斯蒂芬斯自1937年起就为这家报社工作,他觉得自己"特别适合于向这两个继任国家力陈友好合作的必要性"。他爱印度,也爱巴基斯坦,但过了一段时间,他发现很难在这两个国家之间保持公正。在克什米尔问题上,他觉得印度人"从道义上来讲是错误的",巴基斯坦人则"基本正确",他觉得必须辞职并移居巴基斯坦。不

---

① 孟加拉最保守的英国人因在家里或在俱乐部召唤仆人的方式而被称为"koi-hais"或"qi-his",意为"有人吗"。

久,他担任了拉瓦尔品第总司令部历史部主任,他对于巴基斯坦的将军们养成了"太英国化"的习惯感到痛心,比如串门喝点"晚间威士忌"。[73]

他在《政治家报》的继任者之一埃文·查尔顿(Evan Charlton)于1930年代中期前往印度,只是因为觉得"英国的新闻界晋升阶梯……实在太拥挤了";在印度,他无亲无故,也没有个人利益。但他很快就"爱上了印度北部大平原的色彩、图案和芬芳"。战争期间,他曾在印度陆军服役,之后回到了《政治家报》,1967年从该报主编的位置上退休;对他来说,印度和新闻业比大英帝国的命运更有趣。另一名前印度陆军军官 C. R. 芒迪(C. R. Maundy)也是如此,他后来担任《印度画报周刊》(*Illustrated Weekly of India*)的编辑,1950年代,这本杂志在英国化的印度人当中非常受欢迎。

独立后,还有一份工作似乎也变得更容易了,那就是教书。和很多校长一样,莱斯利·戈达德(Leslie Goddard)于1930年代初到山区任职,一直到1960年代中期退休,时任大吉岭圣保罗学校(St. Paul's School)校长。对他和其他人来说,1947年并不是职业生涯中的关键时刻。J. A. K. 马丁(J. A. K. Martyn)是1935年帮助创办杜恩学校(Doon School)的几名英国教师之一,这所学校位于德拉敦,是一所面向印度男孩的公学。他担任该校的第二任校长,一直到1966年,才在这个镇子退休。独立非但没有让他的生活变得复杂,反而变得"比以前愉快得多"。尽管印度人从来没让他感到"完全不受欢迎",但现在,他们明确地让他感到"非常受欢迎";他再也不用"相当不舒服地……夹在两个不同的社交世界了"。此外,随着学校声望的提高——省督和将军作为嘉宾来参加校庆日,他感到很自豪,学校现在"正在这个国家的生活中发挥更重要的作用"[74]。另一名坚信学校重要性的教师是杰弗里·朗兰少校（Major Geoffrey Langland），他曾在拉合尔的艾奇逊学院（Aitchison College）任教，后来在兴都库什（Hindu Kush）高地的吉德拉尔（Chitral）开办了自己的学校。2013 年，95 岁的他终于从校长的职位上退休，但他对朗兰学院（Langland College）的占有欲很强，非常抵制他的继任者——一名英国女性的改革，以至于他在两年后复出，并说服内政部（由他以前的一名学生领导）取消了她的签证，结束了这场"政变"。直到省督们和其他工作人员发起抗议之后，他才做出让步，允许她恢复校长的职位。[75]2017 年 10 月，伊丽莎白女王向他的百岁生日表示热烈祝贺，而 99 年前，他的父亲在第一次世界大战结束时死于流感大流行。

独立并没有给在印度的英国公司带来危机，也没有引发商人大批撤离。没有出现断裂。尽管 1946 年国大党曾威胁要控制银行，并将工业国有化，但该党上台后对资本主义的态度变得更为温和。1950 年代，一些原先的首府城市的商业蓬勃发展，甚至出现了一些新的机会，特别是在巴基斯坦前首府卡拉奇。与战后实行定量配给、由工党执政的英国相比，后殖民时代的印度及其低廉的生活成本对年轻男子更有吸引力，企业吸收了大量这样的年轻人。各种福利也得以保留，包括俱乐部、高尔夫运动、廉价佣人和宽敞的住房。在孟买，你仍然可以去看马赛，或在吉姆卡纳听吉尔伯特和沙利文音乐会，尽管不能再去游艇俱乐部喝酒了——游艇俱乐部在 1949 年失去了酒类牌照，直到 1961 年才恢复。[76]

尽管英国公司在 1950 年代的成功可能有些出人意料，但这种成功没有持续到 1960 年代则不足为奇。1950 年代中期，国大党决定限制管理机构的活动，对其社会和经济实行"社会主义模式"。毕竟，印度是一个贫穷的后殖民国家，其政府认为应该通过国有化、保护主义、计划经济和庞大的官僚机构来解决自身问题。因此，英国人及其企业遭遇了重重打击，包括高税收、外国人工作许可、1966年卢比大幅贬值和1969年取消经营代理商行等。各种形式的英国企业都未能免受这些变化的影响。坎普尔的工厂一家接一家地落入了印度人手中，最后一批英国工厂主于1970年11月离开了印度。种植园主在1950年代曾经繁荣过一阵，但南方的土地改革和各地的政府法规使他们对未来丧失了信心。1962年，蒙纳尔（Munnar）的高地俱乐部（High Range Club）还有足够多的种植园主，可以组成"英格兰队"和"苏格兰队"举行高尔夫锦标赛，但其中的大多数很快就离开了。[77] 1970年，亚当·黑尔（Adam Hare）在锡莱特（Sylhet）管理茶叶种植园长达32年之后退休，锡莱特当时还是东巴基斯坦，但很快将成为孟加拉国。然而，退休并不总是意味着返回英国。在锡莱特县的一片小墓地里，有1976年去世的邓迪种植园主塔姆·阿瑟（Tam Arthur）、早他一年去世的岳母和1983年去世的儿子的墓。[78]

根据英国高级专员公署（British High Commission）的数据，在印英国居民的数量在随后的二十年连续减半，从1951年的28000人减少到了十年后的14000人，到1971年已降至约6500人，当然，这些数字应该只包括那些在高级专员公署登记了的人。[79] 1947年之前就在印度居住的"留守人士"的数量，从1970年代开始迅速（成比例）下降，主要原因是老龄化和死亡。21世纪初，休·珀塞尔（Hugh Purcell）去印度采访报道了他们当中最后一批在世的人。毫无疑问，他找到了像鲍勃·

赖特（Bob Wright）这样的"怪人"和"传奇人物"。鲍勃·赖特曾被《印度斯坦时报》（*Hindustan Times*）描述为"继特蕾莎修女之后加尔各答最有影响力的人物"，他是一名经营慈善机构的货箱瓦拉，是在孟加拉的英国人的代表，并拯救了"蜡烛油俱乐部"，使其免于倒闭。[80]他的妻子安妮（Anne）在后殖民时代开创了自己的事业，成为一名积极的自然资源保护者和世界自然基金会（World Wide Fund For Nature）印度分会的受托人。

珀塞尔搬到了孟买，去"游艇俱乐部"见了弗兰克·考特尼少校（Major Frank Courtney），后者于1935年随皇家燧发枪团来到印度，在第二次世界大战中，曾在中东与印度第四师作战，然后留在了印度，在电台工作。尽管他在汉普郡有一栋房子，女儿在摩纳哥，但这名少校更喜欢住在孟买，因为他觉得印度人更照顾老年人。另一个家在英国却留在了孟买的人是格雷厄姆·图莱特中校（Graham Tullet），他比较年轻，并不是留守者，但他于2004年当选为"游艇俱乐部"主席，尽管除了他自己、考特尼和另一个人之外，该俱乐部现在的1200名会员全是印度人。图莱特在英国的家位于萨默塞特郡，在猎狐季节，他经常在周五晚上到游艇俱乐部的海豚酒吧喝酒，乘凌晨1点起飞的荷兰航空公司航班飞往阿姆斯特丹，然后从荷兰飞往布里斯托尔，回到家正好赶上吃早餐——因为有五个半小时的时差，几个小时后再骑马去打猎。[81]

在印度独立后，保罗·斯科特笔下虚构的上校"塔斯克"·斯莫利在孟买的一家英国公司"谋了一份商业工作"，十五年后，他和妻子露西退休后来到一个避暑地。1947年，对人到中年又需要一份工作的男性来说，这种模式非常普遍。处于退休年龄的夫妇——以及任何年龄段的寡妇——则大多会直奔山里。在落户避暑地之前,希望留在印度的寡妇此前一直生活在平原地区或气候更宜人的班加罗尔。我们已经认识的约翰逊夫人,就在加尔各答安享晚年。一代人之后的汉娜·埃勒顿夫人(Mrs Hannah Ellerton)也是这样,她和"约翰逊夫人"一样,比几任丈夫都长寿,成为社会上的母系人物,85 岁才去世。[82]

很多女性靠经营寄宿公寓、将家里的房间出租给房客或"临时住宿者",来补充自己的遗孀养老金。从 19 世纪中叶起,她们就经常去避暑地,但也有些人会去克什米尔,那里的人不友好地称她们为"牦牛",因为她们穿着"当地生产的蓬松毛皮大衣"。[83] 这些女士中有一些很难对付的太太,对房客非常挑剔。其中一人是贝特曼-尚潘少校(Major Bateman-Champain)的遗孀,在兰斯当避暑地很长一段时间都是社会领袖,在那里,她被公认为"传统习俗自封的守护者";没有人质疑她被在场的高级军官护送到当地军人联谊餐厅[第三廓尔喀团(the 3rd Gurkhas)]用餐的权利。贝特曼-尚潘夫人被称为"菲泽夫人"(Mrs Fizzer),她把自己平房里的房间租给了一两名"钓鱼协会"成员,还专门为其牵线,计划在她们与其一起居住时,将她们嫁出去,通常介绍给团里的军官。她是"如此老道",以至于在约翰·莫里斯在廓尔喀团任职的那几年里,"姑娘们没有一个失手的"。[84]

留守下来的英国人在很多避暑地建立了小型聚居区,包括西姆拉、西隆、奈尼达尔、古尔马尔格和大吉岭等。有些人喜欢隐居到德拉敦,那里的气候很适合园艺,天气太热时,还喜欢北上,去附近的马苏里。但最受欢迎的退休民站是尼尔吉里斯,那里从来不下雪。1920 年代初,一群被称为"古努尔八旬老人"（Coonor Octogenarians）的退休官员和货箱瓦拉，出了名地"打得一手好羽毛球……并且随时准备来平原地区应急或补缺"。[85]然而，就算是古努尔和科代卡纳尔这样的胜地，在人们心中也无法与乌蒂相提并论。自19世纪中叶以来，这个南方的夏都已吸引了形形色色的人，有养老金领取者、军人、种植园主、官员、神职人员和寡妇。一名林业官员在那里养老，死后，应他的要求，将他葬在他种在附近的一片柚木林中。[86]乌蒂的葬礼通常是小型乡村仪式，但也可以隆重得多。1893年，詹姆斯·沙勒迈恩·多默将军（General Sir James Charlemagne Dormer）在那里去世时，遗体被安放在他的宅邸供人瞻仰，送葬队伍前往教堂与主教会面时，一路上伴随着礼炮，苏格兰皇家乐队还演奏《死亡进行曲》；棺材后面跟着将军最心爱的马，"全副武装，靴子倒放在马镫上"——这是军人葬礼上的一个习俗，意思是逝者将不再骑马。[87]

乌蒂曾有一个退休人员聚居区，大约有100户人家。独立后，其中一些人回了英国，但觉得这是一个错误，所以又返回了乌蒂，在接下来的20年里，更多的人要么离开，要么故去。1966年，莫莉·潘特-唐斯（Molly Panter-Downes）到乌蒂拜访时，得知这个小镇还有"大约30户家庭"，但她很快意识到这些"家庭"中，有相当一部分只有一个人而已。那里没有年轻人，也没有孩子，除了古努尔附近茶叶种植园的一些人，他们每个星期天都来俱乐部喝茶。也几乎没有人经营企业，除了退休茶农的妻子卡特夫人（Mrs Carter），她用尼尔吉里牧场的牛所产的奶制作农家奶酪。[88]

乌蒂的留守英国人社区在1947年后可能仍活跃了几年，打网球，去俱乐部，"像往常一样继续生活"。但不久之后，它就变成了一个令人悲伤的地方,主要居民都是孤寡老人、无处可去的人、靠着日益微薄的小额养老金苦苦挣扎的男男女女。一些人似乎只有靠严格遵守每日作息,才能生存下去,哪怕一点点偏差,都会让他们不知所措,甚至可能会崩溃。潘特-唐斯所住的旅店里唯一的长期居民凯瑟琳·迈尔斯小姐(Miss Kathleen Myers),是马德拉斯圣玛丽学院(St Mary's College)的前校长,她退休后来到了乌蒂,当时担任尼尔吉里图书馆(Nilgiri Library)——一座哥特式红砖建筑——的"名誉秘书"。迈尔斯小姐的生活非常规律,她的同事很快就知道她一定会在什么时间叠好餐巾,什么时间开车去图书馆,什么时间去"健身散步"或者穿着花呢套装去打桥牌。周二、周四和周六,她会在五点半准时走进俱乐部,与俱乐部秘书和另外两名女士打桥牌;周一和周三,她在印度联合俱乐部(Indian Union Club)打桥牌;周五,她在那里参加文化圈的会议,要么听讲座,要么听留声机唱片。星期天没有一成不变的安排,但迈尔斯小姐经常去会议室看"一些美国垃圾"[89]。这样的作息安排就是为了对抗孤独。

著名作家兼记者库什万特·辛格(Khushwant Singh)回忆说,他在印度认识三类英国人:第一类不喜欢这个国家,不喜欢它的土壤、气候和气味,尤其不喜欢印度人;第二类喜欢印度,因为在这里他们可以享受很多东西——运动、仆人和生活水平,但他们不关心印度人;第三类"喜欢印度的一切,他们远离种族主义俱乐部,不遗余力地与印度人交朋友,回到英国后仍与他们保持联系",其中的一些人还支持"自由运动,并在印度获得独立后仍留在印度"。最后这群人可能人数最少,却不容忽视:库什万特·辛格承认,他"很幸运,认识了不少这类人"。[90]

我们发现了很多这样的例子,即有些人在印度职业生涯中决定退休后不回英国:印度现在是他们的家。但有一小部分人是在回到英国后,才意识到印度才是他们的家。其中一人就是T. R. 贝尔(T. R. Bell),他于1880年代前往印度,在孟买管区的林区工作,后来担任首席森林保护官,并投身于对鳞翅目昆虫的热爱之中。退休后,他将自己收藏的蝴蝶标本捐赠给了伦敦自然历史博物馆,并在那里工作,人们可能会认为,这份工作对退休人士来说再理想不过了。但事实上,贝尔无法忍受伦敦或英格兰,他逃回了鳞翅目昆虫的天堂加尔瓦尔,于1948年在那里去世。[91]比贝尔年轻几岁的文官洛夫特斯·托特纳姆(Loftus Tottenham),则一直在印度南方工作。根据杜维廉的说法,他非常偏爱马拉雅利女性,"据说沿着西海岸都留下了后代"。[92]不管这一说法是真是假,他的确是一名能干且富有同情心的文官。根据杜维廉的记录,对托特纳姆来说,德文郡的退休生活是一种"折磨",尽管他的姐妹们还在佩恩顿给他准备了一处住所,并更名为"有阁楼的房屋"(Lofthouse)。所以他回到了印度,当了布杜戈代土邦(Pudukottai)的迪万(Diwan),即首席大臣。1946年,他在那里去世了,还给当地穷人留下了一笔钱,让他们每年在自己的祭日设宴饱餐一顿。但他的教子斯蒂芬·埃杰顿爵士(Sir Stephen Egerton)说,这些钱被执行人一家瓜分了,很快就消耗殆尽。[93]

库什万特·辛格所说的第三类英国人,早在他出生前一个多世纪就有了,比如"印度人斯图尔特"(Hindoo Stuart)和威廉·加德纳。在他们之后,这类人可能不久就濒临绝迹,但在两次世界大战之间得以存续、复兴和壮大。1947年以后,他们再也不受任何威胁。摆脱了帝国的束缚之后，这些英国人可以享受、欣赏印度，而无需为自己的存在而感到愧疚。记者约翰·格里格（John Grigg）继承了他父亲的头衔（奥特林厄姆男爵，Baron Altrincham），可以成为国大党主要政客的朋友，这是他的祖父哈里（Harry）（印度文官机构官员，曾担任特拉凡哥尔和科钦的驻扎官）或父亲爱德华（Edward）（政治家，曾担任孟加拉省督）绝对做不到的。印度方面也相应地松了一口气：即使是后殖民时代的历史学家，无论对英属印度持何种批评态度，也很少在个人层面上表现出仇英态度。友谊和爱情现在可以在平等的基础上自然发生了，也确实发生了，双方的反对意见都迅速减少。随着人们从偏见中解脱出来，情感开始得到解放，并蓬勃发展。澳大利亚记者菲利普·奈特利（Philip Knightley）于1960年前往印度，与一名印度妇女结了婚，觉得"印度的一切尝起来、闻起来、触摸起来都更好了，因为印度人的生活方式令人的感官更加活跃"。[94]

任何人、任何群体、任何年龄，都不能代表在印英国人，他们的存在从伊丽莎白一世女王统治时期开始，并于伊丽莎白二世女王统治之前（至少在官方层面）到达顶峰。不管怎样，这本书主要讲述的是个体，而印度是个人主义发展的沃土。这里也是怪人辈出之地，所以在最后，我要讲一位非常英国化、非常亲印度而强烈反对英属印度统治的人物。

伊顿公学的马克思主义者和科学家J. B. S. 霍尔丹（J. B. S. Haldane）在第一次世界大战中受了两次伤，后来去了印度疗养。他热爱这个国家，吃街边小吃，喝生水，但他决定，如果不能"与印度人平等相处"，就不再回到那里。35年后，他已经是一名非常著名且多才多艺的生物学家,他回到了印度;1957 年,他和妻子海伦·斯珀韦(Helen Spurway)(也是一名生物学家)决定移居印度,到加尔各答的一个研究所工作。①很快,他开始学习梵语,穿印度服装,成为一名素食主义者,提倡"非暴力生物学研究"(即在试验中不杀生),并希望"甘地主义能够在英国得到积极的宣扬和实践"。

霍尔丹从政治、科学和个人等几方面解释了他移居印度的原因。在政治方面,他认为印度为"促进世界和平所作的贡献不比其他国家少",并且觉得贾瓦哈拉尔·尼赫鲁作为一名政治家,比任何英国领导人都更具有同情心。在科学方面,他认为,当西方沉迷于科技时,印度动植物的多样性为野外工作和更人性化的生物学提供了新的机遇。至于个人方面,这是最容易解释的。他已在牛津大学、剑桥大学和伦敦大学工作了 30年,现在,他需要一个更宜人的环境,来享受退休生活,好好放松。最重要的是,他想少穿些衣服:"穿了六十年袜子,已经够久了"。[95]

---

① 1962 年,已经拥有印度公民身份的霍尔丹夫妇搬到了奥里萨省,他于两年后去世,享年 72 岁。海伦留了下来,在阿迪拉巴德(Adilabad)的丛林里做研究时染上了狂犬病,于 1978 年去世。

后　记

小说家克里斯托弗·伊舍伍德（Christopher Isherwood）在他的《再见柏林》（*Goodbye to Berlin*）一书的扉页写道："我是一台按下快门的相机。"在他写作的时候，那台相机正"记录"着一个男人在窗前刮胡子，一个穿着宽松睡袍的女人在洗头发。在本书中，我也试着成为一台按下快门的相机，但并不是伊舍伍德所说的那种"被动［且］不加思考"的机器，而是一台这样的相机：书页中的男男女女走到镜头前，说出他们的台词，在舞台上走来走去，而我不做太多指导。我并没有试图提出一个主题思想或一个具体的观点：这本书是一部社会史而非政治史，它关注的是个体，而不是制度。然而，由于"在印英国人"是一个有争议的话题，我还是应该在结尾作一些反思。

英国人去印度出于许多不同的原因，并且在印度做了非常不同的事情。有些人是为了赚钱——这和所有地方的商人一样；不过，也有一些人本着利他主义精神，尽其所能改变世界——一个在当时还没有联合国各机构和世界卫生组织的世界。

帝国主义通常意味着一个民族对另一个民族的征服和剥削，这一过程肯定会有死亡和不公，但这并不意味着在其三千年的历史中没有做过任何客观效果为积极的事情，也不意味着帝国主义者都是坏人，尽管我们这个时代的确有很多杰出的知识分子和学者持这样的看法。其中一人就是已故的爱德华·萨义德（Edward Said）。我认识他，喜欢他，也钦佩他——尽管当他写历史时就不那么喜欢他了,因为这时他会变得教条主义,喜欢一概而论,而不是一个用研究来决定论点的学者。他坚持认为爱尔兰人永远不可能成为英国人,就像柬埔寨人永远不可能成为法国人一样[1],从本书中的一些爱尔兰人身上,我们能看出这个观点是不成立的,他们认为同时身为爱尔兰民族主义者和英帝国主义者并不矛盾。与印度更相关的是:他断言19世纪所有写过东方的"欧洲人"都是"种族主义者和帝国主义者,而且几乎都是彻头彻尾的民族中心主义者"[2]。

这样的观点——以及萨义德众多追随者的观点——不仅独断笼统,而且从根本上讲是反历史的,是以现在的时代精神和道德观评判过去。如果鼓吹这些观点的人多花些时间研究档案,可能会发现在印度的爱尔兰人真的很像英国人,还会从那些描写印度的英国人当中,找到不是种族主义者和帝国主义者的英国人。而且,即便有些英国人同时具备了这两种特征——这在当时很常见,从人性的角度来说,他们可能也不是邪恶之人。

动机的复杂性是贯穿本书的一个主题。英国人可能是帝国主义者,但他们在做出行动决定时,对于宗教、情感或其他因素的考量可能会超过帝国主义。或者,他们可能会承认,各种动机综合到了一起,才促使他们那样行事。1911年,文官詹姆斯·麦肯纳(James Mackenna)在他的论文《犀牛甲虫……及其对缅甸的破坏》("The Rhinoceros Beetle ... and Its Ravages in Burma")中写道,他希望这项工作能让自己感到满意,能对印度政府有用,能对缅甸人民有所帮助。对前往印度的英国年轻人来说,贪婪和探险是显而易见的动机。利他主义在很大程度上已经被遗忘了,但也被很好地记录下来,不仅出现在试图为自己的职业辩护的老年人的回忆录中,也出现在年轻的男男女女的信件和日记中——描述的是他们当时从事的工作，以及他们对工作所抱有的热情和理想主义。

英国驻印官员经常怀着文化优越感和西方基督徒对印度教、印度传统及其追随者的蔑视，来推行改革。在对待印度人民以及当地习俗、情感的态度上，他们常常麻木不仁。但是，他们的确渴望改变其中的一些习俗：反对杀害女婴，废除焚烧寡妇，阻止纳加部落的男子剥其他部落的妇女和儿童的头皮作为凯旋战利品——难道真的错了吗？如果今天某个非政府组织在偏远地区做了这样的事情，我们难道不会拍手称快吗？

辩护者过去常说英国人"给予"（gave）了印度人这个，"教会"（taught）了他们那个，常常指的是板球、自由主义、教育、英语、文官制度、法治（及其高质量的法律），甚至于议会民主制度。尽管有些动词并不那么恰当，但将"遗留"（bequeathed）这个词用于其中的两个例子还是合理的，因为英属印度的继承国在独立后几乎全盘采用了英国的法典和文官制度。苏尼尔·基尔纳尼（Sunil Khilnani）写道，"民主［不是］即将离去的英国人所赠与的礼物"，但"国家的概念"是，"代议制政治原则"也是，这个观点很有道理。[3]印度人可能没有收到太多的"礼物"，但他们选择使用英国人的方式和制度来改变自己的生活，创建和塑造自己的新国家。正如印度社会学家安德烈·贝泰耶（André Béteille）所写的，英属印度时期建立的大学"为一个数百年来一直处于保守和等级制度的社会，开辟了思想和制度上的新视野"；这些"开放的和世俗的机构"最终让印度人质疑"古老的性别和种姓限制"等问题。[4]

英国人并没有"教会"印度人何为自由主义——自由主义在印度已有悠久的传统，尽管时断时续；但在19世纪，英国人在法律、教育和英语问题上做出的某些决定,使得印度版的自由主义几乎不可避免地在印度次大陆推行开来。正如历史学家C. A. 贝利(C. A. Bayly)所说的:"英国通过中小学校、大学、报纸和殖民法庭将自由主义制度化了,帮助它在印度生根发芽,从而使整整一代印度人的思想转变为着眼于自己的未来,从而造就了今天印度的民主制度。"[5]国大党早期的著名领导人戈帕尔·克里希纳·戈卡莱(Gopal Krishna Gokhale)就是在孟买的埃尔芬斯顿学院(Elphinstone College)接受教育后,成为一名自由主义者的。莫罕达斯·甘地的观点在很大程度上也要归功于英国制度的影响,包括他在伦敦内殿律师学院(Inner Temple)度过的岁月、他对于英国法律的了解,以及他与英国自由主义者的友谊。贾瓦哈拉尔·尼赫鲁在政治信念和世俗民主实践方面都是一名自由主义者,他曾就读于哈罗公学和剑桥大学。他和他的同仁们推动印度民族主义的发展,并开创了一种独特罕见的现象,一场本质上属于自由主义的革命:不是共产主义的,不是法西斯主义的,不是军事的,甚至不是英国式的,而是印度式的自由主义革命。

近半个世纪以来,我常常访问印度,从未就英印统治的性质发生过争执,几乎连争论也没有过。我也曾在欧洲和亚洲的其他几个国家工作过,但我发现没有一个国家比印度更容易建立起亲密而持久的友谊。关于今天英国和印度之间的关系,印度历史学家拉马钱德拉·古哈写道,这种关系当然是政治和经济上的关系,但同时也是社会和文化上的关系,以及情感上的联系,他还补充说,"在所有前殖民地和昔日宗主国之间的关系中,这一对关系是最不剑拔弩张的"。毫无疑问,其主要原因是印度人宽宏大量,但另一个原因可能是,英国在印度并不总像它的批评者（特别是那些本土批评者）所说的那样恶劣。我意识到在这个问题上达成共识的希望微乎其微，但我所见过的最好的尝试，是一名印度经济学家在 2005 年获得牛津大学荣誉学位时所作的努力。他的名字叫曼莫汉·辛格（Manmohan Singh），时任印度总理。

今天，得益于时间的推移和后知之明所带来的平衡和客观的视角，一位印度总理才可能宣称：印度与英国打交道的经历也产生了一些有益的结果。我们的法治、宪政、新闻自由、专业文官制度、现代大学和研究实验室的理念，都是在古老的印度文明与当时主宰世界的帝国相遇的熔炉中形成的。我们今天依然重视和珍惜这些元素。我们的司法体系、法律体系、政府机构和警察部门，都源于英属印度时期的行政管理体系，长期以来为国家的发展和社会的稳定作出了贡献。

印度及英印词汇表，外加一些在印度语境中使用的英语单词

ayah – an Indian nanny or nursemaid
baba, baba log – child, child folk
babu – usually employed as a pejorative term for a semi-anglicized Hindu clerk
batta – an allowance for military officers on campaign
bearer – a valet, senior male servant
begum – a Muslim princess, a female ruler of an Indian state
boxwallah – a pedlar in Hindustani, later used to describe a British merchant or businessman
burra memsahib – the wife of a senior officer or official
burra peg – a large measure of alcohol, usually brandy or whisky
cantonment – a military station
chaprasi – a messenger or errand boy
charpoy – a string bed
chee-chee (or *chi-chi*) – disparaging term for the way Eurasians (later called Anglo-Indians) spoke English
chota hazri – a light and very early breakfast
chota peg – a single measure of alcohol, usually brandy or whisky
chowkidar – a night watchman or village policeman
chummery – a house shared by bachelors
Civilian – a member of the Indian Civil Service (ICS)
collector – a revenue officer, chief civil servant in a district
cutchery – a court house, sometimes a magistrate's office
dais – an hereditary midwife in rural India (now known as 'traditional birth attendant')
dak bungalow – a rest-house for officers and other travellers maintained by the Indian government
dandy – a sort of hammock on a pole carried by dandy wallahs
darzi – a tailor
Factor – a fairly junior civil servant in the East India Company
fakir – usually used to describe an ascetic, semi-naked Hindu devotee

furlough – (from the Dutch *verlof*) long leave, usually first taken after eight years' service in India
ghazi – a Muslim warrior or 'fanatic'
griffin – a newcomer in his first year in India
Hills (the) – generic British name for the Indian uplands
hookah-burdar – a servant in charge of his master's pipe, or hookah
jampan – a sort of sedan chair carried by two pairs of porters, or jampannies
jezail – long-barrelled Afghan musket
jheel – a swamp
jirga – a council of tribal elders in north-western India
khansama – a butler, steward, sometimes cook
khitmutgar – a senior servant who waits at table
maharani – the wife of a maharaja
maidan – an open space in the centre of a town
mali – a gardener
mofussil – rural areas, 'up country'
munshi – a teacher or secretary
nabob – term for an eighteenth-century Briton who had made a fortune in India
nawab – a Muslim nobleman or ruler
palanquin – a covered litter, carried by porters, often used for long journeys
patel – a village headman
patwari – a village accountant and registrar
Plains (the) – generic British name for lowland India
Political – a member of the Indian Political Service (IPS)
punkah – a large cloth fan attached to the ceiling
punkah wallah – the Indian who pulls the rope of the punkah
purdah – the curtain screening women from the sight of male strangers
purdah nashin – a woman who is secluded 'behind the curtain'
raga – the melodic base of Indian classical music
rani – the wife of a raja
Resident – a senior member of the Indian Political Service stationed in a princely state
ryot – a peasant cultivator
sepoy – an Indian soldier in the ranks of the East India Company and later of the Indian Army
shikar – the pursuit of 'game' (e.g. hunting, shooting and fishing)
shikari – a hunter or a hunting guide
sola topi – a lightweight pith hat or sun helmet
sowar – trooper in the Indian Army cavalry
sweeper – the most menial of servants, a cleaner of lavatories
syce – a groom
tahsildar – a revenue officer in charge of a tahsil

tiffin – a midday snack or light early lunch
tonga – a light two-wheeled carriage, usually drawn by ponies
Vedas – the ancient, sacred Hindu books
Writer – a junior civil servant of the East India Company
zemindar – a large landowner and rent collector in Bengal
zenana – the area in a household where women were kept secluded

注 释

引 言

1. BBC One, 2 October 2014 2. Matthews, 7 3. Dewey (1993), 14–16 4. Cobb, 17

第一章 人数

1. Kebbel, 529–34 2. Gilmour (1994), 363 3. Naipaul, 8, 18 4. John Strachey, 390 5. Hunter, 6; letter to *The Times*, 4 January 1878, quoted in Philips, 392; Pottinger, 192 6. From the introduction to Saumarez Smith, xii 7. Randolph Churchill, 332 8. Article by Brendan Lennard, published in Hobart (Tasmania) in 2015, inserted into the obituaries volumes in the OIOC 9. Davenport-Hines, 67–9 10. Philips, 219 11. Spear (1998), 11, 29; Keay (1993), 277–8 12. Marshall (1976), 180; Bayly (1991), 186; Yalland (1987), 70 13. Renford, 11, 15 14. *Census of India 1901*, vol. 1, 93 15. Panckridge and Macalpine, 80 16. McCrae and Friends, 36 17. Griffiths, 189–91 18. Unpublished memoir in Viola Bayley Papers

第二章 动机

1. Devine, 335 2. *South Park Street Cemetery*, 15 3. Clive Williams, 189–95 4. Hickey, vol. 3, 328, 350 5. Hickey, vol. 3, 244 6. Hickey, vol. 3, 155 7. Hickey, vol. 1, 130, 237; Hickey, vol. 3, 210; Hickey, vol. 2, 199–200 8. Tomalin, 282–7, 306–7, 313–14 9. Hansen, 15–16 10. McCrae and Friends, 93 11. Walter Lawrence, 117–18 12. Monk Papers; Morgan, *passim* 13. Postle, 29–31, 34–7, 40–41, 125–7, 138 14. Margaret Verney, 50, 57–8 15. Grierson, vol. 6, 489 16. Devine, 252 17. Dewey (1993), 106 18. Obituary, *Daily Telegraph*, 13 November 1996; see also McCrae and Friends, *passim* 19. Campbell, vol. 1, 2 20. Rothschild, 18–22 21. Lindsay, vol. 2, 202 22. Yalland (1994), 98, 124 23. Lawson (1905), 28 24. Lawson (1905), 30–31 25. Speech in the House of Lords, 22 January 1770 26. Jane Austen to Cassandra Austen, 18 April

1811   27. Rothschild, 46–7   28. Hickey, vol. 3, 236–7   29. Marshall (1976), 209   30. See EIC annual lists for the 1820s   31. Hickey, vol. 3, 156   32. Marshall (1976), 202   33. Combermere and Knollys, 215–16   34. Llewellyn-Jones (1985), 51, 66, 69, 80–83, 143, 163–5   35. Jacquemont, 72   36. Jacquemont, 10   37. Robertson, 15–16   38. See *Tribune*, 7 June 1898   39. Martin, 607   40. Symonds (1991), 46   41. Buchan, 93   42. Hunt and Harrison, 7   43. Ex-Civilian, 281   44. Interview with Martin Fearn in Edinburgh, 6 June 2006   45. Unpublished memoir, Hubback Papers   46. Beames, 233   47. Christie, 20–21   48. Macleod, 158   49. Jeffrey Cox, 34–7   50. Pinney (1990), 75   51. Gandhi, 46   52. Quoted in Moon (1989), 368   53. Macduff, 57–8; Fitzgerald, 12–21; Jeffrey Cox, 54   54. Farrington (1988), 182   55. Unpublished memoir, Welch Papers   56. Tyndale-Biscoe (1951), 22, 44–5   57. Bellew, 6–8   58. Dunsterville, 13–14; article in *The Times*, 27 August 2002; Prendergast, 36–7   59. Christie, 7, 17; Halliday, 9–10; *Indo-British Review*, vol. XXII, no. 2, 5; Humphrey Trevelyan, 10   60. Unpublished memoir, Shortt Papers; Tydd, 1; *Daily Telegraph*, 2 April 1988   61. Notes in Campbell and Shuttleworth Papers   62. Battye (1984), 210, 235   63. Draft memoir, in Bailey Papers   64. Note in Rice Papers   65. Rivett-Carnac, 12–13; Lyall to sister, 5 October 1882, Lyall Papers   66. Temple, vol. 1, 46; Elsmie, 55   67. Philip Williams, 3–5, 22   68. Unpublished memoir by A. G. N. Verity   69. John Morris, *passim*   70. R. C. B. Bristow, 18   71. *Chowkidar*, autumn 2007, 95; *FIBIS*, autumn 2013, 3; Wilkinson, 143; unpublished memoir in Meneaud-Lissenburg Papers   72. Information from Hugh Thomas   73. Andrew Roberts, 60   74. Bellasis, *passim*   75. Mount, 16–17   76. Baylis, 25–6   77. E. C. Cox, *passim*   78. C. A . Kincaid, 15; Woodruff, *The Guardians*, 220; Symonds (1991), 193   79. Hook, *passim*; obituary in *The Times*, 17 September 1990   80. *FIBIS*, spring 2016, 49–50   81. Drafts of memoir in Caroe Papers   82. Obituary in *Daily Telegraph*, 2 January 1989   83. Stevenson-Hamilton, 13   84. Birdwood (1941), 36; Dunsterville, 66–7   85. Ian Hamilton, 23   86. Charles Allen (1976), 36; Philip Mason (1978), 31   87. *Indo-British Review*, vol. XXII, no. 2, 138; Pearce, 2; Herbert Thompson, 39; *Indo-British Review*, vol. XXIII, no. 1, 27; Zinkin, 1   88. Currie, 113   89. Vickers, 5–7   90. Unpublished memoir, Porter Papers; Masters, 144   91. Philip Mason (1978), 68; Stevenson-Hamilton, 27   92. Unpublished memoir, Bradfield Papers   93. Robinson, 141–2   94. C. A. Kincaid, 36–7   95. Chazal, 1   96. Diary in Fryer Papers   97. Hansen, 1–2   98. Jennifer Ellis, 40   99. Diver, 11   100. Green Papers; unpublished memoir in Hardy Papers   101. Kaye (1997), 93   102. Renton, 149   103. Gailey, 329   104. Information from Ben Watson   105. *FIBIS*, spring 2016, 11–17   106. Hickey, vol. 3, 320; Hickey, vol. 4, 114   107. Unpublished memoir, Bowring Papers   108. Robb (*Sentiment* ...), note on 236   109. Mount, 230–32   110. Dalrymple (2002), 372n; Hilton Brown (1954), 62   111. Falkland, 94–5   112. Beveridge, 213   113. John Morris, 94   114. Gailey, 268–70   115. Jeffrey Cox, 5, 18   116. Lind, 58   117. Obituary in *Daily Telegraph*, 7 August 1991   118. Obituary in *The Times*, 9 December 1983   119. Yalland (1994), 390; Lind, 54–8   120. Maisie Wright, v, 12, 46, 52   121. Webb, 85   122. Maisie Wright, 41   123. Barr (1989), 129–32, 143–8   124. Beveridge, 213   125. 'Letters from a Governess' (Naida Tierney), BBC radio broadcast, n.d.   126. Barr (1989), 42   127. 'Barmaids in Calcutta', Curzon Papers, F111/280; Ballhatchett, 137–40   128. L/PJ/6/311 file 2082, APAC

第三章　家族渊源与身份认同

1. Cohn, 435   2. Unpublished memoir in Meneaud-Lissenburg Papers; Beyts obituaries in *Daily Telegraph*, 12 December 1997 and 22 March 2001   3. Collett, 3–9, 45   4. Ashby and Whately, vii, 6, 19, 141, 153, 297, 311, 380, 386   5. Unpublished ms by Archibald Macnab in Macnabb Papers   6. Obituary in *Daily Telegraph*, 29 November 1997   7. See family notes in Glasfurd Papers   8. 'The Exiles' Line'   9. Holroyd, vol. 1, 29–30   10. Caine, 101   11. Holroyd, vol. 1, 13, 140–41, 228–35   12. Unpublished ms by Archibald Macnab in Macnabb Papers   13. George Birdwood, 9   14. Campbell, vol. 1, 8; Beames, 60; George Birdwood, 9   15. Campbell, vol. 1, 8   16. *Genealogists' Magazine*, vol. 6, 1932–3   17. Dewey (1991), *passim*   18. Dewey (1973), 269; Moore (1966), 90; Symonds (1966), 44   19. Compton, 281–2; Spangenberg, 19, 153   20. Dewey (1993), 163   21. Buettner, 178   22. *India Office List*, 1886   23. *India Office List* 1938; information from Anne Chisholm and the late Martin Fearn ICS; memo in Maynard Papers; Sifton to father, 18 October 1904, Sifton Papers; Dewey (1993), 203   24. See article by Ian Baxter in *FIBIS*, autumn 2013, 23–5; note in Shuttleworth Papers   25. Currie, 15, 113   26. See article by Joan Harris in *FIBIS*, autumn 2015, 18–28   27. Longford (1969), 322   28. John Fraser, 75   29. Wisdom and Hall, 35–57 *passim*; *Norman Wisdom*, a documentary directed and produced by Sally Norris, BBC Productions, 2008   30. Richards, 82; unpublished memoir, Clemens Papers   31. Gilmour (2002), 4   32. Currie, 15, 17   33. Walton, 22; L. Fleming, vol. 1, 117; Tydd, 103   34. Ashby and Whateley, 19   35. Coles, 1   36. 'Miss Youghal's Sais'   37. Coote, 253   38. Harrison, 27–35   39. Berkeley-Hill, 78–80   40. Purcell, 48–50   41. Furbank, vol. 1, 215   42. Panckridge and Macalpine, 52–3, 64   43. Hilton Brown (1954), 156   44. Yalland (1987), 57; Lovatt and de Jong, 15–17, 107–9   45. Slater, 39, 235, 254–5   46. Yalland (1987), 104–5, 228   47. Cook, 515   48. See articles by his granddaughter, Joy Rathbone, in the *Evening Echo*, January and February 1982   49. Brasted, 590   50. Cook, 518–19; Brasted, 398   51. Cook, 518   52. Butler to Francis Scott, 26 June and 21 December 1920, Scott Papers   53. Unpublished memoir in Clough Papers   54. Copley, 165–6   55. R. C. B. Bristow, 68   56. Norris (1996), 99–100   57. Fry, 207–8; J. Muir, 25–7   58. Unpublished memoir by Monica Clough in Clough Papers   59. Fry, 431   60. Powell, 21–7   61. Loch, *passim*   62.

Devine, 260   63. May, *passim*   64. Piggin, 103   65. Jeffrey Cox, 235–6   66. Wilkinson, 58; Hickey, vol. 3, 171   67. Evan Cotton, 181–5   68. Campbell to Northbrook, 29 July 1873, Northbrook Papers   69. Pakenham, 20, 22   70. Rotary Club of Kodaikanal, 71; *Hindu*, 27 October 2012   71. Sengoopta, 73–92 *passim*   72. Hardinge to Erskine, 15 May 1934, Erskine Papers   73. Hope to Erskine, undated but spring 1939, Erskine Papers   74. Walter Lawrence diary 1900, Lawrence Papers; correspondence between Curzon and Hamilton, 1901, Curzon Papers   75. Curzon to Hamilton, 26 August 1903, Curzon Papers   76. Correspondence between Curzon and Hamilton, 1903, Curzon Papers   77. Jowett's speech at banquet in honour of Landsdowne, 1888, Jowett Papers; Asquith, 187   78. Wenlock to Elgin, 6 June 1994, Elgin Papers   79. Billy Gladstone to Elgin, 4 June 1894, Elgin Papers   80. Minto, 318

第四章　帝国的学徒们

1. Danvers, 90   2. 'Languages of India' from the Statistical Office of East India House, 1852   3. Beames, 63   4. Unpublished ms, Bowring Papers; Campbell (1852), 265   5. Grant to mother, March 1856, Charles Grant Papers   6. Beames, 64–7   7. Beames, 64   8. Avril Powell, 53   9. Dispatch to Northbrook, 24 February 1876, L/PJ/6/24, file 1438, APAC   10. Eardley-Wilmot to Cranbrook, 9 January 1880, L/PJ/6/2, file 53, APAC   11. Instructions for the Guidance of Candidates selected in 1863, file E/355/62, APAC   12. Best, 278   13. Unpublished memoir, Hayward Papers   14. Unpublished memoir, Iris Portal Papers   15. Christie, 20–21; Hatch-Barnwell, 5   16. *Oxford* magazine, 15 February 1893   17. Unpublished memoir, Macnabb Papers; Hallam to Butler, 2 August 1886, Harcourt Butler Papers; unpublished memoir, Hayward Papers   18. Potter, 68–71   19. unpublished memoir, Pearse Papers   20. Beames, 91; Montgomery, 9   21. Unpublished memoir in Hayward Papers; unpublished memoir in Harcourt Butler Papers   22. Griffin, 523   23. Bartle Frere in Hilton Brown (1948), 229   24. Fergusson to Hartington letters, 1881–2, Fergusson Papers   25. Gilmour (2005), 65; Wedderburn, 102   26. Grey and Lawrence correspondence, April 1866, John Lawrence Papers   27. Smith to Pinnell, 4 April 1918, Pinnell Papers   28. Gordon, 72   29. Heathcote (1995), 160; Woodruff, *The Founders*, 283   30. Henry Tyler's unpublished memoir, Tyler Papers   31. Buettner, 178   32. Clay, 18, 33   33. Dunsterville, 57   34. Unpublished memoir of Maurice Henry, Henry Papers   35. Unpublished memoir by B. J. Amies, Amies Papers   36. Macduff, 46–9   37. From *Departmental Ditties and Other Verses*   38. Macduff, 49   39. Norris (2004), 42–3; note in Bruce Papers   40. Nigel Hamilton, 35   41. Wilkinson, 74   42. McDonald, 35–6   43. McDonald, 29   44. Anil Kumar, 127–30   45. Beames, 122–3   46. Unpublished memoir by H. E. Shortt, 7–8, Shortt Papers; Berkeley-Hill, 81–4   47. Unpublished memoir in Shortt Papers, 8

第五章　航行及其他旅程

1. Stephens, 15   2. Log of ship in Ms Eng. Misc. b.22, Bodleian   3. Note in biography files, OIOC   4. Evan Cotton, 174–5   5. Sutton, 27, 85–7; Games, 81; Hickey, vol. 4, 420   6. Evan Cotton, 60   7. Hickey, vol. 4, 458, 461; Bellew, vol. 1, 38–40; Evan Cotton, 54, 180   8. Hickey, vol. 4, 419 and vol. 1, 118, 150   9. Bellasis, 231–3   10. Unpublished memoir by Henry Tyler in Tyler Papers; Parkes, 355   11. Unpublished memoir by Henry Tyler in Tyler Papers   12. Evan Cotton, 137   13. Evan Cotton, 134–7; Hickey, vol. 4, 476–8; Millar, 23–7   14. Keay (1993), 167   15. Labey and Brice, *passim*; see also www.hmsconway.org   16. Evan Cotton, 126–8   17. Beames, 77; Woolf, 12; unpublished memoir by Monica Clough in Clough Papers; Furbank, vol. 1, 223   18. Baylis, 54; Chitty, 1   19. Edith Gubbins to sister, January 1903, Gubbins Papers; Furbank, vol. 1, 223   20. Rowan Hamilton, 1–2   21. Reed, 12; Lord Birdwood, 30; MacPherson, 38; Hill, 12; Baden-Powell (1915), 8–9; M. Butler to Isabel, 15 November 1896, Montagu Butler Papers   22. Fryer diary 1864, Fryer Papers; Thompson diary, Thompson Papers; Prendergast, 39   23. Charles Allen (1976), 42   24. Unpublished notes by Lady Chapman, Chapman Papers   25. Stephens, 130   26. Gilmour (1994), 216–17   27. John Morris, 192–3   28. Randolph Churchill, 394–5   29. Albert Hervey, vol. 1, 12; Fryer diary 1864, Fryer Papers   30. Letters from Madge Green to parents, October 1921, Green Papers; MacPherson, 42–5, 50   31. Unpublished memoir in Hayward Papers; Madge Green to parents, October 1921, Green Papers; unpublished memoir in Swindlehurst Papers   32. McMullan and Wilcox, 63–5   33. Edyth Gubbins to sister, January 1903, Gubbins Papers; Madge Green to parents, October 1921, Green Papers; MacPherson, 44   34. Mills, 15, 123   35. Swindlehurst memoir, Swindlehurst Papers   36. Swindlehurst memoir, Swindlehurst Papers   37. Hickey, vol. 1, 164–6; Albert Hervey, vol. 1, 21, 28   38. Beames, 78   39. Unpublished memoir in Clemens Papers; H. Robinson, 17; Swindlehurst memoir, Swindlehurst Papers   40. Maynard to mother, 24 November 1886, Maynard Papers; Stephens, 133; R. Slater in Hunt and Harrison, 18   41. Parkes, 174–8, 185–6, 284–5   42. Pemble, 133–8   43. Dewey (2014), *passim*   44. White, 38, 46, 77   45. Carritt, 116–18; MacPherson, 161; Christie, 42; Saumarez Smith, 10–31 *passim*   46. Ex-Civilian, vol. 2, 100–101   47. John Strachey (1894), 9   48. Lord Roberts, vol. 1, 13   49. Hickey, vol. 3, 171   50. John Morris, 209   51. Gilmour (1994), 211   52. Darling (1966), 19; Percy and Ridley, 283   53. Currie, 90; William Wright, 100   54. Swindlehurst memoir in Swindlehurst Papers; E. Lorimer to parents, 5 January 1912, Overend Lorimer Papers   55. Kerr, 1–2, 85, 105–7, 117   56. Arnold (1983), 149   57. Kerr, 77–8; Barr (1989), 116–18   58. Westwood, 73–4   59. *Indo-British Review*, vol. xxii, no. 2, 126; Christie, 77; Archer 97; note in Boyes Papers   60. E. C. Cox, 11   61. Rowan Hamilton, 38; unpublished memoir in Mrs B. Bayley Papers; unpublished memoir in Meneaud-Lissenburg Papers   62. Masters, 76   63. Baylis, 62–7; Butler to Isabel, 26 December 1891, Harcourt

Butler Papers   64. Hilton Brown (1954), 276–8; Reid, 123   65. Captain Portal diary, October 1925, Captain Portal Papers; E. Colebrook diary, July 1931, Colebrook Papers; letters from Stanley to Erskine, June 1934, Erskine Papers   66. Baylis, 40; letters from Le Bailly to mother, 1927–8, Le Bailly Papers; Pearce, 463, 480; Crofton, xiii; Fleming, vol. 1, 3   67. Note by Noel Tindal Porter, Porter Papers

第六章 工作生活：内部人员

1. Lovat Fraser, 260   2. Ex-Civilian, vol. 2, 252   3. Maynard lecture in Rawalpindi, 1913, Maynard Papers   4. Christie, 45–6   5. Beames, 223–5   6. Ward to Wyndham, 15 September 1903, Ward Papers   7. Pearce, 245–6   8. Sifton to father, 21 May 1903, Sifton Papers   9. Beames, 122   10. Arnold (1993), 208-29, *passim*; Gilmour (2005), 208–10   11. Reid, 51; William and Mildred Archer, 38–40   12. Wakefield, 91–2   13. Horsley to father, 25 May 1890, Horsley Papers; Fryer to Elgin, 11 October 1895, Elgin Papers   14. Butler to uncle, 11 February 1891, Harcourt Butler Papers   15. Butler to mother, 20 May 1891, Harcourt Butler Papers   16. Unpublished recollections in Wingate Papers; Reid, 44–5   17. Francis to Phelps, 19 August 1893, Phelps Papers   18. Maynard to Murray, 20 March 1887, Gilbert Murray Papers   19. Woolf, 180   20. Hunt and Harrison, 135   21. Hatch-Barnwell, 28   22. Francis to Phelps, 24 September 1893, Phelps Papers   23. Yeats-Brown (1930), 97   24. Whish, 316   25. Reid, 135   26. Woolf, 247   27. Herbert Thompson, 96; Hatch-Barnwell, 83   28. Memo on appointments in Wenlock Papers   29. Hickey, vol. 4, 341   30. Aberigh-Mackay, 41   31. Maconochie, 90   32. Woodruff, *The Guardians*, 196   33. Curzon to Cunningham, 23 January 1899, Curzon Papers   34. Tupper, 315; Hamilton to Curzon, 20 October 1899, Curzon Papers   35. Hamilton to Curzon, 23 January 1901; Curzon to Hamilton, 13 February 1902, Curzon Papers   36. Christie, 61, 64   37. Christie, 66   38. Unpublished memoir, Hayward Papers; Darling (1966), 20   39. MacDonnell to the *Englishman*, July 1884, MacDonnell Papers; Kanwar, 45   40. Lyall letters to mother and sisters, 1871–4, Lyall Papers   41. Note in Clerk Papers   42. Lovat Fraser, 471–2   43. Coen, 37   44. Herbert Thompson, 46, 124–5   45. Walter Lawrence, 66, 73; Durand, 182–3   46. Walter Lawrence, 128, 142   47. Humphrey Trevelyan, 165   48. Humphrey Trevelyan, 154   49. Walter Lawrence, 60–62   50. Grigg to E. Grigg, 13 February 1893, Grigg Papers   51. Chenevix Trench (1987), 19   52. Malleson to Mayo, 29 August 1869, Argyll Papers   53. Wakefield 172, 177; Chenevix Trench (1987), 164; Lee-Warner to Durand, 9 May 1887, Durand Papers   54. Gilmour (2005), 168–71   55. Chenevix Trench (1987), 56   56. Winston Churchill, 145–6   57. Letters from Tweedie to Durand, August 1885, Durand Papers   58. Letters from E. Lorimer to parents, March–April 1911, Overend Lorimer Papers   59. Godley to Curzon, 6 January 1899, Curzon Papers   60. Gilmour

(1994), 269   61. Letters from E. Lorimer to parents, 1911–12, Overend Lorimer Papers   62. Gordon-Alexander, 280   63. Unpublished memoir by H. E. Shortt in Shortt Papers; unpublished memoir by Ernest Bradfield in Bradfield Papers   64. Macleod, 154; unpublished memoir in B. A. Amies in Amies Papers   65. John Morris, 76.   66. Notes in Crichton Papers, and obituary in the *Lancet*, 19 May 1984   67. Notes in Crichton Papers, and obituary in the *Lancet*, 19 May 1984   68. From notes in Leventon Papers   69. Unpublished memoir in Bradfield Papers   70. Unpublished memoir in Shortt Papers   71. Unpublished memoir in Bradfield Papers   72. Unpublished memoir in Bradfield Papers   73. Unpublished memoir in Bradfield Papers   74. Trevelyan, 154–5

第七章 工作生活：风餐露宿

1. Shelden, 13–16   2. Singh, 126   3. *Indo-British Review*, vol. XXIII, no. 1, 28; unpublished recollections in Wingate Papers; Maconochie to Phelps, 4 June 1890, Phelps Papers   4. Christie, 58–9; Best, 127; Butler to uncle, 25 December 1897, and unpublished memoir, Harcourt Butler Papers; Butler to Scott, 15 October 1922, Scott Papers   5. Le Bailly to mother, 18 February 1930, Le Bailly Papers   6. Sifton to father, 25 October 1904, Sifton Papers; Anne Wilson, 52   7. Baylis, 110–11; Dawkins to mother, 4 December 1915, Dawkins Papers   8. Eden, xxi   9. Portal diary in Portal Papers; Colebrook notes in Colebrook Papers   10. Portal notes and diary, Portal Papers   11. Portal diary, Portal Papers   12. W. Lawrence diaries, 11 November 1902, Walter Lawrence Papers   13. Dawkins to mother, 17 November 1917, Dawkins Papers   14. Best, 65; Eardley-Wilmot, 175–6   15. Dawkins, 7–8, 24; Enid to mother, 14 December 1916, Dawkins Papers   16. Letters from Dawkins to mother, 1910, Dawkins Papers   17. Raghavan, 208   18. Talk by Dawkins at Little Baddow, 1937, Dawkins Papers; Best, 77, 312; Eardley-Wilmot, 14, 43, 111–12, 236–7; Currie, 130   19. Eardley-Wilmot, 20, 42; Best, 82, 107, 121, 130, 132   20. Eardley-Wilmot, 166–7   21. Horsley to father, 28 April and 4 May 1873, Horsley Papers   22. Best, 160–62, 184, 206–7   23. Letters from Chenevix Trench to aunt, July 1902 and December 1905, Chenevix Trench Papers   24. Unpublished memoir in Viola Bayley Papers   25. Coles, 16   26. Hansen 4–7, 67; S. M. Edwardes, 39–40, 118; unpublished memoir in Curry Papers   27. S. M. Edwardes, 85–7   28. Bombay Confidential Proceedings, Judicial Department, vol. 25, 1917 (P CONF 25) APAC; see also Chandavarkar, 198–205   29. Tydd, 101–2   30. Gillen, 17–25 *passim*   31. Steven Runciman, quoted in Shelden, 86   32. Crick, 101–2; Shelden, 115–27 *passim*   33. Robertson, 59–61   34. 'Remarks on the Corps of Madras Sappers and Miners', Shaw Stewart Papers   35. Stone, 16–18; Robertson 18–19, 63, 101, 111, 124; Arnold (1988), 113; Guy and Boyden, 184   36. Obituary in *The Times*, November 1918   37. Kerr, 79–80   38. Notes of Cyril Lloyd Jones and memoir by son, Lloyd Jones Papers   39. Robertson, 38, 40, 133; Crooke,

146–7 40. Beames, 225–6 41. Typescript by Colonel Oatts in Oatts Papers; Ritchie, 320 42. Ritchie, 318–21 43. Yalland (1987), 194 44. Waley-Cohen, 45–6; Yalland (1987), 195–6 45. Oatts typescript, Oatts Papers; Carstairs, 57 46. Sengoopta, 71; Beames, 148–50, 171–84 *passim* 47. Renford, 49–50; Reid, 22; *Indo-British Review*, vol. XXII, no. 2, 45 48. 'The Tea Assistant in Cachar', 1870 manuscript essay by D. Fowlis in National Library of Scotland; Sanderson, 1; Achaya, 185–6; information on Knighton from Judy Urquhart 49. Unpublished memoir in Clough Papers; Christie, 124 50. Renford, 54 51. 'The Tea Assistant in Cachar', 1870 manuscript essay by D. Fowlis in National Library of Scotland; unpublished memoir in Clough Papers 52. Unpublished memoir in Clough Papers 53. Beames, 292; Henry Cotton, 85, 157 54. Burton 21; Yalland (1987), 198 55. Henry Cotton, 157–8 56. R. and S. Wilberforce, vol. 4, 11 57. Fry, 186 58. Reid, 109; Ronald Johnston, 146 59. Piggin, 157–71 *passim*, 206, 224–5, 292 60. Journal of Beatrice Batty, ms Eng. misc. e. 103 (Bodleian) 61. Mathews, 127–8 62. Welldon, 265, 291 63. Mary Lutyens (1961), 38 64. Note in Clerk Papers 65. Beveridge, 44 66. Note on Rice family, Rice Papers; Richter, 292 67. Richter, 139–40, 290–91 68. Macduff, 77–90, *passim* 69. Macduff, 96–7 70. Ward, 90 71. Datta, 193–5 72. Best, 16 73. Ballhatchett, 134–7 74. William and Mildred Archer, 72–3; Joan Allen, 124 75. Wald, 44–5; Rowan Hamilton, 87 76. 9 March 1843 77. Maitland, 156–7 78. Richter, 281 79. Macduff, 99–102 80. Beveridge, 360 81. Morling, 18 82. Morling, 19–21 83. Morling, 27, 43–8, 62, 67 84. Morling, 43, 49, 74, 140 85. Jeffrey Cox, 7–8, 18, 52 86. *Wilsonian* 2013–14, Mumbai, vol. 106, 12. 87. Millar, 155 88. Andrew Porter (2004), 179, 260–61, 266; Jeffrey Cox, 189, 214 89. *Women's Christian College, Madras*, 1 90. Tyndale-Biscoe (1922), 257–9 91. Note in McCall Papers; 'Account of non-British Missionary establishments in India 1924–39' by K. M. Mullan (1972) in Roman Catholic Missions Box (CSAS); Reid, 112, 134; unpublished memoir in Shortt Papers 92. Macduff, 163–4 93. Tyndale-Biscoe (1922), 266–70, 277–9, 292; Tyndale-Biscoe (1951), 50, 128 94. Tyndale-Biscoe (1922), 281, 296–9; Tyndale-Biscoe (1951), 65–6 95. Colyer Sackett, 105–6 96. Rosemary Fitzgerald in Pati and Harrison (2001), 111–12, 126, 129 97. See appendix in Bradfield Papers 98. Best, 251–3 99. Jeffrey Cox, 67

第八章 军队生活

1. Maurice Henry, unpublished memoir, Tatham Papers; Raghavan, 85 2. Candler, vii 3. Albert Hervey, vol. 1, vi–vii 4. Marston, 11–12; Staunton to Du Cane, 14 December 1885, Du Cane Papers 5. Prendergast, 56–7, 62; Dunsterville, 78 6. Stevenson-Hamilton, 20–21; John Morris, 118 7. Unpublished memoir in Kirke Papers; R. C. B. Bristow, 23 8. Masters, 180 9. Philip Mason

(1986), 379; Johnston, 7   10. Hamid, 33, 43, 52–3, 130   11. Philip Mason (1978), 79   12. Magan, 111   13. Lord Birdwood, 41   14. Unpublished memoir in Meneaud-Lissenburg Papers; Hilton, 15   15. Gilmour (2002), 44–50   16. Unpublished memoir in Clemens Papers   17. Unpublished memoir in Clemens Papers; unpublished memoir in Meneaud-Lissenburg Papers; Wisdom, 36–45   18. John Fraser, 83; Dodwell (1926), 79–80; Richards, 85   19. Unpublished memoir in Meneaud-Lissenburg Papers   20. Unpublished diary (1919–20) in Swindlehurst Papers; unpublished memoir in Clemens Papers; Richards, 85–7   21. Unpublished memoir in Clemens Papers   22. Letters from Dowdall to family, 1889–90, Dowdall Papers   23. Albert Hervey, vol. 2, 232   24. John Morris, 82   25. Unpublished diary in Swindlehurst Papers; Dunsterville, 105; Richards, 192; Wisdom, 56   26. Unpublished memoir in Clemens Papers   27. *ASCB Handbook, 1933*   28. John Fraser, 94   29. Curzon to Hamilton, 13 June 1900, Curzon Papers   30. Baden-Powell (1915), 92, 96, 106   31. Richards, 180; John Fraser, 111, 113; Dowdall to brother, 16 October 1890, Dowdall Papers; programme in Oppenheimer Papers   32. Albert Hervey, vol. 2, 45, 153, 155, 229–32   33. Mills, 42–4, 47–8, 56   34. R. C. B. Bristow, 80   35. Unpublished memoir in Clemens Papers   36. Mills, 47–8; Ian Hamilton, 43   37. Ian Hamilton, 43–4; Prendergast, 42; Richards, 223   38. Unpublished diary in Swindlehurst Papers   39. Parkes, 88   40. Richards, 155–7; Masters, 173–4   41. Dowdall to mother, 21 December 1890, Dowdall Papers   42. John Fraser, 83   43. Unpublished memoir in Meneaud-Lissenburg Papers   44. Philip Mason (1986), 212; Baird, 166; Northbrook to Queen Victoria, 13 September 1875, Northbrook Papers   45. Norris (1996), 89   46. Mills, 122; Richards, 79, 81, 129, 262–3   47. Wald, 149–52   48. Albert Hervey, vol. 1, 328–35, and vol. 2, 2–3, 65, 114   49. Albert Hervey, vol. 1, 316, 320, 331–5, and vol. 2, 2–3, 12, 26, 42   50. Unpublished diary in Swindlehurst Papers   51. Richards, 110   52. Masters, 125–7   53. Unpublished memoir in Sweeney Papers   54. Courtauld, 265   55. Albert Hervey, vol. 1, viii   56. Dunsterville, 79, 124   57. Omissi, 208–19; Marston, 37–43   58. Slim, 73–98   59. Ian Hamilton, 172–80   60. Randolph Churchill, 226, 287–9   61. Randolph Churchill, 368, 372–3, 406   62. Letters from Dowdall to family, October 1890, Dowdall Papers   63. Letters from Dowdall to mother, November–December 1890, Dowdall Papers   64. Memoir of the expedition in Kirke papers   65. Lord Roberts, vol. 2, 53–7   66. William Wright, 79; Prendergast, 88   67. Prendergast, 70, 74–6, 88, 91; John Morris, 126–7   68. Curzon to Chamberlain, 28 June 1902, Curzon Papers   69. Prendergast, 80–84; Chenevix Trench (1985), 51   70. Johnston, 21; obituary of Evelyn Howell in *Emmanuel College* magazine, 1971–2; Chenevix Trench (1987), 53, 98   71. Norris (2004), 56   72. Warburton, 40–41, 107–12   73. Norris (2004), 86; Cubitt-Smith, 55; Prendergast, 68–9; John Morris, 124   74. Cubitt-Smith, 55; obituary of Evelyn Howell in *Emmanuel College Magazine*, 1971–2   75. Prendergast, 82; Hilton, 94–5; Chenevix Trench (1985), 93   76. Masters, 26; Hilton,

104–5; notes in Caroe Papers   77. Webb, 129–30; John Morris, 125, 187, 215   78. John Morris, 125, 187, 215; Webb, 129–30   79. Albert Hervey, vol. 2, 159   80. Dunsterville, 241   81. John Morris, 82   82. Tuker, 1   83. Hamid, 67   84. John Morris, 218   85. Ian Hamilton, 61   86. Ballard, 50   87. R. C. B. Bristow, 68; John Morris, 77; Hamid, 'Passing it On' in 8202-20, National Army Museum   88. Lieutenant Haughton's diary, 1907, in Haughton Papers   89. Unpublished memoir in Pearse Papers   90. Prendergast, 45–6, 108   91. Ian Hamilton, 39, 96, 114   92. Randolph Churchill, 328   93. Chetwode circular, October 1931, Drew Papers   94. Albert Hervey, vol. 1, 69; unpublished memoir in Pearse Papers; Ian Hamilton, 38; Western, 202   95. Nigel Hamilton, 34   96. John Morris, 81   97. William Wright, 62–3; John Morris, 84–5   98. Cubitt-Smith, 122; John Morris, 85   99. John Morris, 86; Burton, 19   100. John Morris, 87; Dunsterville, 60, 65   101. John Morris, 87   102. Rory Muir, 52; Hickey, vol. 4, 190   103. Masters, 109   104. O'Dwyer, 128   105. Winston Churchill, 122   106. Chitty, 28; Cubitt-Smith, 42, 49; Dunsterville, 113; Dennis Kincaid, 209–10   107. Prendergast, 99; Charles Allen (1979), 107; Stephens, 175; Allen (1976), 149

第九章　亲密关系

1. Brodie, 51–2   2. Brodie, 51–2   3. Dalrymple (2002), 120–21; Saroop, 22–5   4. MacGregor, 296, 305   5. Nevile, 5   6. Ghosh, 68   7. Notes by Brigadier Bullock in Lady Lloyd Papers   8. Hickey, vol. 3, 213, 276, 327, and vol. 4, 26–7, 133, 140–41   9. Robb, *Sex* ..., 57   10. Robb, *Sex* ..., *passim*   11. Robb, *Sex* ..., *passim*   12. Yalland (1987), 45–6   13. Robb, *Sex* ..., *passim*   14. Hickey, vol. 3, 284–5, and vol. 4, 271–2   15. Notes from Brigadier Bullock in Lady Lloyd Papers; Ghosh, 125–6   16. By Durba Ghosh, cited in Dalrymple (2002), 52   17. Eden, 373; C. A. Kincaid, 5   18. Ghosh, 35–6   19. Sen, chapter 5   20. *Chowkidar*, spring 2012, 8, and autumn 2011, 128–9   21. Bulley, 116–19, 122–3   22. Lee-Warner, 295   23. Collis, 53   24. Hamilton to Curzon, 4 July 1901, Curzon Papers   25. Ballhatchett, 146–54; Crosthwaite to White, 5 October 1888, and Mackenzie note, 3 May 1892, White Papers; Fryer to Curzon, 1 June 1900, Curzon Papers   26. Ballhatchett, 149; Curzon to Fryer, 1 June 1900, Curzon Papers   27. Ballhatchett, 153–4; Hamilton to Curzon, 15 August 1901, Curzon Papers   28. Currie, 95   29. John Fraser, 117, 119   30. Brigid Allen, 16–17; Farwell, 102   31. Ian Hamilton, 40   32. Unpublished memoir in Amies Papers   33. Pamela Edith Condon. Information from her daughter Judy Urquhart   34. John Morris, 97   35. Hose to Phelps, 20 December 1887, Phelps Papers   36. From unpublished manuscript, Verity Papers   37. Beames, 73–6; unpublished memoir in Hayward Papers; unpublished manuscript in Verity Papers   38. Ritchie, 155   39. Martyn, 1   40. T. Zinkin, 6–13; obituary, *Daily Telegraph*, 29 May 2002   41. Hickey, vol. 3, 145–6   42. Information from Xan

Smiley, a grandson of the couple   43. Note in Shaw Stewart Papers   44. Yalland (1994), 130, 346; T. Zinkin, 102–3; Philip Hutchins, 19   45. Chisholm, 69, 77, 80, 183   46. Information from their daughter, Judy Urquhart   47. Berkeley-Hill, 105–6; Eden, 76; note by daughter in Maynard Papers; Tydd, 84   48. Lee, 89; note in Partridge Papers   49. *FIBIS*, spring 2016, 3   50. Unpublished memoir in Verity Papers   51. Townend, 45   52. Information from Ben Watson, son of the couple   53. Fleming, vol. 1, 132–4   54. Yalland (1994), 134   55. Jebb, 19–20   56. Pearce, 88–91   57. Letters to Bertha Tufnell (1901–2) in Gubbins Papers   58. Dunsterville, 157–8   59. Dunsterville 171–2; Prendergast, 106–7; R. C. B. Bristow, 65, 77   60. Unpublished memoir in Hayward Papers   61. Pearce, 417, 422   62. Gibson, 14–24   63. Letters from Lyall to his sisters, 1870s, Lyall Papers   64. Note in Lupton Papers; Butler to sister Isabel, 3 December 1892, Harcourt Butler Papers; information from Judy Urquhart   65. Young, 164   66. Anglesey, 60   67. Young, 165   68. Hickey, vol. 3, 187   69. Unpublished memoir in Hayward Papers   70. Keay (1993), 256–63   71. Edwardes-Stuart, *passim*   72. Hickey, vol. 3, 333   73. Wilkinson, 112   74. Panckridge and Macalpine, 54–5   75. Henry Cotton, 121; Baird-Murray, 41–2; *Chowkidar*, spring 2016, 53   76. 1937 diary in Bradfield Papers; Bolton, 134–5; Guha (1999), 124, 143, 167   77. Guha (1999), 198   78. Berkeley-Hill, 105–6, 109–10, 271, 331   79. Carritt, 73–4; *Indo-British Review*, vol. xxii, no. 2, 142   80. *Chowkidar*, spring 2008, 112   81. Beames, 88   82. Albert Hervey, vol. 1, 199–203; Lyall to sister Sybilla, 6 April 1856, Lyall Papers   83. Arnold (1979), 107, 112; Wald, 26–7   84. Unpublished memoir in Kellie Papers   85. Note by Brigadier Packard in Packard Papers; Richards, 216   86. Unpublished memoir in Clough Papers; Philip Mason (1978), 80   87. Chisholm, 56, 61; Vickers, 6–7   88. Curzon to Hamilton, 11 November 1901, Curzon Papers   89. Kaye (1990), 436   90. Curzon to Scarsdale, 11 November 1903, Curzon Papers   91. Beveridge, 345   92. Pearce, 12; Chenevix Trench (1987), 46   93. Robins, 88–9   94. Owens, 10; Robin Moore, 70   95. Du Cane to father, 3 May 1885, Du Cane Papers   96. Ridley (2012), 180   97. Longford (1979), 152, 162, 427   98. Gilmour (2002), 33   99. Gilmour (2002), 51   100. Civilian, 43–4, 236   101. Welldon, 219   102. Charles Allen (1976), 134; Humphrey Trevelyan, 177   103. Unpublished memoir in Harcourt Butler Papers; Humphrey Trevelyan, 122   104. David Verney, 24   105. Unpublished memoir in Pearse Papers   106. Kaye (1997), 271; Venning, 164–5; Clay, 90–91; Swayne-Thomas, 30–33   107. Masters, 150–51   108. Butler to Scott, 26 June and 1 October 1920, Scott Papers   109. Steel (1929), 124–5   110. Yalland (1994), 187   111. Edyth Tufnell to sister Bertha Tufnell, 16 January 1905, Gubbins Papers; Berkeley-Hill, 181   112. Perham, 61–5   113. Caine, 70–71.   114. Sriran V, 'Of Napier and Mrs Elliot', *Hindu*, 6 June 2013. Additional information from Sriram Venkatakrishnan to the author   115. Robertson, 109–10   116. Caine, 152, 162–8, 278   117. Lambert, 17–18   118. Richings, 2000; Morse, 108–9   119. Bonus to

Phelps, 10 January 1889, Phelps Papers　120. Gilmour (2005), 151–2　121. Bonus to Phelps, 10 January 1889, Phelps Papers　122. Conchman to Phelps, 30 October 1894, Phelps Papers　123. Dufferin to Cross, 23 April 1887, Dufferin Papers　124. Lyall to sister, 22 February 1887, and to brother, 4 October 1885, Lyall Papers　125. Lyall to sister, 22 February 1887, Lyall Papers　126. Griffin to Dufferin, 26 March 1887, Dufferin Papers　127. Richards, 151–2　128. Wald, 154–5　129. Devereux, *passim*　130. Sellon, *passim*　131. McLynn, 32　132. Masters, 152　133. Berkeley-Hill, 130　134. Clark, 101　135. T. Zinkin, 10; Stephens, 162–3　136. Clark, 92　137. Simson, 6, 10, 30　138. Wardrop, 2, 53　139. Moray Brown, 307–11　140. Moray Brown, 322　141. Yeats-Brown (1930), 38　142. Butler, 98–9, 119, 152, 228–30　143. Carritt, 93–4; Martyn, 95; John Morris, 105–6　144. Havelock Ellis, 309–11　145. Havelock Ellis, 312–15　146. Unpublished diary in Swindlehurst Papers　147. See notes compiled by M. Hardiment in Hardiment Papers　148. Richards, 114, 184–8　149. Unpublished memoir in Meneaud-Lissenburg Papers　150. Unpublished memoir in Meneaud-Lissenburg papers; S. M. Edwardes, 93–4　151. Quoted in *Discover NLS*, summer 2010, National Library of Scotland　152. Levine, 206–7, 231; Havelock Ellis, 314　153. Ballhatchett, 132–3; Richards 277–8; Levine, 231–2; Department Annual Reports V/24/2297, APAC; Public and Judicial Department Annual Files L/PJ/6 1207, APAC　154. Ballhatchett, 53, 59, 82–3; Hyam, 120–27　155. Kitchener memo, October 1905, PRO 30/57　156. Brodie, 66–70; McLynn, 40–45　157. Hyam, 32–5; Royle, 159; Gilmour (1994), 248　158. Carritt, 22–6　159. Note by Brigadier Packard in Packard Papers　160. See notes compiled by M. Hardiment in Hardiment Papers　161. Havelock Ellis, 311　162. Furbank, vol. 1, 224　163. Masters, 154　164. Hyam, 128–31　165. Furbank, vol. 1, 231–2; Hyam, 136　166. Furbank, vol. 2, 81–6

第十章　居住地

1. Maitland, 47, 110; Herbert, 31　2. Lawson (1905), 269–71　3. Curzon to Esher, 12 April and 12 June, 1901, Curzon Papers　4. Lindsay, 12; Philip Davies, 51–60, 70–72　5. Norris (1996), 49–51; Staley, 13–14　6. Fleming, vol. 1, 6　7. Unpublished memoir in Clough Papers　8. Charles Allen (1979), 60; unpublished memoir in Clough Papers　9. Kaye (1997), 9　10. Raleigh Trevelyan, 492–3　11. Raleigh Trevelyan, 364; unpublished memoir in Clough Papers　12. Waley-Cohen, 238–9　13. 1829 diary in Hannay Papers　14. Unpublished memoir in Clough Papers　15. Herbert, 55, 87, 149　16. Hattersley, 310–11　17. Hickey, vol. 4, 397　18. Maitland, 89　19. Losty, 41–2; Charles Allen (1976), 79　20. Beveridge, 182, 196　21. Unpublished memoir in Somerset Papers　22. Grimwood, 49　23. Christie, 38; Tydd, 164; E. Lorimer letters to parents, 1911, Overend Lorimer Papers; Fleming, vol. 1, 149; Lady Lawrence,

368   24. Raleigh Trevelyan, 2   25. Fleming, vol. 2, 232   26. Yalland (1994), 300; Maisie Wright, 3   27. Unpublished memoir by V. Haig in Haig Papers   28. Lady Lawrence, 38; letter from Joseph Goudge in unpublished memoir, Goudge Papers   29. Durand, 318–19   30. Hunt and Harrison, 125   31. See correspondence in Calvocoressi Papers   32. Kenneth Harris, 78   33. Information from Stuart Proffitt to the author   34. Beveridge, 182, 196   35. Unpublished memoir in Davidson Papers   36. Baylis, 114–15   37. Stocqueler, 57   38. Muthiah (1992), 71–2   39. Hilton Brown (1948), 49–50   40. Fay, 181, 189, 234   41. Maitland, 48–9   42. Hilton Brown (1948), 53   43. E. M. Collingham, 68; Burton 17, 27; 'Wyvern', 1   44. Burton, 93–4; Lizzie Collingham, 115, 138–42   45. 'Wyvern', 1–2   46. Unpublished memoir in Somerset Papers   47. Hilton Brown (1948), 54   48. Ramaswami, 13   49. Murphy, *passim*   50. Burton, 102; E. Dawkins to mother, 29 March 1916, Dawkins Papers   51. Saumarez Smith, 34–5   52. Martyn, 116   53. Unpublished memoir in Davidson Papers   54. Prendergast, 94–5, 111   55. Ex-Civilian, 16–17; Philip Hutchins, 45   56. Waley-Cohen, 106–7   57. Moray Brown, 254   58. Albert Hervey, vol. 2, 184–5; Pemble, 183   59. Burton, 101–7; Bellew, 101   60. Letters 1922–3, Green Papers; Bolton, 85; Craig, 162; Fleming, vol. 1, 4   61. Robert Bristow, 114   62. Hickey, vol. 2, 163   63. Hickey, vol. 2, 130, 138   64. Western, 265   65. Woolf, 116   66. Rory Muir, 102   67. Seton-Karr, 38–9   68. Slater, 156   69. Darling (1966), 152–3   70. Advertisement in the *Pioneer*, 1 April 1923   71. Henry Cotton, 85   72. Raleigh Trevelyan, 274; Philip Hutchins, 18; Rivett-Carnac, 91; Prendergast, 51   73. Speech by Sir Patrick Playfair, Calcutta Dinner, 1913   74. Darling (1966), 74–5   75. Lagavulin's advertisement in *Traill's Indian Diary*, 1897   76. Winston Churchill, 140–41   77. Naida Tierney, 'Letters from a Governess' (1920–22), BBC radio broadcast, date unknown   78. Hilton Brown (1954), 294–5   79. Unpublished memoir in Boyes Papers; Alexander McGill 1868 diary, McGill Papers   80. Scudamore, 1–3   81. Information from the Partridge family; documents in Partridge Papers   82. Beames, 185   83. Scudamore, 11–12   84. Walter Lawrence, 58   85. E. M. Collingham (2001), 96; Buettner, 53, 61; Brendon, 165; Fleming, vol. 1, 50   86. Pinney (1999), 583   87. Buettner, 29   88. Fuller, 195   89. Buettner, 29   90. Battye (1997), 20   91. Maitland, 236   92. Dalrymple (2002), 381, 389–90   93. Robb, *Sentiment*..., 169   94. Lovatt and de Jong, 104, 109   95. William and Mildred Archer, 112   96. Millar, 95–7   97. Penner, 95–6   98. Elsmie, 352   99. Fleming, vol. 2, 353   100. Shoma Chaudhury, *Tehelka*, 28 February 2004; obituary in the *Guardian*, 2 December 2016   101. Fay, 211; Kaye (1990), 113   102. Lady Wilson, 203–4   103. Shields, 31, 42   104. Venning, 88   105. Henry Cotton, 125   106. Hilton, 203–4   107. Notes in Glasfurd Papers; Stephens, 16   108. Stokes to Mrs Currie, 20 September 1874, Stokes Papers   109. Headington, 13   110. Scudamore, 31–2   111. Raleigh Trevelyan, 1   112. Christie, 7–8   113. Shelden, 28–31   114. Ross, 68   115. Buettner, 148   116. Mangan, 63   117. Letters from Horsley to father 1891–2,

Horsley Papers 118. Arnold (1979), 109 119. Craig, 38, 43; Arnold (1979), 107 120. Craig, 41; Fleming, vol. 1, 259–60 121. Kaye (1990), 195; Fleming, vol. 2, 15; Ross, 68 122. Documents in the Dunphy Papers 123. Craig, 47–50 124. Ashby and Whately, 280–84, 297 125. *Simla Times*, 19 October 1933 126. Brendon, 136, 138 127. Wendy M. Davis, 58 128. Grimwood, 44 129. Bennett (1995), 188–9 130. Herbert, 174 131. Wendy M. Davis, 86–8. 132. Fleming, vol. 2, 251 133. Chisholm, 6–7

第十一章　形式主义

1. Wakefield, 2–3 2. Misra, 37 3. Charles Allen (1976), 101; Fleming, vol. 2, xv; Jones, 9 4. Lady Lawrence, 209 5. Tandon, 160 6. Monroe, 32 7. Knightley, 24 8. Dewey (1993), 204 9. Rowan Hamilton, 34 10. MacMillan, 156 11. Randolph Churchill, 301 12. Wakefield, 3 13. Battye (1997), 32; list in Oppenheimer Papers 14. Welldon, 233–4; Lady Lawrence, 292 15. Halliday, 222 16. Bayley to H. Butler, 31 October 1910, Harcourt Butler Papers 17. Programmes in Blakeway Papers 18. Kaye (1997), 47, 68; Stevenson-Hamilton, 53 19. Raleigh Trevelyan, 435; Lyall to sister, 20 July 1883, Lyall Papers 20. Seton-Karr, *passim* 21. Norris (1996), 87–8 22. Hickey, vol. 2, 191; Jacob, 165 23. Stevenson-Hamilton, 39–42 24. Erskine to Hope, 19 April 1939, Erskine Papers 25. Sandeman, 26 26. David Verney, 104; programmes in Colebrook Papers 27. Beames, 128 28. Townend, 108–9; Purcell, 224 29. H. Trevelyan, 111; Wakefield, 7 30. Kipling, (1991), 38 31. Maitland, 48–9 32. Green to mother, 14 November 1921, Green Papers 33. Menus in Allanson Papers 34. Menus in Oppenheimer Papers 35. Menus in Bell Papers and Russell Papers 36. Notes in Thompson Papers; Macleod, 136 37. Gee to Phelps, 29 December 1889, Phelps Papers 38. Humphrey Trevelyan, 112 39. Furbank, vol. 1, 223–4; Dewey (1993), 147; Ackerley, 12, 30; John Morris, 98–9; Dewey (1993), 158 40. Dewey (1993), 158; Spear (1988), 89; Ghose, 252; Falkland, 91; Webb, 183 41. Berkeley-Hill, 354 42. Woolf, 12, 17–18, 24–5, 31–2, 37–46 *passim*, 151 43. Reed, 17–18; Panckridge and Macalpine, 11–12 44. Panckridge and Macalpine, 72, 77 45. Panckridge and Macalpine, 90 46. Civilian, 51 47. Ramaswami, 21 48. Townend, 118; Allen (1976), 105; unpublished memoir in Bradfield Papers; Slater, 46–7 49. Muthiah (1992), 68–70 50. Maconochie, 90; letters from Le Bailly to mother, 1927–8, Le Bailly Papers 51. Fleming, vol. 1, 408, and vol. 2, 70 52. *Letters from an Indian Judge*, 22–3 53. Dennis Kincaid, 215 54. Vickers, 7 55. Carritt, 88; unpublished memoir in Somerset Papers 56. Letter from Lady Bernard, 25 July 1901, White Papers 57. Panckridge and Macalpine, 72–3, 93 58. Prendergast, 112–13 59. Monroe, 38 60. H. Butler to father, 1 December 1891, Harcourt Butler Papers 61. Letters about Balasore Club in MacDonald Papers 62. Reed, 150–52; Robert Bristow, 192; Chazal, 9 63. Documents in Erskine Papers 64. Spear (1998), 130–34 65. Dalrymple (2006),

85–91   66. Margaret Verney, 74   67. See numerous letters from 'griffins' in the Phelps Papers   68. Masani, 144   69. Beveridge, 96   70. Butler to uncle, 29 October 1891, Harcourt Butler Papers   71. Stephens, 334   72. Stephens, 174   73. Stuart, 58, 390–91   74. Nirad Chaudhuri (1967), 88   75. Butler to Phelps, 12 April 1893, Phelps Papers   76. Furbank, vol. 2, 98–9   77. Walter Lawrence, 215   78. Tandon, 204–11   79. Nirad Chaudhuri (1967), 120–27; Nirad Chaudhuri (1987), 363   80. Notes by Temple in Temple Papers   81. Guha (2002), 90   82. Speech at National Educational Conference, Ahmedabad, 2 August 1924   83. Ackerley, 8–9, 128   84. Darling (1966), 146   85. Rowan Hamilton, 99   86. Letter quoted in unpublished memoir in Harcourt Butler Papers   87. Letter quoted in unpublished memoir in Harcourt Butler Papers   88. Moss King, 48   89. Goschen 1924 diary, Goschen Papers   90. Minto, 275; Walter Lawrence, 139–40   91. Butler to father, 2 November 1898, Harcourt Butler Papers   92. Henry Cotton, 66   93. Wilfrid Blunt (1909), 216–17; Beveridge, 210–11; Sifton to father, 19 March 1903, Sifton Papers   94. Beames, 247   95. Amit Chaudhuri, 152–4   96. Information from Sunanda Datta-Ray. See also his essay, 'Didima: The Last Ingabanga' in *The Penguin Book of New Writing from India*, vol. 1, New Delhi, 2005   97. Unpublished memoir in Donaldson Papers; Humphrey Trevelyan, 214   98. Furbank, vol. 2, 106   99. Spurling, 136–40, 280–91, 301–2

第十二章 奇人异事

1. Darling (1966), 31   2. Beames, 103   3. 1940 diary in Dunlop Papers; Woolf, 31–2, 120   4. Darling (1966), 51, 175   5. Lyall to sister, 7 April 1865 and 7 January 1868; Bayly (1999), 360; Elliott to Elgin, 25 April 1895, Elgin Papers   6. Letters of 1916–17 in Goudge Papers; information from Anne Chisholm   7. Hunt and Harrison, 126   8. Darling (1966), 51, 75; Mason (1978), 80, 147; Emily Lorimer to father, 15 April 1911, Overend Lorimer Papers   9. William and Mildred Archer, 82–4; Le Mesurier to Phelps, 10 March 1895, Phelps Papers   10. Bence-Jones (1973), 105   11. Francis to Phelps, 3 May 1896, Phelps Papers   12. Avril Powell, 256–7   13. L/PJ/6/63, file 118, APAC   14. Seal, 135   15. Glancey, 12–13, 105–10   16. Williams and Potts, 5–6; Gopal, 120   17. Francis to Phelps, 24 September 1893, Phelps Papers   18. Saumarez Smith, 41, 50, 71   19. John Morris, 91–2   20. Moon (1989), 428   21. Gilmour (2005), 259–61   22. Guha (2013), 222   23. Carritt, 125–94 *passim*   24. Beveridge, 384   25. Darling (1966), 117–18; William and Mildred Archer, 4–5   26. Appendix C in 'Memorandum drawn up by the ICS Central Association', n.d., EUR F/173/14, APAC   27. Brodie, 274   28. Brendon, 183   29. Unpublished memoir in Clough Papers; Philip Mason (1978), 92   30. Pearce, *passim*   31. Parkes, 293, 311   32. Lady Wilson, 83–4, 155   33. Lady Lawrence, 70, 120, 229   34. Murphy, 139; Dewar, 7   35. Margaret Verney, 97; Macleod, 20   36. Unpublished

memoir in Davidson Papers; letter to mother, 16 April 1923, Green Papers; Lady Lawrence, 56, 161; Walter Lawrence, 50   37. Albert Hervey, vol. 2, 293; Rivett-Carnac, 92–3; letter to mother, 4 January 1922, Green Papers; Falkland, vol. 1, 283   38. Jacob, *passim*   39. From letters to her parents 1911–20, Overend Lorimer Papers   40. Letters from Clinton and Enid Dawkins to their parents, 1909–19, Dawkins Papers   41. Barr (1989), 138–9   42. Letters from Madge Green to her parents, 1921–6, Green Papers   43. William and Mildred Archer, 11   44. Humphrey Trevelyan, 246   45. Gil Harris, 189–211 *passim*   46. Stuart, 295–9   47. Wilkinson, 83–4   48. Jeffrey Cox, 76, 225–9, 237   49. Henry Cotton, 143–4   50. Woolf, 237; Robinson, 65–76 *passim*   51. Norris (2004), 177–8   52. Walter Lawrence, 84, 102   53. Bower (1950), 136; Bower (1953), 4   54. Bower (1950), 231–7, 246–8   55. Bower (1953), 238   56. Guha (1999), 68   57. Guha (1999), 95   58. Guha (1999), 105   59. Guha (1999), 313   60. Walter Lawrence, 101   61. T. E. Lawrence notebook, Houghton Ms Eng 1252 (355)   62. Walter Lawrence, 100–102   63. Spear (1998), 59–60   64. Arnold (1979), 114–17; Bradley-Birt, 232   65. Norris (2004), 36–7; Richards, 251–5   66. Arnold (1979), 114   67. Dilke, 517–18   68. Arnold (1979), 120–23   69. Information in Erskine Papers   70. Sifton to father, 20 August 1903, Sifton Papers   71. Walter Lawrence, 100

第十三章　休闲娱乐

1. Mildred Archer (1969), 640–41   2. Head, 5–6   3. Desmond (1982), 3–7; Ryan, 47–52; Fabb, 5–7   4. Fay, 192; Seton-Karr, 149   5. Pemble, 37, 42–5, 49–50, 65–6   6. 1924 diary in Goschen Papers   7. Reviews in W. Russell Papers   8. Price, 149–84 *passim*   9. Diver (1909), 23–4   10. Minto, 321   11. Durand to Northbrook, 25 June 1876, Northbrook Papers   12. M. Massey, 5; Audrey Carpenter in *FIBIS*, spring 2015, 4, 9   13. Pemble, 58, 65–6   14. Geoffrey Kendal, 74–84; Felicity Kendal, 4   15. Mount, 362   16. Thompson diary, 1900, Thompson Papers   17. Magan, 150, 206–7; O'Dwyer, 145   18. Maynard to mother, 24 November 1886, Maynard Papers   19. Bonus to Phelps, 27 January 1887, Phelps Papers   20. E. C. Cox, 180–82, 207, 278   21. G. O. Trevelyan, 153   22. Hook, 48   23. Magan, 124; Lord Roberts, vol. 1, 450   24. Unpublished memoir in Shortt Papers   25. Reid, 75; Maconochie to Phelps, 17 September 1890, Phelps Papers   26. Dowdall to mother, 21 April 1893, Dowdall Papers; unpublished memoir in Bowring Papers   27. Lawson (1868), 46; Younghusband diary, 3 March 1894, Younghusband Papers   28. Elsmie, 144   29. Henry Cotton, 115   30. Albert Hervey, vol. 2, 229–32.   31. Fleming, vol. 2, 47   32. Chettur, *passim*   33. Tikekar, 43–4; *Chowkidar*, autumn 2011, 127   34. Ghose, 44–5; Falkland, 142   35. Erskine to George V, 4 May 1935, Erskine Papers   36. Walter Lawrence, 128–9   37. Masters, 248   38. Chazal, 140   39. Kaye (1997), 270–71; Chenevix Trench (1987), 177   40.

David Verney, 120   41. Battye (1997), 24   42. Lady Wilson, 304   43. Currie, 127   44. 'William the Conqueror'; Chitty, 81; Battye (1997), 96   45. Masters, 319   46. *Indian Daily Telegraph*, 24 September 1901   47. Mangan, 33–6   48. *ASCB Handbook*, ii   49. Pearce, 372; information in Green Papers; Chettur, 57   50. *History of the 5th Royal Gurkha Rifles*, 127   51. Lowell Thomas, 267–8   52. Townend, 118; Magan, 33   53. *ASCB Handbook*, 18, 20   54. Norris (1996), 73; Shelden, 115; Christie, 25   55. Guha (2002), 53–9   56. Albert Hervey, vol. 1, 274   57. Battye (1984), 166.   58. Jacob, 87   59. Hatch-Barnwell, 143   60. Le Bailly diary, 21 February 1928, Le Bailly Papers   61. Hatch-Barnwell, 28   62. Unpublished memoir in Hayward Papers; C. A. Kincaid, 52   63. Docker, 115   64. Guha (2002), 48   65. Guha (2002), 220   66. Unpublished memoir in Moore Papers   67. Glasfurd, 313; R. C. B Bristow, 73   68. Edward Blunt, 228–9; Maconochie, 26; Best, 160–61; unpublished memoir in Hayward Papers   69. *The Lahore Guide and Directory*, 1896   70. Minto, 60; Erskine to Brabourne, 2 December 1935, Erskine Papers   71. Moray Brown, 140–41   72. Burke, 166–74, 235–40   73. Christie 25; unpublished diary in Hely-Hutchinson Papers   74. See, for example, letters in the papers of Lord Goschen and Lord Erskine   75. Stanley to Erskine, 27 May 1934, Erskine to George VI, 29 December 1937, Hardinge to Erskine, 3 February 1938 in Erskine Papers   76. Unpublished memoir in Verity Papers; unpublished memoir in Shortt Papers   77. Moray Brown, 225   78. Minto, 60   79. Moray Brown, 109   80. 1908 diary in Haughton Papers; Baden-Powell (1915), 238   81. Moray Brown, 287; Burke, 320–39   82. Sanderson, 183   83. Newall, 236–7; Burke, 270   84. Sanderson, 379   85. Elliott, 38, 80; Moray Brown, 139, 226   86. Unpublished memoir in Frederick Bailey Papers   87. Fleetwood Wilson, 119–23   88. Unpublished memoir in Moore Papers; Woolf, 201; Charles Allen (1976), 116   89. Randolph Churchill, 295   90. Goschen diary, June 1924, Goschen Papers   91. Walter Lawrence, 57   92. Stanley to Erskine, 27 May 1934, Erskine Papers   93. Nair (1983), 175   94. Panckridge and Macalpine, 26   95. Goschen diaries 1924–5, Goschen Papers   96. Ex-Civilian, 114–15   97. Townend, 160–61; Tydd, 21; Shaw Stewart to wife, 3 August n.d. (1880s), Shaw Stewart Papers   98. Magan, 128   99. Randolph Churchill, 428–31; Winston Churchill, 133   100. Albert Hervey, vol. 2, 164–5; unpublished memoir in Bradfield Papers   101. Clark, 49–50   102. Diaries in Goschen Papers; Erskine to Hope, 19 April 1939, Erskine Papers   103. Hook, 23   104. Wardrop, 121–2, 239   105. Baden-Powell (1915), 37–8; Lord Birdwood, 60   106. Yalland (1994), 359–60; Lady Erskine-Crum in the *Field*, 6 September 1930   107. Yeats-Brown (1930), 144–6   108. Simson, 75   109. Wylie to Durand, July 1885, Durand Papers   110. Warburton, 198   111. Scott, 236   112. Warburton, 114–15, 144, 297   113. Newall, 281; Warburton, 137; Calcutta Tent Club rules, APAC   114. Note in Yeats-Brown Papers; Yeats-Brown (1937), 31

第十四章 最后一班岗

1. Wilkinson, 9   2. Unpublished memoir in Lloyd Jones Papers   3. Marshall (1976), 218–19   4. Nair (1984), 140   5. Dodwell (1926), 109–11   6. Philip Mason (1986), 174   7. Lord Roberts, vol. 1, 5   8. Vincent Davies, 23   9. Yalland (1987), 277   10. Butler to father, 2 October 1891, Harcourt Butler Papers   11. Farrington and Radford, 95   12. Wilkinson, 184; Gailey, 117   13. Hewson, 16; Wilkinson, 201   14. Albert Hervey, vol. 1, 298–300   15. Hickey, vol. 4, 221, 230   16. Fleming, vol. 2, 126–7   17. Philip Mason (1978), 78–9   18. *Chowkidar*, spring 2009, 9   19. Harfield, 17; Heathcote (1974), 158   20. Wilkinson, 34–7   21. Captain Oldfield's unpublished memoir, Oldfield Papers; William Wright, 220   22. Jeal, 66; unpublished memoir in Kellie Papers   23. Volkers, 68   24. Robert Baylis in *Indo-British Review*, vol. XXII, no. 2, 136   25. Goudge to Phyllis, 24 August 1917, unpublished memoir in Goudge Papers   26. Beveridge, 231–49 *passim*; Hickey, vol. 4, 382   27. Pritchard to Elgin, 25 February 1896, Elgin Papers   28. Russell, 104–5   29. Unpublished memoir in Clemens Papers   30. Unpublished diary in Swindlehurst Papers   31. A. E. W. Mason, 135–6   32. Unpublished memoir in Caroe Papers   33. *Indo-British Review*, vol. XXII, no. 2, 75   34. Fleming, vol. 2, 274   35. Cline, 61–9; Souhami, 39–42, 57   36. *Emmanuel College Magazine*, 1971–2   37. Buettner, 215–16   38. Unpublished memoir by Flora Holman in Holman Papers   39. Walter Lawrence, 156   40. Lawson (1868), 224   41. Parkes, 359–60   42. Richards, 306–7   43. Mills, 130   44. Unpublished memoir in Pearse Papers; Best, 50   45. John Morris, 153; unpublished memoir in Caroe Papers   46. Seton-Karr, 204   47. Lyall to Grant Duff, 24 June 1887, Lyall Papers   48. Russell, 137   49. Obituary in *Daily Telegraph*, 18 May 1994   50. Cubitt-Smith, 61   51. Bazalgette (1985), *passim*   52. Henry Cotton, 293   53. Halliday, 12   54. Prendergast, 250   55. Walton, 26–7   56. Yalland (1994), 247, 259–62   57. Notes in Partridge Papers   58. Addresses given in 'List of Retired Civilians...' in Indian Civil Service (Retired) Association Collection   59. Avril Powell, 24; note in Forbes Papers   60. Mount, 630   61. Parkes, xiii   62. Wilkinson, 45   63. Beames, 225–6   64. Albert Hervey, vol. 2, 50, 221–6   65. Ashby and Whately, 139–41   66. Obituary in *Daily Telegraph*, 25 September 1997   67. Hunt and Harrison, 244   68. Joan Allen, 110–51, *passim*   69. Kirk-Greene, 87   70. Hatch-Barnwell, *passim*; obituary in *The Times*, 2 November 1989   71. *Daily Telegraph*, 3 March 1988   72. Unpublished memoir in Somerset Papers   73. Stephens, 290–96, 323, 333   74. Singh, 81–3   75. *The Times*, 25 June 2015; *Guardian*, 15 February 2016   76. Purcell, 215–16   77. Notes in G. W. P. Milne Papers   78. Radford and Farrington, 19, 30   79. Purcell, 15–16   80. Purcell, 38–68 *passim*   81. Purcell, 217–22   82. Bennett (2002), 4, 23, 106   83. Kaye

(1997), 385–6   **84.** John Morris, 93–5   **85.** Slater, 36–7   **86.** Currie, 41 *Chowkidar*, autumn 2007, 88   **88.** Spurling, 355; Panter-Downes, 81, 124 Panter-Downes, 65–6, 96   **90.** Singh, vii–viii   **91.** Lady Lawrence, 108–10   **92.** Humphrey Trevelyan, 133   **93.** Egerton to author, 11 February 2006   **94.** Singh, 122   **95.** Ramachandra Guha in *Times Literary Supplement*, 16 June 2006

后 记

1. Said (1994), 275   **2.** Said (1978), 204   **3.** Khilnani, 17–24   **4.** A. Béteille, 'Universities at the Crossroads', *Current Science*, vol. 92, no. 4, 25 February 2007   **5.** Cited by Ferdinand Mount in *London Review of Books*, 7 September 2017   **6.** *London Review of Books*, 20 December 2012

参考资料

手稿

缩写词

CSAS = Centre of South Asian Studies (Cambridge)
NAM = National Army Museum
APAC = Asia, Pacific and Africa Collections, British Library
IWM = Imperial War Museum

商人、种植园主、工程师等

Arthur Atkinson, APAC
Matthew Calvocoressi, private collection
John Forbes, CSAS
D. Fowlis, National Library of Scotland
Cyril Walter Lloyd Jones, APAC
G. W. P. Milne, CSAS
Mauger Monk, APAC
Colonel H. A. Oatts, CSAS
Wilfrid Russell, APAC

东印度公司

Paul Benfield, APAC
Robert and John Campbell, APAC
Jameson family, APAC
Ormathwaite Collection (members of the Fowke, Walsh, Clive and Maskelyne families), APAC

总督和副王

Lord (George) Curzon, APAC
Lord (Frederick) Dufferin, APAC
Lord (Victor) Elgin, APAC
Lord (John) Erskine, APAC
Sir James Fergusson, APAC
Lord (George) Goschen, APAC
Sir Mountstuart Grant Duff, APAC
Lord (Henry) Lansdowne, APAC
Sir John Lawrence, APAC
Lord (Gilbert) Minto, National Library of Scotland
Lord (Thomas) Northbrook, APAC
Lord (Beilby) Wenlock, APAC

印度陆军和英国陆军

Major P. R. Adams, NAM
Colonel B. J. Amies, NAM
William Appleby, CSAS
Private R. Clemens, IWM
Colonel W. A. B. Dennys (in Heaney Papers), APAC
Lieutenant Thomas Dowdall, APAC
Lieutenant-General Robert Drew, IWM
Lieutenant Herbert Du Cane, Bodleian Library
Major Richard Fanshawe, NAM
Major H. Le M. Fellowes, NAM
Captain Richard Gubbins, NAM
Major-General S. Shahid Hamid, NAM
Lieutenant Henry Haughton, APAC
Colonel Maurice Henry, private collection
Brigadier-General Terence Keyes, APAC
General Walter Kirke, APAC
General Herbert Kitchener, National Archives
Sergeant Alexander McGill, CSAS
Captain Dudley Meneaud-Lissenburg, IWM
General Thomas Nicoll, APAC
Major Francis Oldfield, private collection
Brigadier J. J. Packard, CSAS
General George Pearse, APAC
Captain Melville Portal, APAC
Major-General John Shaw Stewart, private collection

Major-General Andrew Skeen, APAC
G. J. Sweeney, CSAS
Private J. P. Swindlehurst, IWM
Lieutenant Henry Tyler, APAC
Captain Henry Van Homrigh, NAM
Colonel E. A. H. Webb, APAC
Major Francis Yeats-Brown, University of Texas, Austin

印度文官服务系统

H. L. L. Allanson, CSAS
Hugh Barnes, Bodleian Library
Charles Stuart Bayley, private collection
Frank Owen Bell, APAC
Augustus Fortunatus Bellasis, APAC
Henry Beveridge, APAC
Lewen Bowring, APAC
Harcourt Butler, APAC (see also Lord Francis Scott)
Montagu Butler, APAC
George Campbell, APAC
Olaf Caroe, APAC
Charles Godfrey Chenevix Trench, APAC
George Russell Clerk, APAC
John Clague, APAC
Frederick Graham Cracknell, CSAS
Hugh Dow, APAC
Sidney Dunlop, APAC
Richardson Evans, APAC
Martin Fearn, private collection
William S. Foster, CSAS
Frederick Fryer, APAC
Joseph Goudge, private collection
Charles Grant, APAC
Henry Grigg, private collection
Henry Haig, CSAS
Malcolm Hailey, APAC
Maurice Hayward, APAC
Benjamin Heald, APAC
William Herschel, APAC
Theodore Hope, APAC
William Henry Horsley, APAC
Henry Fraser Howard, APAC
John Hubback, CSAS

H. Knight, CSAS
H. T. Lambrick, APAC
William Lee-Warner, APAC
Havilland Le Mesurier, APAC
Cecil C. Lowis, Bodleian Library
Walter Lupton, APAC
Alfred Lyall, APAC
A. G. McCall, APAC
Ian Hay Macdonald, APAC
Anthony MacDonnell, Bodleian Library
Roderick Henry Macleod, CSAS
John Maynard, APAC (and in Gilbert Murray Papers, Bodleian Library)
Christopher Minns, APAC
William James Money, APAC
George and Reginald Partridge, private collection
James Penny, CSAS
L. G. Pinnell, CSAS
Arthur Platt, APAC
Noel Tindal Porter, CSAS
H. Quinton, CSAS
H. F. Samman, J. C. Moore and E. A. Prinsep, Bodleian Library
A. T. Shuttleworth, CSAS
James Sifton, APAC
Henry Stokes, APAC
John Strachey, APAC
Richard Temple, APAC
John Perronet Thompson, APAC
F. W. Ward, APAC
Herbert Thirkell White, APAC
Andrew Wingate, CSAS
John Woodburn, APAC

印度森林管理局

Basil Henry Baden-Powell, APAC
Clinton Dawkins, APAC
Herbert Comyn Walker, CSAS

印度医疗服务局

Captain T. W. Barnard, APAC
Lieutenant-General Ernest Bradfield, CSAS
Lieutenant-Colonel Walter Hugh Crichton, CSAS

Colonel George Kellie, NAM
Lieutenant-Colonel Robert Kennedy, APAC
Lieutenant-Colonel Asher Leventon, APAC
Colonel H. E. Shortt, IWM
Major E. J. Somerset, APAC

印度警察

Edward Hilder Colebrook, APAC
J. C. Curry, CSAS

印度政治事务部

Gordon Hay Anderson, CSAS
Lieutenant-Colonel Frederick Marshman Bailey, APAC
Denys Blakeway, private collection
Major W. M. Cubitt, APAC
Colonel Armine Dew, APAC
Mortimer Durand, APAC
Evelyn Howell, APAC
Walter Lawrence, APAC
Francis Younghusband, APAC
George Yule, APAC

教师、传教士及各类宗教人士

Anglican Missions in India, CSAS
Beatrice Batty, Bodleian Library
Percy Brown, APAC
Victor Dunphy, CSAS
Gay Hellier, CSAS
Benjamin Jowett, Balliol College, Oxford
L. R. Phelps, Oriel College Oxford
Benjamin Rice, CSAS
Roman Catholic Missions in India, CSAS
H. Welch, CSAS

女性（另见传教士相关内容）

Ruth Barton, CSAS
B. Bayley, CSAS
Viola Bayley, CSAS
Diana F. Boyes, CSAS

P. Cartwright, CSAS
Lady Chapman, CSAS
Monica Francis Clough, CSAS
Decima Curtis, APAC
S. V. Davidson, IWM
Enid Dawkins (Smythies), APAC
Barbara Donaldson, CSAS
Lady Erskine-Crum, CSAS
Yvonne Fitzroy, APAC
Eileen Gage (in Kinsman Papers), CSAS
H. Ghoshal, CSAS
Lucy Grant, CSAS
M. L. (Madge) Green, APAC
V. M. Haig, CSAS
Margaret Campbell Hannay, CSAS
Flora Holman, CSAS
Lady Lloyd, APAC
Constance Maude, CSAS
Lady Maxwell, CSAS
Agnes Moffat, NAM
Phoebe Norton-Griffiths, CSAS
Emily Overend Lorimer, APAC
F. Packard, CSAS
N. E. Parry, CSAS
Alicia Percival, CSAS
Millicent Pilkington, CSAS
Iris Portal, CSAS
Anne Tatham, private collection
Judy Urquhart, private collection
A. G. N. Verity, private collection

杂 项

Frank Herbert Brown, APAC
Richard Isaac Bruce, APAC
Calcutta Tent Club, APAC
Glasfurd family, APAC
Arthur Godley (in Kilbracken Papers), APAC
Lord George Hamilton, APAC
Melville Hardiment, IWM
J. W. Hely-Hutchison, Bodleian Library

Courtenay Ilbert, APAC
Rudyard Kipling, Sussex University
Thomas Henry Digges La Touche, APAC
Macnabb family, APAC
Louis Mallet, Balliol College, Oxford
Gilbert Murray, Bodleian Library, Oxford
Francis Oppenheimer, Balliol College, Oxford
Thomas Walter Powell and family, APAC
Rice family, CSAS
Salmon family, NAM
Lord Francis Scott, private collection
C. M. Scriven, CSAS
Unceremonials Club, APAC

印度政府印度事务部及亚太地区的其他官方档案和出版物

Bengal Calendar (List of East India Company's civil and military servants)
Bombay Confidential Proceedings, Judicial Department, vol. 25, 1917 (P CONF 25)
Census of India 1871–1931
Civil List of Officers of the Indian Medical Service
Crown Representatives' Records at Indian States' Residencies (R/2)
Department Annual Reports (V/24/2297)
East India College Haileybury Records
East India Company: List of Civil Servants 1771–85
East India Register and Directory 1803–42
History of Services (V/12)
Imperial Gazetteer of India 1881–1909
India List, Civil and Military 1877–1906
India Office List 1886–1947
India Register 1843–60
Indian Army List 1889–1947
Indian Army and Civil Service List 1877–1906
Indian Civil Service (Retired) Association Collection
Indian Home Department, Rules and Regulations (V/27/212/1-5)
Languages of India (Statistical Office, East India House, 1852)
Public and Judicial Department Records and Annual Files (L/PJ/6)
Records of Pensions and Annuities (L/AG/21)
Records of Service (L/F/10)
Thacker's Bengal and Indian Directories
Warrant of Precedence

图书与文章

George Aberigh-Mackay, *Twenty-one Days in India*, W. H. Allen & Co., London, 1881
K. T. Achaya, *The Food Industries of British India*, Oxford University Press, Delhi, 1994
J. R. Ackerley, *Hindoo Holiday*, Chatto & Windus, London, 1932
Rafiuddin Ahmed, *The Bengal Muslims 1871–1906: A Quest for Identity*, Oxford University Press, Delhi, 1981
G. T. Alder, *British India's Northern Frontier, 1865–95*, Longmans, London, 1963
Imran Ali, *The Punjab under Imperialism, 1885–1947*, Princeton University Press, 1988
Brigid Allen, 'Indian diaries, 1712–1956: An Introduction', India Office Library and Records Report, London, 1980
Charles Allen, *Duel in the Snows*, John Murray, London, 2004
—, *Plain Tales from the Raj*, Readers Union, Newton Abbot, 1976
—, *Lives of the Indian Princes*, Arrow, London, 1986
—, *Raj: A Scrapbook of British India*, Penguin, London, 1979
—, *Soldier Sahibs*, John Murray, London, 2000
Joan Allen, *'Missy Baba' to 'Burra Mem': The Life of a Planter's Daughter in Northern India, 1913–1970*, BACSA, London, 1998
Marquess of Anglesey (ed.), *Sergeant Pearman's Memoirs*, Jonathan Cape, London, 1968
Mildred Archer, *British Drawings in the India Office Library*, vol. 2, HMSO, London, 1969
William and Mildred Archer, *India Served and Observed*, BACSA, London, 1994
David Arnold, *Colonizing the Body: State Medicine and Epidemic Disease in Nineteenth-century India*, University of California Press, Berkeley, 1993
—, 'European Orphans and Vagrants in India in the Nineteenth Century', *Journal of Imperial and Commonwealth History*, vol. VII, no. 2, January 1979
—, *Famine*, Blackwell, Oxford, 1988
—, 'White Colonization and Labour in Nineteenth-century India', *Journal of Imperial and Commonwealth History*, vol. XI, no. 2, January 1983
Lillian Luker Ashby and Roger Whately, *My India*, Little Brown, Boston, 1937
ASCB Handbook, Army Sport Control Board, India, 1933
S. R. Ashton, *British Policy towards the Indian States, 1905–1939*, Curzon Press, London, 1982
Margot Asquith, *More Memories*, Cassell, London, 1933
George F. Atkinson, *Curry and Rice*, Rupa, Chennai, 2001
Robert Baden-Powell, *Indian Memories*, Herbert Jenkins, London, 1915
—, *Pig-sticking or Hog-hunting*, Herbert Jenkins, London, 1924

J. G. Baird (ed.), *Private Letters of the Marquess of Dalhousie*, Irish University Press, Shannon, 1972
Maureen Baird-Murray, *A World Overturned: A Burmese Childhood*, Constable, London, 1997
C. Ballard, *Smith-Dorrien*, Constable, London, 1931
Kenneth Ballhatchett, *Race, Sex and Class under the Raj*, Weidenfeld & Nicolson, London, 1980
Surendranath Banerjea, *A Nation in Making*, Oxford University Press, Calcutta, 1925
Sarmila Banerjee, *Studies in Administrative History of Bengal*, Rajesh, New Delhi, 1978
Pat Barr, *The Dust in the Balance: British Women in India, 1905-1945*, Hamish Hamilton, London, 1989
—, *The Memsahibs: The Women of Victorian India*, Secker & Warburg, London, 1976
Evelyn Désirée Battye, *The Fighting Ten*, BACSA, London, 1984
—, *The Kashmir Residency*, BACSA, London, 1997
Audrey Baylis, *And Then Garhwal*, BACSA, London, 1981
C. A. Bayly, *Empire and Information*, Cambridge University Press, 1999
—, *Indian Society and the Making of the British Empire*, Cambridge University Press, 1990
—, *The Local Roots of Indian Politics: Allahabad 1880-1920*, Clarendon Press, Oxford, 1975
—(ed.), *The Raj: India and the British, 1600-1947*, National Portrait Gallery, London, 1991
—, *Recovering Liberties: Indian Thought in the Age of Liberalism and Empire*, Cambridge University Press, 2011
Christopher Bayly and Tim Harper, *Forgotten Armies: The Fall of British Asia, 1941-1945*, Allen Lane, London, 2004
—, *Forgotten Wars: The End of Britain's Asian Empire*, Allen Lane, London, 2007
Jack Bazalgette, *The Captains and the Kings Depart*, Amate Press, Oxford, 1984
—, *Careering On*, Amate Press, Oxford, 1985
John Beames, *Memoirs of a Bengal Civilian*, Eland, London, 1990
M. Bellasis, *Honourable Company*, Hollis & Carter, London, 1952
Captain Bellew, *Memoirs of a Griffin*, vol. 1, W. H. Allen, London, 1843
Mark Bence-Jones, *Palaces of the Raj*, George Allen and Unwin, London, 1973
—, *The Viceroys of India*, Constable, London, 1982
Mary Bennett, *The Ilberts in India*, BACSA, London, 1995
—, *Who was Dr Jackson?*, BACSA, London, 2002
Owen Berkeley-Hill, *All Too Human*, Peter Davies, London, 1939
James W. Best, *Forest Life in India*, John Murray, London, 1935

Lord Beveridge, *India Called Them*, George Allen, London, 1947
K. C. Bhanja, *Darjeeling at a Glance*, Oxford Book and Stationery Company, Darjeeling, 1941
Raja Bhasin, *Simla*, Penguin, Delhi, 1994
Sidney Bidwell, *Swords for Hire*, John Murray, London, 1971
George C. M. Birdwood, *Competition and the Indian Civil Service*, Henry S. King, London, 1872
Lord Birdwood, *Khaki and Gown*, Ward, Lock & Co., London, 1941
Bindon Blood, *Four Score Years and Ten*, G. Bell, London, 1933
Edward Blunt, *The ICS*, Faber, London, 1937
Wilfrid Scawen Blunt, *Ideas about India*, Kegan Paul, London, 1885
—, *India under Ripon*, Fisher Unwin, London, 1909
Angela Bolton, *The Maturing Sun*, Imperial War Museum, London, 1986
N. B. Bonarjee, *Under Two Masters*, Oxford University Press, 1970
H. V. Bowen, *The Business of Empire: The East India Company and Imperial Britain, 1756–1833*, Cambridge University Press, 2006
Ursula Graham Bower, *Hidden Land*, John Murray, London, 1953
—, *Naga Path*, John Murray, London, 1950
Boxwallah, *An Eastern Backwater*, Andrew Melrose, London, n.d.
F. B. Bradley-Birt, *Chota Nagpore: A Little-known Province of the Empire*, Smith, Elder, London, 1903
Howard V. Brasted, 'Irish Home Rule Politics and India, 1873–1886: Frank Hugh O'Donnell and Other Irish "Friends of India"', Edinburgh University doctoral thesis, 1974
Vyvyen Brendon, *Children of the Raj*, Weidenfeld & Nicolson, London, 2005
R. C. B. Bristow, *Memories of the British Raj*, Johnson, London, 1974
Robert Bristow, *Cochin Saga*, Cassell, London, 1959
Fawn Brodie, *The Devil Drives*, Eland, London, 1986
Hilton Brown, *Parry's of Madras*, Parry and Co., Madras, 1954
—(ed.), *The Sahibs*, William Hodge, London, 1948
J. Moray Brown, *Shikar Sketches*, Hurst and Blackett, London, 1887
Judith M. Brown, *Windows into the Past*, University of Notre Dame Press, Indiana, 2009
Judith M. Brown and W. M. Roger Louis (eds.), *The Oxford History of the British Empire: The Twentieth Century*, Oxford University Press, 1999
John Buchan, *A Lodge in the Wilderness*, Blackwood, Edinburgh, 1906
Edward J. Buck, *Simla Past and Present*, Times Press, Bombay, 1925
Elizabeth Buettner, *Imperial Families: Britons and Late Imperial India*, Oxford University Press, 2004
Anne Bulley, *Free Mariner: John Adolphus Pope in the East Indies, 1786–1821*, BACSA, London, 1992
W. S. Burke, *The Indian Field Shikar Book*, Thacker, Spink, Calcutta, 1928
David Burton, *The Raj at Table*, Faber and Faber, London, 1994

Iris Butler, *The Eldest Brother: The Marquess Wellesley*, Hodder & Stoughton, 1973
Alex M. Cain, *The Cornchest for Scotland*, National Library for Scotland, Edinburgh, 1986
P. J. Cain and A. G. Hopkins, *British Imperialism: Innovation and Expansion*, Longman, London, 1993
Barbara Caine, *Bombay to Bloomsbury: A Biography of the Strachey Family*, Oxford University Press, 2005
George Campbell, *Memoirs of My Indian Career*, 2 vols., Macmillan, London, 1893
—, *Modern India*, John Murray, London, 1852
Edmund Candler, *The Sepoy*, John Murray, London, 1919
David Cannadine, *Ornamentalism: How the British Saw Their Empire*, Allen Lane, London, 2001
Olaf Caroe, *The Pathans*, Macmillan, London, 1958
Michael Carritt, *A Mole in the Crown*, Michael Carritt, Hove, 1985
R. Carstairs, *The Little World of an Indian District Officer*, Macmillan, London, 1912
Rajnarayan Chandavarkar, *Imperial Power and Popular Politics*, Cambridge University Press, 1998
Sudhir Chandra, *Enslaved Daughters: Colonialism, Law and Women's Rights*, Oxford University Press, Delhi, 1999
Neil Charlesworth, *British Rule and the Indian Economy, 1800–1914*, Macmillan, London, 1982
Amit Chaudhuri, *Calcutta: Two Years in the City*, Union, London, 2013
Nirad C. Chaudhuri, *The Autobiography of an Unknown Indian*, Hogarth Press, London, 1987
—, *The Continent of Circe*, Chatto & Windus, London, 1967
John de Chazal, *Sunset of the Raj*, Wincanton Press, Wincanton, 1987
Sydney Checkland, *The Elgins, 1766–1917*, Aberdeen University Press, 1988
Charles Chenevix Trench, *The Frontier Scouts*, Jonathan Cape, London, 1985
—, *Viceroy's Agent*, Jonathan Cape, London, 1997
S. K. Chettur, *The Steel Frame and I*, Asia Publishing House, London, 1962
Valentine Chirol, *Fifty Years in a Changing World*, Jonathan Cape, London, 1927
Anne Chisholm, *Rumer Godden*, Pan, London, 1999
Anne Chitty, *Musings of a Memsahib*, Belhaven, Lymington, 1988
Chowkidar, 1977–2017, BACSA, London
John Christie, *Morning Drum*, BACSA, London, 1983
P. L. Chudgar, *Indian Princes under British Protection*, William & Norgate, London, 1929
Randolph Churchill, *Winston S. Churchill: Youth, 1874–1900*, Heinemann, London, 1966
Winston S. Churchill, *My Early Life*, Thornton Butterworth, London, 1930

Civilian, *The Civilian's South India*, Bodley Head, London, 1921
Miles Clark, *High Endeavours: The Extraordinary Life and Adventures of Miles and Beryl Smeeton*, Grafton, London, 1991
John Clay, *John Masters*, Michael Joseph, London, 1992
Sally Cline, *Radclyffe Hall*, John Murray, London, 1997
Richard Cobb, *A Second Identity*, Oxford University Press, 1969
Terence C. Coen, *The Indian Political Service*, Chatto & Windus, London, 1971
Bernard S. Cohn, *An Anthropologist among the Historians and Other Essays*, Oxford University Press, Delhi, 1987
C. E. Coles, *Recollections and Reflections*, Saint Catherine Press, London, 1918
Nigel Collett, *The Butcher of Amritsar: General Reginald Dyer*, Hambledon & London Press, London, 2005
Linda Colley, *Britons: Forging the Nation, 1707–1837*, Pimlico, London, 1994
E. M. Collingham, *Imperial Bodies*, Polity, Cambridge, 2001
Lizzie Collingham, *Curry: A Biography*, Chatto & Windus, London, 2005
Maurice Collis, *Trials in Burma*, Faber, London, 1938
Peter Collister, *'Hellfire Jack!' VC*, BACSA, London, 1989
F. Colyer Sackett, *Vision and Venture: A Record of Fifty Years in Hyderabad, 1879–1929*, Cargate, London, 1930
Mary, Viscountess Combermere and Capt. W. W. Knollys, *Memoirs and Correspondence of Field-Marshal Viscount Combermere*, vol. 2, Hurst and Blackett, London, 1866
J. M. Compton, 'Open Competition and the Indian Civil Service, 1854–1876', *English Historical Review*, vol. 83, 1968
Scott B. Cook, 'The Irish Raj: Social Origins and Careers of Irishmen in the Indian Civil Service, 1855–1914', *Journal of Social History*, spring 1987
Stephen Coote, *John Keats: A Life*, Hodder & Stoughton, London, 1995
Ian Copland, *The British Raj and the Indian Princes*, Sangman, Pune, 1982
Antony Copley, *C. Rajagopalachari: Gandhi's Southern Commander*, Indo-British Historical Society, Madras, 1986
Jim Corbett, *My India*, Oxford University Press, New Delhi, 1952
Evan Cotton, *East Indiamen: The East India Company's Maritime Service*, Batchworth Press, London, 1949
Henry Cotton, *Indian & Home Memories*, Fisher Unwin, London, 1911
Anne de Courcy, *The Fishing Fleet*, Weidenfeld & Nicolson, London, 2012
Simon Courtauld, *Footprints in Spain*, Quartet, London, 2017
E. C. Cox, *My Thirty Years in India*, Mills & Boon, London, 1909
Jeffrey Cox, *Imperial Fault Lines: Christianity and Colonial Power in India, 1818–1940*, Stanford University Press, 2002
Hazel Innes Craig, *Under the School Topee*, BACSA, London, 1990
D. G. Crawford, *A History of the Indian Medical Service, 1600–1913*, Thacker & Co., London, 1914
Bernard Crick, *George Orwell*, Secker & Warburg, London, 1980

Denis Hayes Crofton, *Souvenirs of a Competition Wallah*, Volturna, London, 1994
W. Crooke, *The North-Western Provinces of India*, Methuen, London, 1897
Henry Cubitt-Smith, *Yadgari, or, Memories of the Raj*, Cubitt-Smith, Holt, 1987
H. S. Cunningham, *British India and Its Rulers*, W. H. Allen & Co., London, 1881
—, *Chronicles of Dustypore*, Smith, Elder, London, 1885
Mary McDonald Currie, *Forest Families*, British Empire and Commonwealth Museum, Bristol, 2000
George N. Curzon, *British Government in India* (2 vols.), Cassell, London, 1925
William Dalrymple, *City of Djinns*, HarperCollins, London, 1993
—, *The Last Mughal*, Bloomsbury, London, 2006
—, *Return of a King*, Knopf, New York, 2013
—, *White Mughals*, HarperCollins, London, 2002
Thomas and William Daniell, *Oriental Scenery* (6 series), London, 1795–1808
Frederick Danvers, *Memorials of Old Haileybury College*, Constable, London, 1894
Malcolm Darling, *Apprentice to Power: India, 1904–1908*, Hogarth Press, London, 1966
—, *At Freedom's Door*, Oxford University Press, 1949
Neeta Das and Rosie Llewellyn-Jones (eds.), *Murshidabad*, Marg Foundation, Mumbai, 2013
Surendra Kumar Datta, *The Desire of India*, Church Missionary Society, London, 1908
Richard Davenport-Hines, *The Seven Lives of John Maynard Keynes*, William Collins, London, 2015
Saul David, *The Indian Mutiny*, Viking, London, 2002
C. Collin Davies, *The Problem of the North-West Frontier, 1890–1908*, Cambridge University Press, 1932
Philip Davies, *Splendours of the Raj*, John Murray, London, 1985
Vincent Davies, *British Cemeteries of Patna and Dinapore*, BACSA, London, 1989
Wendy M. Davis, *Dal & Rice*, McGill-Queen's University Press, Montreal, 2009
Richard Dawkins, *An Appetite for Wonder*, Bantam Press, London, 2013
Ray Desmond, *The European Discovery of the Indian Flora*, Oxford University Press, 1992
—, *Victorian India in Focus*, HMSO, London, 1982
Charles Devereux, *Venus in India*, Harper Perennial, London, 2009
T. M. Devine, *Scotland's Empire, 1600–1815*, Allen Lane, London, 2003
Douglas Dewar, *Jungle Folk*, John Lane, London, 1912
Clive Dewey, *Anglo-Indian Attitudes: The Mind of the Indian Civil Service*, Hambledon Press, London, 1993

—, 'The Education of a Ruling Caste: The Indian Civil Service in the Era of Competitive Examination', *English Historical Review*, vol. 88, 1973
—, *The Passing of Barchester*, Hambledon Press, London, 1991
—, *Steamboats on the Indus*, Oxford University Press, New Delhi, 2014
Charles Dilke, *Greater Britain*, Macmillan, London, 1869
David Dilks, *Curzon in India*, 2 vols., Hart-Davis, London, 1969–70
Maud Diver, *The Englishwoman in India*, Blackwood, Edinburgh, 1909
Edward Docker, *History of Indian Cricket*, Macmillan, Delhi, 1976
Henry Dodwell, *The Nabobs of Madras*, Williams and Norgate, London and Edinburgh, 1926
E. C. Dozey, *A Concise History of Darjeeling*, Jetsun, Calcutta, 1989
L. C. Dunsterville, *Stalky's Reminiscences*, Jonathan Cape, London, 1928
Mortimer Durand, *Sir Alfred Comyn Lyall*, Blackwood, Edinburgh, 1913
Sainthill Eardley-Wilmot, *Forest Life and Sport in India*, Edward Arnold, London, 1910
Emily Eden, *Up the Country*, Virago, London, 1984
Michael Edwardes, *Bound to Exile*, Sidgwick & Jackson, London, 1969
—, *The Nabobs at Home*, Constable, London, 1991
S. M. Edwardes, *The Bombay City Police*, Oxford University Press, 1923
Ivor Edwardes-Stuart, *The Calcutta of Begum Johnson*, BACSA, London, 1990
DeWitt C. Ellinwood, *Between Two Worlds: A Rajput Officer in the Indian Army, 1905–21*, University Press of America, Lanham, 2005
Havelock Ellis, *Studies in the Psychology of Sex*, vol. 3, F. A. Davis, Philadelphia, 1928
Jennifer Ellis (ed.), *Thatched with Gold: The Memoirs of Mabell, Countess of Airlie*, Hutchinson, London, 1962
G. Elsmie, *Thirty-five Years in the Punjab*, David Douglas, Edinburgh, 1908
Ex-Civilian, *Life in the Mofussil*, 2 vols., Kegan Paul, London, 1878
John Fabb, *The British Empire from Photographs*, Batsford, London, 1986
Geoffrey Faber, *Jowett*, Faber and Faber, 1957
Viscountess Falkland, *Chow-Chow*, vol. 1, Hurst and Blackett, London, 1857
Susan Maria Farrington, *Peshawar Cemetery*, BACSA, London, 1988
Susan Maria Farrington and John A. Radford, *Chittagong Christian Cemeteries*, BACSA, London, 1999
Byron Farwell, *Armies of the Raj*, Viking, London, 1989
Eliza Fay, *Original Letters from India*, Hogarth Press, London, 1986
Niall Ferguson, *Empire: How Britain Made the Modern World*, Allen Lane, London, 2003
FIBIS, 2013–17, Families in British India Society, London
H. Fielding-Hall, *The Passing of Empire*, Hurst and Blackett, London, 1913
Michael Fisher, *Indirect Rule in India: Residents and the Residency System, 1764–1858*, Oxford University Press, Delhi, 1998
Penelope Fitzgerald, *The Knox Brothers*, Flamingo, London, 2002

Laurence Fleming, *Last Children of the Raj*, 2 vols., Dexter Haven, London, 2016

G. W. Forrest, *Cities of India*, Dutton, New York, 1903

Adrian Fort, *Wavell: The Life and Times of an Imperial Servant*, Jonathan Cape, London, 2009

H. L. Fraser, *Among Indian Rajahs and Ryots*, Seeley, London, 1911

John Fraser, *Sixty Years in Uniform*, Stanley Paul, London, 1939

Lovat Fraser, *India after Curzon*, William Heinemann, London, 1911

Patrick French, *Younghusband*, HarperCollins, London, 1994

Michael Fry, *The Scottish Empire*, Birlinn, Edinburgh, 2001

Bampfylde Fuller, *The Empire of India*, Pitman & Sons, London, 1913

P. N. Furbank, *E. M. Forster*, 2 vols., Secker & Warburg, London, 1977

Andrew Gailey, *The Lost Imperialist: Lord Dufferin*, John Murray, London, 2015

Edward Gait, *A History of Assam*, Thacker, Spink, Calcutta, 1926

Alison Games, *The Web of Empire: English Cosmopolitans in an Age of Expansion, 1560–1660*, Oxford University Press, 200.

M. K. Gandhi, *An Autobiography*, Penguin, London, 2001

Akshoy Kumar Ghosal, *Civil Service in India under the East India Company*, University of Calcutta, 1944

Indira Ghose, *Memsahibs Abroad*, Oxford University Press, Delhi, 1996

Durba Ghosh, *Sex and the Family in Colonial India*, Cambridge University Press, 2006

Mary Gibson, *Warneford VC*, Friends of the Fleet Air Arm Museum, Yeovilton, 1979

Charles H. Gillen, *H. H. Munro (Saki)*, Twayne, New York, 1969

Martin Gilbert, *Servant of India: A Study of Imperial Rule from 1905 to 1910*, Longman, London, 1966

David Gilmour, *Curzon*, John Murray, London, 1994

—, *The Long Recessional: The Imperial Life of Rudyard Kipling*, John Murray, London, 2002

—, *The Ruling Caste: Imperial Lives in the Victorian Raj*, John Murray, London, 200

Jonathan Glancey, *Nagaland: A Journey to India's Forgotten Frontier*, Faber and Faber, London, 2011

Captain A. I. R. Glasfurd, *Rifle and Romance in the Indian Jungle*, John Lane, London, 1905

John Glendevon, *The Viceroy at Bay*, Collins, London, 1971

Victoria Glendinning, *Raffles*, Profile, London, 2012

Jon and Rumer Godden, *Two under the Indian Sun*, Macmillan, London, 1966

William Golant, *The Long Afternoon: British India, 1601–1947*, Hamish Hamilton, London, 1975

S. Gopal, *British Policy in India, 1858–1905*, Cambridge University Press, 1965

Iain Gordon, *Soldier of the Raj: The Life of Richard Purvis*, Leo Cooper, London, 2001
W. Gordon-Alexander, *Recollections of a Highland Subaltern*, Edward Arnold, London, 1898
H. J. C. Grierson (ed.), *The Letters of Sir Walter Scott*, 10 vols., Constable, 1932–6
Lepel Griffin, 'The Indian Civil Service Examinations', *Fortnightly Review*, vol. 17, 1875
Percival Griffiths, *To Guard My People: The History of the Indian Police*, Ernest Benn, London, 1971
Ethel St Clair Grimwood, *My Three Years in Manipur*, Richard Bentley, London, 1891
Ramachandra Guha, *An Anthropologist among the Marxists*, Permanent Black, Delhi, 2001
—, *A Corner of a Foreign Field, The Indian History of a British Sport*, Picador, London, 2002
—, *Gandhi Before India*, Allen Lane, London, 2013
—, *Savaging the Civilized: Verrier Elwin, His Tribals and India*, Oxford University Press, Delhi, 1999
Alan J. Guy and Peter B. Boyden, *Soldiers of the Raj: The Indian Army, 1600–1947*, National Army Museum, London, 1997
Catherine Hall, *Macaulay and Son*, Yale University Press, Newhaven and London, 2012
James Halliday, *A Special India*, Chatto & Windus, London, 1968
S. Shahid Hamid, *So They Rode and They Fought*, Midas Books, Tunbridge Wells, 1983
Lord George Hamilton, *Parliamentary Reminiscences and Reflections, 1886–1906*, John Murray, London, 1922
Ian Hamilton, *Listening for the Drums*, Faber and Faber, London, 1944
Nigel Hamilton, *The Full Monty: Montgomery of Alamein*, vol. 1, Allen Lane, London, 2001
August Peter Hansen, *Memoirs of an Adventurous Dane in India, 1904–47*, BACSA, London, 1999
Alan Harfield, *Meerut: The First Sixty Years*, BACSA, London, 1992
Jonathan Gil Harris, *The First Firangis*, Aleph, New Delhi, 2015
Kenneth Harris, *Attlee*, Weidenfeld & Nicolson, London, 1984
Mark Harrison, *Public Health in British India: Anglo-Indian Preventive Medicine, 1859–1914*, Cambridge University Press, 1994
Robert Harvey, *Clive*, Hodder & Stoughton, London, 1998
D. J. Hastings (ed.), *Bombay Buccaneers*, BACSA, London, 1986
Stephen Hatch-Barnwell, *The Last Guardian*, University Press Ltd, Dhaka, 2011
Roy Hattersley, *The Devonshires*, Chatto & Windus, London, 2013

Raymond Head, *Catalogue of Paintings, Drawings, Engravings and Busts*, Royal Asiatic Society, London, 1991
Christopher Headington, *Peter Pears*, Faber, London, 1992
T. A. Heathcote, *The Indian Army*, David & Charles, Newton Abbot, 1974
—, *The Military in British India*, Manchester University Press, 1995
Maurice Hennessy, *The Rajah from Tipperary*, Sidgwick & Jackson, London, 1971
Eugenia W. Herbert, *Flora's Empire: British Gardens in India*, Allen Lane, London, 2011
Albert Hervey, *Ten Years in India or The Life of a Young Officer*, 3 vols., William Shoberl, London, 1850
H. Hervey, *The European in India*, Stanley Paul, London, 1913
Eileen Hewson, *Darjeeling & the Dooars: Christian Cemeteries and Memorials*, BACSA, London, 2006
William Hickey, *Memoirs*, 4 vols., Hurst and Blackett, London, 1919-25
Claude Hill, *India-Stepmother*, Blackwood, Edinburgh, 1929
Richard Hilton, *Nine Lives: The Autobiography of an Old Soldier*, Hollis & Carter, London, 1955
History of the 5th Royal Gurkha Rifles, 1858 to 1928, Gale & Olden, Aldershot
Paul Hockings (ed.), *Blue Mountains: The Ethnography and Biogeography of a South Indian Region*, Oxford University Press, Delhi, 1989
Dennis Holman, *Sikander Sahib: The Life of Colonel James Skinner*, Heinemann, London, 1961
Richard Holmes, *The British Soldier in India*, HarperCollins, London, 2005
Michael Holroyd, *Lytton Strachey*, vol. 1, Heinemann, London, 1967
Hilary Hook, *Home from the Hill*, The Sportsman's Press, London, 1997
Roland Hunt and John Harrison, *The District Officer in India, 1930-1947*, Scolar Press, London, 1980
Tristram Hunt, *Ten Cities That Made an Empire*, Allen Lane, London, 2014
W. W. Hunter, *The Annals of Rural Bengal*, 3 vols., Smith Elder, London, 1868
Francis G. Hutchins, *The Illusion of Permanence: British Imperialism in India*, Princeton University Press, 1967
Philip Hutchins, *An Indian Career, 1858-1908*, private publication, 1927
Ronald Hyam, *Empire and Sexuality*, Manchester University Press, 1991
'The Indian Civil Service: Survivors Remember the Raj', *Indo-British Review*, vol. XXII, no. 2 and vol. XXIII, no. 1., Madras, n.d.
Violet Jacob, *Diaries and Letters from India*, Canongate, Edinburgh, 1990
Victor Jacquemont, *Letters from India, 1829-1832*, Macmillan, London, 1936
Lawrence James, *Raj: The Making and Unmaking of British India*, Little Brown, London, 1997
Maya Jasanoff, *Edge of Empire*, Knopf, New York, 2005
Tim Jeal, *Baden-Powell*, Hutchinson, London, 1989

Miles Jebb, *Patrick Shaw Stewart*, Dovecote Press, Wimborne Minster, 2010
Robin Jeffrey (ed.), *People, Princes and Paramount Power*, Oxford University Press, Delhi, 1978
Ronald Johnston, *One Man's Life*, privately published, n.d.
James Johnstone, *My Experiences in Manipur and the Naga Hills*, Sampson Low, London, 1896
Stephanie Jones, *Merchants of the Raj: British Managing Agency Houses in Calcutta Yesterday and Today*, Macmillan, Basingstoke, 1992
Arnold P. Kaminsky, *The India Office, 1880–1910*, Mansell, London, 1986
Pamela Kanwar, *Imperial Simla*, Oxford University Press, Delhi, 1990
M. M. Kaye, *Golden Afternoon*, Viking, London, 1997
—, *Sun in the Morning*, Viking, London, 1990
John Keay, *The Honourable Company: A History of the East India Company*, HarperCollins, London, 1993
—, *India: A History*, HarperCollins, London, 2000
T. E. Kebbel (ed.), *Selected Speeches of the Earl of Beaconsfield*, vol. 2, Longmans Green, London, 1882
Caroline Keen, *Princely India and the British*, I. B. Tauris, London, 2012
Felicity Kendal, *White Cargo*, Michael Joseph, London, 1998
Geoffrey Kendal (with Clare Colvin), *The Shakespeare Wallah*, Sidgwick & Jackson, London, 1986
R. L. Kennion, *Diversions of an Indian Political*, Blackwood, Edinburgh, 1932
Ian J. Kerr, *Building the Railways of the Raj, 1850–1900*, Oxford University Press, Delhi, 1995
Omar Khalidi, *The British Residency in Hyderabad*, BACSA, London, 2005
Sunil Khilnani, *The Idea of India*, Penguin, London, 2012
C. A. Kincaid, *Forty-four Years a Public Servant*, Blackwood, Edinburgh, 1934
Dennis Kincaid, *British Social Life in India*, George Routledge, London, 1938
Anthony D. King, *The Bungalow*, Oxford University Press, New York, 1995
Mrs Robert Moss King, *The Diary of a Civilian's Wife in India, 1877–1882*, 2 vols., Richard Bentley, London, 1884
Rudyard Kipling, *Barrack-room Ballads and Other Verses*, Methuen, London, 1917
—, *Departmental Ditties and Other Verses*, Methuen, London, 1904
—, *Plain Tales from the Hills*, Macmillan, London, 1931
—, *Something of Myself*, Cambridge University Press, 1991
Anthony Kirk-Greene, *Britain's Imperial Administrators, 1858–1966*, Macmillan, London, 1900
Philip Knightley, *Philby: The Life and Views of the KGB Masterspy*, André Deutsch, London, 1988
Anil Kumar, *Medicine and the Raj: British Medical Policy in India, 1835–1911*, Sage Publications, New Delhi, 1998
Deepak Kumar, *Science and the Raj*, Oxford University Press, Delhi, 1995

G. T. Labey and R. K. H. Brice, 'The Bengal Pilot Service' (unpublished), National Maritime Museum, Greenwich, 1970
Katar Lalvani, *The Making of India*, Bloomsbury, London, 2016
Gavin Lambert, *Mainly about Lindsay Anderson*, Faber, London, 2000
H. T. Lambrick, *John Jacob of Jacobabad*, Cassell, London, 1960
Lady Lawrence, *Indian Embers*, George Ronald, Oxford, n.d.
Walter Lawrence, *The India We Served*, Cassell, London, 1928
Charles A. Lawson, *At Home on Furlough*, Times Press, Madras, 1868
—, *Memories of Madras*, Swan Sonnenschein & Co., London, 1905
Harold Lee, *Brothers in the Raj: The Lives of John and Henry Lawrence*, Oxford University Press, Karachi, 2002
William Lee-Warner, *The Life of the Marquess of Dalhousie*, vol. 1, Irish University Press, Shannon, 1972
—, *The Native States of India*, Macmillan, London, 1910
Peter Levi, *Edward Lear*, Macmillan, London, 1995
Phillipa Levine, *Prostitution, Race, and Politics*, Routledge, London, 2003
Ivor Lewis, *Sahibs, Nabobs and Boxwallahs*, Oxford University Press, Delhi, 1997
Mary Ann Lind, *The Compassionate Memsahibs*, Westport, 1988
Lord Lindsay, *Lives of the Lindsays*, privately published, Wigan, 1840
Rosie Llewellyn-Jones, *Engaging Scoundrels*, Oxford University Press, New Delhi, 2000
—, *A Fatal Friendship: The Nawabs, the British and the City of Lucknow*, Oxford University Press, Delhi, 1985
Gordon Loch, *The Family of Loch*, privately published, Edinburgh, 1934
Elizabeth Longford, *A Pilgrimage of Passion: The Life of Wilfrid Scawen Blunt*, Weidenfeld & Nicolson, London, 1979
—, *Wellington: The Years of the Sword*, Weidenfeld & Nicolson, London, 1969
J. P. Losty, *Calcutta: City of Palaces*, British Library, London, 1990
Heather Lovatt and Peter de Jong, *Above the Heron's Pool*, BACSA, London, 1993
Anabel Loyd, *Picnic Crumbs*, Polperro Heritage Press, Clifton-upon-Teme, 2012
Mary Lutyens (ed.), *Lady Lytton's Court Diary, 1895–1899*, Hart-Davis, London, 1961
Mary Lutyens, *The Lyttons in India*, John Murray, London, 1979
Alfred Lyall, *Verses Written in India*, Kegan Paul, London, 1893
A. R. Macduff, *The Utmost Bound of the Everlasting Hills*, James Nisbet, London, 1902
Arthur MacGregor (ed.), *The Cobbe Cabinet of Curiosities*, Yale University Press, Newhaven and London, 2015
R. D. Macleod, *Impressions of an Indian Civil Servant*, Witherby, London, 1938

Margaret MacMillan, *Women of the Raj*, Thames and Hudson, London, 1988
Evan Maconochie, *Life in the Indian Civil Service*, Chapman & Hall, London, 1926
Donald MacPherson, *The Raj: A Time Remembered*, Pentland Press, Edinburgh, 2000
William Magan, *Soldier of the Raj*, Michael Russell, London, 2002
Julia Charlotte Maitland, *Letters from Madras, during the years 1836–9*, John Murray, London, 1843
J. A. Mangan, *The Games Ethic and Imperialism*, Viking, London, 1986
P. J. Marshall, *Bengal: The British Bridgehead*, Cambridge University Press, 1987
—, *East Indian Fortunes, The British in Bengal in the Eighteenth Century*, Oxford University Press, 1976
P. J. Marshall (ed.), *The Oxford History of the British Empire: The Eighteenth Century*, Oxford University Press, 2001
David Marston, *The Indian Army and the End of the Raj*, Cambridge University Press, 2014
Robert Montgomery Martin (ed.), *The Despatches, Minutes and Correspondence of the Marquess Wellesley*, vol. 2, W. H. Allen, London, 1836
G. D. Martineau, *Controller of Devils*, privately published, n.d.
Margaret Martyn, *Married to the Raj*, BACSA, London, 1992
Zareer Masani, *Macaulay: Britain's Liberal Imperialist*, Bodley Head, London, 2013
A. E. W. Mason, *The Broken Road*, John Murray, London, 1907
Philip Mason, *A Matter of Honour*, Papermac, London, 1986
—, *A Shaft of Sunlight*, André Deutsch, London, 1978
Montague Massey, *Recollections of Calcutta for over Half a Century*, Thacker, Spink, Calcutta, 1918
John Masters, *Bugles and a Tiger*, Michael Joseph, London, 1956
Basil Mathews, *The Secrets of the Raj*, University for Missionary Education, London, 1913
Roderick Matthews, *Flaws in the Jewel: Challenging the Myths of British India*, HarperCollins, Noida, 2010
Andrew J. May, *Welsh Missionaries and Imperialism*, Manchester University Press, 2012
Alister McCrae and Friends, *Tales of Burma*, James Paton, Paisley, 1981
Donald McDonald, *Surgeons Twoe and a Barber*, Heinemann, London, 1950
Martha McLaren, *British India and British Scotland, 1780–1830*, University of Akron Press, Ohio, 2001
Frank McLynn, *Burton: Snow upon the Desert*, John Murray, London, 1993
Gordon McMullan and Zoë Wilcox, *Shakespeare in Ten Acts*, British Library, London, 2016
Thomas R. Metcalf, *Ideologies of the Raj*, Cambridge University Press, 1997

—, *An Imperial Vision: Indian Architecture and the British Raj*, Faber and Faber, London, 1989
A. A. Millar, *Alexander Duff of India*, Canongate, Edinburgh, 1992
C. P. Mills, *A Strange War*, Alan Sutton, Gloucester, 1988
Mary, Countess of Minto, *India, Minto and Morley, 1905–1910*, Macmillan, London, 1934
Maria Misra, *Business, Race, and Politics in British India c. 1850–1960*, Oxford University Press, 1999
Elizabeth Monroe, *Philby of Arabia*, Faber and Faber, London, 1973
Brian Montgomery, *Monty's Grandfather: A Life's Service for the Raj*, Blandford Press, Poole, 1984
Penderell Moon, *The British Conquest and Dominion of India*, Duckworth, London, 1989
—, *Divide and Quit*, Chatto & Windus, London, 1962
Robin Moore, *Paul Scott's Raj*, Heinemann, London, 1990
R. J. Moore, *Sir Charles Wood's Indian Policy*, Manchester University Press, 1966
Geoffrey Moorhouse, *Calcutta*, Penguin, London, 1988
—, *India Britannica*, Harvill, London, 1988
Andrew Morgan (ed.), *Mussoorie Merchant: The Indian Letters of Mauger Fitzhugh Monk*, Pagoda Tree Press, Bath, 2006
David Morling, *Pioneering on the Cauvery*, Marshall Brothers, London, 1924
James Morris, *Farewell the Trumpets: An Imperial Retreat*, Faber, London, 1978
—, *Heaven's Command: An Imperial Progress*, Faber, London, 1973
—, *Pax Britannica: The Climax of Empire*, Faber, London, 1968
Jan Morris, *Stones of Empire*, Oxford University Press, 1987
John Morris, *Hired to Kill*, Hart-Davis, London, 1960
Belinda Morse, *Calamity and Courage: A Heroine of the Raj*, Book Guild Publishing, Brighton, 2008
George Morton-Jack, *The Indian Army on the Western Front*, Cambridge University Press, 2014
Ferdinand Mount, *The Tears of the Rajas: Mutiny, Money and Marriage in India 1805–1905*, Simon & Schuster, London, 2015
J. Muir, *The Indian Civil Service and the Scottish Universities*, W. P. Kennedy, Edinburgh, 1855
Rory Muir, *Wellington: The Path to Victory, 1769–1814*, Yale University Press, Newhaven and London, 2013
Rudrangshu Mukherjee, *Avadh in Revolt, 1857–1858*, Permanent Black, Ranikhet, 2002
Ray Murphy (ed.), *Edward Lear's Indian Journal*, Jarrolds, London, 1953
S. Muthiah, *Madras Discovered*, East-West Press, Madras, 1992
—, *Madras: Its Past and Present*, Affiliated East-West Press Private Limited, Madras, 1995

Naini Tal: A Historical and Descriptive Account, Government Press, Allahabad, 1928

V. S. Naipaul, *India: A Wounded Civilization*, André Deutsch, London, 1977

P. Thankappan Nair (ed.), *British Social Life in Ancient Calcutta, 1750 to 1850*, Sanskrit Pustak Bhandar, Calcutta, 1983

P. Thankappan Nair, *Calcutta in the Eighteenth Century*, Firma KLM, Calcutta, 1984

Pran Nevile, *Rare Glimpses of the Raj*, Somaiya, Mumbai, 1998

Capt. J. T. Newall, *Scottish Moors and Indian Jungles*, Hurst and Blackett, London, 1889

H. A. Newell, *Topee and Turban*, Bodley Head, London, 1921

Beverley Nichols, *Verdict on India*, Jonathan Cape, London, 1944

Paul Byron Norris, *Follow My Bangalorey Man*, BACSA, London, 1996

—, *Ulysses in the Raj*, BACSA, London, 1992

—, *Willingly to War, 1939–1945*, BACSA, London, 2004

C. J. O'Donnell, *The Irish Future and the Lordship of the World*, Cecil Palmer, London, 1929

Michael O'Dwyer, *India as I Knew It*, Constable, London, 1925

L. L. S. O'Malley, *The Indian Civil Service, 1601–1930*, Frank Cass, London, 1965

David Omissi, *The Sepoy and the Raj: The Indian Army, 1860–1940*, Macmillan, Basingstoke, 1998

George Orwell, *Burmese Days*, Secker & Warburg, London, 1949

Roger Owen, *Lord Cromer*, Oxford University Press, 2004

Patricia Owens (ed.), *An American Memsahib in India: The Letters and Diaries of Irene Mott Bose*, BACSA, London, 2006

Valerie Pakenham, *The Noonday Sun: Edwardians in the Tropics*, Methuen, London, 1985

H. R. Packridge and R. I. Macalpine, *The Bengal Club, 1827–1970*, Statesman Press, Calcutta, 1970

Mollie Panter-Downes, *Ooty Preserved*, Hamish Hamilton, London, 1967

Peter Parker, *Ackerley*, Constable, London, 1989

Fanny Parkes, *Begums, Thugs and White Mughals*, Eland, London, 2001

Biswamoy Pati and Mark Harrison (eds.), *Health, Medicine and Empire*, Sangam, London, 2001

—, *The Social History of Health and Medicine in Colonial India*, Routledge, London, 2009

Roger Pearce, *Once a Happy Valley*, Oxford University Press, Karachi, 2001

John Pemble (ed.), *Miss Fane in India*, Alan Sutton, Gloucester, 1985

Clayre Percy and Jane Ridley (eds.), *The Letters of Edwin Lutyens*, Collins, London, 1985

Margery Perham, *Lugard: The Years of Adventure, 1858–1898*, Collins, London, 1956

Jane Pettigrew, *A Social History of Tea*, National Trust, London, 2001

C. H. Philips (ed.), *Historians of India, Pakistan and Ceylon*, Oxford University Press, 1961

Stuart Piggin, *Making Evangelical Missionaries, 1789–1858*, Sutton Courtney Press, 1984

Thomas Pinney (ed.), *The Letters of Rudyard Kipling*, vol. 2, University of Iowa Press, Iowa City, 1990

—, *The Letters of Rudyard Kipling*, vol. 4, Macmillan, Basingstoke, 1999

Andrew Porter, *Religion versus Empire? British Protestant Missionaries and Overseas Expansion, 1700–1914*, Manchester University Press, 2004

Andrew Porter (ed.), *The Oxford History of the British Empire: The Nineteenth Century*, Oxford University Press, 1999

Bernard Porter, *The Absent-Minded Imperialists*, Oxford University Press, 1999

Martin Postle (ed.), *Johann Zoffany RA*, Yale University Press, New Haven and London, 2011

David C. Potter, *India's Political Administrators, 1918–1983*, Oxford University Press, Delhi, 1986

George Pottinger, *Mayo: Disraeli's Viceroy*, Michael Russell, London, 1990

Avril A. Powell, *Scottish Orientalists and India*, Boydell Press, Suffolk, 2010

Violet Powell, *Flora Annie Steel*, Heinemann, London, 1981

John Prendergast, *Prender's Progress: A Soldier in India*, Cassell, London, 1979

Frederick Price, *Ootacamund*, Rupa, Chennai, 2002

Hugh Purcell, *After the Raj*, History Press, Stroud, 2011

John Radford and Susan Maria Farrington, *Tombs in Tea*, BACSA, London, 2001

Srinath Raghavan, *India's War: The Making of Modern South Asia, 1939–1945*, Allen Lane, London, 2016

N. S. Ramaswami, *The Madras Club, 1832–1982*, Chamiers Road, Madras, 1982

S. K. Ratcliffe, *Sir William Wedderburn and the Indian Reform Movement*, George Allen & Unwin, London, 1925

Bharati Ray, *Hyderabad and British Paramountcy, 1858–1883*, Oxford University Press, Delhi, 1988

Stanley Reed, *The India I Knew*, Odhams, London, 1952

Robert Reid, *Years of Change in Bengal and Assam*, Ernest Benn, London, 1966

Raymond K. Renford, *The Non-official British in India to 1920*, Oxford University Press, Delhi, 1987

Claudia Renton, *Those Wild Wyndhams*, Collins, London, 2014

Frank Richards, *Old Soldier Sahib*, Naval & Military Press, Uckfield, 2003

Gordon Richings, 'Charles Bell's Divorce: The Legal Aftermath', *Quarterly Bulletin of the National Library of South Africa*, vol. 54, no. 3, March 2000

Julius Richter, *A History of Missions in India*, Oliphant Anderson, Edinburgh, 1908

Jane Ridley, *Bertie: A Life of Edward VII* Chatto & Windus, London, 2012

—, *Edwin Lutyens*, Pimlico, London, 2003

Gerald Ritchie, *The Ritchies in India*, John Murray, London, 1920

J. H. Rivett-Carnac, *Many Memories*, Blackwood, Edinburgh, 1910

Peter Robb, *Sentiment and Self: Richard Blechynden's Calcutta Diaries, 1791–1822*, Oxford University Press, Delhi, 2011
—, *Sex and Sensibility: Richard Blechynden's Calcutta Diaries, 1790*, Oxford University Press, Delhi, 2011
Andrew Roberts, *Napoleon the Great*, Allen Lane, London, 2014
Lord Roberts, *Forty-one Years in India*, 2 vols., Richard Bentley, London, 1987
Alan Robertson, *Epic Engineering: Great Canals and Barrages of Victorian India*, Beechwood Melrose, Melrose, 2013
Leslie Robins, *Policing the Raj*, Robins, London, 1985
Captain H. R. Robinson, *A Modern De Quincey*, Harrap, 1943
Ronald Robinson and John Gallagher, *Africa and the Victorians*, Macmillan, London, 1961
Alan Ross, *Blindfold Games*, Collins Harvill, London, 1986
Rotary Club of Kodaikanal, 1979
Emma Rothschild, *The Inner Life of Empires*, Princeton University Press, 2011
Norah Rowan Hamilton, *Through Wonderful India and Beyond*, Holden & Harmingham, London, 1915
Jyotirmoy Roy, *History of Manipur*, Firma KLM, Calcutta, 1958
Trevor Royle, *Death before Dishonour: The True Story of Fighting Mac*, Mainstream, Edinburgh 1982
—, *The Last Days of the Raj*, Michael Joseph, London, 1989
Wilfrid Russell, *Indian Summer*, Thacker, Bombay, 1951
James R. Ryan, *Picturing Empire*, Reaktion, London, 1997
Edward Said, *Culture and Imperialism*, Vintage, London, 1994
—, *Orientalism*, Routledge & Kegan Paul, London, 1978
Hugh David Sandeman (ed.), *Selections from Calcutta Gazettes 1816*, Superintendent of Government Printing, Calcutta, 1869
G. P. Sanderson, *Thirteen Years among the Wild Beasts of India*, W. H. Allen, London, 1878
Mahua Sarkar, *Justice in a Gothic Edifice*, Firma KLM, Calcutta, 1997
Narindar Saroop, *A Squire of Hindustan*, Nottingham Court Press, London, 1985
W. H. Saumarez Smith, *A Young Man's Country*, Michael Joseph, London, 1977
Douglas Scott (ed.), *Douglas Haig: Diaries & Letters, 1861–1914*, Pen & Sword, Barnsley, 2006
Pauline Scudamore, *Spike Milligan*, Grafton, London, 1985
Anil Seal, *The Emergence of Indian Nationalism*, Cambridge University Press, 1969
Edward Sellon, *The Ups and Downs of Life*, Wordsworth (Ware), 1966
Sudipta Sen, *Distant Sovereignty: National Imperialism and the Origins of British India*, Routledge, New York, 2002
Chandak Sengoopta, *Imprint of the Raj*, Macmillan, London, 2003
W. S. Seton-Karr (ed.), *Selections from Calcutta Gazettes, 1784–1788*, O. T. Cutter, Calcutta, 1864

Michael Shelden, *Orwell*, Heinemann, London, 1991
Nancy K. Shields, *Birds of Passage: Henrietta Clive's Travels in South India, 1798-1801*, Eland, London, 2009
Frank B. Simson, *Letters on Sport in Eastern Bengal*, R. H. Porter, London, 1886
Khushwant Singh (ed.), *Sahibs Who Loved India*, Penguin India, New Delhi, 2010
F. H. B. Skrine, *Life of Sir William Wilson Hunter*, Longmans, London, 1901
Gilbert Slater, *Southern India*, Allen & Unwin, London, 1936
William Slim, *Unofficial History*, Cassell, London, 1959
Diana Souhami, *The Trials of Radclyffe Hall*, Weidenfeld & Nicolson, London, 1998
The South Park Street Cemetery, 2nd edn, BACSA, London, 1986
Bradford Spangenberg, *British Bureaucracy in India*, South Asia Books, Delhi, 1976
Percival Spear, *A History of India*, vol. 2, Penguin, London, 1990
—, *Master of Bengal: Clive and His India*, Thames and Hudson, London, 1975
—, *The Nabobs*, Oxford University Press, Delhi, 1998
Malcolm Speirs, *Lucknow: Families of the Raj*, Amazon, 2013
Hilary Spurling, *Paul Scott*, Pimlico, London, 1991
Elizabeth Staley, *Monkey Tops: Old Buildings in Bangalore Cantonment*, Tara Books, Bangalore, 1981
Peter Stansky and William Abrahams, *The Unknown Orwell*, Constable, London, 1992
F. A. Steel and G. Gardiner, *The Complete Indian Housekeeper & Cook*, Heinemann, London, 1898
Flora Annie Steel, *The Garden of Fidelity*, Macmillan, London, 1929
Ian Stephens, *Unmade Journey*, Stacey International, London, 1977
G. W. Steevens, *In India*, Blackwood, Edinburgh, 1899
Mary Ann Steggles, *Statues of the Raj*, BACSA, London, 2000
Patrick Hugh Stevenage, *A Railway Family in India*, BACSA, London, 2001
V. E. O. Stevenson-Hamilton, *Yes, Your Excellency*, Thomas Harmsworth, London, 1985
J. H. Stocqueler, *India: Its History, Climate, Productions and Field Sports*, George Routledge and Co., London, 1853
Ian Stone, *Canal Irrigation in India*, Cambridge University Press, 1984
Barbara Strachey, *The Strachey Line*, Gollancz, London, 1985
John Strachey, *India: Its Administration and Progress*, Kegan Paul, London, 1894
Tristram Stuart, *The Bloodless Revolution: Radical Vegetarians and the Discovery of India*, HarperPress, London, 2006
April Swayne-Thomas, *Indian Summer*, New English Library, London, 1981
Richard Symonds, *The British and Their Successors*, Faber and Faber, London, 1966

—, *In the Margins of Independence*, Oxford University Press, Karachi, 2001
—, *Oxford and Empire*, Oxford University Press, 1991
Prakash Tandon, *Punjabi Century, 1857–1947*, Chatto & Windus, London, 1961
Richard Temple, *The Story of My Life*, 2 vols., Cassell, London, 1896
Lowell Thomas, *India: Land of the Black Pagoda*, Garden City, New York, 1930
Edward Thompson, *An Indian Day*, A. A. Knopf, London, 1927
Herbert Thompson, *Icarus Went East*, Justin Woolcott, 2013
Kathryn Tidrick, *Empire and the English Character*, I. B. Tauris, London, 1992
Aroon Tikekar, *The Kincaids*, Promilla, New Delhi, 1992
Claire Tomalin, *Mrs Jordan's Profession*, Viking, London, 1994
Harry Townend, *A History of Shaw Wallace and Co.*, Shaw Wallace and Company Ltd, Calcutta, 1965
G. O. Trevelyan, *Competition Wallah*, Macmillan, London, 1866
Humphrey Trevelyan, *The India We Left*, Macmillan, London, 1972
Raleigh Trevelyan, *The Golden Oriole*, Secker & Warburg, London, 1987
Myna Trustram, *Women of the Regiment: Marriage and the Victorian Army*, Cambridge University Press, 1984
Francis Tuker, *While Memory Serves*, Cassell, London, 1950
Charles Lewis Tupper, *Our Indian Protectorate*, Longmans, Green, London, 1893
Bill Tydd, *Peacock Dreams*, BACSA, London, 1986
C. E. Tyndale-Biscoe, *Kashmir in Sunlight and Shade*, Seeley, Service & Co., London, 1922
—, *Tyndale-Biscoe of Kashmir*, Seeley, Service and Co., London, 1951
Annabel Venning, *Following the Drum: The Lives of Army Wives and Daughters*, Headline, London, 2005
R. C. Vernede (ed.), *British Life in India*, Oxford University Press, Delhi, 1996
David Verney (ed.), *In Viceregal India, 1916–21: The Letters of Ralph Verney*, vol. 2, Tabb House, Padstow, 1994
Margaret M. Verney, *Sir Henry Stewart Cunningham*, John Murray, London, 1923
Colonel H. M. Vibart, *Richard Baird Smith*, Constable, London, 1897
Hugo Vickers, *Vivien Leigh*, Hamish Hamilton, London, 1988
Robin Volkers, *Agra, St Paul's Cemetery*, BACSA, London, 2007
Edward Wakefield, *Past Imperative*, Chatto & Windus, London, 1966
Erica Wald, *Vice in the Barracks: Medicine, the Military and the Making of Colonial India, 1780–1868*, Palgrave Macmillan, London, 2014
Ethel Waley-Cohen (ed.), *A Young Victorian in India: Letters of H. M. Kisch*, Jonathan Cape, London, 1957
Judith E. Walsh, *Growing Up in British India*, Holmes and Meier, New York, 1983

Calder Walton, *Empire of Secrets: British Intelligence, the Cold War and the Twilight of Empire*, HarperPress, London, 2013
Robert Warburton, *Eighteen Years in the Khyber*, John Murray, London, 1900
Andrew Ward, *Our Bones are Scattered*, John Murray, London, 1996
A. E. Wardrop, *Modern Pig-sticking*, Macmillan, London, 1914
Philip Warner, *Auchinleck*, Cassell, London, 2001
Sidney and Beatrice Webb, *Indian Diary*, Oxford University Press, 1990
W. Wedderburn, *Allan Octavian Hume* (new edn by Edward C. Moulton), Oxford University Press, Delhi, 2002
Bishop Welldon, *Recollections and Reflections*, Cassell, London, 1915
J. S. Western, *Reminiscences of an Indian Cavalry Officer*, Allen & Unwin, London, 1922
J. N. Westwood, *Railways of India*, David & Charles, Newton Abbot, 1974
B. C. Whish, *A District Office in Northern India*, Thacker, Spink, Calcutta, 1892
Herbert Thirkell White, *A Civil Servant in Burma*, Edward Arnold, London, 1913
R. and S. Wilberforce, *The Life of William Wilberforce*, 5 vols., John Murray, London, 1839
Antony Wild, *The East India Company*, HarperCollins, London, 1999
Theon Wilkinson, *Two Monsoons: The Life and Death of Europeans in India*, Duckworth, London, 1987
Clive Williams, *The Nabobs of Berkshire*, Goosecroft, Purley on Thames, 2010
Philip M. Williams, *Hugh Gaitskell*, Jonathan Cape, London, 1979
Donovan Williams and E. Daniel Potts, *Essays in Indian History*, Asia Publishing House, London, 1973
W. N. Willis, *Western Men with Eastern Morals*, Stanley Paul, London, 1913
Anne C. Wilson, *Hints for the First Years of Residence in India*, Oxford University Press, 1904
Guy Fleetwood Wilson, *Letters to Nobody, 1908–1913*, John Murray, London, 1921
Jon Wilson, *India Conquered: Britain's Raj and the Conquest of Empire*, Simon and Schuster, London, 2016
Lady Wilson, *Letters from India*, Century, London, 1984
Norman Wisdom (with William Hall), *Don't Laugh at Me*, Century, London, 1992
Women's Christian College Madras, 1915–1935
Philip Woodruff, *The Founders*, Jonathan Cape, London, 1963
—, *The Guardians*, Jonathan Cape, London, 1963
Leonard Woolf, *Growing*, Hogarth Press, London, 1964
Maisie Wright, *Under Malabar Hill*, BACSA, London, 1988
William Wright, *Through the Indian Mutiny: The Memoirs of James Fairweather*, Three Rivers Publishers, New Delhi, 2011

'Wyvern' (Colonel Kenney-Herbert), *Culinary Jottings from Madras*, Higginbotham, Madras, 1885

Marianne Young (Mrs Postans), *Western India in 1838*, vol. 1, Saunders and Otley, London, 1839

Zoë Yalland, *Boxwallahs: The British in Cawnpore, 1857–1901*, Michael Russell, London, 1994

—, *Traders and Nabobs: The British in Cawnpore, 1765–1857*, Michael Russell, London, 1987

F. Yeats-Brown, *Bengal Lancer*, Victor Gollancz, London, 1930

—, *Lancer at Large*, Victor Gollancz, London, 1937

Henry Yule and A. C. Burnell, *Hobson Jobson*, Munshiram Manoharlal, New Delhi, 1994

Tanya Zinkin, *French Memsahib*, Thomas Harmsworth, Stoke Abbott, 1989

索 引

（索引页码为原书页码，即本书边码）

Abbotabad 463
Aberdeen Grammar School 82
Aberdeen University 117, 506
Aberigh-Mackay, George
　satire on British India 173
Ackerley, J. R. 412
　on British women in India 393
　defends Hindu customs 407–8
Ackroyd, Annette *see* Beveridge,
　　Annette
Addiscombe Military Seminary 210,
　　212–13, 424, 446
　EIC cadets at 78–9, 123–4
Aden 19
　acquisition by EIC 140, 179
　polo at 477
Adyar Club 397
　rugby at 464
Afghanistan, 85, 179, 185, 268
　Amir Abdur Rahman of 440
　Amir Habibullah Khan of 279
　British invasions of 50, 240, 485
Afridi tribes 269
Agra 20, 56, 115, 152, 257,
　　301, 493
　Catholic orphanage in 374, 377
　regimental brothel in 330
Ahmedabad 407
Ahmednagar 364
Airlie, 11th Earl of 61
Aitchison College 514

Aitken, Gillon
　on separation from parents 368
Aka Hills 266
Alexander's Bank (Calcutta)
　collapse of 36, 74
Ali Khan, Liaquat
　and British officials after 1947
　　510–11
Alipore 344
Allahabad 147, 155, 171, 174, 404
　club in 401
　lawyers in 172, 512
Allen, Geoffrey 509
All Souls College 503
Almora 67
amateur theatricals 449–50
Ambala 20, 56, 251, 263, 384, 476
Amherst, Lady (Sarah) 344
　as botanist in India 343
Amies, Basil 176
　career in Indian Army 125–6
　marriage of 295
　with toothache 189
Amritsar 229
　massacre of 73, 97, 262
Anaimalai Hills 197
Anchor Line 141
Andaman Islands 11, 75, 346
Anderson, Estelle 321
Anderson, Lindsay 2, 321
Andhra Pradesh 213, 412

Andrew Yule & Co. 100
Angelo family 51–2
Anglo-Indian Community (formerly known as Eurasians) 4n., 153n.
  girls of 311–13
Annandale (Simla) 460
Anson, George 490
Apa Tani tribe 190–92
Apollo Bunder (Bombay) 245, 348
Apozai 265
Arakan–Chittagong area 346
Archer, William and Mildred
  on Indian self-government 421
  interests in Indian culture 416, 434
  send children to England 367
Arcot, Battle of 238
Arcot, Nawab of 36
Ardvorlich 31
Argyll and Sutherland Highlanders 86
Army and Navy Stores (in India) 20, 70, 140, 350
Army in India *see* British Army *and* Indian Army
Army Sports Control Board 462
Arni 251
Arnold, Matthew 117
Arnold, Thomas 48, 376
Arthur, Allan 509
Arthur, Tam 516
Asansol 310
Ascension Island 134
Aseervatham, Mr
  and Attlee 349
Ashby, Lillian Luker
  and 'country-born' family 73–4
Asiatic Society 101
Asquith, Raymond 103
Assam 74, 105n., 150, 161, 190, 194, 224, 227, 438, 501, 503
  British officials in (post-1947) 509–10
  tea gardens in 27, 218–19, 290
Assam Oil Company 39, 301, 398
Assam Valley Light Horse Club 398
Assaye, Battle of 238, 254, 259, 485
Aston, Henry
  death of 25–6
Attlee, Clement 60
  helps former bearer 349
  visit to India 12–13
Auchinleck, Claude 237
  joins Indian Army 56, 125–6
Auckland, Earl of 197, 449
Auckland House School 375, 377, 379
Aurangzeb 407
Austen, Jane 34
Ava 446
Avadh *see* Oudh
Aylmer, Rose
  death of 488

Badajoz
  siege of 260
Baden-Powell, Lady (Henrietta) 431n.
Baden-Powell, Robert 471
  and pets 380
  on pig-sticking 479
  on theatres for soldiers 250
Baghdad 498
  Colonel Tweedie in 185
Bahrain 152, 179, 342
  Lorimers in 425–7
  political agent in 186–7, 416
Bahrain, Sheikh of 186
Baiga tribesmen 203
Baird, David 98
Baker, Henry 92
  sends children to England 367
Baku 261
Balasore 401, 456
Baldwin, Stanley 265n.
Balipara Frontier Tract 510

Balliol College 81, 392, 411
  and Dawkins family 199
  and ICS 116–18, 122
  and viceroys 107–8
Ballygunge 328
Baloo, Palwankar 407
Baluchistan 59, 126, 229, 265
  British deaths in 491
  Sandeman in 184–5
Bambrick, Valentine 44–5
Bamford, Geoffrey 503
Bangalore 1, 125, 245, 436
  architecture of 339
  Churchill in 263–5
  climate of 251, 343, 373
  retirement to 508
  temperance societies in 256
Bangladesh 12
Banham, Philip 87
Bankipore 391
  Beveridges in 345, 349
Barcroft, Robbie 56
Bareilly Tent Club 482–3
Barlow, George Hilario
  sues for divorce 320
Barlow, George Pratt 320
Barnard, Henry 490
Barnes, 'Barney'
  assassination of 268
Baroda 179, 325
Barr, David
  career in IPS 182
  promotion of 192
Barrackpore 147, 343, 381
Barry, Charlotte ('Mrs Hickey')
  134, 285
Basildon Park 505
Basrah Times 427
Bassein 310, 429
Batchelor, Stanley 60
Bateman, Rowland 435
Bateman-Champain, Mrs 517
Bath and West Society 199

Batten, George 315
Batten, Mabel 317
  in Simla 315
  success as singer 497n.
Batty, Beatrice
  missionary intentions of 225
Battye family
  military careers of 46–7
Battye, Richmond
  as reluctant soldier 47
Battye, Warren 466
Bayley, Charles
  as Resident in Hyderabad 387
Bayley, Vernon 205
Bayley, Violet
  experiences in India 21–2
Baylis, Robert 493
Bayly, C. A.
  on liberalism in India 524
Bazalgette, Jack
  post-Indian career of 502
Beale, Edward 261
Beale, Henry 261
Beames, Ellen
  giving birth in India 364
Beames, John 124, 189, 296, 364,
    390, 451
  on Calcutta 145
  debts in India 119
  as district officer 162
  experiences at Haileybury
    111–13
  on George Faulkner 214–15
  on IMS doctors 128
  as linguist 417
  and planters 217–18, 220–22
  resigns as master of lodge 410
  voyage to India 138
Beatson, William 55–6
Becher, Anne
  marriages of 64
Bedford Grammar School 82, 373
Beechey, George Duncan 37

索 引 / 699

Begg, David 94
Bell, Charles 322
Bell, James 509
Bell, Martha 322
Bell, T. R.
    returns to Karwar 519
Bellasis, George
    at St Helena 134–5
Bellasis, Joseph Harvey 52
Bellew, Francis 358
Belloc, Hilaire 108
Benares 35, 56, 147, 353
    Sanskrit College in 405
Bengal 53, 105n., 111, 165, 176, 193, 204, 209
    British control of 16
    British population in 17
    EIC traders in 15
    eating habits in 352
    ICS officers in 115, 150
    indigo planters in 93, 215–17, 220–22
    industry in 38
    landscape of 423, 457
    nationalist violence in 205
    river travel in 148
    Scots in 98
    sport in 464–5
Bengal, Bay of 59, 131, 137, 456
    fish from 357–8
Bengal Army 123, 272
    death rate of officers 485
Bengal Artillery 52
Bengal Board of Revenue 103
Bengal Civil List 102
Bengal Club 19, 353, 398–9, 476
    architecture of 396–7
    membership of 104, 122, 309, 397, 400
    rules of 92
Bengal Famine (1874) 48
Bengal Herald 309
Bengal Pilot Service (BPS) 45, 399

    work of 137
Bengal & North-Western Railway 99
Bengali regiments 125, 190, 210, 477
Bengalis
    'Ingabangas' among 410
    Macaulay's denunciation of 404
Bentinck High School (Madras) 68
Berampore 52
Berkeley-Hill, Owen 325
    on British women in India 394
    Indian marriage of 310
    joins IMS 90
Bertie, Mrs 324
Besant, Annie 68, 421
Best, James
    forest life of 203–4, 381
    in retirement 500
Beteille, André
    on universities of the Raj 524
Betts, Tim
    wedding in Nagaland 438
Beveridge, Annette
    Indian life of 67–8
Beveridge, Henry 68, 313, 455, 494
    on Bengalis 404
    household of 345, 349
    on Indian self-government 420
    view of missionaries 225, 229
Beveridge, William (later Lord) 68, 345
Beyts family 73
Bhagalpur 410, 443
Bharatpur (siege of) 36, 45
Bheels 466
Bhopal
    begums of 153, 323
    state dinner at 391
Bhopawar 481
Bhutto family 163
Bibby Line 140, 144
Bible Churchmen's Missionary Society 43
Bihar 158, 164, 169, 416, 443

indigo planters in 93, 217–18
Bikaner 211, 472
Bikaner, Maharaja (Ganga Singh) of 249
　hosts shoots on Gajner Lake 470
Birch, Richard 311
Birdwood, 1st Baron (William) 56, 263
　on delights of pig-sticking 480
Bishop Cotton's School (Simla) 378–9
'Black Hole of Calcutta' 31, 485
Black Mountain Expedition (1888) 47, 261
Black Watch regiment 56
Blackwood, Lord Freddie 63
Blair, Eric (George Orwell) 3, 193, 291, 394
　on British repatriates 499–500
　and pets 380
　playing football in Burma 465
　as policeman in Burma 208–10
Blair, Richard
　career in Opium Department 193
Blandy, Edmond 488–9
Blechynden, Richard
　mistresses in Calcutta 286–7
　sends children to England 366
　servants of 347–8
Blenheim, HMS 133
Bletchley Park 503
Blood, Bindon
　and Malakand Field Force 263–4
Bloomsbury Group 364n.
Blundell's School 82
Blunt, Edward
　advocates game shooting 469
Blunt, Wilfrid Scawen 410
　affair with Mabel Batten 315
Bobbili, Rani of 402
Bogambra Jail 395
Bombay 19, 39, 67, 93, 96, 130, 140, 156, 164, 174, 189, 222, 243, 338, 365, 408, 452, 476, 507
　cricket tournaments in 467

death rate in 484
district work in 194
first impressions of 145–6
governors of 104–5, 171, 176, 177, 198, 471
opera in 448
population of 12, 15, 20, 444, 484
prostitution in 71, 206–8, 227, 328, 330–31
residents of (post-1947) 516
social etiquette in 385, 390
summer capitals of 176
Bombay Army 72
Bombay Cathedral
　weddings in 295, 300–301
Bombay Gymkhana 465, 515
Bombay Mint 84
Bombay Missionary Conference 234
Bombay Police 204
　officers in 87–8, 205–6
　and prostitution 206–8, 331
Bombay University 231
Bombay Yacht Club 390, 402, 516
　loses licence 515
Bombay, Baroda and Central Indian Railway 153
Bombay Burmah Trading Company 92
Bonaparte, Lucien 52, 77
Bonaparte, Napoleon 33n., 49, 84
　plans to join EIC 52, 77–8
　at St Helena 135
Bonus, A. R. 452
　on scandals in India 322–3
Boon, Emily 373
Bose, Vivien
　career and marriage 314
Bourne, Samuel
　expeditions in the Himalaya 446–7
Bower, Ursula Graham 501
　life among the Nagas 437–8
Bowring, Lewis 64, 112
　on furlough 454

Brackenbury, Mrs 402
Bradfield, Ernest 59, 310, 370
    IMS career 191–2
Bradford, Edward
    in Rajputana 182
Bradford Grammar School 82
Bradman, Donald 467
Brahmaputra, River 34
Brandis, Dietrich 83
Branfoot, 'Branny' 452
Brayne, Frederick Lugard 504
    on 'Village Uplift' 168
Bright, John
    on empire and aristocracy 102–3
Bristol University 60
Bristow, R. C. B. 468
    joins Indian Army 50
    and married life 303
Bristow, Robert 358
British Army in India 16, 46, 56, 85, 87–8, 92, 122, 129, 144, 188, 237
    career opportunities 55
    on frontier expeditions 265–7
    officers of 271–80
    soldiers' marriages 306–7
    sport in 248
    'Tommy Atkins in' 243–57, 329–33
    VD in 329–33
    widows of 306–7
British High Commission 516
British population (of India) 15–20
Britannia, SS 142
Broadwood family 80n.
Brodrick, St John 108
Brooke, W. A. 507
Broome, William 512
Brothers of St Patrick 377
Broughton, Louise
    death of children 492–3
Brown, J. Moray
    hunting exploits of 357

Brown, R. 436
Browne, Lord Henry Ulick
    Indian career of 103
Browne, Samuel 127
Bruce of Elgin family 107
Buchan, John 40, 103
Buckingham, 3rd Duke of 12, 104
Buckingham and Carnatic Cotton Mills 93
Bulwer-Lytton, Victor (later 2nd Earl of Lytton) 72n.
Burke, W. S.
    advice to sportsmen 470, 473
Burkinshaw, Ann 375
Burma 12, 21, 45, 59, 96, 105n., 115, 161, 176, 193, 273, 323, 381, 436, 524
    British deaths in 49
    British relationships with women of 290–93
    forestry work in 199–203
    officials on tour in 197, 428–30
    police in 208–9, 502
    river travel in 147
    Scottish careers in 30, 99
Burma Women's Christian Temperance Union 70
Burmah Oil Company 39, 301
Burn, Major 297–8
Burn & Co. 100
Burne-Jones, Georgiana 372
Burnell, A.C.
    and Hobson-Jobson 417n.
    as Sanskrit scholar 417
Burns, Robbie
    relations in India 98
Burton, Isabel 422
Burton, Isabella 323
    inspiration for Kipling 316
Burton, Richard 422, 474
    and bibis 283–4, 325
    goes to India 50

investigates Karachi brothels 333–4, 435
linguistic skills 89
Bute, 3rd Earl of 103
Butler, Florence
  attitude to husband 306
Butler, Harcourt 322, 448, 485
  on adulterous scandals 317–19
  on Amritsar Massacre 97
  on candidates for IPS 179–80
  and club at Allahabad 401
  on district work 166, 195
  on Hindus and Muslims 404–5
  at Naini Tal 461
  and social relations with Indians 408–9
  unhappy marriage of 306
Butler, Iris 115
Butler, J. 417n.
butterfly-collecting 474
Buxar, Battle of 34
Byculla Club 396, 402
Byron, 6th Baron (George) 315, 316

Caine, Michael 440
Cairo 43
Calcutta 15, 19, 23, 29, 39, 51, 70, 94, 107, 115, 146, 147, 156, 161, 171, 174, 189, 205, 217, 221, 223, 328, 350, 383
  bishops of 490
  British population in 17, 20, 444
  British society in 37, 65, 91, 134, 285–7, 361, 386, 390
  businessmen in 299
  classical buildings in 38
  clubs in 122
  concerts and theatres at 447–50
  European prostitutes in 331
  golf clubs at 463, 513
  Hickey's descriptions of 25, 64, 359
  orphanage in 374
  ships at 136–7, 141, 144
  training of EIC employees in 110, 119
  transport in 149–50
  Supreme (later High) Court in 171–2, 512
Calcutta Botanical Gardens 189
Calcutta Gazette 447
  on nabobs 500
Calcutta Medical College 189, 513
Calcutta Museum 189
Calcutta Tent Club 482
Calcutta Turf Club 476
Calvocoressi, Matthew
  generosity to servants 349
Cambridge Brotherhood 512
Cambridge University 67, 79, 235, 297, 392, 503, 525
  and ICS 81, 116–18
Cameron, Julia Margaret 296
Cameron Highlanders 87, 357
Campbell, Alexandra 304
Campbell, Charles 288
Campbell, George 300
  on furlough 454–5
  as MP 455
  views on Haileybury 78–9, 112
Campbell, Robert 46
Campbell family (from Fife) 31
Candler, Edmund
  on sepoys in Indian Army 238
Cannan, Alexander 260
Canning, 1st Earl 32n., 172, 377, 490
Canning, Lady (Charlotte) 490
  as botanist in India 343–4
Cape Town 455–6
  EIC ships at 135
Carey, William 222
  translations of the Bible 226
Cargilfield School 372
Carmichael, 1st Baron 317
Carmichael-Smyth, Henry 64

Carnatic regiments 191
Carnegy, P. J. 417n.
Caroe, Olaf 498
　career on the frontier 55
　on Pathans 270
　return to England 497, 500
Carritt, Michael 310
　as member of Communist Party 420
　on homosexuals in ICS 334–5
Carroll, Patrick 374
Carstairs, Robert
　in Santal Parganas 169
Carter, William
　misdemeanours of 257
Cashmore, Marjorie 345
Castle, Ada and Reginald
　disapprove of British–Burmese relationships 292
Catch Club 359
Catherine (of Aragon), Queen 9
Catherine (of Braganza), Queen 15
Cator, Mr 25
Cautley, Proby 214
　decides on Indian career 38
　divorce of 321–2
　and Ganges Canal 212
Cauvery, River 456
　irrigation schemes 211–13
Cawnpore *see* Kanpur
Cecil, Lady Maud 103
Central College (Bangalore) 97
Central Provinces 43, 105n., 125, 161, 176, 194, 252
　drinking habits in 361
Ceylon 51, 138, 167, 359, 395
Chamba 229
Chamberlain, Neville 13n., 105n.
Chambers, Robert 172
Champaran 218
Chandernagore 15
Charles I, King 9
Charles II, King 15
Charlotte, Princess (of Wales) 389

Charlotte, Queen 29
Charlton, Evan
　love for India 514
Charnock, Job 284
Charterhouse School 38
Chatham, HMS 136
Chaudhuri, Amit
　on 'Ingabangas' 410
Chaudhuri, Nirad
　on British in India 405–7
Chauncy, Leslie
　in Gujarat 184
Chazal, John de
　on British in Kashmir 459
　joins Indian Police 60
Chelmsford, 3rd Baron 386
Cheltenham College 60
　and Indian careers 82, 124, 373
Cheltenham Ladies' College 377
Chenab, River 153, 211
Chettur, S. K. 456
Chetwode, Philip
　on officers' drinking habits 275
Chhatarpur, Maharaja of 407
Chichele Plowden family *see* Plowden family
Chillianwallah, Battle of 485
Chindwin, River 202
Chinnery, George
　artistic career in India 446
Chinsura 15, 285
Chirol, Valentine 141
Chisholm, Anne 415
Chitral 427, 514
Chittagong 115, 462, 486
Chittagong Hill Tracts 175
　district officer's work in 162
　travel in 148, 150
Chowringee 145, 396–7
Christ Church (Oxford) 118
Christa Seva Sangh 439
Christian, Herschel and Queenie 457

Christie, John
    as district officer 162, 175
    on joining ICS 41, 45
    playing football in Bengal 465
    schooling of 372
    'staying on' in Delhi 512
Church of England
    bishops in India 332, 490
    and EIC 79–80
    in India 43, 165, 222–3
    and Zenana Missionary Society 236
Church Missionary Society 43–4, 66, 92, 224–5, 229, 235, 367
Church of Scotland 67, 97, 224, 229, 301
    General Assembly opposes missionary education 232
Churchill, Lord Randolph 362
Churchill, Winston 105n., 351, 420
    criticism of French sailors 141
    learns to like whisky 362–3
    on Politicals 185
    as polo player 477–8
    on social customs 385
    as subaltern in India 13, 263–5, 275, 279
City Line 141
Civil and Military Gazette 57, 315, 440
Clapham Sect 112
Clarence, Duke of (later William IV) 278
Clark, Margaret 66
Clark, Roger
    death on frontier 43
Clarke, George 394
Clarke, Lady (Phyllis) 394
Clay, Arthur 53
Clay, Daisy
    on Indian trains 155–6
    shopping by mail order 350
Clay, Joseph 373
Clemens, R. 499
    impressions of Bombay 145
    returning to England 495
    routine in Lucknow 243–7

Clerk, George Russell 225
    criticism of migration to Simla 177
Clifton College 373
Clive, Lady (Henrietta) 369, 405
Clive, Lord (Edward), later 1st Earl of Powis 369, 405
Clive, Robert (1st Baron Clive) 37, 76, 238, 259, 404
    first voyage to India 130
    Indian fortunes of 35
Cloete, Cora 305
Clongowes Wood College 82
Cobb, Richard 4
Cobbe, Thomas 284
Cochin 18, 197, 359, 402
Cockerell, Charles 505
coffee planters 218–19
Coimbatore 245
Coldstream Guards 108
Cole, Awdry 63
Coles, C. E., 205
    joins Bombay Police 88
Colebrooke, William
    army career of 55
College of Fort William (Calcutta) 110–11
Collyer, Mary
    marriage of 302
Colonial and Continental Church Society
    establishes school at Panchgani 376
Colonial Office 501
Combermere, 1st Viscount
    career of 36, 55
Connaught, Duke and Duchess of (Prince Arthur and Princess Louise Margaret) 150
    and Lepel Griffin 323
Condon, Pamela Edith
    marriage to Roy Urquhart 299
Congress *see* Indian National Congress
Conner, Terence 502

Connery, Sean 440
Connolly, Billy 1–2, 87
Convent of Jesus and Mary
  (Mussoorie) 377
Cook, James 29
Cooke, Katherine
  marital career of 307–8
Coonor 245, 517–18
  Scots in 93
Coonor Club
  membership restrictions 400
Cooper, Colonel 25, 288
Cooper, Major 319
Cooper, Mrs 67
Cooper's Hill (forestry school) 110
Cooper's Hill (Royal Indian
  Engineering College) 213
Coote, Eyre 95
Cornwallis, 1st Marquess 52, 354
  and administration in India
    39–40, 419
Coromandel Coast 15, 33, 132, 144
Coryate, Thomas
  as a 'fakir dervish' 434
Cossimbazaar 308
Cotton, Arthur 211, 214
  career as engineer 212–13
Cotton family
  service in India 74–5, 130
Cotton, George 490
  founds school in Simla 376–7
Cotton, Henry 220, 455, 474
  on ale in India 361
  on furlough 454
  marriage of 296, 370
  supporter of Congress 420
Cotton, Mary
  decides to leave India 370
Cotton, Sophia 377
Council of India 293, 502
Courtney, Frank 516
Cousins, Ethel 67
Cousins, Margaret 68

Cowley, W. (Bill) 82–3, 348
Cox, E. C. 474
  Indian career of 53
  on railway travel 154
Cox family 73
Cox, Percy 427
Crawford and Balcarres, earls of 103
Crawford, Arthur
  disgrace of 322–3
Crichton, Walter
  IMS career of 190
Crocodile, HMS 363
Croke, Frances (Begum Johnson) 517
  marriages of 308
Crosthwaite, Charles
  on marriages in Burma 291–3
Crowe, William 307
Cubbon, Mark 491
Cuddalore 251, 456, 508
Cunningham, George
  employed by Pakistan 510
  as provincial governor 464n.
  as rugby international 464
Cunningham, Henry 444
  career of 29
  and *Chronicles of Dustypore* 403
Currie, Donald 86–7
Currie, Frederick 298
Curzon, Lord 4, 12, 19, 154, 175, 192,
    199, 238, 313, 353, 379, 406,
    502
  on administration of India 161
  bans shooting lions 471
  on British barmaids in India 70
  on British–Burmese relationships
    292–3
  on bureaucracy in ICS 173
  criticism of P&O 141
  on governors 106–7
  on importance of India to Britain
    10
  on military misbehaviour 250
  and pageantry 150–51

policy on Pathans 268
  tour of Gulf 186
Curzon, Lady (Mary) 150
  on social etiquette 386
Cust, Harry 62-3
Cutch 469
Cuttack 214

Dacca 148, 156, 205, 446, 512
Dal Lake 458-9
Dalhousie 176, 487
Dalhousie, Marchioness of
  (Susan) 490
Dalhousie, 1st Marquess of 116, 201
  on drunkenness of soldiers 256
  on Burmese women 192
Dalrymple, James 284
Dalrymple, William
  on 1850s Delhi 403
Damant, Guybon 417n.
Dane, Louis
  in ICS 97n.
Daniell, Thomas
  painting expeditions of 445
  remodelling of Sezincote 505
Daniell, William 445
Dardoni 270
Darjeeling 73, 94, 157, 176, 219,
  221, 310, 344, 455, 457,
  487, 517
  landslips in 488
  schools in 368, 376-9, 514
  racing in 476
Darling, George 30
Darling, Josie 411
  on British women in India 393
Darling, Malcolm 176
  on buying wine in India 360
  on importance of ice 361
  on Indian self-government 421
  literary tastes of 414-15
  social relations with Indians
    408, 411

Dass, Narayan
  Paul Scott stays with 412-13
Datta-Ray, Sunanda
  on 'Ingabangas' 411
Davidson, Mrs
  loves croaking of frogs 424
  on quality of meat in India 355
David, Godfrey
  aviaries of 381
Davis, Miss 66
Dawkins, Clinton 432
  forest work of 199-202
  girdling teak 200
  life in Burma 428-30
  on tour in Burma 197
Dawkins, Clinton Edward 199
Dawkins, Enid 197, 363
  life in Burma 199-200, 428-30
  in retirement 432-3
Deane, Harold 184-5
  entertains Afghan amir 279
Deccan Horse 298
Dehra Dun 5, 252, 514, 517
Delhi (and New Delhi) 20, 39, 67,
  146, 156, 175, 251, 328,
  344, 485
  durbar (1903) 150, 191
  Gymkhana of 402
  siege of 211, 260
  social life in 387, 391, 403
Denbigh, 1st Earl of 9
Denniston, Alistair 503
Dennys family 46
Deolali 253
Dera Ghazi Khan 268
Dera Ismail Khan 268
  shooting crocodiles at 471
'Devereux, Captain'
  pornographic novel of 324
Devonshire, 6th Duke of 344
Dewar, Douglas 416
Dewas 67
  E. M. Forster in 336

Dewey, Clive
  on British rule in India 3
Dharamasala 488
Dholpur 481
Dickens, Charles 360
Dickinson, Goldsworthy Lowes
  on British women in India 393
Digboi 398
Digboi Club 398
Dilke, Charles 321
  on British 'loafers' 442
  supports Simla migration 177
Dinapur 169, 312, 508
  regimental deaths in 485
Disraeli, Benjamin 418
  on 'jewel in the crown' 9–10
Diver, Maud
  on Englishwomen in India 62, 317, 449
Donaldson, Barbara 411–12
Donaldson, Mr 64
Doon School 514
Dormer, James 518
Douglas, Lord Alfred 225
Douglas, Margaret 295
Dowdall, Thomas 251, 267, 454
  on barracks routine 247
  on military expeditions 265
Doyle, Daniel 1–2
D'Oyly, Charles 446
D'Oyly, John 24
Dragon School (Oxford) 367
Dragoon regiments 85, 285, 478
Drummond, Robin 294
Du Cane, Herbert
  on Simla 314–15
duelling 486–7
Duff, Alexander 455
  leaves children in Scotland 367
  survives shipwrecks 135
  teaches in Calcutta 231–2
Dufferin, Marchioness of (Hariot)
  on Indian women's health 65–6, 235

Dufferin, 1st Marquess of 32, 63, 96, 418
  criticism of Griffin 323–4
Duke of Atholl, HMS 137
Dumbarton 30
Dundas, Ambrose
  employed by Pakistan 510
Dundas, Henry 99
Dundee
  and jute industry 93
Dundonald, earls of 103
Dunlop, Sidney 414
Dunsterville, Lionel 239, 263, 274
  on condescension of British Army officers 271
  and 'Dunsterforce' 261
  joins Indian Army 44, 56
  linguistic skills of 272
  marriage of 303
  and Officers' Mess 277, 280
Dunsterville, Margaret
  on married life in India 303
Durand, Henry
  death of 11
Durand, Mortimer 248, 248n., 501
  on Alfred Lyall 348
Durham Light Infantry 477
Dutch, Robert 311
Dyer, Reginald 361
  and Amritsar Massacre 73, 97, 262
Dyer Meakin 361
Dyer family 73, 361

Eardley-Wilmot, E. P. 114
Eardley-Wilmot, Sainthill
  forestry in the Terai 202
East India College *see* Haileybury College
East India Company (EIC) 24, 32, 41, 77, 140, 171, 179, 204, 256, 283, 383, 441, 500
  administration of India 3, 13–14, 40–41

appointments to 78
botanical gardens of 343-4
control of Bengal 16, 35n.
Court of Directors of 78
and duelling 486
engineers of 210-13
and Indian religious sites 405
and indigo planters 216-17
Marine Service 137
merchants of 15-16, 34-5, 91
patronage of artists and
    photographers 445-6
policy on missionaries 17, 42,
    222-3
policy on women 63
on retired soldiers 508
sailors of 131-6
Scottish careers in 31, 97-9
surgeons in 89-90, 127-8, 187-8
training of employees 110-13
wars of 16-17, 259-60
East India House
civil servants at 13-14
East Indian Railway Company 153,
    156
East Yorkshire Regiment 145
composition of 86
return to England 495
stationed in Lucknow 243-4
Eden, Emily 197, 288, 299, 449
Edge, Lady 316
Edinburgh University 97, 117,
    190, 235
Education Department 383
Edwardes, Herbert
on asylum schools 374
Evangelical views of 42
Edward VII, King 315, 406
Egerton, Stephen
on Loftus Tottenham 520
Elgin, 8th Earl of 490
becomes viceroy 32
Elgin, 9th Earl of 32, 495

becomes viceroy 107-8
Elizabeth I, Queen 3, 15
Elizabeth II, Queen 3, 515
Ellerton, Hannah 517
Elliot, Charles Hay 288
Elliot, Edward
adulterous scandal of 320-22
Elliot, Lady Eileen 298, 449
Elliot of Minto family 107
Elliott, Charles
literary tastes of 414-15
Ellis, Colonel 269
Ellis, Havelock
case histories of 328-9, 335
Elphinstone, 13th Lord 205
Elphinstone, Mountstuart 106, 419
Elphinstone, William 103
Elphinstone College (Bombay) 524
Elsmie, G. R.
and family in India 367-8
Elwin, Verrier
backed by Nehru 439
disciple of Gandhi 439
tribal marriages of 310
work among Gonds 439
Emmanuel College 118, 498
Engineering College at Roorkee 378
Entertainments National Service
    Association (ENSA) 450
Epstein, Fanny
as prostitute in Bombay 71
Ernakulum 402
Erskine, Lord (John) 479
describes Ooty 458
as governor of Madras 105-6, 157
shooting at Bikaner 470
on snipe-shooting 471
and uniforms 389
Erskine-Crum, Lady (Violet)
writes about pig-sticking 481
Eton College 81-2, 209
school for viceroys and governors
    107-9

Ettinger (Zinkin), Taya
    engagement to Maurice 297
    on Kipling 58
Eurasians *see* Anglo-Indians
Evangelical movement 419
    views on Hinduism 223
    supports missionaries in India 42–3
Evans, Anna Louisa 66
Evans, Richardson
    in ICS 94–5

Fairlie, William 506
Fairweather, James 276
Falkland, Lady (Amelia)
    on British women in Bombay 394
    on 'fishing fleet' 65
    life in India 27n.
    on Mahabaleshwar 457
    painting in Poona 425
Falkland, Viscount 27n.
Fame, HMS
    voyages of 131
Fane, Harry 147, 345, 491
Fane, Isabella
    on Calcutta concerts and theatres
        447–8, 450
    on tastelessness of Indian
        'game' 357
Faridpur 163
Farrington, Henry 104
Fatehpur 405
Faucet, Thomas 127
Faulkner, George (and family)
    214–15, 507
Favel, Simon
    corruption of 206–8
Fay, Eliza 368
    on eating habits in Bengal 351–2,
        354–6
Fearn, Martin 41
Fergusson, James 490
    criticizes competition wallahs
        120–21

Fergusson, Lady (Olive) 490
Ferozeshah, Battle of 485
Fettes College 371
field sports *see* sport in India
Field, Phyllis
    wedding of 301
Finance Department (of Government
    of India) 173
Finch, John 396
Finckelstein, Maurice 207
Finlayson, Duncan 97
Fitzclarence, Amelia *see* Falkland, Lady
Fitzclarence, Frederick 26–7
Fitzclarence, George 26
Fitzclarence, Henry 26
Fitzgerald, Penelope 43
Fitzpatrick, Dennis 96
Fleming, Laurence
    describes parents' wedding in
        Bombay 301–2
Florence 29
Forbes, John 506
Foreign Office (of Government of
    India) 178
Foreign Office (Whitehall) 497, 501
Forest Department *see* Indian Forest
    Service
Forjett, Charles
    and Bombay Police 88, 205
Forster, E. M. 67, 77, 444
    on British women in India 393–4
    first voyage to India 138–9
    homosexual experiences in India
        335–6
    and *A Passage to India* 395, 412,
        433
    social relations with Indians
        411–12
Fort St George 337
Fowke, Joseph
    career in EIC 24
France
    wars in India 16, 24, 50, 259

Francis, Eric
    on tea planting 220
Francis, Marjorie 341
Francis, Monica
    on tea planters 290
Francis, Philip 486
Francis, Walter 416, 418
    on district work 167–8
Francke, John
    career in India 51
Fraser, Denholm
    on sending children to British schools 366
Fraser, John 85
    on drunkenness in barracks 255
    posted to India 85
    on regimental wives 294
    on soldiers' sport in India 249
Fraser, Lady (Sheila) 366
Fraser, Lovat
    criticizes migration to Simla 177–8
Fraser, Thomas 445
Frayer, Joseph
    on British children in India 365–6
Free Church of Scotland 108, 224, 234
freemasonry in India 410
French (in India) 19, 50–51, 360
French, Robert 324
French, Thomas Valpy
    career of 43
Frere, Bartle 106, 451, 501
Friends Missionary Committee 66
Friends Need Society (Madras) 442
Frontier Scouts 268, 293
Fryer, Frederick
    on British–Burmese relationships 292–3
    joins ICS 61
Fuller, Bamphylde
    on British children in India 365–6
Fulta 145, 358

Gadsby, Reginald 300
Gaitskell, Adelaide
    urges son to join ICS 49
Gaitskell, Hugh 371
    rejects Indian career 49
Gandhi, Indira 5
Gandhi, M. K. 97, 184, 205, 226, 420, 421, 524
    Elwin's support for 439
    and indigo planters 218
    on missionaries 42
    on untouchability 407
Ganges Canal 211
Ganges, River 435, 445, 447, 480, 481
    steamers on 147
Garden Reach (Calcutta) 338
Gardner, Alexander 441
Gardner, William Linnaeus 287, 435, 520
    marries nawab's daughter 284
    remains in India 507
Gardner's Horse 240, 242
Garhwal 364, 373, 415
Garos tribes 233
Gee, Herbert 392
George III, King 29, 36, 388
George IV, King 25
George V, King 12, 227, 388, 471
George VI, King 471
Gerald, Corporal 442
Germans (in India) 19, 83
Germany 218
    forestry training in 83, 110, 199
Ghora Gali 374, 378
Gibbon, Edward 14
Gilgit 157
    Lorimers in 428
Gillanders agency 384
Gir Forest 175, 471
Girl Guides in India 431
Gladstone, W. E. 106, 107
    instructions to viceroys 418
Glancey, Jonathan 418

索 引 / 711

Glasfurd, Charles 370
Glasfurd, John
　voyage to India 130
Glasfurd family 130, 405
　deaths in India 75
Glasgow 12, 30, 98
Glasgow Medical School 97
Glover, Thomas Craigie 153
Goa 18, 223, 346
Godaveri, River 211, 456
Goddard, Leslie 514
Godden, Arthur 53
　and rabies 382
Godden, Katharine 382
Godden, Rumer 53, 302, 382, 445
　marriage of 299
Godley, Arthur 13
　on British policy in Gulf 186
Gokhale, Gopal Krishna 524
Golconda Brigade 478
Gomm, William
　army career of 55
Gonds
　Elwin's work for 439–40
Gonzalez Italian Grand Opera
　　Company 448
Gooch family 63
Gooderson, Sergeant 307
Gopalpur 456
Gorakhpur 99
Gordon, Charles 261, 326
Gordon, Gerald
　and polo tuition 477
Gordon Highlanders 57, 98, 253, 272
Gordon's College 82
Gore, Lady Mabell 61
Goschen, 2nd Viscount
　fishing at Ooty 475
　jackal-hunting at Ooty 479
　and racing 476
　travels in Madras 157, 197–8
Goudge, Joseph 494
　taste for Italian literature 415–16

Gracey, Douglas 509n.
Gradige, Mrs
　sets up animal hospital 422
Graham, Maria 337
　on British women in India 393–4
Granada Television 9
Grant, Charles
　Evangelical views 223
Grant, (Sir) Charles 112
Grant Duff, Mountstuart 105, 171
Grant, John
　unhappy marriage of 320
Grantham, Colonel 307
Graves, Robert 499
'Great Sloth Belt' 181, 242, 252
Green, Arnold 391, 430–31
　in Upper Sind 432
Green, Madge 62, 425, 433
　in Karachi 430–31, 463
　loves sound of frogs 424
　on social life 143, 391, 430–31
　in Upper Sind 431–2
　on voyage to India 143
Green Howards Regiment 325
Green's Hotel (Bombay) 245
Greenway family 485
Grenadier Guards 298
Grierson, George 417
Griffin, Lepel 120
　behaviour with women 323–4
　and famous aphorism 449
Grigg, Harry 182, 520
Grigg, John 520
Grigson, Walter
　employed by Pakistan 510
Grimwood, Ethel
　husband's death in Manipur 379n.
　and Naga gardeners 346
　and pets 379–80
Gubbins, Edith
Guha, Ramachandra 465, 467
　on British–Indian
　　relations 525

Guides Regiment 267
Guindy 337–8
Gulmarg 517
　holidays in 459, 502
Gurkha regiments 47, 49, 50, 52, 55, 56, 59, 191, 248, 266, 276, 279, 517
　popular with British officers 239–40
Gupta, Behari Lal 411
Gurner, Walter
　and Calcutta clubs 398
Gwalior 153, 179, 182, 185, 409, 449
Gwynn, Peter 509

Haidar Ali 95
Haig, Douglas 241
　goes pig-sticking 481
Haig, Lady (Violet)
　on Indian servants 348
Haldwani 151
Hailey, Lady (Andreina) 380
Haileybury College 14, 60, 123, 240
　closure 113–14
　EIC nominees at 78–9
　former pupils in India 119–22
　education at 111–13
Haileybury School 60
Halifax, 1st Marquess of see Irwin, Lord
Haldane, J. B. S.
　life in India 520–22
Hall, Radclyffe 315, 497n.
Halliday, James 45
　describes governor's etiquette 386–7
Hamid, Shahid
　on Officers' Mess 273
Hamilton, Lord George 333
　on British–Burmese relationships 292–3
　on ICS 121, 174
　as secretary of state 106–7, 175

Hamilton, Ian 57
　on Gordon Relief Expedition 262–3
　in hot weather 253
　on drinking in the Mess 273–5
Hampton Court College (Mussoorie) 377
Hancock family 72
Handel, George Frideric
　'Dead March' played at funerals 492
Handyside, Eric 88
Hannay, Margaret 342
Hansen, August Peter
　Indian career of 61, 205
Happell family 73
Hardinge, 1st Baron (of Penshurst) 105
Hardinge, Henry 107
Hardy, Lucy 62
Hare, Adam 515
Hare, David
　and Hindu College 435
Harlan, Josiah 441
Harmsworth, Geraldine
　marriage of 295–6, 300–301
Harries, Arthur 512
Harris, 4th Baron 108
　and cricket in Bombay 465
Harrow School 81–2, 108–9, 112, 114, 225, 461, 525
Hartley, Ernest
　inspired by Kipling 58–9
　resigns from Calcutta clubs 399n.
Hastings, Warren 77, 99, 105, 107, 344, 486
Hatch-Barnwell, Stephen 463
　on role as magistrate 169
　work in East Pakistan 511–12
Haughton, Henry 274
Hayley, T. S. 509
Hayward, Alice 303–4

Hayward, Maurice 296, 303, 307, 469
  in secretariat 176
  on voyage to India 143
Hazaras 261
Heber, Reginald 134, 490
Hebron School 358, 376, 379
Hendon Police College 60, 88, 114
Henry VIII, King 9
Henry, Anne 347
Henry, Maurice
  in 'Indianizing' regiment 238
Herbert, James 37
Hermitage family 492
Herschel, William 104, 217
Hervey, Albert 260, 456
  on British deaths in India 488
  criticizes army drill 247
  dislikes British Army officers 271
  on drinking among officers 275
  on foxhounds 478
  on lack of game laws 469-70
  on marches 257-8
  on military stations 251
  on mixed marriages 311
  on painting in India 424
  on retired soldiers 508
  on sepoy cricketers 465-6
  on tastelessness of Indian 'game' 357
Heselrige, Arthur
  and second wife 307
Hewett, John 322
  unhappy marriage of 305-6
Hickey, Miss
  on abuse of donkeys 378-9
Hickey, William 102, 354, 360, 461
  career as lawyer 171-2
  on corruption of EIC officials 35-6
  descriptions of contemporaries 25-6, 297-8, 307-9
  on drinking in Calcutta 278, 359, 388
  on 'fishing fleet' 64
  on leaving India 494
  and mistresses 285-6
  on Rose Aylmer and other deaths 488, 491
  and servants 344-5
  vehicles of 150
  voyages to India 132-4
Hickinbotham, Tom
  career in the Gulf 179
High Courts in India 170-72
Highland Light Infantry 98, 299
High Range Club (Munnar) 515
Hilton, Richard 370
  on Pathans 270
Himalaya
  casualties in 488
  hill stations in 457-61
  photographic expeditions in 447
  plant collecting in 343-4
  schools in 375-9
  shooting expeditions in 472
Hindu College (Calcutta) 435
Hindu-Muslim communal rivalry 166-7, 205, 262, 467
Hindustan Times 516
Hobart, Lady (Mary) 409
Hobart, Lord 490
Hodges, William 445
Holkar 179
  Maharaja of 323
Holland, Henry and Ronald
  and eye-camps in Baluchistan 235
Holloway, Sarah 368
Holmes, 'Bas' 55
Holwell, John 89
Home, Robert 507
Home Department (of Government of India) 177, 207-8
  on European prostitutes in India 331
Home Office (London) 502
Hooghly, River 15, 27, 131, 210, 338, 358
  dangers of 136-7

Hook, Hilary
  on furlough 453
  motives for going to India 54
Hope, Arthur
  appointed governor of Madras 106
Hopetoun House 472
Horne, W. O. 53
Horsley, William
  forestry work 203
  keeps children in India 373
Hose, J. W.
  on marriages in ICS 295
Hoshangabad 66
House of Commons 12, 227, 420
  retired Civilians in 48, 497, 502
House of Lords 105, 321
Howard, Trevor 507
Howell, Evelyn
  Indian career of 498
Howie, Sergeant 375
Howroyd, Roger 511
Hubback, John
  on choosing ICS 41
Hume, Allan Octavian
  as president of Congress 420
Hume, Joseph 90
Hunter, William 416
  on British rule in India 11
Hunza 428, 432, 477
Hussar regiments 85, 242, 263–5, 477–8
Hutchins, Philip 298, 361
Hutton, John
  as anthropologist in Naga Hills 417
Hyam, Ronald 336
Hyderabad 68, 179, 182, 185, 213, 234, 245, 284, 287, 290, 344, 387, 407, 416, 435
Hyderabad, nizams of 178, 478
Hyderabad (Sind) 165

Ibbetson, Denzil 379
  on IPS 181
Ilbert, Courtenay 380
Illustrated Weekly of India 514
Imperial School of Forestry (Oxford) 112
Inchcape & Co. 100
India (republic of) 12
  army of 508–9
  civil service of 509–10
India Contagious Diseases Act (1868) 332
'Indiamen' (EIC ships) 131–7
India Office 105, 175, 502
  civil servants in 13
  and Indian languages 118–19
India Office Library 173, 432, 433
India Office List 118, 432
Indian Army 16, 73, 87, 88, 122, 144, 295n., 425
  and 'Aid to the Civil Power' 262
  cavalry of 240–42
  engineers in 210–13
  family traditions in 44–7
  on frontier expeditions 265–70
  'Indianization' of 237–8
  officers of 56, 271–80
  at Partition 262n., 508–9
  recruitment of 239
  Remount Department 241
  Scottish officers in 98
  sepoys in 238–9, 254
  sport and 54
  training for 122–6
Indian Civil Service (ICS) 4, 73, 92, 105, 425, 469, 503
  deaths of officers in Rebellion 485
  district work of 161–9, 193–6
  entrance to 41, 81–3, 114–18
  family kinships in 45, 47, 74
  motives for joining 41–2, 53
  officials 'staying on' 510–12
  posts open to 171
  in secretariats 172–8

Indian and Colonial Exhibition 152
Indian Forest Service (and Department)
  19, 45, 58, 87, 104, 294, 428,
  469
  recruitment to 83–4
  training of employees 110
  work in Burma and India
    199–204
Indian Government Act (1895) 333
Indian Marine Survey 189
Indian Medical Service (IMS) 45, 49,
  312, 322, 383, 453
  officials offered jobs in Pakistan
    512–13
  Scots in 97
  surgeons in 89–90
  training for 127–8
  work in India 128–9, 187–92
Indian Military Academy (Dehra
  Dun) 238
Indian Mutiny *see* Rebellion (1857–8)
Indian National Congress 439
  British supporters of 420
  socialist policies of 515
Indian Naval Service 83
Indian Police 21–2, 45, 46, 53, 58,
  60, 73
  in Bombay 206–8
  in Burma 208–9
  recruitment to 88–9
Indian Political Service (IPS)
  duties of 183–7
  recruitment of officers 180–82,
    425
  relationships with Indian states
    178–9
Indian Tea Association 510
indigo planters 17, 215–18, 221–2
Indore 401
Indus, River
  shooting crocodiles on 471
  steamers on 147
'Ingabanga' 410–11

Innes, James 311
Innes, Marjorie
  voyage to India 138
Insein 380
Irish (in India)
  in the ICS 94–7
  soldiers 95
Irish Christian Brothers 377
Irrawaddy Delta 209
Irrawaddy Flotilla Company
  Scots in 30, 99
Irrawaddy, River 429–30
Irwin, Lord 53–4, 337
Isherwood, Christopher 522
Isvaran, Venguayyar 163
Italians (in India) 19, 51–2

Jacob, Arthur 425
Jacob family 79
Jacob, John 79, 469
Jacob, Swinton
  architecture of 211
Jacob, Violet 388, 466
  love of Indian landscape 425
Jacobabad 304
Jacquemont, Victor
  on British in Calcutta 37
James, John 490
Jaipur 179
Jaipur, maharajas of 211, 406
Jalalabad 185
James Finlay & Co. 100, 220
Jameson, T. B. ('Jimmie') 335
Jamshedpur Steel Works 19, 93
Jardine, Douglas 350
  on cricket tour of India 467–8
Jardine, William 446
Jemdanee 285–6
Jesuits in India 223
Jhansi 161, 485
Jind, Raja of 313
Jinnah, Mohammad Ali
  509n., 510

Jodhpur 179, 391, 478
Jodrell, Sir Paul 36
Johnson, 'Begum' see Croke, Frances
Johnson, Celia 507
Johnson, David 385
Johnson, Samuel 172
Johnston, Dora 384
Johnston, Ronald 122, 240
Johnstone family (of Westerhall) 31, 34–5
Johnstone, John 31
  fortune of 34–5
  retirement to Scotland 506
Jones, Maggie 477
Jones, William 101
Jordan, Mrs Dora 26
Jowett, Benjamin
  influence on ICS 81, 116–18
  on Lansdowne 108
Jullundur 20, 125, 242
Jumna, River 481
Jumnotri 436
Junagadh 471
Jung, Salar
  on British aloofness 407
jute industry 99–100

Kabul 5, 185, 440
Kadir Cup 481
Kailana 252
Kairouan 43
Kalat, Khan of 183
Kalimpong 500
Kalka 155
Kangra 219
Kanpur 2, 39, 67, 70, 92, 93, 115, 155–6, 255, 493, 505, 507
  British women in 287, 298–9
  business and industry in 31, 94, 515
  growth of 18
  massacres in Rebellion in 260, 311, 485

Karachi 20, 39, 68, 145, 156, 198, 207, 302, 331, 435, 515
  cricket in 466
  Miss Hickey's school in 278
  social life in 391, 430–31
  tennis in 463
Karakoram Range 432
Karen women 429
Karwar 307, 456, 519
Kasauli 189
  Pasteur Institute in 382
Kashgar 179
Kashmir 68, 178, 179, 182, 366, 432, 460, 475, 495, 509
  British love of 181, 447, 458–9, 501, 517
  missionaries in 43–4, 233–4
  social etiquette at Residency in 385
Katha 209–10, 429
Kathgodam 156
Kathiawar 178, 456, 466
  political agent in 184
Kaye, Cecil 62
Kaye, John 289
Kaye, M. M. 459
  on furnishing a bedroom 340
  Indian life of 62, 318
  on mixed marriages 313
  snobbery of mother 375, 377
Kearman, Miss 297–8
Keats, John
  contemplates career as surgeon 90
Kedleston Hall 107, 211, 407
Keighley, Mary 308
Kellner's 155
Kemp, Judge 309
Kendal, Felicity 2, 378, 450
Kendal, Geoffrey 450
Kennard, Mr 459
Kennedy, Hartley 206
Kennedy-Erskine, Violet see Jacob, Violet

Kenney-Herbert, Arthur
  ('Wyvern') 355
  on Madras cuisine 352
Kenya
  retirement from India to 438, 501
Kerman 179, 427–8
Kettle, Tilly 285, 446
Keynes, John Maynard
  at India Office 13
Khair un-Nissa
  children sent to England 366–7
Khan, Hashim 463n.
Khandesh Forests 203
Khasi Hills 67, 102
Kholapur 481
Khulna 148
Khurram Militia 267
Khushal Khan 498
Khyber Pass 22, 184, 242, 269
Khyber Rifles 267
Kidderpore Orphanage 312
Kilkelly, Rupert 182
Kincaid, C. A. 53, 170
Kincaid, Dennis
  drowned at Karwar 456
Kindersley, Mrs Nathaniel 345, 484
King, Henry White 49
King, Lucas 300
  marriage worries 296
King, Mr and Mrs
  Simla scandal of 318–19
King Edward Memorial Hospital 468
King's College (Cambridge) 92, 118
King's College (London) 117
King's Own Scottish Borderers 86
Kipling, Alice
  leaves children at Southsea 368
Kipling, Lockwood 370
Kipling, Rudyard 3, 44, 52, 55, 56,
  83, 100, 124, 201, 258, 290,
  384n., 404, 444, 487
  adulterous tales of 315–19, 323
  advice to T. E. Lawrence 440
  childhood in Bombay 365–6
  childhood in England 368–9
  depictions of British society 395
  and 'dolphin' families 72, 75
  on dressing for dinner 390
  Indian stories and verses 57–9,
    294, 300, 324, 380, 460
  as inspiration for Indian careers
    57–60, 84
  and *The Man Who Would be King*
    440–41
  on married couples in India 304
  opposing Christian conversion in
    India 42
  on Tommy Atkins 243, 251
Kipling, Trix 57, 368
Kirbekan, Battle of 263
Kirkpatrick, James 284, 344, 436
  in Hyderabad 435
  sends children to England 366
Kisch, H. M. 462
  diet in India 356
  and menagerie 380
  on punkah wallahs 341
Kitchener, 1st Earl of 264, 326, 334
  warning about VD 333
Knightley, Philip 520
Knighton, William 219
Kodaikanal 104, 517
Kohat 192, 269, 279, 460
Kohima 224
Kohlapur, Raja of 476
Kolar Gold Field 93
Kolli Hills 229
Kulu Valley 447
Kumaon 219
  elephants in 150–51
Kurram Valley 440
Kuwait 179, 186
Kuwait, Sheikh of 186

Lacroix, A. F.
  as missionary preacher 228–9

Ladies' Recreation Club 402
Lahore 20, 56, 57, 115, 156, 174,
    180, 223, 251, 329
  civil courts in 469
  Kipling in 440–41
Laisong 437
Lake, 1st Viscount 52
Lalmanirhat 466
La Martinière colleges 94, 376
Lamb, Charles
  at East India House 14
Lamington, 2nd Baron
  as governor of Bombay 106–7
Lancashire Fusiliers 143, 246, 249,
    329, 503
  on the march 258–9
  returning to England 495–6
Lancer regiments 56, 241, 263, 477
Lancing College 373
Landi Kotal 269–70
Landour 487
Lansdowne 189, 239
Lansdowne, 5th Marquess of 32,
    96, 449
  career of 108
Langlands, Geoffrey
  and his college in Chitral 514–15
Larkana 163, 432
Law, Edward 175
Lawrence, Henry
  founds asylum-schools 374–5
Lawrence, Henry Staveley 77
Lawrence, John (later Lord) 95, 107,
    163, 414, 462
  praises competition wallahs 121
  in search of a wife 300
  and Simla 176
Lawrence, Lady (Rosamond) 77, 386
  enthusiasm for Indian landscapes
    423
  loves sound of frogs 424
Lawrence, T. E.
  accepts Kipling's advice 441n.

Lawrence, Walter
  on British loafers 440–41, 443
  on British women 'going native' 436
  on Cheltenham College 373
  descriptions of Englishmen in
    India 27–8
  on Indian servants 364–5
  in Kashmir 181, 458
  loves sound of frogs 424
  on nostalgia 498
  in Rajputana 180–81
  on seclusion of Indian women 409
  on viceregal tours 198
Lawrence asylum-schools 374–5, 379
Lawson, Charles
  on furlough 454
Lean, David 395
Lear, Edward 423
  visit to India 353, 355, 360
Lee-Warner, William 184
Lefroy, George 379
Legislative Department (of
    Government of India) 174
Leigh, Vivien 2, 59, 313, 399n.
Le Mesurier, Henry 213
Lentaigne, Walter 509
Leventon, Asher
  IMS career of 190–91
Levinge, Henry Vere 104
Levingepuram 104
Lewin, Benjamin
  career and family of 28, 85
Lewin, Thomas 436
Lewis, Maurice 290
Lindsay, Hugh
  career of 103
Lindsay, Robert 338
Lindsays of Balcarres family 31, 103
Linlithgow, 2nd Marquess of 154,
    390, 402, 472
Lissenburg, Aron 51
Little Baddow 199, 201
Liverpool, 2nd Earl of 308

Lloyd, George 191
Lloyd Jones, Cyril
　life as railway engineer 213–14
Lloyd Jones, Kathleen 213
Lloyd Triestino (formerly Austrian Lloyd) 140–41, 301
Loch, George 101
Loch family
　careers in India 101
Lodge, Ronald 509
London Missionary Society 47, 224, 226, 228
London School of Medicine for Women 66, 235
Loralai 460
Loreto Convent (Darjeeling) 377
Lorimer, David
　with Mesopotamian force 427
　as political agent in Bahrain 186–7, 425–7
Lorimer, Emily Overend
　in Bahrain 416, 425–7, 463
　on British policy in the Gulf 186–7
　literary work 432
　war work in Basra 427
Lorimer, John 426n.
Lotus Club 402
Lovedale 374
Low, John 77, 451
　as Resident 180
　in retirement 506
Low, Robert 77
　joins Madras Army 52–3
Low family 77
Lowman, F. J.
　murder of 486
Lucknow 20, 29, 35, 94, 115, 157, 221, 260, 344, 380, 485
　concerts in 448
　Europeans working in 36–7, 507
　Japanese prostitutes in 331
　siege of 375
　soldiers in 85, 86, 243–6, 273, 312

Ludhiana 67
Lugard, Frederick
　leaves India for Africa 319–20
Luker, Herman
　joins Indian Police 88
　retires in India 508
Lumley, Joanna 2
Lumsden, Harry 267
Lungno 266
Lupton, Walter 306
Lushai Hills 195, 436
Lushais 266
Lushington, Rev. Henry 80
Lushington, Rev. James 80
Lutyens, Edwin 151
Lyall, Alfred 106, 172, 293, 323, 388, 502
　character of 80–81
　departure from India 348
　as griffin in Calcutta 311
　literary tastes of 414–15
　poem of 489
　on post-Indian careers 501
　on Rajput courts 181
　in retirement 505
　in Simla 177
　unhappy marriage of 305
Lyall family 80–81
Lyall, James 80
Lyallpur 385
Lynn, Vera 450
Lyttelton, Alfred 108
Lytton, 1st Earl of 72n., 76, 315, 449

Macartney, 1st Earl
　forced to fight duels 487
Macaulay, Thomas Babington (later Lord) 14, 396
　on Bengalis 404
　on drinking habits in Calcutta 361
　on ICS 81
Macaulay, W. H. 92, 227
MacDiarmid, Hugh 425

Macdonald, Hector
  and homosexual scandal 334
MacDonald, Ramsay 13
MacDonnell, Anthony
  favours Simla migration 176–7
  in ICS 95–6
  under-secretary for Ireland 501
Macduff, A. R. 233
MacFarquhar, Alexander 511
MacGregor & Co. 202
Mackenna, James 523
Mackenzie, Alexander 291–2
Mackenzie, William 456
Macnabb, Archibald 116
Macnabb, Donald 74
Macnabb family 74
Macnabb, James Monro 74, 77
Maconochie, Evan 373
  on British MPs 454
  on camp life 194
  on sport in camp 469
Macrae, Alister
  career in Burma 30
Maddock's School 375
Madeira 134
Madras 23, 58, 65, 74, 77, 95, 115,
  131, 142, 156, 176, 189, 223
  British houses in 338
  climate in 316
  governors of 24, 32, 104–5, 154,
    157, 171, 197, 408–9, 471, 475
  Indian Christians in 230n., 346
  newspapers of 454
  orphanages in 374
  population of 12, 15, 20
  retirement in 507–8
  ships at 133, 144–5
  shops in 350–51
  sport in 191, 476, 478
  touring in 197
Madras Army 53, 73, 245, 260,
  311, 445
  decline in quality 238–9

Madras Club 192, 353
  characteristics of 397
Madras Council 24, 170
Madras General Hospital 191
Madras High Court 170
Madras Hunt 191
Madras Medical College 191
Madras regiments 210, 257
  decline of 238–9
'Madras Roads' (nautical) 145
  dangers of 130–31, 136–7
Magan, William
  on fox-hunting on furlough 452
  on polo 477
Mahabaleshwar 176, 191, 423
  attractions of 457
Mahboubia Girls' School
  (Hyderabad) 68
Mahratta regiments 238
Maitland, Julia 228, 337, 345, 391
  on quantities of food eaten in
    India 352
Malabar Coast 131, 135, 456
  local fish on 357
Malakand Field Force 264, 363
Malcolm, Sir John
  and governorship of Bombay 24
Malda 466
Malleson, George 183
managing agencies 100, 384, 515
Manchester 18
Mandalay 73, 176, 208–9, 292, 477
Manipur 202, 268, 339, 346
  palace revolution in 379, 486
  polo players of 477–8
Manners, Captain 319
Manning, Cardinal Henry 60
Manwaring, Alfred 71
Maratha wars 16, 50–51, 57, 64, 259
Mardan 466
Marlborough College 82, 373, 376
Marryat, Frederick 57
Marsden, Frances 311

Marseille 302
Marshall, P. J.
  on EIC death rates 484
Marshman, Joshua 47
Martyn, J. A. K.
  career as schoolmaster in India 514
Martyn, Philip (P. D.) 502
  breakfasts in India 354
  and engagement to Margaret 297
Marval, Alice 67
Marvell, Andrew 9
Mason, A. E
  and novel *The Broken Road* 184, 496
Mason, Philip 241, 415
  on Indian Army 123
  and Kipling 57–9
  in retirement 504
Massey, Paddy
  on sex in India 326
Masters, John 325, 445, 460
  on adulterous relationships 318–19
  education of 124
  on frontier 270
  on Gurkha troops 240, 258
  on homosexuals in India 335–6
  on Pathankot Station 155
  on soldiers' suicides 255
  at Srinagar 458
Masulipatnam 15
Matheson, James 446
Matthews, Roderick
  on British rule in India 3
Matrimonial Causes Act (1857) 321
Maugham, Somerset 290
Maundy, C. R. 514
Maxwell, Fanny
  honeymoon of 302
Maxwell, John 92, 94
Maxwell, (Dr) John 127
Maymyo 176, 310, 343
  club at 398

Maynard, John 299
  on British rule in India 167
  describes role as district officer 162
  and homesickness 452
Mayo, 6th Earl of 76
  on British role in India 11, 418–19
Mayo College 466
Mayo School of Industrial Arts 57
MCC (Marylebone Cricket Club)
  tour of India 467–8
McComby, Mr 229
McLeod, Duncan 211
  salary in Lucknow 37
McRobert, Georgina 347
Meerut 115, 191, 246, 375, 485
  cholera epidemic at 490
  polo at 264–5, 478
Megna, River 148
Melville, Hermione 349
Meneaud-Lissenburg, Dudley 155
  barracks routine of 244–6
  on drunkenness of troops 255
  on prostitution in Bombay 330–31
Meneaud-Lissenburg family 72–3, 245
Mercury, Freddie 379n.
Meriton, Henry
  voyages of 131–2
Merriman, John
  cultural interests of 416
Mesopotamia 485
  British-Indian troops in 191, 427
Messageries Maritimes de France 141–2
Meston, James 306
Metcalfe, Charles
  career of 289–90n., 500–501
Metcalfe, James 289–90
Metropolitan Museum of Art 446
Mhow 125, 189, 350, 466
Mian Mir 20, 249, 251, 479
Middleton, Thomas 490

Midnapore 335
  assassinations of ICS in 116, 205, 486
  communal rivalry in 166–7
Military Department (of Government of India) 174
Mill, James 77
  and his *History of British India* 14
Mill, John Stuart
  at East India House 14
Milligan, Florence 364
Milligan, Spike (Terence Alan) 2
  birth and childhood in India 364
  on return to England 371
Mills, James
  anthropological work in Naga Hills 418
Milner, Donald 349
Milner, Viscount
  on imperialism 40
Minden, Battle of 249
Minns, Walter
  and Burmese mistresses 292–3
Minto, 1st Earl of 32
Minto, 4th Earl of, 32, 96–7, 238, 298, 409, 449
  at Old Etonian dinner 109
  at shoots at Bikaner 470, 472
Minto, Lady 298
  at Simla 109
Mir Ali 147
Miri tribes 227
missionaries
  activities in India 42–4, 47, 222–36
  American missions 224, 227, 376
  attempts at conversion 228–31
Mitchell, Ann 381
Mitchell, Charles
  voyages of 131
Monghyr 364
Monk, Mauger Fitzhugh
  Indian adventures of 28, 85

Monro, Hector 98, 404
Monro, Hector ('Saki')
  in Burma 208
Monro, James 229
Montgomery, Bernard 56, 125
  at Quetta 126
  views on Indian Army 275
Montgomery, Betty 340
Montgomery, Robert 95
  going into debt 119
Moon, Penderel
  in retirement 503
Moore, Charles 322
Moore, James 468, 474
Moplah rebellion 205
Morley, John 97
Morling, David
  as missionary 229–31
Morris, Captain
  pig-sticking verses of 327
Morris, John 65, 269, 474
  dislike of Pathans 270–71
  with Gurkhas 49, 248
  on Indian Army officers 271–2
  on 'Mrs Fizzer' 516
  on officers' wives 393
  on regimental Mess 273, 276–7, 419
Motihari 193
Mott, Irene 314
Mott, John R. 314
Moulmein 209, 291
Mount Abu 374
Mount Hermon School 376, 378–9
Mowbanj 401
Mueller, Max 14–15n.
Mughal Empire 11, 16, 50, 403
Muir family 100
Muir, John
  Sanskrit work of 405, 417
Muir, William 113
  writings on Islam 416–17
Mula, River 460

Mull, Isle of 438
Multan 362
Mumbai *see* Bombay
Munro, Thomas 115, 490
   on British duties to India 419
Munsters (Royal Munster
   Fusiliers) 274
Murray's *Handbook to the Punjab* 487
Murree 125, 176, 252, 303
Murshidabad 35, 211, 313
Muscat 179
Muscat, Sultan of 186
Mussoorie 28, 52, 318, 319, 517
   schools in 367, 375–8
'Mutton Club'
   customs of 356
Myanmar 12
Myers, Kathleen
   life in Ooty 518–19
Mysore 16, 47, 179, 183, 219, 259,
   476, 490

nabobs 24, 31, 89–90, 500, 506
   houses of 504–5
Nadia 217
Naga Hills 268
   British anthropologists in 417–18
   political agents in 417n., 436
Naga tribesmen 24, 346
Nagaland
   missionaries in 232–3
   Ursula Graham Bower in 437
Nagir 428
Nagoman, River 487
Nagpada 67
Nagpur 16, 113, 174
Naini Tal 155, 176, 305, 381
   landslips in 488
   sports in 428, 461, 465
Naipaul, V. S. 10
Napier, Charles
   commissions Burton to investigate
   Karachi brothels 333

Napier, Isabella
   adulterous scandal of 320–21
Napier, Johnston
   sues for divorce 320–21
Napier, Phyllis 77
Napier, Rosamond *see* Lawrence, Lady
Napoleon I *see* Bonaparte, Napoleon
National Association for Supplying
   Female Medical Aid to the
   Women of India 65–6, 235
National Gallery of Art
   (Washington) 446
National Grindlay's Bank 39
Nawanagar, Maharaja of (Ranji) 467
Neemuch 98
Negapatam 15
Nehru, Jawaharlal 5, 521
   appoints British officials after 1947
   509–10
   liberalism of 524–5
   supports Elwin 440
Nepal 179
Nethersole, Hermione
   unconformity of 422
Newall, J. T. 473
   on pig-sticking 482
Newbolt, Henry
   and 'Vitaï Lampada' 461–2
Newcastle 12
New College 118
New Delhi *see* Delhi
Newnham College 67
New Statesman 419
Nicholson, James 288
Nightingale, Florence 66
Nilgiri 401
Nilgiri Hills 219, 245, 475
   schools in 375, 376
   'staying on' in 517–19
Nilgiri Ladies' Club 402
Nixon, Kay 424
   career of 63
Noakhali 480

Noble, Fraser 504
Norris, Paul
    on Britons 'going native' 436
    and 'loafers' 442
Northbrook, 1st Earl of 256, 401,
    418, 424, 472
    invites Lear to India 353
North Cachar Hills 437
Northcote, 1st Baron
    as governor of Bombay 106
North-East Frontier Agency 440
Northumberland Fusiliers 85, 248,
    251, 255, 294
North-West Frontier Province 105n.,
    161, 464
    establishment of (1901) 169
North-Western Provinces (later United
    Provinces of Agra and Oudh)
    17, 105n., 111, 166, 176,
    404, 461
    ICS officers in 115
    lieutenant-governors of 80, 305–6
    industry in 38
    railways in 155–6
North Western Railway (NWR)
    153–4
Norton, John
    enlists in EIC 84
Nur Jahan 500

Oberon, Merle 2, 312–13
O'Brien family 1–2
O'Brien, John 1–2, 87
Ochterlony, David 284, 435, 436
O'Donnell, Charles James
    in ICS 96
O'Donnell, Frank Hugh 96
O'Dwyer, Michael
    assassination of 486
    fox-hunting as cure for malaria 452
    in ICS 95, 97
Officers' Mess 295
    customs of 273–80

Ogilvie, Alec 74
Old Sarum 32, 33
Oliver, Thomas 311
Omdurman, Battle of 264
Ootacamund (Ooty) 157, 176,
    197, 476
    church organs in 448–9
    descriptions of 458
    fishing in 475
    hunting at 478–9
    'staying on' in 518–19
Ootacamund Hunt 13, 204
Opium Department 193
Oriel College 452
Orissa 163, 214, 346
    holidays in 456–7
Orléans, Philippe Duke of 33
Orwell, George *see* Blair, Eric
Orwell, Sonya 3
Oswald, John
    becomes 'brahminized' 434
Oudh 16
    nawabs of 37
Oundle School 82
Overend, Emily *see* Lorimer, Emily
    Overend
'Overland Route' (to India) 137–8
Ovington, John 488
    on British deaths in Bombay 484
    on food at Surat 351
    pro-Hindu views 405
Oxford Dictionary of National
    Biography 48, 289
Oxford Mission 512
Oxford University 67, 79, 235, 392,
    425, 525
    and ICS 81, 116–18, 503

P&O *see* Peninsular and Oriental
    Steam Navigation Company
Pacey, Thomas 324
Pachmarhi 125, 176, 339
Pack, Mrs 65, 69

Packard, J. J. 312, 335
Pakenham family 36
Pakistan 12, 273, 400, 513
  army of 508–9
  civil service of 510–12
Palmer, William 366
Panchgani
  boys' school in 376, 379
Pandharpur 205
Pandit, Vijaya Lakshmi 5–6
Panter-Downes, Molly
  book on Ooty 518–19
Papi, Lazzaro 51
Parachinar bazaar 190
Parker, George Arthur 170–71
Parkes, Fanny 462
  disappointed by Devon 498
  enthusiasm for India 422
  on Indian rivers 146
  at St Helena 135
  on wretchedness of soldiers'
    lives 254
Parliamentary Acts (on India)
  (1773) 14n.
  (1784) 14n.
  (1813) 222–3
  (1858) 13
Parnell, Charles Stuart 321
Parry, Edward 92
Parry, Thomas 101
Parry's (of Madras) 92
  invents Parry's Naval Gin 363
Partition of India (1947) 262n.,
    508–9
Partridge, George
  in search of a wife 300
Partridge, Reggie 505
Partridge, Rex (Ralph) 264n.
Pasteur Institute (Kasauli) 381–2
Pataudi, nawabs of 467
Pathan tribes 184, 267
  British views on 270–71
  Curzon's policy on 268

Pathankot Station 155
Patiala 478
Patiala, maharajas of 180, 467, 481
Patna 356, 416
  massacre in 80, 485
Peach, Miss 308
Peacock, Thomas Love
  at East India House 14
Pearce, Joan
  refuses to conform 422
  wedding 302
Pearce, Roger 58, 381, 422
  flood work in Sind 163
  marriage to Joan 302, 304
Pears, Peter
  relationship with father 371
Pearse, George 119n.
  on drinking among officers 275
  makes gaffe in Mess 274
  retirement in Cheltenham 500
  on Simla's reputation 317
Pegu 292
Peliti's Restaurant 391
Peninsular and Oriental Steam
    Navigation Company
    (P&O) 384
  voyages to India 138, 140–44
Percy-Lancaster, Sydney
  career of 344
Periyar Dam 198
Perseverance, HMS 133
Peshawar 20, 54, 185, 192, 279, 336,
    440, 463n., 479, 486
  cantonment of 169
Peshawar Club
  characteristics of 400
Peshawar Vale Hunt 270, 487, 498
  and quarry 479
Philby, Harry St John 384, 466
  threatens to resign from club 401
Philby, 'Kim' 384n.
Phipston, Mr 360
Piedmontaise, HMS 131n.

Pigot, George
    career in Madras 24
Pinnell, J. G. 122
Pioneer 385
Pitt, Thomas 34n., 37
    as governor of Madras 32–3
Pitt, William (the Elder) 33–4
Pitt, William (the Younger)
    14n., 99
Plassey, Battle of 17, 34, 35, 254
Plowden family 72, 76
Plowden, Pamela 72n.
Plowden, Sir Trevor 72n.
Pondicherry 15, 141, 360–61
Poona 125, 164, 176, 461, 476
Pope, Alexander 9
Pope, John 507
Port Blair 346
Port Said 144, 406, 452
    British views of 138–9
Portal, Melville 198
Portuguese colonists 18, 223,
    230n.
Postans, Marianne
    on army widows 306–7
    on eating habits in Bombay 352
    on Mahabaleshwar 457
Pratt, Fanny 369
Pratt, Henry Sheldon
    Burmese marriage of 309–10
Prendergast, John 274, 303, 361
    joins Indian Army 45
    joins Tochi Scouts 268
    praises fat-tailed sheep 356
Price, Cormell 124
Prideaux, Gwendolyn 300
Prideaux, William 180
Pridmore, W. H. 58
Probyn, Dighton 240
Probyn's Horse 240–41
Public Works Department (PWD) 46,
    104, 124, 210, 213, 340, 383
Punch 48

Punjab 20, 29, 77, 80, 105n., 152,
    161, 247, 251, 259, 268, 323,
    383, 384, 390
    canal colonies in 195
    Evangelicals in 42
    ICS officers in 115, 174
    lieutenant-governors of 176, 181,
        298, 379, 460, 486, 505
Punjab Club 441
Punjab Regular Force (Piffers)
    267–8
Punjab States
Punjabi regiments 56, 125, 239, 264
Purcell, Hugh
    interviews 'stayers-on' 516
Purneah
    indigo planters in 217, 221
Pyinmana 199
    beauty of 429

Quetta 229, 247, 266, 269, 460, 479
    earthquake in 488
    staff college at 125–6
Quinton, James 379n.

Radley College 82
Raffles, Stamford 492
railway workers in India 152–3
Rajkumar College 466
Rajagopalachari, Chakravarti
    and British officials after 1947 509
    feelings for Scots 97
Rajputana 182, 185
    British feelings for 180–81
Ralli Brothers 348
Ramnagar 151
Ranaghat 229
Ranchi 90, 189
Rangoon 20, 39, 125, 174, 223,
    291–2, 371
    British barmaids in 70
    clubs in 398
    crime in 208

Rangoon – (*Cont.*)
　European prostitutes in 331–2
　newspapers in 430
　popularity with British soldiers
　　251
Rangoon, Bishop of 70
Rangoon Police 87
Rangpati 148
Ranjit Singh, Maharaja 50–51
Ratnagiri 456
Rawalpindi 73, 125, 251, 513
Razmak 303
　conditions in 269
Read, Katharine 424
Reay, 11th Baron
　at Bombay University 231
Reading, Countess of (Alice) 387
Rebellion (1857–8) 1–2, 16, 272, 403
　British deaths in 485, 490, 492–3
　British retribution 226
Reed, Stanley
　on Indian clubs 396, 401–2
Reform Act (1832) 32
Reid, Joan 157
Rendall, Bert
　in retirement in Yeovil 499
Ressia, Signor U. 19
Rhodesia 501–2
Ribbentrop, Berthold 83
Rice, Benjamin 47
　translation of the Bible 226
Rice family 47
Richards, Frank 245, 331
　on army diet 245–6
　on army wives 324
　on 'boozing schools' 256
　on mixed marriages 312
　nostalgia for India 499
　on soldiers' concerts 250
Richards, William 309
Richardson, Hugh 45
Richter, Julius
　on itinerant preaching 228–9

Ridgeway, Joseph West
　and Macdonald scandal 334
Ridley, Sidney 511
Rio Tinto Mining Company 213
Ripon, 1st Marquess of 401, 411, 418
Ritchie, Emily 424
Ritchie, Gerald
　on indigo planters 215–16
Ritchie, Walter 296
Rivaz, Charles 379
Rivett-Carnac, John 113
　on drinking habits in Central
　　Provinces 361
　Indian career of 48
Rivett-Carnac family 47–8, 372
　service in India 72
Roberts, Emma
　describes planters' feasts 221
Roberts, Frederick (later Lord) 95,
　　237, 256, 492
　on frontier expedition 266
　on furlough 453
　and Macdonald scandal 334
　travel in India, 147, 149
Roberts, Sydney 503
Robins, Leslie 314
Robinson, H. R.
　career of 59–60, 436
Roe, Thomas 434
Rogers, Henry Middleton 297
Rohilkund and Kumaon Railway 156
Roos-Keppel, George 184
Rose, George 213
Rosebery, 5th Earl of 106, 108
Ross, Alan
　sent to school in Cornwall 372, 375
Ross, Robert 189
Round, Sarah 63
Rowan Hamilton, Norah 408
　views on Port Said 139
Roy, Keith, 214
Royal Army Medical Corps 129, 188
　college of 128

Royal Artillery (later Royal Field
    Artillery) 55, 114, 242
Royal College of Surgeons 128
Royal Corps of Signals 259
Royal Deccan Horse 54
Royal Engineers (Corps) 298
Royal Engineers Establishment at
    Chatham 124, 446
Royal Garrison Artillery 242, 270
Royal Horse Artillery 1, 242
Royal Indian Army Service
    Corps 125
Royal Indian Marine 390
Royal Irish Constabulary 87
Royal Military Academy at Woolwich
    123, 124
Royal Military College of Sandhurst
    46, 54, 56, 124, 273
    list for Indian Army 56, 125
Royal Navy 84
Royal Sussex Regiment 56
Royal Warwickshire Regiment 56
Royal Welch Fusiliers, 102, 245
    on the march 258
    recruits to 86
    wives of 324
Royal West Surrey Regiment 55
Royal Western India Turf Club 476
Royds, John 25
Rubatino Line 141
Rugby School 48, 82, 276
Russell, George 25
Russell, Wilfrid
    on British departure (1947) 495, 501
Russia 418

Sabarmati 439
Sackett, F. Colyer 234
Saharanpur 415
    botanical garden at 343
Said, Edward 523
St Albans, 10th Duke of 297
St Andrews University 67, 231

St Cyprian's School
    memories of 372
St Edward's School (Simla) 377
St Helena 455, 491
    British in 134-5
St John's College (Cambridge) 118
St John's College (Oxford) 503
St Joseph's College (Naini Tal)
    achievements of Old Boys 378
St Joseph's College
    (Trichinopoly) 360
St Joseph's Orphanage for Indian
    Girls (Agra) 377
St Joseph's School (Darjeeling) 377
St Leger, John 25-6
St Mary's College (Madras) 518
St Maur, Lord Edward
    death of 487
St Olave's Grammar School 82
St Paul's School (Calcutta, later
    Darjeeling) 376-9, 514
St Paul's School (London) 82
Saki see Munro, H. H.
Salisbury, 3rd Marquess of 103, 117
    on Haileybury 113
Salsette 478
Salvation Army (in India) 102
Sanawar
    asylum-school at 374-5
Sandby, Paul 29
Sandeman, Robert
    in Baluchistan 184-5
Sandheads 137
Sandhurst, 2nd Baron
    as governor of Bombay 106
Sandhurst see Royal Military College
    of Sandhurst
Santiniketan 68
Sardhana 377
Sargodha 398
Satara 125
Saturday Club
    resignations from 398-9

Saumarez Smith, W. H.
  in Bengal 148, 354, 418
Schlich, Wilhelm 83
Scindia, Maharaja of Gwalior 50, 409, 449
  British mercenaries employed by 52
Scots (in India)
  in EIC and IMS 97–101
  motives for going to India 30–32
  roles in business 93, 99–100
Scott, Mrs
  shipwrecks of 136
Scott, Paul 444
  on British feelings for India 11
  and *The Raj Quartet* 9, 412
  stays in Indian village 412–13
  and *Staying On* 506–7, 516–17
Scott, Walter 98
  on Scots in India 30, 100
Seaforth Highlanders 279
Seal, Anil 417
Searight, Kenneth
  homosexual experiences in India 335–6
Secunderabad 213, 245, 310, 330, 355
Seonee jungle 59
Selborne, 2nd Earl of 141
Sellon, Edward
  amorous memoir of 325
Sen, Sudipta 290
Senchal cantonment 487
Serampore 15
  English missionaries in 226
Seringapatam 51, 254, 260
  capture of 36, 485
Seven Years War 16, 24, 50, 249
Sezincote
  architecture of 505
Shakespear family 77
Shakespear, George 77
Shakespeare, William 9
Shakespearana Company 450

Shaw Stewart, Jack 214
  career in India 210, 260
  criticizes military system 212
Shelley, Percy Bysshe 405
Sherborne School 82
Sherwood, Mary Martha 57
Shikarpur 453
Shillong 174, 438, 517
  attractions of 457
Shiranis 266–7
Shirt, George
  missionary work of 226, 229
Sholapur 343
Shore, John 107, 283, 285
Shortt, H. E.
  on furlough 453
  joins IMS 45
Shuttleworth, Allen Thornton
  career of 46, 83–4
Shwebo 252
Sialkot 20, 115, 242, 460
Sibsagar 191
Sifton, James
  in camp 196
  on 'mixed' parties 410
  treatment of loafers 443
Sikh regiments 125, 239, 266
Sikhs 16, 152, 229, 239
Simla 19, 54, 73, 161, 172, 252, 447, 492, 517
  adulterous reputation of 314–19
  amateur theatricals in 449
  architecture of 339, 459
  Old Etonians at 108–9
  'Purdah Club' in 411
  railway reaches 155
  riding accidents in 487
  schools in 375–9
  social life in 387
  sport in 460, 462
  summer migration to 176
Simla Times 377–8

Simon, Jimmie 312
Simson, Frank
　　on pig-sticking 326–7, 480–81
Sind 16, 68, 147, 259, 304, 358, 381, 463
　　landscape of 423
Sind Club 396n., 509
Sind–Pishin Railway 213
Singh, Khushwant
　　on Britons who loved India 519–20
Singh, Manmohan
　　on British–Indian 'crucible' 525
Sirajganj 398
Sisters of the Congregation of Jesus and Mary 377
Skinner, James 52
Skinner's Horse 52, 56, 240
Slade, Madeline ('Mira Behn') 421
Sleeman, William 491
Sleigh, Cuthbert 321
Sligo, marquesses of 103
Slim, William 55, 126, 437
　　operations in 'Aid to the Civil Power' 262
Sloper, Robert 285
'Sloth Belt' *see* 'Great Sloth Belt'
Slym, M. J. 84
Smeeton, Miles and Beryl 325
Smith, A. L. 122
Smith, Ian 502
Smith, Lucy Graham 63
Smith, Richard Baird 212
　　as engineer 210
　　at siege of Delhi 211
Smith-Dorrien, Horace
　　on officers' leisure 273
Smythies, Enid *see* Dawkins, Enid
Sneddon, C. N. 503
Snelson, Edward 511
Sobraon, Battle of 306, 485
Somerset, E. J.
　　dislikes fancy food 353
　　'stays on' in Calcutta 513

Somerset Light Infantry 144, 272, 508
Somerville College 380, 425
Souter, Frank 410
South African War 19, 263–4
South Park Street Cemetery 491–2
South Wales Borderers 485
Southampton, 1st Baron 102–3
Spectator 403
Spencer, 5th Earl 106
Spencer's (Madras) 20, 155, 350
sport in India 460–61
　　archery 462
　　badminton 462
　　bowls 462
　　boxing 248
　　cock-fighting 474
　　cricket 191, 248, 465–8
　　croquet 462
　　fishing 475
　　football 464–5
　　golf 270, 463–4
　　hockey 464
　　horse-racing 476, 487
　　hunting with hounds 191, 270, 478–9, 487
　　pig-sticking (hog-hunting) 191, 326–7, 469n., 479–83, 487
　　polo 191–2, 264–5, 477–8, 487
　　rowing 460–61
　　rugby 464
　　shooting (game) 468–74
　　squash 462–3
　　tennis 463
　　tent-pegging 476
Sprawson, Cuthbert 192
Spurway, Helen 521, 521n.
Squire, Hazel
　　on separation from parents 368
Srinagar 46, 68, 70, 232
　　holiday at 458–9
Stable, Hugh 509
Stanley, Sir George
　　travels in Madras 157

Statesman
British editors of 513–14
Steel, Flora Annie 57, 319, 444
Stephen, James
on British rule in India 11
Stephen, Virginia 169
Stephens, Ian
dislike of P&O 140–41
on Islam and Hinduism 403
love of India 146
moves to Pakistan 513–14
Stephens, Thomas 434
Stevenson-Hamilton, V. O. 56
inspired by Kipling 59
and uniforms 389
Stewart, John (of Ardvorlich) 31, 506
Stewart, John (surgeon) 287
Stocqueler, J. H. 450
Stokes, Hopetoun
on leaving his children 370–71
Stoppard, Tom 2, 378
Stowe School 82
Strachey, Dick 76
Strachey, Henry 76
Strachey, Jane 76–7, 320–21
Strachey, John 76, 210
on British rule in India 10–11
travel by palanquin 149
Strachey, Lytton 364n.
refusal to go to India 76–7
Strachey, Oliver 76, 321
Strachey, Ralph 76
Strachey, Richard 76, 214
engineering career of 210
Strachey, William 76
Strachey family
Indian careers of 76–7
Strathmore, earls of 103
Strict Baptist Mission
in south India 229–91
Stuart, Charles ('Hindoo') 435
Sudan 501
Sudan Political Service 41, 54

Suez Canal 10, 65, 122, 206
British ships in 138–40
Sunderbans, the 148
Surat 15, 127, 405
feasts at factory of 351
Sutherland, Lt.-Col. 325
Sutlej, River 306
Swansea Grammar School 82
Swindlehurst, J. P. 151, 248
on barracks routine 246
first impressions of India 145–6
on leisure 249
on returning to England 495–6
on sex and the military 329
on voyage to India 143–4
Swiss troops (in India) 51
Swoboda, Rudolph
painting expedition to India 152
Sykes, Francis 505
Indian fortune of 24
Sykes, Margaret 68
Sylhet 515

Tagore, Rabindranath 68
Taj Hotel (Bombay) 301, 391
Talbot family 75
Tandon, Prakash
contrasts British in England and India 406
Tata Iron and Steel 93, 100
Taylor, Annie 229
Taylor, Joseph 309
Taylor, Philip Meadows 289
tea planters 218–20, 222, 290, 310, 341, 501
temperance societies in India 256
Temple, Frederick 44
Temple, Richard 113, 407, 474
career of 48–9
Tennyson, Alfred
and 'Locksley Hall' 57
Terai 202
Thackeray, Richmond 64, 77

Thackeray, W. M. 3, 64, 77
Thacker's Indian Directory 39, 400
Theosophical Society 68
Thom, William Sinclair 290–91
Thomas, George
  Indian career of 52
Thomas, Lowell
  on golf courses in India 464
Thomason, James 106
  leaves children in England 367
Thompson, Edward 421, 444
Thompson, Herbert 58
  in IPS 180
  on role as magistrate 169
Thompson, John Perronet 452
  on British society in India 392
Thomson, Queenie *see* Oberon, Merle
Thorne, John 456
Tierney, Naida
  life in Burma 69–70
Tiltman, John 503
Times, The 213, 432
Times of India 178
Tinnevelly 197
Tinplate Company 93
Tipu Sultan 260
Tirah Force 265
Tiretta, Edoardo 51
Tirhoot Planters Club 400
Tirhut 221
Tochi Scouts
  uniforms of 268
Tollygunge Club 270, 398, 463, 516
Tolson, Mr 220
Tonbridge School 82
Tonk 486
  Nawab of 183
Tottenham, Loftus
  returns to Pudukottai 520–21
Tranquebar 15
Transvaal
  Indians in 420
Travancore 92, 99, 197

High Ranges of 219, 290, 341–2
  Maharani of 402
Travancore and Cochin, Bishop of 198
Trett 252
Trevelyan, Charles 45, 361
Trevelyan, G. M. 45
Trevelyan, George Otto
  pleasures of furlough 453
  on retirements from India 497
Trevelyan, Hannah 361
Trevelyan, Humphrey 45, 192n., 501
  on Indian states 181
  on Loftus Tottenham 519–20
  in Udaipur 411
Trevelyan, Raleigh 346
  sent to England 372
Trichinopoly 51, 360
Trinity College (Cambridge) 118
Trinity College (Dublin) 95, 117–18, 425
Tripe, Linnaeus
  photographic expedition to
    Burma 446
Trivandrum 198
Troubridge, Thomas 133
Tudor, Frederick
  exports ice to India 362
Tudor Ice Company 362
Tullet, Graham 516
Tuscany, grand dukes of 29
Tweedie, William
  career as Political 185
Tydd, Bill 45, 299
  in Rangoon 208
Tyler, Henry 123
Tyndale-Biscoe, Cecil
  becomes missionary in Kashmir 44
Tyndale-Biscoe, Eric
  opens school in Srinagar 45–6
  supports school sports 233–4

Unilever (in India) 511
United Provinces of Agra and Oudh
  see North-Western Provinces

United Services Club 122, 398
United Services College (Westward
    Ho!) 124, 373
University College (London) 117–18
University Women's Settlement
    (Bombay) 67
Upper Tota 252

Van Dyck, Anthony 9
Vaughan, John
    on pig-sticking 479
Vellakavi 104
Vellore 69, 402
Vepery (Madras) 311
Viceroy's Council 96, 173, 199
    duties of 174–5
Victoria, Queen 10, 12, 16, 48, 174,
    225, 256, 291, 388
    commissions portraits of
        Indians 152
Vincent, F. A. M.
    as commissioner of Bombay Police
        206–7
Vizianagaram, Maharaja of 467
Voltaire 394

Waghorn, Thomas 137
Wagner, Richard 392, 423
Wakefield, Edward
    campaign against locusts 165
    on social distinctions 383
Walpole, Horace 28
    on East Indies 23
    on Zoffany 29
Walpole, Robert 99
Wana Drag Hunt 270
Warburton, John Paul
    police career 88–9
Warburton, Robert 89
    on the Khyber 184
Ward, Francis Swain 445–6
Ward, George 490
Wardrop, Alexander
    on pig-sticking 327, 479–82
Warneford, Reginald 304
Warneford, Rex 304
Warrant of Precedence 386,
    388, 412
Warre, Rev. Edmund 108
Washington Secondary School 82
Waters, George
    marital career of 309
Watson, Charles
    engagement and wedding of 301
Watson, Colonel 298
Waziristan 66, 190, 247, 268, 270
Webb, Sidney and Beatrice
    criticism of Lady Clarke 394
    dislike of Pathans 271
    on tour in India 67
Wedderburn, William
    praises Haileybury 121
    supports Congress 420
Wedderburn family 74
Welch Fusiliers *see* Royal Welch Fusiliers
Wellaungs 266
Welldon, J. E. C.
    as Bishop of Calcutta 225
    on British in India 392
    on importance of sport 461–2
    on Simla 317
    on social etiquette 386
Weller, Ann 28
Wellesley, Arthur (later 1st Duke of
    Wellington) 12, 26, 51, 84,
    95, 134–5, 238, 239, 259,
    278, 404
    drinking habits in India 360
    and prize money 36
Wellesley, Hyacinthe 328, 369
Wellesley, 1st Marquess 40, 354
    flotilla of 147
    and Fort William College 110–11
    and Government House Calcutta
        211
    and sexual frustration in India 328

Wellington, 1st Duke of *see* Wellesley, Arthur
Wellington (India) 125n.
Wellington College 124
Welsh (in India) 86, 101–2
Welsh Calvinistic Methodists' Foreign Missionary Society 102
Wenham, Lake 362
Wenlock, 3rd Baron 108, 170
West Kent Regiment 272, 335
Western, J. S.
  on drinking among officers 275
Westward Ho! *see* United Services College
Wheeler, Hugh Massy 311
  marriage to Frances Marsden 311
Wheeler-Cuffe, Otway 104
Wilberforce, Samuel 43
Wilberforce, William 112
  on Christian conversion of India 43, 223
Wilde, Oscar 334–5
Wilhelm II, Kaiser of Germany 101
Wilkins, William 111
Wilkinson, Francis Henry 170–71
Willcocks, James 378
William IV, King 26
Williamson, Thomas 289
Willingdon, 1st Marquess of 190
  and Willingdon Club 401–2
Willingdon Club 391, 402
Willingdon Nursing Home 191
Wilson, Anne (later Lady) 460
  on crockery in India 196
  delight in Indian landscape 423
  on mothers in India 369
Wilson, Archdale 211
Wilson, Guy Fleetwood
  obsessive pursuit of game 473–4
Wilson, Richard 445
Wilson, Dr 288
Winch, Alexander 46

Winchester College 82
Winchester, E. C. 13
Wingate, Andrew
  on tour 194
Wintringham Secondary School 82
Wisdom, Norman 2
  as boxing champion 248
  goes to India 85
  routine in barracks 244
Wodehouse, P. G. 27
Women's Christian College (Madras) 68, 232
Woolf, Leonard 414, 474
  on district officer's work 167–9
  on drinking Madeira 359
  on Kipling's depictions of British India 394–5
  on voyage out 138, 140
Wordsworth family 132
Wordsworth, John
  career and death 132, 136–7
Wren and Gurney 116
Wright, Anne 516
Wright, Bob 516
Wright, Maisie 67
  on Hindus and Muslims 405
Wyatt, Charles 211
Wylie, H.
  on pig-sticking 481
Wyndham, Pamela 62
Wyndham, Percy 150
'Wyvern' *see* Kenney-Herbert, Arthur

Yale, Elihu 34n.
Yeats-Brown, Francis 54
  on pig-sticking 480, 482–3
  on sexual needs in India 328
York House School (Mussoorie) 377
Yorkshire Light Infantry 247
Young, Ruth 67
Young, William Mackworth 298
Younghusband, Francis
  ambitions for furlough 454

Yule, George 472
Yule, Henry 417n.

Zemi Nagas 437–8
Zhob Valley 265, 268
Zinkin, Maurice 58, 510–11

and engagement to Taya Ettinger 297
on tour 194
Zoffany, Johann
    painting of *Colonel Mordaunt's Cock Match* 474
    years in India 29, 37

图书在版编目(CIP)数据

英国人在印度:三百年社会史/(英)戴维·吉尔摩(David Gilmour)著;张峰译. -- 北京:社会科学文献出版社,2025.9

书名原文:The British in India: Three Centuries of Ambition and Experience

ISBN 978-7-5228-0839-0

Ⅰ.①英… Ⅱ.①戴… ②张… Ⅲ.①印度-中世纪史 Ⅳ.①K351.332

中国版本图书馆CIP数据核字(2022)第186310号

英国人在印度:三百年社会史

著　　者／［英］戴维·吉尔摩（David Gilmour）
译　　者／张　峰

出 版 人／冀祥德
责任编辑／刘　娟
责任印制／岳　阳

出　　版／社会科学文献出版社·大众学术出版中心（010）59366527
　　　　　地址:北京市北三环中路甲29号院华龙大厦　邮编:100029
　　　　　网址:www.ssap.com.cn

发　　行／社会科学文献出版社（010）59367028
印　　装／三河市东方印刷有限公司

规　　格／开　本:889mm×1194mm　1/32
　　　　　印　张:24.375　插　页:0.75　字　数:556千字

版　　次／2025年9月第1版　2025年9月第1次印刷
书　　号／ISBN 978-7-5228-0839-0
著作权合同
登 记 号／图字01-2024-5001号
地图审图号／GS（2025）0591号（此书中插附地图系原文插附地图）
定　　价／158.00元

读者服务电话:4008918866

版权所有 翻印必究